中国铝业集团有限公司年鉴
（2018）

中国铝业集团有限公司　编

方志出版社
Publishing House of Local Records

图书在版编目（CIP）数据

中国铝业集团有限公司年鉴 .2018 / 中国铝业集团有限公司编 . -- 北京：方志出版社，2019.6

ISBN 978-7-5144-3708-9

Ⅰ. ①中… Ⅱ. ①中… Ⅲ. ①铝工业—企业集团—中国—2018—年鉴 Ⅳ. ① F426.32-54

中国版本图书馆 CIP 数据核字（2019）第 131740 号

中国铝业集团有限公司年鉴（2018）

编　　者：中国铝业集团有限公司
责任编辑：李　静

出 版 人：冀祥德
出 版 者：方志出版社
地址　北京市朝阳区潘家园东里 9 号（国家方志馆 4 层）
邮编　100021
网址　http://www.fzph.org
发　　行：方志出版社图书经销中心
电话　（010）67110500
经　　销：各地新华书店
排　　版：北京纺印图文设计制作有限公司
印　　刷：北京中科印刷有限公司

开　　本：889 × 1194　　1/16
印　　张：36.25
字　　数：783 千字
版　　次：2019 年 6 月第 1 版　　2019 年 6 月第 1 次印刷

ISBN 978-7-5144-3708-9　　**定价**：220.00 元

《中国铝业集团有限公司年鉴（2018）》编辑委员会

编辑部

撰稿人

编辑说明

《中国铝业集团有限公司年鉴》是由中国铝业集团有限公司（简称中铝集团或集团）主办的公开发行的年刊。在中铝集团年鉴编纂委员会的领导下，研究室（年鉴编辑部）负责年鉴的编纂工作，主要在中铝集团内部发行。

一、《中国铝业集团有限公司年鉴（2018）》收集资料时间跨度为 2017 年 1 月 1 日至 2017 年 12 月 31 日。

二、《中国铝业集团有限公司年鉴（2018）》主要内容包括 8 个篇目，力求全景展现集团 2017 年工作全貌。

三、“影像篇”收录了“领导关怀”“交流合作”“重大活动”“社会责任”等影像资料。其中“领导视察”收录了 2017 年国家部委、省（直辖市、自治区）的主要领导到中铝集团考察指导的照片，体现了各级领导对中铝集团的关怀和支持。

四、“特辑篇”收录了中铝集团开展“两带两创”活动的情况。

五、“文献篇”收录了 2017 年中铝集团年度工作会议工作报告等重要文献。

六、“综述篇”收录了 2017 年集团概况以及综合协调与文档管理等 19 个方面的工作综述。

七、“企业篇”记述了 2017 年板块公司及实体企业的生产经营、企业管理与改革、科技创新、党建与企业文化建设、履行社会责任等方面的内容。

八、“荣誉篇”收录集团及所属企业 2017 年度获得国家级、省部级、集团级的综合性荣誉称号，并以人物小传的方式展示年度突出贡献者的典型事迹。

九、“大事记”收录 2017 年集团的重要记事。

十、“附录”收录集团组织机构、主要指标，主要指标数据对比图，全国氧化铝、电解铝、铝加工材、铜矿山、电解铜、铜加工材历年产量等统计数据。

中国铝业集团有限公司年鉴编辑部

2019 年 1 月

目　录

【影像篇】

【特　辑】

【文献篇】

【综述篇】

【企业篇】

【荣誉篇】

【大事记】

【附录】

Contents

SNAPSHOTS

SPECIALS

DOCUMENTS

OVERVIEW

ENTERPRISES

LIST OF HONORS

Major Events

APPENDICES

2018

中国铝业集团有限公司年鉴

The Yearbook of Aluminum Corporation of China

【影像篇】

Snapshots

领导关怀

SUPPORT
FROM
GOVERNMENT
LEADERS

集团的发展得到了党中央、国务院以及各部委、地方政府的关注和支持。2017 年，各部委和地方政府负责人莅临集团及所属企业视察指导，为集团转型发展扭亏脱困添动力增信心。

6 月 16 日，中纪委副书记李书磊（前排右二）在中铝集团调研

8 月 16 日，黑龙江省委书记、省人大常委会主任张庆伟（中）调研东北轻合金有限责任公司

4 月 21 日，甘肃省委书记林铎（前排中）在西北铝业有限责任公司调研

6月11日，贵州省委副书记、省长孙志刚（前排左二）在清镇铝工业园调研中国铝业贵州分公司轻合金新材料“退城进园”项目建设进展情况

11月17日，湖北省委副书记、省长王晓东（前排右二）在中铝华中铜业有限公司考察

11月17日，中国机械工业联合会会长王瑞祥（前排左二）参观中铝集团汽车轻量化新材料展台

7月5日，中国有色金属工业协会会长陈全训（左二）调研东北轻合金有限责任公司

1月5日，全国总工会副主席阎京华（中）慰问西南铝业集团困难职工

6月13日，国有重点大型企业监事会主席杨坚（左三）到中国铝业贵州分公司调研

合作交流

COOPERATION
AND
COMMUNICATION

国际交流与合作

集团董事长葛红林（右二）出席 2017 年 APEC 工商领导人峰会。其间，葛红林率团访问了越煤集团

11 月 24 日，集团总经理余德辉（右）与力拓首席执行官夏杰思会谈

3 月 8 日，集团副总经理敖宏（中）会见到访的印尼国企联合体代表团

5 月 22 日，集团副总经理刘才明（中）会见巴克莱银行客人

4 月 12 日，集团副总经理张程忠（左）会见到访的荷兰代表团

9 月 25 日，集团副总经理刘祥民（右）会见到访问的秘鲁能源矿产部副部长里卡多·拉博

8 月 12 日，集团副总经理卢东亮（左二）出席中铝香港与几内亚合作补充协议签字仪式

集团参加 2017 中国国际铝工业展。图为 11 月 15 日开幕式现场

10 月 14 日，集团与英国布鲁内尔大学签订战略合作协议

5 月 16—19 日，中铝、力拓卓越全球领导力培训班中国站培训在集团开展

国内交流与合作

集团重视与地方政府、企业的沟通合作，2017 年，集团与贵州等地方政府开展交流与合作。

1 2
3
4

1. 6 月 22 日，集团参加重庆市举行的第二十届渝洽会

2. 4 月 27 日，集团与贵阳市人民政府签订修文矿生态修复及土地综合开发建设项目框架协议

3. 2 月 24 日，集团与包头市人民政府签订轻金属新材料及深加工项目备忘录

4. 5 月 16 日，集团与黄石市人民政府签署高精铜板带箔合作及增资协议

8 月 16 日，东轻公司与哈尔滨市国土局签署土地收储协议

11 月 3 日，中铝西南铝与重庆两江新区签署战略合作框架协议

10 月 28 日，中铝广西稀土在第十四届梧州宝石节上与岑溪市政府、广西西骏新材料有限公司分别签订了“岑溪市稀土废料综合利用项目”等协议

2017 年，中铝集团与中国石油、中国中车、中信集团、光大银行、中国人寿、上海银行、中国商飞、中国太保、中国国际商会等企业签订了战略合作协议，广泛开展合作与交流。

集团与中国石油合作建立中油中铝（北京）石油化工有限公司

集团与中国人寿保险集团签署全面战略合作协议

集团与中国中车集团签署战略合作协议

集团与中国国际商会签署战略合作协议

集团与上海银行签署战略合作协议

集团与光大银行签署战略合作协议

集团与中国商飞公司签署民用航空铝合金材料研制及应用合作协议

集团的快速发展吸引国内外企业前来考察交流，谋求合作。

11月20日，贵州省2017年第二次项目建设现场观摩会参会人员在贵州华仁新材料公司进行现场观摩

中铝材料院与西安建筑科技大学签署合作框架协议

12月29日，黑龙江省国有企业党组织负责人示范培训班在东轻观摩调研

3月15日，中国电科集中采购中心考察西南铝，并签订战略合作签约

9月11日，中国诚通控股集团高管在洛阳铜业调研交流

8月11日，长沙有色冶金设计研究院有限公司与长沙矿冶研究院有限责任公司签订战略合作框架协议

中铝沈阳有色金属加工有限公司与中航工业集团沈阳飞机设计研究所签署战略合作协议

重大活动

MAJOR EVENTS

2017 年集团学习贯彻中共十九大精神，加强党的建设，落实两个责任，为改革创新奠定基础。

集团传达学习中共十九大精神视频会议现场

10 月 27 日，集团召开第十五次党风廉政建设警示教育大会暨第三次安全警示教育大会

3 月 21 日，集团党组书记、董事长葛红林应人民网邀请赴人民日报新媒体演播大厅，接受国有企业党建工作直播专访

2017 年 4 月，人民网中铝党建云平台正式上线，搭建了面向 PC+ 移动终端的新型互动式党建宣传管理平台

2017 年集团加快改革改制步伐，推进供给侧改革，培育发展新动能。

2017 年，中国铝业公司完成公司制改革，更名为中国铝业集团有限公司。图为 12 月 16 日，集团揭牌仪式现场

7 月 13 日，集团与中国诚通集团联合设立北京国调中铝铜产业发展发展基金。图为揭牌仪式现场

5 月 25 日，集团与交通银行共同设立四则产业投资基金，总规模 100 亿元，支持集团深度运用“加减乘除”四则运算，推动供给侧改革

8 月 8 日，山西分公司和山西华泽完成合并重组，更名为中铝山西新材料有限公司。图为中铝山西新材料揭牌仪式现场

4 月 27 日，中国铝业、杭州锦江集团、贵州省产业投资集团、清镇市工业投资有限公司合资设立的贵州华仁新材料有限公司举行揭牌仪式

2017 年，集团贯彻绿色发展理念，推进技术升级改造，一大批节能环保项目顺利推进。

3 月 16 日，中国铜业普朗铜矿一期采选工程投料试车

4 月 28 日，遵义铝业环保节能技改项目投产

7 月 28 日，华中铜业高精度铜板带箔二期项目开工

8 月 26 日，中国铝业贵州分公司“退城进园”项目通电投产

12 月 28 日，广西华磊项目热电 1# 机组并网发电

社会责任

SOCIAL RESPONSIBILITY

沟通交流

集团党组成员与企业单位建立联系点，深入基层调研指导，与企业员工共同探讨创新发展的思路和方法。

5月28日，集团党组书记、董事长葛红林（前左）在洛铜板带厂新线生产现场调研，与一线技术人员深入交流

9月2日，集团党组副书记、总经理余德辉（右）在中铝中央研究院东南分院调研，鼓励科技人员要努力解决制约铝加工行业的关键技术问题

10月19日，集团党组副书记、副总经理敖宏（左三）指导西南铝问题清单穿透工作

9月14日，集团党组成员、副总经理刘才明（中）在包头铝业调研，强调要增强安全、环保、质量三个意识

5月3日集团党组成员、党组纪检组长赵钊（中）在秘鲁矿业调研，与员工现场交流

6月21日，集团党组成员、副总经理张程忠（右）在青海省海晏县看望贫困学生。图为到结对帮扶的学生家中家访

4月22日，集团党组成员、副总经理刘祥民（左二）在中铝洛铜调研产品质量提升工作

2月2日，集团党组成员、副总经理刘建平（右一）调研云南铜业股份有限公司迪庆矿业

10月25日，集团党组成员、副总经理卢东亮（右二）在印尼考察曼帕瓦氧化铝项目厂址，强调项目选址要做好环境评估影响

2017 年，集团及所属企业认真贯彻落实国家安全环保政策，着力提升全员安全环保意识，切实保障员工健康安全，保护生态环境。

集团举办第一届降碳节活动，与供应链伙伴共同签署《联合降碳倡议》。图为参加降碳节活动的代表在“联合降碳行动倡议书”上签名

西北铝举行承诺安全入心签名活动

九冶举办安全生产知识竞赛

中铝广西稀土贺州公司开展义务植树活动

云铜集团玉溪矿业山水铜业公司选厂三车间班前会，员工进行安全宣誓

贵州分公司“水资源创新工作室”开展工业废水处理研究，经处理的废水达到优质再生水标准，为贵阳市太阳湖公园提供景观用水

集团坚持“以人为本”，尊重员工、成就员工。2017 年集团及所属企业多措并举，关爱员工工作生活，激励员工岗位成才。

西南铝召开第二次科技大会。图为集团领导为受表彰的优秀科技人员颁奖

中铝金融开展全员拓展训练

洛阳院组织“喜迎新春展望未来”拔河比赛

集团组织劳动模范游览“鸟巢”

山西新材料电解铝板块改建员工食堂，服务一线员工

集团充分发挥研发和技术优势，为国家重大科技工程提供关键材料，推广铝的应用，加快智能制造步伐，发挥了行业龙头的带动作用。

长征系列火箭用10米级整体铝合金环件在西南铝试制成功

集团为我国首架国产大飞机C919提供铝材构件材料

西北铝生产的工业铝合金管材

中铝国际在北京、内蒙古等地承建多座铝合金天桥

集团以乘用车、客车、挂车为主，加快汽车轻量化用铝研发，具备了为汽车企业提供全铝车身一揽子的解决方案。图为使用中铝萨帕提供铝合金的地铁车体

全铝家居产品以科技含量高、资源消耗少、环境污染小、可定制化生产等特点，引领家居行业的绿色转型。图为西南铝全铝家具展示区

集团加大推广城市园林景观的铝合金应用。图为郑州轻研院在北京的园林景观展示区

集团本着“点石成金，造福人类”的社会责任观，积极参与社会公益，主动支持社区发展。

2017 年，集团干部职工通过自愿结对，帮扶了 150 名海晏县贫困学生，帮扶资金 33 万元

2017 年，中国铜业联合合作伙伴共同为云南省德钦县羊拉乡的学前教育点捐赠价值 18 万元的助学物品

2017 年，秘鲁矿业公司向当地社区提供技术援助，完成手工业、餐饮等 17 项技能培训

广西分公司开展“中铝 阳光爱心”捐助活动，为海城乡伏山小学筹建“爱心图书角”

青海分公司青年志愿者走入社区，向居民提供法律咨询服务

贵阳院振兴公司志愿者慰问一线环卫工人

2018

中国铝业集团有限公司年鉴

The Yearbook of Aluminum Corporation of China

【特　辑】

S p e c i a l s

“两带两创”筑平台　聚焦中心促发展

——集团深入开展“两带两创”活动

为认真实践中央提出的“五大发展理念”和国家大力倡导的“双创”号召，推进“两学一做”学习教育常态化制度化，2017年5月起，中铝集团在各级党组织和广大党员群众中开展“党组织带党员创效，党员带群众创新”（以下简称“两带两创”）活动。

“两带两创”活动开展一年多来，各级党组织以党员责任区、党员先锋岗、党员突击队等为载体，组织全体党员全方位开展创效活动。全体共产党员要以完成所在岗位工作任务为目标，坚持以问题为导向，聚焦所在党组织创效目标和创效项目，发挥个人专业特长和技能水平，对标先进查找差距，设立创新项目或创新课题，以“一带N”或“N带一”的模式，用创新的思路和手段解决问题，带领带动职工群众，勇于担责，积极创新，取得实效。

本卷年鉴“特辑”篇，收录了集团“两带两创”活动相关内容。

5月17日，党建工作会上，集团党组对“两带两创”活动提出重点要求

2017年，集团各级党组织共设立创效项目3926个，党员带领群众设立创新项目或创新课题5283个。图为贵州分公司组织“流动党课”，党员带领员工围绕生产实际开展创新创效

“双创”活动中，集团各级党组织开展党员亮诺践诺评诺、党员示范岗等活动。图为中铝郑州企业机关党委为党员责任区挂牌

集团开展首届创新创意大赛，西北、西南、中部、东部四个片区评选出32个优秀项目。图为西北片区复赛

2017年集团13个新设机构全部成立了党组织。图为中铝材料院党委成立大会

2017年，集团有11个党委按期完成换届。图为中铝广西稀土召开机关党员大会，进行换届选举

结合庆祝建党96周年，集团各级党组织组织5.5万余名员工开展了"庆七一·创新赢得未来"主题演讲比赛、重温入党誓词、主题党日、慰问困难党员等"八个一"活动。

① 集团直属党委举办"庆七一"演讲赛
② 重庆分公司组织"学革命英烈 做合格党员"主题党日活动
③ 山东华宇党史团史知识竞赛
④ 广西分公司举办庆七一经典诵读会
⑤ 中铝资产党员重温入党宣誓
⑥ 洛阳铜业举办基层党务、纪检干部培训班
⑦ 西南铝定期召开党建思想政治工作（企业文化）研究会

中国铝业公司
“党组织带党员创效　党员带群众创新”
活动实施方案

一、总体思路

深入学习贯彻中共十八届六中全会和全国国有企业党的建设工作会议精神，认真实践中央提出的“五大发展理念”和国家大力倡导的“双创”号召，以贯彻中铝公司2017年工作会议、推进“两学一做”学习教育常态化制度化和深化“三型”党组织建设为重点，撸起袖子加油干，扑下身子抓落实，充分发挥各级党组织和广大党员在生产、技术、营销、管理、服务等工作创新创效中的战斗堡垒和先锋模范作用，带动带领职工群众为公司扭亏脱困、转型升级和改革发展提供坚强的政治保证。

二、活动内容

“两带两创”活动，即“党组织带党员创效，党员带群众创新”。

（一）党组织带党员创效

各级党组织以完成本单位年度生产经营任务和党建工作任务为目标，以提质增效、提升管理、加强党建为主导，以党员责任区、党员先锋岗、共产党员机台、党员突击队等为载体，紧扣扭亏脱困转型升级工作中的急难险重任务和技术难题、经营难点等，组织全体党员全方位开展创效活动。各级党组织班子成员自上而下逐级与创效创新项目课题建立挂钩帮带制度，制订工作措施，实施责任共担，及时协调解决困难问题，确保项目课题顺利推进。提倡创效不论多少，每个党组织都要设立创效项目，要有创效目标，通过主动带领党员创新创效，为完成年度目标任务作出贡献。

（二）党员带群众创新

全体共产党员以完成所在岗位工作任务为目标，坚持以问题为导向，聚焦所在党组织创效目标和创效项目，立足岗位或本职，发挥个人专业特长和技能水平，围绕改进工艺流程、优化技术指标、提高操作技能、消除安全隐患、开展科技创新、提升精准管理等方面对标先进查找短板和差距，设立创新项目或创新课题，以“一带

N”或“N带一”的模式（即一个党员带N个群众或N个党员带一个群众），通过带思想、带学习、带安全、带技能、带作风，用创新的思路和手段解决问题，有力支撑所在党组织创效项目。提倡创新不分大小，每个党员都要有创新行动，要有创新举措，通过党员带群众创新，提高企业竞争力。

三、方法步骤

（一）设立项目

创效就有业绩，各级党组织要围绕本单位年度生产经营、管理改革、党建工作等中心任务，找准创效活动的切入点、发力点，自上而下层层进行任务分解，层层明确创效目标，以党员责任区、攻关党小组等为团体单位，设立创效项目。创新就有成绩，全体党员要坚持从本职岗位做起，充分发挥先锋模范和骨干带头作用，积极主动联系群众、帮助群众，带领群众创新创效，逐步形成人人能创新的生动局面。党员人数较多的可建立创新活动小组，明确负责党员。5月底前完成创新创效项目课题设立，在各级党组织和全体党员中做到全覆盖。

（二）组织实施

各级党组织要建立创效创新项目课题汇总台账，明确创效创新单位和党员群众情况、主要负责人、现状及重点难点问题、具体措施和预期创效目标等，并层层进行公示，接受上级党组织和本单位党员群众监督。对工作进展程度、存在问题、取得成效等按照PDCA循环管理模式扎实推进，对活动开展情况要进行月小结、季考核，激励先进，鞭策后进。全体党员要明确创新目标，制定具体措施，努力克服困难，扎实推进工作，要及时向所在党组织汇报创新工作推进情况，积极争取党组织的支持和帮助，力争要有一批“短平快”项目取得成效。

（三）督导检查

各级党组织要加强规范化管理，建立活动记录台账，填写《党组织带党员创效月度工作记录表》和《党员带群众创新月度工作记录表》（见附件），在各项目课题进展的重要节点、重点部位，及时跟进检查督导，确保各项目推进力度不减、进度不慢。要及时书面反馈督导检查情况，对创效创新项目课题进度滞后、效果不明显的负责人、团队和挂钩领导进行批评教育，限期进行整改，确保各项目课题按时保质完成。9月份对项目课题进行检查，了解活动进展情况、存在的问题，明确下步工作措施。

（四）总结评价

各级党组织要制定“两带两创”活动考核评价细则，及时对创效创新项目课题考核评价。年底对成果显著、有影响力的项目课题进行逐级申报评选，给予表彰奖励，不断激发党员群众的创新活力。公司将把各企业“两带两创”活动开展情况作为重要考核内容，纳入党建工作考核，并在2018年度工作会议上对优秀创效创新项目课题予以表彰奖励。

（五）成果推广

公司将对各企业完成的创效创新项目课题进行整合分类，获得表彰奖励的总结经验做法，向同类企业或部门进行推广实施。

四、几点要求

（一）加强领导，落实责任

“两带两创”活动是“两学一做”学习教育常态化制度化的一项重要内容，是落实全国国有企业党的建设工作会议精神的一项重要举措，是深化“三型”党组织建设的一项重要载体。各级党组织书记要思想重视，加强领导，亲自部署、亲自督导、亲自带项目带课题，作出表率。广大党员要立足本职，从实际出发，带头带领带动职工群众，勇于担责，积极创新，取得实效。

（二）围绕中心，统筹推进

各级党组织要切实围绕本企业、本部门生产经营、安全管理、降本增效、改革创新等中心工作，结合“安全、干净”班组竞赛、公司专项劳动竞赛，认真组织开展好“两带两创”活动。可在“两带两创”活动总体要求下，将各单位自行开展的创效创新活动和“两带两创”活动做好统筹安排和精准对接。在重要阶段党员干部靠前组织、靠前指挥，在关键岗位、关键工序和“急、难、险、重”任务面前党员攻坚克难、身先示范，确保创效创新项目课题扎实稳步推进。

（三）分类指导，务求实效

坚持实事求是原则，各单位要针对现状，立足自身，对“创新创效型”一线党组织、“支持保障型”辅助系统党组织和“管理服务型”机关党组织区分不同情况，抓住重点，分类指导，及时制订和调整完善“两带两创”目标任务和具体措施，持续改进，扎实推进，不断提高“带创”水平，不断增强基层党组织的创造力、凝聚力和战斗力，全面提升基层党组织服务企业中心工作的保障能力。

（四）加强宣传，营造氛围

要本着“树起一个感染一片，宣传一个鼓舞一片，推广一个带动一片”的思路，发掘典型、培养典型、表彰典型、推广典型，形成“上级带下级、干部带员工、党内带党外、党员带群众”的良好氛围，不断激发各级党组织和广大党员群众在“两带两创”活动中当先锋作表率。

附件1：党组织带党员创效月度工作记录表

附件2：党员带群众创新月度工作记录表

附件 1

党组织带党员创效月度工作记录表

单位：（盖章）

<table>
<tr><td>载体类别</td><td colspan="3">党员责任区□　党员先锋岗□
党员突击队□　其他载体　□</td><td>负责人</td><td>姓名：
现任职务：</td><td></td></tr>
<tr><td rowspan="5">成员</td><td>序号</td><td>姓名</td><td>性别</td><td>学历</td><td>岗位</td><td>特长</td></tr>
<tr><td>1</td><td></td><td></td><td></td><td></td><td></td></tr>
<tr><td>2</td><td></td><td></td><td></td><td></td><td></td></tr>
<tr><td>3</td><td></td><td></td><td></td><td></td><td></td></tr>
<tr><td></td><td></td><td></td><td></td><td></td><td></td></tr>
<tr><td>创效目标</td><td colspan="6"></td></tr>
<tr><td>查摆问题</td><td colspan="6"></td></tr>
<tr><td>工作措施</td><td colspan="6"></td></tr>
<tr><td>解决问题情况</td><td colspan="6"></td></tr>
<tr><td>取得成效</td><td colspan="6"></td></tr>
</table>

附件 2

党员带群众创新月度工作记录表

单位：（盖章）

<table>
<tr><td rowspan="5">党员</td><td>姓名</td><td>学历</td><td>岗位（职务）</td><td>特长</td><td rowspan="5">群众</td><td>姓名</td><td>学历</td><td>岗位（职务）</td><td>特长</td></tr>
<tr><td></td><td></td><td></td><td></td><td></td><td></td><td></td><td></td></tr>
<tr><td></td><td></td><td></td><td></td><td></td><td></td><td></td><td></td></tr>
<tr><td></td><td></td><td></td><td></td><td></td><td></td><td></td><td></td></tr>
<tr><td></td><td></td><td></td><td></td><td></td><td></td><td></td><td></td></tr>
<tr><td>带创类型</td><td colspan="9">带思想□ 带学习□ 带安全□ 带技能□ 带作风□</td></tr>
<tr><td>创新目标</td><td colspan="9"></td></tr>
<tr><td>工作内容</td><td colspan="9"></td></tr>
<tr><td>解决问题情况</td><td colspan="9"></td></tr>
<tr><td>取得成效</td><td colspan="9"></td></tr>
</table>

做实“两带两创”
推进党建与中心工作深度融合

——中铝集团“两带两创”活动总结推进会上的讲话

党组副书记　副总经理　敖　宏

（2018年9月13日）

按照中铝集团年度党建工作安排，今天召开“两带两创”活动推进会。主要目的是，深入学习贯彻习近平新时代中国特色社会主义思想和党的十九大精神，认真落实习近平总书记等中央领导对中铝集团重要批示要求，对一年来“两带两创”活动进行阶段性总结，对持续推进集团“两带两创”活动进行部署。

刚才，通过指定与随机抽取的方式，5位领导代表本单位介绍了“两带两创”活动的做法，认识深刻、特色明显、总结客观、问题具体、措施实在；发布的10个优秀项目课题，介绍了创新创效项目的好做法好经验，有着代表性和示范性，希望各单位认真借鉴。

2011年，公司党组全面启动创建“创新创效型”一线党组织、“支持保障型”辅助系统党组织和“管理服务型”管理部门党组织的“三型”党组织创建活动。2012年，以深化“三型”党组织创建为抓手，扎实开展基层组织建设年活动。2013年开展了党建示范区、标杆党组织、党员示范点创建活动，实现了公司“三型”党组织“全覆盖”。2014年，针对深化改革、结构调整后的新情况，运用党建标准量化管理及时调整规范了“三型”基层党组织建设。2015年，指导各单位结合改革发展的新变化和实际，对“三型”党组织重新进行分类确定，细化建设目标、内容、实施路径。2016年，开展了“抓三型、抓基础、抓作风，保障改革发展”活动，一线党组织创造价值能力、辅助系统党组织工作效率、管理部门党组织管理服务水平有了较大提升。2017年，为进一步把“三型”党组织建设做深做细，我们开展了“两带两创”活动，是与“三型”党组织建设是一脉相承的。“两带两创”活动，深化了“三型”党组织建设的内容，丰富了载体，基层党组织创新创效水平得到提升，支持保障能力得到增强，管理服务意识得到提高，有效激活基层党组织的活力，提升了党建工作科学化水平，促进了企业生产经营任务的完成，取得了扎实成效。

一年多来的实践证明,开展“两带两创”活动，是贯彻习近平新时代中国特色社会主义思想的有效载体，是深入学习贯彻全国国有企业党的建设工作会议精神，认真实践中央提出的“五大发展理念”和国家大力倡导的“双创”号召，推进“两学一做”学习教育常态化制度化的重要举措，是推动党建和生产经营深度融合，促进企业改革发展转型升级的有效平台,是深化“三型”党组织建设的重要抓手，必须坚持不懈地深入抓下去，总结和巩固已有的经验做法，形成长效机制，使之成为推动集团高质量发展的“加速器”。

下面，我讲三点意见。

一、“两带两创”活动开展情况回顾

一年多来，各级党组织认真落实集团党组的部署要求，聚焦降本增效改革发展这个中心，坚持以提质增效、提升管理、加强党建为主线，通过抓痛点、明重点、补漏点，使党建工作和生产经营深度融合，做到了高标准提高效率、严要求增强效果、大力度提升效益。2017 年，各级党组织带党员设立创效项目 3926 个，党员带群众设立创新课题 5283 个，直接创效 20 多亿元，成效非常明显。主要有以下四个方面。

（一）党组织的组织力明显增强

组织动员群众是党的光荣传统，是党永葆旺盛生命力的制胜法宝。各级党组织围绕加强党的建设和中心任务，把提升基层党组织组织力和激发党员群众内生动力作为关键，建立月点评、季考核等制度。结合创效项目、创新课题特点和目标要求，成立党员责任区、党员突击队、攻关党小组等。各级领导干部带头带项目、带课题，带头到联系点调研指导，在项目课题进展到重要阶段，靠前组织、靠前指挥，在“急、难、险、重”任务面前身先示范，通过带思想、带学习、带安全、带技能、带作风，充分调动了广大党员群众的积极性、主动性，切实把党的政治优势、组织优势、群众工作优势转化为企业的竞争优势。中国铜业坚持“2345”工作思路和项目管理模式，突出问题导向，组织所属各级党组织设立创效项目 1226 个、创新课题 1676 个，2017 年全年创造经济效益 8.99 亿元。其中，云南国际将“两带两创”活动覆盖境外党组织，取得良好效益；上海铜业本部第二党支部压降“两金”4126 万元；玉溪矿业充填工区党支部“矿粉水泥胶结充填应用推广”项目创效 247 万元。宁夏能源建立功能党小组 141 个，对口帮带班组 242 个，创新项目 233 个，创造经济效益 2800 余万元。连城分公司各级党组织对生产经营工作难点问题进行“挂牌出题”，党组织主动“揭榜破题”，全体党员积极领任务“亮牌解题”，充分发挥了党组织战斗力。山东铝业将工作重心“沉”到支部,实施“骨干提升、先锋引领、熔炉淬炼、兜底保障、创新创效”五大工程。党委抓总，支部发力，2017年两带两创活动创效2.06亿元，2018年确定“党组织带党员创效”课题198个，“党员带群众创新”课题276个，已创造直接经济效益2500万元。重庆分公司结合“两带两创”活动，创新开展“1+1+N”党员网格化服务专项活动,即1名党员负责1个“网格”、包干服务N个群众，将分流安置工作做到细处、落到实处，全年共妥善分流安置员工364名。

（二）与中心工作的融合力明显增强

融入中心、服务中心、促进中心是国有企业党建工作永恒不变的主题。实践证明，“两带两创”活动是党建工作与中心工作紧密融合的纽带，是“路”与“桥”的关系。各级党组织聚焦“降本增效扭亏脱困”这一中心，坚持围绕扭亏脱困定项目、融入中心抓创效，结合转型升级选课题，做到与单位扭亏脱困、精准管理等生产经营工作相有机融合，与开展合理化建议、创新创意大赛、创效工作室等活动有效衔接，与党建工作考核、党组织书记述职评议、“两优一先”评比等工作有力结合，实现党建与生产经营由“两张皮”到“无缝对接”。贵州铝厂将“两带两创”活动与生产经营、“三退三进”转型发展相融合，与“书记话党建”等党建活动精准对接，作为打赢安全环保质量攻坚战的有效平台，唤醒了广大党员群众的担当尽责意识。2017年170个项目全部完成，实现经济效益2800万元。中铝瑞闽以项目化管理方式开展“两带两创”活动，把活动开展好不好，成效如何，党员形象如何，做到立项、实施、考评人人参与，发挥党建“明方向、聚人心、解难题、攻难关”的积极作用，实现创效4600余万元。华中铜各党支部将“两带两创+N”活动与生产经营紧密结合，与“找不足、标准化、减问题”的46项重点工作相结合，共设立创新创效项目24项、创新成果15个，实现创效534.53万元。郑研院各基层党组织把“两带两创”活动同重大项目和产业化研发、同产品提产提质降本增效、同精准管理、同安全环保质量工作相结合的“四个结合”，设立创新创效项目课题共117项，创造直接经济效益上千万元。郑州企业采取“一七五”工作法，即确定一个主题，选好一个项目，定好一个目标，带好一个团队，抓实一个过程，树好一个典型，叫响一个品牌。实行定目标、定措施、定时间、定责任人、定效果“五定”管理。2017年创效2900余万元，2018年立项203项。中铝国际及时成立活动领导小组、办公室和督导组，坚持对活动不力的党组织下发整改清单，限期抓好整改，有力地推动了“两带两创”活动深入开展，2017年101个创效项目、151个创新项目，创造经济效益13623.81万元。中铝资本把抓实党建工作与实现中铝现代金融的目标紧密结合，按业务单元功能和部门职能划分，形成了一个支部一面旗的良好局面。经营性租赁促进产品营销，全年实现利润1.03亿元，创新业务投放金额超过3亿元。

（三）党组织和党员的战斗力明显增强

各级党组织带领带动党员群众，在扭亏脱困转型升级任务中勇挑重担，在加减乘除工作中攻坚克难，在生产技术、管理服务等重点项目中创新创效，不断创新管理方式方法，因地制宜地开展生产降本、精准管理、节能减排、资本运作、营销物流、技术革新、节流开源等方面进行创新创效，堵塞生产经营和管理漏洞，止住效益上的出血点，开创效益的造血点，有力推动企业提质增效转型升级。包头铝业坚持项目推进到哪里，战斗堡垒作用就发挥到哪里，哪里有困难哪里就有共产党员，以“党员突出队”“党员先锋岗”为载体，为华云二期项目建设“抢”回效益近1.6亿元，成为铝行业转型升级的示范标杆。山西铝业结合单位实际，开展“党组织抓项目持续改进，党员抓改善消除浪费”活动，组织所属党组织申报实施改善项目111个，党员带动群众申报实施创新改善点172个，共创造直接经济效益81.3万余元。青海分公司聚焦重点，深入调研，归纳整理，选题立项，按照“一个项目、一名负责人、一套措施、一本台账”的方式，110个创效项目累计收益2936万元。遵义铝业坚持目标问题导向，设立“建好槽、开好槽、管好槽”创效项目，在实现全面开槽目标的同时，增产1.8万吨，增收3亿元，增利3000万元。兰州分公司电解二厂党支部以服务保障为主体，组织净化、多功能天车党员带领群众设立“修旧利废，节约成本”课题，制定自主维修维护制度，保障电解的正常生产，实现月节约维修费用约6万元。广西分公司坚持做到党支部、党员两个全覆盖，抓好三级审批监督，填好四个工作表，坚持年初立项、季度评审、动态申报、滚动管理，治理“跑冒滴漏”漏点11478点，在整个铝行业走在了最前列。铝加工事业部紧紧围绕抓住生产管理、技术创新、改革扭亏等重点任务开展“两带两创”活动，为铝加工企业开拓深加工业务，实现各类深加工产品产量14万件。

（四）全员创新力明显增强

企业要做强做优，必须强在创新上，优在效益上。“两带两创”活动中共设立创新创效项目课题9200余个，都是来源于各单位的生产经营、重大项目、管理实践和市场需求的一线，都是影响或制约企业效益效率提高、转型升级的“瓶颈”问题，都是经过各级党组织认真研究，急需克服的“急、难、险、重”问题。一年多来，通过“两带两创”活动这个载体，各级党组织、全体党员和群众同心同向抓重点、抓关键、抓难点、抓创新，以一个个问题的成功解决，一件件难题的攻坚突破，形成了人人想创新、人人要创新、人人能创新的良好氛围，提升了企业核心竞争力。东轻公司各级党组织和党员干部围绕运行机制创新、产业结构创新、管理服务创新等重点工作，分别确定了大飞机铝材新产品研发、成品率提高等8个创新创效子项目，层层分解指标，层层选题立项，确保创效项目目标实现。贵阳院积极发挥“劳模创新工作室”模范带动作用，利用好3个国家级、3个省级创新平台，进一步提升了创新管理和科研实力。山东华宇坚持将“两带两创”工作纳入党建考核，与生产经营业绩考核同比例兑现。成立由各专业部门组成的项目审核组，季度评审优秀项目，每月对创效创新项目进行汇总和公示，每月举办一期“党员大讲堂”案例分享会，充分激发全体员工创新热情。西南铝紧扣国防军工重点产品材料研制和生产任务技术难题，将提升重点锻件的产品质量和保供能力作为“两带两创”的切入点，指导模压制造部党支部设立“提升7050合金座圈锻环综合成品率”攻关项目，综合成品率提升10%。山西新材料组织全体党员围绕改进工艺流程、优化技术指标、消除安全隐患、开展科技创新等内容确定创新课题，降低了设备故障率，节约了设备检修费用。山西华圣电解厂党委设立四个攻关小组，从阳极预热、换极作业质量、保温料破碎系统改造等十个方向进行攻关，2017年共计节电1202.3万度，折合电费409万元。

二、着力解决“两带两创”活动中存在的突出问题

一年多来，集团“两带两创”活动取得显著成效，集团开展“两带两创”的做法被国资委党委“两学一做”学习教育简报专版刊登，在中央企业介绍推广。但从党建考核、政治巡视和党建工作抽查的情况来看，我们必须清醒地认识到，“两带两创”活动与贯彻好习总书记重要批示精神的要求，与集团党组的高质量加强党建工作的要求还有较大差距。主要有以下四个方面问题。

一是认识不到位的问题。事业的成败关键在人，关键在领导干部。目前，有些企业和部门领导干部对开展“两带两创”活动的重要意义领会不深、认识不足，提口号多、抓落实少。有些党组织书记一年没有或仅召开一次党委会研究部署活动情况，有布置无落实。有些领导干部虽然按要求负责或参加了项目课题，但是投入精力不够，对进展情况、困难问题不掌握，只挂帅、不出征。有些机关党支部还认为“两带两创”活动与己无关，或是把活动当作一项例行工作，没有引起足够重视，没有设立项目课题，或者有项目课题，也是写在计划上、挂在墙上、落实在报告中。有些基层党组织的主动性不强，思想发动的方法简单、形式单一，宣传载体创新不够，党员和群众的积极性、主动性和创新性还没有充分调动起来。

二是组织不到位的问题。有些企业党委对“两带两创”活动统筹谋划不够，还把活动当作是党群工作部门的事，没有动员和发挥科技、企管等有关业务部门作用，没有形成齐抓共管的合力。有些单位对所属党组织的创效项目、创新课题在立项时把关不严，与中心工作结合不紧，创新不够，存在应付差事，搞形式主义。有些项目课题开展计划性不强，阶段性目标和推进措施不够具体，项目计划和完成时限更改随意性大、不严肃。有些单位没有及时对项

目课题进行验收，对该项目课题是否具备创效创新性和推广价值，缺乏组织结论。有些单位督促检查不够，以听汇报、看资料来了解情况，没有及时跟进，有近一半的单位没有组织优秀项目课题评选和成果发布会。

三是活动开展不平衡的问题。从总体效果上来看，“创新创效型”一线党组织好于“支持保障型”辅助系统党组织，“支持保障型”辅助系统党组织好于“管理服务型”机关党组织。工作推进不平衡。领导班子重视的，创新创效项目抓得实，员工参与范围广，方式方法活，推进效果好。反之，班子不重视的，投入精力不够，员工参与度小，完成进度和效果不理想，成果不明显。项目申报不平衡。在生产、技术、设备等一线岗位申报的数量多，机关部室申报的相对较少。项目发展不平衡。难度小的项目推进快，难度大的项目推进慢，速度不均衡。组织发动不平衡。有专职书记、副书记的单位要比兼职单位的好，可量化的项目课题比定性的开展的要好。

四是机制不健全的问题。有的推进机制不健全。对活动理解不透，立项标准不明确，党员参与度不够，项目成效不突出，载体创新不够。有的分类指导机制不健全。比如，项目结合实际不紧，设定目标过高。申报项目侧重于难点和大项目，对预期较小的项目申报少，导致实施难度大。有的督促检查机制不健全。没有形成设立项目、组织实施、督导检查、总结发布和评价推广的循环机制，以及缺乏创效项目、创新课题的考核评价内容、考评标准等等。有的典型示范机制不健全。选树典型不及时、不过硬，未实现以点带面，面上全覆盖、线上保过程、点上结硕果等方面的典型事迹。

上述这些问题，充分说明开展“两带两创”活动还有较大的提升空间，必须按照集团党组的部署要求，自觉对照检查，举一反三，在以后的工作中认真加以整改。

三、要高质量推进“两带两创”活动

2018年，是集团深入学习贯彻习近平新时代中国特色社会主义思想和党的十九大精神的开局之年，也是集团“党建质量提升年”，持续推进“两带两创”活动是提升党建工作质量的重要内容，也是全面提升基层组织力的重要抓手，集团党组将下发《中铝集团党组“两带两创”持续推进办法》，采取有效措施，加强组织领导、建立长效机制、狠抓工作落实，使党建工作与企业实际结合更紧，与党员群众需求贴得更近，与生产经营融合得更好，实现“两带两创”从创品牌到出精品的跨越，为集团高质量发展提供有力支撑。重点要抓好以下五个方面工作。

（一）要抓细抓实，做强党建品牌

党建品牌，是党建优秀成果和成功经验的凝结，是党建领域的旗帜和标杆，是党建工作对于企业重要价值的具体展示和有力说明。“双百分”考核、“两带两创”已成为中铝集团党建工作的两张名片，但影响力、广泛性还不够，我们要把“两带两创”抓得更深、更实、更细，使“两带两创”成为集团党建工作与中心工作深度融合的品牌。具体实施过程中，要做到“四个坚持”。一是要坚持把“12345”贯穿始终。即围绕“生产经营改革发展”这一中心，突出“创新、创效”两个重点，抓住“各级党组织、全体党员和职工群众”3个主体，用好“党员责任区、党员示范岗、党员突击队、党员攻关项目”等4个载体，实施“项目设立、组织实施、督导检查、成果发布和评价推广”5个步骤开展活动。二是要坚持把问题导向贯穿始终，聚焦企业生产经营、改革发展、转型升级以及员工群众关心的难点热点问题，补短板、强弱项，融入中心创新创效，切实把党组织的思想优势、组织优势和群众优势转化为企业竞争优势。三是要坚持以上率下贯穿始终，各级领导干部要带头负责创效创新项目（课题），党支部书记必须带一个项目或课题，积极主动站队首，扛重担、打硬仗，把党员队伍创造力、凝聚力、战斗力转化为企业的核心竞争力。四是要坚持把讲求实效贯穿始终。所有项目和课题，都要以解决问题推进工作为目标，明确工作标准，建立推进措施，加强督促指导，以阶段目标和小目标确保整体活动取得实效。

（二）要广泛动员，形成工作合力

“两带两创”活动是一项系统性工程，参与人数多，项目课题类型杂、覆盖面广，组织难度大，只靠党群工作部门“单枪匹马”是抓不好这项活动的，必须整合各部门力量和资源，形成齐心合力抓“两带两创”的大格局。一是要形成部门合力。各级党组织要广泛发动党、纪、工、团组织，充分调研他们参与活动的积极性、主动性和创造性，汇聚各自资源优势，拧成一股绳，形成工作合力。二是要做好“三个结合”，即要与集团战略发展方向相结合，紧紧围绕“三大攻坚战”“4+4+4”四大新兴产业战略布局设立项目课题，确保创效创新的正确方向；要与“三型”党组织建设和标准化党支部创建相结合，创新创效型党组织要在提质降耗、优化指标、创造价值上下功夫，支持保障型党组织要在支持一线、提高效率、保障生产上下功夫，管理服务型党组织要在优化管理、转变作风、服务基层上下功夫，确保活动带出成果，创出实效，不断提高党建工作质量，提升组织力。要与“不忘初心、牢记使命”主题教育、“五新”大讨论合理化建议、“金点子”“银点子”征集、专项劳动竞赛、创新创意大赛等活动相结合，使其相互融合、相互促进。三是要抓好典型示范。推进“两带两创”活动光有号召不够，还要有榜样引领。各级党组织要大力发掘培养、弘扬表彰在活动中涌现出的“不相信有完不成的任务，不相信有克服不了的困难，不相信有战胜不了的敌人”的典型人和事，形成“上级带下级、干部带员工、党内带党外、党员带群众”的良好氛围。

（三）要注重实效，精心组织实施

开展任何一项工作，都要找到它的动力源。“两带两创”活动要开展得有声有色，就必须找到激发党组织和党员主动创效创新的引擎。一是各级领导干部要率先垂范。各级党组织书记和班子成员，要带头提高认识、带头带项目带课题，带头督促指导。各级领导干部既要当好组织者，又要当好推动者，更要当好实践示范者，亲自部署、推进、检查、验收，扎扎实实推进活动落地见效。二是要抓好承诺践诺公开。各级党组织、党员要勇于作出承诺，敢于亮诺，把创效项目、创新课题向群众公开，接受群众监督。要积极践行承诺,在“三亮三比”(亮身份、亮标准、亮承诺,比作风、比技能、比业绩)中认真落实、抓好推进、展现作为。三是要加强督导检查。集团将每年底结合年度党建工作考核对各单位“两带两创”活动开展情况进行考核，对创效创新项目课题完成率低于80%或组织不力、应付差事、弄虚作假的单位党委书记，将进行问责追责。各级基层党委要每季度检查一次所属党支部的创效创新项目课题进展情况,发现和解决问题,部署下步重点工作。各基层党支部坚持每月总结讲评一次本单位本部门创效创新项目课题，分析解决问题,研究安排下步工作,确保活动推进不偏、不空、不虚。

(四)要夯实基础，建立长效机制

我们要不断总结“两带两创”活动的有效做法和成功经验，推动“两带两创”活动制度化、长效化。一是要建立工作推进机制。要认真学习贯彻集团“党组织带党员创效党员带群众创新”活动持续推进办法，把规定性要求梳理出来，结合单位实际制定具体贯彻落实细则或保障措施，工作制度不断完善，形成有效闭环管理。二是要建立分类指导机制。各实体企业要针对本单位“创新创效型”一线党组织、“支持保障型”辅助系统党组织和“管理服务型”机关党组织不同情况，分类进行指导，协同工会、团委等组织齐心协力，各负其责,持续推进,不断提高“带创”水平。三是要建立成果推广机制。各单位要结合实际，及时组织党群、工会、团委和生产技术、运营转型等有关部室，及时对已申请结项的项目课题进行验收，每年召开一次成果发布会，对优秀成果的团队或个人进行表彰奖励。要认真总结验收通过成果的经验做法，积极向同类企业或部门进行推广，对获得推广的成果，集团和各实体企业要在党建考核中给予加分。集团将坚持每年对各企业推荐的创效创新成果进行评选，评选出一、二、三等奖。

(五)要压实责任、强化组织领导

开展“两带两创”活动的关键是要有实效，决不能搞花架子和形式主义。一是各级党组织书记是本单位本部门“两带两创”活动的第一责任人，要切实履行好第一责任，班子成员要认真履行好“一岗双责”，在项目课题进展的关键时期、重要节点，深入基层和联系单位，统筹协调，支持指导，特别是在“急、难、险、重”任务面前，勇于担当、身先示范，确保创效创新项目课题扎实推进。二是要建立“党委领导、支部主抓、党员参与”的三级联动体系，按照计划、执行、检查、改进和提升循环模式，持续用力推进活动，让创新创效的动力迸发出来，让创新创效流行起来，让创新创效的红利释放出来。三是各单位全年要组织开好“三个会议”，每年初召开活动启动会，对全年工作进行安排部署；年中及时召开持续推进会，研究解决问题，推动活动扎实深入开展；年末召开成果发布会，总结表彰激励先进典型，发布优秀创效创新成果。

让我们以此次会议为新起点，以积极行动起来,扎扎实实推进“两带两创”活动，咬定创效创新目标不放松，做实中铝集团党建工作品牌，不断提升集团党建工作质量，为集团建设成为具有全球竞争力的世界一流有色金属企业作出新的更大贡献。

2018

中国铝业集团有限公司年鉴

The Yearbook of Aluminum Corporation of China

【文献篇】

Documents

爬坡过坎　决战决胜
以优异成绩向党的十九大献礼

——2017年工作会议讲话

党组书记　董事长　葛红林

（2017年1月14日）

一、关于2016年的工作

2016年，公司党组和董事会团结带领广大干部员工，深入贯彻党中央、国务院的决策部署，落实中组部、国资委的工作要求，在国务院国有重点大型企业监事会的指导和帮助下，坚持扭亏脱困转型升级的工作总基调，坚持“三个全面两个创新”，锲而不舍，顽强拼搏，全面超额完成了生产经营目标任务，实现了扭亏为盈，经营业绩创2008年金融危机以来最好水平，取得了“十三五”良好开局，呈现了稳中趋好势头。

（一）党建工作迈上新台阶

一年来，公司党组坚持全面从严管党治党，强化党建和党风廉政建设，工作取得明显实效。

一是全面从严治党责任更加落实。党组带头并教育引导全体党员，坚定理想信念，增强“四个意识”，坚决维护以习近平同志为核心的党中央权威。公司召开了2016年党建工作会议，深入学习贯彻党的十八届六中全会和全国国有企业党的建设工作会议精神，将党建工作要求纳入公司章程，明确了党组织在公司法人治理结构中的法定地位。在中铝股份、中国稀有稀土、中铝资本控股成立了党委和纪委。认真落实《中铝公司党组在深化改革中坚持党的领导加强党的建设的指导意见》，督促各级党组织做到“四同步”“四对接”。进一步规范了党建工作，明确了党建重点任务，层层开展“四个化”问题整改，整顿了软弱涣散基层党组织。制定了《境外企业党建工作实施办法》《重要事项报告制度》《党建工作例会制度》等15项制度，扎紧了制度笼子。夯实了党建责任，把党建工作纳入目标责任管理和重点督办事项。推进了基层党组织换届工作，45家企业党委完成了换届。层层开展了党组织书记抓基层党建述职评议考核，做到了书面述职全覆盖。通过多种渠道，开展形势任务教育，弘扬先进典型。成立了中铝党校，举办了12个班次、650人次的党员领导干部专题培训，发挥了主阵地作用。

二是"两学一做"学习教育深入开展。党组带头并要求各级党组织将"两学一做"学习教育作为党建工作的重要任务，动手早、形式多、力度大、效果好。创新"两学一做"的谈话教育，党组领导出面谈话37次，涉及34户企业、219名班子成员、166名年轻干部，促进了领导班子建设和年轻干部培养。各级领导干部带头讲党课2500多次，7万余名党员参加了党课辅导。2800多个党组织围绕"四讲四有"四个专题深入开展学习研讨，结合实际开展了"讲忠诚、讲尽责、讲拼搏、讲实效"主题大讨论。组织召开了"七一"表彰大会和纪念建党95周年系列活动，举办了历时3个月、3.6万余名党员参加的"两学一做"知识竞赛，党员参与程度高、受教育面大，影响广泛。各级党组织广泛开展"立足岗位当先锋、生产经营做贡献"等活动，有力促进了中心工作。召开了"两学一做"学习教育推进会，公司"两学一做"学习教育和领导班子专题民主生活会得到中组部和国资委党委的充分肯定。

三是干部队伍建设得到加强。党组带头并要求各级党组织落实好干部标准，把"四讲"用人导向落实到干部选配之中，全年调整干部245人次，加大了干部交流的力度，交流102人，其中总部、板块和企业间交流19人。加大了70年代年轻干部使用力度，提拔17人进入领导班子，11人担任总经理助理职务。选派了9名设计研究院优秀年轻干部到生产企业挂职锻炼。得到中国建筑支持，创新央企干部挂职交流新方式。坚持把"四凡四必"作为选拔任用干部的前置程序，严格执行领导干部个人重大事项报告制度。创新干部管理和监督方法，分批召开公司领导干部离任经济责任审计反馈谈话会，对第一批5名企业主要领导进行了组织反馈，强化了提醒和教育。从严干部考核，坚持把业绩考核情况和"两个责任"落实情况作为评定奖惩任用的重要依据。选拔了17名优秀干部到实体企业担任专职纪委书记，交流纪委书记8人。优化落实了板块干部管理的责任，下放了2个板块公司本部、37户企业班子领导人员的管理权限。

四是党风廉政建设更加从严。党组带头并要求各级党组织落实党风廉政建设责任，聚焦从严治党抓责任，围绕中心工作抓执行，紧盯作风建设抓纪律，实现了党风企风进一步好转。各单位持续强化"两个责任"，完善责任分解、落实、考核及追究体系，有力促进了责任落实。深入开展政治巡视，创新开展了执行力问责巡视，共巡视31家企业，发现并反馈问题594个，提出建议513个。召开了4次季度警示教育大会，通报违纪违法典型案例和执行力问责典型事例108个，处理329人，强化了警示震慑。严厉查处了中铝国贸、重庆分公司等单位的重点案件，挽回了巨大损失。积极实践“四种形态”，抓早抓小，全公司给予诫勉谈话211人、提醒谈话508人、批评教育273人、组织处理279人。扭住“四风”不放松，抓日常教育、监督检查，全公司管理费用大幅降低，业务招待费、会务费等五项费用同比降低8800万元。公司党风廉政建设工作得到中央领导、中纪委领导和中央巡视组的肯定和表扬。

五是群团工作扎实有效。党组带头并要求各级党政班子坚持全心全意依靠员工群众办企业，认真落实《中铝公司党组关于加强和改进党的群团工作的指导意见》，健全职代会等民主管理制度。隆重表彰了赵钢等公司50名劳动模范和32个先进集体。首次开展“最美中铝人”宣传季活动，组织了10名公司级先进人物的事迹报告会，激发了正能量，弘扬了新风气。成功举办“中国铝业杯”第十届全国有色金属行业职业技能竞赛暨中铝公司第十二届职工技能大赛。中铝长城建设有限公司电焊工杨红雷同志荣获第十三届中华技能大奖，7人荣获全国技术能手称号。公司团委广泛开展“创新发展·青年担当”活动，形成了团建片区协作和团干部挂职新机制。加强离退休干部服务与管理，十二冶离退休管理部主任赵众获得“全国先进老干部工作者”荣誉称号。

六是新闻舆论工作保障有力。以“正面宣传适度、负面舆情可控、热点难点疏导”为主线，通过创新工作思路、手段和载体，在各大主流媒体和行业媒体策划刊登宣传稿件328篇，接受媒体采访和回应媒体关切50余次，采编发行《中国铝业报》97期，推送《今日中铝》233期，举办大型展览8次，组织了“走进中铝看变化”媒体采访活动7次，预防、化解重大负面舆情21起，对外维护了企业形象，赢得了理解支持，对内树立了员工信心，增强了企业凝聚力。

（二）经营工作开创了新局面

面对年初铝铜价格处于低谷的严峻形势，公司上下全面贯彻年度和年中工作会议部署，落实国资委提质增效的工作部署，年初就上紧发条，做好最坏打算、做出最大努力，层层分解目标，紧盯落实措施，经营业绩节节攀升，收入、利润和资产负债率实现“两增一降”，连续两年全面超额完成国资委主要考核指标。

一是经营目标超额完成。实现营业收入2760亿元，同比增长372亿元。实现利润1.53亿元，剔除汇兑损失17.22亿元，实现经营性利润18.75亿元，同比增长45.8亿元。实现利税86.5亿元，为近五年来最高。经济增加值完成−82.2亿元，优于目标27%。成本费用占收入比重102.54%，比目标低4.1个百分点，降本增利104亿元。资产负债率84.06%，较目标下降2.47个百分点。

在铝铜年均价格为近十年来新低、价格减利近50亿元的情况下，中铝股份、铝加工事业部、中国稀有稀土、中铝金融、中铝资产完成了拼出超额30%利润的目标，中铝国际、中国铜业完成了年中下达的任务目标。

二是精准管理初见成效。我们紧紧围绕生产、财务、投资、资本运作、营销物流、内部协同、安全稳定等七个方面向精准管理要效益。比如，中铝股份狠抓“265598”各个专项，用市场倒推成本、成本倒逼改革，对症下药，强化责任考核，打了个漂亮的翻身仗。又如,各企业以标准化为主线，139个关键事项取得初步进展。全员“精准辨识、消除浪费”活动节约成本1.54亿元。广泛开展压库存、降定额工作，中铝股份项目建设首选闲置设备，盘活资产13.36亿元，库存资金占用额降低35亿元。再如，中铝股份、中国铜业逐日盯市场，开展期货战略性套期保值和敞口风险管理，强化市场有利因素，弱化市场不利影响，积极影响和带动了现货市场。公司狠抓内部市场交易，内部交易额达115亿元，同比增长10%。其中，中铝资产所属企业与有关板块的产品交易额达9.5亿元，同比增长25%。

三是拓展应用取得进展。国防军工保供、工程用铝推广、轻量化工作齐头并进。电解铝合金化率由上年的24.3%提高到32.93%。一批铝合金新材料批量生产，并成功应用于航空航天和民用装备制造，习近平总书记元旦致辞提到的“中国天眼”，所用铝材全部来源于“中铝制造”，西南铝生产的重型运载火箭用10米级整体铝合金环件刷新世界整体铝合金环件纪录。公司与吉利合作开展的汽车轻量化项目专项试制顺利推进。中铝萨帕完成厦门等城市地铁型材及大部件的批量供货，扭转了订单不足的被动局面。中铝国际的铝天桥、铝质集成房屋、铝防洪墙等十几项新产品打入市场。公司上下对轻量化和“以铝代钢”的认识在提升，实践的步伐在加快，一个个好的想法正在变为现实。

四是创新氛围更加浓厚。公司运营监控中心、大数据应用平台、电子采购交易系统等信息化项目相继投用，中铝股份本部和瑞闽通过国家工信部两化融合管理体系贯标专家验收，中铝国际等6家单位新入选试点企业。科技专家下一线有力促进了科研与生产的融合，山东华宇的电解铝合金化、西南铝和东轻的铝材生产取得新进展。公司工会在3813个班组、4.6万名员工中开展降本增效劳动竞赛，通过“双创”实现收益3.43亿元。开展了电解铝工区、碳素提质降耗、氧化铝质量提升3个专项劳动竞赛，营造了比学赶帮超的浓厚氛围，员工的干劲和企业的精气神焕然一新。王勇国务委员充分肯定了劳动竞赛成果，强调这是国有企业的优良传统，是国有企业的优势，降本就是创业。

五是加减乘除成效显现。科学加，加出了优化和实力。贵州猫场矿、中州段村—雷沟矿、华兴奥家湾1＃矿等相继建成。华泽电解铝挖潜改造、华兴氧化铝二期、中州和山东化学品氧化铝项目投产见效。内蒙古华云一期和二期一步、广西华磊、遵义铝业升级改造等项目实现节点目标。贵州分公司退城进园项目扎实推进。宁德混矿项目从提出到建成仅用了93天。广西国盛搬迁改造项目建成投产。公司36个重大项目已按照要求完成竣工验收。

敢于减，减出了一片新天地。抚顺铝业碳素系统转型扩产项目建成，电解铝生产线正在搬迁改造。甘肃华鹭碳素搬迁项目已开工。有序推进、妥善分流安置员工20050人，特别是华西铝业完成了关停和人员分流安置。宁夏能源1户硅材料企业完成破产，其余3户已召开债权人大会进入破产程序。上铜关停及时止住了出血点，稳妥实施了经济性裁员。洛铜改制分立后焕发了活力。

积极乘，发挥了放大和倍增效应。实施了47项国家级科研项目和350多项公司级科研项目，公司中央研究院成立，与中科院、北科大等建立了战略合作关系，各类研发力量融合聚焦，为创新驱动提供了支撑。中铝金融产业从无到有，初步打造了控参6家企业的产融结合发展平台，实现了功能由单一到综合、业务由内向外延展的新突破，金融产业的创新服务能力显著提升。

善于除，加快了瘦身健体提质增效。清产核资低效无效资产43.54亿元。完成了10户“僵尸”和特困企业治理，比国资委下达目标多完成4户，同比增利10亿元以上。压减法人50户，亏损企业较年初减少30户，亏损面较去年末下降了7.8个百分点，亏损企业的亏损额同比减少31.6亿元。“三供一业”移交完成年度计划，厂办大集体改革稳步推进。

（三）存在问题

回顾工作，我们要清醒地看到问题和不足。

在党建方面：一是责任传导衰减。一些企业落实党组织主体责任、书记第一责任、班子成员“一岗双责”过程中，还存在整改不及时、考核不严格、问责不严厉的现象，出现问题找客观，整改问题动作慢。二是基础工作不扎实。部分基层党组织落实“三会一课”等制度存在形式化倾向。一些基层党组织党建工作缺乏创新意识，还存在“两张皮”的现象，找不到着力点。

在经营方面：一是亏损企业问题严重。66户亏损企业总计亏损73.75亿元。其中，重庆分公司、青岛轻金属、河南铝加工从投产至今一直亏损。部分困难企业分流人员的安置和再就业压力大，有的脱困方案落地受阻，进展缓慢。二是安全环保问题严重。全年发生6起工亡事故，工亡6名员工，其中，云铜集团工亡2人，长沙院工亡1人，青岛轻金属工亡1人，宁夏能源工亡1人，连城分公司工亡1人。外委施工安全管理不严，特别是管辖区域内发生了河南嵩县六建的重大坠落事故，山西华兴设备故障处置不力引发环保问题，给公司形象造成较大负面影响。这些问题和不足，告诫我们要抓紧改、认真改。

新一届国务院国有重点大型企业监事会进驻后，我们按照监管要求开展“20+N”专项工作，根据“五大理念”和“五大任务”，对公司经营管理和改革发展工作进行了全面梳理，形成了三大类36个专题、218个问题清单，自我解剖查找原因及教训，通过监事会的指导，帮助我们将问题找得更准了，原因分析透彻了，教训认识更深了，整改措施更实了，对照检查整改，对今后公司的经营发展具有重要意义。

一年来，公司广大干部员工认真落实党组要求，为生存而战，为尊严而战，拳打脚踢，奋力拼搏，打出了士气，拼出了效益。在此，我代表公司党组和董事会，向在座的各位代表，并通过你们，向全体干部员工和内退、离退休同志们，表示衷心的感谢！

二、关于今年的工作

（一）决战决胜全年目标

2017年，我们要深入贯彻党的十八大和十八届三中、四中、五中、六中全会精神，认真落实中央经济工作会议、全国国有企业党的建设工作会议和中央企业负责人会议部署，以新发展理念为统领，坚持扭亏脱困转型升级总基调，坚持以提高质量和效益为中心，全面从严治党和深化改革，推进创新驱动和精准管理，加快加减乘除和战略重组，爬坡过坎，决战决胜，以优异成绩向党的十九大献礼。

1月12日到14日上午，国资委分别召开了中央企业负责人会议、党风廉政建设和反腐败工作会议，传达了李克强总理的重要批示，王勇国务委员到会作了重要讲话，郝鹏书记、亚庆主任作了工作部署，我们要认真学习，坚决贯彻。

一要坚持扭亏脱困转型升级总基调。总基调是我们一切工作的落脚点，更是我们奋发有为、走向未来的出发点。要清醒地认识到，2016年扭亏为盈的基础是脆弱的，12月30日财务收口时的汇率是6.937，公司汇兑损失17.2亿元，如果汇率是7，汇兑损失就会达到19.7亿元，不仅吃掉全部经营性利润，而且全年亏损1亿元。从这个意义上讲，2017年是中铝公司扭亏脱困转型升级的第三年，我们决不能有任何松懈，更容不得半点骄傲自满，必须坚持扭亏脱困转型升级的总基调，增创更优的经营业绩。要提升自主创新能力，加快改造存量，科学做优增量，产业结构要向高端进军，产品结构要向近终型调整，打造具有国际竞争力的世界一流企业。

二要坚持以提高质量和效益为中心。要紧紧围绕提质增效，深入推进加减乘除，持续推进瘦身健体，加快淘汰落后产能，改变粗放型发展模式，坚定不移地走质量效益型发展道路。要加快补齐科技创新的短板，增强自主创新能力，提高科技对中铝发展的贡献率。要不断降低成本，提高盈利能力，提高劳动生产率，提高全要素生产率，提高潜在增长率，更多地实现企业增效、股东增值、员工增收。

三要确保完成全年的各项目标任务。坚决拔掉亏损的根子，做强做优做大中铝公司，这是我们的责任，也是我们的使命。公司上下要发扬长征、抗战和解放战争的革命精神，保持追穷寇的拼劲和斗志，亏损企业要大幅减亏，盈利企业要大幅增盈，各板块全部实现盈利，确保公司总体盈利高于2016年，奋斗目标高于20亿元。总部要在改进管控、全力服务板块和企业的基础上，千方百计解决总部负债高的问题，推进牡丹工程、泰山工程等专项工作，理好旧账，不欠新账，确保实现全年奋斗目标。

（二）党建要有新进步

我们要进一步加强党的领导，实现党建为生产经营把关定向、为改革发展领航保驾，为做强做优做大中铝公司筑牢根基、厚植优势。今年要重点抓好五个方面的工作。

一是发挥好核心作用。要进一步抓紧抓实管党治党责任落实，完善加强党的领导和公司治理相统一的体制机制，党建要求纳入企业章程要实现全覆盖，确保党对企业的政治、思想和组织领导，在组织架构上、决策程序上、深化改革中，坚决落实党组织把方向、管大局、保落实作用，实现党组织领导核心和政治核心作用的组织化、制度化、具体化。做好党的十九大代表和各地方及中央企业党代表的选举工作。举办党组管理的领导干部专题培训班，开展企业党委书记和基层党支部书记集中培训，切实增强党员干部政治素质和业务水平。

二是助推好生产经营。要融入中心抓党建，抓好党建促发展，积极探索“党建+”，融入中心，进入管理。以深化“三型”党组织建设为重点，开展“两带两创”活动（党组织带党员创效，党员带群众创新），使党支部成为攻坚克难的坚强战斗堡垒，党员成为敢于拼搏锐意改革的先锋。开展公司职代会换届和员工代表选举工作，提高提案答复效率和质量，巩固扩大劳动竞赛成果，开展“金点子”合理化建议评选，激发员工与企业同奋进的动能。开展班组长轮训和管理技能比武，扩大覆盖面，召开经验交流会，选树一批以班组长个人命名的班组管理法。建设劳模创新工作室、技能大师工作室、青年创新工作站，开展演讲比赛和征文活动，激发广大党员干部干事创业的激情。继续加强新闻舆论工作，为公司改革发展营造良好的舆论环境。

三是夯实好党建基础。要层层制定党建工作责任制实施细则、考核评价办法和领导干部党建“一岗双责”责任清单，把党建工作由软约束变为硬杠杠，压实管党治党责任。层层开展“四个化”问题专项整改和25项党建重点任务落实，明确党组织参与重大决策的形式和内容，进一步配齐配强党建工作力量。开展基层党组织建设年活动，制定《党委工作手册》和《基层党支部标准化手册》，推动党组织建设、支部活动、党员管理等标准化。落实公司境外企业党建工作实施办法。认真落实《关于新形势下党内政治生活的若干准则》《中国共产党党内监督条例》，完善“三会一课”管理办法，创新内容和形式，增强党组织活力。巩固“两学一做”学习教育成果，发挥长效作用。

四是建设好干部队伍。严格执行“好干部”标准，把好选人用人关，进一步优化班子结构，树立重视一线的鲜明导向，继续加大总部、板块和企业之间的干部交流力度。配齐配强党建力量，坚持完善“双向进入、交叉任职”，对八户规模大的企业，一季度完成配备专职副书记。加强外部董事和职业经理人队伍建设，加大后备干部和优秀年轻干部选拔培养力度，紧扣干部需求，强化学习培训和实践锻炼。抓好企业党委换届选举工作，精准落实从严管理制度体系，制订《关于推进干部能上能下的意见（试行）》，加强干部的大数据分析管理，动态了解和精准掌握，形成全面覆盖的干部使用和监督体系。

五是巩固好党风廉政。要继续加强党性教育、廉洁教育、法治教育，严格落实中央八项规定精神，坚决纠正“四风”，进一步扭掉四种坏习惯。要不断强化党内监督，各级党委要切实发挥主体作用，担负起主体责任。要抓好廉洁准则、监督条例、问责条例的贯彻落实，深化政治巡视和执行力等专项巡视，适时开展机动巡视，精准发现问题，发挥利剑作用。要加大纪律审查力度，凡是不落实党组部署、给企业造成损害的行为，都要严肃问责。要加大执纪协调力度，推进重点案件查办，继续召开季度警示教育大会，保持利剑高悬，警钟长鸣。

（三）经营要有新发展

我们要以问题为导向，聚焦“20＋N”的问题清单，时不我待地整改，马不停蹄地改革，与时俱进地创新，走好中铝的长征路。

一是进一步加快改革步伐。没有改革开道，生产经营上不去，会事倍功半，更会事事受阻。我们要加快改革不顺的体制，淘汰落后的机制。针对目前仍然存在的四种现象：不想改，改革停留在研究上；不敢改，改革徘徊在试点上；不会改，改革纠结在下手上；阻碍改，改革碰到消极者。我们不能迁就，要毫不留情地做到“宁伤感情不伤改革”，针锋相对地加快扭转，不遗余力地加快步伐。

二是进一步强化精准管理。要继续深化生产、财务、投资、资本运作、营销物流、内部协同、安全稳定等七个方面的精准管理，完善管理标准，建立评价机制，总结推广可复制的经验，让工作更加精细，管理更加高效，效益更加显现。要有精准管理的恒心，在生产经营管理的各环节，不轻易放过任何一次波动、一处隐患、一个问题，不但要追“穷寇”，而且要追“小寇”，抓住“痛点”，刨根问底，挖潜增效。

三是进一步引领行业发展。经济新常态最直接的感受就是变化快，节奏快。变，是一种积极的压力，是发展向上的压力，是变中趋进的压力。我们要在迅速变化中赢得主动，抓住当前铝应用推广的难得机遇，积极实施转型升级，加快铝铜加工高端材料和近终型产品开发，以创新增加有效供给，提高服务质量，以一流品质树立“要好铝、找中铝”的品牌，紧跟市场节奏，引领发展趋势，挺立行业潮头。

四是进一步深化加减乘除。务实做好加法，必须做到干一个成一个，确保建设项目安全、环保、工期、质量和概算。坚持做好减法，推进瘦身健体提质增效，加快“僵尸”和特困企业处置进度。突出做好乘法，增强自主创新的动力、活力和引领力，提高科技贡献率。办好中央研究院，加快出人才、出成果、出效益。加快做好除法，压缩管理层级，压减法人户数。“三供一业”移交和厂办大集体改革要有明显进展。

五是进一步鼓励改革创业。敢啃“硬骨头”的干部往往敢闯敢试，难免出现失误或差错，组织上有责任保护改革者，创业者，决不让工作中的“领头雁”成为“替罪羊”。落实容错机制，坚决做到“三个区分”，把干部在推进改革中因缺乏经验、先行先试出现的失误和错误，同明知故犯的违纪违法行为区分开来；把上级尚无明确限制的探索性试验中的失误和错误，同上级明令禁止后依然我行我素的违纪违法行为区分开来；把为推动改革的无意过失，同为谋取私利的违纪违法行为区分开来。落实澄清机制，为不实的反映及时澄清，为不谋私利的干部伸张正义，旗帜鲜明地撑腰鼓劲。

三、干部要有新作为

在去年 1 月 16 日公司年度工作会议上，党组要求抓思想建设，打造想作为的领导班子；抓能力建设，打造会作为的干部队伍；抓生态建设，营造能作为的工作环境。

在去年 3 月 1 日公司提质增效工作部署动员会上，党组提出全体党员干部状态要好、节奏要快、力度要大。

在去年 7 月 9 日公司年中工作会议上，党组要求各级领导干部要坚守奋发有为的精神，坚守廉洁高效的作风，坚守攻坚克难的斗志，坚守改革有为的锐气，发扬连续作战的精神，加快取得新突破，增创新成效。

在去年 12 月 11 日公司改革创新与发展战略研讨会上，党组号召全体干部员工，发扬长征精神，砥砺奋进爬坡；发扬抗战精神，勇于闯关过坎；弘扬解放精神，书写中国梦中铝新篇章。

今天，我们站在新的起点上，要不忘初心，继续前进，以优异成绩迎接党的十九大胜利召开。

（一）落实好总书记对国企干部的新要求

我们要坚决落实好总书记关于“对党忠诚、勇于创新、治企有方、兴企有为、清正廉洁”的二十字新要求，加强各级领导班子和干部队伍建设。

一是做对党忠诚的好干部。我们要把爱党、忧党、兴党、护党落实到具体工作之中。要有强烈的中铝情怀，不屈的中铝气节，必胜的中铝自信，履行好中铝的使命。

二是做勇于创新的排头兵。我们要敢拼敢闯，敢于打破常规，超越自我，闯出新路，做到人无我有、人有我新、人新我优，成为竞争的赢家。

三是做治企有方的企业家。我们要敏锐把握趋势，抢抓发展先机，敢与强的比、敢向高的攀、敢跟快的赛，引领行业发展，做到办法总比困难多。

四是做兴企有为的实干派。我们要将工作越做越好，将企业越做越强，各级干部绝不能当败将，做败家子，将企业搞亏、搞垮，要干出对得起党和人民的业绩。

五是做清正廉洁的正派人。我们要牢记共产党员的第一身份，身板直、腰板硬，洁身自好，表里如一，襟怀坦白，牢牢守住小节，阳光工作，干净生活，做经得起“人肉搜索”的干部。

历史赋予我们扭亏脱困转型升级的艰巨任务，中铝的前途和命运，不在行业景气和外部力量，关键在于我们自己。我们要把总书记对国企干部的新要求化为扭亏脱困转型升级的实际行动，用一个又一个胜利，捍卫中铝的尊严，挺直中铝的脊梁，谱写中国梦中铝新篇章。

（二）落实好总书记的五大发展理念

我们要坚持创新发展，实现更高质量、更好效益。坚持协调发展，实现更加均衡、更加全面。坚持绿色发展，实现更加环保、更加和谐。坚持开放发展，实现更加优化、更加融入。坚持共享发展，实现股东增值、企业增效、员工增收。

去年公司安全生产事故频发，环保短板不断暴露，在此，我特别强调绿色发展理念的落实，要采取一切有效措施，尽快扭转当前的严峻形势。

一是树立安全环保至上的理念。要把全员学习贯彻安全环保法律法规作为建设法治中铝的重要内容，层层落实安全环保责任制，坚持底线思维谋划工作，但决不能拿底线做标准，更不能用底线去考核，而要对照高线目标，高标准严要求地抓好安全环保工作。

二是突出安全环保的隐患治理。要严格执行环保、能耗、质量、安全等管理的新标准，深入开展隐患排查整治，对于安全和环保方面发现的问题，不能护短遮丑，更不能大事化小、小事化了。继续以企业领导班子安全环保履职尽责为重点，加大整治的巡视督察力度，增加“回头看”工作频率，严肃追究失职渎职行为，真正树立负责任的央企形象。

三是营造安全干净的工作环境。要强化安全环保的源头治理，从细处做起，从短板补起，在安全环保工作上，费用投入要一分不少，隐患整改要一抓到底，现场治理要一丝不苟，定置管理要一清二楚，清洁生产要争创一流，营造安全干净的工作环境，形成节约资源、保护环境、安全发展的模式。

（三）以优异成绩向党的十九大献礼

一是以党的建设的优异成绩向党的十九大献礼。通过坚持党的领导，加强党的建设，使管党治党全面从严，党的组织坚强有力，党建体系更加完善，“三基”工作更加巩固，党内政治生活更加严格，党员理想信念更加坚定，干部政治素质更加过硬，党风企风的风清气正，把党建的政治优势转化为扭亏脱困转型升级的竞争优势。

二是以生产经营的优异成绩向党的十九大献礼。突出抓好精准管理和创新驱动，扩大高质量产品和服务供给，使生产经营稳定有序，成本费用不断优化，产品结构迈向高端，质量效益显著提升，安全环保稳定达标，市场营销增利增收，公司实现持续盈利，成本竞争力、市场影响力和抗风险能力全面增强。

三是以改革发展的优异成绩向党的十九大献礼。要坚定推进各项改革，加快改造传统动能，培育发展新动能，确保改革任务全面完成，结构调整取得实效，加减乘除成效凸显，铝的应用更加广泛，引领作用更加突出，带动行业走出低谷，实现股东增值、企业增效、员工增收。

去年 8 月以来，志群主席和 25 办的同志们指导我们开展了两次“20+N”专题培训，帮助我们发现问题、改进工作、提升管理。目前各部门、各板块和企业都在积极行动，不少同志已经尝到了甜头，但还有同志认识不足、重视不够、动作不快。今年该项工作将全面延伸到板块和企业，党组再次要求各单位必须高度重视，以主人翁的精神，支持监事会开展好监督管理工作。

春节即将来临，各单位要及早安排好节前各项工作，做好走访慰问工作，把组织的温暖送到千家万户。特别是要开展好节前安全环保和消防大检查，抓紧整改各类隐患，确保节日期间安全稳定，过一个风清气正、欢乐祥和的节日。

让我们更加紧密地团结在以习近平同志为核心的党中央周围，认真落实党中央、国务院的各项部署，在中组部、国资委的领导下，在国务院国有重点大型企业监事会的指导和帮助下，爬坡过坎，决战决胜，奋力实现全年各项目标任务，以优异成绩向党的十九大献礼！

鼓足干劲 再创佳绩
为开创中铝改革发展新局面而努力奋斗

——《2017年工作报告》

党组副书记 总经理 余德辉

（2017年1月14日）

一、2016年工作回顾

在中组部、国务院国资委的坚强领导下，在国务院国有重点大型企业监事会的监督指导下，在有关部委及地方党委、政府的大力支持下，在公司党组、董事会的带领下，我们牢牢把握扭亏脱困转型升级工作总基调，狠抓全面从严治党、全面深化改革、全面精准管理、创新加减乘除、创新班子建设，启动推进“六大工程”，全体干部员工锲而不舍，顽强拼搏，奋力实现了扭亏为盈，提振了士气，鼓舞了信心。

（一）考核目标超额完成，公司实现扭亏为盈

面对年初严峻的市场形势，公司坚持底线思维，紧盯目标、以月保年，在上半年经营形势企稳向好的基础上，三季度提出了“保二望一”，四季度要求拼出超额30%的利润，逐步打牢了全年扭亏为盈的基础。

一是超额完成了目标任务。实现利润总额1.53亿元（经营性利润18.75亿元，汇兑损失17.22亿元），较目标值−44亿元减亏45.53亿元；EVA完成−82.2亿元，较目标值超额完成30.4亿元；成本费用占收入比重102.54%，较目标值降低4.1个百分点；资产负债率84.06%，较目标值降低2.47个百分点。四项指标均超额完成国资委考核任务。全年完成营业收入2760亿元，同比增长15.58%。有色金属原矿产量3276.97万吨、有色金属产量364.36万吨，同比分别减少3.31%、12.82%。

二是持续优化了技术指标。对标先进企业，氧化铝16项主要指标有15项得到改善，电解铝4项主要指标全部得到改善。借力电力改革，争取直购电交易，电解铝网购电成本同比降低16.6亿元。公司氧化铝、电解铝、电解铜完全成本同比分别降

低 308 元 / 吨、1904 元 / 吨、3989 元 / 吨。

三是扩大了扭亏脱困成效。中铝股份开展了“265598”专项行动，全员全方位全过程降本增效，盈利 16.35 亿元；中铝国际积极拓展外部市场，扩大工程用铝应用，盈利 16 亿元；中铝资产积极盘活存量资产，开拓内部市场交易，实现盈利 35.85 亿元；中铝金融加速产融结合，创新业务领域，实现盈利 3.61 亿元。全年大幅增盈的企业有：贵州铝厂、中铝国贸、兰州分公司、包头铝业、贵州华锦；扭亏为盈的企业有：连城分公司、山西华泽、山东华宇、山西华圣；大幅减亏的企业有：洛阳铜业、抚顺铝业、华中铜业。

（二）精准管理深入开展，提质增效成果显现

认真贯彻落实国务院国资委提质增效部署要求，制定实施工作方案，坚持精准管理、精准施策，管理水平得到提升。

一是推进精准生产管理促进了降本增效。坚持早调会制度，强化生产过程管控和指导，及时发现、解决指标异常现象。严格工艺纪律，规范操作流程，氧化铝综合能耗、电解铝原铝液交流电耗、粗铜综合能耗同比分别降低 48.63 千克标准煤 / 吨、24.38 千瓦时 / 吨、43 千克标准煤 / 吨。改善产品质量，氧化铝粒度同比优化 2.3 个百分点，铝加工材成品率从 74.81% 提高到 76.06%。调整产品结构，化学品氧化铝产销量同比增加 52 万吨，电解铝合金化率由上年的 24.3% 提高到 32.93%，其中山东华宇走小合金创效之路，产品合金化率 86%，创效 3369 万元。

二是推进精准财务管理提高了资金使用效率。完善预算执行跟踪分析模式，建立标准化分析模板，做到让数据定量管理。推进财务信息化建设，为搭建中铝财务共享中心奠定基础。准确把握资金市场走势，确保融资接续，保障了资金链安全。设立国企改革基金，首期 100 亿元基金落地。在境外成功发行 13 亿美元债券，银星能源完成增发募集资金 11.74 亿元，公司争取财政补贴资金和专项基金 24.01 亿元，改善了资本结构。积极推进力拓股权投资债务问题解决，“泰山工程”取得阶段性成果。清理压缩“两金”占用，预付账款比年初减少 23 亿元，存货比年初减少 12 亿元，资金集中度提高到 35%。压库存、降定额，建立库存日常管控机制，狠抓定额标准执行，中铝股份库存资金占用额较年初降低 35 亿元，铝加工企业在线金属库存降低 5 万吨。

三是推进精准资本运作挖掘了资产价值。实施“牡丹工程”，运作了上海公司、兴华科技股权及猫场矿权等项目，对山东企业、山西企业、郑州企业等资产进行有效置换，优化资产结构，避免同业竞争，减少关联交易，使板块实现利润 23 亿元，公司资产增值 35 亿元。完成了低效无效资产及矿山土地调查，制定了各板块低效无效资产盘活处置方案，中铝资产盘活闲置土地获得收益 22 亿元。分别与哈尔滨、运城市政府签署了建设中铝龙江铝镁产业园、河津铝工业园合作协议。与赤峰市政府就赤峰云铜搬迁项目签署了合作协议，引入

下游企业作为战略合作者，解决了项目硫酸销路。

四是推进精准投资管理显现了良好成效。建立项目动态评估机制，坚持召开季度投资分析会，对在建重点项目进行效益再测算，降低了投资风险。对标先进制定了投资项目可研工作导则、设备选型标准。制作了公司重点项目里程碑计划节点控制图，强化了项目建设过程监管。全年完成投资149亿元，完成计划的96%。中铝股份新投产项目实现降本增效11亿元。对历年积累的36个重大项目进行督办，集中力量完成了竣工验收。

五是推进精准营销物流管理增强了创效能力。强化市场分析研判，充分发挥集中销售优势和期现联动功能，灵活运用营销策略，全年实现销售增效58.76亿元。加强供应商管理，集中采购品种在原基础上增加了25种进口备品备件，直供比例达到90%，实现采购降本4.69亿元。中铝物流完成对10家企业物流资产整合重组，统筹调配物资，实现降本增效4.8亿元。

六是推进精准内部协同发挥了协作潜力。构建内部市场互动机制，完善内部市场交易目录和规则，交易品种、规模不断扩大，在润滑油、劳保工装、集装袋等业务上取得较大进展，全年内部市场交易金额达到16.4亿元。

七是推进精准安全环保管理整治了问题隐患。从完善体系入手，强化制度建设，健全了全员安全“一岗双责”责任清单。开展了安全环保工作述职，检查评估安全环保履职。组织开展了安全生产大排查、大整治及扭掉安全生产坏习惯专项行动，排查安全隐患36182项、环保问题247项，按月对较大安全环保隐患挂牌督办，大批隐患得到及时整治。中铝股份7家企业18台锅炉完成超低排放改造。

（三）结构调整取得突破，布局优化初见成效

贯彻落实五大发展理念，制定了“十三五”发展战略规划纲要和三年滚动规划，聚焦主业，深化落实，产业集聚效应和协同发展优势不断增强。

一是优化了产业布局。合资组建了山西中铝华润公司，与三家能源企业共建中润铝工业基地。黄骅港项目完成可研审查。中国稀有稀土设立了中铝广西玉林稀土开发公司、中铝山东依诺威公司，整合地方稀土资源、发展磁性材料取得新进展。上海中铝大厦提前3个月竣工投用，节约投资2亿元。与力拓集团签署了几内亚西芒杜项目股权转让框架协议备忘录，获得了铁矿开发主导权，为铝土矿的全球资源布局创造了条件。中铝金融快速搭建金融产业平台，获得了7类金融业务牌照。

二是抓紧了项目建设。华兴氧化铝二期项目提前投产。贵州猫场矿、华兴奥家湾1号矿建成投产，中州段村—雷沟矿六口矿井均具备出矿条件。遵义铝业350KA电解槽升级改造项目完成。宁夏能源银星电厂1号机组并网发电，固原至王洼铁路全线通车。山东企业新建10万吨功能新材料、中州企业易溶氢铝项目建成投产。宁德混矿库从项目决策到建成投产仅用了93天，创造了“中铝速度”。云铜普朗铜矿项目具备了采矿条件。东南铜业宁德铜冶炼基地开工，贵州企业电解铝退城进园、东南沿海铝精深加工基地项目启动。广西国盛搬迁改造项目建成投产，岑溪稀土项目开始出矿，江苏稀土分离生产线异地升级改造项目获工信部“路条”。

三是拓展了对外合作。与央企、科研院所和下游大客户开展战略合作，加快铝加工产品结构调整、升级换代。与中国商飞围绕大飞机制造推进了新型铝材研制，分别与中科院、北科大、南方电网、宝钢、中邮储蓄银行、中国民生银行、吉利集团，就推进协同创新、铝电合作、金融合作、汽车轻量化等签署了战略合作协议。与郑州等铁路局及相关港务集团加强战略合作，保障了运力供给，降低了运输费用。与中石油合资成立销售公司，降低了汽油柴油采购价格。合资建设的成都铝模板生产基地建成投产，产能达到每月4万平方米，广东、福建铝模板合资公司正式投产运营。积极与地方政府会谈，就携手打造山西吕梁基地、包头基地、沿海基地，发展国际一流铜铅锌产业等取得了政策支持。增进了与美铝、力拓等国际企业的沟通交流。

四是加快了关停并转。坚持一企一策，淘汰落后产能，加快困难企业转型发展。实施了甘肃华鹭、抚顺铝业等企业转型发展方案。华西铝业全面关停，人员全部妥善安置，为后续的设备搬迁、土地交付奠定了基础。上海铜业顺利完成主业关停、债务重组及人员分流安置，土地收储、转型发展工作稳步推进。洛阳铜业完成企业分立，为实施分兵突围创造了条件。

（四）内部改革继续深化，活力动力持续释放

制定了年度深化改革工作要点和任务台账，强化跟踪督办落实，48项改革任务已落实40项，3项工作因条件变化而调整，其他5项正在积极推进。制定印发了“板块及企业分类与管理改革实施方案”。

一是实施了瘦身健体工作。按照国务院国资委瘦身健体工作要求，公司成立了领导小组和专项工作组，与各板块签订了目标责任书，加强任务分解和推进落实。年内完成重点督办的10户“僵尸”和特困企业治理，超国资委下达目标4户，同比增利10亿元以上。压减管理和法人层级企业16户,减少法人户数50户,超目标29户。12户企业的23项“三供一业”职能完成移交或协议签订，获得财政补助资金2.44亿元。制定了6户企业厂办大集体改革改制方案，完成了停产、半停产大集体企业的关闭撤销工作。

二是强化了企业改制重组。中铝股份创新环保资产运作和管理，取得收益5.7亿元。中国铜业注册地由北京变更至昆明，C项目取得阶段性进展，为中国铜业内部整合扫清了障碍。中国稀有稀土完成股权重组、整体改制工作，进入上市辅导阶段。中铝国际回归A股获得证监会正式受理。中铝资产对所属27户全民所有制企业进行了排查，启动了2户三级企业和9户四级企业改制处置工作。中铝金融整合内部金融股权，进军商业保理市场。稳妥推进混合所有制改革，山东铝业医院、兰州连铝医院成功引入社会资本，西藏昂青矿业挂牌出让20%股权，洛阳院、中铝四川稀土分别投资民营热能科技公司、稀土选矿公司等。

三是完善了现代企业制度。落实企业董事会的职责权限，加强对出资公司的股权管理，对派出董事、监事加大培训、管理和考核力度。探索市场化选人用人机制，在中铝国际、中铝国贸等板块和实体企业，进行了经营班子市场化契约化改革试点。理顺总部部门管理职责，对中铝股份的营销管理部、企业管理部、煤炭安全管理部职责进行了上移。

四是实行了分配激励改革。坚持工资总额向盈利单位倾斜，对板块完成超额30%利润的部分给予20%提成奖励。在17家企业实施骨干员工激励，安排专项激励资金4500万元。选择4家企业开展首席技师试点，完善了高技能人才激励政策。落实考核与企业工资总额、领导人员薪酬和任职评价“三挂钩”制度，中铝股份实施了“五档十五等”成本考核挂钩。中国铜业在华中铜领导班子实施了薪酬激励改革试点。中铝金融探索建立市场化薪酬管理机制，启动了人才发展与激励体系建设。

五是推进了人员优化配置。明确了12项人员分流安置措施，“僵尸”及特困企业共分流安置20050人，完成国资委下达任务的130%。氧化铝主业人均产量从2015年的1021吨提高到1590吨，电解铝从255吨提高到303吨，电解铜从116吨提高到125吨。

（五）科技创新得到加强，军工保障水平提升

突破了一批重大关键技术，推进了重大技术成果产业化应用与推广，军工配套研发水平和军品保供能力得到持续提升，巩固提高了公司在国防军工中的地位和作用。

一是加大了协同创新力度。召开了公司科技创新大会，5家企业与研究院、设计院签订了技术合作协议，促进了科技成果产业化。中铝中央研究院挂牌成立，成为整合公司科技资源的统一平台和协作研发纽带。加强产学研交流合作，与中科院共同提出了5个研发方向，与北科大联合组建了中铝北科大联合工程研究中心。

二是取得了一批科研成果。全年开展科技项目400余项，其中国家项目47项。吨铝直流电耗技术实现突破，一批合金材料项目取得重要进展，铝合金预拉伸厚板组织与性能关键技术研究，形成了完整生产工艺，使加工成品率达到56%，提高了20个百分点；西南铝轧制的重型运载火箭用10米级整体铝合金环件再次刷新世界纪录，铝板带加工技术集成与创新使成品率提高2.33个百分点。

三是提升了军工配套水平。军用飞机关键材料实现大批量供货，军品合同执行率由86.9%提高到89.5%，成品率由55.32%提高到56.36%，军品销量同比增长12%。为“天宫二号”、“神舟十一号”飞船、我国最大推力运载火箭长征五号及大飞机、

世界最大射电望远镜提供了多个品种的高品质铝合金材料，国家国防科工局、国家航天局给公司发来感谢信。全年获得国防科研项目国拨资金6.88亿元。

四是拓宽了铝的开发应用。铝加工事业部为吉利公司交付了汽车车身所需全部铝合金样件，中铝材料研究院初步形成了铝合金在汽车领域应用的系统解决方案，中铝瑞闽开发出适用于全铝瓦楞板车厢及铝合金蜂窝板材料。东北轻、西北铝等成立了深加工中心，全力推进轻量化工作。与外部企业合资合作的商用车、海装项目加快实施。强化产品试制和认证，西南铝5182铝板获得通用汽车公司认证，并成为空客公司所需2024合金铝材中国唯一供应商。沈加钛镍加工材生产线项目获得国防科工局军工产品生产许可证，通过了劳氏认证，具备了欧美市场准入资格。中铝国际组织了工程用铝系列产品签约，与10多家企业签订了工程用铝合同。

（六）内控体系不断完善，风险防范能力增强

突出问题和风险导向，整合资源，强化职责，加强内控体系建设，配合监事会开展了“20+N”专项工作，在贯彻上级决策部署、企业经营管理等方面，开展自我诊断和全面体检，列出问题清单218个，提高了风险防范意识和水平。

一是加强了法治中铝建设。优化法律管控模式，整合法律资源，组建子集团法律事务部和区域法律事务中心。通过法律手段处置了30多亿元风险事项，通过索赔维权创造了2亿多元利润。开展规章制度立改废工作，建设了规章制度信息化平台。严控新增法律风险，全面推进合同、规章制度和重大决策事项100%法律审核，全年未发生新增重大法律风险损失事项。

二是加大了审计力度。召开审计工作联席会，开展离任审计反馈谈话，全年完成各类审计项目147个，发现问题660个，提出审计建议223条，工程项目审计直接节约投资2.58亿元。强化风险监控和预警，持续跟踪中铝国贸等三家企业融资性业务风险专项审计整改，扭转了逾期应收款项不降反升局面。

三是严格了监督问责。探索重点领域监督方式，成立了纪检监察区域监督中心，强化监督监察。围绕公司中心工作，对所属企业开展了四个重大专项工作执行力巡视，发现问题91个，问责干部380人。

其他工作也有不少亮点：加强了公文保密、督办、维稳工作，实施了公务用车改革，信息工作保持中央企业先进单位称号。公司电子采购交易系统提前上线投用，公司生产运营监控中心、中铝股份安全生产及应急救援指挥系统等信息化项目建成投用，全景仿真视频会议系统累计建成45套，覆盖主要业务板块。广泛开展了班组降本增效劳动竞赛和电解、碳素、氧化铝三个专项劳动竞赛，优化了关键指标。新闻宣传工作围绕中心，主动作为，为公司改革发展创造了良好舆论环境。社会责任报告连续三年荣获专业机构五星级最高评级，“将社会责任融入企业运营的管理创新”

成果获有色金属工业企业管理现代化成果一等奖。

公司决定，对2016年做出突出贡献的中铝股份等11个单位和项目，授予总经理特别奖。

回顾过去一年的工作实践，我们在公司党组、董事会的领导下，全体干部员工顽强拼搏，咬定目标不放松、勇于超越不松劲，创出了全面盈利的优异成绩，续写了公司改革、奋斗、发展的新篇章，体会极为深刻，经验弥足珍贵。

1. 坚持党的领导、贯彻党组决策是必须坚持的原则。公司党组按照党中央、国务院决策部署，全面从严治党，坚定搞好国有企业，确立了扭亏脱困转型升级的工作总基调，抓住了根本，突出了重点，带动了全局。公司上下以此为指导，采取坚决有力措施，强化目标责任落实，奋力实现了扭亏为盈。

2. 超前谋划、战略引领是转型升级的前提。按照“科学掌控上游、调整优化中游、跨越发展下游”的工作思路，加快谋划“十三五”发展重点，推进落实六大专项工程，“牡丹工程”初见成效，“泰山工程”有望落地,其他工程正在创造条件推进。公司积极培育新的业务增长点，加快解决历史遗留问题，全力突破制约发展的瓶颈问题，发展蓝图正在逐步变为现实。

3. 挑战自我、顽强拼搏是不断超越的动力。从年初确定控亏44亿元，到三季度制定“保二望一”，再到四季度提出“拼出超额30%利润”的奋斗目标，公司上下不断自我加压，内挖潜力、外拓市场，激发潜能、全力超越，拼出了新业绩。

4. 盯紧抓实、精打细算是管理提升的关键。以抓铁有痕、踏石留印的干劲，盯紧目标，做到紧之又紧、细之又细、实之又实，不断向管理的标准化、精细化要效益，成本控制跑赢了市场价格，运营质量和效益得到了提升。

5. 从严治企、令行禁止是强化执行的保障。把转变干部作风作为工作先导，坚持落实“三严三实”，坚决扭掉“四个坏习惯”，开展政治巡视和执行力巡视，促进问题整改，培育了新风正气，保障了各项工作部署的落地见效。

6. 凝心聚力、合力攻坚是实现目标的基础。坚持全心全意依靠员工群众办企业的思想，充分发挥基层员工的积极性和创造性，广大员工以强烈的责任感、使命感，立足本职，心系企业，甘于奉献，涌现出了贾春成、杨红雷、普兴亮、陈晓静等一批先进模范人物，成为公司全面盈利的坚实支撑。

2016年公司取得的工作成效，是中组部和国资委等上级部委正确领导、国有重点大型企业监事会监督指导、中国有色金属工业协会关心帮助的结果，也是地方党委政府、金融机构及兄弟央企鼎力支持的结果，更是公司全体干部员工锲而不舍、顽强拼搏的结果。在此，我代表公司经营班子，向各位领导、各界朋友和全体干部员工，致以崇高的敬意和衷心的感谢！

在总结工作的同时，我们也要看到差

距和不足：

一是盈利基础脆弱。尽管公司实现了扭亏为盈，很多企业增盈或大幅减亏，但部分利润来自资本运作和存量资产盘活，通过正常生产经营实现可持续发展的基础不牢固。亏损企业治理量多、面广、难度大，仍有 66 户亏损企业全年亏损 73.75 亿元。

二是改革难题不少。公司全面深化改革的进度与中央关于国企改革总体要求相比仍有较大差距。改革改制、淘汰退出成本大、人员安置难，部分干部在改革上还存在不想付出代价、求易怕难、求稳怕乱的思想。“三供一业”移交、厂办大集体改革等历史遗留问题解决进展总体较慢，部分企业存在不稳定因素。

三是板块参差不齐。尽管同志们付出了艰辛努力，但由于环境不同、条件各异，各板块之间经营业绩差距较大。中铝股份、铝加工事业部、中国稀有稀土、中铝金融、中铝资产完成了拼出超额 30% 的利润目标，中铝国际、中国铜业完成了年中目标，中国铜业仍然亏损。

四是安环问题严重。全年发生 6 起工亡安全生产事故，公司员工工亡 6 人。管辖区域内发生 9 起相关方人员工亡事故，工亡 22 人。个别企业的环保问题对公司形象造成较大负面影响。按照国家环保新标准，部分企业提标改造任务繁重。

二、2017 年工作安排

当前世界经济仍处于深度调整和缓慢复苏阶段，增长分化加剧。我国经济缓中趋稳、稳中向好，新常态特征更加明显。综合分析公司面临的形势，既有有利条件和积极因素，也存在不少困难和挑战。

从有利的方面来看：一是我国经济坚持稳中求进的总基调，实施积极的财政政策和稳健的货币政策，加强预期引导，适度扩大总需求，有利于进一步带动有色金属材料市场消费。二是我国继续深化供给侧结构性改革，着力振兴实体经济，为企业加快实施创新驱动，全面改造提升传统产业，增强核心竞争力营造了良好外部环境。三是公司实现了“十三五”良好开局，极大地鼓舞了全体干部员工坚定搞好国有企业、奋力开创中铝新篇章的信心和决心，为公司更好地服务国家战略、融入地方经济发展创造了条件。

从面临的挑战来看：除存在自我剖析的问题以外，还面临以下外部挑战。一是受去年下半年铝价回升刺激，加速了部分产能复产和新建产能释放，国内电解铝供大于求的矛盾更加突显。二是大宗原辅材料价格上涨，将导致公司主要产品生产成本大幅上升，同时电价优惠幅度存在下降的可能性。三是国际金融市场波动加剧，人民币对美元汇率持续走低，公司去年汇兑损失了 17.22 亿元，今年仍面临较大压力。

为此，我们要密切观察，认真研判，既看挑战，也抓机遇，未雨绸缪，做好各种应对。既要把困难估计得更充分一些，迎难而上，直面问题聚焦发力，更要牢牢把握改革发展的主动权，保持定力，主动适应新形势、新变化。

2017 年公司经营工作的总体要求是：全面贯彻党的十八大和十八届三中、四中、五中、六中全会精神，认真落实中央经济工作会议、全国国有企业党建工作会议和中央企业负责人会议部署要求，以五大发展理念为统领，坚持扭亏脱困转型升级的工作总基调，坚持以提高发展质量和效益为中心，全面从严治党和深化改革，推进创新驱动和精准管理，加快加减乘除和战略重组，鼓足干劲，再创佳绩，为开创中铝改革发展新局面而努力奋斗，以更加优异的成绩向党的十九大献礼。

2017 年经营工作的奋斗目标是：实现营业收入、利润、资产负债率、成本费用率“两升两降”，其中营业收入 2800 亿元，利润 20 亿元，资产负债率 84%，成本费用率 102.5%。重大及以上安全生产事故、环境污染事件、职业病危害事故为零；不发生重大群体性上访事件。

此外，完成自采铝土矿 1500 万吨、铜精矿含铜 26.9 万吨，稀土矿完成国家指令性目标；氧化铝、电解铝、精炼铜产量分别达到 1661 万吨、348 万吨、59 万吨，铝、铜加工成品率分别提高到 76.5%、70%，产销率均达到 100%。

实现以上奋斗目标，我们要重点做好以下六方面工作。

（一）坚定完成目标任务，树立中铝发展新形象

创造经济效益是企业的首要任务。2016 年公司实现全面盈利，一举扭转了长期亏损的被动局面，为公司发展奠定了新的里程碑，我们要再接再厉，持之以恒，不断以新的业绩，赢得社会各界的广泛认同和尊重。

1. 强化责任担当，奋力打牢盈利基础。要清醒地认识到，当前的阶段性成果，只是万里长征走完了第一步，公司的盈利基础还很脆弱，实现健康良性发展还面临诸多困难和挑战，还需要付出更多艰辛和努力。形势和任务要求我们，必须牢记“两个务必”，继续发扬“长征、抗战、解放”三种精神，以强烈的责任感和使命感，团结带领全体干部员工，奋发有为，勇往直前，创造性地开展工作，以持续盈利、大幅增盈，巩固和提高发展的质量和效益。

2. 坚持奋斗目标，确保任务落实到位。今年公司制定了两个预算目标，一个是底线目标，确保实现盈利 1.6 亿元；另一个是奋斗目标，力争实现盈利 20 亿元。实现以上两个目标，特别是奋斗目标，任务艰巨，充满挑战。公司要求各板块必须全部实现盈利，以板块逐一完成目标保公司整体目标实现。板块和实体企业要强化大局意识，不断自我加压，挑战极限，以更高的标准、更严的要求、更硬的措施，逐级抓好目标任务分解落实。要继续坚持月度经营活动分析，紧盯目标进度落实，及时研究解决问题，力争实现开门红，月月红。要学习发扬中铝股份扭亏脱困的“拱猪”精神，埋头苦干，动真碰硬，不达目标誓不罢休。中国铜业要撸起袖子加油干，奋力扭亏脱困，不做公司的短板。

3. 严格考核兑现，形成工作倒逼机制。坚持以经济效益为中心，突出价值创造导向，针对不同类别企业制定差异化的考核标准，推进分类考核管理。充分发挥工资总额的正向激励作用，做到效益升、工资升，效益降、工资降，促进绩效持续改进。优化经营业绩考核挂钩机制，依据完成利润“确保目标”和“奋斗目标”的不同，分类确定企业领导人员考核得分的计分机制和工资总额奖励机制。对经营工作推进不力、目标进度完成不好的班子和干部要及时调整。

（二）坚定加快结构调整，取得转型升级新突破

2017 年是公司“十三五”规划进入全面实施阶段的关键之年，我们要按照“科学掌控上游、调整优化中游、跨越发展下游”的思路，通过实施“四个一批”，加快产业布局优化，确保建成投产项目实现达标达产。

1. 改造提升一批。加大传统产业改造升级力度，河南分公司氧化铝升级改造、中州铝业降低工艺能耗提质增效技改、遵义铝业环保节能技改二期、青海分公司阴极焙烧炉环保改造、甘肃华鹭碳素搬迁改造等项目要按期投产。加快铝加工有关保障条件技改项目建设进度和部分主机试生产。云铜易门、滇中铜冶炼改造、电解提质增效改造项目上半年建成投产，赤峰云铜搬迁项目抓紧落实前期条件，力争上半年开工。江苏稀土搬迁改造项目加快项目核准等审批手续。

2. 兼并运作一批。继续扩大对外合资合作，提升产业集聚和行业带动力。中国稀有稀土要围绕深加工及下游产品应用，加快相关项目并购增资工作。铝加工事业部要积极推进并购重组，加快与协作企业开展汽车零部件合资合作，尽快进入汽车轻量化领域。继续推进蓝海工程，积极推动央企有色业务战略性重组。

3. 培育发展一批。大力推进重大项目落地，培育发展新动能。中铝股份要实现中润轻合金项目、华云一期、二期一步项目、华磊新材料项目、贵州电解铝退城进园项目、华宇煅后焦基地项目、兴华科技二期氧化铝项目年内投产。中国铜业要确保东南铜冶炼基地、东南铜加工等完成主体工程进度，实现普朗铜矿、牛苦头采选工程如期建成投产。中国稀有稀土要加快南宁研发中心项目建设，早日发挥研发平台作用。同时要加快几内亚铝土矿、国内港口氧化铝、包头基地局域网等一批战略布局项目的研究论证和前期工作。

4. 处置退出一批。加快推进瘦身健体工作，为公司可持续发展创造条件。要围绕“僵尸”和特困企业治理，加大 2017 年 30 户重点督办企业处置力度。各板块要盯住亏损大户不放，重点抓好中矿国际、河南分公司、山西分公司等控亏减亏，加快重庆分公司、洛阳铜业脱困方案比选论证，推进上海铜业转型发展，加快甘肃华鹭加工项目落实等。要继续压缩管理层级、减少法人户数，加快企业办社会职能和“三供一业”分离移交，力争年内减少法人户

数53户，完成80%“三供一业”移交，促进企业轻装上阵。

（三）坚定开展精准管理，创造提质增效新业绩

精准管理是提升管理水平、促进提质增效的重要举措，要把精准管理的理念、方法融入生产经营的全过程，转化为工作新常态。

1. 巩固全面精准管理的工作成效。继续抓住关键环节，向管理要效益。要坚持精准控制成本。持续对标先进，创新大能源管理，优化生产组织和技术经济指标，全力降定额控消耗，力争氧化铝、电解铝企业平均成本进入行业前40%，所有企业进入前50%。要坚持精准把握市场。提高市场分析和研判能力，有效应对市场变化，减少价格波动负面影响。严格信用管理，提高经营风险管控能力。强化内部市场协同，逐步提高内部交易额。以“买断价格”为基础，以“跑赢市场”为目标，科学制定采购模式和定价方式，进一步释放集中采购优势。完善营销、采购、物流联动机制，力争物流费用同比降低3%以上。要坚持精准提质增效。继续强化项目制攻关，深入开展劳动竞赛，营造全员降本氛围。稳步提高电解铝合金化和化学品氧化铝产销比例，力争电解铝合金化产量同比增长15%以上。坚持压缩“两金”占用，“两金”总额压降10%，日均全口径资金集中度提高到40%。

2. 提升全面精准管理的应用能力。不断扩大精准管理的应用范围，充分发挥信息化对精准管理的支持保障作用，提升互联网+、云计算、大数据等信息技术在公司的应用水平，加快公司人力资源、财务管控信息化项目建设，提高专业化管控能力和决策效率。要创新推进两化融合，选择兰州分公司、包头铝业、华兴氧化铝等企业，建设以智能生产、能源管控为基础的生产管控一体化平台，强化安全环境在线监测和系统预警。

3. 固化全面精准管理的标准体系。以生产运营为突破口，加强各类对标技术参数的收集整理，通过“立标准—现场评价—问题整改—再评价”的持续改进模式，强化现场管理，减少生产波动，促进标准化建设。完善标准体系，逐步实现管理、技术、作业标准的全覆盖。要不断创新深化精准管理的方法和途径，建立精准管理评价机制，制定要素清晰、目标明确、要求具体的评价标准和细则，加强跟踪评价管理，做到有量化标准、有问题清单、有改善目标、有整改举措和建议，推动精准管理向更高水平迈进。

（四）坚定深化内部改革，激发经营管理新动能

2017年是我国全面深化国有企业改革的攻坚年，我们要按照国资委关于中央企业改革的部署要求，加快内部改革的深化落实。

1. 加强统筹谋划，提高改革整体效能。针对关键环节和重要领域聚焦发力，形成具有牵引力的改革方案和举措，推动体制机制变革。积极争取国资委国有资本投资

公司改革试点，着力完善企业治理模式和经营机制，优化管控体系，激发企业活力。要结合实际，把握政策，提高改革方案的质量，增强改革的针对性和穿透力，扩大改革受益面。要继续编制落实好年度改革任务台账，使每一项改革举措都能紧扣问题、解决问题、显现成效。

2. 加快公司制改革，完善企业治理结构。全面落实公司板块及企业分类与管理改革实施方案，明确公司总部、板块、实体企业功能定位，按照主营业务、多元发展、特定功能类别，分类推进改革和监管考核。加强公司全民所有制企业改制规范指导，加快推进所属企业改革改制。积极推进混合所有制改革，鼓励和支持企业引入社会资本或并购投资民营企业，盘活存量资产，转换经营机制，放大国有资本功能。加强企业规范董事会建设，强化派出董监事队伍建设和管理。扩大市场化、契约化经营目标责任管理范围，选择中国铜业、中铝国际、中铝金融各 1 户企业，试点建立职业经理人制度。

3. 深化用工改革，强化薪酬考核激励。建立总控定员管控机制，优化劳动用工结构调整，授权实体企业总控定员空额自主招用权。推进增量项目用工跨企业配置。建立经营管理、工程技术和生产操作“三类岗位”职业发展通道。继续推进员工优化配置，分流安置员工 4130 人。不断完善薪酬考核管理体系，全面推进工资总额分配向骨干员工倾斜激励政策，对核心人才、技术骨干等探索实施股权、期权、岗位分红权等多种中长期激励方式，规范总部、板块和企业领导人员薪酬标准。下放板块管理干部薪酬考核权限，简化考核流程，完善多维度的综合考评体系。完善公司总部薪酬、绩效管理和综合考评等相关办法，制订板块公司本部、在京单位薪酬管理指导意见等。

4. 强化资本运作，整合内部资产业务。继续打造大资本运营团队，加强专业培训和重点人才培养，增强资本运作力量。加快推进中国铜业内部资产业务整合，压缩管理层级，落实好中国铜业和云铜集团的一体化管理方案，将中铝资源纳入中国铜业管理体系。建设以中铝资本为主的产融发展平台，做大业务单元，提升产业金融的功能支持和服务能力。加快中铝国贸、中铝物流对中铝股份以外贸易、物流资产业务的整合，创新商业运作模式，打造跨产品、跨地区的大宗物资贸易、物流综合服务商。强化公司多层次资本市场发展，积极争取外部支持，力争中铝国际颐和园项目实现年内上市，中国稀有稀土朝阳项目提交证监会受理，确保中国铝业、云铜股份完成定向增发。激活云铜科技融资平台，积极培育公司所属优质高科技、新材料公司开展新三板上市工作。持续推进“牡丹工程”，围绕整合公司内部资源，提升专业化运营能力，继续推进相关项目实施，实现上市公司利润和公司净资产双增目标。充分发挥资产处置平台的作用，以山东铝、河南铝、贵州铝、山西铝为重点，继续加大厂区土地和闲置厂房设施、废弃矿山土地和生产设施及金融资产等盘活力度，充分释放资产价值。

（五）坚定实施创新驱动，增强引领发展新优势

坚定不移实施创新驱动发展战略，发挥科技创新对跨越发展的引擎作用，再造公司竞争新优势。

1. 整合科技资源，完善科技管理体制。要以中央研究院成立运营为契机，加快公司内部科技资源整合工作，扩大与国内外科研机构、院校、中央企业的科技合作交流，增加1—3个国家级和高科技企业技术研发平台。加强科研项目管理，聚焦公司主业，突出抓好一批面向未来、带动整体的重大科技项目。强化研发人才建设管理，探索建立研发团队信用管理与评价制度，建立覆盖项目决策管理实施主体的奖励和考核问责机制。抓好高层次人才开发工作，特别是青年科技人才的培养和使用，研究制定培养国内科技领军人才管理办法，健全人才评价机制，深入推进科技人员激励工作。

2. 推进协同创新，加大科技研发力度。加大科技创新投入力度，今年总部立项科研经费和科技奖励基金要增加到8500万元，全公司科技活动投入要突破40亿元。坚持自主研发、协同攻关、万众创新相结合，以公司关键技术需求为出发点，创新合作研发模式，实现内外部资源共享。继续组织开展科研院所与企业人才的双向交流，加大专家下一线攻关力度，及时解决制约生产经营的技术瓶颈问题。要加强公司专有技术和知识产权的保护。

3. 加快转化应用，培育引领发展优势。扩大科技成果的转化应用，特别是加快推动精深加工、高端材料的产业化，满足市场的高端需求，推动企业由传统产业形态向高科技企业进军。进一步跟踪铝在国内交通及基础设施方面的推广项目，逐步扩大铝的应用消费领域。继续提升军工配套研发水平和军品保供能力，加快完成国家保障条件项目的填平补齐，提升军品合同订货量，保证军品履约率。

（六）坚定严控经营风险，营造安全和谐新环境

有效防范和控制风险，是摆在我们面前的严峻课题。我们要见微知著、防患未然，严防各种风险发生。

1. 加强全面风险管理。要继续加大专项审计力度，加强审计结果运用，促进内外部监督检查整改。推进落实国务院国有重点大型企业监事会工作要求，认真整改存在问题，强化重大风险监控，有效开展内控评价，全面提高风险预警能力和管理水平。要坚守法律底线，加强制度建设，推进合规管理，落实法律审核，加快处置历史遗留纠纷案件，将法律工作与生产经营工作深度融合，不断提高运用法律思维和手段解决复杂疑难问题的能力。要完善应急处置机制，增强处理突发事件和紧急情况的能力。

2. 筑牢安全环保底线。牢固树立安全发展理念，以深入推进安全生产标准化为主线，以提高人的安全素质为核心，践行

“3132”安全管理思路。要全面落实安全责任清单，继续开展职业健康安全环保督察和企业领导安全述职。要开展以“安全、干净”为主题的班组竞赛，全面提高班组安全文明生产执行力。要开展承包商安全管理整治行动，提升承包商安全管控水平。要坚守生态底线，优先保证环保投入，严格执行建设项目环保“三同时”，加大环境隐患排查治理力度。要强化碳排放管理，形成中铝特色的碳排放管理体系。

3. 全力降低财务金融风险。密切跟踪金融市场动态，确保资金安全和结构调整、改革发展的资金需求。要努力拓宽融资渠道，有序接续到期债务，帮助和指导困难企业优化债务结构，改善融资环境。要强化资金管理，提高资金使用效率，使有限的资金投向结构调整和产业布局优化的重点项目。要全力推进“泰山工程”落地，优化负债结构。要关注重大税务合规事项，积极争取政策支持，合理合法规避内部资本运作项目税费。

4. 强化信访维稳工作。围绕企业改革脱困、瘦身健体、“僵尸”企业治理等重点工作，采取有针对性的信访维稳措施。要扎实开展矛盾纠纷排查化解工作，涉及员工利益的重大改革方案必须依法履行职代会程序，做好企业稳定源头预防。要规范信访秩序，制定联合接访工作办法，形成大信访工作格局，防止重大群体事件发生。

在抓好以上工作的同时，还要做好新闻宣传和舆情监控工作，强化文档保密管理，推进社会责任管理模块和负面清单管理运用等，为实现年度经营发展目标提供支持保障。

各位代表、同志们，2017 年的奋斗目标已经明确，任务艰巨，责任重大。让我们紧密团结在以习近平同志为核心的党中央周围，在中组部、国务院国资委的坚强领导下，在国务院国有重点大型企业监事会的监督指导下，在中国有色金属工业协会的关心支持下，在公司党组、董事会的带领下，鼓足干劲，再创佳绩，为开创中铝改革发展新局面而努力奋斗，以更加优异的成绩向党的十九大献礼。

再接再厉　决胜全年

——2017年年中工作会议讲话

党组书记　董事长　葛红林

（2017年7月15日）

一、关于上半年工作

上半年，公司上下认真学习习近平总书记关于搞好国有企业的一系列重要讲话，深入贯彻党中央、国务院决策部署，坚决落实中组部、国资委的工作要求，在监事会的大力帮助支持下，以新发展理念为引领，坚持扭亏脱困转型升级总基调，坚持以提高质量和效益为中心，全面从严治党、深化改革、精准管理和加减乘除，实现营业收入1531亿元，同比增长53%；利润11.2亿元，同比增利14.1亿元；资产负债率83.21%，同比降低2.23个百分点；成本费用率100.94%，同比降低4.15个百分点，为金融危机以来最好经营水平，全面超额完成国资委考核任务，实现时间过半、奋斗目标过半，为全面完成年度奋斗目标奠定了坚实基础。

（一）经营业绩再上新台阶

上半年，各板块均实现了盈利，按盈利额排序为：中铝股份15.27亿元，中铝国际4.5亿元，中国铜业4.06亿元，中铝资本2.51亿元，中铝资产2.44亿元，中国稀有稀土1亿元，铝加工事业部0.03亿元。

值得表扬的是，中国铜业、中国稀有稀土、中铝资本实现了奋斗目标过半。中铝股份和铝加工事业部实现了任务过半。

超额完成利润过半的实体企业有40户，其中超1亿元以上的有广西分公司（盈利7.9亿元），贵州华锦（盈利4.6亿元），中矿国际（盈利3.1亿元），中铝山东（盈利2.2亿元）。

未完成利润过半的企业有44户，其中23户效益同比改善，5户增盈或减亏超过5000万元，分别是遵义氧化铝（盈利0.7亿元），连城分公司（盈利0.05亿元），中色科技（盈利0.05亿元），抚顺铝业（减亏0.83

亿元），山西分公司（减亏 1.35 亿元）。

（二）创新创效呈现新亮点

中铝股份自我加压，开展了“275918”专项行动，挂钩领导与实体企业面对面沟通，向扭亏重点企业派驻工作组，实现利润创近年来新高。

中国铜业坚持多盈利、超常规、减问题、快改革，实现了中国铜业与云铜集团一体化管理，矿山和冶炼单元打了翻身仗，铜加工扭转了经营被动局面。

中国稀有稀土开辟了获取境外资源的新渠道，推进精准管理，争创效益型企业，生产性利润创历史新高。

中铝国际加快转型升级步伐，上半年工程用铝签约 3.35 亿元，铝制集成房屋等产品在雄安新区建设中取得突破，加强政企合作，拓宽了基础设施建设业务领域。

中铝资产生产性利润提前完成全年奋斗目标，内部市场交易实行“总对总”模式的七大重点产品，上半年交易额比去年全年还多 7700 万元，同比增长 294%。

中铝资本以提供优质金融服务为抓手，发挥了金控平台功能支撑作用，以创新思路推动金融业务多点开花，实现规模和效益双增长，日均资金集中度达 42.5%，创历史新高。

铝加工事业部金属占用总量比年初压减 1.28 万吨，释放资金 2.56 亿元，积极拓展国外市场，累计出口销量 8.6 万吨，同比增长 36%。

（三）党建和党风廉政建设取得新进展

党建基础工作持续深化。公司召开了 2017 年度党建工作会议，出台了党建工作责任制实施细则等 4 个文件，25 项党建重点任务得到落实，47 家企业完成党建工作要求纳入企业章程工作。扎实推进“两学一做”学习教育常态化制度化，党组分片区召开了 10 次勇于创新谈心会。层层落实党建工作责任制，实施党建与生产经营双百分考核，推动党建工作由“软指标”变为“硬约束”。中铝股份党委下大力气解决了基层党组织应建未建问题，先后成立了中铝物流集团和中铝能源公司党委、纪委，实现了组织建设全覆盖。

融入中心工作成效显著。开展了“两带两创”活动，各级党组织设立创效项目 3000 余个，全体党员以“一带 N”或“N 带一”的模式，设立创新项目或创新课题，党建工作与中心工作融合更加紧密。公司召开了科技大会，开展了“庆七一·创新赢得未来”主题演讲比赛，1100 余名选手参加比赛，55000 余名员工现场聆听，激发了干部员工勇于创新、乐于奉献的积极性，形成了全员创新创效的浓厚氛围。新闻宣传围绕生产运营，持续强化正面宣传，积极化解、管控负面舆情，对内凝心聚力，对外赢得理解支持，展示了公司良好形象。

党风廉政建设从实从严。公司上半年受理信访举报 267 件，100% 处置，其中，立案 54 件，给予党政纪处分 63 人，移交司法机关处理 6 人。自中央巡视组进驻以来，公司先后派出 28 个巡视组，分 5 轮对 74 家企业开展巡视工作，完成了十八大以来巡视企业全覆盖任务，共发现问题 1040

个，向企业提出建议621条。特别是创新了执行力和矿山的机动巡视。巡视和整改期间，对835人进行了问责。各级纪委特别是纪委书记转变观念，转变作风，深入生产经营一线，接地气、查问题、督整改，取得初步成效。

（四）干部队伍建设呈现新风貌

我们深入贯彻落实习近平总书记对国企领导人员提出的二十字新要求，以提高领导班子治企兴企能力为核心，坚持以实绩选人用人，严格考评结果的应用，对8个总部部门、31户企业领导班子进行了补充调整，提拔24人、交流26人、退出领导岗位5人，做到能者上、平者让、庸者下，实现了“强激励、硬约束”。实施中国铜业、云铜集团管理体制改革，减少管理层级和干部职数，畅通了决策和执行传导机制。

在扭亏脱困的火线上、转型升级的实战中，涌现出众多攻坚克难、顽强拼搏、业绩突出的好干部。

董建雄同志到河南分公司后，不畏困难，团结带领干部员工苦干实干加巧干，上半年结束了企业亏损9年的历史（虽然去年企业发生了安全事故，但是该肯定的还是要肯定）。

明文良同志到华中铜业后，内抓管理有板有眼，外抢市场步步为赢，遏制了严重亏损，员工士气足了，企业面貌新了。

于健同志到东南铜业后，密切政企合作，白手起家，争分夺秒，高效建成了混矿基地，加快建设冶炼生产线。

高喜柱同志抓精准管理持之以恒，打造静音工厂成效显著，电解铝合金化久久为功，为公司提升管理作出了示范。

近年来，党组调动了一批干部上任艰难险重的岗位。他们用坚强的党性，听从组织召唤，哪里需要到哪里，义无反顾冲锋陷阵。

公司总部也涌现出众多服务型的好干部，他们起早贪黑干在先、统筹协调冲在前、精准管理创价值、服务企业做贡献，赢得了基层好评。值得肯定的是，还有不少同志克服小家困难，离京奔赴一线实体企业，用实际行动展示了中铝干部忠诚奉献、敢于担当的新风貌。

在此，我们还要特别感谢志群主席和25办的同志们，他们不辞辛苦，奔波忙碌，为公司体检把脉，指导问题整改，为中铝助力加油。

二、关于下半年的再接再厉

关于下半年的经营发展工作，德辉同志已经做了全面部署，党组认为，我们只要继续坚持年初确定的扭亏脱困转型升级总基调，紧扣从严治党、深化改革、加减乘除、精准管理持续发力，就一定能够决胜全年目标。在此，我就再接再厉讲四点意见。

（一）状态要再好

习近平总书记强调，“良好的精神状态，是做好一切工作的重要前提。领导干部要始终保持奋发进取的精神状态，不仅仅是上级推着干、群众推着干，首先是自己要始终充满激情、充满干劲，这样去干事业，才能更加主动、更加自觉。”

近年来，公司党组确定的2015的“连滚带爬年”，2016的“拳打脚踢年”，2017的“爬坡过坎年”，其实就是对精神状态的要求。当前，市场竞争更趋严峻复杂，公司扭亏为盈的根基非常脆弱，容不得半点松懈。

一是亏损企业要进入战时状态。国家有和平时期、紧急状态、战时状态之分，企业也有盈利、亏损、倒闭破产之时。亏损就是战时警报，就要摒弃安逸，全天候迎战，全身心战斗，在战斗中掌握命运。4月8日，公司召开了全级次亏损企业干部大会，穿透式地打响了亏损企业歼灭战。这是一场没有退路的生死战，考验着每一名干部的状态，要么在冲锋中赢得尊严，要么在落败中缴枪投降。

如果企业倒闭了，留给国家的将是心痛，留给企业的将是耻辱，留给员工的将是艰难。两年来，很多企业在困境中绝地反击，艰难拼搏，显现了胜利曙光。比如，中铝山东转型发展精细氧化铝，赢得了市场竞争力，半年完成了全年利润指标。最近，东轻和中铝萨帕等铝加工亏损企业宣布进入战时状态，将危机感、紧迫感转化为一系列的战时措施。党组要求全部亏损企业要学习借鉴，都要进入战时状态，打破常规，背水一战。

二是总部和板块要进入冲刺状态。长征、抗战、解放战争中，每逢大仗恶仗，指挥部前移一线，在战斗的紧要关头，指挥员带队冲锋。

决战决胜全年目标，总部和板块要带头冲刺。各级领导要以上率下，亲力亲为，对党组的决策部署，紧抓快干，以钉钉子精神一件一件抓，加快落地见效。要设身处地为企业着想，急企业之所急，既要帮助企业排忧解难、多出谋划策，更要关键时刻冲上去，下移一级抓落实，与企业干部员工共同啃下硬骨头。

三是主要领导要带出团队的好状态。一个人的努力是加法，一个团队的努力是乘法。各级企业的主要领导不仅要做好状态的表率，而且要带动班子和干部员工统一行动，同向发力，共同发力，打造高铁型的班子，动车型的企业，实现盈利企业增创效益、亏损企业减亏扭亏。

在当前的特殊时期，早调会是带出团队状态的好形式、好途径、好抓手，各企业一定要用好和发挥好。今年以来，我们通过视频系统召开一对一的早调会，给洛阳铜业、西南铝、东轻、山西分公司、兰州分公司和河南分公司等困难企业每周一次或两周一次吃小灶，就是希望更及时地了解生产经营，更直接地了解问题困难，更经常地了解工作状态，在企业的关键时刻，上下一心出谋划策，聚焦问题共同发力。

（二）节奏要再快

栗战书同志曾经说，“习近平总书记要求我们干工作要‘案无积卷、事不过夜’。总书记自己也是这么做的。他的工作作风非常严谨，工作节奏也很快。报送给总书记的请示，不管多晚，即使到了夜里12点，第二天早上都能收到他的批示”。我们要向总书记看齐。

我们在与竞争对手的较量中，要始终快一步，任何的按部就班、徘徊懈怠，都会错失机遇，甚至让公司再次陷入被动。

一是消除中梗阻。新常态就是变化快，必须以快制快、以变求新。反思我们的工作，还有许多中梗阻现象，拖延了提质增效的步伐。

比如，生产的中梗阻。有的企业生产波动大、物料积压多，衔接不紧凑，不但压占资金，而且行动迟缓，致使生产周期长，中间环节问题多，综合成品率降低，成本居高不下。

又如，管理的中梗阻。有的干部忙不过来就拖，下级请求解决问题，总给人家一个逗号；有的不说行，也不说不行，答复笼统含糊；有的对口头汇报不算数，非等文件报告到了再去办，折腾一两个来回，几个月就过去了，时间都浪费了。

扭亏脱困等不及，也慢不得。各级干部要强化时间意识、速度意识、效率意识，疏通流程节点，消除管理痛点，让流程更顺畅。要坚持靶向治疗，坚决打通中梗阻，让每个程序衔接得快一点，让节奏快些、再快些。

二是装上加速器。在战场上，节奏快慢关系着生死存亡。在商场上，节奏快慢关系着企业兴衰，交货快一点，服务快一点，资金周转快一点，每个环节比竞争对手快一点，企业效益就会大不同。

在实际工作中，经常可以看到“都有道理”的扯皮推诿。生产不行，怪设备；设备不行，怪维修；维修不行，怪资金；资金不行，怪销售；销售不行，怪质量；质量不行，怪设备。总之，陷入了一连串的恶性循环。

要给各环节装上解决问题的加速器，厘清责任，环环倒逼，抓具体、抓细节、抓落实，让各环节衔接更紧凑，配合更默契，实现从责备到责任、从被动到主动、从本位到协作的转变。

三是驶上高速路。以网络化、数字化、智能化为代表的新一轮工业革命，催生了众多新产业、新业态、新模式，在日新月异的市场环境下，大公司不一定打败小公司，但是快的一定会打败慢的。企业不再以大小论高低，竞争也不再是大鱼吃小鱼，而是快的吃慢的。要整合内外资源，发挥共享优势，加快新旧动能转换，要通过跨界合作和行业联想，敢闯敢试，不断创造新的产品需求，引领行业需求。

公司党组有关领导每月主持召开一次工程用铝和轻量化专题会，就是为了加快产品开发和产业化应用进程。实践证明，铝质模板、铝质天桥、铝质货车、铝质防洪墙等都有广阔市场，中铝国际和铝加工事业部所属企业都已经尝到了甜头。我认为，引领铝应用的步伐要再快一些，转型升级的速度要再快一些，持续向下游延伸产业链，向高端化、近终型进军。

（三）力度要再大

上半年，我们取得了来之不易的业绩，这是大家齐心协力共同努力的结果，一条重要的经验是咬牙使劲，而不是咬牙不使劲。

一是领导的力度要再大。在爬坡过坎的关键时刻，任何自我减压，都会滑丝脱扣，前功尽弃。我们强调领导的力度要再大，就是要坚决消除歇一歇、松口气的思想，避免上面松一寸，下面散一尺、甚至滑一丈。

有的领导干部错把底线当作工作标准，心里只想着保底目标，有的低标准地应付安全环保工作，而不是将“安全、干净”作为“以小见大”的系统工程。有的连设备见本色、卫生无死角、安全无隐患的基本要求都做不到。各板块和企业要以“安全、干净”班组竞赛为抓手，根治跑冒滴漏，固化工作标准，养成良好习惯，提神、提质、提效。要加快“2+26”区域内企业的超低排放改造进度。加快整改建设项目环保证照验收滞后的问题，严格执行建设项目环保“三同时”。落实“河长”制，巩固工业废水零排放成果。

各级领导干部要自我加压，工作标准要高，管理力度要大，向先进企业对标，向奋斗目标发力，向最好的业绩冲刺，让下半年工作更精彩。

二是执行的力度要再大。今年公司要求压缩管理层级、减少法人 63 户，目前仅完成 16 户，说明执行的力度不够。截至 6 月底，公司应收账款及存货“两金”余额 723.6 亿元，较年初增加 67.2 亿元，增幅 10.2%，其中，一年以上的应收账款近 100 亿元，呆滞库存为 15.4 亿元。这些都警醒我们，不能让执行力度层层削弱和滑坡。

在志群主席和 25 办同志们指导和帮助下，目前已形成了问题清单，接下来的考验是要穿透解决，特别是加大“两金”压缩、瘦身健体、亏损企业治理、逾期账款和呆滞库存清理等力度，要细化、量化目标措施，盯着改、使劲抓。

三是接地气的力度要再大。要接地气地落实“两个责任”和“一岗双责”，使各级党组织更加坚强有力。要强化党建双百分考核，推进“两学一做”学习教育常态化制度化，加大思想建党和制度治党的力度，筑牢公司发展的“根”和“魂”。

要接地气地发挥各级党组织作用。将政治核心、领导核心、战斗堡垒的作用贡献到企业的改革发展、生产经营之中。要建设好基层党支部，焕发一线党员的思想觉悟，发挥先锋模范作用，以强有力的党建筑牢企业发展的基础。

要接地气地发挥纪检监察作用。公司各级纪委要深化“三转”，抓好执纪问责，变被动监督为主动监督，在接地气中及时发现问题，及时解决问题，及时消灭问题的萌芽，乃至做到防患于未然。最近中纪委李书磊副书记肯定了我们接地气的做法，我们要不辜负期望，认真探索完善，力争形成可复制、可推广的经验。

（四）办法要再多

“世间事，既发生，必有方法蕴其中。”只要干事，总会遇到困难，大干小困难，小干大困难，不干最困难。不论是什么样的困难，总有多种解决办法。

一是勇于担当地想办法。遇到问题，敢于直面，勇于破解，好办法就会层出不穷。比如，公司鼓励异地转岗安置员工，中铝股份积极主动服务基层，采取承担转岗培训费方式,向公司新建企业转移410人，缓解了僵尸和特困企业分流安置压力。中铝物流中部陆港公司组织人员和机车、车辆，转战千里，到宁夏能源承包煤炭运输，克服了各种困难,上半年运输煤炭169万吨，创收1400万元，这就是积极担当地想办法。

二是跳出框框想办法。当前，有的干部仍然习惯于靠老套路办事，凭老经验解决问题，跳不出思维的老框框。有的领导遇事,习惯性地认为“不可行”“办不到”“没有用”。思想僵化是一切僵化的根源，僵尸班子比僵尸企业更可怕。班子有病灶，组织有责任，我们要予以帮助和教育，加快班子激活。

各级领导干部不仅要做到治企有方，闯出新路子，更要做到兴企有为，做出新业绩。今年以来，我们按照“干部要有新作为”和去“闲官”的要求,把治理“闲官”作为加强干部履职能力建设的重要内容，公司总部、板块和实体企业共梳理出闲官158人、闲岗74个,当下要双管齐下做减法，一是尽快让“闲官”变忙官，二是下岗忙不成的“闲官”，从而优化用人的政治生态。

三是群策群力想办法。要始终坚持全心全意依靠员工群众办企业的方针，结合企业扭亏减亏和转型升级的实际，创新员工群众参与改革、降本增效的载体，把员工群众的创造性充分调动起来。

要尊重员工的首创精神。今年公司党组举办了两次创新论坛，召开了10次“勇于创新”谈心会，41户企业359名干部集思广益，让我们听到了很多创新的思维和方法，展现了干部员工的聪明才智。要形成员工岗位创新的氛围，让更多的金点子、新办法应用于一线生产经营，更多更好地转化为企业效益。

下半年市场仍然充满不确定性，无论外部环境千变万化，我们的经营业绩都要跑赢市场。即将召开的党的十九大，是党和国家政治生活中的一件大事。我们要更加积极地行动，咬定目标不放松，切实做到状态再好、节奏再快、力度再大、办法再多，决战决胜全年目标，以优异成绩向党的十九大献礼!

奋发努力　攻坚克难
确保年度目标任务全面完成

——《2017年年中工作报告》

党组副书记　总经理　余德辉

（2017年7月15日）

一、上半年主要工作回顾

上半年，在中组部、国务院国资委的坚强领导下，在国务院国有重点大型企业监事会的指导帮助下，我们继续把握扭亏脱困转型升级工作总基调，坚持以提高发展质量和效益为中心，全面从严治党，深化加减乘除，推进改革创新，狠抓精准管理，创造了生产经营的新业绩，巩固了持续向好的发展势头。

（一）公司效益持续增长

从年初开始，我们就锁定全年目标任务，强化落实责任、加强督查督办，每月召开经济活动分析会，以月保季、以季保年。各级党组织坚持服务生产经营不偏离，把方向、管大局、保落实。经过坚持不懈努力，上半年超额完成国资委考核任务，实现了时间过半、奋斗目标过半，取得了国际金融危机以来最好的经营业绩。

1. 经营业绩大幅提升。上半年实现营业收入1531亿元，同比增加529亿元，增长53%。实现利润11.2亿元，同比增加14.1亿元，连续6个月盈利过亿元，实现了真正意义上的经营性盈利，利润总额在102家中央企业中达到中等水平。资产负债率83.21%，同比降低2.23个百分点。成本费用率100.94%，同比降低4.15个百分点。经营活动净现金流81亿元，同比增加62亿元，增长333.32%。

2. 板块利润稳步增长。上半年各板块全部实现了盈利。中铝股份开展“275918”专项行动，完成利润15.27亿元，同比增长224.2%。中国铜业完成利润4.06亿元，同比增加13.47亿元，扭转了近年来的经营被动局面。中铝国际完成利润4.5亿元。中铝资产完成利润2.4亿元。中铝资本完成利润2.51亿元。中国稀有稀土完成利润1亿元。铝加工事业部完成利润300万元。

3. 实体企业效益持续好转。上半年超额完成考核目标时间进度的企业有 40 户，其中超考核目标时间进度 1 亿元以上的有广西分公司、贵州华锦、中矿国际、中铝山东。未完成考核目标时间进度的企业有 44 户，但其中有 23 户企业实现效益同比改善，5 户企业效益大幅提升，减亏超过 5000 万元，分别是山西分公司、遵义氧化铝、抚顺铝业、连城分公司和中色科技。

（二）运营质量明显改善

公司以精准管理为抓手，把精准管理的理念、方法融入生产经营的全过程，提高了管理水平，提升了运营质量。

1. 生产指标持续优化。为确保精准管理扎实有效，公司建立了精准管理台账，明确了 55 项推进措施，实行项目制管理，生产运行不断向精准化、标准化迈进。组织开展专项劳动竞赛，发动职工群众全力优化生产组织和技术指标，全员全方位全过程降本增效。上半年，公司各项指标不断优化，铝加工材成品率同比提高 0.73 个百分点，氧化铝粒度同比优化 1.78 个百分点，氧化铝综合能耗同比降低 5.94 千克标煤 / 吨，电解铝原铝液交流电耗同比降低 36.60 千瓦时 / 吨，粗铜综合能耗同比降低 24.60 千克标煤 / 吨。

2. 产品升级步伐加快。中铝股份多品种氧化铝产量同比增长 15.89%，电解铝合金化率提升到 34.6%。先后两次召开现场会，广西分公司深入推进现场管理标准化，取得新的突破。山东华宇持之以恒抓精准管理，可批量生产的合金品种达 42 种，合金化率达到 100%。包头铝业进一步降低合金成本，合金化创效成为新的利润增长点。中国铜业高附加值产品比重有所提高，华中铜加工费同比提高 1149 元 / 吨。中国稀有稀土资源短板基本补齐，资源储量发挥优势，下游短板正在加快添补。

3. 营销创效能力增强。精准把握市场，创新产品定价机制，实行期货现货联动，上半年铝锭销售均价高出长江现货价 102 元 / 吨，氧化铝销售价格高出全国现货三网均价 23 元 / 吨。精准制定采购策略，进一步释放集中采购优势，大幅降低了“两碱”、沥青、石油焦、煅后焦等大宗原材料采购成本。中国铜业有效化解了去年遗留的低价位头寸风险，实现了自产矿产铜 5700 美元 / 吨的预算保值目标。修订了公司内部市场交易管理办法，加强内部协同，中铝资产通过狠抓保供和服务，上半年内部市场交易总额达 18.92 亿元，同比增长 294%。中铝国贸实现焦煤出口，成为国内第五家煤炭出口商。铝加工企业积极拓展国外市场，累计实现出口 8.6 万吨，同比增长 36%。中铝保险经纪中标厄瓜多尔电解铝项目风险评估业务。

4. 财务管控能力提升。充分发挥绩效考核的导向作用，分档、分类设置考核指标，促进了“双升双降”目标实现。积极推进财务管控信息化项目建设，111 家单位上线运行，初步实现财务数据集中共享。面对汇率市场波动、债券利率上升、融资规模下降等多方面压力，创新融资方式，与浦发银行合作成立国企改革基金、与上海银行合作成立银铝融海基金、与交通银行合作成立四则产业基金、与诚通集团合作成立铜产业发展基金，共计融资265.5亿元。作为非金融企业试点之一，公司在“债券通”开通首日发行10亿元的超短期融资券，进一步提升了市场信誉。

5. 两化融合加快推进。财务及人力资源管理信息化项目实现调整优化，互联网+云服务平台建成投用，完成公司电解铝智能制造顶层设计总体方案及31个功能模块设计，内蒙古华云等试点企业智能工厂建设具备启动实施条件。完成公司大数据应用建设管理架构整体方案。中铝股份制造业与互联网融合项目、中铝瑞闽智能制造项目列入国家工信部示范工程项目计划。

（三）结构调整进展顺利

公司坚持以市场为导向，落实国家产业政策和重点产业布局调整新要求，优化了产业结构，增强了可持续发展能力。

1. 多数项目提前建成投产。创新项目进度管理模式，内蒙古华云一期、华云二期、遵义铝业二期、中铝山东4万吨微粉氢铝等项目提前建成投产。普朗铜矿项目克服高原缺氧、冬季施工和矿山地质条件复杂等困难，实现了“3·16”试车投料目标。

2. 一批项目实现投产即盈利。发扬连续战斗的作风，项目投产后立即组织消缺，攻关达产达标，河南分公司氧化铝升级改造、中州铝业降低工艺能耗、中铝山东10万吨功能新材料、宁夏能源银星电厂、山西华泽2#焙烧炉改造、宁夏能源红寺堡和太阳山光伏电站补容提效、云铜易门铜业环保高效清洁化生产改造、广西国盛等项目，实现了投产即盈利。大能源降本项目按“短平快”要求，实现了能源结构优化快速见效。

3. 新项目加快推进和布局。山西中润、广西华磊、贵州华仁、山东华宇煅后焦基地、甘肃华鹭炭素搬迁、青海鸿鑫牛苦头采选、东南铜冶炼、云铜拉拉铜矿等项目按节点目标加快推进。赤峰云铜搬迁改造、华中铜板带二期、中铝瑞闽汽车板等项目正在积极落实项目建设关键条件。宁夏能源银星一井取得核准。秘鲁铜矿二期基本设计已经批复，沿海铝基地、几内亚铝土矿项目等正在开展前期研究。中铝江苏稀土华东稀土研究院项目完成立项，中铝包头稀土金属及合金项目完成前期研究工作。

4.“泰山项目”实现突破。经过不断汇报沟通，“泰山项目”获得国务院批准，取得了阶段性成果，为后续方案的实施获得了政策依据，为公司发展赢得了宝贵的时间和空间。

5. 对外战略合作全面加强。公司与中石油、中信集团、招商局、山西铁路局、新疆铁路局、云南冶金集团等大型国企加强合作，分别签署了战略合作协议。成立了中铝雄安总部筹备领导小组，并与雄安新区筹委会进行了工作对接。中铝股份与贵州地方国资平台和民营企业合资成立贵州华仁新材料公司，与广西方投资平台合作成立了广西华昇新材料公司。中铝国际与云南省公路开发投资公司签订协议，共同修建“1+4”条国内外高速公路，项目总投资达600多亿元。中铝资本与中船重工资本共同发起成立金融租赁公司，加大了央企产融业务合作。铝加工事业部与北京艾路浦公司签署战略合作协议，共同推进舰船用铝合金材料国产化研制和市场开发。

（四）创新驱动作用凸显

坚持实施创新驱动发展战略，深化科技体制改革，加速科技成果转化，努力打造创新型领军企业。

1. 科技保障能力得到加强。召开了公司科技工作及成果产业化推广会议，对2016年度重大科技成果进行了奖励，签订了7项技术成果开发和应用合作协议，开展了全国科技工作者日系列活动。深化落实对科技人员的激励政策，扩大科研人员成果转化收益分享试点，激发了广大科技人员的创新创效热情。完成了中央研究院各分院及分技术中心设立，组织33家企业开展高新技术企业认定工作，中铝材料研究院、东轻、中铝广西稀土院士工作站挂牌运行。

2. 重大专项研发加快推进。氧化铝“一高一低一去”专项、电解铝“节能技术研发与推广”专项进展顺利。更低能耗电解铝节能技术工业试验槽电耗已低于12000千瓦时/吨，罐盖料从0.24毫米减薄至0.22毫米，铜冶炼污酸中铼提取技术已完成工业试验线建设，大宗废弃物综合利用、环保技术产业化、智能制造、铝锂合金等一批重大科技创新项目取得新进展。大飞机用铝材降成本3个科研项目通过国家科工局立项评审，申请国拨经费9000余万元。“离子型稀土矿绿色提取分离一体化技术与应用”在国家工信部立项，获得政策支持资金1350万元。

3. 新产品开发力度加大。在郑州研究院重点布局了电池隔膜用氧化铝、特高压电气绝缘填料等6个新产品开发与试制。山东企业成功实现专用沸石等三个产品的转型升级，打破了国外垄断。铝加工企业加快深加工产品开发，东轻铝制蒸发板、西南铝汽车保险杠系统零部件、西北铝石油防喷管和起重行业用索具管、中铝瑞闽铝托盘等一系列深加工产品实现批量供应，西南铝覆盖件内板用板材通过上海通用汽车认证并替代神户制钢，东轻高铁用板材性能全面通过验证，中铝瑞闽高表面铝合金板带材实现在华为、三星、苹果等3C电子产品上的批量应用，并与下游企业合作研制成功全铝合金半挂车厢和小型货运车厢。

4. 铝产品拓展应用成效明显。中铝国际加快以铝代钢代木步伐，争当雄安新区建设工程用铝的拓荒者和领军者，提交的雄安新区应用铝制集成房屋方案，得到了新区政府认可。六冶与贵阳院联合开发的铝天桥项目打入呼和浩特、甘肃陇西等地市场。十二冶制作的165套铝合金板房出口牙买加。中建铝上半年铝模板产量继续提升，设立河南子公司，进军中原地区。铝加工事业部加大市场开拓力度，首次实现国内船企整体采购中铝船用铝材。

5. 军工保障作用充分发挥。上半年军工产品累计销量26380吨，同比增长15%，长征七号火箭和天舟一号飞船关键铝材99.9%由西南铝和东轻提供。大飞机材料研制项目取得重大突破，7055板材通过转阶段评审，为大飞机铝材国产化奠定了坚实基础。高纯稀土为“中国神光”工程提供了材料支撑。公司荣获长征五号首飞成功突出贡献单位奖和个人奖。

（五）企业改革稳步推进

全面贯彻党中央、国务院关于深化国企改革的决策部署，持续深化改革，着力解决制约公司发展的体制机制问题。

1. 公司制改革全面启动。制定印发了工作指引和制度汇编，全面启动38户全民所有制企业公司制改制。中铝资产对全级次24户全民所有制企业进行了梳理，初步形成了分类改制方案。拟定了推进混合所有制改革指导意见，积极稳妥推进混合所有制改革。修订了委派董监事考核实施细则，建立了全级次企业董监事信息库，促进企业进一步完善法人治理结构。

2. 瘦身健体工作扎实推进。召开了全级次亏损企业干部大会，对87家亏损企业提出了2017年治理目标，强化“企业不消灭亏损，亏损就消灭企业”的理念，建立重点板块及企业督导制度，有效遏制了脱困企业返贫、亏损企业增亏的势头。加大对“僵尸企业”及特困企业的处置力度，纳入2017年专项治理的31户“僵尸”及特困企业，有19户企业提前实现盈利或达到公司控亏进度要求。稀土板块消灭了全级次亏损户。上半年减少法人户数16户，分流安置员工1592人。加大内部协调力度，跨企业配置员工690人。

3. “牡丹工程”成效显著。中铝上海股权交易实现增值25.6亿元，为公司增加现金流35亿元。中铝财务公司推进股权多元化，预计股权评估增值30亿元。河南铝业资产处置、债务重组进入操作阶段。通过处置上海铜业、华西铝业、中铝瑞闽土地，中银大厦房产和焦作万方股票等，上半年共实现收益7.6亿元。

4. 管理整合工作力度加大。中矿国际成功完成私有化，对中国铜业和云铜集团实施一体化管理，正在加快内部资产注入，通过与云南省深化战略合作，努力打造千亿元大型产业集团。成立了河南推进办，统筹区域发展，提出了中铝河南院企转型发展设想。加快区域资产整合、盘活，河南铝业与中色科技资产置换、山西华泽与山西分公司整合正在推进。深化工程建设招投标管理体制改革，加快招标系统整合。中铝国际正在实施对昆勘院、山铝工程等单位的整合。

5. 三项制度改革持续深化。建立总控定员管理机制，推进“五级技师”制度，实施劳动用工结构调整，积极构建生产操作岗位序列员工职业发展通道。中国铜业试行职业经理人聘任制，中铝资本完成了职业经理人试点实施方案，推进“市场化、契约化”激励机制改革落地。积极实施精准激励，全面推广工资总额分配向骨干员工倾斜激励政策，激发了员工工作热情。

6. 历史遗留问题解决加速。扎实推进“三供一业”分离移交工作，共签订分离移交协议、框架协议91个，预申报“三供一业”项目93个，申请国有资本预算补助资金11.6亿元。加大厂办大集体改革力度，青海铝业、包铝集团改革方案已批复实施。

（六）风险防控全面加强

把风险管理放在更加突出的位置，狠抓基层基础管理工作，保证了公司持续健康稳定发展。

1. 安全环保基础不断夯实。上半年，除山西分公司、河南分公司、长城铝业、中州铝业发生4起共4人次工亡事故外，杜绝了较大及以上生产安全事故、一般及以上突发环境事件的发生。在全公司范围签订安全一岗双责责任清单，全面实施重点排污口“河长制”，加大HSE督察力度和深度，进一步压实了安全环保责任。扎实推进“双控”机制建设,组织实施了“安全、干净”班组竞赛、承包商安全管控及全面整治“小散乱污”专项行动,开展了节假日、汛期、日常安全大检查。提前高质量完成环保部约谈问题的整改，向环保部、国务院国资委上报了整改报告。结合行业特点，率先开展联合降碳行动，创办了中铝降碳节，发布了首份降碳报告，得到国家发展改革委、国务院国资委的充分肯定。

2. 全面风险管理更加强化。继续推进法治中铝建设，在全公司推进法律审核两个100%全覆盖工作，对总部层面规章制度进行了一次全面梳理，形成“废、改、立”清单，严控法律合规风险。黄河再生铝担保风险、华中铜保理案件等历史遗留风险事项处置取得重要进展，避免了8亿多元的风险损失。对公司决策权限管理办法进行了修订，防范了决策风险。加大审计工作力度，上半年累计完成42个项目的竣工审计工作，实现审减效益7600余万元；开展了非经营性房产专项审计，通过收回被占用房产、纳入财务核算、盘活闲置房产等方式，取得资产处置收入3194万元，实现年租金收入256万元。公司信用管理体系实现了全覆盖，严格按照信用评价体系对客户进行信用管理，贸易项下的风险应收款收回超过10亿元。

3. 问题清单专项细化落实。配合监事会开展了问题梳理及整改专项工作，问题清单梳理实现了全覆盖。总部问题清单如期完成，进入整改阶段，其中11个重点问题正在制定整改决议，非重点问题制定了整改方案。板块、实体企业问题梳理全面启动，均按计划进度完成。通过开展问题清单专项工作，提升了公司自身“免疫力”，促进了企业持续、科学发展。

4. 信访维稳工作保持平稳。围绕重点工作，聚焦重点企业，强化工作措施，妥善化解了多起企业层面员工聚集上访事件，保持了员工队伍的和谐稳定。新闻宣传工作坚持围绕中心，通过创新平台，加强正面宣传，积极防控负面舆情，为公司改革发展创造了良好的舆论环境。

回顾上半年工作，我们走过的路很不平凡。面对市场价格跌宕起伏、扭亏脱困压力巨大、项目建设任务繁重等诸多挑战，广大干部员工顽强拼搏、奋力攻坚，付出了异常艰辛的努力，涌现出了许多感人的事迹。很多干部长期坚守一线，带领员工苦干实干，使多年亏损的企业焕发了生机，走出了困境；广大员工心系企业，舍小家、顾大家，无私奉献、忘我工作，推动了企业改革发展；各级企业围绕年度工作任务，全力以赴，挑战极限，特别是一些困难企业不畏艰难、动真碰硬，以大幅减亏支持了公司经营目标完成。监事会李志群主席和25办的同志，不辞辛劳，全力帮助公司梳理、解决问题，倾注了大量心血。正是由于大家的共同努力，才使公司的经营发展面貌为之一新，重新赢得了社会各界的认可和尊重。成绩的取得，是中组部、国资委正确领导的结果，是国有重点大型企业监事会监督指导的结果，是中国有色金属协会、地方党委政府鼎力支持的结果，更是全体干部员工团结一心、艰苦奋斗的结果。在此，我代表公司经营班子，向各级领导、各界朋友和公司全体干部员工，致以崇高的敬意和衷心的感谢！

二、下半年重点工作安排

综合分析公司下半年面临的内外部形势，既有有利条件，也有不利因素。

从外部因素来看：一是我国经济加强预期引导，保持稳中向好发展，上半年GDP增速约为6.9%，中央企业利润同比增长15.8%，经济效益持续回升。二是“一带一路”战略影响日益深远，随着沿线国家基础设施建设加快，加之欧美国家重返工业制造，将进一步带动铝的消费需求，全球铝消费将迎来新一轮增长高峰期。三是供给侧结构性改革、环境保护与雾霾治理、清理整顿电解铝行业违法违规项目专项行动等政策叠加效应逐步显现，行业无序发展将得到遏制，预计下半年市场供需关系将发生积极变化，价格仍维持高位震荡。

从内部情况来看：公司上半年的良好经营业绩，为完成全年目标任务打牢了基础，极大地鼓舞了全体员工爬坡过坎、决战决胜的信心和决心。但我们也要清醒看到，公司还面临不少问题。一是“两金”压缩不降反升，需进一步健全考核管理机制，狠抓责任落实。二是亏损企业治理进展缓慢，需进一步加大处置力度，完善转型和退出方案。三是融资环境严峻，需进一步拓展资本市场，保障资金安全。四是大宗原辅材料价格持续上涨，部分电解铝企业电价反弹，企业成本上升压力加大。

总的来看，下半年的形势和任务依然艰巨，需要我们咬定全年目标不动摇，狠抓工作落实不懈怠，以更加坚定的自信和百倍的努力，奋力开创中铝改革发展的新局面。

下半年公司经营工作的总体要求是：深入学习贯彻习近平总书记系列重要讲话精神，认真落实中央企业地方国资委负责人培训会议部署要求，继续坚持扭亏脱困转型升级的总基调，突出问题导向，狠抓工作落实，奋发努力，攻坚克难，确保年度目标任务全面完成，以更加优异的成绩向党的十九大献礼。

下半年经营工作的重点是：

（一）狠抓目标落实，提高盈利能力

实现持续盈利，是衡量公司从根本上

扭亏脱困的重要标准。必须不断加压奋进，以大幅增盈的新业绩、新成效，巩固公司向好发展的势头。

1. 强化大局意识，确保目标完成。实现全年盈利20亿元的奋斗目标，既是郑重承诺，也是刚性要求。板块和企业都要服从大局，按照年初分解的目标任务，咬住不放，全力以赴，以层层完成目标，保公司总体目标实现。要按照红林董事长强调的“状态要再好、节奏要再快、力度要再大、办法要再多”的要求，主动担当作为，不松懈、不观望、不犹豫，在狠抓落实上下功夫。要自觉调整精神状态和工作心态，提振精气神，敢于在薄弱环节上补短板，在难点问题上求突破，在重点工作上见成效，为公司不断巩固和扩大经营成果做出新贡献。

2. 严细工作措施，层层落实责任。板块和企业要结合上半年指标完成情况，进一步做好下半年目标任务的细化分解，明确责任主体，实行挂图作战、网格管理，确保事有专管之人、人有明确之责。要聚焦短板，精准施策，采取超常规、突破性的工作举措，推动各项措施深化落实。上半年实现时间任务双过半的单位，下半年要向更高利润目标发起挑战。中铝国际、中铝资产以及未完成目标进度的单位，要自我加压、不做短板，坚决把落下的进度补回来，并争取更好的结果。要分级负责、加强协调，继续开好月度经营活动分析和总部部门工作例会，及时研究解决问题，紧盯目标进度落实。

3. 完善考核激励，严格奖惩兑现。总部、板块财务部门要按照分类改革实施方案的要求，健全完善考核体系，分档、分类设置考核指标，根据签订的经营目标考核责任书，加强日常跟踪督导。要严格经营业绩考核管理，把目标完成作为衡量和检验工作的标尺，落实考核结果“三挂钩”制度，强化干部责任意识，推动工作措施落实，促进绩效持续改进。要突出价值导向，充分发挥工资总额的正向激励作用，对完成全年奋斗目标、超额完成利润目标的单位，要给予奖励；对未完成年初确定经营目标的单位，要坚决扣罚。

（二）狠抓精准管理，促进提质增效

精准管理的实质，是追求极致，达到工作更加精细、管理更加高效、效益更加显现的目标。要抓住关键环节，久久为功强管理，持续改进创效益。

1. 坚决治理亏损，全力推进瘦身健体。要按照国资委部署要求，把僵尸和特困企业治理，作为贯彻中央供给侧结构性改革的重要任务，坚决打攻坚战、歼灭战，决不让亏损永远在路上。要盯住重点亏损企业、国资委督导企业不放，一企一策落实好扭亏脱困方案。各级次亏损企业要奋起自救，切实担起控亏减亏、扭亏增盈的主体责任，以企业不消灭亏损、就消灭亏损企业的硬约束、硬要求，确保亏损企业不新增、扭亏企业不返亏。要加快“压减”进度，加强督导落实，全面完成板块层级压缩至5级以内、减少法人42户的年度目标。

2. 严控成本费用，增强成本控制能力。要强化生产控制，稳定生产运行，加大内部对标力度，围绕“中铝前三、行业领先”的目标，持续优化工艺技术指标，形成你追我赶的“创先争优”态势。电解铝、氧化铝企业要坚决落实平均成本进入行业前40%，所有企业进入前50%的工作要求。要严控一般性费用支出，关注管理、销售费用过快增长，控制在相对合理区间。要积极开展劳动竞赛、创新创效等多种活动，强化设备管理，改进产品质量，全员控费降耗。要坚持源头降本，采取灵活有效的采购策略，继续做好大宗物资采购降本工作。

3. 大力压缩两金，提高资金使用效率。要强化两金监管，完善考核激励和责任追究机制，督导重点板块加强整改落实。要强化“颗粒归仓”意识，以逾期应收账款清收和呆滞库存清理为重点，全力抓好债权清收工作，加大超额库存压减力度，压实责任，刚性考核，确保完成全年两金规模压降目标。要密切跟踪金融市场动态，防范资金系统风险，有序接续到期债务。要继续提高资金集中度，有效运用各种基金，保证升级发展项目资金需求。要关注内部整合、改革改制、“僵尸”企业处置等重大税务合规事项，积极争取政策支持，合理合法规避税费。

4. 强化内部协同，持续扩大市场收益。要不断研判市场、引领市场，发挥集中管理优势，增强市场控制力、影响力。进一步加强内部营销、贸易、生产协调，围绕市场优化产品结构，加大高附加值产品研发、生产、销售力度，提高电解铝合金化比例，推进多品种氧化铝三年效益倍增计划，提升增盈增收能力。中铝资产要全面提升产品质量和服务水平，继续推进“总对总”交易模式，不断扩大内部交易产品范围，力争全年内部交易额同比增长50%以上。

5. 推进标准化管理，培育“标准治企”文化。要以“标准化+”助推精准管理，持续提升标准意识，狠抓标准执行，不断完善标准体系，实现管理、技术、作业标准的全覆盖。以班组安全标准化、现场管理标准化、操作标准化为抓手，促进班组管理标准化。要扩大信息化应用，推进两化融合、智能工厂建设，强化在线监测和系统预警，推动精准管理向更高水平迈进。

6. 加强部门协作，提高服务企业水平。要学习借鉴国资委转变职能的做法，进一步优化管控流程，提高工作效率，强化执行力建设。公司总部、板块本部要强化责任担当，主动研究思考问题，身在兵位胸为帅谋。要加强对企业的服务和指导，想企业所想，急企业所急，既抓制度、促规范，又转作风、求实效，决不允许遇到困难相互推诿扯皮，既不想办法，也不解决问题。要强化督查督办和执行力问责，确保工作整体推进、协调一致。

（三）狠抓项目落地，加快升级发展

做强做优做大中铝公司，发展是硬道理。必须按照“科学掌控上游、调整优化中游、跨越发展下游”的工作思路，调整

优化布局，加快升级发展。

1. 加快项目建设，培育新动能。要坚持干一个、成一个、盈一个，确保经济效益。加快山西中润、内蒙古华云一期、贵州华仁、广西华磊、山东华宇煅后焦基地、甘肃华鹭炭素搬迁及普朗铜矿等一批重点项目整体建设进度，实现东南铜业、赤峰云铜、华中铜业板带箔二期工程、中铝瑞闽蓝园项目等一批项目取得施工建设阶段性成果，推进开工一批补短板的提质增效项目，落实炭素总体布局安排，提高区域配套能力。要全面落实项目责任人制，按照“超常规、不违规”的要求，狠抓外部条件落实、设计优化、工期节点、质量安全、生产准备和竣工验收，打造“中铝速度”，保证投资最优、成本最优、质量最优、效益最优、运营管理最优。

2. 加快投产达标，显现新效益。要接棒冲刺、连续作战，加快收尾消缺，扎实抓好生产经营，攻关达产达标。内蒙古华云一期二期、遵义铝业二期、兴华科技二期、贵州华仁、甘肃华鹭炭素搬迁、山西中润、宁能朱庄风电、广西华磊、云铜易门铜业、滇中有色、铜厂沟等一批建成投产项目，要提高运行效率，快速提升产销规模，确保如期实现收益目标，助力公司提质增效。

3. 加快科技转化，增添新优势。坚定实施创新驱动，加快材料高端化、产品终端化，是公司做强做优、升级发展的必由之路。要坚持自主研发和协同创新并举，发挥中央研究院整体创新优势，加快新技术、新工艺、新材料、新产品的研发攻关，积极争取军工配套任务，增强科技引领实力。要加快释放科技红利，重点抓好铝电解节能技术、新型双减法脱硫、废槽衬、炭渣和铝灰资源化利用等重大科技成果产业化示范与推广应用。要继续扩大工程用铝，推进大客铝材研制任务，加快吉利项目、海装项目、客车项目落地，促进A品质量提升，确保军品保质保供。要强化高科技产业和高科技企业的培育和发展，力争年内完成10家以上高新企业认定。

4. 加快海外规划，提供新保障。要以保障国家战略资源、提升全球资源配置能力为重点，积极落实国家“走出去”和“一带一路”战略，加快秘鲁铜矿二期、西芒杜铁矿、博法铝土矿、印尼国际产能合作等海外项目的规划论证。要继续与力拓协商，加快西芒杜项目股权转让，做好开发方案优化、基础设施联合体遴选和组建等前期工作。要不断扩大中铝国际海外总承包业务，带动国内设备、技术、标准、服务“走出去”，成为公司服务“一带一路”的桥头堡。

（四）狠抓改革推进，激发动力活力

下半年是落实年度改革任务的攻坚期，我们要按照习近平总书记的要求，把改革放在更加突出位置来抓，自觉运用改革思维谋划和推动工作，不断提高领导、谋划、推动、落实改革的能力和水平。

1. 加快改革深化落实，提高整体效能。要发挥整体改革的牵引作用，深化落实公司分类改革实施方案，加快推进改革任务台账剩余40项改革任务，紧扣问题、解决问题。公司改革办、资本运营部要按照国资委年度改革要求，聚焦重点难点，加强业务培训，完善工作机制，督促目标完成。板块和企业要以钉钉子精神抓好改革落实，主要领导不仅要亲自抓、带头干，还要勇于挑最重的担子、啃最硬的骨头，做到重要改革亲自部署、重大方案亲自把关、关键环节亲自协调、落实情况亲自督查，确保改革事项落地见效。

2. 完善法人治理结构，提供机制保障。要落实国务院完善国有企业法人治理结构的有关要求，进一步明确董事会、监事会、经理层、党组织的权责，规范履职程序，强化责任追究。要推进企业规范董事会建设，加大董事、监事的审核把关和培训力度，明确职责严格考核管理，提高履职能力，切实维护出资人权益。要按照国家政策规定，加快公司制改革、混合所有制改革、员工持股改革，建立推进职业经理人相关制度。积极争取国家及地方政策支持，加快“三供一业”分离移交及企业历史遗留问题解决，推进厂办大集体改革，实现企业轻装上阵。

3. 深化用工分配改革，激发内部活力。按照公司分类考核分配的改革要求，继续坚持工资总额与业绩考核挂钩、同向变动，不断优化员工收入分配机制。要总结推广中铝股份“1+9+4”分类业绩考核体系，精准激励，调动发挥员工积极性，更好地促进企业经济效益提高。要贯彻落实科技人员激励政策，推进科技项目团队激励，加大“五级工程师”制度推广力度，总结扩大科研人员成果转化收益试点。积极推进企业年金制度建立，授权企业在总控定员内自主招用适用人才。继续做好员工优化配置，加大跨企业员工转移力度，确保完成 4130 人的分流安置目标。中铝资本要加快人才发展与激励体系建设，以新机制推动产业金融做大做优做强。

（五）狠抓资本运作，提升效率效益

资本运作是应对危机、提高盈利能力的重要手段。下半年我们要加大力度，加强外部运作，加快内部整合，创新运用多种途径，实现资本价值的最大化。

1. 加强外部协调，加快重大资本运作落实。继续加大国家部委汇报沟通力度，积极争取外部支持，力争“蓝海工程”、国有资本投资公司试点工作取得进展。抓住国务院批准“泰山项目”的重要契机，尽快实现置换方案全面落实。加快推进资产资本化、证券化，力争颐和园项目年底前完成发行，朝阳项目调整方案重新提交证监会受理，云铜股份定向增发获得核准。要超前谋划，筹备做好中国铜业整体上市、中铝工服整合上市的前期工作。加快涉煤资产处置进度，争取国资委政策支持，为整体打包移交创造条件。此外，要研究其他处置方式，积极参与符合公司战略目标的境内外资本市场投资机会。

2. 重组整合资产，优化国有资本布局结构。持续推进公司内部资产业务优化升级，继续实施“牡丹工程”，做好中铝财务股权多元化工作，研究推进上市公司租赁存续企业土地等资本运作方案，实现公司利润和净资产双增目标。要深化落实中国铜业整合重组方案，坚持做实中国铜业，加快中铝资源、上海铜业、华中铜业、中矿国际等内部资产注入，为与云南省深度合作奠定基础。要整体研究中铝国贸对公司营销资源的整合事宜，打造公司大宗物资贸易服务平台。要加大对四川等地稀土产业及下游深加工企业的整合力度，完善产业链。创新运作模式，继续推进物流业务整合，加快招投标管理改革方案推进落实，提升专业化运营能力。

3. 盘活闲置资源，释放价值促进效益提升。要研究建立公司内部低效无效资产数据库，全面摸底排查，分门别类做好厂区土地、废弃矿山、闲置厂房、生产设施、金融资产、矿权等信息统计和动态管理，借力资本运作，加大盘活处置力度。要积极落实退城入园政策，争取加快甘肃华鹭、洛阳铜业、广冶等厂区土地收储，以矿山复垦土地为重点，加快山西、河南、贵州等地企业矿山土地的盘活与开发。要以增带存，新建项目首先在全公司范围内筛选使用闲置生产设施设备。要择机推进非经营性房产的处置变现工作，充分释放资产价值。

（六）狠抓风险防控，确保安全稳定

风险防控是公司日常经营管理的重要内容，我们既要解决旧问题，更要防范新风险，避免因工作疏忽和节奏、尺度把握不好，造成严重不良后果。

1. 严守安环红线，确保生产平稳运行。我们要清醒地认识到，尽管当前的安全环保工作开始呈现出“力度加大、稳中有降”的态势，但安全环保基础仍然薄弱，事故隐患屡查屡有，违章行为屡禁不止，环保工作还存在既要“还旧账”又要“补新账”的问题，一些企业被动应付，决心不大、责任不实、标准不高、韧劲不足。各级领导干部要不忘初心、牢记重托，多思落地之策，多积尺寸之功，趟出一条本质安全、绿色发展的道路来。要狠抓“一岗双责”责任清单落地，强化履责述职和监督检查。要加强“双控”机制建设，深入推进“安全、干净”班组竞赛、承包商管控、“小散乱污”整治、重点排污口“河长制”，强化安全环保督查工作。要落实安全环保标准化，年内煤炭矿井要达到二级及以上标准。要加快安全环保隐患排查治理，做好煤矿、电厂安全风险评估和解决方案。当前正值汛期，各企业要切实做好防洪、防汛工作，高度警惕山体滑坡、泥石流、尾矿库漫坝溃坝、地下矿山淹井透水、露天矿山边坡垮塌、排土场坍塌等事故发生，时刻处于临战备战状态，做到百密而无一疏。

2. 建立联动机制，强化全面风险管理。要围绕国务院办公厅对国有企业违规经营投资责任追究的十个方面内容，加强内部控制，开展风险评估，提高预警能力。要把加强党的领导和完善公司治理统一起来，认真贯彻落实党组织研究讨论作为董事会、经理层决策重大问题前置程序的要求，充分发挥党组织的领导核心和政治核心作用，把方向、管大局、保落实。要充分发挥审计、财务、法律、纪检监察、巡视等监督作用，加强制度建设，推进合规管理，不断扩大审计范围，加强审计结果运用，加大专项巡视力度，强化监督执纪问责，形成协同联动机制，提高风险意识和防控水平。要认真落实国务院国有重点大型企业监事会工作要求，推进问题清单全覆盖和专业部门全级次穿透工作，全面梳理和整改问题，确保取得实效。

3. 加强信访维稳，积极营造和谐氛围。要提高信访维稳的针对性，围绕改革改制、淘汰退出、分流移交等重点工作，扎实开展矛盾纠纷排查化解工作，防止重大群体事件发生。要进一步加强新闻宣传、舆情监控、社会责任管理等工作，多渠道积极宣传公司扭亏脱困取得的新变化、新业绩、新成效，凝聚正能量，树立新形象，营造良好外部环境。

公司正处在爬坡过坎、决战决胜的关键阶段，任务艰巨，使命光荣，我们要增强紧迫感、责任感，奋发努力，攻坚克难，确保实现全年经营目标，以更加优异的成绩向党的十九大献礼。

发力供给侧　引领新时代

——2017 年中国国际铝加工论坛上的致辞

董事长　葛红林

（2017 年 7 月 18 日）

今天，中铝公司下属的主要铝加工企业，西南铝、东北轻合金、西北铝，中铝瑞闽、中铝铝箔等企业的主要领导都来参会了，这是我们对本次盛会的高度重视和充分认可。在此，我代表中铝公司向论坛的召开表示热烈祝贺，向与会的新老朋友致以良好的祝愿！

中铝公司除了铝板块之外，还有铜板块、稀有稀土、国际工程、金融资本等产业，今年 1—6 月，得益于国内外经济发展和国家“三去一降一补”政策，集团公司实现收入 1530 亿元，同比增加 53%。同时，铝板块加快了转型升级，初步实现从氧化铝、铝锭生产大户向世界高端铝材大户的转变，今年，铝合金材有望突破 300 万吨。科技创新正由量的积累转向质的突破、从点的突破转向整体能力的提升。今年元旦，习近平总书记在新年贺词里提到的七件大事，其中“中国天眼”“悟空”“墨子”和神舟十一号、天宫二号等五项都有中铝公司的铝合金。

2012 年，陈全训会长亲自组织召开了全国“促进铝应用高层论坛”，马凯副总理，王勇国务委员以及苗圩部长亲自到会并作了重要讲话，充分展现了国家对我们铝行业发展的关心和支持，马凯副总理明确指出，“铝材是节能环保、高端装备制造和新能源等战略性新兴产业的重要支撑。随着我国工业化的深入推进和高端先进制造业的加快发展，高端铝材、铝合金材料的需求将会大幅增加。”5 年来铝应用的突飞猛进，充分验证了马凯副总理的高瞻远瞩。

众所周知，在过去军工发展的历程中，有着一代装备一代材料的说法，言下之意，是装备引领材料。我认为，随着中国铝合金产业的做强做优做大，以及更多性能特殊的铝基新材料的涌现，未来，在受到更多领域的应用欢迎的同时，还将起着引领更多产业发展的作用，呈现材料引领产品的趋势。未来，我们不能只局限于以铝代钢，否则眼光就窄小了，作为也不会太大。汽车轻量化绝不是用几块铝板替代钢板，或者是全部淘汰钢板，而是要从顶层设计，让不同材料发挥集成作用，最终让消费者享受更安全、更环保、性价比更好的出行。

从铝材到铝合金材的发展，从过去建筑行业的应用到当今应用和引领先进制造业的发展，我认为：铝加工要自我加压，使性能上去，服务上去，价格下来。尤其要依靠科技进步，再造生产流程，向合金化转型，向连续化升级，向规模化发展，涌现出更多短流程、紧凑型的现代化铝合金企业。我的愿景是，精准冶炼、连续铸造、无头轧制、连续处理、一气呵成，一厂干成。过去钢铁行业干成了，我想铝合金行业也一定能干成。老流程不能再上了，否则不会有好日子的。

在本次论坛随后的国际铝工业展览会上，中铝公司将集中展示近年来在高端铝材开发、铝材轻量化应用、工程用铝拓展等方面取得的重要成果。我诚挚邀请各位同仁莅临中铝公司展台交流指导、洽谈合作、共谋发展、互惠共赢。

祝愿本次大会取得圆满成功！

矿业发展要有新理念

——2017 中国国际矿业大会高层论坛上的讲话

董事长　葛红林

（2017 年 9 月 23 日）

首先，我谨代表中国铝业公司，向大会的召开表示热烈祝贺！向各位新老朋友们表示诚挚的问候！

记得在 2015 年的大会上，我也有幸代表中铝公司作了题为《全球矿业认识、判断与中铝的做法》的报告，当时大宗商品价格降到了国际金融危机爆发 7 年来的低位，参会的许多矿业界的朋友们，不像今天脸上这么多的笑容，甚至资金实力非常雄厚的矿业公司也面临着债务危机。

不到两年的时间，矿业的日子出现了好转，但我认为这种好转不是本质性的，也不是矿业的结构性改革的结果，更多的是市场的外因，因此，仍然是依辅性的、脆弱性的，我担心，日子一好转，矿业界的一些企业又会得意忘形，保守理念又会占据上风，粗放经营又会卷土重来。我们矿业界的同仁们要保持十分清醒的头脑。

基于此，我想就矿业界的发展，谈五个观点。

观点一，矿业发展的内生动力是持续创新

全球矿业发展的今天，推动力绝对不仅仅是拥有资源，更要拥有找矿采矿的科技，特别是对资源禀赋不足的地区而言。

联系到中国铝土矿资源禀赋特性，中铝公司正是通过装备技术和工艺创新，把矿石用能耗较高的烧结法和混联法生产氧化铝，改变为以选矿 + 管道化溶出技术为核心的拜耳法，不仅充分利用了本国铝土矿资源，而且助推了氧化铝、电解铝等下游产业的迅猛发展。

然而，当前我们也面临着一系列新的挑战：浅表、大型、优质易采选资源越来越少;资源品质下降，开采深度、难度加大，共伴生、难选矿比例增加；找矿难度加大，

成本提高；安全、环境标准提升。

比如，针对高硫铝土矿的应用，虽然在技术上可行，但这些技术的产业化应用还不经济，如何通过技术创新进一步寻求突破，实现低成本、环保化利用，是我们共同面临的课题。

又如，中国的煤下铝资源蕴藏十分丰富，但却需要解决精准开采、精益运营、安全环保、政策许可等问题，否则，唤醒不了沉睡的资源。

资源有限，创意无限，矿业界在科技方面还有很多难关，攻克了，会产生极大的经济效益，会真正成为发展的持续动力。在这里，我想建议矿业界的领导者，如果不想转行，那么在日子好转的时候，一定不要将资金去脱实向虚，而是要加大科技投入。

观点二，矿业发展的充要条件是协调平衡

参加今天高层论坛的，既有矿业领域的专家，又有金融界的朋友。我想，是铝、铜、铅、锌等金属的金融属性让我们走到了一起。在交流中，很多朋友也表达了和我同样的观点，就是市场一定要稳，价格最忌暴涨暴跌。之所以有这样的共识，就是因为多年来大家都吃到了矿产品市场急剧变化的苦头，谁都不想过动荡不安的日子，市场的协调平衡发展是我们共同的心愿。

近年来，中国政府始终强调坚持稳中求进的总基调。我认为矿业发展更需要稳中求进，稳是主基调，稳是大局，在稳的前提下要在关键领域有所进取，“稳”和“进”有机统一、相互促进。

在实践中，中铝公司积极做好“加减乘除”，通过结构调整，实现协调平衡发展。坚决关停资源枯竭、安全风险高的矿山，注销长期投入而没有产出的鸡肋矿权，淘汰落后的生产线，妥善处置僵尸企业。与此同时，围绕铝、铜、稀土－稀有金属三大目标矿种，优化产业布局，有效提升了资源能源的自给率和中长期保障水平。

在此，我向矿业界和金融界的朋友们发出呼吁，让我们携手同心，探索建立矿业发展的联动机制，共同抵制个别人借机炒作、兴风作浪的行为，维护我们矿业开发和贸易的秩序，营造协调、公平、健康、稳定的环境，造福大家、回报社会。

观点三，矿业发展的社会责任是绿色环保

大自然赋予了我们人类生命，也赋予了我们丰富的资源能源，我们从自然中来，理应遵循自然规律，不忘初心，方得始终。

大家通过媒体了解到，有的地区由于资源开发不当，导致地下水断流、污染，地表沉降甚至塌陷事故，已经严重影响居民生活和社会稳定。在传统观念中，矿业往往给人灰头土脸的印象，破坏自然、污染环境似乎成了某些地区矿业发展的代名词。我想，这既有外界对我们矿业了解不够的原因，也有我们自身做得不够的原因。

今年以来，中国各级政府大力开展环保督察、生态治理、污染防治等工作，关停了一些“小散乱污”的矿山，一些不守规矩者，付出了代价，我认为，那是理所应当的，因为你辜负了社会责任。如果你从资源勘探开始就不忘初心，从设计、规划、开发，到复垦、绿化、造林，形成生态闭路循环，在开采的过程中时刻不忘保护环境，从严从细从实保护生态，会被叫停吗？只能说，我们的社会过去对环境问题要求还不严！

多年来，中铝公司自觉践行绿色发展理念，大力倡导绿色矿业发展。我们在秘鲁特罗莫克铜矿尚未开工建设之前，就投资 5100 万美元，建设水处理厂，彻底解决了困扰当地近百万居民长达近 80 年的水质污染问题。投资 2 亿美元，实施搬迁安居工程，建成了 1.8 平方千米的新城，为矿区高原居民提供了 1050 套住房。

我们积极响应并带头践行《巴黎协定》，在连续 4 年实现节能超百万吨的基础上，今年 6 月与供应链合作伙伴率先发起联合降碳行动，并设立和举办了中铝公司成立以来第一个公司性的节日——中铝降碳节，引领和带动全行业乃至全社会掀起降碳热潮，推动各项举措在行业和企业落地。

在绿色发展方面，我们想做得更好些，也衷心地希望我们矿业界同仁积极行动起来，不忘初心，脚踏实地，让绿色发展的理念内化于心、外化于行。

观点四，矿业发展的必由之路是开放合作

中国改革开放三十多年来，大开放的产业，往往实现了大发展，开放程度相对低的产业，往往发展步伐较慢甚至步履维艰。可以说，打开大门、扩大合作、互利共赢已经成为国家共识。

多年来，中铝公司崇尚开放与合作发展的理念，积极融入“一带一路”，与沿线国家开展矿业合作，并与国际矿业公司保持着密切沟通和友好往来，积极开拓和介入海外项目，扩大国际产能合作，进一步提高在全球矿业领域的影响力，全面提升国际化经营能力。

比如，在海外，我们与秘鲁、几内亚、印度尼西亚的政府机构和矿业企业合作，共同推动矿业发展。在国内，我们不分所有制，与外资和民企混合型地共同开展铝土矿开发、氧化铝生产、轻重稀土生产和航空航天、轨道交通、新能源汽车、船舶等先进制造业用铝合金铜合金和新材料项目。

我认为国际矿业界要加快互相开放的步伐，进一步扩大合作范围，中铝公司将加快“走出去”“引进来”的步伐，在全球范围内广泛寻求矿业合作，共同奏响合作共赢的好声音。

观点五，矿业发展的公平正义是利益共享

资源能源是人类共有的财富。在矿业

发展进程中，我们决不能搞一家独大或者赢者通吃，而是寻求利益共同点，追求合作最大化，实现普惠发展。要树立共商共建共享的全球治理理念，为构建人类命运共同体做出矿业界应有的贡献。

众所周知，中国政府正致力于打赢扶贫攻坚战，对于矿业企业来说，由于矿产资源多位于偏远或者贫困地区，在资源的开发过程中，应秉承共享的理念，将矿业发展与当地的扶贫工作相结合，努力为所在地人民创造更多就业机会，以实体经济助力扶贫攻坚。

中铝公司努力践行“点石成金、造福人类”的社会责任核心理念，在矿业开发中落实“三个珍惜”：珍惜资源，珍惜资源国，珍惜资源地民众。公司通过科技创新，利用先进的技术和工艺在开采、选矿、冶炼诸环节最大限度提高资源的利用率，重视共伴生资源的回收利用，绝不浪费资源。公司注重延伸产业链条，发展循环经济，实行本地化采购、本土化用工的原则，尽可能多地为当地民众创造直接就业和间接就业的机会。

我认为，国际矿业界一定要坚守好利益共享的理念，通过矿业开发，为资源国、资源地创造财富和增加税收，与资源地民众共享发展成果，提高民众幸福指数，用矿业开发实实在在的好处作为回馈，带动资源国经济、文化、社会的发展和民众生活质量的提高。

独行快，众行远。中国目前是世界第二大经济体，对全球经济的走势发挥着越来越重要的作用，中国的需求已成为世界矿业发展的重大动力，全球矿业的繁荣越来越离不开“中国因素”，“中国需求”在今后相当长的时期内，仍然是推动世界矿业发展的主要动力。一花独放不是春，百花齐放春满园。中铝公司真诚希望与各合作伙伴和相关机构开展多种形式的友好合作，共促全球矿业繁荣，共享矿业发展机遇和成果。

扛起责任　当好表率
推动党建工作再上新台阶

——2017 年党建工作会议上的讲话

党组书记　董事长　葛红林

（2017 年 5 月 17 日）

今天，我们召开中铝公司 2017 年党建工作会议，深入贯彻中央推进“两学一做”学习教育常态化制度化工作座谈会和国资委党委贯彻落实中央企业党建工作责任制实施办法座谈会议精神，就全面深入推进“两学一做”学习教育常态化制度化，落实党建工作责任制，深化“三型”党组织建设、开展“两带两创”活动，严格党建工作考核以及加强干部队伍建设等工作进行全面部署，动员各级党组织和党员领导干部扛起责任，当好表率，推动公司党建工作再上新台阶。刚才，敖宏、才明和程忠同志分别代表公司党组对以上工作进行了具体安排，相应的党组文件会后将下发，请大家认真贯彻落实。

结合今天的会议，下面我讲三个方面意见。

一、坚持“两学一做”常态化制度化

习近平总书记强调，“两学一做”学习教育是推进思想建党、组织建党、制度治党的有力抓手，是全面从严治党的基础性工程，要坚持不懈抓下去。我们要充分认识推进“两学一做”学习教育常态化制度化的重大意义，抓住“关键少数”，抓实基层支部，坚持问题导向，发挥表率作用，为公司扭亏脱困转型升级提供坚强组织保证。

（一）把住思想关

开展“两学一做”学习教育取得的成果，极为重要的是全党增强了向党中央看齐、向习近平总书记看齐、坚决维护党中央权威的自觉性和坚定性。

推进“两学一做”学习教育常态化制度化，就是要进一步统一思想、凝聚力量，引导广大党员干部在思想上、政治上、作风上强起来，更好影响和带动全体干部员

工，汇聚团结奋进、攻坚克难的强大正能量。要在思想建党、组织建党、制度治党上同向发力、同时发力，在研究解决管党治党重大问题上不断取得新成效，推动全面从严治党向纵深发展。要把思想政治建设摆在首位，坚持用党章党规规范党员、干部言行，用党的创新理论武装全党，引导全体党员做合格党员，切实解决不在组织、不像党员、不起作用、不守规矩的“四不问题”。

（二）抓住“关键少数”

作为“关键少数”的党员领导干部责任重大，抓住了“关键少数”，也就抓住了从严治党的“牛鼻子”。抓“关键少数”是一个有力抓手。这些年，我们开展群众路线教育实践活动、“三严三实”专题教育、“两学一做”学习教育，一条重要经验就是坚持领导带头、以上率下。推进“两学一做”学习教育常态化制度化，也要继续用好这一经验,用有效的机制推动“关键少数”持续发挥示范带动作用。各级领导干部要以更高标准，走在前列、当好表率。

要在学习上作表率。党员领导干部要切实增强“四个意识”，带头联系实际学、带着问题学、不断跟进学，要带头讲专题党课，带头以普通党员身份参加所在党支部的学习，推动“两学一做”常态化制度化。党支部书记要领着党员学，确保每一名党员都参与、受教育、有提高，不断提高用党的创新理论指导解决实际问题的水平，增强工作的科学性、预见性、主动性、创造性。

要在合格上下功夫。广大党员干部要自觉在思想上政治上行动上同以习近平同志为核心的党中央保持高度一致，切实把讲政治贯穿于日常工作和生活，贯穿于党性锻炼全过程，不断提高把握方向、把握大势、把握全局的能力，提高保持政治定力、防范政治风险的能力。要自觉强化党性修养，对照党章党规党纪，对照《准则》和《条例》，查找差距、改进提高。要对党忠诚老实，在涉及重大问题、重要事项时按规定如实向组织请示报告。要自觉做到清正廉洁，正确处理公与私、义与利、是与非、正与邪、苦与乐、亲与清的关系，筑牢小节、规矩、纪律、法律“四道防线”。要自觉担当负责，多谋发展之策，敢挑最重的担子、敢啃最硬的骨头，在推动扭亏脱困转型升级中当先锋。各级党组织要大力支持和保护担当者，为敢于担当的干部担当，为敢于负责的干部负责，使敢担当、敢作为在干部队伍中蔚然成风。

（三）建强战斗堡垒

完成党的中心任务始终离不开党支部，党支部建设是最重要的基础建设。推进“两学一做”学习教育常态化制度化，要牢牢扭住党支部这个重点，使基层党支部进一步强起来。

把“两学一做”纳入“三会一课”。党员大会和党小组会要定时间、分专题组织党员集中学习，突出政治教育、突出党性锻炼，着力提升党员思想理论水平和党性修养。要坚持党员领导干部讲党课制度，各级党组织书记每年至少为基层党员讲一次党课。上级党组织要帮助指导党支部搞好“三会一课”，防止表面化、形式化、庸俗化。

抓好党支部建设。牢固树立党的一切工作到支部的鲜明导向，切实抓好支部班子建设，把书记选好、把班子配强，把软弱涣散党支部整顿好，加强日常教育监督管理，充分发挥党支部战斗堡垒作用和党员先锋模范作用。要围绕生产经营，不断提升组织群众、宣传群众、教育群众、服务群众的能力，让支部成为团结群众的核心，教育党员的学校，攻坚克难的堡垒。

开展好支部主题党日活动。要创新支部活动方式，做到接地气、有实效。要明确主题，紧扣“两学一做”内容，结合支部和党员实际，把思想和工作摆进去，让党员每次都有感悟、有收获。要通过定期开展活动，让党员养成经常参加组织生活的习惯和自觉，增强对党组织的归属感，使党组织更有凝聚力、影响力和战斗力。

（四）分类指导典型引路

要充分考虑不同层级不同类型党组织和党员的实际状况，体现具体化、精准化、差异化的要求，不搞一刀切、一锅煮。要鼓励探索、鼓励创新，充分调动基层单位的主动性创造性，凡是有利于调动党员参与学习教育积极性的做法都予以鼓励，凡是有利于提升学习教育效果的措施都予以倡导，让基层党组织在学习教育中有更多自主权利，有足够的灵活性。

要选树先进典型，加大宣传力度，使各级党组织和广大党员既有“跟”的典型，又有“学”的楷模；既要树立优秀领导干部的榜样，又要宣传好基层优秀党员，引导广大党员见贤思齐，使学先进、赶先进、当先进成为中铝风尚。

二、坚持党建工作责任化

中组部、国资委党委出台的《中央企业党建工作责任制实施办法》，是在全国国有企业党的建设工作会议和十八届六中全会之后，中央再一次针对央企下发的制度性文件，是贯彻落实党要管党从严治党的规范性要求，为各级党组织履行管党治党责任提供了具体遵循。我们必须提高政治站位，切实增强推进全面从严治党向纵深发展的使命感、责任感和紧迫感。

（一）抓好学习贯彻

根据《中央企业党建工作责任制实施办法》精神，公司党组制定了《党建工作责任制实施细则》，进一步明确了公司党组、各企业党委抓党建的主体责任、书记的第一责任、专职副书记（分管领导）的直接责任以及班子成员的“一岗双责”，进一步明确了党建工作的目标，要求各企业既报“经济账”，又报“党建账”，坚持两手抓、两手都要硬。各级党组织和党员领导干部要认真学习《实施细则》，深刻领会其主要内涵和要求。

（二）细化责任清单

各企业党委要根据公司《实施细则》要求，结合企业实际和党组织建设特点，抓紧制定既符合要求，又具有可操作性的党建工作责任制任务清单和党员领导干部抓党建工作的“一岗双责”清单，进一步健全党组织履行主体责任、书记承担第一责任、班子成员分工负责、职能部门具体组织，一级抓一级、一级带一级、层层抓落实的党建工作责任体系，形成责任明确、领导有力、运转高效、保障到位的党建工作机制。要对各级党组织履行党建主体责任进行规范化、清单化，做到不履责就要受到追责，履责不到位也要进行问责。

（三）确保层层落地

各级党委要切实履行主体责任，每年要专门研究部署，对责任清单落实情况进行分析评估，研究提出改进工作、深入推进的措施办法。党委书记要亲自抓谋划、抓推动、抓落实，不能当“甩手掌柜”。班子成员要落实“一岗双责”，结合分管工作对相关领域和部门单位党组织加强指导，要把集体谈心谈话和层层建立联系点工作制度化、常态化，坚持一级抓一级、层层传导压力，确保各级党组织的责任真正落实落地。

近期，党中央下发了《关于加强新形势下党的督促检查工作的意见》，针对有些地区部门和单位，重决策、轻落实，重部署、轻检查的现象，提出了建立健全工作制度、提高工作效能、加强组织领导等具体要求，对督促检查的方式方法做出了明确规定，我们要认真贯彻落实，使党建各项工作落地生根。

（四）抓好党建考核

要落实好今年公司党建工作与生产经营“双百分”考核机制，严格按照公司印发的党建考核细则要求，坚持定性与定量、年终考核与平时考核相结合的方式，使考核成为落实党建工作责任制的新动力。各级党组织要通过贯彻落实《实施细则》的要求，完善党建工作责任考核机制，将责任明确细化到每名基层党支部书记和支委委员，推动年度党建重点工作落实。要持续抓好“四个化”问题整改，层层开展党建问题清单梳理和整改，全力落实25项党建重点任务，公司直接管理的企业6月底（企业所属单位年底前）完成党建要求入章程工作，确保党组织法定地位，有效履行把方向、管大局、保落实的职责。进一步完善党组织议事规则，明确企业重大事项的内容、范围及研究方式，规范落实党组织研究讨论是董事会、经理层决策重大问题前置程序的要求。加快解决党组织“应建未建”“应换未换”问题，在年底前实现“应建必建”“应换尽换”。配齐配强党务工作力量，严格落实党群部门聚焦主业，配齐、用足编制的要求，把基本组织、基本队伍、基本制度严起来，做到守土负责、守土尽责。要全面推行基层党组织书记现场述职评议工作，通过三年左右时间实现全覆盖。

（五）确保风清气正

要强化“两个责任”落实，形成党委落实主责“不松手”、党委书记带头执行“不甩手”、纪委查案办案“不缩手”、班子成员履职尽责“共携手”的新格局。要始终把纪律和规矩挺在前面，抓好廉洁准则、监督条例、问责条例的贯彻落实，持之以恒抓好中央八项规定精神落实，对“四风”问题寸步不让。要深化政治巡视和专项巡视，适时巡视、机动巡视，及时发现问题、精准发现问题，对巡视整改要回头看和再回头，不达目的不罢休，发挥利剑作用，从源头上杜绝和预防违法违纪问题的发生。要开好季度党风廉政建设警示教育大会，警钟长鸣、不断提醒，逐步实现从“不敢腐”到“不能腐”和“不想腐”的转变，带头营造风清气正、干事创业的良好氛围。

三、坚持党建工作融入化

习近平总书记指出，要把提高企业效益、增强企业竞争实力、实现国有资产保值增值作为国有企业党组织工作的出发点和落脚点，以企业改革发展成果检验党组织的工作和战斗力。各级党组织要旗帜鲜明讲政治，切实履行好把方向、管大局、保落实的职责，把党的政治优势转化为推动企业做强做优做大的竞争优势，以担当拼搏精神加快扭亏脱困转型升级，以优异的成绩向党的十九大献礼。

（一）确保时间任务双过半

目前的市场形势仍然十分严峻，大宗商品的价格又出现大幅下滑，氧化铝的价格从 2900 元 / 吨下降到 2200 多元 / 吨，已经逼近行业平均成本，电解铝价格维持在 13500 元 / 吨震荡，一些企业又再度返亏。公司面临的扭亏脱困任务非常艰巨，市场的法则就是，企业不消灭亏损，亏损就消灭企业。对中铝来讲，扭亏脱困是当前的重中之重，是一场不能输、也输不起的生死战、攻坚战。

我们有 52 个二级党委、2400 个党支部，这是我们战胜一切困难的组织保障。各级党组织要紧紧围绕这一中心工作，按照“把方向、管大局、保落实”的要求，充分发挥政治核心作用和战斗堡垒作用。面对严峻的形势和繁重的任务，各级党组织要增强定力、勇于担当，广大党员干部状态要更好、节奏要更快、力度要更大、办法要更多，敢于向影响我们实现目标的各种问题亮剑，推动企业提质增效、降本降耗，以月保季，以季保年，确保上半年时间过半任务过半，以前三季度的优异成绩向党的十九大献礼。

（二）争当三个排头兵

过去两年，我们拼过减亏、扭亏最艰难的时刻，但未来真正的脱险还是要靠转型升级，否则又将陷入竞争的被动。各级党组织要把增强企业竞争实力，作为检验党建融入中心的具体体现。当前，就是要深入实施加减乘除，靠创新驱动引领发展，加快新旧动能转换，跳出亏损困境的泥潭。今年，做加法的建设项目必须按期投产，做治理的僵尸企业和特困企业必须按企落实。要加快开发新产品、新工艺、新技术，做好轻量化和工程用铝的推广应用大文章。要狠抓内部资产重组和存量资产盘活，提高资本回报率。通过结构调整和转型升级，争做落实新发展理念的排头兵、创新驱动发展的排头兵、实施国家重大战略的排头兵。

（三）从严建设干部队伍

各级党组织要按照总书记提出的“对

党忠诚、勇于创新、治企有方、兴企有为、清正廉洁”二十字新要求，坚持对选人用人的领导和把关作用，着力培养一支高素质的企业领导人员队伍。

要严把入口关、程序关、审核监督关，不断提高选人用人公信度和公信力。通过从严开展“一报告两评议”工作，让各级领导干部思想紧起来、作风好起来、工作实起来，展现中铝精气神。要全面激发干事创业新活力，大力倡导为党的事业、为公司发展、为员工利益敢担当、善作为、肯担责的工作氛围。要落实容错机制，坚决做到“三个区分”，为不谋私利的干部伸张正义，旗帜鲜明地撑腰鼓劲。要坚决做好“去闲官”的减法，对“不善为”“不能为”“不作为”的“三不”干部要好好治治病，对闲官的工资要减、收入要降，由此显公正、显民心。要强化问责机制，通过明确岗位责任清单，完善考核体系，给“懒官”敲敲警钟。要突出监督机制，通过党内外联合监督，让组织人事纪检部门、员工群众等监督方形成合力，让不思进取、不接地气、不抓落实、不敢担当的干部没有生存的土壤。

（四）全面开展“两带两创”活动

各级党组织要聚焦中心工作，认真落实公司印发的“两带两创”活动实施方案（党组织带党员创效，党员带群众创新），以确保时间过半任务过半和党建工作任务为目标，以提质增效、提升管理、加强党建为主线，以党员责任区、党员先锋岗、党员突击队等为载体，组织全体党员全方位开展创效活动。各级党组织书记要思想重视，加强领导，亲自部署、亲自督导、亲自带项目带课题，作出表率。全体共产党员要以完成所在岗位工作任务为目标，坚持以问题为导向，聚焦所在党组织创效目标和创效项目，发挥个人专业特长和技能水平，对标先进查找差距，设立创新项目或创新课题，以“一带N”或“N带一”的模式，用创新的思路和手段解决问题，带领带动职工群众，勇于担责，积极创新，取得实效。公司要加强督导检查、总结评价和成果推广，不断激发各级党组织和广大党员群众在“两带两创”活动中当先锋、作表率。

（五）做好迎接宣传贯彻党的十九大工作

中央决定在今年下半年召开党的十九大，这是全党政治生活中的一件大事。各级党组织要把迎接党的十九大召开作为当前最大的政治任务，把党的十九大精神作为指导未来几年工作的行动纲领。要认真做好十九大召开前的各项准备工作，利用多种形式加强形势任务宣传教育，紧紧围绕公司改革发展目标，突出抓好精准管理和创新驱动，加快推进各项改革，坚定做好加减乘除，把党建的政治优势转化为扭亏脱困转型升级的竞争优势，以优异成绩向党的十九大献礼。党的十九大召开后，要迅速举办专题培训班、辅导讲座，掀起学习宣传贯彻党的十九大精神热潮。

让我们更加紧密地团结在以习近平同志为核心的党中央周围，切实增强政治意识、大局意识、核心意识、看齐意识，以党建工作和生产经营改革发展的优异成绩向党的十九大献礼！

掀起学习贯彻党的十九大精神的热潮

——传达学习党的十九大精神动员部署视频会上的讲话

党组书记　董事长　葛红林

（2017年10月27日）

国资委党委书记郝鹏同志传达学习了党的十九大会议精神，强调了学习宣传贯彻好党的十九大精神的重大意义，全面部署了中央企业学习贯彻落实十九大会议精神的工作。肖亚庆主任对贯彻落实会议精神提出了具体安排。下面，我就中铝公司学习贯彻党的十九大会议精神和国资委郝鹏书记的重要讲话精神，讲三点意见。

一、要全面学习深刻领会党的十九大精神实质

党的十九大是在全面建设小康社会决胜阶段、中国特色社会主义进入新时代的关键时期召开的一次十分重要的大会，是在新的历史起点上开启党和国家新征程的一次大会，是一次不忘初心、牢记使命、高举旗帜、团结奋进的大会，在党的发展史上具有里程碑意义的大会，是迈向中华民族伟大复兴的重要一步。

学习宣传贯彻好党的十九大精神，首先要认真研读党的十九大重要文件，原原本本学习党的十九大报告和党章。

一是要深刻领会党的十九大“不忘初心，牢记使命”的主题。以永不懈怠的精神状态和一往无前的奋斗姿态，继续朝着实现中华民族伟大复兴的宏伟目标奋勇前进。

二是要深刻领会近五年来历史性变革的深远影响。进一步增强道路自信、理论自信、制度自信、文化自信。

三是要深刻领会中国特色社会主义进入新时代的新论断。把握其中蕴含的重大政治意义、理论意义、实践意义。

四是要深刻领会习近平新时代中国特色社会主义思想。把握其中蕴含开辟的马克思主义新境界、中国特色社会主义新境界、党治国理政新境界、管党治党新境界。

五是要深刻领会新时代中国共产党的历史使命。中国共产党人的初心和使命就是为中国人民谋幸福，为中华民族谋复兴。但实现伟大复兴绝不是轻轻松松，敲锣打鼓就能实现的，必须付出更为艰巨，更为艰苦的努力。

六是要深刻领会新时代中国特色社会主义经济、政治、文化、社会、生态文明建设等方面的重大部署。建设现代化经济体系，发展社会主义民主政治，推动社会主义文化繁荣兴旺，加强和创新社会治理，建设美丽中国。同时，要准确把握党的十九大对全面推进国防和军队现代化、推进祖国统一、推动构建人类命运共同体作出的重大决策部署。

七是要深刻领会深化供给侧结构性改革的新任务。把发展经济的着力点放在实体经济上，把提高供给体系质量作为主攻方向，显著增强我国经济质量优势。要坚持去产能、去库存、去杠杆、降成本、补短板，优化存量资源配置，扩大优质增量供给，实现供需动态平衡。

八是要深刻领会新时代党的建设的总要求。要坚持问题导向，保持战略定力，毫不动摇地坚持和完善党的领导，把各级党组织建设得更加坚强有力，推动全面从严治党向纵深发展。

二、要以党的十九大精神统领改革发展工作

十九大报告是新时代指导我们工作的行动纲领，自觉以党的十九大精神统领公司的改革发展，以习近平新时代中国特色社会主义思想指导工作实践，对我们准确把握国内外政治经济发展大势，坚持新发展理念，深入推进供给侧结构性改革，努力开创中铝改革发展新局面具有重大现实意义。当前要突出抓好三项工作。

（一）进一步加快转型升级

十九大报告明确指出，我国经济已由高速发展阶段转为高质量发展阶段，正处在转变发展方式、优化经济结构、转换增长动力的攻关期。要加快国有经济布局优化、结构调整、战略性重组，推动国有资本做强做优做大，为中铝公司改革发展指明了方向。

我们要坚定不移地践行创新、协调、绿色、开放、共享的新发展理念，按照十九大精神，继续做好加减乘除，加快调整优化产业布局，增创发展新动能，通过转方式、调结构，推动公司转型升级。

（二）进一步深化改革创新

十九大报告明确指出，要深化国有企业改革，发展混合所有制经济，培育具有全球竞争力的世界一流企业，这是对推动国企改革发展、做强做优做大的进一步安排，也是对国企改革发展的新的号召、新的期盼、新的指引，更为中铝公司全面深化改革明确了目标和标准要求。

我们要继续坚定建设具有全球竞争力的世界一流企业的战略目标，进一步解放思想，敢于担当，勇于创新，善于改革，加快化解发展的不平衡不充分问题，履行

好央企的政治、经济和社会责任。

（三）进一步全面从严治党

十九大报告明确指出，全面从严治党永远在路上。我们要把党的政治建设摆在首位，坚定执行党的政治路线，严格遵守政治纪律和政治规矩，在政治立场、方向、原则、道路上同党中央保持高度一致。

我们要层层落实管党治党责任。认真落实好“两个责任”和“一岗双责”，开展好“两带两创”活动，确保党的领导、党的建设在企业改革发展中得到加强。

我们要坚持党管干部原则，把好干部标准落到实处，增强干部队伍适应新时代发展要求的能力。

我们要持之以恒正风肃纪，不断开展党风廉政建设警示教育，强化不敢腐的震慑，扎牢不能腐的笼子，增强不想腐的自觉，夺取反腐败斗争压倒性胜利。

三、迅速兴起学习宣传贯彻十九大精神的热潮

认真学习贯彻好党的十九大精神，是当前和今后一个时期公司的头等大事。十九大闭幕后的第二天，公司党组召开会议，专题研究了传达学习贯彻落实的工作部署，会后将印发《中国铝业公司学习宣传贯彻党的十九大精神的系列活动方案》。各单位党组织要迅速兴起学习宣传贯彻十九大精神的热潮。

（一）要迅速传达学习

公司各级党组织要把学习宣传十九大精神作为当前首要政治任务，提高政治站位，坚决贯彻中央部署，认真落实国资委党委安排意见、中铝公司党组具体要求，层层组织发动、层层宣讲学习，使党的十九大精神家喻户晓，深入人心，把广大党员干部的思想和行动统一到十九大精神上来，把各方面的力量凝聚到实现党的十九大提出的各项目标任务上来。

公司党组中心组要把学习贯彻十九大精神作为中心内容，列出专题深入研讨，力求学深学透、融会贯通。11 月份，党组围绕“学习习近平新时代中国特色社会主义思想”开展一次集中专题研讨。各单位要结合本单位实际，开展一次“步入新时代，学习新思想，开启新征程，展现新作为，谱写新篇章”大讨论活动，展现各单位学习党的十九大精神风采。

（二）要抓好宣讲培训

从现在起至明年初，在全公司范围内集中开展党的十九大精神宣讲活动，确保全覆盖。公司将邀请中央宣讲团专家学者，以中铝大讲堂的形式，组织有关专题讲座，深入解读十九大精神。要充分发挥中铝党校的主阵地作用，集中时间分期分批把总部部门负责人和板块、企业领导班子成员轮训一遍，帮助党员干部不断深化认识、全面领会党的十九大提出的一系列新思想、新论断、新观点、新举措。2018 年 7 月底前，各企业要结合单位实际，对所属各级党组织班子成员集中轮训一遍。公司各级党委书记、副书记和委员要主动深入基层党支部进行指导，到联系单位带头讲一次

专题党课，进一步提高基层学习贯彻实效。让习近平新时代中国特色社会主义思想在中铝公司广大干部员工中内化于心，外化于行。

（三）要丰富有效方式

各级党组织要结合实际，通过“三会一课”、主题党日、党团组织生活等，采取专题研讨、座谈讨论、演讲比赛、集中培训、主题教育、知识竞赛等多种有效形式，把集中学与分散学、全面学与专题学、原文学与延伸学、个人自学与集体交流等结合起来，开展各具特色的学习教育活动，努力做到学深悟透，掌握精神实质。按照中央要求公司将在企业中层以上党员干部中开展“不忘初心 牢记使命”主题教育活动，用党的创新理论武装头脑，推动更加自觉地为实现使命而奋斗。在全体党员中开展一次“以十九大精神推进工作”为主题的创新论坛。

（四）要营造浓厚氛围

公司各级报纸、杂志、网站等阵地要开辟专栏，全方位、多角度宣传报道党的十九大确定的目标任务，宣传各单位和广大干部员工学习情况，宣传以党的十九大精神为指引解决单位实际问题的新进展新成效，要及时发现先进典型，组织经验交流，强化宣传引导，切实增强十九大精神宣传的吸引力、感染力。各单位各部门要在微信、微博、QQ 群中及时转发主流媒体刊发的权威解读文章，推送学习十九大精神资料，形成宣传氛围，促进广大党员干部把十九大精神学得更加深入，领会得更加透彻，贯彻得更加自觉。

（五）要加强组织领导

各级党组织是学习贯彻十九大精神活动的责任主体，党组织书记是第一责任人，要高度重视，切实负起责任，认真抓好层层传达、宣讲学习、广泛宣传、全面贯彻等各个环节，确保各项工作落到实处。在学习贯彻中，各级党组织要坚持把学习党的十九大报告与学习贯彻党章修正案、中央纪委工作报告结合起来，与学习贯彻习近平总书记系列重要讲话精神结合起来，与推进“两学一做”学习教育常态化制度化结合起来，确保广大党员干部在认识上有新提高，在工作上有新思路，在精神上有新面貌，在作风上有新气象。要坚持领导带头。各级领导干部要坚持先学一步、学深一层，撰写心得体会，融会贯通运用到工作实践中，发挥“关键少数”的表率作用。

同志们，党的十九大开启了新征程，提出了新目标、新要求，历史只会眷顾坚定者、奋进者、搏击者，而不会等待犹豫者、懈怠者、畏难者。我们要紧密团结在以习近平同志为核心的新一届党中央周围，带领广大干部员工加快改革发展，实现转型升级，做到状态再好，力度再大，节奏再快，办法再多，以优异的经营业绩，奋力谱写新时代中国梦中铝新篇章。

以党的十九大精神作为指导，推动公司各项工作再上新台阶

——传达学习党的十九大精神动员部署视频会上的讲话

党组副书记　总经理　余德辉

（2017 年 10 月 27 日）

国务院国资委党委郝鹏书记传达了党的十九大精神，对学习宣传贯彻十九大精神，提出了明确要求。红林书记代表公司党组对学习贯彻落实党的十九大精神作出安排部署，各单位各部门一定要按照国资委党委和红林书记的要求，紧密结合工作实际，统筹谋划、抓好落实。下面，我就深入学习贯彻党的十九大精神、红林书记的讲话精神提三点要求。

（一）高度重视，迅速行动

各级党组织、各单位各部门要切实把学习贯彻党的十九大精神，作为当前和今后一个时期的首要政治任务，迅速召开会议学习传达贯彻党的十九大会议精神、国资委党委会议精神以及红林书记的讲话精神;要精心制定学习计划，通过召开党委会、领导干部会议、理论中心组学习会等形式，及时传达学习，深入学习领会，确保学深悟透；要通过召开党员大会、职工政治学习等形式，及时组织全体党员和职工原原本本学习习近平总书记的报告、中纪委工作报告和新修订的党章等内容，在全公司迅速掀起学习宣传贯彻的高潮，确保党的十九大精神和习近平新时代中国特色社会主义思想在各单位落地生根、开花结果。

（二）周密部署，抓细抓实

各级党组织要召开专题会议，对学习党的十九大精神进行统一部署安排。要按照中央、国务院国资委总体部署，按照公司党组的具体要求，精心组织学习、精心组织培训、精心组织宣传，开展好各项学习贯彻活动。各级领导干部要先学一步、学深一层，带头深入基层一线开展宣讲，采取职工喜闻乐见的形式，推动党的十九大精神和习近平新时代中国特色社会主义思想进车间、进班组、可落实，让干部鼓足干劲，让职工听得懂、能领会、可落实。会后，将下发《中国铝业公司党组关于深

入学习宣传贯彻党的十九大精神系列活动方案》，各单位要按照系列活动的部署，采取多种形式，抓细抓实学习贯彻的各项工作。

（三）结合实际，注重实效

要坚持知行合一、学以致用，紧密联系企业实际，联系广大干部职工思想实际，切实把党的十九大精神和习近平新时代中国特色社会主义思想转化为谋划发展的思路、促进发展的措施、领导发展的能力、推进发展的力量。要把党的十九大精神和习近平新时代中国特色社会主义思想与研究解决新形势下公司工作中遇到的新情况、新问题、新矛盾结合起来，与推进扭亏脱困、转型升级，完成年度目标任务结合起来，与谋划公司创新发展、建设具有国际竞争力的世界一流企业结合起来，真正把党的十九大精神和习近平新时代中国特色社会主义思想作为指导实践、推动工作的出发点和落脚点，推动公司各项工作再上新水平、再创新业绩。

励精图治　创新求强
开启全球竞争力的世界一流企业新征程

——学习贯彻党的十九大精神专题研讨会暨 2017 年改革创新与发展战略研讨会上的讲话

党组书记　董事长　葛红林

（2017 年 12 月 17 日）

为深入学习贯彻落实党的十九大精神，做到学懂弄通做实，公司党组决定召开学习贯彻党的十九大精神专题研讨会暨 2017 年改革创新与发展战略研讨会。公司的每年研讨会都是十分重要的，事关明年的工作方向、思路和对策，也可以说是年度工作会的预备会。

两天来，大家深入学习研讨党的十九大精神，深刻学习领会习近平总书记系列重要讲话，聚焦“培育具有全球竞争力的世界一流企业”战略目标，畅谈学习体会，研讨战略举措，思路更清晰，目标更明朗，思想更统一，信心更饱满。德辉等党组成员精心准备，讲了很好意见，我都赞成，请研究室整理大家的发言汇编成册印发，互相学习借鉴，对党组成员在讲话中对相关部门和板块提出的要求，要抓好落实。

2018 年是贯彻党的十九大精神的开局之年，是改革开放 40 周年，是决胜全面建成小康社会、实施“十三五”规划承上启下的关键一年。我们要全面贯彻落实党的十九大精神，以习近平新时代中国特色社会主义思想为指导，坚持新发展理念，按照高质量发展的要求，坚持以供给侧结构性改革为主线，推动质量变革、效率变革、动力变革，抓重点、补短板、强弱项，打好安全环保质量三大攻坚战，开创改革创新转型升级新局面，开启全球竞争力的世界一流企业新征程。

下面，我讲五点意见。

一、不忘昨天，珍惜今天，行稳致远

回顾中铝公司 16 年来的发展，我们从艰难困苦中起步，经历过辉煌的巅峰，也尝到了连续亏损、四处碰壁的痛苦甚至屈辱，在困境的考验面前，我们没有气馁，而是为生存而战、为尊严而战、为荣誉而

战，去年甩掉了亏损，今年获得了大幅盈利，比盈利更可喜的是，拼出了精神面貌，拼出了工作状态，拼出了决心信心，赢得了尊严荣誉。我们要不忘昨天，珍惜今天，行稳致远。

（一）不忘昨天，市场从不怜悯弱者

我们不应忘记差点被2亿元翻船。2016年上半年，央企铁通发生了到期债务违约事件，由于一家央企的违约，触发了所有央企都无法在市场上融资。当时中铝公司需要上千亿周转资金，避免出现系统性风险。而在公司拟发债5亿元的前期沟通中，资本市场无人认购，公司领导和财务部逐家拜访所有银行，向交易商协会汇报，积极联系投资者，请他们提供支持，但真正雪中送炭的寥寥无几。最终，只能向一家地方银行领导请求支持，认购了2亿元，帮助我们渡过难关。如果发债失败，后果不堪设想。

我们不应忘记中铝股份差点带上ST帽子。2015年下半年，在中铝股份保不被ST的关键时期，中铝股份分管领导多次赴贵州省与地方政府沟通，协调电解铝片区土地收储工作，遭遇过难以想象的尴尬，但最终还是达成一致，确定了电解铝土地片区“C单元”2150亩土地及地上建、构筑物收储资金共计30亿元的方案，当年12月25日收到收储款7.5亿元,缓解了燃眉之急。

我们不应忘记兄弟央企的雪中送炭。2015年12月末华润集团出资23.51亿元受让山西华兴股权，让我们当月收到首期价款7.05亿元。招商局受让中铝科学院50%股权，转让给了招商局，获利6.7亿元，既为中铝科学院二期土地开发保障了资金，又化解了延迟开工被罚款或被政府收回土地的风险。

以上举的三个例子，在过去三年是举不胜举的。有人说，企业在没钱时，才会感觉银行的嫌贫爱富，人在最困难的时候才能发现谁是最真诚的朋友。现在回想起来，我们不能忘记那些刻骨铭心的事，不能忘记那些曾经帮助过我们的患难朋友，要常常忆苦思甜，不忘“落后就要挨打，历史从来不怜悯弱者”，要胜不骄、败不馁，矢志不渝，励精图治、创新求强，打造中铝命运共同体，谱写中国梦中铝新篇章。

（二）珍惜今天，胜不骄败不馁

三年的历程，从形象上讲，2015年是连滚带爬，中铝股份盈利2亿元，避免了被“ST”，集团公司大幅减亏，国资委的考核从D变为C。2016年是拳打脚踢，中铝股份盈利16亿元，摆脱了“一年盈一年亏”的拉锯战，集团公司实现了扭亏为盈，经营性利润超过18亿元，国资委的考核从C变为B。今年是爬坡过坎，中铝股份盈利有望达到30亿元以上，集团公司实际盈利60亿元，其中消化历史包袱40亿元，预计考核至少在B类靠前一些，成绩来之不易，是公司上下共同奋斗的结果，其中涌现出许多可歌可泣的事迹。

古人说，胜不骄败不馁。这是古训，当你取得成功的时候，决不可骄傲；而遇到挫折与失败后，决不能气馁。一个阶段的胜利，并不代表永远的胜利，绝不能躺在功劳簿上，而应当始终保持如履薄冰、谦虚谨慎的态度，在不断总结经验的基础上推动新的量变，积小胜为大胜乃至质变。在失败之后，也不要气馁，在汲取教训的基础上继续砥砺前行，有目标，有韧劲，打不垮，执着地奋斗，不达目标不罢休。

对于中铝来讲，大宗商品市场的跌宕起伏警醒我们，不能在低端产业原地踏步，一味地靠传统产业吃饭；也不能形势好就沾沾自喜，形势差就惊慌失措，更不能忍气吞声，逆来顺受，坐享其成或者坐以待毙。而应加快新旧动能转换，革故鼎新，积极主动地实现动力变革。

三年来，我作了三次年度工作报告，主题分别是，2015年的攻坚克难，奋发有为，为实现扭亏脱困转型升级奠定坚实基础。2016年的锲而不舍，顽强拼搏，为加快扭亏脱困转型升级而努力奋斗。2017年的爬坡过坎，决战决胜，以优异成绩向党的十九大献礼。从中可见，正是我们在困难中没有畏惧，而是拼搏、奋斗，才跳出了竞争对手的“倒我”期待。

（三）行稳致远，人努力最关键

2015年5月18日，王勇国务委员到公司调研作了重要指示，针对中铝公司的扭亏脱困，特别强调“人努力，天帮忙，人努力是主观，感动客观，但是不寄托”。可以说断了一些同志存在的等靠要的念头，坚定了背水一战的信心和决心，中铝三年来的实践，充分证明了王勇国务委员讲话的正确性和科学性。

我请财务部将当前公司经营状况还原至2014年底，得出的结论是今年将亏损60亿元左右，换句话说，通过公司自身努力提高了90亿元的盈利能力，其中，新建项目、扩产增效等增利24亿元；企业关停及搬迁改造等增利14亿元；通过技改、精准管理及升级改造等增效35亿元；通过人员分流、洛铜主业剥离等增利11亿元；债务优化降杠杆增利7亿元。

现在回头看三年，如果我们没有紧紧坚持扭亏脱困的总基调，下定决心，止住出血点，减少出血量，没有对僵尸企业和特困企业动外科手术，那么市场的形势再好，也帮不了忙。如果抚顺铝业不关停，在2017年市场条件下，维持2014年的生产水平及生产状况，目前亏损3.2亿元。如果甘肃华鹭不关停，在2017年市场条件下，仍然亏损2.5亿元。河南分公司今年实现了扭亏为盈，但如果不技改，在2017年市场条件下，今年生产经营亏损近6亿元。上海铜业今年1—11月实现利润0.5亿元，但是如果当初不关停，就不能及时把握机会盘活土地，不能充分利用国家“处僵治困”的政策盘活资产，在2017年市场条件下，生产经营亏损仍将超过1亿元，而且将增加资产处置损失15亿元，减少土地处置收入15亿元。

再说碳素努力的结果，自2015年5月开展碳素提质降本优化升级专项工作以来，碳素阳极累计创效10.6亿元，2017年阴极成功复产当年创效2566万元，还将带来阴极质量的提高和电解槽槽寿命的延长。如果不狠抓，那么今年的碳素价格上涨，将带来的不是增利而是减利，更不会形成今天的增长点。总之不能指望市场给你带来恩赐。

明年，我们确定为励精图治年，开启建设具有全球竞争力的世界一流企业的新征程。我们要以习近平新时代中国特色社会主义思想为指导，坚决贯彻好党中央决策、国务院部署，认真落实中组部、国资委要求，加快三大变革，行稳致远，做强做优做大，不仅成为有色金属行业的中国老大，也要成为有色金属行业的世界老大。

二、学好用好总书记的治国理政法

党的十八大以来，习近平总书记提出“一个中国梦”“两个百年”“四大战略”和“五大理念”，在这些治国理政的重要理念中，蕴含着许多哲学思维和方法论。这里我专门讲学好用好总书记的工作方法。

第一是关键少数法。抓住“关键少数”是习近平总书记管理干部和推进工作中一以贯之的做法。从严治党，他更加强调“关键是要抓住领导干部这个‘关键少数’，从严管好各级领导干部”。

十八大以来，党风廉政建设就是从关键少数抓起来的。关键的少数占着关键的岗位，掌握着关键的权力，成也是他们，败也是他们，抓关键就是抓到了要害。

第二是久久为功法。总书记强调，“要瞄准方向、保持定力，一以贯之、久久为功，急躁是不行的，浮躁更不行”。做任何工作，都要有定力和韧性，要明白解决问题的艰巨性，通过不断的努力，持久去做，把问题最终解决好。

第三是底线思维法。总书记强调，“要善于运用底线思维的方法，凡事从坏处准备，努力争取最好的结果，做到有备无患、遇事不慌，牢牢把握主动权”。把最坏的打算、最坏的风险排除掉了，这样即使再有问题，也不会输，也能赢。

第四是问题导向法。总书记无数次地要求通过问题导向来推动工作，无论是对经济工作，对深化改革，还是党建工作。工作中的问题是普遍存在的，问题就是工作的方向，就是工作的动力，问题导向法实际上就是让工作推进地更快、更简洁，顺着问题，分析研究，制定措施。

第五是加减乘除法。我第一次听到习近平总书记讲加减乘除是在2014年的中央经济工作会上，是针对新常态下如何优化经济结构提出的工作要求和方法。当时，我认为特别适用于扭亏脱困中的中铝公司，其实，总书记早在2004年，针对浙江山海经济提出了“加减乘除法”。近年来，通过加减乘除法，我们已经尝到了甜头，今后要特别深化乘法。

第六是精准管理法。总书记强调“实施精准扶贫方略，找到‘贫根’，对症下药，靶向治疗”。“在精准施策上出实招、在精准推进上下实功、在精准落地上见实效。”精准扶贫应用到企业，就是全面深化精准管理。我们的工作要精准，不能满足于提些一般性的原则要求，要把工作细化深化具体化，做到措施要落地、责任要到人、项项要盯紧。

第七是钉钉子法。总书记强调，“要有钉钉子的精神，钉钉子往往不是一锤子就能钉好的，而是要一锤一锤接着敲，直到把钉子钉实钉牢，钉牢一颗再钉下一颗，不断钉下去，必然大有成效。如果东一榔头西一棒子，结果很可能是一颗钉子都钉不上、钉不牢”。

我们不能指望部署了工作，问题就会自动解决，而要持续盯紧、一抓到底，不见成效不罢休。

第八是引领发展法。总书记强调，“认识新常态，适应新常态，引领新常态，是当前和今后一个时期我国经济发展的大逻辑”。从哲学上讲，你不领先一步，就得跟着别人走，这样风险虽然不大，但市场就会让别人先占领。

我到中铝后经常说要以铝代钢，实际上也就是想让引领铝的应用，谋划好企业的下一步的产品，其中需要掌握科技发展动向，具有判断市场能力的功底。

第九是亲力亲为法。总书记强调“党政主要负责同志要亲力亲为，扑下身子抓落实”，党政主要负责同志要勇于挑最重的担子、啃最硬的骨头，做到重要改革亲自部署、重大方案亲自把关、关键环节亲自协调、落实情况亲自督察，扑下身子，狠抓落实。

第十是环环倒逼法。总书记强调，世上有些事确实是“倒逼”出来的，“国家实施宏观调控政策和现实经济活动中资源要素瓶颈制约形成了新的‘倒逼’机制，实际上这也是调整经济结构、转变增长方式的一个契机”。“在实施改革方案时，要一切从实际出发，因地制宜，环环相扣，步步紧跟，一个节点一个节点扎实推进，盯住干、马上办、改到位”。面对倒逼的客观现实，唯有变压力为动力，深刻认识，尽早觉悟，抓紧行动，才能从“倒逼”走向主动，用倒逼之苦换来发展之甜，争取实现凤凰涅槃、浴火重生的新飞跃。我们要形成一环逼一环、层层抓落实的工作局面。

三、关于改革创新转型升级

2014年底我到中铝时，不仅有着中铝梦，也有着中国有色梦，当时想的是，对内扭亏脱困转型升级，对外战略重组凤凰涅槃。现在看来对内我们实现了半步，但另外半步更加艰难，任重而道远。对外的战略重组，没有表观的进展，但有共识的积累，希望有朝一日厚积薄发，实现中国有色金属行业的凤凰涅槃。我认为，无论外部情况如何变化，干好中铝的事，走好中铝的路，是打造中国有色行业命运共同体的成功关键。

一是新时代新目标。新时代，中铝的新目标就是建设全球竞争力的世界一流企业，这是总书记的要求，也是我们的使命，一切工作的方向和使劲，都应朝着这个目标，现在的问题是，何时被社会公认已经成为世界一流企业，这需要我们去努力，按照国家两个100年和三步走的战略，我们敢不敢提，第一步，在第一个100年，跻身全球有色金属行业的世界一流企业行列，第二步，在2035年，成为最具全球竞争力的世界一流企业，成为全球第一，请战略发展部对标论证一下，一种是自力更生去实现，一种是对外重组去辅助，如果双管齐下，那么不仅更有保障，还可以加快。我认为，底线是坚持自力更生去实现，基本判断是有希望，也有条件，届时，会人努力天帮忙，对此，我有信心。

二是加快转向高质量发展。习近平总书记近日在徐州视察时指出，我国经济由高速增长转向高质量发展，这是必须迈过的坎，每个产业、每个企业都要朝着这个方向坚定往前走。

过去三年，我们确定的工作总基调是扭亏脱困转型升级，二大任务中前者是主要的，扭亏为盈，解决了垮不垮的求生存的问题，而转型升级将解决强不强的竞争力问题，也可以说，公司过去是做大了，但是还没有做强，也亟待做强，公司进入转段，契合国家从高速发展进入高质量发展的阶段性转变。

2018年是我们的转段第一年，如何转段迈坎，首先思想上要转段，要按十九大的精神来转，深刻认识知行合一，要从粗放型向集约型转变，坚持质量第一，效益优先，科学掌控上游，优化调整中游，跨越式发展下游，连续性地从原料到材料，从材料到部件，从部件到产品的三个转变，努力成为全球最大的有色金属材料供应商和方案的解决者，做到在“人无我有、人有我精”，引领有色金属行业高质量发展。

三是优化布局捏成拳头。布局至关重要，小平同志在广东圈了个深圳，就是一个布局，总书记在京津冀圈了个雄安，也是一个布局，可以说布局就是顶层设计的具体体现，智慧和定力一切尽在其中。现在我们的二级企业太多，太分散，布局不优，各自为政，没有捏成拳头，优化潜力很大。

对老企业来说，优化布局的痛苦更多，难度更大，因为方方面面的因素，包括摆不上桌面的思想、理念、文化都会浮出来干扰，有时你不考虑还不行，不作些妥协还不行，但只要不影响方向，我认为就权当是种代价。

我们要加快布局优化，统筹海外，沿海和内陆的三个区域协同布局。海外布局，要行稳致远地下好棋子，已定的，不犹豫不松懈地执行。沿海布局，要稳而快地推进，基本已定的，要加快落实外部必要条件。内陆布局，要加快“有进有退”的调整优化，当前扭亏无望的，就无条件的退，在可预见的将来失去竞争力的，要抓紧退出或转产，过去三年我们开了一些头，比如，抚铝和华鹭，这些工作都要具体到企业，一企一策，切忌从概念到概念。

进也要有条件的进，而不是无条件的进，条件不满足就不能进，条件不做牢靠就不能进，这是底线，但不能等底线，要去创造条件。这方面，我们急需一批掌握政策、善于沟通、智慧谈判的高手，也欢迎大家推荐或者帮助引进人才。

四是以价值最大化导向整合。这里主要讲加快内部整合。一是涉及板块业务的整合，比如物流的整合。二是企业间整合重组，比如山西新材料公司，三是企业内部整合，比如内部的职能部门整合。

整合从表观上看是分分合合，但本质上是追求价值的提升。分久必合，合久必分。过去分有分的道理，现在合有合的道理，一切以实现企业价值最大化为导向。今年成功整合了山西分公司和华泽整合，效益是显而易见的，也是没什么怀疑的，但还是花了些功夫。明年要加快这方面的整合，总部要有总部出资者的样子，板块也要有出资者的样子，该出手时就出手。

五是学习军队的重塑性改革。党的十八大以来，军队经历了一次“脱胎换骨”的重塑性改革，形成了“军委管总、战区主战、军种主建”的新格局，推动我军由数量规模型向质量效能型转变。这次改革一切向能打仗、打胜仗聚焦。

重塑性改革不是量的延续，而是质的变化；不是小改小革，而是彻底打破原有的坛坛罐罐。我们原来在适应性改革、结构性改革上花了很多功夫，在重塑性改革上动脑筋少。适应性改革，是效率型的改革，结构性改革是机制改革，而重塑性改革，是体制上的改革，是打破原有格局的改革，不只是动“棋子”，而且要动“棋盘”，更能培育新动能。最近，公司党组决定成立“三个平台”，组建中铝节能环保集团、中铝创新开发投资公司、中铝海外开发公司，就是重塑性改革的探索。在本次会上，也提出了不少涉及重塑性的改革意见和建议，请相关部门抓紧，提出判断性意见，报党组研定。

六是形成几个竞争的杀手锏。习近平总书记强调，“创新是企业核心竞争力的源泉，很多核心技术是求不到、买不来的”。“希望企业不断扩大技术优势，拥有更大市场，发挥更大作用，创造更大效益。”我们要加大技术创新，加快形成几个杀手锏。请科技部牵头组织提出可能的杀手锏。想当年钱学森同志给中央出了主意，先发展航天导弹，再加上核弹，有了这二个杀手锏，中国就不怕“美帝苏修”了。我们也要有制胜的杀手锏，颠覆性的变革，让竞争对手始终跟着我们前进！

四、打赢2018年的三个攻坚战

2018年，国家有三个攻坚战，结合中铝的实际，我们也要抓重点、补短板、强弱项，打赢环境保护、安全生产、产品质量的三个攻坚战。

一是抓重点，打赢环境保护攻坚战。各级干部一定要牢固树立“绿水青山就是金山银山”的理念，要有以环保工作诠释央企担当、践行央企责任的责任感和使命感。

纵观有色行业老企业，大多数存在原有标准不高、工艺设计老旧、设备设施陈旧、技术改造不足等问题，一旦企业效益不好，为了降低成本，往往减少环保投入，有的亏损企业甚至是先亏环保。我们要抓住建设美丽中国的有利时机，加强节能环保技术的研发，加大力度攻克超低排放改造、赤泥综合利用、固废无害化处理、废水零排放等环保技术，同时，建设好公司的环保产业平台，构建成为新产业，发展成为新动能。

二是补短板，打赢安全生产攻坚战。今年以来，公司连续召开了五次安全警示教育大会，通报了事故案例，实行了快速追责问责，目的就是警示全体干部员工，中铝公司的发展要建立在安全稳定的基础之上，我们不要带血的效益，带污染的效益，不要损害员工身心健康的效益。

2018 年，我们要坚决打好安全生产攻坚战，不仅要消灭一批突出的、重大的、长期未决的安全问题，同时还要整合 HSE 体系、安全标准化体系，基本形成中铝公司自有的安全精准管理体系，建立综合性的安全考评标准，加快安全信息化和“一张图”建设，统一理念、统一标准、统一精度、统一审核，让体系说话，让管理行为和作业行为按标准运行，为建立起“让标准成为习惯，让习惯持久化、常态化”的安全长效机制奠定坚实基础。

三是强弱项，打赢产品质量攻坚战。制造业的生命在于产品质量，落实“质量强国”战略，应用到中铝，就是要加快打赢产品质量攻坚战，实现中铝制造向中铝创造转变、中铝速度向中铝质量转变、中铝产品向中铝品牌转变。

过去，有些干部习惯性认为，质量问题不可避免，产品质量差不多就行了，只要能卖出去就没必要精益求精质量过剩等等。思想上的宽松软，导致行动上的拖拖拉拉，氧化铝、电解铝、加工材等产品质量一直在低位徘徊，下游客户投诉不断。在这种情况下，甚至还有人认为，客户投诉质量问题是故意找茬，赔点钱、道个歉、降降价就行了。这就说明，干部从思想上就没有重视产品质量问题，这是不愿正视问题、不敢担责的表现。

通过三年来持续抓，氧化铝粒度好转了，电解铝合金化指标改善了，但是铝、铜产品的加工材成品率还不高，大飞机、高铁等大批量高端材料质量急待提升。我们要把“质量就是企业生命”的理念落实到行动中，在观念、思路、机制、目标、措施、考核等各方面紧贴实战，用问题清单的办法，瞄着问题去，追着问题走，紧盯快干，通过解决问题来推动工作。

2018 年，公司要设立产品质量大奖，隆重表彰突出贡献的单位和个人，总结推广提升质量工程的方法和经验，在全公司进一步增强质量至上的浓厚氛围。

五、抓好党建发挥组织力

我们党是具有严密组织的马克思主义政党，组织力是党的生命力、战斗力、号召力的重要体现。高度重视“组织起来”，是我们党的政治优势、优良传统。

土地革命战争时期，“三湾改编”创造性地实行“支部建在连上”，从政治上、组织上保证了红军“艰难奋战而不溃散”。抗日战争时期，毛泽东同志发出“组织起来”的号召，强调“战争的伟力之最深厚的根源，存在于民众之中”。解放战争时期，党在人民群众中进行了巨大的动员和组织工作，人民群众肩挑、车推、驴驮、船运，大量粮食、弹药源源不断运到前线。社会主义建设时期，我们组织起来，自力更生、艰苦创业，建立起独立的、比较完整的工业体系和国民经济体系，“两弹一星”、大庆油田、一汽、鞍钢等，都是那个时候搞起来的。

历史经验告诉我们，组织的力量是无限的，把党员组织起来、把群众组织起来，这是我们党攻克一切艰难险阻的制胜机理，在当今，也是中铝建设全球竞争力的世界一流企业的制胜机理。

一是提升各级领导班子的组织力号召力。组织力是“向量”，既有大小又有方向。如果班子成员信念一致，理念相向、团结一致都朝着同一个方向前进，就会汇聚起无穷的力量，形成领导力号召力。

二是提升基层党组织的组织力战斗力。要选优配强基层党组织书记，将基层党组织建设成为宣传党的主张、贯彻党的决定、团结动员群众、推动改革发展的坚强战斗堡垒。当前，要扎实开展好“不忘初心、牢记使命”主题教育，让基层党组织强起来。

三是提升每名党员的组织力带动力。要将组织力由党内作用拓展初党外起作用。中铝公司在岗人员中有三分之一是党员，要开展好“两带两创”“创先争优”等工作，凝聚和带动更多的群众，心往一处想，劲往一处使。

四是提升聚天下英才的组织力凝聚力。我们要把公司内的好干部选上来、用上来，同时加大“聚天下英才为我用”的力度，针对当前我们的专业人才不平衡、高端人才不充分的问题，要用超常规的政策和办法，吸引人才，凝聚人才，特殊人才特殊政策，不怕人才待遇高，就怕招来的不是人才。

人才工作也要贯彻十九大关于“市场化配置资源的决定性作用”的精神，创新思路，创新办法，配置好人才资源，完全可以搞些人才的“专业特区”，让人才的贡献享受应有的待遇。

五是发挥鼓励担当的组织作用。好干部的标准是忠诚、干净、担当，做到忠诚和干净，起主导的是主观，而做到担当，我认为既有主观，又有客观，客观就是外界因素，特别精英的人才，可以少受外界负面影响，但就大多数干部来讲，如果怕担当，不敢担当，那么组织上就有责任，就有鼓励和帮助担当的责任。为此，十九大要求完善干部正向激励政策，按照“三个区分开来”建立完善容错纠错机制，激励各级领导干部改革创新、干事创业，旗帜鲜明为那些敢于担当、踏实做事、不谋私利的干部撑腰鼓劲，充分调动干部队伍的积极性、主动性、创造性。

关于担当，我们应当要从让人和要人担当，转化到鼓励和帮助人去担当，形成一个担当光荣、不担当“可耻”的氛围。让不担当的人没有市场，让不担当的人更受到追责，比如，既要追究决策错的，也要追究反对错的，不能只说前半句，否则十分容易导向“不决策”，而讲整句话，就导向全体决策者人人担当，形成担当生态。

今天距离2018年只剩下半个月，年终岁尾，既要收好口，又要开好局，希望在明年的目标任务的确定上，看到大家的精气神。

2018年是公司改革创新转型升级的开局之年，让我们更加紧密地团结在以习近平同志为核心的党中央周围，深入贯彻落实党的十九大精神，励精图治、创新求强，为把公司建设成为具有全球竞争力的世界一流企业，谱写中国梦中铝新篇章作出新的更大贡献！

坚持新发展理念　推动高质量发展

——学习贯彻党的十九大精神专题研讨会暨2017年改革创新与发展战略研讨会上的讲话

党组副书记　总经理　余德辉

（2017年12月17日）

党的十九大举世瞩目，历史地位格外突出。习近平总书记的报告，高举旗帜、立论定向，把握大势、总揽全局，科学判断了我国发展所处的历史方位，指明了新时代的新使命、新思想、新目标、新举措，处处饱含了总书记新时代治国理政的理论逻辑和战略思维，成为我们党迈进新时代、开启新征程、续写新篇章的政治宣言和行动纲领。

学习贯彻党的十九大精神，自觉以习近平新时代中国特色社会主义思想指导工作实践，统领公司改革发展，是公司当前的首要政治任务，我们要真正做到学懂、弄通、做实，准确把握发展大势，按照新发展理念要求，加快结构调整和转型升级，以新的担当、新的作为，推动中铝高质量发展，建设具有全球竞争力的世界一流企业。

下面，围绕会议主题，结合近期思考，重点讲两个方面的意见，与大家交流。

一、我们当前的发展形势和面临的主要问题

（一）公司改革发展进入了新阶段、开启了新征程

党的十九大报告明确提出，中国特色社会主义进入新时代，这是我国发展的新的历史方位。新时代国有企业改革发展必须与实现“两个一百年”奋斗目标同频共振，与人民群众对美好生活的向往同向共进。这是我们国有企业必须肩负起的光荣使命和历史责任。

经过三年来的艰苦努力，我认为公司的发展也进入了新的阶段，开启了新的征程。因为在以红林同志为班长的新一届党组带领下，公司发生了全方位的、深层次的变革。一是公司党风企风展现了新气象。三年来我们坚持全面从严治党，狠抓管党

治党责任落实和执行力建设，强化监督执纪问责，使党风企风明显好转，干部员工的责任意识、担当意识进一步增强，精神面貌焕然一新。二是公司生产经营赢得了新起点。经过历时三年的扭亏脱困攻坚战，公司实现了2015年大幅减亏，2016年扭亏为盈，2017年持续增盈，连续三年超额完成国资委考核目标。运营质量不断提高，成本逐步跑赢市场，主导产业特别是铝业的综合成本已降至行业平均成本以下。资本运作力度不断加大，通过“牡丹工程”，积极盘活闲置土地、房产、设备设施，收益超过百亿元；通过“泰山项目”和“丰收项目”，公司资产负债率降至央企平均负债率以下，为加快转型升级、创新发展，向更高目标迈进创造了条件。三是公司改革发展具备了新机遇。国家大力推进供给侧结构性改革，为我们改革发展提供了难得的政策机遇；与地方政府、兄弟央企的合作不断深入，双方互惠互利、共赢发展，为我们改革发展提供了良好的助推器。更为重要的是，经过扭亏脱困的历练和考验，公司具备了一大批想干事、能干事的干部员工，大家对公司主要问题的认识更深刻、解决问题的办法更多、克难攻坚的斗志更旺。只要我们上下一条心、形成一股劲，就完全有信心、有条件、有能力克服困难、战胜挑战，创造出无愧于时代、无愧于行业排头兵的新业绩。

（二）新时代对公司提出了新要求

党的十九大报告明确指出：“深化国有企业改革，发展混合所有制经济，培育具有全球竞争力的世界一流企业。”对国有企业改革发展发出了新的“动员令”。

新时代我们新的目标就是培育具有全球竞争力的世界一流企业。十九大报告同时也指出了具体要求：一是坚持质量第一、效益优先，以供给侧结构性改革为主线，推动经济发展质量变革、效率变革、动力变革。二是支持传统产业优化升级，优化存量资源配置，扩大优质增量供给。三是加快国有经济布局优化、结构调整、战略性重组，推动国有资本做强做优做大。四是加快发展先进制造业，促进产业迈向全球价值链中高端，培育若干世界级先进制造业集群。五是改革国有资本授权经营体制，促进国有资产保值增值，有效防止国有资产流失。

国务院国资委对央企改革发展明确了三种路径，一是国有资本投资公司，二是国有资本运营公司，三是产业集团。我们目前正在争取国有资本投资公司试点。国务院国资委正在加快制定《中央企业试点推进国有资本投资公司的有关意见》，要求中央企业在改组组建过程中，必须聚焦以下四点，着力解决发展的质量、效率和动力问题：一是传统产业怎么调整，突出产业升级优化。二是新兴产业怎么布局，突出未来创新发展。三是集团管控怎么提升，突出总部能力建设。四是综合改革怎么推进，突出内部配套改革的整体设计。

进入新时代，中铝集团的改革发展要按照新发展理念和供给侧结构性改革的要求，在中央及国务院国资委的总体框架下，加快转型升级和创新发展，重点围绕“三个变革”，即发展的质量变革、效率变革、动力变革，努力解决不平衡、不充分的发展问题，努力补结构调整之短、技术创新之短、资本运营之短、产融结合之短、管控机制之短、风险防控之短。

（三）当前公司发展面临的主要矛盾

坚持问题导向，抓住主要矛盾和矛盾的主要方面，是我们把握发展大势，研究工作思路的根本遵循。

虽然我们已经实现了由亏损向盈利的转变，但盈利基础还很脆弱，与培育具有全球竞争力的世界一流企业目标要求，我们还有很大差距。我认为，公司当前发展面临的最主要、最突出的矛盾是：建设具有全球竞争力的世界一流企业的需要与不平衡不充分的发展之间的矛盾。

培育具有全球竞争力的世界一流企业：就是要打造在国际资源配置中能够占据一定主导地位，在全球行业发展中起到引领作用，在全球产业发展中具有话语权和影响力的领军企业。

布局不合理：产业布局分散，集中度低；偏远地区、经济欠发达地区多，发达地区少；电解铝企业在高电价地区多，在具有资源能源洼地优势的地区少等。

结构不平衡：产业规模与盈利能力不平衡，资产与负债规模不平衡，产业结构中上游多，下游少；传统产业多，新兴产业少；困难企业多，高盈利企业少。资产结构中重资产多，轻资产少；产品结构中低端产品多，高附加值产品少，高精尖产品更少等。

内涵不充分：习惯于重资产投入，对资本运作、商业模式创新、运用互联网+思维发展新业态、新模式研究不充分；受传统经营模式束缚，在绿色产业、高端材料、智能制造等方面发展不充分；人才和党建等综合优势发挥不充分；海外资源开发及国际化经营的力量整合、协调不充分，尚未形成合力等。

我们必须紧盯这个主要矛盾，用新思想、新发展理念武装头脑，加快转变发展方式、优化布局结构、转换增长动力，从根本上化解矛盾问题。

二、我们如何推动高质量发展

党的十九大报告指出，我国经济已由高速增长阶段转向高质量发展阶段，正处在转变发展方式、优化经济结构、转换增长动力的攻关期。将倒逼生产转型、企业转型，从粗放低水平数量扩张，转向集约质量效益型清洁发展轨道。

中铝集团的发展也进入了新阶段、开启了新征程，如果说我们以前主要是“打基础”，今后则主要是“上台阶”。我们要抓住“三去一降一补”这个关键，供给侧结构性改革这条主线，提高全要素生产率这个根本，坚持“科学掌控上游，优化调整中游，跨越发展下游”的战略方向不动摇，坚持市场化、法制化手段，加快质量变革、效率变革、动力变革，改造提升传统动能，培育发展新动能。

最近这几年，我们在“三去一降”方

面已经取得了良好开端和成效，当然还需要我们持续努力、久久为功。今天我着重想谈谈关于“补”的思考和想法。

（一）优化存量资源配置，改造提升传统动能

存量是我们的根基，必须持续巩固和优化。针对当前存量的现状，我们要切实突出产业布局和结构的调整优化，实行有进有退，有效加减乘除，重点解决“布局不合理”的问题。

一是重点打造大型产业基地。要改变以往投资多点布局、过于分散的局面，以具有资源、能源、市场、物流等综合竞争优势的企业为依托，抓住国家允许产能指标内部跨区域置换的政策机遇，加快基地化、集群化发展，发挥规模效应，重点打造若干个年产值达几百亿元、利润达几十亿元的大型产业基地和先进制造业集群，逐步提升传统产业的核心竞争力。比如氧化铝的布局，要结合铝土矿资源配套及物流成本；电解铝的布局要向具有能源价格洼地的重点地区集中，持续提升竞争力。

二是加快困难企业转型退出。对成长性不好和经营亏损的企业，要狠抓专项治理，加快精准扭亏脱困。一方面，要结合当地城市发展规划，综合运用退城进园、搬迁改造等政策支持，有效盘活利用现有土地、厂房等设施资源，加快企业转型发展。另一方面，要坚持用精准扶贫的做法，对困难企业按照一企一策、分企施策的原则进行治理，能够通过技改提升竞争力的我们尽可能扶持，但对于资源有限、设备陈旧、环保欠账大的生产线，我们要逐步关停退出。

（二）扩大优质增量供给，培育发展新动能

在解决“布局不合理”，改造提升传统动能的同时，我们还要深入贯彻新发展理念，积极适应、引领和推动供给侧结构性改革，培育发展新动能，解决“结构不平衡、内涵不充分”的问题。

最近公司党组已经研究决定，重点加快推进环保节能、创新开发和海外发展“三大平台”建设。环保节能和创新开发两个平台的建设方案已经党组批准，海外平台正在抓紧完善方案，尽快提交党组审批。

关于建设绿色中铝，打造环保节能平台，实现绿色发展。习近平总书记在党的十九大报告中，针对推进绿色发展、解决突出环境问题指出，要构建市场导向的绿色技术创新体系，壮大节能环保产业、清洁生产产业、清洁能源产业。随着绿色发展理念的全面落实，未来环保节能产业的市场空间和潜力巨大，同时公司环保需要投入的改造资金也很大，目前很多工作也较为被动。因此，我们必须及早谋划，通过整合搞活内部资源，加快打造中铝节能环保平台，迅速占领内部市场，并加快向有色行业拓展；要努力把危险固废物处理等污染防治的被动，转变为我们推进绿色环保节能产业发展的主动。

关于建设创新中铝，打造创新开发投资平台，实现创新发展。十九大报告指出，要加快建设制造强国，加快发展先进制造业，推动互联网、大数据、人工智能和实体

经济深度融合，在中高端消费、创新引领等领域培育新增长点、形成新动能。随着中国由制造大国转向制造强国，铝的消费、高端铝合金材料的需求前景广阔。作为行业龙头，如果我们不能在高端材料、精深加工、先进制造方面抓紧布局和储备，行业优势将很难巩固，“两个保障”将很难落实，向价值链高端转型也将成为空谈。为此，我们要加快创新发展，探索有别于公司现有加工产业和投资方式的新领域、新路径、新业态、新模式，干现有产业不想干的、不能干的、想干但干不了的，不断向高端化、终端化、国际化迈进，打造公司引领行业发展的新动能、新优势。

关于建设海外中铝，打造海外发展平台，实现开发发展。当前国内矿产资源对外依存度越来越高，随着国家去产能工作深入推进，环保排放标准不断提高，单纯依靠国内资源发展有色冶金已不可持续。走出去布局海外，推动国内产能向国际转移，是必然趋势，也是公司建设世界一流企业的必由之路。要用全球化的视野和思维，既立足国内稳根基，更放眼全球谋发展。通过组建海外发展平台，打造海外项目的前期开发平台、海外项目建设的集中管控平台、海外资本运作及投融资合作平台、海外项目的后勤保障基地，同时引导和鼓励各板块加大海外投资力度，以加快提升公司海外业务收入比重和全球资源配置能力。

除了公司党组已经决定的“三大平台”外，随着公司产业的纵深发展和协同发展，可能还会有新的发展平台陆续出现，助推公司转型升级、创新发展。

（三）加强顶层设计，推动工作落地

要加强组织领导和协同配合。推动高质量发展，特别是组建“三大平台”，事关公司未来发展，是具有全局性、系统性和开创性的，有其艰巨性和复杂性。大家要进一步统一思想，加快推进落实，既加强领导、分工负责，又协同配合，形成合力，使公司闯出一条不同于传统的发展新路。

要专业的人干专业的事。推动高质量发展，必须由熟悉相关专业领域、具有创新思维、敢于负责的人员推进落实。习近平总书记在十九大报告中强调，既要政治过硬，也要本领高强。我们要培养一支具备锐意进取的精神风貌，善于贯彻新发展理念开创发展新局面，善于结合实际创造性推动工作，善于运用互联网技术和信息化手段开展工作的干部队伍，把雷厉风行和久久为功有机结合起来，以钉钉子精神做实做细做好各项工作。

要健全完善考核激励机制。推动高质量发展，要创新用人制度，坚持内部培养和外部引进并举，聚天下英才而用之。同时必须完善考核激励机制，充分调动和激发各类生产要素的积极性，不断激发创新创业激情，为高质量发展厚植根基、注入动力。

有光荣的梦想，才有伟大的成就。我们要按照十九大为我们指明的前进方向，坚持“四个自信”，牢记使命，不忘初心，以时不我待、只争朝夕的精神，奋力走好新时代中铝发展的长征路，为建设具有全球竞争力的世界一流企业而努力奋斗。

用科技创新谱写中铝新篇章

——2017 年科技工作会议上的讲话

党组书记　董事长　葛红林

（2017 年 3 月 25 日）

今天，我们召开 2017 年科技工作暨促进科技成果产业化推广会。刚才，郑州研究院、山东铝业、西南铝、中铝国际、中铝金融等 5 家单位作了交流发言，部分企业签署了技术合作协议，公司颁发了 2016 年重大科技成果奖励，祥民同志代表公司作了科技工作报告。党组要求公司上下学先进、重科技、敬人才，以创新驱动引领发展，提高科技进步贡献率，为扭亏脱困转型升级贡献力量。

下面，我讲三点意见，第一，用科技创新谱写中铝新篇章；第二，科技创新要“墙里开花内外香”；第三，科技创新要依靠人才驱动。

一、用科技创新谱写中铝新篇章

党的十八大以来，以习近平同志为核心的党中央确定了创新、协调、绿色、开放、共享的新发展理念，明确提出创新是引领发展的第一动力，要面向世界科技前沿、面向经济主战场、面向国家重大需求，加快各领域科技创新，掌握全球科技竞争先机。习近平总书记连续五年参加在全国人大上海代表团讨论都强调了创新，要求突破制约产学研相结合的体制机制瓶颈，让机构、人才、装置、资金、项目都充分活跃起来，使科技成果更快推广应用、转移转化。

我们要深刻领会总书记的重要讲话精神，让科技创新在中铝结出累累硕果，谱写好中国梦中铝新篇章。

（一）依靠科技创新增创效益

科技创新不是阳春白雪，应该在生产经营中发挥实实在在的作用。大到科技攻关项目，小到小改小革，生产经营中的每一个环节都有科技创新的含金量，我们提倡“让创新成为永恒、让创新成为新风尚”的理念，鼓励广大干部员工大力开展群众性创新活动，破解难题，挖掘身边的金山银山。

比如，近年来，我们狠抓氧化铝企业的循环效率系统攻关，通过提高溶出进料量、瓶颈环节技术攻关、工艺流程持续优化等手段，在没有较大新增投资的情况下，增产氧化铝100万吨以上，相当于依靠科技创新赚回了一个大型氧化铝厂。

又如，过去我们的电解铝企业普遍满足于卖铝锭、铝水，认为搞合金化费时费力。通过近两年来持续抓合金化，强化生产过程中的科技攻关，鼓励科技专家下一线，促进“技术＋生产”的协同创新，公司电解铝合金化率翻了一番，仅2016年，电解铝合金化就比生产铝锭多创效6.5亿元。

再如，公司狠抓碳素提质降本优化升级，修订相关标准，开展技术指导与专业服务，突出专题研究与成果运用，强化工艺技术的精准稳定执行，2016年，公司碳素组装块成本大幅下降，累计降本4亿元以上。

（二）依靠科技创新培育新动能

适应和引领经济发展新常态，根本要靠创新。经济新常态下，发展动力从主要依靠资源和低成本劳动力等要素投入转向创新驱动，科技创新成为企业转型升级的新动能。如果科技创新搞不上去，发展动力就难以实现转换，因此，抓科技就是抓发展，谋创新就是谋未来。

比如，两年前，公司党组就提出，中铝国际要加快转型升级步伐，不能守着老本行吃“大锅饭”，要从科研和设计源头创新，大力推广应用工程用铝，闯出一片新天地。通过公司上下不懈努力，2016年，中铝国际推出了铝天桥、铝板房、防洪墙等一系列新产品，实现利润2000万元，2017年有望达到7000万元以上。

无论是生产工艺变革，还是产品更新换代，都需要科技创新来驱动。必须发挥中铝公司的整体优势，聚力聚智，协同创新，在未来的竞争中抢占先机。2017年我们要加快实施一批重大科技项目，针对低品位、高硫等复杂难选冶铝土矿，开展高效利用技术研究；以提高电解铝竞争力为目标，推进更低能耗铝电解技术研发；开展铝锂合金新材料研究，实现在航空航天上的规模应用；开展C919用等航空铝合金材料研究，实现进口替代。通过推进产学研的协同创新和成果转化，着力打造新动能，推动产业链向中高端、产品向近终型迈进。

（三）依靠科技创新实现倍增发展

推进供给侧结构性改革，应用到中铝，就是做好加减乘除法。做加法和减法的能量是有限的，而乘法却有几何级的倍增效应，关键是把科技创新的无穷魄力充分释放出来，持续提高发展质量和效益。

科技创新是中铝公司的传统优势，与民营企业相比，我们有更深厚的技术底蕴，有老中青结合的人才梯队，有群众性技术创新的文化氛围。但是，在公司内部，也有一部分同志认为，年年降本增效，海绵的水已经挤干了，很难再有大的油水了。技术、工艺、手段、方法的创新是没有尽头的，科技创新、协同创新、跨界创新往往具有智慧的魔力。我们自己领域无法解决的问题，如果换一种思维模式，也许很容易就能够得到解决。行业内人员容易受到自身行业视野的限制，思维被局限，但是跨界就可以颠覆你的思维方式，颠覆行业内的价值观，从而碰撞出不一样的火花。我们常讲，“以铝代钢”“以铝节木”，铝的应用峰值远未到来，发掘铝应用的潜能，迎接铝行业蓬勃发展的春天，核心是依靠科技创新，加快应用技术进步。

作为有色央企，我们要带头创新驱动引领发展，促进有色金属产业上下游共同发力、产学研协同创新，理直气壮做强做优做大国有企业，振兴实体经济。要善于将“互联网+”与传统行业结合起来，更多地尝试大数据、云计算、物联网的应用，以新技术、新业态、新模式，推动生产、管理和营销模式变革，引领产业模式的多样化，增强企业的竞争力。

二、科技创新要“墙里开花内外香”

习近平总书记强调指出，“广大科技工作者要把论文写在祖国的大地上，把科技成果应用在实现现代化的伟大事业中”。

当前，公司科研成果转化总体上是好的，但也存在两种现象。一种是“墙里开花墙外香”，另外一种是“好女难找好婆家”。加大科技创新成果的转化，就是要为自己的好“女”找到好“婆家”，让墙内的花在墙外墙内都香起来，但首先要做到墙内香。

（一）总部要当好指导员

公司拥有8个国家级企业技术中心、2个国家工程技术研究中心，5个国家博士后科研工作站、2个院士工作站，以及18个国家认定检验检测实验室，2016年获授权专利500多件。

科技进步日新月异，科技成果也会加速折旧。科技成果如果在转化周期内没有形成生产力，它的经济潜能就会很快衰减。科学研究不能仅满足于提出新想法、写出技术报告、发表科研论文、形成专利，更重要的是将其运用到实际生产中去，将科技成果快速转化为生产力，将科技成果真正转化为企业看得见、摸得着、能共享的“真金白银”。公司科技管理部要加大技术成果的推广应用力度，对于成熟技术，不要让科技人员跑市场，而要由总部指导，在公司内部强力推广应用。在2016年科技工作会上，由总部牵头，公司5家研究设计院与企业签约，开展技术合作，有效推进了新技术的推广应用。

总部和板块要登高望远，积极行动，用好用足各类平台资源，把众多的科研成果、专利最大限度地推广应用到各企业，实现效益最大化。

（二）企业要跟上时代步伐

在科技创新和成果转化方面，我们有的企业谨小慎微，习惯于老套路，对新技术、新成果听不进，不了解、不研究、总是怀疑、摇头、摆手，其实是不想费心思、不想作为、不想担责。有的企业舍不得在科技上花钱，又不愿意让科研单位在自己的一亩三分地搞创新，总怕吃亏上当。好比过去不少农村家庭，满足于温饱，不舍得花钱供孩子上学，殊不知，这样永无出头之日。而有的家庭节衣缩食也要供孩子上学，靠知识改变了命运。

企业要把科技创新内化于心、外化于行。要以开放的胸怀，敞开大门搞创新，把科研人员请进来，让科研单位得实惠，春天精耕细作，夏天灌溉养护，秋天才能有超出预期的收获。公司强调科技创新要以问题为导向，鼓励企业提问题，科研单位做答案，成为问题解决者。企业的干部员工既要与科研单位共同克难攻坚，多出好成果，更要积极搞创新、用成果，率先让成熟的科技成果转化成经济效益。

（三）员工要立足岗位搞创新

改革开放之初，我们说迎来了春天，是从“科学的春天”这个提法开始的。科技创新和广大员工群众的积极性、创造力结合起来，就会产生“核聚变”。

科技创新不能“抓大放小”。要芝麻和西瓜一个都不能丢，顶天立地抓科技。“顶天”，就是要推动原始创新，研发高精尖技术；“立地”，就是通过大众创业、万众创新，掀起全员立足岗位创业的热潮，让科技成果加速转化为现实生产力。基层是科技创新的主阵地，岗位是员工最熟悉、最热爱的地方，公司鼓励广大员工立足岗位搞创新，以每天进步一点点的心态，通过千千万万的小发明、小创造，通过合理化建议、小改小革、劳模工作室、员工命名的先进操作法等多种形式，营造万众创新的良好氛围，使学知求技、尊重人才的气氛更加浓厚，让科技创新流行起来，让科技创新的红利释放出来，让科技人才的创新动力迸发出来。

三、科技创新要依靠人才驱动

习近平总书记强调指出，“创新驱动实质上是人才驱动。要重点在用好、吸引、培养上下功夫，用好科学家、科技人员、企业家，激发他们的创新激情”。

在 2016 年科技工作会议上，公司强调要加强党管人才工作，各级党组织要管宏观、管政策、管协调、管服务，建立科学决策、分工协作、沟通协调、督促落实“四大机制”，促进人材向人才转变，促进各类人才的发展，促进领军人才的发展。

2017 年，要进一步在公司上下营造聚才、用才、爱才、护才的氛围，让效益共享机制清清楚楚，激励政策明明白白，增强科技人员的获得感和幸福感。

（一）让能作为的人才得到充分施展

扭亏脱困转型升级，关键在人。公司比以往任何时期都渴求人才。落实新发展理念，其中最重要的就是开放发展，我们要以开放的胸怀，敞开大门搞科研，欢迎各类人才更多地集聚到中铝。我反复强调，凡是中铝公司出去的人才，愿意回来的我们全部欢迎，而且是热烈欢迎。

栽下梧桐树，引来金凤凰。我们要千方百计搭建各类人才施展才华的平台，以中央研究院和分布在全国各地的相关院所为依托，整合公司及国内优势技术力量，围绕公司发展战略，内联外引，为人才成长提供平台，为人才发展搭建平台。

要让人才干得舒心。李克强总理在今年的政府工作报告中强调："要落实科研经费和项目管理制度改革，让科研人员不再为杂事琐事分心劳神。"人就是这样，环境越好，越干越有劲；干活不顺心，有劲就使不出来，往往越是不干越是懒。公司上下要为科技创新和成果转化保驾护航，给科研人员"松绑"，少当婆婆，多做护工，给科技人员足够的创造空间和灵活度，充分调动他们的积极性。要创造条件让各类人才充分发挥作用，让想干事的有舞台，干成事的得实惠，让各类人才有干劲、有奔头，多出成果、多创效益。

（二）让有作为的人才得到充分的激励

公司多次强调，在科技创新上不差钱，差的是好项目，同样的道理，只要项目好、收益高，科技奖励更不差钱。奖励不单是货币关系，也是对人才价值的一个度量衡。公司过去出台了一系列科技激励政策，现在回头看，有的做得比较好，也有一些不尽如人意。比如，关于科技项目团队激励政策和科技成果应用及产业化收益分享政策，参差不齐，存在执行不到位的问题。公司科技管理部要牵头，尽快修订研发团队和科技成果产业化的收益分享机制。奖励不能讲空话，讲漂亮话，要让科技人才得到真真切切的实惠，心情舒畅、没有后顾之忧地搞科研，让有理想、能创新、敢担当、干成事的人才先富起来。

（三）让年轻人才得到充分的成长

去年，我们选拔了一批科研院所的青年人才到氧化铝企业挂职，取得了较好的效果。今年，公司再选拔一批铝加工企业的青年人才，到电解铝企业挂职锻炼，助力电解铝合金化提质增效，促进上下游产业的技术共享和抱团发展。希望大家投身火热的一线，与员工打成一片，扎根基层，汲取营养，多出"接地气""短平快"的研究成果，在实战中锐意创新，在实干中创造价值。

青年人才想干事、有激情，但缺乏经验，我们要建立合理的容错纠错和保护机制，旗帜鲜明地鼓励和保护科技创新人才，帮助他们克服创新道路上的障碍、解除后顾之忧，既让他们放手大胆搞科研，又在成果转化过程中及时把脉纠偏，帮助他们把美好的梦想变为现实。

同志们，创新无止境，实干铸辉煌。在扭亏脱困转型升级的新长征路上，希望广大科技工作者勇于挑大梁，多做新贡献，认真贯彻落实好习近平总书记关于科技创新的一系列重要讲话精神，为谱写中国梦中铝新篇章做出新的更大贡献，以优异成绩向党的十九大献礼！

积极践行加减乘除法 实现公司扭亏为盈

——央企瘦身健体提质增效动员工作会上的发言

党组书记　董事长　葛红林

（2017 年 2 月 27 日）

2014 年 12 月 9 日，习近平总书记在中央经济工作会上，向我们明确提出了“经济结构调整要做好加减乘除，做加法，就是发现和培育新增长点；做减法，就是压缩落后产能、化解产能过剩；做乘法，就是全面推进科技、管理、市场、商业模式创新；做除法，就是扩大分子、缩小分母，提高劳动生产率和资本回报率，这是调结构这个四则运算的最终目标”。当时正值中铝生产经营最为艰难、市场形势最为严峻、亏损最为严重的时期，也是公司新一届党组苦苦寻求对策的节骨眼上，习近平总书记的“加减乘除”法，让我们眼前突然一亮，好像是为中铝的对症下药和量身定制，为我们指明了工作方向。下面分四个方面汇报两年来的践行工作。

一、务实发展，科学做好加法

坚持“干一件成一件”的理念，抓好项目的科学论证和工程建设，培育和发展新动能。

一是打好补短板的技改攻坚战。先后完成了一批短平快技改项目，显现良好经济效益。比如，贵州华锦氧化铝项目当年建设、当年投产、当年盈利，2016 年实现利润 4.82 亿元；再如，包头铝业通过技改完善产业配套，一举扭转了长期亏损的局面，2016 年实现利润 10.86 亿元。

二是打好新动能的发展攻坚战。我们在资源能源富集区域和市场容量大的地区进行产业布局，比如，在内蒙古、广西、福建等地，打造全球最具竞争力的铝、铜冶炼加工一体化产业基地。再如，加快国外资源开发，秘鲁年产40万吨铜矿项目一期建成投产，几内亚西芒杜铁矿获得开发主导权，减缓了我国金属矿产资源的后顾之忧，并带动国内装备"走出去"。

二、分企施策，敢于做好减法

坚持"用小震化大震"的理念，加大"僵尸"和特困企业处置力度，止住出血点，减少出血量。

一是坚决淘汰退出落后产能。对产业链不完整、长期扭亏无望的电解铝、氧化铝、铝铜加工企业，顶住来自多方的压力，采取果断关停退出，两年来，共计关停退出电解铝产能95万吨、氧化铝产能529万吨。

二是狠抓亏损企业专项治理。毫不手软推进"僵尸"及特困企业治理，超额完成了国资委下达的年度目标。2016年处置重点督办企业10户，其中8户企业扭亏为盈，2户大幅减亏，同比增利16亿元以上。加大对四级、五级企业清理力度，减少法人户数50户，压减管理和法人层级企业16户，使全级次企业亏损面下降到了13.9%。

三是加快困难企业转型发展。结合地方发展规划，坚持一企一策，实施了一批老国有企业转型升级方案，比如贵州企业通过退城进园、退二进三、退低进高，2016年实现了大幅盈利23.66亿元。洛阳铜业通过主辅分离，重新焕发了生机活力。

三、创新驱动，积极做好乘法

坚持"创新驱动引领发展"的理念，加快培育引领行业发展的新优势，提升影响力、控制力。

一是加强高端研发，积蓄自主创新实力。整合内部科技资源，组建成立中铝中央研究院、汽车轻量化推进工作办公室，统一配置科研资源，加快了高端材料的研发应用，跨代发展了军用铝合金材料，总书记在新年贺词中列举的2016年7件大事中，"中国天眼"、"悟空"号、"墨子号"、神舟十一号和天宫二号5项科技项目都使用了中铝公司提供的优质合金材料。

二是加快成果转化，提高科技贡献水平。紧紧围绕提质增效，充分发挥科技力量。比如：自主研发的高效强化拜耳法、超大容量电解槽等重大科技成果已投入使用并见效。再如，延伸深加工，提高附加值，快速推进与中国建筑合作的铝模板项目，已投产3个，在建2个。为吉利集团交付了汽车车身所需全部铝合金样件，商用车项目加快实施，铝制挂车、轨道交通材料产销量快速增长，公司成为空客公司所需2024合金铝材中国唯一供应商。2015年以来科技创新创效达15亿元以上。

四、精准管理，善于做好除法

坚持"资源有限创意无限"的理念，强化精准管理，优化资源配置，提高资本回报率、劳动生产率。

一是从严从细，强化成本控制。将精准管理贯穿于每天上午7点半的总部晨调会，实时协调解决两金压缩、节能降耗，生产波动等提质增效问题。氧化铝、电解铝、电解铜完全成本分别降低29.83%、14.33%、23.62%。

二是深挖潜力，促进资产增值。整合内部市场，强化协同发展，内部市场产品交易和服务产值达115亿元。对闲置设施及资源枯竭矿山土地制定复垦、工业园区建设、政府收储等多种处置方案，变沉睡的存量为创造价值的增量，实现收入68亿元。

三是优化配置，提高劳动效率。两年来分流安置员工近7.92万人，使氧化铝、电解铝、电解铜劳动生产率分别提高了136%、76%、54%。

两年来，总书记的“加减乘除”法已经根植于中铝干部员工心中，也让我们尝到了甜头，2015年同比大幅减亏153亿元，2016年扭亏为盈，今年又实现开门红，企业形象大为改观，员工信心大为增强。

中铝公司的扭亏脱困转型升级，始终得到党中央、国务院的亲切关怀，马凯副总理和王勇国务委员亲自帮助贵州铝厂降低用电成本，郝鹏书记亲临公司参加党组民主生活会，亚庆主任多次给予指导帮助，在此，我代表中铝公司全体干部员工向国资委领导表示衷心的感谢。我们将认真贯彻落实本次会议精神,继续践行“加减乘除”法，进一步瘦身健体提质增效，以优异的成绩向党的十九大献礼。

履行使命　引领发展

——军工工作会议上的讲话

党组书记　董事长　葛红林

（2017 年 1 月 11 日）

做好军工工作具有重要的政治意义，是公司履行央企政治责任的具体体现，对于提高公司影响力、加快转型升级更是至关重要。下面，我提三点要求。

一、登高望远，引领材料和技术发展

一代材料、一代装备。国家为加强国防事业，投入了大量的人力、财力和物力，全力提升国防军工的软件和硬件建设水平，有力促进了基础材料的进步。但是，我们也清醒地认识到，国防军工材料和装备的发展一直局限于解决“有和无”的问题，还没有彻底改变跟踪仿制为主、超前研究不足的现状，特别是武器型号的核心技术仍受限于材料的发展，仍处于一代装备、一代材料的时期。

尽管中铝公司在军用铝合金和铜合金方面研究开发了几十年，有着深厚的技术积累，但研制方面还有短板。今后要聚焦材料发展趋势，充分挖掘潜力，开展超前研究，通过内引外联，把公司中央研究院的人才潜力充分发挥出来，把各方面的潜能释放出来。要进一步增强全局观念，站位更高一些，看得更远一些，不断拓宽发展眼界，引领新材料、新技术的创新发展。只有技术领先了，材料更优了，市场壮大了，才能有持续发展的动力源，才能把公司打造成百年老店，为国防军工事业不断做出新贡献。

二、苦练内功，提升基础管理水平

军工科研和生产不仅具有重要的政治意义，而且还有很好的经济效益。我们做了几十年军工，奠定了很好的基础和优势，“十三五”期间军工的发展趋势很好，要抓住契机把军工做强做优，进一步夯实基础，

不仅要提高质量、创造效益，更要发挥以军带民的作用，促进军民融合发展。

军工企业对配套产品的技术指标和稳定一致性要求很高。多年来，军品受国家政策保护，对产品价格和成本因素的敏感度不高，我们研制生产的很多产品，往往军方七挑八拣才能满足需要，说明我们的企业对成品率低造成的成本升高问题反应滞后。随着军工企业改革的深入，以往的成本加定额利润的结算方式正在发生变化，特别是近几年来，国外进口材料已挤占了我们航空铝材 60% 以上的份额，我们既感受到了外企进口材料对市场的掠夺式侵占，又体会到了民营企业的蚕食和挤压。刚才，军工部汇报我们的军品毛利达到近 50%，这对民营企业来讲很有诱惑力，未来竞争势必激烈，我们要有危机感，抓紧时间练内功，只有技术指标改进了，产品稳定的一致性提高了，才说明基础管理水平提升了，使企业积极有效地应对各种竞争压力的严峻挑战，增强市场竞争力。

要尊重科学、严格管理，通过大数据、信息化等先进管理手段，进一步夯实军工管理基础。

三、创新驱动，培育未来发展新动能

公司经营状况逐年向好，我们已经迈出疲于扭亏困境，现在有精力、更有能力研究实施公司未来的发展计划。企业要发展，关键靠科技，在座的各位既是军工工作的主力，也是公司科技创新的主力，要开拓思维，敢于创新。

各单位在工作实践中要有创新精神，不仅科研项目要创新，机制也要创新，不能躺在历史的成绩单上沾沾自喜，不思进取。要通过机制创新，加大协同攻关力度，充分整合内外部科技资源，协同开发项目。要通过机制创新，把人才活力调动起来，把各方能人请进来，实现智慧集成，促进企业持续发展，持续提升竞争优势。

科技投入不差钱。我们怕的是没有好的项目，公司不会把发展的投入问题推给企业，但前提你们是要做充足、认真的研判，只要看准方向，就要抓住时机加快实施，要通过持续创新和投入，加快转型升级步伐，不断培育新的增长点，增强公司未来发展的竞争优势。

2016 年军工工作取得的成绩来之不易，新的一年，我们要再接再厉，争创更好的成绩，为优化成本利润、扩大军工市场、提升军工质量做出更大贡献。

携手降碳　主动担当
书写好应对全球气候变化的“中国答案”

——中铝降碳节上的讲话

党组书记　董事长　葛红林

（2017 年 6 月 13 日）

中铝降碳节是中铝公司成立以来创办的第一个节日，也是唯一的节日。之所以选择在全国低碳日举办，是为了使公司战略更好地服务于国家战略，把响应和落实以习近平同志为核心的党中央提出的新发展理念变为实际行动，为建设水绿山青的美丽中国、书写好应对全球气候变化的“中国答案”作出应有的贡献。

全球气候变暖日益严重，威胁人类生存，降碳已经成为人类挽救自身的必然选择。中国已经成为《巴黎气候协定》签约国。在巴黎气候大会上，习近平主席代表中国向世界作出四项庄严承诺：到 2030 年，二氧化碳排放达到峰值；单位国内生产总值二氧化碳排放比 2005 年下降 60% ~ 65%；非化石能源占一次能源消费比重达到 20% 左右；森林蓄积量比 2005 年增加 45 亿立方米左右。这既是一个负责任大国的庄严承诺，也是引领和推动全球应对气候变化的“中国方案”。

中铝公司作为我国有色金属行业的龙头企业，肩负着央企的政治责任、社会责任和经济责任，我们必须认真贯彻落实习总书记关于新发展理念系列重要讲话精神，通过科技创新、管理创新、产业转型等多种手段，降低能源消耗、降低碳排放，推进绿色发展。我们举办中铝降碳节，倡导开展联合降碳行动，就是要从自身做起，引领和带动全行业乃至全社会掀起降碳热潮，促进新发展理念、应对全球气候变化举措在行业落地、在企业落地。中铝联合降碳行动将从理念降碳、生产降碳、管理降碳、科技降碳、生活降碳五个领域展开，总部、板块、实体企业联合行动，中铝公司与供应链伙伴联合行动，企业集体与员工个人联合行动，企业与社会联合行动，让降碳理念深入人心，让降碳行动广泛开展，把绿色发展方式、绿色生活方式不断向前推进。

生态涵养你我他，节能降碳靠大家。让我们携起手来，共同关注、主动应对全球气候变化，努力践行绿色发展、低碳生活，积极参与全球气候治理，以实际行动为建设水绿山青的美丽中国、促进人与自然的和谐发展贡献力量！

铸强文化软实力　谱写中铝新篇章

——中铝集团企业文化工作会议上的讲话

党组书记　董事长　葛红林

（2017年12月21日）

在举国上下学习贯彻落实党的十九大精神之际，公司召开企业文化工作会议，这对进一步铸强文化软实力，建设具有全球竞争力的世界一流企业，谱写中国梦中铝新篇章，具有非常重要而深远的意义。

刚才，六个单位围绕建设企业文化示范基地、打造安全文化、精准管理文化、执行力文化、工匠精神等作了很好的交流发言，程忠同志作了企业文化工作报告，系统总结了公司成立十六年来企业文化建设取得的成效，全面部署了未来三年的重点工作任务。国资委宣传局刘福广局长高度重视和关心中铝的文化建设工作，在工作的百忙之中，莅临今天的大会，并作了重要讲话，提出了工作要求，我们要认真贯彻落实好。

下面，我讲四点意见。

一、好文化才有好企业

党的十九大报告指出，文化是一个国家、一个民族的灵魂。文化兴国运兴，文化强民族强。一个企业的发展壮大，同样离不开好文化的支撑和推动，好企业一定会有好文化，有了好文化才会有好企业。

经过十六年的发展，我们不断打造并基本形成了具有自身特色的文化体系。

中铝的目标是，建设具有全球竞争力的世界一流企业，谱写中国梦中铝新篇章。

中铝的宗旨是，实现股东增值、企业增效、员工增收。

中铝的精神是，励精图治、创新求强。

中铝的价值观是，报效国家、回报股东、成就员工、惠泽客户、造福社会、珍爱环境。

可以说，十六年来，中铝文化孕育了员工的素养，营造了工作的氛围，锻炼了企业的品格，铸就了企业的品牌。

（一）好文化是员工美好生活向往的重要需求

党的十九大报告指出，我们要建设的现代化是人与自然和谐共生的现代化，要创造更多物质财富和精神财富以满足人民日益增长的美好生活需要。企业文化是企业在经营活动中形成的经营理念、经营目的、经营方针、价值观念、经营行为、社会责任、经营形象等的总和，是精神财富的重要内容，是企业的DNA，是企业的软实力。

好文化是每一个员工都期盼的，表现为打造好企业的精神家园，提升好员工的文化幸福感，让企业处处风清气正，人人和睦相处，心情舒畅快乐。如果说厂容厂貌是企业的“面子”，文化就是企业的“里子”，我们不仅要有好“面子”，而且要有好“里子”。要通过培育好文化，让员工亲身参与、时刻感知，从心底里认同，用好文化培育好作风、带动形成好风气，增加员工的收入，更提升员工的精神财富，丰富员工的美好生活，建设企业高品质，员工有气质的世界一流企业。

（二）好文化是企业竞争力的重要支撑

企业文化是构成企业核心竞争力的关键要素，是企业成功的长期牵引力。综观国内外成功企业，无不把企业文化建设作为发展战略的重要组成部分，用文化凝心聚力，集聚人才，增强企业的创新力和竞争力。

回顾过去十六年，我们经历了从小到大、快速发展的辉煌，也经历过金融危机以来八年“抗战”，特别是近几年来，面临前所未有的困难和挑战，广大干部员工励精图治、创新求强，付出前所未有的努力。实践证明，无论顺境还是逆境，都需要好的文化，激发斗志，凝聚力量，爬坡过坎。

“技术日新月异，产品更新换代，唯有文化历久弥新”。企业文化不是物资也不是货币，它是智慧更是品质，是精神动力更是精神定力。

我们要更好地践行“励精图治、创新求强”的中铝精神，把好的文化转化为发展的力量，用优秀的企业文化造就高素质的员工队伍，形成人才兴企的新优势；用优秀的企业文化凝聚人心，形成干事创业的氛围；用优秀的企业文化激发中铝智慧，讲好中铝故事，做优中铝品牌。

（三）好文化是参与全球竞争不可或缺的软实力

世界一流企业，必须要有一流的文化支撑。建设具有全球竞争力的世界一流企业，意味着我们要在国际市场占有主导地位，在引领行业发展发挥领军作用，但始终将离不开先进文化的引领和创新作用。

文化相通，则血脉相连。中铝要在全球舞台上与世界一流企业同台竞技，首先要坚定文化自信，擦亮自身文化名片，彰显中铝特色。在落实海外战略中，应以文化融合为先导，与所在国、所在社区文化相融，让每一个相关方对中铝文化从认可到接受，转化为海内外每一个中铝人的情感认同和行为习惯，在企业生产运营的各个角落生根开花、润物无声。

同时，当今的中铝文化也要与时俱进，不能僵化，不能一成不变，而要结合新时代要求，放眼全球，兼容并蓄，博采众长，在继承弘扬和创新发展中深化企业文化建设，不断增强文化的影响力和带动力，为做强做优做大中铝注入不竭的精神力量。

二、在文化认同中践行

企业文化只有被广大员工认同，才能在员工的日常行为中落地，才能转化为有效的执行力。建设好公司企业文化，需要全体干部员工高度认同，积极践行，切实做到知行合一。

（一）统一目标明方向

习近平总书记关于“培育具有全球竞争力的世界一流企业”的指示要求，是对央企寄予的厚望。我们要切实增强“四个意识”，提高政治站位，坚决贯彻总书记的指示要求。要坚持全球视野，对标国际先进水平，加快质量变革、效率变革、动力变革，加快高质量发展。

我们要励精图治创新求强，展示新时代新精神新形象，要按照国家两个100年和三步走的战略，在第一个100年，跻身全球有色金属行业的世界一流企业行列，在2035年前，成为最具全球竞争力的世界一流企业，成为全球第一，谱写中国梦中铝新篇章。

广大干部员工要胸怀大局、把握大局、融入大局、推动大局，切实把思想和行动统一到公司这一战略目标上来，努力做到站高一步、看远一点、想深一些，正确处理整体和局部、长远和当前、集体和个人的关系，心往一块儿想、劲往一块儿使、拧成一股绳，使战略目标成为公司一切工作的“定盘星”。

（二）振奋精神勇拼搏

习近平总书记在十九大报告中，多次对全党完成新时代使命的精神状态提出新要求。近年来，我们虽然取得了扭亏脱困转型升级的较好业绩，但仍要看到，公司的盈利能力仍然十分脆弱，面临的改革发展任务还十分繁重，“革命尚未成功，同志仍需努力”。

我们一定要继续保持艰苦奋斗、戒骄戒躁的作风，发扬“长征、抗战和解放战争”精神，讲忠诚、讲尽责、讲拼搏、讲实效，切实做到“状态再好、节奏再快、力度再大、办法再多”，以时不我待、只争朝夕的精神，奋力走好新时代中铝的长征路。这就要求广大干部员工在文化上认同、精神上进取、行动上一致，营造干事创业的良好氛围。

公司多数企业分布在黄河流域，黄河是中华民族的母亲，源于青藏高原，一路汹涌奔腾，锐不可当，注入渤海，她孕育了华夏文明，积淀了厚重文化，也滋养了中铝集团的发展。公司广大干部员工要像黄河一样不屈不挠，敢于抗争，顽强拼搏，像黄河一样气势磅礴，奔涌向前，调动一切积极因素，唱响中铝的“黄河大合唱”。

（三）增强本领谋发展

习近平总书记指出，我们党既要政治过硬，也要本领高强。提出了增强学习、政治领导、改革创新、科学发展、依法执政、群众工作、狠抓落实、驾驭风险的八个本领要求，各级领导干部要对照新要求，查找新差距，永不自满和永不懈怠，自觉加强学习和实践。

要认真学好用好习总书记治国理政的科学工作法，比如，关键少数法、问题导向法、底线思维法、加减乘除法、精准管理法、绣花功夫法、久久为功法、钉钉子法、引领市场法等等，并积极转化落实到推动公司改革创新转型升级上，落实到谋划本单位改革发展的思路和举措上，落实到完成本单位目标任务的工作措施上，切实提高解决问题、推动工作的能力和水平。

三、在文化培育中发展

习近平总书记指出，一种价值观要真正发挥作用，必须融入社会生活，让人们在实践中感知它、领悟它，要强化教育引导、实践养成、制度保障。我们要深刻领会总书记的文化培育方法论，不忘本来、吸收外来、面向未来，将企业文化培育和转化为干部员工的情感认同和行为习惯。

（一）培育文化力

当前，公司已形成了企业使命与愿景、企业精神、核心价值观、经营和管理理念、品牌形象、行为规范等文化体系。但有些企业片面强调业务的经营独特，忽视了文化体系的统一执行；有些中铝的新成员，仍然执行“老东家”的标准，未能及时融入中铝文化；有些基层员工对中铝的使命、愿景和企业精神认知不足，造成“沙滩流水不到头”的现象，企业文化的凝聚力和引领力还不强。

公司企业文化建设必须树立“中铝是一个整体”的理念，必须强调共同的愿景目标、共同的价值理念、共同的制度规范、共同的行为习惯。要保持文化的统一、企业形象和品牌的统一，建立共同的价值观平台，全面提升企业文化综合软实力。

（二）培育认同感

文化认同往往表现为对主流价值观念的深沉信仰和坚守，对重大集体利益的坚决维护，对重大决策部署的自觉参与和坚决执行。对企业文化的认同，

要靠正确的思想教育去培育。要加大对公司发展理念的宣传力度，通过教育引导、舆论宣传、文化熏陶等，讲好中铝故事，传播主流价值，形成有利于培育和弘扬的良好氛围，使公司企业文化理念内化为员工的精神追求，外化为员工的自觉行动。

要靠领导干部的表率作用去带动。各级领导干部要把培育和践行企业文化，作为锻造企业家精神的重要内涵，时刻做公司文化的带头学习者、宣传者和实践者，影响和带动广大员工成为中铝文化、中铝形象的倡导者、实践者和维护者。

要靠健全的制度去规范。要完善企业文化管理办法和工作准则，使其成为员工日常工作生活的基本遵循。要将企业文化建设的工作目标和任务纳入领导班子任期目标，作为考核和使用的重要内容和依据，保障企业文化有效落实。

（三）培育好品牌

一个企业之所以被人们认识、被社会认可，关键是它必须有与众不同之处，这就是企业品牌。品牌就是知名度，就是影响力，就是企业发展的宝贵资源。只有产品、没有品牌，企业就缺乏生命力和延续性。中铝集团作为世界500强的央企，必须要树立建设世界一流品牌的意识。

当前，公司在品牌管理上还缺乏明确的指导思想和有效的品牌管理机制，导致品牌建设缺乏系统规划和文化支撑，“中铝品牌”的统一优势没有得到有效发挥。

要强化品牌管理，制定品牌战略，建立完整的品牌理念体系、品牌形象体系、品牌传播体系和品牌管理体系，对品牌建设统一规划，系统整合，从管理、质量、服务、责任、形象等方方面面打造具有独特竞争力的“中铝品牌”，追求并创造品牌价值最大化。

各单位要一言一行维护中铝声誉，一举一动维护中铝形象，不断提高“中铝品牌”的影响力和竞争力。

四、在文化弘扬中引领

优秀的企业文化是企业长盛不衰的基因，公司上下必须大力弘扬“励精图治、创新求强”的企业精神，实现在弘扬中创新，在创新中引领。

（一）引领经营管理新优势

要不断弘扬和创新经营管理理念，以先进理念为统领，引领经营管理上水平、上台阶。

要形成精准管理文化，把精准的思想广泛应用于公司管理的各个过程，减少管理的粗放，增强管理的精准，提升量化、细化的精准，让管控更有针对性和实效性，获得更多的提质增效。

要形成差距管理文化，把对标先进、差距管理作为重要手段，引导企业正视差距、激发动力，寻找差距、明确方向，细化差距、提升品质，持续对标，不断赶超。

要形成底线思维文化，在实际工作中，做好最坏的打算，然后向最好的去努力。把最坏的打算、最坏的风险排除掉了，这样即使再有问题，也能做到有备无患、遇事不慌，牢牢把握主动权。

（二）引领改革发展新方向

中铝集团要进一步发展壮大，既需要资产总值、销售收入、利润总额等硬实力的增加，也需要价值观念、思想文化等软实力的提高，我们要进一步完善和提升具有中铝特色的企业发展文化体系。

要形成创新文化，把科技创新、管理创新、运营模式创新的魅力充分释放出来，靠创新驱动助推公司不断做强做优做大，形成更多的中铝制造、中铝创造，提高创新对发展的贡献率，引领行业的高质量发展新常态。

要形成品质文化，要不断追求，勇于超越，使提供的产品、技术和服务臻于至善；要遵循规程，关注细节，持续改进，使科技、管理水平达到卓越之境。作风严谨，精益求精，不断追求高标准、高质量、高效率，形成公司的新优势。

要形成责任文化，自觉履行中央企业的三大责任，践行“点石成金，造福人类”的理念，报效国家，回报股东，成就员工，惠泽客户，造福社会，珍爱环境，争当落实新发展理念的排头兵、创新驱动发展的排头兵和实施国家重大战略的排头兵。

要形成安全发展文化,弘扬“生命至上、安全第一”的思想，牢固树立“安全是效益、员工是财富”的安全观，“不注重安全就是不称职的”安全素质观，“入脑、入心、入情、入理”的安全教育观，使杜绝违纪、消除隐患成为员工义不容辞的责任，加快实现由“要我安全”到“我要安全”再到“我会安全”的转变。

要形成绿色发展文化，从研发、勘探、设计到采购、生产、销售，全过程都要贯彻低碳、节能、减排的要求，持续开展联合降碳行动，办好一年一度的中铝降碳节，由此带动全行业乃至全社会共同降碳，积极参与环境保护和全球气候治理，实现绿水青山就是金山银山的目的。

要形成开放发展文化。要秉持开放、包容、合作、共赢的精神，开放观念，吸收新事物，引领新变革；开放合作，利用各种市场条件，实现合作价值最大化；开放文化，形成融合和谐的文化氛围，最大限度地释放真诚与善意。开放包容，鼓励变革、容忍失败，营造敢作为、敢担当、敢创新的干事创业氛围。

（三）引领干部员工新状态

文化因素是改革中的重要变量，它既可以成为推动进步的火种，激发出强大的变革力量，也可能作为一种落后与守旧势力，成为阻碍变革的沉重绊脚石。尽管这两年公司实现了扭亏为盈，但由于多年的亏损，一些干部员工信心受挫、干劲不足；一些干部在困难面前，办法不多、措施不硬，缺乏攻坚克难的勇气；一些干部面对盈利自我满足，缺乏危机意识和进取精神。这就需要大力弘扬和创新“励精图治、创新求强”的企业精神,通过“励精”来“图治”，通过“创新”来“求强”。

要在弘扬中树立起“十种新观念”：即与时俱进的改革观、不进则退的竞争观、精准精细的经营观，盈利至上的荣誉观、效率优先的激励观、团结协作的团队观、创新求强的进取观、忠诚奉献的事业观、担当拼搏的责任观、风清气正的廉洁观。

各级领导干部要带头弘扬真抓实干、求真务实、开拓创新、奋发有为的精神，并辐射全体员工，让“十种新观念”流行起来，展示干部员工的新状态，引领中铝的新风尚。

同志们，时代是思想之母，实践是理论之源。让我们以党的十九大精神为统领，深入贯彻落实习近平新时代中国特色社会主义思想，在建设具有全球竞争力的世界一流企业的新征程中，励精图治，创新求强，以强烈的中铝情怀、不屈的中铝气节和必胜的中铝自信，以永不懈怠的精神状态和一往无前的奋斗姿态，不断谱写中国梦中铝新篇章。

统一思想认识　加强法律工作
为公司改革发展提供坚实法律保障

——加强法律工作座谈会的讲话

党组副书记　总经理　余德辉

（2017 年 9 月 20 日）

一、充分认识公司法律工作面临的新形势

党的十八大以来，以习近平同志为核心的党中央，提出了一系列治国理政新理念新思想新战略，特别是把全面依法治国放在“四个全面”战略布局的高度，对我们加快提升依法治企的能力和水平提出了新的更高的要求。

一是外部监管环境发生深刻变化。2016 年 8 月，国务院办公厅印发了《关于建立国有企业违规经营投资责任追究制度的意见》，要求国有企业必须以国家法律法规为准绳，严格执行企业内部管理规定，依法合规开展经营管理。今年 4 月，国务院办公厅转发《国务院国资委以管资本为主推进职能转变方案》，进一步加大了国资监管力度。同时，审计、巡视、监事会也都在强化监督检查职能，国有企业还要面对社会舆论、网络媒体等公众监督。这说明，我们的外部监管环境变得越来越严厉，依法治企已成为新的常态。我们必须引起高度重视，增强依法治企的自觉性和紧迫感。

二是公司法律工作基础相对薄弱。近几年公司法治工作虽然取得了一定成绩，但与党中央、国务院的要求相比、与先进央企相比，还有较大差距。红林董事长在去年法治工作会上的讲话中提到三个不适应，一是思想意识与形势任务不适应；二是管理体系与业务建设不适应；三是履职能力与法治中铝不适应。特别是从近几年发生的 600 多起法律纠纷案件来看，被告案件 400 起，并且数量逐年增加，有这么多的问题，我们法治中铝如何建设？再从近期监事会反馈的 183 个问题来看，我们在学法用法、依法合规经营方面，确实存在不少漏洞和风险。部分企业领导人员法治意识不强，对法治工作重视不

够，法律部门被淡化、弱化，甚至有的企业长期没有专业法律人员，法律合规管理更无从谈起；个别企业领导不守规矩，不按制度办事，违规决策、越权管理，致使制度形同虚设，增加了企业经营风险；部分企业制度体系不健全，内部管控存在盲区，法律审核把关不到位，法律纠纷案件仍然频发多发。公司整体上还存在着法律管理与经营管理融合不够，法律队伍建设和能力素质培养亟待提高，境外法律风险防范能力不强，依法治企尚未成为全局性、战略性工作等问题。

三是法律服务保障任务更加繁重。当前，公司正处在扭亏脱困、转型升级、创新发展的关键阶段，改革发展的压力巨大。一方面，随着新发展理念和供给侧结构性改革的深化落实，单凭要素投入实现快速增长的发展模式已经不可持续，以往被掩盖、被忽视的矛盾和问题逐步暴露出来，既要解决老问题，更要防范新风险，决策难度越来越大，要求我们必须更加注重在法治轨道上开展经营活动，切实做到依法决策不踩红线，合规经营守住底线，管控风险强化维权。比如按照创新、协调、绿色、开放、共享的新发展理念，打造绿色中铝、开放（海外）中铝、高新中铝等，面临的风险要比现在大得多，会遇到各种各样的问题，都需要我们法律工作的保障和支撑。另一方面，深化内部改革对法律工作提出了新的任务，处置“僵尸”和特困企业、推进压减工作、分离企业办社会以及“三供一业”移交、厂办大集体改革、人员分流安置等等，都涉及出资人、企业、员工及其他相关方的不同诉求，必然带来利益关系调整和法律关系重构，都对程序规范、操作合规和责任追究提出了更高要求，都需要运用法治思维和法治方式化解矛盾，平衡各方利益，确保改革稳步推进。

二、抓住关键少数加快提升法律工作水平

习近平总书记强调，推进法治建设要抓住领导干部这个“关键少数”。国务院国资委印发的《中央企业主要负责人履行推进法治建设第一责任的职责规定》明确指出，中央企业主要负责人作为推进法治建设的第一责任人，必须以身作则、以上率下，带头尊法学法守法用法，切实履行依法治企重要组织者、推动者和实践者的职责，并对党委书记、董事长、总经理履行职责作出了明确规定。

一是切实加强组织领导。推进依法治企是一项复杂艰巨的系统工程，必须高度重视，系统谋划，统筹推进。企业主要负责人要切实发挥“关键少数”作用，将法治建设纳入企业发展规划和年度工作计划，亲自研究、亲自部署、亲自督办。分管领导、总法律顾问要结合实际，抓好整体设计和组织推进协调工作。法律事务机构要采取有效措施，全力以赴推动落实。其他业务部门要主动作为、积极配合，特别是在完善法律管控体系、法律业务开展、法律人员招聘、法治工作考核奖惩问责、法律信息化等方面要形成工作合力，共同推进法治中铝建设各项工作落到实处。

二是准确把握目标要求。国务院国资委明确了全面建设治理完善、经营合规、管理规范、守法诚信的法治央企目标，去年红林董事长对法律工作提出了法律服务、风险控制、权益保障、法律监督、防范腐败五大功能定位。推进法治中铝建设，首先要提高思想认识高度，不能仅仅停留在作为专项业务工作的认识阶段，要从全面覆盖、全员参与的全局性、战略性高度来研究思考。要坚持法治体系、法治能力、法治文化一体建设，把依法治企的思维要求作为企业的重要软实力，成为企业的核心理念和全员的自觉遵循，体现在企业治理、经营、管理的各个领域，贯穿于企业决策、执行、监督的各个环节。要加快法治工作与企业中心工作、法律管理与企业经营管理的深度融合，充分发挥法律服务保障、规范管理、价值创造和战略支撑的作用。去年印发实施的《加强法律工作的意见》提出的五点要求，关键是要怎么落实，出台评估制度，为适应企业发展做好准备。

这里我再强调一点，做好法律工作也能创造经济效益。通过法律支撑保障，重大决策有效实施、经济合同顺利执行、法律风险得到控制，就会带来显著经济效益；通过法律维权，及时追究对方违约责任、追收逾期应收账款，这也是效益，等等。比如山东企业去年在煤气炉项目的成功索赔，就为今年创造了7000多万的可观利润。

三是健全完善工作机制。要完善法律管理职能。找准法律工作与企业管理融合的切入点，加快形成涵盖法律风险防范、合规管理和法律监督的工作体系，使法律审核成为经营管理的必经环节，全面落实法律审核两个100%要求，进一步加强“三重一大”等重大决策合法合规性审查，加强改革改制方案的法律论证，加强规章制度、经济合同的审核把关，防止出现违法违规经营行为。要深化内部制度建设。加快制度的“废、改、立”，形成规则统一、行为规范、程序严密的制度体系，健全制度实施的评估、监督机制，维护制度权威，提高执行力。要建立合同纠纷责任追究制度。从公司近年来的法律纠纷来看，90%多是由合同引起的。今后因合同引起的法律纠纷，谁签的合同，谁负责；在履行合同的环节出了问题，也要追究执行人的责任。要坚持教育和惩处相结合。在加强法治教育的同时，更要坚持严抓严管、强化制度落实，主要领导人员法治工作成效纳入业绩考核体系，严格责任追究，坚决查处各种违法违规行为。

三、加强法律工作队伍建设提高履职能力

法治工作队伍是建设法治中铝的重要力量，只能加强，不能削弱。目前全公司从事法律工作的专兼职人员仅有101人，专职人员64人，有法律职业资格的46人，总体上人员偏少，产业与人员比值不适应，与打造未来中铝不适应，与公司的经营发展也不相适应。为此，我们各级领导要高度重视，特别是总部法律部、人力资源部更要积极履职，加强公司法治队伍建设，加快提升法律履职能力。

一是创新优化法律管控体系。整合内部法律资源，打破法人和区域边界，加快子集团法律事务部和区域法律事务中心建设，明确职责定位，形成总部法律部、子集团法律事务部、区域法律事务中心、其他企业法律工作机构分工负责、协调配合、作用充分发挥的工作机制。

二是加强法律人才培养使用。围绕建设一支精干高效的专业法律工作团队目标，坚持推行总法律顾问制度，建立有效的激励机制，拓宽职业发展通道，培养、引入、留住高素质的专业法律人才，特别是涉外法律人才，逐步实现法律队伍建设的专业化、市场化、职业化，为法律队伍的履职提供必要条件。

三是强化学习培训和素质提升。法律工作人员要牢记肩负的责任和使命，坚持加强政治修养，不断提高业务水平。要进一步整合利用有限力量，加强内部专业化团队建设，组建成立诉讼团队、投融资法律团队、涉外业务法律团队等，进一步提升服务发展、保障大局的能力。要始终保持认真负责、积极进取的良好状态，自觉以身作则，严格依法办事，恪守职业道德，切实维护企业利益。

同志们，推进法治中铝建设，是贯彻落实全面依法治国战略部署的客观要求，也是实现公司持续健康发展的必然选择，更是公司提升竞争软实力的重要举措，任务艰巨，使命光荣。形势和任务要求我们必须统一思想认识，强化责任担当，夯实工作基础，努力为公司改革发展提供更为有力的法律工作保障。

2018

中国铝业集团有限公司年鉴

The Yearbook of Aluminum Corporation of China

【综述篇】

Overview

集团概况

一、基本情况

中国铝业集团有限公司（以下简称中铝集团）成立于2001年，是中央管理的国有重要骨干企业，国家授权的投资管理机构和控股公司。主要从事矿产资源开发、有色金属冶炼加工、相关贸易及工程技术服务等业务，连续10年入选《财富》世界500强企业，2017年度排名第248位。中铝集团下设铝业、铜业、稀有稀土、工程技术四大主业板块，以及资产经营、财务金融等相关业务板块。是中国最大的有色金属产品供应商，铜业综合实力位居中国第一，稀土产业具有完整产业链和行业整合主导企业地位。2017年12月，中国铝业公司完成公司制改革，正式更名为中国铝业集团有限公司。

中铝集团总部设在北京。截至2017年底，集团注册资本252亿元，资产总额5313.37亿元，从业人员11.53万人，所属68家企业分布在20多个省（自治区、直辖市），拥有4家上市公司，分别是中国铝业（上海601600、香港030668、纽约ACH），中铝国际（香港02068），云南铜业（深圳000878），银星能源（深圳000862）。境外资产总额1877.44亿元，境外营业收入207.22亿元，境外机构37家，主要分布在英国、澳大利亚、新加坡、委内瑞拉、巴西、秘鲁、委内瑞拉、越南、老挝、新加坡、印度、印度尼西亚、开曼群岛等国家和中国香港地区。

2017年，中铝集团实现整体盈利20.5亿元，经营业绩大幅提升，全面完成了国资委考核目标。

2017年主要产品产量产能表

表1

序号	名称	单位	产量	产能
1	铝土矿	万吨	1569	—
2	氧化铝	万吨	1437	1939
3	电解铝	万吨	360.7	424
4	铝加工材	万吨	167.7	190
5	铜精矿	万吨	27.77	5184.2
6	精炼铜	万吨	62.68	61
7	铜加工材	万吨	30.34	48.8
8	稀土矿 / 折 REO	吨	2500	3000
9	稀土分离产品 / 折 REO	吨	6734	11000
10	稀土产品加工（磁性材料产品等）	吨	1852	3000

二、管理团队

葛红林　党组书记　董事长

余德辉　党组副书记　董事
　　　　总经理

敖　宏　党组副书记　副总经理

刘才明　党组成员　副总经理

张程忠　党组成员　副总经理

赵　钊　党组成员
　　　　党组纪检组组长

刘祥民　党组成员　副总经理

刘建平　党组成员　副总经理

卢东亮　党组成员　副总经理

三、主要指标

2017年，中铝集团坚持扭亏脱困转型升级总基调，改造提升传统产能，培育发展新动能，整体盈利能力明显增强，集团首次实现所有板块全部盈利，完成了国资委年度考核目标。

全年实现销售收入3155.15亿元，同比增长17.91%。有色金属原矿产量3139.0万吨，同比减少4.2%。氧化铝产量1437.1万吨，同比减少2.2%;电解铝产量360.7万吨，同比增加18.9%；铝加工材产量167.7万吨，同比增长14.5%；精炼铜产量62.68万吨，同比增长7.5%；铜加工材产量30.34万吨，同比增加16.0%；稀土分离产品产量6734吨，同比增长12.8%。

中铝集团坚持与历史最好水平及先进水平对标，大力推广新型稳流保温电解槽、铜冶炼全流程工艺优化等节能技术，氧化铝、电解铝、铜冶炼综合能耗大幅下降，其中铜冶炼综合能耗提前完成2020年规划目标。氧化铝、电解铝完全成本分别进入行业前40%、前45%，电解铜综合加工成本低于行业平均水平。同时，集团大力投入脱硫脱硝等环保改造，大气主要污染物排放量连年下降，二氧化硫和氮氧化物的排放总量分别较“十二五”期末降低30%以上。

中铝集团持续开展管理提升活动，2017年制定了《质量工作指导意见》,修订了《质量管理办法》，启动了安全环保质量“全面大动员、全面大清查、全面大整改”强基固本行动，制定了10个方面50项内容的质量大清查对照表。对监事会发现的3类质量问题，制定了24项整改措施，12项已完成。总部重点监控的9类14项指标首次实现达标率100%。铝、铜加工质量损失率同比分别降低29.75%和26.60%，质量损失同比减少2558万元，全年未发生A类质量事故。

中国铝业公司主要经济指标

表2

项目	2016年	2017年	2017年比2016年增长
资产总额/亿元	5,218.31	5313.37	1.8%
所有者权益/亿元	841.0	1952.28	132.14%
营业收入/亿元	2,675.8	3155.15	17.91%
利润总额/亿元	1.67	20.5	1200%
净利润/亿元	−5.8	0.0012	100.02%
归属于母公司所有者的净利润/亿元	−18.77	−28.97	−54.34%

续表 2

项目	2016年	2017年	2017年比2016年增长
技术开发投入/亿元	38.46	49.18	27.87%
利税总额/亿元	75.8	104.44	37.78%
应交税金总额/亿元	112.2	102.61	−8.55%
全员劳动生产率/万元/人·年	24.3	31.45	29.42%
净资产收益率/%（不含少数股东）	−11.87	2.89	增加124.35个百分点
总资产报酬率/%	2.53	2.82	增加11.46个百分点
国有资本保值增值率/%	135.87	77.6	减少42.89个百分点

四、改革与管理

2017年，中铝集团继续深化企业改革与管理，实施“加减乘除”，落实供给侧结构性改革，实现了提质增效，促进了产业升级。

科学做好加法。完成投资188.6亿元，普朗铜矿等一批资源项目、内蒙古华云等一批轻合金项目建成投产，四大铝产业基地、三大铜冶炼基地初具规模，颐和园项目通过了证监会上市发审会。启动筹建环保节能、创新投资、海外开发三大平台。

敢于做好减法。关停转移电解铝产能16万吨。抚顺钛业完成破产，抚顺铝业由铝转型为炭素生产。上海铜业主业关停，设备内迁华中铜和洛铜，盘活土地收入7亿元。管理层级从七级压缩到五级，法人户数同比减少72户。完成437户全级次企业的功能界定和类别划分。

积极做好乘法。实施创新驱动，聚焦产业发展和制约生产瓶颈的突出问题，组织实施项目研发和联合公关，新增18个国家认定高新技术企业，大力开发高铁、船舶、汽车轻量化铝材，推广应用铝天桥、铝模板、铝托盘、铝挂车、全铝家具等一系列终端新产品，初步实现了乘用车用铝合金材料及零部件产品类型研发的全覆盖，实现了材料到产品的转变。

善于做好除法。力拓外汇贷款债转股项目落地，集团资产负债率降低19个百分点；中铝股份丰收项目增加126亿元净资产。“三供一业”移交稳步推进，26户企业的138项职能已完成移交或协议签订。稳妥推进人员分流安置和跨企业用工配置，全年分流安置8543人，跨企业配置用工1442人。

五、节能减排

2017年，中铝集团出台了《中国铝业公司节能减排目标管理考核办法》《职业健康安全环保督察工作规定（试行）》《环境保护管理办法》《重点排污口“河长制”》等。全年，中铝集团总能耗为2265.4万吨标准煤，与2016年同期比下降12.19%。现价万元产值能耗为1.05吨标准煤/万元，同比下降0.76%。节能量按照单位产品能耗计算，比2016年同期节能30万吨标准煤。

实行“大能源”管理策略，从原料采购、生产消耗、能源梯度利用、新项目设备选型等方面全面加强能源管理，梳理分析水、电、风、气、油、汽、热等能源要素状况，制定大能源降本实施方案，建立季度例会和月度指标异常分析机制，将大能源纳入绩效考核，全年实现大能源降本4.8亿元。

大力推广节能新技术应用。有色金属冶炼烟气多污染物协同控制技术：2017年，中铝集团与中科院过程工程研究所、上海交大、昆明理工大学等共同申报国家重点研发计划项目，研发适用于有色金属冶炼烟气的多种污染物协同减排技术及成套装备，已获立项批准。赤泥综合利用技术：开发出6项赤泥利用技术，主要用于废气、污水、重金属土壤治理、土地复垦等，提升了赤泥安全存放和资源化利用水平。赤泥土壤改良剂技术在中州铝业建成试验线，产品已在湖南等地示范应用；赤泥选铁技术在3条生产线上应用，每年从赤泥中回收利用铁精矿能力50万吨。固废无害化处理技术：此技术已应用于电解铝企业。电解废槽衬无害化处理生产线2017年在包头铝业全线投运，经过无害化处理后的废槽衬氟化物浸出浓度为6毫克/升（国家标准100毫克/升），属于Ⅰ类一般固废。超低排放技术：铝电解节能技术——FHEST技术在集团8家电解铝企业的363台电解槽实施，平均节电500kWh/t-Al以上。“新型双碱法”技术:应用于华兴3台大型锅炉脱硫，达到超低排放要求。

积极响应并带头践行《巴黎协定》。2017年6月，中铝集团发起“联合降碳倡议”，主动履行降碳倡议，完善碳资产管理架构体系，纳入碳交易的32家试点企业有26家完成了碳资产盘查。参与国家有关有色金属行业碳交易政策制定工作，组织2期碳交易知识培训。

六、基本建设与重点项目

国内大型基地建设初具轮廓，一批重点项目加快建成投产。内蒙古华云、广西华磊、贵州华仁等轻合金材料项目提前通电投产。宁夏能源银星一井项目获国家能源局核准，进入联合试运转。普朗铜矿、铜厂沟铜钼矿、青海牛苦头铅锌矿等项目投料试车。中铝矿业氧化铝等技改项目达产达标。上海铜业加工生产线向华中铜、洛铜转移，搬迁工程有序推进。山西中润、东南铜业、赤峰云铜、瑞闽蓝园项目加快建设。中铝齐鲁工业园铝基新材料产业一期项目开工建设。设立中铝雄安总部筹备工作办公室、中铝国际雄安开发办公室，积极对接雄安规划，参与新区建设。

2017年，中铝集团新增境外投资9.39亿元，港口氧化铝、几内亚铝土矿、秘鲁铜矿二期等项目前期工作全面推进。秘鲁特罗莫克铜矿二期工程项目年内完成基本设计及国家发展改革委备案更新工作，具备开工建设条件。对几内亚西芒杜项目开展了尽职调查等工作，同步完成项目开发方案优化。几内亚铝土矿项目如期完成了项目可行性研究、环境与社会影响评价等申请矿权的重要报告的编制与提交等工作等各项前期工作。刚果（金）40万吨粗铜冶炼项目，2017年3月，集团批复云铜集团与中国有色矿业集团有限公司在刚果（金）新设合资公司，共同投资建设规模为年处理 40 万吨铜精矿（干）粗铜冶炼项目。

七、自主创新与技术进步

2017 年，中铝集团召开了科技工作暨成果产业化推广会议，高新技术企业增加到 42 户，成立了中央研究院和 13 个分院、3 个分技术中心。

全年聚焦 15 项重大科技专项，300 余个科技项目，科技投入 41 亿元。突破了一批重大关键技术，科技增效 10 亿元以上，提高了科技进步贡献率。完成了地下采空区无人自动探测机器人的研制；郑州研究院采用“新型双碱法”首次成功应用于华兴 3 台大型锅炉脱硫，达到超低排放要求。

大力开发铝材应用，搭建了轻量化中试平台，初步实现了乘用车用铝合金材料及零部件产品类型研发的全覆盖，引领了轻量化发展。

八、党建与企业文化建设

2017 年，中铝集团上下深刻领会习近平新时代中国特色社会主义思想，认真学习和宣传党的十九大精神，狠抓党员干部的思想建设学习，深入推进“两学一做”学习教育常态化、制度化。全面落实党建进章程的要求，制定了实施细则和“一岗双责”清单，创新实施“双百分”考核，认真开展党组织书记述职评议，切实履行主体责任。开展了党组织带领党员创效、党员带领群众创新的“两带两创”活动，得到了中组部肯定，要求在中央企业推广。从严执行了党内监督和“三重一大”决策，充分发挥了党组织把方向、管大局、保落实的作用。坚持治庸问责，创新了“闲官”治理法,全年排查“闲官”213 名,“闲岗”108 个。提拔 14 名 70 后干部担任正职或进入领导班子，3 人担任总经理助理职务。面向国家部委和央企引进优秀人才，面向社会积极招聘专业化人才。持续加强能力建设，分片区开展了 12 次“勇于创新”谈心活动，与 48 户企业 424 名干部面对面互动，交流创新经验，分享实战心得。选送 67 名干部参加中组部、国资委等部委组织的调训，开展各类专业培训，全年培训干部 2500 多人次。完善了全面从严治党责任分解、监督检查、评价考核工作机制,进一步夯实“一岗双责”。强化了干部行权履职监督。建立完善了问题线索“大数据”和分类处置机制，处置问题线索 926 件，处置“二次大起底”线索 1700 余件。严肃查处违反中央八项规定问题和违反六大纪律案件，给予党纪政纪处分 385 人次、移送司法机关 24 人。创新巡视方式方法，完成巡视全覆盖，巡视发现问题准、分析问题透。每季度召开一次警示教育会，组织拍摄警示教育专题片。开展纪委书记“接地气”工作，发现问题 9104 项，已整改 7019 项，问责 1054 人，得到了中纪委领导的肯定。

2017 年，中铝集团编制《企业文化三年滚动计划（2016—2018）》，下发《企业文化工作考核项目单》等制度，召开企业文化工作会议、创新与企业文化座谈会、品牌建设研讨会等。在集团《2017年党建和思想政治工作要点》中，党组对群团工作提出明确要求，并纳入党建工作考核。制定《合理化建议评选办法》《职工创新工作室创建管理办法》等一系列群团工作规章制度。集团工会出台《工会经费管理办法》，足额计提并据实列支工会维权帮扶、节日慰问、宣教文体活动等经费210多万元。列支20余万元组织团干部业务培训、召开纪念建团95周年大会和共青团中铝集团第一次代表大会。在中铝党校组织召开“创新发展·青年担当”座谈会，对青年科技人员队伍情况进行分析并形成报告。团员青年围绕工商业领域创新应用、生产生活领域实用创意和高端产品和工艺品设计三个类别，开展集团首届创新创意大赛。在西北、西南、中部、东部片区分别举办复赛，36户企业选送83个项目参赛，评选产生复赛优秀项目32个。组织拍摄“创新发展、青年担当”专题片，评选产生18个优秀作品。召开了共青团中铝集团第一次代表大会。开展群团组织建设、队伍情况和换届摸底，企业团委到期的均于2017年底前完成换届。中铝国际、中铝资本、山西华圣、山西华兴成立团委。集团团委在中铝党校举办团干部培训班，77名团干部和青年代表参训。组织基层团干部参加央企协作区团干部培训。团委选拔了第二批挂职团干部。组织召开纪念建团95周年暨2017年“五四”表彰大会，党组领导出席会议并讲话，与团干部代表进行了座谈。开展了“安全月”青年安全生产示范岗创建活动，命名了21个“中国铝业公司青年安全生产示范岗”。在央企共青团工作会议暨央企青联四届一次全委会上，集团党组成员、副总经理卢东亮当选央企青联副主席，西南铝陈丽芳获“央企青年先锋”称号，9个青年先进集体和10名优秀个人受表彰。一个创新项目在第三届中央企业青年创新奖4000多个项目中脱颖而出，获金奖。

九、履行社会责任

2017年，中铝集团印发实施《2017年度社会责任工作要点》《社会责任管理模块和负面清单（2017修订版）》。梳理整合公司公益品牌，确定“同心缕+”公益品牌名称及标识，印发《中铝公司关于加强公益品牌建设与管理的指导意见》。社会责任试点单位增加到17家，范围覆盖集团铝、铜、稀有稀土、工程技术、铝加工等主要板块及在建项目。发布了年度社会责任报告和首份降碳报告，举办“中铝降碳节”。中铝秘鲁铜矿的社会责任工作获得《人民日报》专栏报道。中铝宁夏能源荣获全球契约实现可持续发展目标先锋企业。

援藏援青工作取得新成绩。2017年，中铝集团党组全面贯彻落实中央关于西藏工作的大政方针和战略部署，大力实施经济援藏、教育援藏、就业援藏、干部人才援藏，集团党组多次研究援藏工作，党组领导深入受援地区了解援藏工作情况，慰问援藏干部人才，并出席了央企入藏活动，签署了《“十三五”中央企业对口援藏合作协议》。全年共投入援藏资金1300万元，重点援助项目3个。中铝集团结合受援地的实际需要，认真贯彻落实中央关于青海藏区工作有关指示精神，积极拓展援青渠道，搭建了交流交往、技术援青和教育援青三大平台，共投入援青资金350万元。集团党组成员与受援地区高层领导建立互访机制，2017年3月，海北州委书记尼玛卓玛带队访问中铝集团；6月，中铝集团党组成员、副总经理张程忠到海晏县考察调研，举行了350万元的援建资金捐赠仪式；8月，集团党组书记、董事长葛红林赴海晏县实地考察和调研，决定进一步加大援青资金投入力度，增加50名贫困学生结对帮扶名额，并积极探索与当地政府在涉铝项目上的合作。2017年，累计推动中铝集团及成员企业与海晏县、平安高精铝业交流交往14批100余人次，拓宽了援建渠道和援建内容。

结合自身的优势，协助发展产业助力精准脱贫。2017年，中铝集团的定点扶贫工作稳步推进，全年直接投入帮扶资金100万元，用于基础设施32万元，产业开发48万元，支助贫困学生60人次，医疗卫生4万元，人力资源培训投入3万元，赈灾救济送温暖5万元，帮助1093名贫困人口脱贫，1693名贫困人口实现就业，增加贫困户劳务收入655万元。先后有14名领导干部赴湖北省阳新县指导。

持续开展学雷锋志愿服务活动。2017年，有28家企业团委结合“安全、干净”班组竞赛有关安排开展环境整治义务劳动，32家企业启动“青年志愿安全员”活动，开展安全生产宣传和监督，5家企业团委开展“3·12”植树节义务植树活动，各级团组织广泛开展义工进社区活动。

撰稿／马桂英　胡　瑛

审核／杨燕青　阚保勇

综合协调与文档管理

一、重要会议和重大活动

2017 年，集团共组织召开各类大型会议 20 余次。组织召开董事会 13 次、董事长办公会 50 次、总经理办公会 55 次、领导专题会 136 次,形成各类会议纪要 426 期。

集团全年组织战略合作签约活动 12 次；安排上级部委及有关省市领导调研或到访活动 38 次；安排中央企业、地方企业及民营企业领导人到访与会见活动 43 次；安排集团领导前往有关省、市、自治区及中央企业拜访活动 50 次；集团主要领导开展各类工作调研活动 68 次。

二、政务督查及政务信息

推进“互联网 + 督办”，优化完善督办管理系统。开发请示件办理督办系统，实现了请示件办理的全流程督办；开发督查任务蓝信提醒、承办单位一键导出督办任务等功能，进一步完善了督办系统，提高了工作效率。

对集团工作会议报告和领导讲话精神，改革工作任务，董事长办公会议、总经理办公会、领导专题会议等重要会议决策事项，及时在督办系统上建账督办，有效促进了各项决策和重点工作的贯彻落实。2017 年共发起督查任务 748 件，截至年底办结 739 件，办结率 98.8%。

2017 年，对外部董事赴集团所属企业调研所提意见建议等 365 件领导批示进行专项督查，有效促进了批示和意见的落地。对集团 2718 件请示件进行督查，截至年底办结 2493 件，办结率为 91.7%。

2017 年，集团在中央企业信息工作报送考核中位列第 17 名，连续 8 年保持中央企业信息工作先进单位和有色行业信息工作第 1 名。在国家发改委重点联系企业信息工作报送中排列第 1 名，在国家发改委信息工作考核中连续 6 年保持先进单位行列。2017 年共编发《中铝信息》50 期、《信息快报》249 期，为集团领导和所属部门、下属单位提供了信息服务。

三、文档及保密管理

根据中共中央办公厅、国务院办公厅

联合印发的《党政机关公文处理工作条例》以及国家标准《党政机关公文格式》有关规定，结合集团实际情况完成修订《中国铝业集团有限公司公文处理办法》，进一步规范了集团行文标准。完成了对总部新进员工和部分板块的公文基础知识培训，提高了总部员工办文水平。全年共完成总部及板块事业部综合信息平台电子发文和纸质文件2500余件。举办集团档案培训视频会议，请国家档案局有关专家讲解档案管理工作要点、新《会计档案管理办法》，总部、在京单位及京外单位档案人员及有关人员500余人参加培训。

建设电子文件加密系统，完善对涉密文件的保护；升级敏感信息实时监管系统，实现在线计算机动态监测；开发保密在线考试系统，扩大培训范围，提升教育培训效果。编发《中铝保密教育》，在全集团范围加强保密宣传教育。全年未发生失泄密现象。

四、外事活动

2017年，集团领导出席外事活动60余次，其中包括几内亚总统、蒙古国交通部长、几内亚地矿部长等外国政府代表以及力拓、奥科宁克、英美资源等同业公司高管到访。集团领导先后出席国际铝业协会理事会、CRU世界铝业大会、夏季达沃斯论坛、金砖国家工商论坛等重要多边活动。全年集团领导外事出访活动17起。

2017年，集团共审批办理因公出访团组570个，派出2218人次，较2016年分别增加49%和44%。经严格审核，削减5个团组出访人数或天数。因任务不实或条件不符中止出国团组18个（96人次）。全年共审核办理48人次外国人来华进行项目谈判和合作。

五、信访维稳

2017年，集团完善联合接访、信息沟通、企地联动等工作机制，加强依法信访建设和信访队伍建设。

在全集团范围内深入开展矛盾纠纷排查化解工作，共组织7次重大节假日、敏感节点超前排查和12次月度例行排查。排查出不稳定因素7类144项，涉及企业21家。对排查出的问题逐一落实包案领导和工作人员，制定化解方案、稳控措施和应急预案。

2017年，集团总部层面共受理员工群众来信来访来电295批件次342人，总批件数同比上涨82.9%，进京上访批次、人数同比下降39.3%和26.7%，接访率、来信来函受理率和信访事项受理率均达到100%。在信访量高位运行的情况下，未出现重大群体事件，维护了集团大局稳定。

撰稿／凡青平

审核／张晓军

人力资源管理

一、人力资源管理改革

（一）强化顶层设计，持续加强管理体系建设

推进“十三五”人力资源规划的贯彻落实。2017年，集团制定完善《关于实施柔性引才的指导意见》等11项制度和办法。板块及实体企业制定了落实集团“十三五”人力资源规划实施方案，将“十三五”期间人力资源重点发展目标和任务、6大人才工程逐项分解到位，层层落实责任。

完善管理体制机制。2017年，集团完成了中国铜业、中铝国际组织优化和管理改革，下放了包铝集团等11户企业班子的管理权限，调整优化了中铝材料院等9家单位（部门）的职能、机构和人员编制，明确了中铝资产等8户改制企业的法人治理结构，协同推进了雄安总部筹备工作办公室、中原、西北纪检监察监督中心的建设。批复了《中铝金融板块人才发展与激励体系建设实施方案》，在中铝融资租赁开展了职业经理人试点。

加快建设人力资源管理信息系统。2017年，集团完成了人力资源管理信息系统建设第二阶段工作目标，模块功能不断丰富，使用体验不断优化，实现了基础模块软件封版，14家试点企业顺利上线。

（二）坚持从严治党，打造高素质专业化干部队伍

注重干部思想政治建设。将“两学一做”与改革创新结合起来，组织了12次党组领导与企业干部“勇于创新”谈心会，共48户企业424名干部参加，引导干部用改革创新的思维和方法破解发展中的难题。认真开展企业班子和领导人员民主评议、个人事项报告核查工作，全年谈话提醒、函询诫勉36人次。

注重治企兴企能力建设。按照习近平总书记提出的“二十字”好干部标准，严把选人用人关，注重把敢于担当、勇于开拓、实绩突出的干部选拔配备到关键岗位，发挥领导班子整体功能，优化班子结构。完善双向进入、交叉任职的领导体制，41户公司制企业实行党委书记和董事长一人担任，专职党委副书记实现“应配尽配”。加强干部履职能力建设，从严管理干部，通过闲官专项治理集团范围内共清理“闲

官”213名、“闲岗”108个，推动形成能者上、庸者下、劣者汰的用人导向和生态环境。

注重年轻后备干部培养。按照创新思路、改进方式、严格把关、好中选优的要求，成立14个考察组深入一线，通过个别谈话和实绩考察的方式，在40户企业选拔推荐了70后后备干部人选221名、80后中长期培养对象229名。选派8名铝加工优秀年轻干部到电解铝企业挂职锻炼。选派7名青年科技骨干参加海外交流，分3期优选33名中高层管理人员参加中铝力拓联合领导力培训和现场管理参观学习。

（三）优化人力资源配置，推进员工结构调整

利用国家政策推进人员分流安置。按照与国资委签订的2016—2018年“僵尸”及特困企业人员分流安置目标24818人及年度分解计划，集团制定下发了《关于充分利用政策资金支持积极稳妥推进人员分流安置的工作意见》，积极稳妥推进人员分流安置工作。截至2017年末，“僵尸”及特困企业分流安置共计2.27万人，完成三年目标的91.6%。

推动“增量项目”用工跨企业配置。针对“富余人员无岗位、增量项目缺用工”矛盾，集团制定了《关于推进“增量项目”用工跨企业配置的指导意见（试行）》，加大政策支持力度，引导、鼓励相关企业开展富余员工跨企业配置。2017年协调相关板块完成“增量项目”跨企业配置用工共计1442人。

制定总控定员管理办法。为适应集团分级管理要求，满足集团对板块、板块对企业用工总量宏观调控和劳动用工结构调整的需要，制定了集团《总控定员管理办法（试行）》，确定了总控定员的总体原则、核定口径、分类核定方法及结果运用。

构建“五级技师”职业发展通道。为补齐集团生产操作员工队伍的管理“短板”，在总结2016年4家企业首席技师试点工作基础上，制定了集团《关于建立并推进“五级技师”制度的指导意见（试行）》，明确了“五级技师”的岗位设置、任职资格、考核标准、薪酬激励、动态管理等内容。

二、绩效管理及薪酬福利管理

（一）持续完善利润总额考核挂钩机制

结合集团对利润总额目标分为确保目标与奋斗目标的考核要求，研究制定了工资总额奖惩与考核目标的挂钩机制，区分为目标奖惩工资与利润奖惩工资，并纳入集团《2017年度考核方案》予以实施。

（二）全面推行工资总额分配向骨干员工倾斜

总结2015—2016年工资总额分配向骨干员工倾斜激励试点经验，2017年起在集团范围内全面推广实施。2017年集团共有46家企业制定骨干员工激励方案并组织实施，确定1.90万名骨干员工、安排年度工资总额专项激励预算1.6亿元。

（三）加大落实科技人员激励政策力度

集团人力资源部会同科技管理部对集团已经出台的6类科技人员激励政策及落

实情况进行梳理和分析，提出加强激励政策贯彻落实的具体措施。2017 年确定了 6 项影响度较高、节点明确的科技项目试点科技项目团队激励，涉及科技人员 211 人。

（四）完善企业补充医保管理体系

认真履行重大收入分配和福利事项的规范决策程序，制定了集团《企业补充医疗保险管理办法》；结合京外实体企业统建补充医保基金结余情况，重新制定了集团《京外实体企业统建补充医疗保险方案》。

三、人才开发与培训

（一）以高层次人才为引领，加强科技人才梯队建设

根据国家有关部委要求，集团开展了百千万人才工程国家级人选、全国创新争先奖、第十五届中国青年科技奖、第 18 批博士服务团成员等专家选拔推荐工作。制定集团《首席工程师管理暂行办法》，与 19 位首席工程师签订了绩效合同。加强青年科技人才培养，制定了《青年科技人才“明星计划”教育培训专项资助方案》，从境内外访问学者、学术技术培训、技术交流等 5 个方面对青年科技人才进行专项资助。

（二）完善培训平台建设，提升培训工作实效

组建中铝大学，形成规模化办学能力。依托山东铝业职业学院以及山西铝厂等 6 家企业所属培训中心（技校），成立了中铝大学及 6 家分校，有效整合了集团教育培训资源。推动中铝党校与山东省委党校、淄博市委党校、济宁市委党校、临沂市委党校、聊城市委党校和胜利油田党校签署了战略合作协议，通过资源共享、人才培养、课题攻关等方面的合作，在淄博市、济宁市、临沂市、聊城市设立了党性修养现场教学基地，拓展了中铝党校师资来源。2017 年，中铝党校共承办 34 期各类培训班，培训 2500 多人次。

（三）持续推进国际化人才培养，拓展员工全球视野

2017 年，集团在北京和澳大利亚珀斯分别实施了第四期中铝力拓联合领导力培训，双方 22 名学员围绕世界经济发展、全球资源环境影响、“一带一路”倡议等 5 个主题进行了学习研讨。以安全环保为主题，组织 11 名集团安全环保中高级管理人员，赴力拓位于北美的电解铝厂、氧化铝厂、自备水电站等进行现场观摩学习，并举办 3 次安全环保主题研讨交流。通过培训、访问和交流，开阔了视野，学习了新理念和新知识。

撰稿／胡　瑛

审核／阚保勇

经济运行与财务管理

2017年，中铝集团全面落实中央经济工作会议精神及国资委的各项工作部署，坚持扭亏脱困转型升级的总基调，以倒逼机制推动改革，以创新发展积极应对市场，全面超额完成国资委年度考核目标，经营业绩及运营质量再创新高，取得了近十年来最好的经营业绩。

一、预算管理

2017年，中铝集团创新预算管控和业绩考核体系，做到“目标不虚，压力不减”，突出“简、严、实”，为全面落实“一岗双责”及“双升双降”“全面盈利”目标提供了机制保障，得到了国资委的肯定和表扬。集团实际实现利润总额20.5亿元，较考核目标增利17.9亿元。经济增加值指标实际完成-47.7亿元，较考核目标增加33.3亿元。成本费用总额占营业总收入比重实际完成99.76%，自2012年以来首次降至100%以下，较考核目标降低了2.74个百分点。资产负债率63.26%，较考核目标降低了20.74个百分点。剔除消化历史包袱后亏损企业户数52户，较年初减少16户，亏损面11.8%，较年初较少2.5个百分点，超额完成了国资委亏损企业治理目标。

二、资金管理

一是重大专项“泰山项目”成功落地，进一步推动财务价值管理向更深层次发展。通过149亿美元永续债的置换，解决了外汇债务负担问题，规避了汇兑风险，每月减少财务费用约2亿元；新增权益983亿元，资产负债率下降了19个百分点，降至央企的平均水平65%以下。

二是创新融资方式“降杠杆”，助力集团转型升级。集团财务部同27家银行金融机构、5家保险机构保持密切沟通，确保集团6000亿元整体授信安全接续。与浦发银行、诚通结构调整基金、交通银行、上海银行等开展战略合作，发起设立4只产业基金，融资267.5亿元。通过保险公司债券投资计划，中铝集团、中铝股份实现融资120亿元，有效缓解集团及所属企业融资困难，确保资金接续安全。2017年与诚通公司所属国有企业结构调整基金合作，设立30亿元基金，专项用于帮助以洛阳铜业为代表的困难企业实施改革脱困，使其资产负债率由之前的 141% 降低至 80%。

三、资产管理

2017 年，集团落实习近平总书记对于“国有企业改革要先加强监管、防止国有资产流失”“要以管资本为主加强国有资产监管”“要改进监管方式手段”的改革要求，进一步优化资产管理流程，推进产权管理改革。一是按国资委管理要求，制定了《资产评估管理权限和流程管理规定》，改进监管方式，推进权限下放，调整集团和板块事业部层面的资产评估管理职责。二是组织完成国资委产权管理系统上线，以产权登记数据为中心，串联起资产评估、进场交易等业务，做到管理信息全覆盖。三是不断完善董事监事管理，建立全级次企业董监事信息库，全面梳理了 3 级以上 196 家控股企业和 116 家参股企业的基本信息和董监事名单，加强培训与考核，提高履职能力，切实维护集团权益。四是深度参与各类资本运作项目，组织参与抚钛清算工作，赴现场调研清算工作进度，组织评估师对抵押资产进行盘点和估价；开展 C 系列、国际回 A、稀土上市、财务公司股权多元化项目等重大资本运作项目。

四、财税管理

2017 年，中铝集团以提升数据数量和深度应用为目标，持续优化财税管理。

一是加强财税政策研究，指导企业规范核算。在会计准则国际趋同、瘦身健体提质增效、减税降费等环境下，积极研究相关政策，妥善进行会计处理，如实反映财务状况和经营成果。编制《管理会计案例》（第二辑），总结近两年重大资本运作事项的账务和税务处理经验，编写《有色行业中央管理企业成本负担研究报告》。

二是持续提升财务信息质量。加大报表审核力度，开展多形式、多层次的培训，提升财务报表编报质量和效率。强化财务月报的评价监管，按季通报，按年评优，根据 2016 年财务决算评选了中国铝业、中铝国际 2 个决算优秀板块，包头铝业等 10 家决算优秀企业，牛永杰等 12 名决算先进个人。中铝集团 2017 年财务月报得到国资委三次通报表扬，财政部通报的 2017 年财务信息质量评比中，中铝集团在全部央企中排第 11 位。

三是有效开展税务规划。完成发票核查、纳税人“一户式”电子档案信息报送、重点大企业名录库信息报送、“走出去”企业清册报送、对外投资国别信息报送、“一带一路”海外投资涉税数据报送等涉税调查或信息报送任务。强化科技投入管理，积极申报高新技术企业，完成 15 家高新技术企业认定工作。在资本运作、并购重组工作中，将税务问题作为决策的重要依据之一，降低交易成本和交易风险。围绕存量资产重组事项开展纳税筹划、涉税咨询及涉税遗留问题处理，对多家企业的涉税咨询进行了书面答复。

四是启动财务信息化系统建设工作。编制了《会计核算手册》，统一了科目体系、核算流程和报表披露规则。264 个法人单位 564 个账套完成了核算系统上线，统一了非 SAP 系统企业的财务核算软件；数据集市实现了全级次企业的数据抓取功能，基本实现一键生成合并报表的功能；在京单位 31 户企业 42 个非法人账套费用共享中心正式上线运营，搭建起财务共享中心的雏形。完成各类培训 60 场，共计 3500 人次，培养了一批懂财务信息化的青年人才，为后续财务转型储备了力量。

五是开展“两金”压降的监控。明确“两金”压控范围和目标，分别开展“大两金”和“小两金”的压控，制定了针对“逾期应收账款清收及呆滞库存清理”三年目标。截至 2017 年末，全口径“两金”899.7 亿元，同比增加 7.1%，较营业收入增幅低 10.4 个百分点；剔除价格上涨、新线投产以及并购企业的影响，“两金”总额有所下降，上涨势头得到遏制。其中应收账款减少 6.1 亿元，是近十年来首次年度下降；预付账款降幅 40.8%，成效明显；存货价值量增加，但实物量下降。清收逾期应收账款 18.7 亿元，清理呆滞库存 7.9 亿元，超额完成监事会整改任务的时点目标。

撰稿 / 高　苏

核稿 / 于　立

审定 / 王　军

重大投资项目与管理

2017年，集团制订了《2017—2019年滚动规划》，在总结“十三五”规划前期执行基础上，分析预测了未来三年宏观经济和有色金属行业发展趋势等外部环境，结合集团内部发展条件，提出了未来三年集团发展指导思想、基本原则、战略定位及产业组合、规划目标、重点任务，安排了未来三年集团投资计划和重点建设项目，制定了相应的保障措施。

一、重大投资项目管理

（一）投资管理制度体系建设

发布《中国铝业公司工程建设承包商管理办法（试行）》，规定承包商准入条件、选择、使用、评价、监督和考核的具体要求，建立负面清单机制，从源头上限制不符合条件的承包商入围。编制《中国铝业公司施工现场安全底线标准》，联合开展承包商安全管控专项行动，将137家承包商纳入优秀承包商库，74家承包商列入预警清单，47家承包商列入负面清单。

强化集团招标投标监督管理，完善监督制约机制，推动招投标新管控模式有效运行。2017年7月至11月，先后印发了《中国铝业集团有限公司工程建设招标投标督察办法》《中国铝业集团有限公司工程建设招标投标督察办法实施细则》和《中国铝业集团有限公司招标投标管理和监督办法》，不断完善集团监督制约机制，规范招投标行为，为集团招投标活动实现效率与质量有机统一提供制度保障。组织召开集团投资管理专题培训班，进一步强化投资制度的宣贯、落实和刚性执行，不断提高企业投资管理水平。

（二）转型升级结构调整重点项目按期推进

赤峰云铜有色金属有限公司环保搬迁改造项目：该项目由云铜股份、赤峰泰升公司和赤峰金峰铜业共同出资，厂址位于内蒙古赤峰经济开发区马林有色金属产业园区，建设规模为年产高纯阴极铜40万吨、硫酸169万吨、金锭5.5吨、银锭579吨，总投资56.18亿元。项目于2017年5月开工建设，2017年累计完成投资10.5亿元。项目建成后将有利于优化集团铜冶炼产能布局，显著提升铜板块竞争力。

中铝东南铜业有限公司铜冶炼基地项

目：该项目由云铜股份、福建投资集团共同出资，厂址位于福建省宁德市漳湾临港工业区冶金产业园，建设规模为年产高纯阴极铜40万吨、硫酸146万吨、金锭1.9吨、银锭334吨，总投资47.55亿元。项目建成后将推动集团铜板块产业结构调整，增强铜板块整体竞争力。

中铝宁夏能源集团有限公司银星能源吴忠太阳山风电场50兆瓦项目：该项目由中铝宁能投资建设，场址位于宁夏吴忠市太阳山开发区，建设规模为50兆瓦，项目总投资3.43亿元。项目建成后将有利于中铝宁夏能源集团有限公司充分利用宁夏风能资源优势，促进新能源业务发展。

以海外资源为支撑的防城港项目完成了合资公司组建、项目可研和厂区选址工作，取得了项目备案批复、部分产能置换指标等关键手续。

中铝股份全年升级改造氧化铝产能100万吨，新建氧化铝产能55万吨；新建电解铝产能150万吨、阳极产能23万吨、煅后焦产能60万吨、发电装机1840兆瓦；盘活煅后焦产能15.5万吨、阴极产能2万吨，提高了全产业链系统性运行效能。创新发展，近终端战略加快实施。山东4万吨微粉项目建成投产；依托齐鲁工业园和自产原料、技术创新等优势的三个精细氧化铝项目奠基启动；贵州华仁44.5万吨合金铝、包铝2万吨高纯铝项目开工建设。公司精细氧化铝正逐步完善产业链，合金化比例达到35%，由原料型向材料型转变平稳起步，近终端产业已初具规模。协调发展，区域布局更趋优化。积极推进氧化铝“3+1”、电解铝“2+2”产业布局优化和区域功能配套，随着贵州华仁、广西华磊、内蒙华云、山西中润等一批重点项目及配套电厂、炭素项目的陆续建成，以区域资源、能源和运营政策优势为依托的贵州清镇、广西百色、内蒙古包头、山西吕梁四大铝工业基地已见雏形；华鹭炭素项目、抚顺350千安系列完成异地搬迁，实现了产能的优化布局；中铝齐鲁产业园区已正式奠基启动，产业协同、集聚效应加快形成。

（三）建立重点项目关键条件落实责任清单机制

针对20个集团总部决策项目，共提出98项需落实的项目关键条件，分批次下达关键条件落实责任清单。根据项目建设各阶段关键条件影响程度和应采取的措施，将各项关键建设条件分为红色（暂停）、黄色（预警）和蓝色（关注）三种，明确完成时限、责任单位和总部监管部门，逐月跟踪落实进展情况。

（四）加强投资项目全过程管理

按期组织召开集团季度投资分析会，以问题为导向，梳理重点项目进展情况，协调解决项目推进过程中的难点问题。制定里程碑计划节点控制图，每周跟踪重点项目关键节点完成情况，对进度滞后的予以提醒。联合板块事业部投资管理部门、安全环保部门赴包头、普朗铜矿等重点工程现场开展综合大检查，重点检查项目安全、质量、工期、概算及外部条件落实情况等。邀请有色质监总站对山西中润、广西华磊、贵铝华仁等项目进行质量专项检查。推进重点项目现场可视化系统建设，持续加强项目实施过程监管。

将新投产项目达产达标、竣工验收和环保事项整改纳入集团管控范围，要求各板块事业部针对项目达产达标、竣工验收和环保事项整改有关情况和进展及时总结，形成月度汇报机制。全年共完成42个项目的整体竣工验收，完成全年新投产的10个重点项目的投运情况跟踪分析。

（五）建成投产一批重大投资项目

河南分公司氧化铝节能减排升级改造项目：建设规模为年产100万吨氧化铝生产线。项目总投资4.93亿元，2016年4月开工，2017年3月投产。

山西兴华科技股份有限公司2×35万吨/年铝基新材料项目二期工程：建设规模为扩建年产55万吨氧化铝生产线。项目总投资6.35亿元，2016年3月开工建设，2017年5月投产。

甘肃华鹭铝业有限公司炭素系统出城入园整体搬迁工程：建设规模为年产15万吨阳极炭块生产线。项目总投资3.26亿元，2016年7月开工，2017年7月投产。

迪庆有色普朗铜矿一期采选工程：建设规模为年产1250万吨铜矿采选生产线，项目建成后年产锌金属4.42万吨、钼金属1093吨。项目总投资64.72亿元，2015年4月批复开工，2017年3月投产。

青海鸿鑫矿业有限公司牛苦头项目采选工程（一期）：建设规模为年处理铅锌矿75万吨、硫铁矿21万吨，项目建成后年产锌金属2.85万吨、硫13.77万吨。项目总投资5.64亿元，2015年11月开工建设，2017年9月完工投产。

遵义铝业环保节能二期工程：建设规模为年产15.39万吨电解铝产能。项目总投资7.58亿元，2016年9月开工，2017年4月投产。

内蒙古华云新材料有限公司50万吨合金铝产品结构调整升级技术改造项目：建设规模为年产46.2万吨电解铝产能及3×350兆瓦发电机组。项目总投资64.51亿元，2016年4月开工，2017年7月投产。

内蒙古华云新材料有限公司轻合金材料项目二期一步工程：建设规模为年产28.36万吨电解铝产能，项目总投资24.58亿元，2016年9月开工，2017年6月投产。

中国铝业贵州分公司轻合金新材料退城进园项目：建设规模为年产44.5万吨电解铝产能，项目总投资35.73亿元，2016年8月开工，2017年8月投产。

中国铝业广西分公司40万吨铝水及配套自备发电机组工程：建设规模为年产40万吨电解铝产能及3×350兆瓦发电机组。项目总投资58.43亿元，2016年7月开工，2017年9月投产。

二、海外发展项目及进展

2017年，集团加快海外产业布局和沿海铝工业基地建设。全年新增境外投资9.39亿元，截至2017年底，境外资产总额1877.44亿元，占总资产35.33%。境外营业收入总额207.22亿元，占总营业收入的6.57%。

几内亚项目按照“先矿后铝、因陋就简、因地制宜”的原则有序推进，完成了立项、可研等关键流程；印度尼西亚氧化铝产能合作项目制定了工作推进方案，进入可研编制阶段。

（一）秘鲁特罗莫克铜矿二期扩建项目

秘鲁特罗莫克铜矿是集团响应国家“走出去”号召，保证国家资源安全的战略背景下，于2007年从资本市场斥资8.6亿美元收购的千万吨级特大型铜矿，其铜储量占中国已探明储量三分之一，2011年开工，2013年建成投产，是中国在海外建成的第一个世界级铜矿绿地项目，也是中国第一个海外建成的具有示范效应的大型铜资源基地。特罗莫克铜矿二期扩建项目于2013年通过集团决策，计划总投资13.19亿美元。扩建后，总的矿石处理能力为6205万吨/年，年产铜精矿含铜提高至30万吨（前6年）。由于资金及市场等原因扩建项目自2015年初开始暂缓建设。2016年11月，APEC会议期间秘鲁政府与中国政府签署了有关推进特罗莫克铜矿扩建项目协议。2017年，该项目完成基本设计及国家发展改革委备案更新工作。

（二）几内亚铝土矿项目

为保障国内铝工业可持续发展，集团积极响应国家“一带一路”倡议，实施全球化发展布局，提升集团可持续发展能力。2016年10月，集团与几内亚政府、几内亚国家矿业公司就几内亚Boffa铝土矿区块合作开发签署合作框架协议。该区块可利用铝土矿资源储量约为17.5亿吨，可持续开采长达60年。2017年，集团大力推进资源尽职调查、法律尽职调查、预可行性研究、风险评估、环境与社会影响评价等各项前期工作，目前该项目已完成可行性研究，并通过集团决策。待项目建成投产后，可极大缓解国内铝土矿供应不足局面，保障我国铝工业可持续发展。

（三）西芒杜铁矿项目

西芒杜铁矿位于西非几内亚东南部恩泽雷科雷地区。2011年11月经国家有关部门批准。集团联合宝钢、中非基金、中铁建、中港湾组成中方联合体，出资13.5亿美元与力拓组建合资公司并会同几内亚政府、国际金融公司（IFC）共同开发几内亚西芒杜铁矿3、4号区块。该项目一期产能5300万吨/年，二期4700万吨/年，总产能可达1亿吨/年，主要建设内容包括643千米长的单轨重载铁路铁路、3个25万吨深水港泊位，以及年产1亿吨的矿山设施。预计投资181亿美元。2016年5月，项目在大股东力拓主导下完成BFS报告。2016年10月，中铝铁矿与力拓成功签订了《转股框架协议》，标志着中方在控股开发西芒杜项目上迈出了历史性的一步。2017年中铝铁矿围绕西芒杜铁矿项目控股权的转让开展了尽职调查等工作，同步完成项目开发方案优化。

（四）印度尼西亚氧化铝产能合作项目

2015年12月，中铝股份与印度尼西亚Antam和Inalum三方签署《合作开发印尼铝工业项目谅解备忘录》，三方拟合作在印尼建设200万吨/年氧化铝生产线，其中一期建设一条100万吨氧化铝产能低温生产线。该项目总投资8.41亿美元，中铝股份占股30%。2017年3月，在预可行性研究基础上，三方达成共识，一致同意共同推进项目银行级可行性研究工作，2017年5月，中铝股份成立印尼项目组，进驻雅加达，与印尼合作方联合办公，推进项目可研工作。

（五）刚果（金）40万吨粗铜冶炼项目

2017年3月，集团批复云铜集团与中国有色矿业集团有限公司在刚果（金）新设合资公司，项目总投资为3.34亿美元，建设规模为年处理40万吨铜精矿（干）粗铜冶炼项目，共同开辟刚果（金）铜冶炼市场。

三、建设项目招投标管理

积极创新招投标管控体系。2017年4月，集团建立“一个服务平台（中铝招标有限公司），两级管理决策（板块事业部、实体企业决策），三重监督管理（总部、板块事业部、实体企业监管）”招投标管理架构和管控模式，加强集团招投标监督管理，规范招标投标行为，堵塞管理漏洞，有效降低投资成本。

（一）组织机构建立

2017年5月，集团成立中国铝业集团有限公司工程建设招投标管理监督委员会，为集团招投标工作管理和监督最高决策机构，负责集团招标投标工作管理和监督规则制定等。招投标管理监督委员会下设招投标管理监督办公室，具体负责招投标督察专员组的组织、协调和服务，对集团板块事业部、直管单位、中铝招标有限公司进行指导、监督、考核及投诉处理等。

（二）成立中铝招标有限公司

2017年9月，中铝招标有限公司在集团党组大力推动下，正式挂牌成立，并以第三方中介服务机构形式成为集团统一的招标窗口和平台，代理集团工程建设项目招标业务。中铝招标有限公司的成立，有效地保障了集团招投标质量，加强了招投标过程监管，实现了集团招标信息数据共享，降低投资成本。

（三）组建集团工程建设项目招投标督察专员组

2017年9月，集团组建四个工程建设招投标督察专员组，对集团决策批复的贵州华仁、广西华磊、山西中润、青海牛苦头、赤峰云铜、东南铜冶炼、华中铜二期、中铝瑞闽蓝园等重点项目开展招投标驻场督察，规范企业项目建设招投标行为，提升招投标工作管理水平。

撰稿／孙建勋

审核／高贵超

深化改革

2017年，集团改革工作坚持以党的十九大精神和习近平新时代中国特色社会主义思想为指导，按照中央总体部署和国资委具体要求，全面加强改革的整体谋划和推进落实，减问题、快改革、强弱项、补短板，改革工作取得重大进展，为集团扭亏脱困转型升级提供了重要体制机制保障。

一、加强组织领导，改革全面提速发力

（一）加强了顶层设计

集团深化改革领导小组及办公室先后9次召开会议，贯彻落实国务院系列改革文件，学习传达全国国有企业改革经验交流会精神，坚持问题导向，研究部署集团重点改革任务，明确时间表和线路图，形成了以改革台账、整改决议、瘦身健体、分类改革为主的“四条主线、四位一体”的改革工作格局。全年加大考核督办力度，加快推进落实，整改决议、瘦身健体、分类改革工作全面完成目标任务，改革任务台账确定的55项任务完成53项。

（二）完善了工作机制

2017年集团印发《关于进一步健全完善全面深化改革工作机制的通知》，从提高思想认识、健全领导机构、加强学习培训、建立信息报送制度、做好宣传引导5个方面提出明确要求。集团三级以上企业全部成立了深化改革领导小组和办公室，各级中心组学习全年涉及改革的内容均不少于5次，明确了各级次改革责任主体，健全了集团改革工作体系。印制中铝集团深化改革工作通讯录，建立了微信群，方便工作沟通和联系。

（三）加大了协调力度

围绕改革的重点难点，举办了集团首期深化改革专题培训班，就中央深化国企改革政策文件、公司制改革、混合所有制改革、劳动用工和收入分配改革、“三供一业”移交及分离企业办社会等集中进行政策解读和实操培训。集团改革办召开了三次专题会议，重点就改革任务台账、深化改革整改决议进行任务分解和穿透辅导。加强改革政策的研究解读，形成《关于对〈国务院进一步完善国有企业法人治理结构的指导意见〉的解读》等4期专题研究报告，

编印了《习近平总书记关于国企改革系列重要论述摘编》，订购了《国企改革若干问题研究》与《国企改革探索与实践》系列丛书，发放总部部门、板块和实体企业学习借鉴。

（四）扩大了宣传影响

“加减乘除”、改革创新的工作成效，在国资委会议上作为典型经验进行了交流。《做好加减乘除，实现持续发展》荣获中国企业改革发展优秀成果二等奖，中铝股份、中铝瑞闽、西南铝集团的典型改革案例入选国资委《国企改革探索与实践》丛书，《创新运用加减乘除，结构性改革取得明显成效》《深化三项制度改革，积蓄扭亏脱困转型升级新动能》等6篇信息分别在国资委《国企改革简报》《国资工作交流》《央企情况》《中央企业瘦身健体提质增效工作简报》刊登交流。

二、落实责任担当，重点改革成效显著

（一）分类改革持续深化

按照国务院国资委《关于开展中央企业子企业功能界定与分类工作有关事项的通知》要求，制定了《中铝集团所属子企业功能界定与分类工作方案》，通过召开动员会，层层发动、层层进行功能界定和类别划分，按时将437户全级次企业整体划分为商业一类和商业二类，并进一步将商业一类企业细分为主营业务类、多元发展类、特定功能类。同时强化分类结果运用，修订印发了《中铝集团板块及企业分类与管理改革实施方案》，为进一步推进企业分类改革、分类发展、分类管理、分类考核奠定了基础。

（二）公司制改革全面完成

按照国资委要求，针对包括集团在内的39家全民所有制企业，制定并下发《中国铝业公司全民所有制企业改革工作推进计划》《中国铝业公司全民所有制企业公司制改革实施方案》《中国铝业公司全民所有制企业公司制改革工作指引》，明确改制方式、时间节点，限期完成改制工作。2017年，经国资委批复同意，12月6日取得了北京市工商行政管理局颁发的新营业执照。12月13日发布关于中国铝业公司完成公司制改制及名称变更的公告。12月16日，中国铝业集团有限公司正式挂牌。截至2017年底，中铝资产等28家子企业全部完成公司制改制，其余10家企业列入压减关闭序列，其中5家已完成关闭。加大重组上市工作力度，中铝国际A股上市获得中国证监会批文，中国稀有稀土重组上市具备了IPO申报条件，中矿国际实现成功退市，为大中铜整合创造了条件。

（三）法人治理结构更加完善

一是健全了董事会工作机制。制订实施《董事会与监事会工作沟通联系机制》《集团董事会双月工作例会制度》《董事会议案管理细则》，全年传签议案量同比下降27%，提高了议案质量和合规性。二是完善了集团决策议事规则。修订了集团《章程》《决策权限管理办法》《“三重一大”决策制度实施办法》《董事会议事规则》《总经理工

作规则》等制度，明确了党组对集团重大事项的前置审议程序，清晰了党组与董事会、总经理的权责边界。三是加强了企业董事会规范管理。坚持应建必建、应派必派，对集团控股的三级以上股权多元化企业全部建立了董事会、监事会，实现了外部董事占多数。制定了《中铝集团委派董事监事考核细则》，加强了派出董监事的考核管理。举办年度董事、监事履职能力提升专题培训会，加大了业务指导力度。四是改进资产监管方式，优化管理流程。对总部和板块事业部层面的资产评估管理职责进行调整，降低了管理成本，提高了工作效率。

（四）三项制度改革取得突破

一是深化干部人事制度改革。加大市场化选人用人力度，推进中铝国际市场化契约化改革试点，选择中铝租赁探索开展市场化选聘职业经理人试点，中国铜业市场化引进 1 名企业高管担任副总裁，明确了权责关系，建立了退出机制。二是积极推进用工制度改革。明确了“经营管理、工程技术和生产操作”三类岗位序列，建立了高技能人才五级技师制度。构建总控定员管控机制，授权企业在总控定员内自主招收适用人才。稳妥推进人员分流安置和跨企业用工配置，全年分流安置 8543 人，跨企业配置用工 1442 人，为集团成立以来之最。三是进一步加大分配改革力度。分类分档设置考核目标，创新实施经营业绩与党建“双百分”考核机制。坚持工资总额与业绩考核挂钩、同向变动，建立了企业领导人员差异化的薪酬激励机制，对 46 家企业的 18980 名骨干员工给予 1.6 亿元专项激励，全年在岗员工平均工资同比增长 15.6%，为 2012 年以来最高增幅。

（五）混合所有制改革积极推进

制定印发了《中铝集团关于推进混合所有制改革的指导意见》《关于进一步规范集团所属企业员工持股工作的意见》，明确要求各板块每年推进 1 ~ 2 家企业进行混改，积极选择内部企业开展员工持股改革试点工作。截至 2017 年底，中铝股份、中铝资产等 5 个板块共 6 家企业完成混改工作，中国铜业、中铝国际、铝加工事业部等已确定员工持股改革试点企业。加强对员工持股改革试点企业的规范管理，通过对照梳理，对发现问题的 2 户子企业指导完成整改，其中 1 户企业关闭注销。

（六）瘦身健体成效明显

一是“处僵治困”扎实推进。全年 41 户已完成专项治理，完成三年处置（治理）目标任务的 87%，其中 31 户实现扭亏为盈，2 户实现减亏 50% 以上，8 户实现市场出清。二是压减目标超额完成。全年减少法人户数 72 户，超国资委下达年度目标 30 户，集团整体管理层级压缩至 5 级以内。三是企业社会职能加快剥离。“三供一业”分离移交工作获得突破，2017 年集团所属企业共签署“三供一业”分离移交协议或框架协议的 138 项，完成全部协议的 82%，提前完成国资委下达的 2017 年“三供一业”任务目标。10 家企业消防机构完成改革，市政设施、职工家属区社区管理职能全部移交，对停产半停产大集体企业进行了关闭注销。

集团积极争取国有资本预算资金支持，组织申报“三供一业”项目申请国有资本预算补助资金11亿元，申报棚户区项目配套设施改造补助资金2383万元。云铜集团获得中央财政补助资金5.1亿元，2017年已到位资金4.89亿元。集团共获得“三供一业”中央财政补助资金9.7亿元。累计分流安置人员22721人，完成三年人员分流安置计划的92%。四是公司厂办大集体改革有所突破。截至2017年12月底，西南铝大集体改革已取得突破性进展，成立4个运营中心对11户集体企业的人员、资产和业务进行了重组；中铝资产青海铝业、包头铝业厂办大集体企业改革工作已完成。

（七）混合所有制改革深入推进

2017年，集团制定并下发了《关于进一步规范所属企业员工持股工作的意见》《关于推进混合所有制改革的指导意见》，指导企业开展科技企业及其主业处于竞争领域的企业开展混合所有制改革，规范企业员工持股工作，年内实施混改企业5户，非公资本出资为2.78亿元。东轻对下属物流和包装公司以管理层和骨干员工持股方式，实施了混合所有制改革，物流和包装公司全年共实现利润600多万元。

（八）党的建设全面加强

集团将党建工作总体要求纳入公司章程，明确了党组织在公司治理结构中的法定地位，378户全级次企业完成章程修订，实现党建工作要求进章程，并进一步修订完善重大事项决策制度，建立了党组织研究讨论作为董事会、经理层决策重大问题前置程序的工作机制。加强党对混合所有制企业的领导，所属混合所有制企业全部成立了党委、党总支、党支部，明确了工作职责。落实双向进入、交叉任职的有关要求，在50户党组管理领导班子正职的股权多元化企业，全面推行党委书记和董事长一人担任，党员总经理担任党委副书记，专职党委副书记实现“应配尽配”。

撰稿 / 董祈祥　张立眉

审核 / 杨燕青　李学强

资本运营

2017年，资本运营工作力度大，成效实。创新运用金融工具，“泰山项目”成功落地，中国铝业市场化债转股圆满完成，大幅降低了集团负债率。实施一批资本运作项目，实现资本运营利润15.16亿元。

一、兼并重组

（一）完成C项目，启动C2和C3项目

2017年，按照集团“打造大中铜”战略，集团通过中铝海外控股以协议收购的方式发起了对在港上市的中铝矿业国际的私有化（即C项目），3月中旬中铝矿业国际正式退市。随后启动C2项目，将中铝矿业国际注入中国铜业，C2项目于11月先后经过集团党组会、总经理办公会和董事会审议通过，并按照计划完成了关键步骤的操作。10月，正式启动C3项目，与云南省政府签订相关协议。

（二）按计划组织实施“牡丹工程”

2017年，中铝财务公司股权多元化项目分步实施，符合条件的中铝资产先行对财务公司增资，剩余4家企业（中铝股份、云铜股份、中铝国际、中国稀土）的股权受让和增资工作完成后，财务公司资本充足率将明显提高，资金池可利用资金也会大幅增加。

中铝上海公司40%股权转让项目年内完成，集团收现金14亿元。

中铝物流参股中铝商业保理，打造保理公司的股权多元化，实现集团内部资源共享、市场拓展。

海赛科技优化重组方案，引入战略投资者。

（三）河南铝业债务重组

河南铝业债务重组及一系列资产盘活项目是集团特困企业治理的重要内容，2017年内完成五项主要工作：

1. 洛阳冷轧厂土地及厂房等转让给中色科技。

2. 洛阳铝箔和洛阳铝加工剥离并转让给中铝集团，由铝加工事业部管理。

3. 剥离后的河南铝业管理权移交中铝资产。

4. 闲置设备转让给中铝瑞闽。

5.45亿元委贷转永续债。

一系列的项目完成后，河南铝业资产

负债率下降至 80% 左右，不再开展铝加工生产经营，企业转型为利用现有资产优势和区位优势转型发展物流、租赁、物业管理及其他现代服务业。

二、资本运作

（一）中铝国际“颐和园项目”

对于证监会提出的消除同业竞争要求，集团相关部门积极帮助协调解决，并按证监会要求指导中铝国际及券商完善相关情况说明后报送证监会。中铝国际颐和园项目有关消除同业竞争等方面的现行方案得到了证监会的认同，12 月初通过了发审会审核。

（二）中铝股份“丰收项目”

为落实“三去一降一补”政策，中铝股份拟通过开展丰收项目优化资本结构，降低其负债率，减少财务费用。项目的重点是对标的企业的选择、股权稀释、国家部委审批、两交易所的监管要求等，目前项目已经过总经理办公会、董事会审议通过，上报国家发展改革委及国务院国资委，2017 年已获得国家发展改革委的复函。

（三）中国稀有稀土“朝阳项目”、银星能源资本运作项目和云铜股份资本运作项目都有不同程度进展

按照集团会议决策，2017 年 7 月，“朝阳项目”借壳上市方案发生重大调整，重归 IPO 路径，并进行总体方案设计、制定具体时间计划，确定重点问题清单及处理解决办法。

（四）银星能源资本运作项目

2017 年，银星能源考虑发行股份购买资产，上报了可行性研究报告并披露了预案，该项目立项报国资委并得到国资委的口头同意。

（五）云铜股份资本运作项目

截至 2017 年底，云铜股份资本运作项目已获得国务院国资委的批复，中国证监会已受理。

三、内部整合

整合中国铜业与云铜集团，实现了一体化管理，优化职能设置和业务流程，完成了铜板块国内资产整合注入，并与云南省签订了有色资源整合方案。

整合内部项目招标资源，成立了中铝招标公司。

整合山西分公司、华泽铝电，形成产业链完整的联合企业。

中铝国际完成对昆勘院、山东工程的并购。

中铝铝箔吸收合并华西铝业，洛阳铝箔注入中铝铝箔，促进了专业化管理和运营水平。

撰稿 / 张立眉

审核 / 李学强

科技创新

2017年，集团创新科技管理机制，整合科技创新资源，释放了科技创新新动能，科技创新暨成果产业化推广取得新突破。

一、科技创新体系建设

（一）创新科技管理机制，释放科技创新新动能

2017年，集团强化科技创新制度建设，全年完成了5项制度的修订和3项新制度的制定。整合集团科技创新资源，完善中央研究院以技术创新组织体系，依托集团直属研究机构、各板块所属的研究机构和设计研究院、国家认定的企业技术中心，以及相关企业设立的技术中心，研究成立了中央研究院分院13家、分技术中心3家，明确了做好科技战略规划协同、重大科技专项协同、科技资源整合协同、对外合作开发协同、政策争取利用协同“五个协同”创新工作要求。首次在中铝股份开展科技项目相关主体信用积分试点工作，制定了信用积分管理相关规定。成立中央研究院各分院分技术中心进一步

激励机制逐步落地：一是在青年人才培养上，启动了启明星计划，2017年第一批启明星计划共下达了19个项目，支持708万元。二是在科技项目团队建设上，按照“过程＋结果”的激励方式，集团与项目实施单位签订了6个团队激励考核绩效书，根据2017年考核结果，发放了年度奖励110万元。三是在科技成果产业化收益分享实践上，山东铝业4A沸石和普通拟薄水铝石产品开发研发团队作为“风险抵押＋收益分享”政策试点，项目仅用了4个月时间就实现了达产达标，预计三年期满研发人员可拿到2.5倍抵押金额的收益分享。启动实施了郑州研究院以“收益底线保证＋额外收益分享”方式开展“FHEST技术”推广，有效提升了该技术的推广效果和速度。

创新重大项目管理模式：通过制定重大专项项目推进计划，按项目关键节点跟踪监督，召开月度例会，及时总结，加强协调。对于按照风险抵押和团队垫资试点的科技项目按照“快捷通道”批复，达产达标仅用了4个月时间；郑州研究院以“团队垫资＋工程承包”形式实施的华兴脱硫项目，有效推动技术成果的产业化。

（二）加大科技创新宣传，展示科技创新成果

召开2017年度科技工作暨成果产业化推广会议。2017年3月25日，集团召开了年度科技工作暨成果产业化推广会议，5家单位作了科技创新工作经验交流，7项技术和成果签订了开发和应用合作协议，对获得2016年度公司重大科技成果进行了颁奖。集团党组成员刘祥民同志作科技工作报告。集团党组书记、董事长葛红林作《用科技创新谱写中铝新篇章》的讲话。

组织开展我国首个“全国科技工作者日”活动。2017年5月30日是我国设立的第一个“全国科技工作者日”，集团组织所属企业以“精忠报国、敢为人先、拼搏奉献”为主题，开展全国科技工作者日系列活动。党组书记、董事长葛红林和党组副书记、总经理余德辉分别向集团科技工作者发表节日致辞。

组织参加中央企业双创展。集团精心组织参加国资委中央企业双创展，全面展现了在冶炼节能技术、支撑国防军工、推进铝材轻量化和以铝代钢、以铝代木不断扩大铝应用等方面的创新成效，受到了国资委的表彰。

2017年集团所属六冶、九冶两家企业申请国家认定企业技术中心获得批准，集团的国家认定企业技术中心由8家增加到10家。为推动集团各实体企业开展高新企业认定工作，研究制定了《中铝系统内单位高新企业认定工作方案》，为企业开展高新技术企业认定工作提供指导及服务。集团共有26家企业完成申报，19家企业已通过认定。

（三）加强协同创新，科技合作渠道不断拓展

2017年，集团先后与中国电子科技集团、北京科技大学、中南大学、广东省科学院、北京有色金属研究总院等单位进行了合作交流，与中国商飞公司在C919、ARJ21以及宽体客机用铝材的研制应用、材料升级换代等方面形成了工作方案，增进了产学研用链条上优势力量的伙伴关系。

集团组织与航天科工、航天科技、中航工业、中船重工、中船工业等集团公司及所属100余家单位开展技术交流；组织召开了全国第一届精细氧化铝与建材、耐材行业协同创新发展大会，推动产业链上下游产品对接；围绕集团创新发展技术需求，在轨道交通接触网线、高导耐热铝合金导体材料等方面开展了一批院士专家项目，集团的科技创新工作注入了新活力。

二、专利申请与专利授权

2017年集团共申请专利790件，其中发明402件，获得授权587件，其中发明272件；累计申请专利11283件，有效授权专利4955件，其中发明专利2209件。

集团共开展技术标准项目制修订项目78项，其中国家标准40项，行业标准30项，企业标准8项。

三、科技研发与成果产业化应用

2017年集团共组织开展各类科技项目650余项，承担国家科研项目47项，科技投入49亿元，获省部级科技进步一等奖5项，获中国专利优秀奖1项。

（一）发力绿色制造，推进资源高效利用

——开展铝土矿“一高一低一去”专项，分别完成了焙烧脱硫、浮选脱硫两种脱硫工艺的半工业试验和技术经济评价，为经济利用高硫铝土矿提供了依据。

——开展铝电解节能重大技术推广，“FHEST技术”在八家电解铝企业推广应用470台，推广产能约35万吨，平均实现节电500kwh/t-Al以上，可实现年收益4000万元以上。

——强化铜冶炼先进技术开发和应用，铜冶炼综合能耗降低至220kgce/t-Cu，居全国领先水平；铜冶炼资源综合利用技术实现了系统水回用率达95 %以上，阳极泥中硒回收率由80%提高到84.5%，烟尘中铜回收率达到88.3%、锌回收率达到83.2%、铅回收率达到65.6%等，以及铂、钯等8种有价元素实现高效回收，并新增回收铼、碲两种元素。

——完成了稀土矿新型复合浸取剂协同浸取与稀土高效绿色富集与净化技术开发，稀土回收率大于95%；完成了离子型稀土矿采空区的地质环境治理等。

——多项安全环保技术完成产业化示范，郑州研究院在包头铝业建成国内首条1万吨/年废槽衬无害化处理示范线，完全达到无害化标准和国家I类固体废物标准；中铝山东开发的赤泥复合净水剂已完成现场试验，签订了13000吨采购协议；中州铝业赤泥土壤改良剂在湖南等地年销量已过万吨；长勘院企业危险源监测及预警管理信息系统建成投用。

——长沙勘察院自主设计完成了地下采空区无人自动探测机器人的研制，实现对采空区、巷道等地下空间进行全方位、多尺度的探测，并及时获取温湿度、含氧量、有害气体等环境数据以及三维影像模型的功能，在国资委熠星大赛中获奖。

（二）大力开发新材料，满足市场新需求

——推进精细氧化铝转型升级。中铝山东成功实现Z-PVC专用沸石等三个产品的转型升级，打破了国际垄断，新增利润1461万元；郑州研究院重点布局电池隔膜用氧化铝等6个新产品开发与试制，其中锂离子电池隔膜用陶瓷浆料、DMO/MTO催化剂用一水软铝石及衍生产品两种新产品主要技术和产品指标达到国际先进水平。

——开发出多种航空航天用高性能铝合金材料。制备出国内最大截面达30万平方毫米铝合金及超大宽厚比的预拉伸板，实现规模化装机应用；第四代铝合金7055大规格铸锭成型率提高至75%。在第三代2297铝锂合金厚板、600MPa超高强高韧铝合金和超高强铝锂合金等关键技术上取得突破，摆脱长期依赖进口的局面。

——实现了交通运输用铝合金材料及零部件的新突破。集团全面开展了乘用车板材、型材、成形技术、表面处理、连接技术、结构设计等研究工作，初步实现了乘用车用铝产品研发的全覆盖，先后向上海通用等车企提供了各类汽车用材料过万吨；中铝瑞闽等企业开发出全铝装配式车厢、全铝货厢、挂车车厢等；通过吉利专项，形成了铝合金汽车车身EVI能力，完成TX5项目AP阶段24台样车的制备工作。

——新兴产业铝合金新材料持续为企业增效。新一代薄型罐盖、罐身用铝合金板材成品率提高2%；开发的手机壳、笔记本电脑用5xxx、6xxx和7xxx系列产品，为华为、小米、Vivo、三星等客户稳定批量供货；5N高纯铝靶材产品质量达到国际先进水平并实现销售55.5吨。

——铜合金新材料国内外竞争力不断增强。开发出非真空熔炼Cu-Cr-Ti系铜合金带材，成功研制出镍铝青铜造币材料，丰富了货币用各种表面色泽的系列铜合金材料；开发的高强中导第二代大规模集成电路用引线框架铜合金Cu-Ni-Si系铜合金带材并实现稳定批量生产。

——引领稀土产业向下游延伸。开发出多种牌号的高性能稀土永磁材料，稳定大批量生产50SH产品，批量生产45UH产品，同时进行了第一批40EH牌号试验；开发出5N、6N超高纯稀土氧化物以及晶体级氧化镥。

四、军工配套工作

2017年集团共承担配套科研项目30项，能力建设项目6项。

（一）大飞机降成本和国产化工作富有成效

完成了机翼上壁板用7B50厚板和机翼下壁板用2024板材转产工艺评审，实现7B50成本下降10%，2024成本下降20%；全年大飞机铝材累计供货8943吨，其中7050综合成本下降25%以上。3个大飞机工程化研制项目获得国家立项，批复国拨经费9977万元。东轻承担的C919上壁板用7055铝合金板材突破了关键技术，西南铝承担的7050合金80mm以下板材取得商飞合格供应商资格，C919用窗框精密模锻件和轮毂模锻件取得了阶段性成果。

（二）开展军品质量专项行动，成品率明显提高

集团持续开展提高军品质量专项行动，通过按月跟踪督导，实施纵向到底、横向到边的质量负责人制度、关键产品质量攻关、大数据分析应用、信息化提升等措施，军品实物质量和销量稳步提升，成品率同比提高2.13个百分点，销售量同比提高11.9%；销售额同比提高11.7%。

撰稿/夏　忠

审核/刘　伟

安全生产与环境保护

2017 年，中铝集团认真贯彻落实党中央、国务院关于安全发展和生态文明建设的战略部署，在集团党组的坚强领导下，紧紧围绕集团中心工作，以更高的政治站位、更快的工作节奏、更硬的管理措施，践行“安全发展”“绿色发展”理念，扎实做好安全生产与环境保护工作。

年内，集团未发生较大及以上生产安全事故、突发环境事件和一般及以上职业病危害事故。

2017 年，同口径统计，集团共发包括承包商人员在内的工亡生产安全事故 11 起，造成工亡 11 人，事故起数和工亡人数同比分别减少 20% 和 59%。其中，发生集团员工工亡的生产安全事故 5 起，造成工亡 5 人，事故起数和工亡人数同比均减少 20%；发生承包商人员工亡的生产安全事故 6 起，造成工亡 6 人，事故起数和工亡人数同比分别减少 33% 和 52%。生产安全事故起数和工亡人数虽有所下降，但安全生产形势依然严峻。

2017 年，集团二氧化硫、氮氧化物累计排放量同比分别下降 2.08%、6.57%，优于第五任期国资委对集团的减排考核进度目标。但兰州分公司陈年大修渣处置不当问题被环保部挂牌督办。

一、安全环保责任进一步压实

按照集团 2017 年工作部署，坚持突出问题导向和底线目标导向相结合的原则，印发了集团《2017 年职业健康安全和环境保护工作要点》，明确了以深化安全生产标准化为主线、以提高人的安全素质为核心、以夯实基础管理为重点的工作总基调，高标准确立了过程目标和结果目标，从提升安全环保素质、压实安全环保责任、深化标准化建设、提升承包商安全管控能力、加强“双控”机制建设、加强环境综合治理等 6 个方面提出了 25 项具体工作要求，为全年工作的有序推进奠定了扎实的基础。制定了《中国铝业集团有限公司煤矿职业安全管理规定》，以“建立总部监督指导、板块监督管理、企业具体负责的安全管理机制”为原则，明确了总部、涉煤板块、煤矿企业各层级煤矿安全管理职责。中铝股份修订了《煤矿安全生产标准化管理制度》。

按照“党政同责、一岗双责、失职追责”的原则，组织集团全员制定了行为和量化一体的安全一岗双责责任清单，实施了责任清单上墙入园。制定了对板块的安全环保绩效考核目标，将板块领导班子安全一岗双责责任清单执行到位纳入考核；企业将员工绩效工资的30%用于考核其责任履行情况。组织开展了以“落实一岗双责安全责任清单”为主题的“安全生产月”活动，重点围绕责任清单全覆盖式检查、责任清单履责述职、责任清单落地考核与研讨交流等3个方面开展活动，组织召开了集团、板块、企业负责人安全责任清单述职大会，集团党组领导担任评委，随机抽取6名领导干部现场述职、点评打分，企业也分层级组织开展了安全责任清单履职述职会议。印发了《关于严格执行安全生产保命条款的通知》，在企业全面推行“三规两必”；印发了《关于落实〈中国铝业公司安全生产十条禁令〉的通知》，命令“对违反任何一条一次的，下岗学习，重新考核合格后复岗；违反两次的，解除劳动合同”。强化事故责任处理，2017年，因安全事故，集团对31名企业负责人进行了处理，其中责成14人做检查，给予4人通报批评、5人警告、4人记过处分、4人停职。对89名企业管理人员进行了处理,其中免职7人、撤职15人、降职3人、调离岗位1人、记大过5人，记过8人、警告10人、通报批评7人，并对26人予以经济处罚。为有效防范环境风险，压实环保责任，在企业全面实施重点排污口“河长制”，由122位企业主要负责人或分管领导担任89家生产企业478个重点排污口“河长”,并明确了“河长”职责，设置了“河长”标牌。对煤炭企业的安全考核方式由年度结果考核变革为按季度进行过程管理考核，每季度次月初对企业日常安全履职情况进行综合评价，强化了安全过程控制。

二、“强基固本行动”扎实有效

为深入贯彻落实党中央、国务院关于安全环保质量的一系列重要决策部署和国资委监事会的要求，针对基础管理薄弱的现状，在集团范围内开展了安全环保质量“全面大动员、全面大清查、全面大整改”强基固本行动。各板块行动迅速，制定了本板块的实施方案，组织所属企业召开了行动启动会。集团强基固本行动工作推进办先后编发了《习近平总书记关于安全环保质量重要论述摘编》《强基固本行动问答》《全面大清查指导手册》等系列文件；每月召开两次工作例会，研判形势、总结经验、分析不足、明确重点；编发了20期《强基固本行动简报》，通报行动进展，分享好的做法。集团各级党委党组织以安全环保为专题，围绕认识是不是到位、措施是不是过硬、责任是不是落实，通过民主生活会、集体学习研讨、领导干部讲党课等形式，剖析工作中存在的问题和不足。对照国家法律法规标准和集团规章制度，从50个重点方面开展了集团全级次企业安全环保质量问题梳理，全年，板块层面共梳理出安全问题点401个、环境问题点299个。为确保强基固本行动全级次穿透，实施了集团、板块、企业各级领导包企、包班组，集团7453个班组实现了包保全覆盖。首次全面实施了事前问责和事后追责，对工作落实不力或隐患整改不力等情况进行事前问责275人；对发生安全事故的，迅速启动事故调查，实施快速责任追究，召开了5次警示教育大会，责成11名企业负责人在集团大会上向集团党组作公开检查，对4名企业负责人做出停职处分，对7名二级单位主要负责人进行免职，对7名车间主要负责人进行撤职。集团派出5个督导组赴企业开展强基固本行动专项督导，传导压力、监督过程、指导行动，确保企业强基固本行动按照集团要求不走样、不变形。

三、现场环境治理取得成效

一是为实现企业现场本质安全，集团安全环保部门会同工会组织开展了“安全、干净”班组竞赛活动，评选100个示范班组和10个最差班组。二是针对近几年承包商安全事故多发局面，集团安全环保部门会同战略发展部开展了以“七步法”“五必须”为主要内容的“承包商安全管控专项行动”，确定了华云三期项目等5个承包商安全管控试点，组织制定了可视化的《施工现场安全管理底线标准》，全面摸底清查了集团检维修、生产辅助领域承包商，将25家有安全生产劣迹的承包商加入了集团承包商“黑名单”，将58家承包商列入了预警名单。通过“承包商安全管控专项行动”的开展，集团上下形成了高度一致的承包商安全管控方法，为今后工作的深入开展奠定了基础。三是以中央环保督查及各级环保部门的检查为契机，开展了全面整治“小散乱污”专项行动，印发了集团《“小散乱污”环境整治标准》，开展拉网式检查，对发现的问题定责任人、定措施、定资金，限期整改。通过“小散乱污”问题整治，现场环保管理水平有较大提升，集团大部分企业经受住了最严厉中央环保督查及环保部门检查。四是根据国家颁布煤矿安全生产标准化2017年新标准后，拟定集团煤矿安全标准化建设规划，鼓励企业开展安全生产标准化创建。宁夏能源王洼煤矿被国家安监总局、国家煤矿安监局公布为2017年第一批一级安全生产标准化煤矿，享受相关改革激励政策，王洼二矿、银洞沟顺利通过自治区二级安全生产标准化现场验收，圆满完成了年度工作目标。

四、专项督察检查力度加大

按照集团党组要求，加大了HSE督察力度，督察组由2个扩大至3个，继续以企业领导班子HSE履职尽责为重点开展督察。2017年督察35家企业，编制督察报告27份，发现问题点1971项。通过督察，摸清了每家企业的安全环保底数，传导了集团的安全环保理念，矫正了企业传统的管理方法，量身提出了每家企业的奋斗目标。从督察整改效果看，企业对安全环保工作的重视程度和推动安全环保变革的内在动力日益提升。针对环保部约谈集团环境问题，会同有关部门及板块协同推进、落实责任、倒排工期、确保投入、强化督办，8家相关企业行动迅速，提前高质量完成了全部16项问题的整改。进一步筑牢了“绿水青山就是金山银山”的观念，增强了环保看齐意识，提升了环保管理水平，推动了集团绿色发展。会同板块组织开展了皮带运输、原燃料堆场抑尘、雨污分流的专项普查，并积极响应《京津冀及周边地区2017—2018年秋冬季大气污染综合治理攻坚行动方案》和国资委办公厅《关于进一步加强京津冀及周边地区大气污染防治工作有关事项的通知》要求，组织相关企业制定了应对工作措施。成立煤矿安全体检“自检自改”专项工作领导小组，对煤矿证照情况、管理机构和人员、管理制度和责任制落实、开拓部署与采掘生产、通风系统、安全监控及人员位置监测、瓦斯防治、水害防治、防灭火管理、防尘管理、机电运输、顶板管理、安全生产投入、应急处置与救援、职业危害防治等15个单元的221小项内容进行了资料核对和现场安全检查，查出29项问题，形成自检自查报告4份，年内全部得到落实和整改。

十九大前后，集团把营造安全稳定和谐的环境摆在首要政治任务，按照党中央的统一部署，在全集团范围内开展了以矿山、尾矿库、施工现场、重大危险源等11个方面为主要内容的为期3个月的安全生产大检查，在企业自查、板块检查的基础上，集团党组成员亲自带队，抽调精干力量成立了9个检查组赴企业进行安全抽查，此次安全生产大检查共排查治理隐患12473项。集团还派出5个督导组，赴41家生产和施工企业开展安全生产大检查专项督导，共发现问题隐患1215项，提出问责建议94项，企业累计问责228人。

五、节能降耗稳步推进

2017年集团从完善产业链、优化区域布局等方面，加快淘汰落后产能、工艺技术和设备；实施“腾笼换鸟”战略，兼并重组，化解过剩产能;强化科技进步和创新，推进产业结构绿色转型升级。全年集团总能耗为2265.40万吨标准煤，与2016年同比上涨12.20%；主要源于公司主导产品产量增大，如氧化铝同比增加10.54%；铝电解同比增加20.01%；铝加工产品同比上升16.65%；精炼铜同比增加7.48%。但是，集团现价万元产值综合能耗为1.0508吨标准煤/万元，同比下降24.20%。主要技术经济指标中，吨氧化铝综合能耗同比持平、铝锭综合交流电耗同比下降84.60千瓦·时/吨、精炼铜综合能耗同比下降10.12%，提前完成了国资委第五任期考核阶段约束性目标。

推进工业废水零排放。集团印发了《深入推进工业废水“零”排放工作方案》，会同板块事业部组织企业制定了切实可行的巩固和提升工业废水“零”排放措施，华中铜、西南铝等企业编制了工业废水“零”

排放实施方案，赤峰云铜环保升级搬迁改造项目也将工业废水“零”排放纳入初步设计，从源头把关建设高水平废水“零”排放企业。截至2017年底，集团共有44家企业实现工业废水“零”排放。

开展碳排放管理工作。借鉴欧盟及国内等大型企业碳排放管理经验，集团起草了《碳排放管理暂行规定》初稿，为形成集团特色碳排放管理体系打下基础。积极与发改委气候司沟通联络，及时了解国家碳排放工作走向，参与国家碳配额分配试算工作，准确掌握碳配额分配计算方法。组织集团电解铝（含自备电厂）企业碳配额盈缺情况进行了试算，摸清了电解铝企业碳排放家底，在此基础上组织郑州研究院及6家重点电解铝企业，对国家发改委电解铝行业碳配额预分配方案（讨论稿）进行了充分研讨，提出了对集团有利的碳配额分配方法和履约范围等修改意见。郑研院提出了电解铝碳减排成本测算方法和测算模板，并进行成本测算，为摸清集团电解铝碳减排成本，合理确定有利于集团的碳交易价格奠定了基础。

结合国家政策导向和集团业务实际，集团筹备建设环保平台和安全技术公司。

六、安全环保队伍建设得到增强

2017年，集团首次举办了企业党政主要负责人、板块安全管理部门负责人共计84人参加的安全执行力培训。对企业和板块的104名安全环保经理举办了执行力提升培训。组织281名基层管理人员进行了安全管理落地方法工具培训，促进了各项安全工作的落地。利用仿真视频向生产、设备、安全管理人员就双控机制、承包商管理、上锁挂牌、直线属地责任、问题清单梳理等专题进行了7次培训，培训3000多人次，增加了基层管理人员对新工作的理解掌握。举办了2107年度煤矿安全管理培训班，组织邀请4位2017版煤矿安全生产标准化标准的起草、解读专家组组长授课，对中铝集团煤炭安全管理部及煤炭企业主要负责人、安全管理人员、安全生产标准化管理人员等共计65人进行了培训。集团煤矿企业主要负责人、矿长持有“安全生产知识和管理能力考核合格证”100%，各级安全生产管理人员249人持有“安全生产知识和管理能力考核合格证”100%，特种作业人员2201人，特种作业资格证持证率100%。

创新警示教育方法，建立了“早安中铝”微信音频宣传平台，每个工作日向集团全员宣讲安全故事、分享安全经验、传播安全理念，微信点击量200万人次，受到了企业的普遍好评；开辟了“中铝HSE”微信公众号，推送“历史上的今天”事故警示教育，警示企业时刻敲响安全警钟。对已发生的安全事故和环境事件不遮不掩，迅速下发警示通报共20期，并要求企业10日内警示到班组。编制完成并下发了《中国铝业公司安全生产事故典型案例汇编》《国内外环保事件典型案例汇编》。从全国煤炭行业2016年以来发生的煤矿事故中遴选了10起有借鉴意义的案例进行剖析，制定了防范措施，在企业进行警示教育学习。建立煤矿安全管理群，发布警示教育通报24期，及时分享传播安全管理理念与方法，吸取同行业事故教训。

强化安全环保队伍建设，遴选组建了由100名安全专家和25名环保专家组成的安全、环保专家团队。

2017年，经过自我加压和精准管理，集团年初既定的各项措施开始显现效果，主要体现在各级领导的理念和行为方式的改变上。一是各级领导对安全生产的重视程度提高了，对履行本职岗位安全要求有了新理解，愿意主动去谈安全、管安全；二是一岗双责成效初步显现了。各职能部门知道了自己也有安全责任，对安全工作推脱的少了，主动履职多了；三是安全环保工作目标明确了。“零工亡”“零污染”目标的提出，统一了思想、明确了方向、消除了杂音；四是基层真正开始动起来了、出实招了，安全环保措施由虚变实，抓安全环保工作的办法也多了。

撰稿／赵寅宇　杨世龙　夏　忠

审核／王　洪　马达卡　刘　伟

市场营销

一、2017 年市场回顾与评述

（一）铝

1. 铝市场价格走势。2017 年，国内外铝价持续走强，上期货交易所三月期铝最高达到 17320 元 / 吨；年底因政策进入收尾期，基本面压力凸显，价格回落。截至 12 月 29 日，LME 三月期铝收于 2102 美元 / 吨，与 2016 年 12 月底的收盘价 1691 美元 / 吨相比上涨 34%；上期所三月期铝收于 15425 元 / 吨，与 2016 年 12 月底的 12840 元 / 吨相比上涨 20%。

2. 铝市场运行特点。铝行业供给侧的改革政策接连出台，助推铝价大幅上涨。4 月，清理整顿电解铝违规产能专项行动开始实施，约 376 万吨违规在产产能陆续停产，279 万吨在建产能推迟投产，铝市场的大肆扩张局面得到遏制，市场价格强势上涨。10 月专项行动结束，“2+26”城采暖季限产又接踵而至，对采暖季限产的强烈预期推动铝价维持高位；但实际执行不及预期，诱发市场价格回落。

铝价高位运行与消费疲弱并存。全行业受供给侧改革大面积减产之后，消费低于预期，特别是铝价自 8 月开始大涨之后，下游企业压力倍增，再加上环保、成本影响，下游企业开工率有所下降。铝价急涨并高位运行抑制了下游需求，铝消费凸显疲弱。

库存持续上升，行业供需格局转变尚需时日。全国铝锭社会库存从 2017 年初的 73 万吨上升到 12 月底的 167 万吨。在年底供给侧改革政策进入尾声、采暖季限产不及预期、行业供需格局尚未完全改变之时，基本面压力再度凸显，对铝价形成压力。

（二）铜

1. 境内外铜价格走势。2017 年 1—12 月 LME 三月期铜价最高 7312.5 美元 / 吨，最低 5450.5 美元 / 吨，区间涨幅 32.29%。沪铜三月期铜价最高 56140 元 / 吨，最低 44500 元 / 吨，区间涨幅 20.7%。受人民币升值影响，国内涨幅低于国外。

2. 铜行业运行情况。2017 年全球精铜供需大体维持供需平衡，过剩情况较 2016 年有所缓解，但幅度不大。受世界经济复苏，行业补库影响，铜消费好于 2016 年。从下游消费看，铜管和铜箔行业开工率较往年高出很多，特别是铜管开工率一直维持在

80%以上，且一直持续到8—9月仍然没有明显回落。叠加矿山罢工和废铜进口政策变化，引发市场对铜市原料供应紧张产生预期。2017年的铜消费情况总体好于2016年，供需面总体支撑铜价上涨。

（三）稀有稀土

2017年，稀土市场经历了快速拉涨，也出现了持续下跌。稀土行业政策调整对稀土市场影响较大，连续多次的国储，以及稀土行业规范治理专项工作，直接推动了稀土市场上涨行情。此外，在国家环保大力整顿的环境下，稀土产品供给减少，产品价格在1—7月呈现上涨态势，部分稀土产品价格与年初相比甚至实现翻倍。下半年，受多方因素影响，稀土产品价格又开始回落。年底,价格小幅回暖。整体来看，年底轻稀土产品价格较年初仍有一定涨幅，中重稀土价格低于年初。

二、2017年营销举措与业绩

（一）营销工作主要成果

1. 铝。全年完成氧化铝销售1527万吨，精细氧化铝销售274万吨，电解铝及铝合金销售364万吨，实现了产销率、回款率100%。炭素制品销售58.3万吨，货款回收率100%。

全年完成煤炭供应1600万吨，烧碱供应158.5万吨，石油焦供应89.7万吨，煅后焦供应81.6万吨，保障了物资供应。

氧化铝外销价（不含长单）为2915元/吨,比三网均价2900元/吨高出15元/吨，比预算价2500元/吨高出415元/吨，超额完成了目标，实现增利35.06亿元。

铝锭销售净均价（含期货平仓损益）为14603元/吨，比长江均价14405元/吨高198元/吨，比预算价12500元/吨高2103元/吨，超额完成了目标，实现增利17.24亿元。

锅炉煤折标累计价格为650元/吨，涨幅为29.3%；同期环渤海指数5000大卡市场累计价格为761元/吨，涨幅为30.6%；煤炭累计跑赢市场1.3%。两碱折纯碱，剔除不可比因素后，跑赢市场0.91%。物资采购总体降本6.15亿元。

2017年实体铝企业单位物流成本同口径同比降低3.4%,铝板块物流降本合计1.67亿元。

2. 铜。2017年，铜板块经营利润大幅提升。实现营业收入1012亿元，实际完成利润15.06亿元,在消化历史包袱8亿元后，中国铜业报表收口利润为7.06亿元，圆满完成了中铝集团下达的年度考核任务和公司年中工作会议确定的任务目标。其中主要产品销量和销售金额为：自产并销售铜精矿26.34万金属吨（其中秘鲁矿业17.87万吨，销售金额9.03亿美元;云铜集团8.47万吨，销售金额32.58亿元）；销售电解铜61.78万吨，销售金额261.17亿元;黄金8.46吨，销售金额23.12亿元；白银450.87吨，销售金额15.51亿元；销售铜加工材30.66万吨，销售金额149.32亿元。

3. 稀有稀土。全年完成稀土氧化物销售10240吨，产销率112%；稀土磁性材料销售 1892 吨，产销率 102%。

全年完成稀土矿及矿产品采购 6503 吨，再加上资源综合回收利用项目自采自供稀土矿产品，保障了公司主要原料的供应。

（二）2017 年主要营销举措

1. 铝。（1）研判市场、科学运作，大力提升产品盈利能力。面对 2017 年复杂多变的产品市场形势，销售部门充分发挥集团层面信息资源优势，分析国内外宏观经济和行业动态信息，关注电解铝供给侧改革对行业的影响，与咨询机构研判分析电解铝市场走势，深入调研市场供需现状，为把握市场、及时应对提供了决策依据。同时与市场研究机构进行沟通，积极传播有利于氧化铝市场健康发展的正面信息，扭转市场看空情绪，促成了氧化铝市场拐点的及早形成，增强氧化铝企业挺价的信心。

在研判和引导市场的基础上，充分发挥集中销售的优势，及时调整策略，创新定价机制，确保了电解铝产品顺畅销售；利用期现货市场的联动，做好产品保值，提升了电解铝产品的创效能力；对非冶金用氧化铝和普通氢氧化铝实行最低限价管理，积极开展市场运作，有效遏制氧化铝现货市场价格下行的局面。

坚持大客户发展战略，战略合作取得了新进展。2017 年，年销售量在 60 万吨以上的大客户占到了氧化铝外销量的 65%；年销售量 1 万吨以上的终端大客户占到了合金外销量的 30%。中铝国贸与招商局集团合作，实现了产业优势与金融优势互补，树立了央企合作的典范。

（2）完善机制、调整策略，不断提高集中销售力度。2017 年，通过发挥集中管理的优势，调整买断铝锭和内供电解铝产品的运营机制，促进了贸易和物流的协作，提升了对铝加工企业电解铝需求的供应保障能力。全年买断铝锭 67 万吨，供应内部铝加工企业（西南铝、中铝瑞闽、东北轻、中铝萨帕）铝锭 36.8 万吨，合金产品 25.7 万吨，内部配套率达到 80% 以上。

通过建立氧化铝销售价格与代理费挂钩的浮动机制，既发挥了集中管理的优势，也有效调动了中铝国贸运作市场、维护市场的积极性，实现了利益最大化。10 月，对四季度氧化铝内部买断及供应的价格形成机制进行适度调整，为 2018 年的氧化铝合同签订工作创造有利条件，增强了价格机制在市场中的影响力。

2017 年通过将“双五”氢氧化铝产品纳入中铝国贸集中销售，建立了代理费与销售量挂钩的营销策略。自 6 月起，对烧结法湿氢氧化铝、人造大理石用高白填料氢氧化铝产品进行了 4 次最低限价调整，规避内部竞争，提高营销盈利能力，确保精细氧化铝三年效益倍增计划顺利完成。全年“双五”氢氧化铝对外销售 37 万吨，同比增加 7 万吨，对氟化盐企业的占有率达到 75%。氧化铝企业也把握时机，加大了精细氧化铝的销售力度，其中，中州铝业快速提高精细氧化铝销量，实现销售增利 2461 万元。中铝山东实现精细氧化铝量价双增长，销量突破 78 万吨，同比上涨 18%，销售价格同比上涨 13.8%。

（3）加强监管、优化结构，有效提高产品增收效果。2017 年，通过统一铝液销售合同模板，规范价格折让等具体标准及履约不足的惩罚措施，加强对铝液销售的监管，提高铝液合同的执行率，增强了铝液销售的增盈增收能力。协调组建销售团队，加大合金产品市场开发力度，引导企业做好高附加值合金产品的研发和生产，全年合金化率为 41%（不含华云），超过了年度合金化率 37% 的目标。其中兰州分公司从零起步开发铝棒市场，实现产销对接，累计开发铝棒客户 28 家（万吨以上客户 4 家），累计销售铝棒 15 万吨。连城分公司加大铝产品销售力度，销量同比增加 36%。包头铝业经过多年的市场培育，高纯铝销售厚积薄发，把握市场时机提高销量，产销率达到 123%。

（4）把握机会、灵活举措，显著降低物资采购成本。实施灵活有效的采购策略，持续做好大宗物资采购降本工作。2017 年，组织 7 次煤炭统谈分签。在研判煤炭市场、掌握供需变化的基础上，通过采取增减储、延长锁价时间、阶梯定价等策略，打破固有的月度定价模式，灵活采取整船、旬度、月度、季度等定价方式，精准把握采购数量、价格、时点等环节，实现煤炭采购降本。与陕煤集团、河南能源、华润煤业、榆神集团等大型煤炭企业的合作，在煤炭采购全直供的基础上，争取到更多的优惠价格；与新疆天恒的合作，在争取优惠的基础上，还优化了新疆集装箱重去重回的资源渠道。山西华兴优化供货渠道，增加长协煤炭直供客户的供货量，实现降低成本 1702 万元。山东华宇、广西分公司及时抓住进口煤短时波动低点的“窗口”,分别锁定了 30 万吨、29 万吨进口印尼褐煤，实现降本 1000 万元和 1877 万元。河南分公司灵活采取煤炭增减储措施，节约采购成本 2167 万元

在其他集中采购品种上，把握市场机会，多次组织企业灵活采取各种措施，取得较好保供和降本效果。中铝山东、山西新材料 2 次纯碱增减储实现降本 258 万元；遵义氧化铝、广西分公司、山西新材料 6 次烧碱增减储和锁定价格实现降本 1519 万元；通过优化采购渠道，在保证 11 家内部需求企业石油焦供应的基础上实现降本 180 万元；通过煅后焦增储和锁定资源实现降本 1000 万元；氟化铝和煤沥青增减储实现降本 1250 万元;全年外销阳极炭块 79 万吨，并协调解决了由于新增电解铝产能造成的采暖季阳极炭块的保供缺口问题。贵州分公司在充分做好政策分析的基础上，加强谈判力度，实现天然气采购降本 493 万元。青海分公司紧盯市场走势，在煅后焦价格高企时，及时启动回转窑自产煅后焦，比外购煅后焦降低 428 元 / 吨，节约采购成本 1408 万元。山西新材料在泵类备件、耐火材料和钢棒、衬板等物资的采购工作中，积极采取了价值量承包采购模式，降低采购费用支出 1400 余万元。

（5）创新模式、增加品种，扩大集采和内部交易规模。2017 年，遵义铝业和山西华圣的预焙阳极、冶金煤和汽柴油等品种纳入集中采购统一管理，实现降本 1681 万

元。中铝国贸采取新模式，买断山西新材料、包头铝业锅炉煤供应71万吨，实现降本84万元。同时，工装、润滑油、氧化铝集装袋、氮化硅砖、打壳锤头等重点集中采购品种，基本实现全部由中铝资产负责内供。

2017年，集团正式印发《内部市场交易管理办法》，扩大了内部交易的范围，培育和规范了内部交易市场。交易范围从中铝股份逐步扩大到各个板块，内部交易产品和工业服务目录较2016年增加了1250项。全年集团内部交易金额达698.7亿元。其中宁夏能源积极推进煤炭内部市场交易工作，分别开通了河南分公司、兰州分公司、山东华宇及中铝山东的煤炭供应业务，全年内部供应煤炭25万吨，在保障河南分公司煤炭供应和兰州分公司平抑外部煤炭价格方面发挥了重要作用。

盘活部分关停并转企业的闲置生产设备和物资，取得较好效果。青海分公司、贵州分公司的阴极生产线复产。中铝山东、广西分公司使用重庆分公司库存备件1300多万元。甘肃华鹭、抚顺铝业等企业的闲置库存物资内部调剂上也取得了很好的效果。

（6）推进整合、提升能力，助力物流降本增效。2017年，在积极开展物流整合工作的同时，坚持提升物流服务水平，加大物流市场开拓力度，实现物流成本不断降低，中铝物流经营业绩快速增长。

一是切实推进物流整合工作。印发《新建企业（项目）提前开展物流业务对接的指导意见》，规范了华云、华磊、中润等新建项目的物流业务对接工作。积极开展调研，督促中铝物流与企业对接，切实推进物流整合，西南铝、山东华宇、东轻的物流整合方案已经确定，各项整合工作有序推进。截至2017年底，中铝物流的发运业务在中铝股份基本实现了全覆盖，发运品种包含氧化铝、电解铝、铝合金、煤炭、炭块、煅后焦、液碱等，其中氧化铝的发运量占中铝股份总量的70%左右，较上年同期提高20%。

二是内部物流保障能力不断提高。根据压降产品库存，实施氧化铝“南货北调”等统一部署，广西分公司、华银铝业、遵义氧化铝、包头铝业、兰州分公司、连城分公司、青海分公司及中铝国贸、中铝物流同心协力，汽运、铁路、多式联运等多种运输方式齐头并进，在属地企业的积极配合下，有效缓解了生产企业的产品库存压力。通过发挥物流专业化管理优势，夯实基础管理，推动包装优化、倒运优化、流向优化和运输模式优化，物流管理效率与效益实现了同步提高，有效降低了物流成本。另外，山西华圣也自我加压，在运输市场普涨的情况下，通过招标和商务谈判等措施，使得氧化铝汽车罐运费不涨反降，节省运输费用690万元。

三是创新思路提升物流创效能力。2017年，中铝物流与中石油的合作降低了成品油采购成本，扩大了石油焦的价格优惠幅度；与太原铁路局、乌鲁木齐铁路局开展战略合作，在重点物流区域获取了支持。建成了中铝首家上海期货交易所指定铝交割库，不仅为中铝物流的发展增添了新业态，而且为促进中铝公司产融结合探索了新途径；与中铝矿业密切合作，新疆班列实现重去重回，累计开行110列，发运物资32.6万吨，盈利800余万元。中部陆港物流园区建设初具规模，以小汽车中转库、多式联运站台为代表的产业集聚群迅速成长壮大；中州物流拓展了兴华科技氧化铝发运；遵义氧化铝和遵义铝业支持贵州物流以总包方式承揽了重庆分公司母液运输及铝锭、阳极炭块、大修材料等物流业务；山东物流在铁路道口远程集控和免维护铁路道口等方面形成了拳头产品。中铝物流积极开拓外部市场，承接了外部客户的炭块、铝棒、铁精矿、扁锭、铝卷板、石油焦、煤炭等多个品种的物流业务，为提高外部利润水平打下基础。2017年中铝物流外部业务占比由上年度的10%提升到18%。

（7）完善体系，健全制度，严控营销信用管理风险。2017年针对实际运行过程中发现的问题，修订了《客户信用管理办法》，做到风险管理到位的同时贴近业务，控制风险的同时服务于业务。通过走访、调研、检查企业的客户评级，抵、质押手续及一对一培训，提高了各企业信用风险意识、信用管理水平以及防范风险的能力。

紧紧围绕“满足业务需求、扩大市场份额、规范业务流程、严控信用风险”的原则，对2017年受理的企业追加授信申请28件，在最大限度控制风险的前提下满足企业业务需求。对新疆嘉润货款清收相关情况的跟踪和落实；推进娄底土地的应用项目，落实土地拍卖程序和使用方案；中铝国贸继续加大清理陈旧欠款的力度，清回逾期欠款3.1亿元。

严格按照《商品期货保值管理办法》的要求，持续对各企业的期货套期保值业务进行管理和监督，严格持仓监控，杜绝投机行为，有效防范和化解风险。积极组织期货业务培训会，提升期货从业人员专业水平。

2. 铜。2017年铜板块扭亏为盈，经营利润大幅提升，离不开各企业的集体努力。

矿山企业业绩突出，以秘鲁矿业为例，2017年，在优化销售合同商务条款上面做出了努力，仅仅TC/RC扣罚方面的改善，相比于2016年就额外获利超过5000万美元，为秘鲁矿山全年盈利8.7亿元做出了突出贡献。冶炼方面，面对融资成本大幅增加、TC/RC逐步下降、国内铜精矿供应偏紧，进口铜精矿供应持续紧张、国内铜产品市场竞争激烈、现货长期贴水的不利局面，中国铜业的营销队伍克服困难，上下协同，深入市场，精心研判，在购销两端积极挖潜力、降成本、拓渠道、增利润，顺利完成了60余万金属吨的原料保障和产品销售工作，冶炼企业盈利超过10亿元。铜加工方面，2017下半年，洛阳铜加工和华中铜业实现了营销整合，营销团队合二为一，协调一致，合理调配产能，消除内部竞争，确保品牌一致性；优化资源配置和生产组织，合力推进铜加工产品营销工作；铜加工的营销整合也在多年的谋划和运作下迈出了决定性的一步。昆明铜业2017年销售线材18.5万吨，较2016年增长30%。开发客户和开拓市成效明显，零售规模大幅提升，超额完成全年目标，销售带动生产，为产能满负荷运转打下良好基础。

（1）抓研判，控风险，保利润，效果显著。中国铜业自2016年起形成了营销例会制度，通过定期召开例会的形式整合内、外人才和相关分析机构的智慧和观点，从不同视角和维度全面分析市场逻辑，并将讨论结果形成纪要及时发送给主要领导和企业，为本部和企业套期保值决策制定提供了智力支持，进一步提升中国铜业整体市场研判能力和业务创新能力。

中国铜业2017年共组织召开21期营销例会，督导企业使用期货、期权等金融衍生品工具进行保值操作，成效显著。特别是面对下半年铜价出现快速上涨的局面，保持定力，紧扣现货开展保值业务的同时加强对市场的研究和判断，不仅妥善解决了2016年遗留的低价位保值头寸，而且顺利实现了年初预算的保值目标。

（2）完善制度，科学授信，立竿见影。为了规范客户和供应商信用管理工作，有效控制生产经营过程中的信用风险，中国铜业通过认真调研和细致研究，编制了《中国铜业有限公司客户信用管理办法》，并于2017年3月31日印发。中国铜业对各企业的信用管理已实现了月度监控；相关职能部门每月深入各个企业，围绕实际客户和供应商，结合进行中的信用管理工作进行具体探讨和分析，总结工作得失，协助企业不断完善管理机制和手段。针对每一笔需要在财务系统中挂账为应收账款或者预付账款的业务，包括产品购销、员工借用备用金、在结算开票时客户尚欠少许尾款等情况，只要在做账时未收到客户全款或未收到供应商发票，企业均要填写信用额度审批表，逐级上报至营销管理部要求开通临时额度。此举对企业购销类应收和预付的挂账进行了严格预审，减少了随意支付和开票的行为。

2017年末，铜板块应收、预付账款余额合计23.65亿元，较2016年末整体下降4.43亿元，降幅16%。2017年度铜板块总体授信额度12.63亿元，全年授信额度使用均在批复额度范围内，年末授信额度使用金额为4.30亿元，均为跨年合同占用。

（3）集中采购 全面推进。铜板块2017年生产性物资采购总额是465.7亿元，集中采购254.45亿元，集中采购率54.64%，完成重点问题整改管控50%的目标。

（4）内部市场 推陈出新。2017年，中国铜业所属企业内部市场采购金额16.22亿元，内部市场销售金额110.36亿元，内部市场交易额共计126.58亿元。

中国铜业所属企业内部市场交易新增了包括劳保工装、润滑油品、钢球衬板等采购品种，以及钢球、铜转子电机等销售品种。在重点推行的铜转子电机内部市场销售方面，2017年销售铜转子电机1749台、成交金额738万元。

地处南美的秘鲁铜业跨洋借助内部市场，采购钢球、工装、设计优化服务等，并将产品销售回中矿宁德。由于中矿宁德对中铝秘鲁矿业复杂矿的大量采购和消化，中铝秘鲁矿业对其余精矿的外部市场运作可以不受渠道和价格的束缚，从而获取更有利条件。在建中的东南铜业以项目总承包为桥梁，发挥业主方的纽带作用，通过多方努力，引入了长沙院、云铜科技公司和昆明铜业的服务和产品，促进了内部企业合作和共赢。

3. 稀有稀土。（1）建立营销例会制度，防范市场风险。中国稀有稀土每月初组织召开月度市场分析会，对宏观经济形势和主要产品市场进行回顾和研判；结合稀土市场行情变化和板块实际状况，有针对性部署营销措施，指导生产经营活动。各所属企业加强主营业务市场调研和市场分析，形成市场信息、销售状况月报和年报。2017年上半年，在“百川资讯网”组织的“2016年度中国稀土行业杰出企业”网络评选活动中，中国稀有稀土获得投票第一名。中国稀有稀土协办了2017（第三届）中国稀土论坛，提升企业行业影响力。

（2）采用集而不统的业务模式，提高竞争力。加强市场调研工作，开展协作营销，建立科学高效的“常盛”营销团队，改善板块销售相对分散不能形成合力的局面，培养客户群体，小步快跑，逐渐扩展稀土市场渠道，探索出一条中铝稀土的营销整合模式，提高行业影响力和话语权。

（3）健全制度建设，规范营销管理。2017年，中国稀有稀土股份有限公司修订《客户信用管理办法》，下发《营销采购管理办法》，完善营销管理制度，规范营销管理工作。加强客户信用风险管控，每月将与各所属企业就授信、应收账款和预付账款等事项进行沟通，了解业务实际状况，评估信用风险，规范客户信用管理工作，提高信用管理能力和管理水平。

（4）做好内部市场交易和集中采购，降低采购成本。按照中铝集团内部市场交易有关要求，板块各企业结合自身实际状况，严格落实并做好内部市场交易工作。内部交易较2016年有较大增长。同时，协调所属生产企业将液碱、纯碱纳入中铝集团集中采购体系。

撰稿／谢东辰　曹茂竹　赵世伟

核稿／景英仁　肖天勇

矿产资源

一、矿业权基本情况

截至2017年底，中铝集团及其所属企业拥有及合作的矿业权共计276处，其中采矿权147处、探矿权129处，按矿种铝土矿138处、铜多金属80处、稀土3处、铁矿1处、煤炭6处、其他48处。

二、资源储量情况

截至2017年底，中铝集团及其所属企业拥有及合作的矿业权保有资源储量为：铝土矿80496万吨、铜3031万吨、稀土55570吨、铁矿石27.44亿吨、煤炭30亿吨、金211吨、银22333吨、铅锌255万吨、钼76万吨、钛矿259万吨、镍9万吨、石灰石7321万吨。

三、主要矿产地

（一）主要多金属矿

1. 西藏。阿里改则县多龙荣那、拿若矿区：铜1197万吨、金116吨、银3097吨；昌都昌都县昂青银多金属矿：银1056吨、铅锌54万吨。

拉萨市尼木县白容岗讲铜矿：铜185万吨、钼16万吨。

2. 青海。青海省玛多县抗得弄舍金多金属矿：金40吨、铅锌87万吨、银779吨、重晶石342万吨。

3. 云南。云南省香格里拉县普朗铜金矿：铜367万吨、金43吨、钼14万吨、铅锌1万吨。

大红山铜矿：铜55万吨、铁矿石6219万吨。

羊拉铜矿：铜69万吨。

大平掌铜矿：铜26万吨。

4. 四川。四川会理县拉拉铜矿：铜87万吨。

5. 境外。秘鲁TOROMOCHO铜矿：铜946万吨、钼37万吨、银15088吨。

几内亚Simandou山脉3号和4号地块铁矿（几内亚西芒杜铁矿）：铁矿石26.79亿吨（品位65.4%）。

（二）主要铝土矿

1. 贵州。猫场：铝土矿9712万吨

燕龙林歹矿：铝土矿1052万吨

清镇麦坝矿：铝土矿 938 万吨。

2. 河南。渑池县段村矿：铝土矿 2988 万吨

渑池雷沟矿：铝土矿 3695 万吨

小关矿：铝土矿 4230 万吨

新安县郁山矿：铝土矿 1949 万吨

洛阳铝矿：铝土矿 854 万吨。

3. 广西。平果那豆铝矿：铝土矿 1379 万吨

平果太平铝矿：铝土矿 3851 万吨

平果县教美铝土矿：铝土矿 3068 万吨。

4. 重庆。大佛岩铝土矿：铝土矿 1668 万吨

南川灰河铝土矿：铝土矿 1339 万吨

南川川洞湾铝土矿：铝土矿 1339 万吨

南川大土铝土矿：铝土矿 1179 万吨。

5. 山西。兴县赵家焉矿区：铝土矿 3408 万吨

兴县黄辉头矿区：铝土矿 1548 万吨

兴县奥家湾矿：铝土矿 1124 万吨

兴县苏家吉矿：铝土矿 1304 万吨

交口县铁金村矿：铝土矿 1172 万吨

交口县西宋庄矿：铝土矿 1175 万吨

孝义市柴场矿区：铝土矿 1214 万吨

孝义市相王矿区：铝土矿 1406 万吨。

6. 境外。老挝色贡省达珍县一、二号矿区：铝土矿 6005 万吨

印尼 PT.ALU SENTOSA：铝土矿 4745 万吨。

（三）主要稀有稀土矿

广西崇左市六汤稀土矿：TREO 稀土量 13684 吨

广西钟山—富川县花山矿区南矿段稀土矿：TREO 稀土量 47024 吨。

（四）主要煤矿

甘肃省正宁县罗川井田：46063 万吨不粘煤（煤炭勘探）

宁夏灵武积家井矿区银星一号矿区：103709 万吨不粘煤

宁夏固原银洞沟井田矿区：37592 万吨不粘煤和长焰煤

宁夏王洼煤田：104908 万吨长焰煤。

撰稿 / 武玉海

审核 / 陈连红

管理提升

2017年，集团管理提升工作围绕“实现项目制改善成效7亿元，培育20个以上统一、引领标准，30%以上企业现场管理达到先进水平”三大目标，固化、拓展精准管理范围，全方位提升现场管理水平，深入推进项目制改善活动，深化标准化工作，规范业务外包工作有序推进，取得了显著效果。

一、固化、拓展精准管理范围

2017年初，集团印发了《2017年精准管理推进台账》，将推进精准管理的范围由2016年的7个专业拓展为11个专业、6个板块，将“提升成本竞争力、降低物流成本、降低两金占用、固化成效、拓展范围”作为主要推进方向，共确定了55个精准管理推进项目。实施中建立了过程管控模式，按月（季）进行跟踪分析，对实施进展不理想的项目通过发放提醒函、召开专题会等方式强化推进。通过强力推动，55个精准管理项目中53项取得重要进展，其中46个项目全面达到计划目标。在取得良好经济效果的同时，促进了精准管理理念的固化和推广，取得了良好效果

二、全方位提升现场管理水平

为全方位提升现场管理范围，2017年集团制定印发了《现场管理办法（试行）》《现场管理评价细则（试行）》等4项标准，以标准化促进现场管理水平全面提升。先后在山东华宇、广西分公司召开了现场管理推进会，通过总结、推广先进企业经验、现场观摩、领导动员等手段，提升各级管理者对现场管理重要性的认识,形成了“学、赶、超”氛围，掀起了现场管理治理高潮。充分发挥精准管理推进小组成员职能，对9家企业进行了蹲点辅导，对重点、难点实施攻关。开展了全方位的现场管理评价活动，以评价促提高，以评价促成果分享。2017年板块事业部对所属企业实施了全面评价，组织公司级抽查评价5次。全年集团共树立现场管理样板车间120个，员工发现并治理卫生死角12067处，治理各种泄漏点8761个，优化作业标准1042处，完善各类目视化标识10832处，31%的企业现场管理达到先进水平。

三、深入推进项目制改善活动

2017 年，集团将项目制改善做为实现提质增效的重要路径之一，将应用领域由以优化指标为主，拓展到提产量、提质量、降消耗、降库存四个方面。强化了项目改善措施诊断、审核，通过专业处室初审、专业部门把关、与企业面对面沟通三个环节，提升措施对项目目标的支撑性，提升改善效果。强化了领导带项目机制，强化专业部室的全面、深入参与，力求项目收益核算精准，取得了较好效果。2017 年集团重点管控的 98 个项目中，有 81 个项目取得改善，占比为 82.65%，累计实现项目改善收益 8.59 亿元。

四、强化质量管理工作

贯彻落实党的十九大“质量强国”战略和“质量第一”方针，树立“零缺陷”质量文化理念，2017 年，集团制定了《质量工作指导意见》,修订了《质量管理办法》。集团下半年启动了安全环保质量“全面大动员、全面大清查、全面大整改”强基固本行动，制定了 10 个方面 50 项内容的质量大清查对照表，各实体企业采用问题清单“四上四下”的方式,共梳理出 302 项问题，按计划完成整改 84 项。2017 年因质量问题 2 人被免职，79 人次被问责。

2017 年，国资委监事会跟踪的 3 项质量指标达标率 100%，集团管控的 9 类 14 项质量指标达标率 100%，9 项指标创历史新高。

五、标准化工作取得新进展

2017 年集团共培育引领性标准 20 个，建立统一标准 24 项，33 个执行类标准化关键事项共产生效益 4971.66 万元。通过编制“氧化铝粒度控制操作指南”“炭素阳极焙烧炉标准”促进氧化铝粒度、炭素天然气单耗再创历史新高。

六、规范业务外包有序推进

为迅速扭转业务外包管理中存在的安全事故频发、管理混乱等被动局面，集团从 2017 年 11 月中旬开始规范业务外包管理工作。在全面摸清业务外包现状的基础上，印发了《中国铝业集团有限公司业务外包管理暂行办法》，明确了外部承包商准入及淘汰标准、核心业务范围等，初步建立了长效机制。深入开展了外部承包商评价工作，在按照 10 项标准对承包商实施严格评价的基础上,集团共压减外部承包商 529 个，压减 30%，第一期工作目标顺利实现。

撰稿 / 李宏平　夏　忠

审核 / 刘　伟

内部审计与风险体系建设

2017年，通过对审计结果的报送以及审计整改工作进行全程跟踪控制，有效提高集团审计质量和审计效率；将风险监控全面融入日常经营管理，有效管控集团年度重大风险和重要风险事项；集团64家企业采用单机版软件编制了《企业年度报告》，在及时性和报告质量方面获得了显著提高。

一、内部审计

2017年，集团加强和完善项目审计动态数据库管理，对所有在审项目的审计进度、审计结果、审计发现问题及整改情况等进行实时跟踪与汇总。

全年，中铝集团层面共完成经济责任审计、项目审计、非经营性房产专项审计调查等各类审计项目82个，审计资产总额3246.32亿元，审计发现问题1033个，有问题金额约217.11亿元，调整任期内利润6.08亿元，共提出审计建议478条。

（一）经济责任审计

2017年，集团经济责任审计以离任审计为主，全年共完成23个离任审计项目，按照制度规定做到了“逢离必审”。全年经济责任审计资产总额3174.23亿元，发现各类问题534个，共提出建议233条，列出关注事项135个，向纪检监察部门等单位部门移交线索或问题8条。通过审计，有效地促进企业提升管理水平、防范经营风险，并为集团干部考核与任免提供了重要参考，有效发挥了审计的监督与服务作用。

2017年进一步加大审计成果运用，推动治理能力提升。坚持“三不放过”原则，即责任不落实的坚决不放过、问题不解决的坚决不放过、整改不到位的坚决不放过，确保审计整改取得实效。

（二）投资项目审计

通过对审计项目确立、审计方案的制定、审计实施、审计结果报送和审计整改等工作全程跟踪控制，提高了审计质量和审计效率。全年新安排投资项目55项，概算总额338.63亿元。完成审计项目117项（包括以前年度安排），共实现审减3.28亿元，综合审减率为4.54%，建安部分审减率为5.02%。发现工程招投标、合同管理、工程项目管理、工程结算以及内部控制等各类问题499条，提出整改建议245条，收到整改回复188条，累计向集团纪检监察部移交问题线索8项，取得了明显的管理效益和直接经济成果。采取周报等多种方式，按期按质完成了集团重点督办的36个竣工项目验收审计。对科研类及矿产资源勘探类等项目进行审计，扩大了投资项目审计覆盖面。

集团所属各企业内审工作取得显著成绩，为改善和加强企业管理、提高经济效益作出了重要贡献。2017年共完成各类审计项目396个，审计资产总额684.25亿元，审计发现问题1460个，审计提出意见建议960条，通过审计促进企业增收节支1636万元。

二、风险管理

2017年，集团将风险监控全面融入日常经营管理，持续督促中铝国贸、中铝国际和云铜集团加大风险事项款项清收力度，三家单位全年累计清回逾期欠款8.46亿元，逾期应收款清收取得一定成效，同时还督促贵州矿业解除全部对外担保1.4亿元和全部信用风险金额2143.85万元，降低了资金损失风险。

2017年，集团组织各层级企业开展风险识别、评价和应对等系列基础工作，在汇总分析各层级企业工作成果的基础上，完成集团年度风险管理报告并经董事会审议批准。董事会明确了2017年度集团安全环保等5个重大风险及管控策略，同时总经理办公会审议确定了集团2017年度海外经营风险等7项持续跟踪监控的重要风险事项。各部门及业务单元履行风险管理“第一道防线”主体责任，落实重大风险管控策略，选取定量指标55个、定性指标24个，分解落实重大风险管理措施32条，持续跟踪监控风险变化趋势并适时调整应对措施；风险管理部门不断完善风险监控机制，按月评估重大风险管控情况和风险状况，及时报告集团领导层，并跟踪领导批示落实情况，实现对集团2017年度重大风险和重要风险事项的有效管控。集团对营销管理人员开展风险案例培训，对铝加工事业部开展风险案例和风险管理基础知识培训，提高了参训人员的风险意识；对2户企业开展了风险检查，及时揭示了风险。

三、外部监督

（一）问题清单梳理与整改专项工作

2017年，集团根据国务院国有重点大型企业监事会的工作安排，在集团所属全级次企业开展问题梳理与整改专项工作。集团召开了启动大会，下发了全覆盖方案，开展了专题培训，按照“四全”（内容全、范围全、表述全、参与全）的原则推进专项工作，确保工作内容涵盖企业各个方面；确保工作范围“纵向到7级、横向到海外”，涵盖纳入合并报表的所有层级的400余家企业；确保公司上下全员参与，真正做到全级次、全范围覆盖，不留死角、没有盲点。全级次企业认真开展专项工作，《问题清单》和整改决议保质保量按时完成。总部层面于3月14日按时向监事会报送了问题清单，于8月31日前按时完成了整改决议的签署。2017年末，全级次355户企业均完成了《问题清单》和整改决议的编制，并逐级报送，共梳理出各类问题17680条，制定形成“三会”决议2271个。

（二）配合监事会开展现场检查督导

集团审计部周密安排、精心部署，全力配合监事会深入公司开展现场督导检查，受到监事会领导肯定。2017年，组织承办了监事会莅临公司总部召开的监事会专题沟通会议22次，组织承办了监事会主席李志群监管的6家央企在中铝集团召开的座谈会，协调安排了监事会主席李志群对集团所属16户境内和境外企业检查指导，组织了监事会25办领导对总部、各板块、实体企业整改决议制定和《问题清单》编制工作进行审核和辅导会议30次，协调安排25办领导赴公司下属企业现场督导22次。

监事会于2017年5月份对集团进行集中重点检查和境外国有资产检查，根据要求确定重点检查单位，检查组分别到相关企业进行检查。检查过程中，积极加强与监事会、被检查单位的协调沟通，确保检查工作的顺利进行。

撰稿/戴　敏　孙家超　陶光云　温　娟

审核/王允刚

党风廉政建设和反腐败工作

2017年，中铝集团各级纪检监察组织认真学习贯彻党的十九大精神、习近平总书记系列重要讲话及党的十八届六中全会、十八届中央纪委七次全会、全国国有企业党的建设工作会议精神，落实中央纪委、国资委党委工作部署，紧紧围绕坚持党的领导、加强党的建设、全面从严治党，党风廉政建设和反腐败工作取得新成效，助推了集团爬坡过坎决战决胜。

一、坚定理想信念，全面从严治党，深入开展党风廉政建设工作

构筑理想信念根基。坚持每季度召开一次警示教育大会，通报案例239例，共750人次。制作了“5·06”“5·13”“7·19”案件警示录。组织开展“反腐倡廉宣传教育月”活动，在西南铝召开“不忘初心，牢记使命，永葆共产党人政治本色”主题警示教育会，教育党员干部知敬畏、存戒惧、守底线。开展全面从严治党调研，督促各级班子、党员干部增强“四个意识”。严肃党内政治生活，在民主生活会上被谈话函询的领导作了说明或检讨。

压实责任从严考核。创新党建工作与生产经营“双百分”互为系数考核机制，加大党风和反腐倡廉建设考核权重。制定了《党风和反腐倡廉建设责任分解方案》和《党风和反腐倡廉建设责任分解考核办法》。集团从上到下层层压实主体责任，层层签订党风廉政建设责任书，层层严格落实述责述廉制度，定期检查责任落实情况，及时反馈、通报，促进“两个责任”落实。

制度笼子越扎越紧。落实构建“不能腐”体制机制实施意见，对总部304项制度进行梳理，试点建立党政一把手责任和权力清单。印发贯彻“三个区分开来”实施办法，建立容错纠错机制，把管党治党创新成果固化为制度。所属企业党委、纪委新建党风廉政建设制度278个，修订350个，管党治党的“螺栓”越拧越紧。

“关键少数”紧抓不放。集团党组成员与242名领导干部和200名年轻干部谈心谈话，督促“关键少数”发挥关键作用。落实“凡提四必”，做好党风廉政意见回复工作，回复党风廉政意见89件、466人次，其中3人暂缓提拔；严明换届纪律，严把

委员推荐提名政治关和廉洁关。实行巡视组给被巡视企业领导班子“画像”、纪委书记给同级班子成员“画像”的“双评价”机制，着力破解监督难题。制定廉政档案管理规定，建立1752名领导干部廉政档案“活页夹”。

聚焦主业深化“三转”。年内党组多次听取纪检组工作汇报，专题研究相关工作，支持纪检监察系统深化“三转”、履行职责。党组纪检组进一步明确职能定位，指导各级纪委聚焦监督执纪问责，纪检监察主业更加突出。建立健全请示报告制度，问题线索处置和执纪审查以上级纪委领导为主、纪委书记、副书记提名考察以上级纪委会同组织部门为主，提名考察纪委书记、副书记14名，制定纪委书记业绩考核办法并组织实施，推动双重领导体制具体化程序化制度化。新建了中原、西北两个监督中心，为实现对所属企业监督全覆盖迈出坚实的一步。全面推进纪检干部“接地气”，各级纪委书记带队深入一线，扑下身子抓监督，促进了重点难点问题解决。用好舆论阵地，在《中国纪检监察报》要闻版发稿9篇，在中央纪委监察部网站、《中国有色金属报》《国资委纪检组工作交流》等媒体交流经验百余篇，宣传党风廉政建设和反腐败工作成果，在中央企业中产生较大影响。

二、深化政治巡视，强化问题整改，巡视“利剑”作用更加彰显

突出巡视政治定位。党组认真学习贯彻中央新修订的巡视工作条例，牢牢把握政治方向，巡视定位越来越清晰、指向越来越精准。巡视工作聚焦党风和反腐倡廉建设，围绕“四个着力”发现问题，解决了任务宽泛、内容发散问题；坚持纪在法前，紧紧围绕严明纪律，着力发现管党治党“宽松软”问题；聚焦坚持党的领导、全面从严治党，突出严肃党内政治生活，检查“四个意识”是否牢固、落实党的路线方针政策是否坚决，以巡视推动从严管党治党。开展“回头看”，深化再巡视，既监督整改落实情况，又着力发现新问题，释放巡视不是一阵风的强烈信号。党的十八大以来，共派出37个巡视组，巡视企业105家次，实现对实体企业全覆盖。

创新巡视方式方法。党组听取巡视工作汇报25次，专题研究巡视工作8次，在实践中探索出巡视工作“四汇报一反馈”模式。巡视领导小组加强对巡视工作的指导、管理和监督，党组纪检组发挥了组织协调作用。吸收巡视创新成果，及时修订巡视工作制度5项。针对矿山领域、境外企业、投资担保、重大项目、承包商领域和“两金”压降等重点问题开展“机动式”巡视，境外巡视走在央企前列。巡视组抽查党员档案和领导干部个人有关事项报告，检查党费、工会会费收缴管理使用情况，见微知著，发挥政治“显微镜”和“探照灯”作用。全年派出14个巡视组，对42家企业开展了巡视，发现问题1335个，已整改1188个。企业党委积极探索内部巡察，发现问题7157项，立行立改5312项，问责

516人，提高了监督成效。

紧盯巡视问题整改。党组把整改作为推进管党治党、规范企业治理的重要组成部分，要求做到条条整改、件件落实。认真贯彻国资委党委自查自纠、深化巡视整改工作部署，开展全级次、全覆盖自查自纠；根据督导组反馈意见，及时制定总部层面整改方案，提出11项整改措施并跟踪整改。强力推动整改主体责任落实，党组分管领导亲自参加对被巡视企业的反馈，明确提出整改要求，防止把层层传导压力变成层层推卸责任。巡视领导小组对整改质量严格把关，对13家首次整改不过关的企业“炒回锅肉”，对27家企业开展整改督导。企业党委针对巡视反馈问题，召开专题民主生活会进行对照检查；及时制定整改方案，狠抓措施落实，整改成效明显。督促清收应收账款214.52亿元、压降库存24.71亿元、清收备用金4812.5万元。

三、高压反腐不停步，惩治腐败求实效，党风企风取得明显好转

持续巩固高压态势。党组坚持有腐必反、有贪必肃，惩治腐败立场始终如一，遏制腐败的决心毫不动摇。党组纪检组保持惩治高压态势，147次召开专题会研究问题线索、听取案情汇报、指导案件查办、讨论处置和预防措施。建立问题线索“大数据”和分类处置机制，处置存量454件；新受理信访举报492件，组织初核385件，立案153件，给予党政纪处分339人，有效遏制增量。严肃查处违规决策管理不善、渎职失职造成损失、违规融资形成风险、权钱交易利益输送等问题，查处了中铝香港、中铝资源、西南铝等单位原主要领导违纪违法案件，移送司法机关24人。通过查办案件，加大收缴、退赔力度，让违纪者不仅政治上受到影响，经济上也付出代价，共收缴违纪款641万元，挽回经济损失1.62亿元。

锲而不舍纠正“四风”。党组在全集团通报党组班子执行中央八项规定精神情况，以上率下，接受监督，作出示范。查处违反中央八项规定精神问题51个，给予纪律处分44人，其他处理72人，释放执纪必严信号。组织开展落实中央八项规定精神情况调研，重点查找形式主义、官僚主义及隐形变异“四风”问题。开展公务用车、领导人员履职待遇和业务支出专项检查，对发现的22项问题现场反馈，限期整改，并在警示教育会上通报。组织开展违规购买消费高档白酒问题专项整治，发现问题快查快办，处理17人。各级纪委在元旦、春节等重要时间节点开展明察暗访，突击检查469次，有效防止“节日腐败”。

把握用好“四种形态”。各级纪检监察组织在用好第一种形态上下功夫，常咬耳朵、常扯袖子，对一般性问题、通过谈话函询能如实说明的，予以了结；对违反纪律的，开展约谈、诫勉和必要的审查谈话，促其讲清问题，争取从轻处理；对存在严重违纪、需要追究党纪责任的，在纪律审查过程中做好思想政治工作，促其认错悔

错改错；对极少数严重违纪甚至涉嫌违法的，坚决依纪依法严肃处理。运用“四种形态”的占比分别为 60.5%、31.6%、6.6%、1.3%，实现了“红脸出汗”成为常态，党纪轻处分、组织调整成为大多数，党纪重处分、重大职务调整成为少数，严重违纪涉嫌违法立案审查成为极少数。

撰稿 / 鲍玉路

审核 / 赵立江

法律事务

2017年，法律工作紧紧围绕集团经营管理中心任务，深入贯彻落实集团《主要负责人履行推进法治建设第一责任人职责的实施办法》《关于全面建设法治中铝的指导意见》的有关精神，法律工作体系建设、重大项目法律支撑、合同管理、案件纠纷处置、制度管理、商标管理等法律事务工作均取得重要进展。

一、重大经济事务决策的法律服务

集团法律队伍积极参与兼并收购、改制清算、资本运作以及海外开发等重大项目，法律部门全程负责或参与项目法律尽职调查、方案设计、项目谈判、法律文件起草等工作，在发挥服务保障基本职能的基础上发挥价值创造作用。2017年，完成了公司章程的修订和审核等法律文件，出具了公司制改革的法律意见书，全程参与了泰山项目、博法项目、丰收项目、C2项目等境内外重大项目提供法律支撑服务等共计57个重大项目或重要决策事项；负责或参与了11户企业的破产工作和解散清算工作；加强境外风险防控，积极处置涉外项目和风险事项近10项。

二、合同管理和规章制度的法律审核

（一）合同审核与管理

2017年，法律部合同管理工作强化了合同基础管理，加强了对合同审核和修订，加强了对合同的风险事项审核，以实现合同商业目的作为审核重点，确保合同依法合规。2017年，集团层面共起草、审核或修订合同共2272份，较2016年增长了987份，经法律审核的合同没有出现重大风险和争议。

（二）规章制度审核

进一步做好集团规章制度的法律审核，法律审核已全面嵌入规章制度的制订、修订过程中。2017年，集团层面共计审核各类规章制度234件，较2016年增加了100件，避免了公司规章制度与法律法规冲突及侵犯损害企业、员工合法利益的情况，确保规章制度依法合规。

三、纠纷处理，依法开展维权创效

2017年，对案件纠纷处理工作，一是狠抓案件基础管理，拟订了集团《关于集中开展诉讼案件去存量专项工作的意见》，并改进了纠纷案件信息化管理，实现了案件纠纷的网上动态统计和督办；二是加强案件处置，年内指导和处置已裁决案件共526件，诉请金额49.13亿元；挽回经济损失12.47亿元，避免经济损失6045.13万元；三是加快历史存量风险事项的处理，参与办理了鑫峪沟涉煤案件、黄河再生铝担保风险处置等重大风险事项，关闭了6.9亿元担保风险敞口，积极推动处理中铝香港涉外欠款纠纷及诉讼案件和风险事项。

四、知识产权管理

进一步做好商标的注册、维护及授权使用工作，开展域名保护及软件等著作权保护工作；有效进行知识产权的维权工作，维护公司的合法权益。2017年，集团共计注册、维护商标及域名78件，商标维权47次，专利维权21项，处理知识产权纠纷5项。

五、法治建设工作

（一）2017年，法律管控体系优化调整工作基本完成，推进完成集团法律管控体系优化调整

加强充实法律队伍，保证各项工作顺利开展；推行共享服务，总部法律部同时服务中铝股份、中国稀土和其他驻楼企业；推动建立五个区域法律中心和五个子集团法律事务部，通过市场化方式招聘总法律顾问，引进高端法律人才并积极发挥作用。

（二）完善法律风险防范机制，强化法律审核100%全覆盖

细化法律审核的流程、要求、责任，重点突出事前、事中的法律风险控制，全面建立以事前防范、事中控制为主，事后风险处置为辅的风险防控机制，全面落实法律审核100%全覆盖要求；形成628份合同示范文本和格式文本，各级企业应用集团的规范格式文本，严控合同风险，严格合同管理。

（三）加强法律队伍建设，全面提升履职能力

一是加强法律队伍履职能力建设，组织对集团法律人员培训，提高法律队伍履职能力；组织法律工作座谈会，针对法治管理要求、合同管理实务、纠纷管理实务、国资监管要求等内容开展座谈研讨；二是落实中央关于建立企业律师的精神，推动集团律师制度建设，积极向司法部申请注册集团律师；三是在试点实行市场化招聘总法律顾问，推进企业法律队伍建设工作。

六、制度建设管理

加强规章制度管理，发挥“内部的法”的规范引领作用。一是组织修订了《公司规章制度管理办法》，明确规章制度归口管

理机构、职责、制订流程、权限等，为规章制度规范管理提供制度要求；二是按照问题清单专项活动安排，组织开展2017年度规章制度“废、改、立”专项工作，组织总部73项规章制度的修订工作；三是规范总部规章制度的管理，梳理出总部422项规章制度，对部分非规章制度文件进行认定，形成生效规章制度清单；四是逐步实现集团规章制度信息化，持续完善规章制度信息化平台，将已生效规章制度上传至规章信息化平台，上传4319部规章制度；五是持续优化集团法律业务工作制度，组织起草或修订《主要负责人履行推进法治建设第一责任人职责的实施办法》《外聘律师管理办法》等11项制度。

撰稿／丁　申

审核／胡梦梦

信息化建设与管理

2017年，中铝集团加快推进信息化系统建设和深化应用，启动智能制造顶层设计和试点企业实施，不断强化集团网络和信息安全保障能力。

一、重大信息化项目

（一）一批提升集团管控能力的信息化项目按计划实现上线运行

中铝集团财务管控信息化平台：建立了集团统一的标准化科目体系和会计手册，集中核算平台和统一的财务报表体系，178家集中核算单位全部上线运行；建立了集团费控共享中心，26家在京单位全部上线运行，实现了在京单位费用报销业务全流程可视化跟踪。

中铝集团人力资源管理信息化平台：实现了集团人力资源系统数据互联互通和共享，规范了集团人力资源基础管理，实现了手机客户端快速审批人力资源事项。集团、板块公司本部及中铝国际下属10家企业、中铝股份下属4家企业上线投用。

集团电子采购交易系统应用：完成电子采购交易系统10项系统功能优化，组织了企业关键用户、企业营销采购分管领导及部门负责人培训。中铝股份电子采购交易系统平台整体使用率达到99.33%，其中备品备件99.54%、原辅材99.31%。

中铝股份ERP系统、电子交易采购系统：实施两系统统一建设，涵盖了中铝股份所属全部未实施ERP系统的企业，31家企业成功上线运行。ERP推广实施再次刷新了中铝ERP建设最短时间纪录，山西分公司和山西华泽重组合并后ERP实施仅用时1个月，投用效果良好。

党建工作信息化建设：建设了集团党建信息化系统，直属党委所属单位已上线投用，通过蓝信系统成功举办了“党的十九大知识竞答活动”。

推进集团主数据管理，实现了与人力资源系统、财务核算系统主数据对接，启动了集团供应商统一注册平台开发。

（二）信息化对集团管控与生产经营业务的支撑作用不断加强

截至2017年底，中铝集团已建成58套全景仿真视频会议系统，覆盖集团及50家实体企业；完成集团及51家企业视频会议高清改造，解决了集团高清视频会议与全景仿真视频会议两套系统互联互通。2017年，集团及各板块公司本部召开各类全景仿真视频会议1738次，参会人数70616人次，其中主会场13154人次、分会场57462人次；2017年4月至12月，集团所属企业与企业之间召开全景仿真视频会议429次，参会人数9516人次。视频会议系统在中铝集团、板块公司和企业之间广泛应用，提高了会议效率，节省了大量差旅费，扣除视频会议系统租赁费后，2017年可节省差旅费用5000多万元。

开展集团总部“互联网+”云服务平台建设。集团督办管理、资产管理、部门简报、部门发文等7项功能已经投用，行政服务管理、电子护照柜、员工考勤管理、铝加工综合信息平台等4项拓展功能正在按计划实施，全面提升了集团管理效率。

实现企业生产现场视频监控。通过手机APP查看现场视频，中铝集团运行监控中心在降本增效、提升管理、转型升级中逐步发挥更大作用。宁夏能源、兰州分公司、山东华宇、贵阳院、中铝华润轻合金项目、中铝东南铜业项目、广西华磊新材料等8家企业项目现场视频监控系统接入集团3002生产运行监控中心。

二、智能制造和两化融合

2017年，中铝集团完成了电解铝、氧化铝、矿山智能制造顶层设计和实施方案，包头铝业电解铝智能工厂试点项目及中铝瑞闽铝加工智能制造试点启动实施，进入全面建设阶段。

中铝股份铝行业氧化铝制造过程信息物理系统安全可靠一体化平台、有色行业“双创”汇聚平台两个项目，分别列入国家制造业与互联网融合试点示范项目计划和制造业“双创”平台试点示范项目计划。中铝瑞闽高端铝合金功能材料智能制造新模式列入国家工信部智能制造综合标准化与新模式应用示范工程项目，获得国家政策资金2000多万元。兰州分公司铝电解智能工厂列入国家工信部智能制造试点示范项目计划。东轻、中铝国贸列入2017年度国家两化融合管理体系贯标试点单位。

三、网络安全和信息化管理

（一）落实网络安全责任，网络安全保障体系建设进一步强化

2017年，中铝集团完成了网络安全等级保护管理和预警通报平台建设、集团电子文档加密标密系统升级及试点企业分级部署，实现对集团和板块公司（事业部）32个网站、11个重要信息系统的集中监控和防护，及时拦截和处置攻击告警25000余个，其中高危预警40余次，集团网络与信息安全保障能力进一步提升。党的十九大、“一带一路”高峰论坛和全国两会期间，采取严密措施，集团网络、网站与信息系统安全稳定运行，实现网络安全零事故。

（二）集团网络安全和信息化管理体系进一步完善

2017 年，中铝集团制定了网络安全工作责任制和《网络安全事件应急预案》等相关配套制度，修订了中铝集团《网络安全和信息化管理办法》和《信息化项目管理办法》等制度。

撰稿 / 刘滨声

审核 / 李天庚

党建和企业文化工作

2017年以来，集团各级党组织认真履行党要管党、从严治党主责专责，以落实十八届六中全会和全国国有企业党的建设工作会议精神、迎接学习宣传贯彻十九大为主线，以推进党建25项重点工作落实、着力解决“四个化”问题为抓手，坚持思想建党和制度治党同时发力，坚持夯实基础与创新工作同步发力，坚持党建工作与生产经营同向发力，党建工作科学化水平不断提升，各级党组织创造力、凝聚力、战斗力明显增强，有力促进了扭亏脱困转型升级工作。

一、加强领导班子和干部员工思想建设

（一）狠抓理论学习中心组学习

集团党组始终把政治建设摆在首位，认真贯彻落实《中国共产党党委（党组）理论学习中心组学习规则》要求，扎实抓好各级中心组学习。年初制定了集团党组中心组学习计划，将深入学习领会习近平总书记系列重要讲话精神和治国理政新理念新思想新战略，《党章》《中国共产党廉洁自律准则》《中国共产党纪律处分条例》等党的规章制度，中央和国资委重要精神等作为各级中心组学习的重中之重，切实在坚定信念、增强党性、武装头脑、指导实践上下功夫。创新中心组学习形式，每月安排2名集团有关部门、板块公司和在京单位负责人为集团党组中心组讲课，拓宽专业视野。截至12月底，集团党组开展中心组学习23次，所属各企业党委开展学习900余次。

（二）狠抓十九大精神学习贯彻

党组将学习贯彻党的十九大精神作为头等大事，推动集团上下形成了深入学习的氛围、迅速贯彻的热潮。

1. 党组带头学。十九大开幕的10月18日上午，党组组织集团及所属企业8万余名干部员工收看习近平总书记大会报告的直播。下午，党组召开中心组学习会，畅谈对新时代、新思想、新要求的新感受。十九届一中全会闭幕的10月25日上午，集团党组组织机关干部集体收看新一届中央政治局常委与记者见面会现场直播。当天下午，集团党组中心组召开学习会，党组书记葛红林宣讲了十九大报告，分享了参会感受、学习体会，提出了学习贯彻具体要求。11月24日下午，党组在国资委党委召开的党的十九大精神中央企业交流会

暨有关重要论述摘编学习部署会上，就中铝集团的学习宣传和贯彻落实情况作了书面交流发言。12月11日，党组中心组再次召开学习会，党组书记葛红林宣讲了十九大精神和参加省部级干部学习贯彻习近平新时代中国特色社会主义思想和党的十九大精神研讨班的体会。12月16—17日，党组举办了学习贯彻党的十九大精神暨改革创新与发展战略研讨会，党组成员与7个板块公司和18个部门负责人重点围绕贯彻落实党的十九大精神，加快公司改革创新转型升级，交流了创新思路和举措。此外，党组书记葛红林利用视频系统对全集团中层以上领导干部进行宣讲，还应邀到中国有色金属行业协会、工业和信息化部进行宣讲。党组副书记、总经理余德辉先后到资产公司、材料院、中铝国贸、办公厅等单位宣讲十九大精神，党组其他成员也主动深入各自联系单位和所在支部宣讲十九大精神。

2. 抓紧部署学。党组在抓好自身学习的同时，10月27日上午，党组召开专题会议，研究部署学习贯彻十九大精神“十个一”系列活动，精心部署了集团各级党组织的学习。10月27日下午，组织所属企业副职级以上和总部副处级以上党员干部3000余人，聆听国资委郝鹏书记的辅导报告，并召开了集团的专题部署会。11月7日，组织党组成员和3000余名干部员工聆听了中央宣讲团成员肖亚庆主任的宣讲报告。11月24日，党组召开了十九大精神企业学习交流会，6家企业介绍了学习体会和践行的初步成效。

3. 抓好层层学。利用国资委干教中心在线学习平台组织1500名处级及以上党员干部参加网络培训。各企业开展党委中心组学习150余次，召开部署会48次，领导讲党课620余次，各级党委委员深入车间班组进行集中宣讲，利用报纸、微信等媒体强化宣传，邀请专家老师进行辅导70余场次，举办党员干部培训2.8万余人次，4万余名党员参加了十九大精神答题活动，掀起了学习宣传十九大精神热潮。

（三）狠抓各类人员专题培训

发挥中铝党校主阵地作用，分层级、有重点举办了16期专题培训。举办2期学习贯彻十八届六中全会和全国国企党建会议精神培训班，企业党政主要负责人、专职党委副书记，直属党委所属各级党委书记、直属党支部书记等130余人接受培训。举办7期党务干部和基层党组织负责人培训班，740余名企业党群工作部负责人、党建科长、基层党委、支部书记接受培训。举办2期班组长培训班，举行班组长综合管理技能比武，41家企业135名班组长参加了培训比武。举办第2期团干部培训班，77名团干部和青年代表参训。按照《中共中央组织部关于做好县级以上领导干部学习贯彻党的十九大精神集中轮训工作的通知》（中法组〔2017〕20号）文件精神，集团在中央党校国资委分校举办5期，在中铝党校举办4期，共培训集团各部门、各板块事业部本部和在京单位处级以上干部、实体企业班子成员710余名。各企业分层分类培训党组织负责人和党务干部 1.7 万余人次。

（四）狠抓思想政治工作方式创新

基层党组织普遍运用微党课、微动漫、微视频等形式，营造了良好的学习氛围。有的党支部以微信群为平台，开展“微型”党课；有的党委通过远程电话会议形式，组织海外党员参加特色党课和党员大会，及时学习掌握公司党组最新要求；有的党委以《党建工作简讯》为载体，及时总结交流党建信息。工会坚持每季度围绕涉及职工切身利益的问题及工会重点工作开展调研，积极征求职工对帮扶慰问、劳动竞赛、产业工人队伍建设、“双过半”、强基固本、“安全生产月”、青年创新等不同阶段重点工作的反映，形成书面报告报集团党组。针对员工提出的有关工装、劳保、休假等问题，相关部门单位协同推进解决。

二、加强党建责任体系建设

（一）构建了较为完善的工作责任制体系

在年初工作会上，集团党组首次与 48 家板块和企业党委签订了责任书。制定落实党建工作与生产经营“双百分”考核方案和《党建工作目标管理责任书》，出台了《党建工作责任制实施细则（试行）》、集团党组党建工作责任清单、例会制度等工作制度，明确了全面落实管党治党责任、党组织建设等内容。加大党建工作考核力度，在 2015 年党建考核只做加分项、2016 年党建考核占总绩效考核 5% 的基础上，2017 年创新实施“双百分”考核，即党建工作和生产经营考核各为 100 分，并且互为系数，两项工作的考核结果相乘得出各企业年度考核结果，强化了党政同责抓党建的工作导向、目标导向和价值导向，促使各级党政领导干部既要抓核心、管党建工作，又要抓中心、管生产经营。通过抓好现场考核、互联网考核、定性定量测评等，对所属企业进行全方位党建考核。党建考核得分与领导班子薪酬、干部选拔使用、党组织评先评优挂钩，有效传递了党建责任压力,使党建工作由“软指标”变为“硬约束”，强化了考核结果运用。

（二）形成了融入中心工作的有效机制

全面贯彻落实中央、国资委党委部署要求，集团坚持每年组织召开一次党建工作会，每季度主持召开一次党建工作例会，坚持开展党组织书记述职评议。组织制定《党组织书记抓党建工作述职评议办法（试行）》，推动述职评议考核工作规范化制度化，在书面述职全覆盖的基础上，随机抽选 15 家企业开展现场述职，实现三年内所属企业党委书记现场述职全覆盖。2017 年 12 月 15 日，党组组织 107 名党组织书记进行了述职。借助新一届监事会全面开展《问题清单》梳理整改工作的契机，在全级次企业认真查找党的领导、党组织建设方面存在的“四个化”问题，找出了集团层面 19 项、企业层面 733 项党建问题。全年，集团层面已完成整改 17 项，企业层面层层制定整改决议，按照《整改方案》和《问题清单》，明确整改目标，做到立行立改。

（三）将党的领导嵌入公司治理体系

集团研究印发了党建工作要求写入章程内容模版，自上而下、全级次363家企业全部将党建要求纳入公司章程，确保党组织在公司治理结构中的法定地位，使强企必先强党组织化、制度化。层层制定修订党组织议事规则、“三重一大”决策办法等，有效落实党组织在企业重大决策事项的前置程序，杜绝以党政联席会代替党委会。

积极推行党委书记、董事长由一人担任，4户板块公司和41户实体企业按照规定模式配备了领导班子。对有关企业配备了专职党委副书记抓党建工作，实现了应配尽配。

集团党组制定贯彻落实全国国企党建会议精神的25项重点任务，形成工作清单，建立每月一总结、季度一通报，聚精会神抓落实、抓推进。贯彻落实全国党建会议工作得到国资委专项督查组高度评价。

三、推动基层党组织建设

（一）党组织“应建必建”“应换尽换”

2017年，集团直属党委完成了换届选举，选举产生直属党委第二届党委、纪委委员。建立健全基层党组织按期换届提醒督促机制，11家党委按期完成换届。2017年集团新建成项目13个，全部按要求成立了党组织,实现了基层党组织“应建必建”和“应换尽换”。特别是符合条件的境外企业均成立了党组织，确保业务延伸到哪里、党的工作就覆盖到哪里、党员作用就发挥到哪里。

（二）夯实基层党组织工作基础

各企业党委严格落实政工例会制度，坚持在月度、季度工作计划和总结中强化对党支部工作的指导规范，做到支部工作与生产经营业务同部署、同落实、同检查、同考核。制定《标准化党支部工作手册》，在基层党组织建设、支部活动、党员管理等方面推进标准化工作。建立集团党建工作信息化平台，完成在京单位1700余名党员、100余个党支部数据入库，对系统进行试运行。二级企业党务干部较2016年增加21%，基本达到同级部门平均编制数。依据《关于国有企业党组织工作经费问题的通知》要求，制定集团《党建经费管理办法》，明确企业按照上年度职工工资总额1%的比例计提。坚持向生产一线倾斜、向知识分子倾斜、向青年职工倾斜、向无党员班组倾斜的思路，2017年新发展一线党员587名，优化了党员队伍结构，提升了党员队伍活力。中铝山东有限公司第二氧化铝厂沉降车间党支部，被国资委党委确定为中央企业第一批基层示范党支部。

四、推进“两学一做”常态化制度化

5月17日，集团召开党建工作会议，就推进“两学一做”、落实党建工作责任制、开展“两带两创”活动等党建重点任务进行部署。同时印发推进“两学一做”学习教育常态化制度化实施办法，明确了33项指令性任务。

（一）完善联系点制度

党组成员与9个企业单位建立联系点。

各级党委委员采取“1+1”或“1+N”方式与2397个党支部建立联系点，坚持经常深入联系单位检查调研、参加组织生活、讲党课，及时指导和督促工作，确保基层“三会一课”质量。

（二）创新开展谈心谈话

2017年，集团党组分片区开展了12次“勇于创新”谈心活动，与48户企业424名干部面对面互动，既实现了党组和板块领导更好地接地气，又促进了企业领导班子建设和年轻干部成长。

（三）持续推动理念创新

2017年，围绕哲学应用、公司导向、领先一步、风险危机等四个主题，举办“创新论坛”，76人建言献策。在《中铝党群工作动态》开辟“党员论坛”专栏，发动广大党员围绕扭亏脱困、提质增效、加强党建等方面出谋划策。结合庆祝建党96周年，举办了历时2个月、5.5万余名员工参加的“庆七一·创新赢得未来”主题演讲比赛，以及上专题党课、重温入党誓词、主题党日、慰问困难党员等“八个一”活动。各级党组织广泛开展党员亮诺践诺评诺、党员示范岗等活动。

（四）创新“学”“做”平台

以深化“三型”党组织建设为重点，扎实开展“两带两创”活动（党组织带党员创效，党员带群众创新），各级党组织紧扣企业改革发展中的急难险重任务和技术难题、经营难点、“瓶颈”工作等，设立创效项目3926个，全体党员以“一带N”或“N带一”的模式，带领群众设立创新项目或创新课题5283个，实现了党建工作与中心工作深度融合。“两带两创”做法被国资委党委“两学一做”学习教育简报刊发。利用《中国铝业报》《今日中铝》、党群工作动态、“两学一做”简报等载体，及时传达了党组安排部署，宣传了基层先进典型，推广了好经验好做法。各企业党组织积极创新教育方式，制作微党课、微动漫、微视频等，有效提高了基层党员学习实效。

（五）严肃党内政治生活

集团党组于2017年1月18日召开2016年度党组领导班子民主生活会，得到国资委郝鹏书记和中央督导组领导肯定。成立4个督导组，对各企业民主生活会进行督导，严肃了党内政治生活。企业党委均召开了专题民主生活会，1640个基层党支部围绕“讲党性、讲原则、讲纪律才是对企业和员工负责”主题，召开了组织生活会。

五、发挥群团组织作用

在集团《2017年党建和思想政治工作要点》中，党组对群团工作提出明确要求，并纳入党建工作考核。制定《合理化建议评选办法》《职工创新工作室创建管理办法》等一系列群团工作规章制度。集团工会出台《工会经费管理办法》，足额计提并据实列支工会维权帮扶、节日慰问、宣教文体活动等经费210多万元。列支20余万元组织团干部业务培训、召开纪念建团95周年大会和共青团中铝集团第一次代表大会。在中铝党校组织召开“创新发展·青年担当”

座谈会，对青年科技人员队伍情况进行分析并形成了报告。

2017 年，团员青年围绕工商业领域创新应用、生产生活领域实用创意和高端产品和工艺品设计三个类别，开展集团首届创新创意大赛。在西北、西南、中部、东部片区分别举办复赛，36 户企业选送 83 个项目参赛，评选产生复赛优秀项目 32 个。组织拍摄“创新发展、青年担当”专题片，评选产生 18 个优秀作品。

2017 年，召开了共青团中铝集团第一次代表大会。开展群团组织建设、队伍情况和换届摸底，企业团委到期的均于年底前完成换届。中铝国际、中铝资本、山西华圣、山西华兴成立团委。集团团委在中铝党校举办团干部培训班，邀请宝武集团、山西华圣、洛阳铜加工有关负责人授课，77 名团干部和青年代表参训。组织基层团干部参加了央企协作区团干部培训。团委选拔了第二批挂职团干部。

在 3 月的学雷锋志愿服务活动中，28 家企业团委结合“安全、干净”班组竞赛有关安排开展环境整治义务劳动，32 家企业启动“青年志愿安全员”活动，开展安全生产宣传和监督，5 家企业团委开展“3・12”植树节义务植树活动，各级团组织广泛开展义工进社区活动。集团团委与青海海北州海晏县联合抓好“心连心、手拉手”结对帮扶困难学生活动，增加到 150 名结对帮扶学生。开展了共青团工作先进集体和先进个人评选表彰，增设中铝股份劳动竞赛青年岗位能手评选项目。组织召开纪念建团 95 周年暨 2017 年“五四”表彰大会，党组领导出席会议并讲话，与团干部代表进行了座谈。开展了“安全月”青年安全生产示范岗创建活动，命名了 21 个“中国铝业公司青年安全生产示范岗”。

2017 年，在央企共青团工作会议暨央企青联四届一次全委会上，集团党组成员、副总经理卢东亮当选央企青联副主席，西南铝陈丽芳获“央企青年先锋”称号，9 个青年先进集体和 10 名优秀个人受表彰。一个创新项目在第三届中央企业青年创新奖 4000 多个项目中脱颖而出，获金奖。

六、发挥企业文化软实力作用

2017 年，集团首次召开企业文化工作会议、创新与企业文化座谈会、品牌建设研讨会等。编制《企业文化三年滚动计划（2016—2018）》，下发《企业文化工作考核项目单》等制度。

以集团启用新名称为契机，组织了全系统更换司旗、导视系统等工作。设计集团卡通形象，制作司徽，进一步完善集团视觉识别应用。集团制定《公益品牌建设制定意见》，规范了集团公益类品牌对外形象。集团分别与国资委综合局、中国石化、中国电建等单位交流品牌建设工作经验。组织“2016 年十大诚信好案例”评选和“品牌故事”征集，强化了典型示范引领。

撰稿 / 米　金
审核 / 袁　力

新闻与宣传

2017年，在集团党组的领导下，集团新闻宣传工作围绕改革发展中心、服务转型升级大局，加大从被动向主动、从保守向开放、从控制向引领、从压力向动力的工作侧重转移，不断创新工作思路、手段和载体，各项工作扎实推进，为集团圆满完成各项目标任务提供了坚实的新闻舆论保障。

一、外宣工作及舆情监督

（一）围绕集团发展大局，营造良好社会舆论氛围

2017年，集团新闻宣传紧密围绕集团改革发展、转型升级的大局，把握关键时间节点，及时跟进集团经营动态和发展成果，在国内主流媒体主动策划刊登各类正面宣传稿件320余篇,在《中国有色金属报》发稿700余篇，向社会传达了中铝集团积极进取、不断创新和充满信心战胜困难的企业发展新形象。

（二）创新企媒沟通方式，发挥好“大媒体”格局作用

在夯实“大媒体”的格局基础上，持续创新企媒关系沟通方式，充分发挥“大媒体”格局作用，邀请《人民日报》、新华社、《财新》杂志等主流媒体和记者70余人次以不同形式开展交流；接受媒体采访和回应媒体各类提问60余次，快速准确地传递集团声音。主动协调董事长参加人民网“国企党建系列访谈”活动;邀请新华网、中国新闻网、中国经济网等多家国内主流媒体，到西南铝、广西分公司等企业开展“铝行——走进中铝看变化”大型采访活动，形成了一批连续重磅的正面宣传报道；邀请《国资报告》到集团总部和包头铝业实地调研采访，刊发了封面专题报道《中铝脱困》系列文章,中央电视台进行新闻报道。配合国务院国资委宣传局做好全国两会期间和中共十九大期间媒体发布会的有关工作，获得了上级部门的认可和好评。

（三）紧扣需求、突出重点，最大限度发挥展宣作用

集团参加上海国际铝工业展、2017中国交通用铝展、第二十届渝洽会、第四届中俄博览会、东盟博览会、央企创新成就展、国际车用新材料展、铝加工新材料及深加工产品成就展、中国国际矿业大会等

集团对外大型展览9次，牵头组织了11月在福州举办的中国国际铝业周，制作了会刊宣传彩页和大会宣传片。在“央企双创展”中获国资委参展组织突出单位表彰。集团展厅新增展品20余件，全年提供参观服务120余次，参观人数1000余人次。在中铝大厦一层东侧建立“国防民生、铝铝生辉——中铝集团铝加工新材料及深加工产品成就展”，在西侧建立西南铝全铝家私创新产品展示区，充分发挥了展厅作为集团对外展示形象和来访交流平台的作用。

（四）注重预防、强化处置，舆情管理工作平稳高效

舆情管理工作注重预防与强化处置并重，提升舆情分析研判能力，提高了舆情监测覆盖广度和效率，2017年报送《舆情监测报告》14期，专题监测6次，采编《舆情参考》41期。提升主动防御舆情风险和科学处置舆情危机的能力和水平，妥善处理化解各类舆情危机10余起，确保了外部舆论环境平稳。

二、《中国铝业报》编发工作

2017年编辑出版《中国铝业报》98期，刊登稿件和照片3900篇(幅)。《中国铝业报》推出《学习贯彻十九大精神》《中国梦中铝新篇章》《安全环保质量进行时》《扎实开展“两学一做”》等11个专栏和《众志成城战普朗》等5个特别策划专版，刊发重磅言论35篇，发挥《中国铝业报》的正面宣传和舆论引导作用。

以提振基层信心、凝聚士气为出发点和落脚点，挖掘基层典型，宣传推广企业成绩和经验。推出“最美一线”摄影大赛；开展了好新闻评选与评比。

通过各种形式的业务培训、工作交流、表彰先进等形式，促进新闻舆论工作人员能力和水平不断提升。新闻中心有针对性地到六冶、西南铝等企业开展新闻写作知识业务培训。完善舆情监测队伍协调沟通机制，提升成员企业的新闻宣传和舆论引导水平。

三、集团官网及新媒体建设与管理

创新新闻宣传手段和载体，创建了人民网中铝集团党建云平台和中铝新闻客户端，集团新闻内容在中铝新闻客户端和人民网云平台等新媒体手段实时推送，实现了中国铝业报、集团官网、新媒体、云平台等多种媒体形式融合，扩大集团新闻的宣传渠道，提升传播时效。党建云平台共发布党建相关消息920余篇；中铝新闻客户端2017年6月底上线，共推送新闻2600余篇。《今日中铝》创新编发内容和形式，累计推送230期，关注人数突破10万。集团内外网站上传信息4700余条，访问量500余万次。网络安全维护进一步加强，建立网站信息发布岗位责任制，推进了网络管理标准化建设，传播渗透力和社会影响力进一步提高。

撰稿/周熙旻
审核/聂　震

社会责任管理与实践

2017年，集团各部门、板块及实体企业，按照集团社会责任年度工作要点，创新和深化社会责任管理与实践。集团荣获中国社会责任百人论坛“十大责任报告”和“十大责任创新”奖。《责任竞争力 解码企业可持续发展》丛书2017版以“CSR新地标”为题介绍了集团应用ISO 26000，将社会责任管理融入企业日常运营的经验。“中铝联合降碳行动”相关内容入选中国社会责任蓝皮书。年内，集团社会责任发展指数排名中国企业第12位，居金属行业第一。

一、社会责任管理

（一）制度体系建设

优化完善社会责任管理体系和运作模式。集团连续第四年完成社会责任管理模块的运行评估和修订，并对上一年度社会责任管理模块运行情况进行评估。年内，下发了《2017年度社会责任工作要点》《关于加强集团公益品牌建设与管理的指导意见》。

（二）社会责任能力建设

开展多种形式的专业培训。举办了首次社会责任现场培训会暨试点企业推进会，约120名集团社会责任工作专兼职人员参加了培训，试点企业分管领导和工作人员共同交流实践经验，在社会责任工作试点企业开展培训5次，选送20多名试点企业骨干到权威机构举办的社会责任培训班学习。培训内容涉及社会责任国际标准ISO 26000、社会责任报告编制、社会责任案例撰写、社会责任管理模块和负面清单的构建和应用、利益相关方识别与沟通，以及矿业企业生物多样性保护等多个领域，提高了社会责任工作人员整体业务水平。

（三）责任沟通和交流

集团把编制和发布社会责任报告作为责任沟通的主要方式，按时优质编发年度社会责任报告。2017年，集团连续第十二年发布社会责任报告，首次使用问答形式回应了利益相关方关注的重点问题，获得积极反响，连续四年荣获五星级最高评级。中国铝业广西分公司、中铝广西稀土、云铜集团等社会责任实践试点企业，分别发布了本单位的年度社会责任报告。

全年刊发12期《改革发展动态与研究（社会责任专刊）》。中铝国际、中铝秘鲁矿业完成国资委《中央企业海外社会责任研究》调查问卷。集团代表中国企业参加了由荷兰外交部主办的第10次中欧人权对话，向欧方介绍了中铝集团保护人权的经验。

二、社会责任实践

（一）社会责任试点工作

2017年，集团新增中铝瑞闽、东南铜业、包头铝业、中铝物流、十二冶、山西华兴、中铝矿业7家试点企业，试点企业增加至17家，试点主题覆盖社会责任管理模块的五大领域，试点范围覆盖集团铝、铜、稀有稀土、工程技术、铝加工等主要板块及在建项目。集团社会责任工作委员会组织调研组，深入到13家试点企业调研指导。

中铝国际组织本部11个部门完成了190条责任指标和负面清单的运行和评估工作，成为中铝集团首个全面运行社会责任管理模块和负面清单的试点企业，被中央精神文明建设指导委员会评选为全国文明单位，被第七届中国证券“金紫荆”奖评选为“最佳投资者关系管理上市公司”奖。云铜集团对社会责任管理制度进行梳理，识别和汇编制度81个，出版了云铜集团《社会责任制度汇编（2017年版）》。中铝郑州企业制定了社会责任工作考核细则，将社会责任工作作为主要工作之一纳入党建考核。

（二）开展联合降碳行动

2017年，集团开展“中铝联合降碳行动”，将全国低碳日当天设为中铝降碳节，与中国节能环保、中远海运、吉利汽车等供应链伙伴以及中国社会科学院社会责任百人论坛、金蜜蜂社会责任机构共同发起了《联合降碳倡议书》，发布第一份《中铝降碳报告》，评选了第一届“中铝降碳十大优秀案例”和“中铝降碳好新闻”。国务院国资委综合局副局长刘源，国家发展改革委气候司副司长蒋兆理参加了降碳节开幕式。

（三）评选社会责任实践优秀案例

2017年，集团评选出2016年社会责任实践十大优秀案例。宁夏能源《开发清洁能源 致力自主贡献》被授予联合国全球契约中国区“实现可持续发展目标先锋企业”称号。宁夏能源《做好碳资产开发工作，助力新能源产业发展》、中铝上海公司《绿色三星建筑技术应用》2个案例入选《中国企业应对气候变化自主贡献研究报告》。

（四）持续开展援藏援青

2017年，集团党组全面贯彻落实中央关于西藏工作的大政方针和战略部署，特别是“一个中心、两件大事、四个确保”的新时期西藏工作指导思想和“依法治藏、长期建藏、凝聚人心、夯实基础”的重要原则，大力实施经济援藏、教育援藏、就业援藏、干部人才援藏，精细谋划、精准扶贫、精心培育。全年共投入援藏资金1300万元，重点援助项目3个。

集团党组多次研究援藏工作，2017年集团签署了《“十三五”中央企业对口援藏合作协议》。“十三五”期间集团将投入援助资金6000万元，全部用于民生项目，其中新农村建设项目4个，以实际行动体现了中铝集团对援藏工作的高度重视和责任担当。

中铝集团党组高度重视与受援地的交流互访，2017年5月，接待了昌都市援藏扶贫衔接工作组到访，并按照力所能及、有所作为的原则，进一步加大了对昌都市精准扶贫工作的支持，增加了预算外一次性援助资金100万元。中铝集团所属企业也以捐物的方式，捐助巴日乡帕拉村贫困户衣物150余件套。

2017年，中铝集团向昌都市拨付计划内援助资金1200万元，用于民生项目，重点实施了卡若区、察雅县中铝新村建设，援藏资金分配为卡若区800万元、察雅县400万元。继续实施“中铝·格桑花”教育基金帮扶计划，2017年为察雅县贫困学生、优秀教师发放帮扶资金65万元，向昌都市捐赠了一批电子学习办公用品。

根据中共中央组织部、人力资源社会保障部开展援藏援青干部人才集中考核工作的要求，对集团援藏干部人才进行了考核，1名援藏干部被确定为优秀，同时提拔使用了1名援藏干部。

集团积极拓展援青渠道，结合受援地的实际需要，搭建了交流交往、技术援青和教育援青三大平台，全年共投入援青资金350万元。

中铝集团与受援地区高层领导互访机制，2017年3月，海北州委书记尼玛卓玛带队访问中铝集团；集团党组书记、董事长葛红林，集团党组成员、副总经理张程忠到海晏县调研。增加50～100名贫困学生结对帮扶名额，集团干部员工共结对帮扶了150名海晏县贫困学生，帮扶资金达33万元。积极探索与当地政府在涉铝项目上的合作。2017年累计推动中铝集团及成员企业与海晏县、平安高精铝业交流交往14批100余人次，从而拓宽了援建渠道和援建内容。

（五）实施精准扶贫

集团及所属企业结合自身的优势，实施精准扶贫。2017年，中铝集团的定点扶贫工作稳步推进，全年直接投入帮扶资金100万元，用于基础设施32万元，产业开发48万元，支助贫困学生60人次，医疗卫生4万元，人力资源培训投入3万元，赈灾救济送温暖5万元，帮助1093名贫困人口脱贫，1693名贫困人口实现就业，增加贫困户劳务收入655万元。先后有14名领导干部赴湖北省阳新县指导。

撰稿/韩　露　胡　瑛
审核/杨燕青　阚保勇

2018

中国铝业集团有限公司年鉴

The Yearbook of Aluminum Corporation of China

【企业篇】

Enterprises

中铝科学技术研究院有限公司

一、基本情况

中铝科学技术研究院有限公司（以下简称中铝科学院）是中铝集团的直属企业，成立于2010年，注册资本5000万元，注册地址在北京市昌平区北七家镇雅安商厦C座（未来科技城），纳税归属地为北京市昌平区税务局。

中铝科学院是中共中央组织部、国务院国资委在北京市昌平区规划的15家中央企业重要科研和创新基地之一。营业范围包括：金属材料开发；技术转让；技术咨询、技术服务；材料技术研究与试验发展；检测金属及非金属材料；销售金属材料、机械设备；出租商业用房、出租办公用房；会议服务。

2017年7月，为加强二期工程建设，中铝科学院完成分立工作，剥离了科研业务以及与科研紧密相关的资产，并于8月8日通过存续分立成立了北京兴铝材料技术研究院有限公司，原公司存续，注册资本调整为4481.2671万元。

通讯地址：北京市昌平区北七家镇未来科技城南区。

2017年基本数据表

表3

资产总额/亿元	负债率/%	员工总数/人	平均年龄/岁	学历结构/人	
20	41	13	45	中专及以下	1
				大学专科	3
				大学本科	8
				硕士及以上	1

二、组织机构

（一）领导班子

吴茂森　董事长

赵明辉　总经理

陈文生　副总经理

孙春领　副总经理

张玉鹏　财务总监

（二）机构设置

职能部门：综合管理部、财务部、工程管理部、成本控制部。

三、深化改革

根据中铝集团第33次8—5号董事长办公会议纪要精神，为加强二期工程项目建设，中铝科学院于2017年8月8日将科研资产剥离，成立北京兴铝材料技术研究院有限公司，并完成工商注册，注册资本为519万元。

四、党建与企业文化建设

2017年，中铝科学院新增党员5名，党员总数8名。

根据中铝集团党组部署，中铝科学院党支部认真学习十八大和十八届历次全会精神、全国国有企业党的建设工作会议精神等中央和中铝集团党组各类文件精神，扎实开展“两学一做”活动。

中铝科学院党支部把党风廉政和廉洁自律工作放在重要位置，认真学习贯彻中纪委历次全会精神，传达落实中铝集团党风廉政纪检通报，以身边事教育身边人。重点在工程建设、设备和物资采购等方面，严格把关，确保在源头杜绝腐败现象的发生。

五、重要记事

8月8日，北京兴铝材料技术研究院有限公司成立。

撰稿／陈　建

中铝材料应用研究院有限公司

一、基本情况

中铝材料应用研究院有限公司（以下简称中铝材料院）成立于2017年3月24日，是中国铝业集团有限公司（以下简称中铝集团）的全资子公司。

中铝材料院前身为成立于2010年5月的中铝科学技术研究院。中铝材料院主要从事有色金属材料与应用技术的开发与服务等业务，是中铝集团按照中组部和国务院国资委要求，入驻北京未来科学城的15家央企人才基地之一。

中铝材料院是中铝中央研究院材料科学研究分院，注册资本5000万元。

通讯地址：北京市昌平区北七家镇未来科技城南区中铝科学技术研究院10号楼。

2017年基本数据表

表4

资产总额/亿元	负债率/%	员工总数/人	平均年龄/岁	学历结构/人	
0.1824602	89.31	119	35	中专及以下	0
				大学专科	2
				大学本科	31
				硕士及以上	86

说明：含苏州分公司、中铝广州院

二、组织机构

（一）领导班子

吴跃武　党委书记、执行董事、总经理

王京海　党委委员、副总经理

陆钦芳　党委副书记、纪委书记、副总经理

娄花芬　副总经理

（二）机构设置

职能部门：综合部、人力资源部（党群工作部）、财务部、科技发展部、科研保障部

研究所：轻合金材料研究所、铜合金材料研究所、应用技术研究所、仿真技术

研究所

中心：轻量化工程中心、试验检验中心

分公司：中铝材料应用研究院有限公司苏州分公司

托管单位：中铝广州有色金属应用研究院有限公司。

三、生产经营

持续跟进上汽集团、北汽新能源、宝沃汽车、吉利 LVC、小鹏汽车、爱驰亿维、绿驰汽车等主机厂铝合金零部件开发项目。开发的高表面镜面板，在河南铝实现 30 吨 / 月高端板材的销售增量；开发的长安 S302 项目，为河南铝锁定 600 吨 / 年铝板市场；开发的海马 S5 铝发罩内外板项目已成功试制，锁定 6016 板材西南铝唯一供应；3C 用高表面阳极氧化料 5252 合金，在小米公司实现转化，帮助瑞闽公司实现 500 吨 / 月的销售增量。

全年试验检验业务收入 370 万元。主要设备利用率大幅度提高。参加全国有色金属标准化技术委员会，成为会员单位，参加中国材料与试验团体标准委员会，成为理事单位，参加中国新材料测试评价联盟。

苏州有色金属研究院有限公司全年实现合同签订 448 万元，检测业务收入 116 万元。

中铝广州有色金属应用研究院有限公司完成 11 个专题市场分析报告，对 60 多家企业进行实地调研，完成中铝集团轻量化会议 19 个市场新应用的专题调研，实现收入 28 万元。

四、企业管理

（一）健全组织架构

2017 年 3 月 24 日，中铝材料院工商注册成立，原中铝科学技术研究院（以下简称中铝科学院）所有科研业务、科研人员、科研设备进入中铝材料院。形成“五部四所两中心”的组织架构，人员编制逐渐完备。

收购苏州有色金属研究院有限公司检测设备并接收科研技术人员，8 月注册成立中铝材料院苏州分公司。完成苏州分公司的平台搭建及运行制度的制定，完成与苏研院人员、资产及科研合同交割，确保苏州分公司的顺利运营及资金保障，实现与中铝材料院本部一体化运行。

托管中铝广州有色金属应用研究院有限公司，形成市场化改革方案。

（二）深入推进精细化管理

“三体系”认证工作全面开展，程序文件和管理手册正式发布。“十三五”中期发展规划修订完成。新财务信息系统的上线运行，管理费用实现线上报销。梳理问题清单，各类问题 45 个，制定重点问题整改决议 5 项，完成整改问题 16 项。积极配合政治巡视，完成 9 个方面 32 项问题整改。完善中铝材料院规章制度，建立各类制度 77 项。

（三）初步搭建“三大运行平台”

成立院士专家工作站。院士专家工作站于 2017 年 7 月 6 日授牌成立。通过合作模式和机制体制创新推动相关领域院士、专家入站。以科研项目为基础，积极发挥院士专家学科带头人作用，推进中铝材料院人才队伍建设和科研能力提升。第一批专家入站，与院士专家科研团队联合申报的第一批3项中铝基金项目获批。

建立企业技术服务平台。加强材料院对中铝集团旗下各企业重大关键技术的基础支撑作用，为推动中铝集团科技创新与技术进步、促进企业提质增效开展服务。建立对接集团旗下10多家铝加工、铜加工企业的1对1联系人制度，平台对接旗下所有14家铜铝加工企业及部分电解铝企业。中铝材料应用研究院山东分院11月24日挂牌成立，推进产学研用相结合的管理创新。与中铝瑞闽建立固定团队服务模式。

搭建专项产品研发平台。充分利用材料轻量化技术研发经验，开发新产品。开展国内外科技合作交流活动，与英国布鲁内尔大学和西安建筑科技大学签订合作协议，与广东省科学院达成合作意向。

（四）提升试验检验能力

2017年，中铝材料院试验检验中心顺利通过国家实验室（CNAS）认可。试验检验中心完成各类设备的首次校准，参加两个领域共5项能力验证和两次实验室间比对，70余项标准查新启用，人员培训上岗，完善管理体系文件和各类技术与质量记录，通过内审和管理评审，全面按照认可标准的要求开展实验室规范化运行管理，顺利通过实验室认可，获得认可证书。苏州分公司检测中心顺利完成认可实验室的名称更改工作。

五、科技创新

2017年，中铝材料院获批省部级科研项目3项、中铝集团基金项目3项，签订横向项目14项，20个科研项目合同经费总额2050余万元。中铝基金项目“薄型罐盖用5182铝合金板材的研究开发”结题验收，研发成果快速转化，产品销售累计超过10万吨；吉利TX5国产化项目稳步推进，实现49台样车的试制，尺寸合格率为85%，达到英国SOP量产水平；电解铝水合金化集成技术获得重大突破，高品质5052A扁锭一次试铸成功；晶间腐蚀调控技术实现突破，解决西南铝某军机用2D12管材晶间腐蚀难题，产品合格率由不到20%提高至70%；3C用高表面材料缺陷控制技术研究已见成效，瑞闽公司5252铝板材2017年同比产销量增长1.2万吨，营业额增加3.6亿元；基础研究持续深入，低淬火敏感性合金设计、残余应力控制、铸锭冶金质量评价、织构与组织性能调控等方面成果显著，2017年申请发明专利26项，授权7项，发表学术论文9篇，扩大我院在行业内的影响力。

推广应用开发成果。结构优化设计能力大幅增强，全铝挂车、环卫车车体设计获得甲方认可；成形仿真与同步分析能力全面提升，全年完成260余个复杂零部件成形分析和产品形状优化，共完成360余套冲压模具的工艺优化设计工作，进入实质应用阶段；低成本复杂薄壁铸造技术成果突出，汽车用铸件内部质量已到达航空铸件水平；铆接、胶接、阳极化、磷化电泳等应用性能数据库初步建立。东风商用车 7m 全铝货箱生产安装完毕，蜀都客车全铝车身完成拼装，江苏赛麟汽车 AM139 前机舱总成量产项目中标。

2017 年科技创新数据表

表 5

科技创新投入 / 万元	申请专利 / 件	授权专利 / 件	科技人员占比 /%
2050	26	7	80.68

六、深化改革

中铝材料院重组内部机构，形成“五部四所两中心”（综合部、人力资源部、财务部、科技发展部、科研保障部，轻合金材料研究所、应用技术研究所、仿真技术研究所、铜合金材料研究所，轻量化工程中心、试验检验中心）组织架构，搭建院士专家工作站、企业技术服务平台、专项产品研发平台，匹配中铝集团跨越发展铝加工的战略定位。

七、党建与企业文化建设

（一）融入中心，强化党建

成立中铝材料院党委纪委。选举产生党委委员、纪委委员，建立 5 个基层党支部。

深入学习宣传贯彻党的十九大精神和习总书记系列重要讲话精神，认真落实全面从严治党要求，强化管党治党责任，扎实开展党员思想政治教育。

修订材料院章程，明确党组织在材料院治理中的法定地位，修改决策权限办法，落实在重大决策中党组织研究的前置程序。

开展“两带两创”主题活动，各级党组织围绕中心工作，实现党建科研双丰收。

落实党管干部原则和党管人才原则，加强领导班子建设和人才队伍建设。

落实“三会一课”制度，开展“两学一做”学习教育常态化制度化，班子成员共为基层党员上党课 10 次，党小组共开展 31 次学习讨论活动。

制定责任清单，分解落实责任目标，层层分解落实管党治党责任。梳理制定《关键领域和重要环节权力（责任）清单》。

认真落实党风廉政建设主体责任，党委书记认真履行第一责任人的责任。开展反腐倡廉宣传教育，强化约谈提醒和监督执纪问责，建立反“四风”的长效机制。

（二）群团工会服务中心，凝聚合力

制定完善工会经费暂行管理办法、困难员工帮扶基金管理办法、职代会管理制度。

组织开展“最美中铝人”、首都道德模范推荐申报工作，推选优秀人才参加“航天科工杯”第三届中央企业青年创新大赛、中铝集团“创新创意大赛”均取得优异成绩，荣获“首届中央企业归侨侨眷及留学人员创新创业大赛”优秀成果奖和创新人才奖。

设立四个“青年创新工作站”。

印发精神文明建设管理办法，成立精神文明建设领导小组，营造“文明建设促科研，科研攻关建文明”的良好气氛。

八、履行社会责任

中铝材料院落实院务公开制度，定期开展职工思想动态调研，畅通职工沟通表达渠道。

2017 年，中铝材料院组织开展健走大赛、智跑大赛、长走大赛、职工羽毛球赛、篮球赛，举办新年晚会等各类文体活动。

2017 年，中铝材料院响应中铝集团号召，结对帮扶青海省海北州海晏县困难学生 2 名。

九、重要记事

3 月 24 日，中铝材料应用研究院有限公司工商注册成立。

4 月 10 日，中铝材料应用研究院有限公司科学技术协会成立。

5 月 22 日，中铝集团总经理、党组副书记余德辉到中铝材料院调研。

7 月 6 日，中铝材料院院士专家工作站授牌成立。

8 月 9 日，中铝材料院苏州分公司工商注册成立。

10 月 24 日，在英国伦敦，中铝材料院与英国布鲁内尔大学签署科技创新合作框架协议。

11 月 14 日，中共中铝材料应用研究院有限公司第一次党员大会召开，选举产生中共中铝材料应用研究院有限公司委员会委员和纪律检查委员会委员。

11 月 21 日，中铝材料院与西安建筑科技大学签署合作协议。

11 月 24 日，中铝材料院山东分院在山东华宇揭牌成立。

撰稿 / 高学成
审核 / 陆钦芳　曹　晔
审定 / 吴跃武

中铝铁矿控股有限公司

一、基本情况

中铝铁矿控股有限公司（简称中铝铁矿）系中铝集团为了与力拓集团（Rio Tinto）合作开发几内亚西芒杜铁矿资源，牵头与宝钢资源（国际）有限公司、中非发展基金有限公司、中铁建中非建设有限公司及中国港湾工程有限责任公司共同出资组建，主要负责对西芒杜铁矿项目投资，参与项目建设期的管理，以及负责中方权益矿石销售等。2012 年 4 月，中铝铁矿出资 13.5 亿美元至中方和力拓组建的合资公司（Simfer Jersey），正式投资并参与开发西芒杜铁矿项目。中非发展基金有限公司于 2016 年退出合资公司。

2017 年基本数据表

表 6

资产总额 / 亿元	负债率 /%	员工总数 / 人	平均年龄 / 岁	学历结构 / 人	
144.72	8.92	16	37	大学本科	1
				硕士及以上	15

二、组织机构

（一）领导班子

鲍　宇　总裁

李　伟　副总裁

史大多　副总裁

（二）机构设置

设综合部、财务部、工程一部、工程二部。

三、经营管理

2017 年，中铝铁矿结合转股工作需要对项目开展了尽调、评估、开发方案优化、转股协议谈判、投资框架协议修订准备等工作，同时根据中铝集团要求，完成了问题清单梳理、整改决议制定、配合国资委对境外项目实施专项审计等等一系列工作。重点工作包括：

积极引进项目潜在投资人。按照集团

整体部署，中铝铁矿积极开展项目投资人引进工作，分别与鞍山钢铁集团有限公司、紫金矿业集团股份有限公司等约10家有实力的企业进行接触，通过开展项目介绍、举行技术研讨会以及商务谈判等大量工作，推动集团分别与中国远洋海运集团有限公司、鞍山钢铁集团有限公司签署了关于西芒杜项目投资合作框架协议，为组建新中方联合体打下坚实基础。

争取金融机构的支持。2017年3月，中铝铁矿与中国工商银行就如何落实中几“资源换贷款”方案展开深入探讨；7月，中铝铁矿与中国进出口银行会晤，就加强在西芒杜项目上的合作进行深入讨论；2017年3月28日，中铝铁矿与国家开发银行国际合作业务局会谈，11月，国家开发银行与集团高层会晤，继续就西芒杜项目的合作深入交换了意见，双方还达成进一步加强沟通与合作共识。

加强财务管理,严控费用支出。2017年，中铝铁矿在投资预算审核过程中，与力拓集团反复沟通，强调预算编制原则和重点，逐条分析推敲其合理性，坚决要求剔除不合理的预算条目，全年中铝铁矿运营支出节约848万元。年度投资方面，实际完成投资总额较中铝集团审批通过的投资计划（含IFC回购款）总额节约5300余万元，在项目过渡期较好地实现了成本支出控制。

在合资公司与项目公司层面，2017年西芒杜项目主要围绕压缩运营成本，维持和保证资产的安全和完整，确保合资公司满足几内亚国内法律法规及其他相关方面的要求等任务进行。此外，项目公司持续加强健康安全、环境保护管理:疟疾、霍乱、流脑、黄热等热带高发疾病的月发病率均处于较低水平，按照SEIA《社会、环境影响评估报告》要求，项目公司在矿山特许权范围内持续进行生物多样性研究，开展黑猩猩栖息环境监测，并与当地政府部门和社区一起，对Pic de Fon矿山分类森林开展保护，得到几内亚政府高度评价。

四、重大发展项目

项目资源量核查。2017年5月中铝铁矿委托天津华北地质勘查总院（华勘），对西芒杜3号、4号区块按中国规范分别开展了资源量核查。6月初，中铝铁矿组织国内著名教授级高工刘善方、地质统计学著名教授张树泉、鞍钢集团教授级高工戴若丁、宝钢集团教授级高工耿新宇、宝钢集团外籍专家Claude Kounga博士等7人组成专家组，对两个核查报告进行了评审，结论为：华勘核查资源量的估算参数选取合理，估算方法得当，估算的资源量可靠，符合我国现行规范要求，可以作为公司进一步工作、决策的依据。

优化项目开发方案。中铝铁矿组织中冶北方工程技术有限公司等国内一流设计院所，采用中国的装备、技术、标准和管理模式对力拓主导完成的BFS报告进行了再研究，结果显示：项目总投资成本可下降约15%；若采用外海方案，海运费可降低约30%。在此基础上，经过研讨工期的关键路径因素，对商务、融资、拆迁、施工难度等影响工期的重点因素分析，压缩并提前各关键里程事件，形成整个西芒杜项目层级的路线图。2017年6月，中铝铁矿团队向几内亚政府通报项目优化成果。

五、深化改革

2017年，根据国资委监事会问题清单的要求，中铝铁矿配合集团有关部门，并协作外部专业机构完成了西芒杜项目转股的尽职调查工作以及审计和评估工作，排除了资源量风险和矿权稳定性风险。上半年，中铝铁矿根据项目公司审计报告完成了价值评估报告，报告显示评估增值27.59亿美元。下半年，中铝铁矿改革投资模式，完成西芒杜项目一体化商业模式的研究探讨和新联合体组建股权配比工作。

六、党建与企业文化建设

2017年，中铝铁矿党支部共计召开14次党员大会、13次支部委员会。

学习贯彻党的十九大精神。2017年是党的十九大召开之年，中铝铁矿党支部第一时间组织党员系统学习党的十九大精神及政治理论。内外联动，支部书记利用出差几内亚期间，组织党员学习，及时将十九大精神传达到前方，确保国内外党员学习、思想、认识、落实同步。

党建创新开展活动。中铝铁矿党支部组织全体人员撰写了约14万字论文集《西芒杜项目得与失》，总结与力拓合作八年来的得与失。与外交部非洲司开展“共建共创”结对联系活动，加强交流，提高认识。通过“两带两创”活动，严控费用预算，全年节约848万元。

狠抓党风廉政建设。中铝铁矿党支部认真学习宣传中央八项规定，年内组织开展廉洁从业及警示教育活动8次。严控各项费用支出，BFS优化实际合同额比预算节省89%；严格压缩2018—2019年预算额度，通过严控招待费、办公费等项目，压缩预算12万元。

七、履行社会责任

组织实施多种活动支持社区发展。项目公司通过修路、打井、职业培训等多种方式，将社区“输血”和社区自我“造血”相结合，提高社区居民工作技能，促进当地就业。2017年2月16日，项目公司全资修建的全长128公里的高标准公路投入使用，贯通了几内亚第二大城市恩泽雷科雷与东北部的贝拉市，促进了两地人流、物流和商流。项目公司实施了针对当地社区的农业支持项目，包括在矿山及港口附近村庄开展的种植水稻技术培训、修建水井、鱼塘以及养鸡场等，极大改善了当地人民的生活水平，受到社区的一致好评。

拆迁安置补偿与促进就业相结合。为争取拆迁家庭对项目的支持，社区工作人员制定了完善的重新安置和补偿计划，把拆迁安置与促进当地就业相结合。项目公司修建了更好建筑材料、更高防水及防震性能的现代化住房，置换给因拆迁受到影响的当地社区居民，取代原住民的茅草屋。还与当地银行合作，对安置村民进行职业技能培训，指导村民合理地使用补偿资金，确保因拆迁和征地影响的村民愿意住进新社区，安居乐业。

八、重要记事

2 月，中国铁路总公司和鞍山钢铁集团有限公司代表一行赴几内亚西芒杜项目现场调研。

3 月，中铝集团与中国远洋海运集团有限公司在北京就西芒杜项目签署了投资合作框架协议。

4 月 28 日、7 月 28 日和 10 月 28 日，中铝铁矿和力拓集团分别于对西芒杜项目涉及的框架协议完成了三次延期变更，保持交易优惠条件持续有效。

上半年，由中铝铁矿配合集团有关部门，并协作外部专业机构完成了西芒杜项目转股的尽职调查工作以及审计和评估工作。

6 月，中铝铁矿聘请中冶北方工程技术有限公司、中交水运规划设计院有限公司、中铁第四勘察设计院集团有限公司等国内一流的设计单位对力拓集团主导完成的可研报告进行优化研究。

6 月，中铝集团与鞍山钢铁集团有限公司就西芒杜项目签署投资合作框架协议。

9 月，中铝集团外部董事张富生、孙又奇、张晓鲁一行三人赴几内亚西芒杜项目现场调研。

12 月，中铝集团与紫金矿业集团股份有限公司签署了西芒杜项目转股合作框架协议。

撰稿 / 李学平

审核 / 鲍　宇

中国铝业股份有限公司

一、基本情况

中国铝业股份有限公司（以下简称中铝股份）于2001年9月在中华人民共和国注册成立，其股票分别在香港联合交易所（股票代码：2600）、纽约证券交易所（股票代码:ACH）及上海证券交易所（股票代码:601600）挂牌上市。主营业务包括铝土矿、煤炭等资源的开采，氧化铝、原铝和铝合金产品的生产、销售、技术研发，国际贸易，物流产业，火力及新能源发电等。

截至2017年12月31日，中铝股份总股本为149.04亿股，中铝集团及其一致行动人［包头铝业（集团）有限责任公司、中铝山西铝业有限公司、中铝海外控股有限公司］、其他A股股东、其他H股股东持股比例分别为34.77%，39.08%和26.15%。

2017年基本数据表

表7

资产总额/亿元	负债率/%	员工总数/人	平均年龄/岁	学历结构/人	
2001.47	67.27	64794	40	中专及以下	39200
				大学专科	14741
				大学本科	10211
				硕士	609
				博士及以上	33

二、组织机构

（一）领导班子

董事会：

余德辉　董事长、执行董事（2017年8月17日由非执行董事调任执行董事）

敖　宏　执行董事

刘才明　非执行董事

卢东亮　执行董事

蒋英刚　执行董事

王　军　非执行董事

陈丽洁　独立非执行董事

胡式海　独立非执行董事

李大壮　独立非执行董事

监事会：

刘祥民　监事会主席

王　军　监事

伍祚明　监事

高级管理人员：

敖　宏　总裁、党委书记

卢东亮　高级副总裁、党委副书记、纪委书记

蒋英刚　副总裁

许　波　副总裁

张占魁　财务总监、董事会秘书

冷正旭　副总裁（2017 年 1 月 20 日起任职）

（二）机构设置

本部部门：

总裁办公室（党委 / 纪委办公室）、人力资源部、财务部（董事会办公室）、科技管理部、投资管理部、企业管理部、营销采购部、内审部、企业文化部、监察部、法律部、信息化管理部、能源管理部（煤电安全监察局）。

分公司：

中国铝业贵州分公司、中国铝业广西分公司、中国铝业青海分公司、中国铝业兰州分公司、中国铝业重庆分公司、中国铝业连城分公司、中国铝业山西分公司（已实施分转子）、中国铝业山东分公司（已实施分转子）、中国铝业中州分公司（已实施分转子）、中国铝业河南分公司（已实施分转子）

全资子公司：

河南鑫诚建设监理有限公司、中铝广西投资发展有限公司、山西中铝华北矿业有限公司、河南中州铝建设有限公司、中国铝业甘肃铝电有限责任公司、中国铝业郑州有色金属研究院有限公司、中铝物流集团有限公司、中铝能源有限公司、中国铝业香港有限公司、中铝内蒙古资源开发有限公司、中铝（上海）有限公司、抚顺铝业有限公司、中铝国际贸易有限公司、中铝中州矿业有限公司、中铝山西孝义铝矿有限公司。

控股子公司：

中铝山西吕梁矿业有限公司、中铝青海铝电有限公司、中铝太岳矿业有限公司、山西华谊矿业有限责任公司、广西华昇新材料有限公司、甘肃华鹭铝业有限公司、中国铝业遵义氧化铝有限公司、遵义铝业股份有限公司、山西华圣铝业有限公司、贵州华锦铝业有限公司、中铝山西新材料有限公司、山东华宇合金材料有限公司、包头铝业有限公司、中铝山东有限公司、中铝矿业有限公司、中铝宁夏能源集团有限公司、中铝中州铝业有限公司、甘肃华阳矿业开发有限责任公司、中铝集团山西交口兴华科技股份有限公司、山西华泰炭素有限责任公司、山西铝厂碳素厂、山东山铝电子技术有限公司、中铝南海合金有限公司。

三、生产经营

2017 年，中铝股份全年实现营业收入

1810亿元、利税总额88亿元，较预算目标降本增效超过26亿元，快报利润同比增长76%，创2008年以来最好水平，在岗员工人均工资收入增长15.5%。

（一）资本运作

2017年，中铝股份贯彻落实国务院重点做好“三去一降一补”（去产能、去库存、去杠杆、降成本、补短板）工作的决策部署，通过市场化债转股，成功引入华融瑞通、中国人寿、招平投资、中国信达、太保寿险、中银金融、工银金融、农银金融等债转股合格实施机构对中铝山东、中州铝业、包头铝业、中铝矿业四家公司增资人民币126亿元，资产负债率降至67%，每年可节约利息支出7亿—10亿元，成为国家发改委向国务院推荐的央企市场化债转股标杆项目。

（二）深化改革

中铝股份贯彻落实党中央、国务院关于全面深化国有企业改革的部署，按照“1+N”政策文件体系，加快推进各项改革，取得明显进步。2017年，中铝股份与民营企业及贵州省两家政府投资平台合资成立了贵州华仁新材料有限公司，与民企业湖南视拓、员工持股平台和中铝国际合资成立了中铝视拓有限公司开展公司信息化相关业务，完成了中铝宁夏能源集团有限公司下属子公司宁夏回族自治区农业机械研究所全民所有制改革，有效推进历史遗留问题的解决，处置低效无效资产，超额完成中铝集团年初下发的改革任务。

（三）资金管理

2017年，中铝股份完成612亿元到期债务接续和新增100亿元资金缺口的融资，全年新增银行贷款和授信额度近90亿元，引入产业基金和险资200亿元。成为交通银行第一支以“加减乘除”为主题的100亿元产业投资基金“中铝四则产业投资基金有限合伙企业”。抓住了党中央关于贯彻落实党中央、国务院决策部署，支持服务实体经济、推动金融与实体经济深度融合发展的具体举措，与国寿投资携手成立“国寿投资－中铝股份供给侧改革项目”，引入供给侧改革投资资金100亿元。

主要指标表

表8

指标名称	2016年	2017年	同比增长/%
工业总产值/亿元	640.96	918.78	+43.35
销售收入/亿元	1440.66	1800.81	81.08
利润额/亿元	16.60	30.06	17.86
所有者权益/亿元	555.87	655.14	55.78
纳税额/亿元	40.41	62.95	同比增加2.52个百分点
净资产收益率/%	1.03	3.55	81.08
人身伤亡事故/起	4	4	0
工亡人数/人	4	4	0
重伤人数/人	0	1	—
轻伤人数/人	6	13	117%

四、板块建设

（一）运营管理

2017年，中铝股份践行“状态再好、节奏再快、力度再大、办法再多”要求，以实施提质增效“275918”专项行动方案为主线，围绕矿山、氧化铝和电解铝、炭素、精细氧化铝、合金化、精准管理六个专项工作，精心部署，狠抓落实，主要产品产量均较2016年有所增长，产品结构逐步优化，高附加值产品比例提高，精细氧化铝实物量占比同比提高0.46个百分点，铝合金化率同比提高了3.17个百分点。统计分析的11项主要技术经济指标中，全年有7项指标同比优化，8项完成年度计划。

（二）重大项目进展

中铝股份全年完成建设投资84.8亿元，完成计划的101%。完成61个项目立项，47个项目批复可研，26个项目批复开工，27个项目竣工验收，241个企业自主决策项目按期建成。全年升级改造氧化铝产能100万吨，新建氧化铝产能55万吨；新建电解铝产能150万吨、阳极产能23万吨、煅后焦产能60万吨、发电装机1840MW；盘活煅后焦产能15.5万吨、阴极产能2万吨。

1. 创新发展，近终端战略加快实施。山东4万吨微粉项目建成投产；依托齐鲁工业园和自产原料、技术创新等优势的3个精细氧化铝项目奠基启动；贵州华仁44.5万吨合金铝、包铝2万吨高纯铝项目开工建设；年内，铝产品合金化比例达到35%，由原料型向材料型转变平稳起步，近终端产业已初具规模。

2. 协调发展，区域布局更趋优化。贵州华仁、广西华磊、内蒙古华云、山西中润等一批重点项目及配套电厂、炭素项目建成，以区域资源、能源和运营政策优势为依托的贵州清镇、广西百色、内蒙古包头、山西吕梁四大铝工业基地初步建成；华鹭炭素项目、抚顺350千安系列完成异地搬迁，实现了产能优化布局；中铝齐鲁产业园区正式奠基启动，产业协同、集聚效应加快形成。

3. 开放发展，海外战略迈出步伐。几内亚项目完成了立项、可研等关键流程；印尼氧化铝产能合作项目制定了工作推进方案，与印尼方沟通达成一致，已进入可研编制阶段；以海外资源为支撑的防城港项目完成了合资公司组建、项目可研和厂区选址工作，取得了项目备案批复、部分产能置换指标等关键手续。

4. 共享发展，多元化合作结出硕果。中铝股份积极引进战略投资者，深化与地方政府、骨干央企和其他优秀企业的广泛合作。与包头市政府合资建设的内蒙古华云，与百色市政府合资建设的广西华磊和百色地区局域网，与华润集团、西山煤电、晋能电力合作共建的山西吕梁轻合金循环产业基地等项目顺利落地。2017年建设的7个重点合资合作项目，引入合作方12家，建设总投资248亿元，公司投入资本金约30亿元，引入合作方资本金42亿元。

（三）安全环保

1. 中铝股份积极响应国家“2+26”大气治理专项行动，组织实施了山东、中州、中铝矿业三家企业窑炉烟气超低排放改造项目；坚持底线思维，完成安全隐患整改11项，环保问题整改18项。全年累计投入10.68亿元实施了176个安全环保项目，消除安全隐患102个，解决环保问题71项，减排废水1.18万吨，减排废气0.5万吨，减排废渣720吨，减排粉尘5784吨。

2.2017年，中铝股份制定了《2017年职业健康安全和环境保护工作要点》，对HSE工作进行了全面部署。提出了“3336”安全管理举措，制定了安全检查管理标准化等6项安全工作标准。组织企业安全总监、副总监、安环部经理等人员进行了安全培训师视频培训。将安全生产大检查同安全督导、专业检查、综合检查有机结合，全面加强隐患排查。

3. 组织企业分专业、按流程提炼“小、散、乱、污”问题表现，制定了针对性的环境整治标准；分类梳理中铝集团督办的企业环保隐患整改方案并跟踪落实进展情况，共计梳理164项。根据国务院国资委监事会和中铝集团要求，组织召开了安全环保“全面大动员、全面大清查、全面大整改”强基固本行动动员会；全面开展安全大检查暨强基固本行动检查督导，按照“四上四下”原则,形成了《安全问题清单》《环保问题清单》。

（四）其他工作亮点

1. 科技创新。2017年，中铝股份开展全方位的技术对标及调研分析，加大科技研发的投入，充分发挥专业科研院所和实体企业的优势，在矿山、冶炼、节能、环保和新产品开发等方面取得了一大批科技成果。

一是“一高一低一去”技术快速推进。针对贵州高硫铝土矿的经济利用，完成了贵州猫场高硫矿焙烧脱硫、浮选脱硫两种工艺的半工业试验，完成了遵义氧化铝浮选脱硫＋湿法氧化工业试验，为高硫矿石的有效利用奠定了基础。

二是节能技术获得重大进展。在所属8家电解铝企业约35万吨产能推广FHEST技术，吨铝平均节电503千瓦时；在山西华圣开展更低能耗铝电解节能技术的扩大试验，30台试验槽平均直流电耗达到12185千瓦时/吨铝，为中铝股份电解铝节能降本提供了有力技术支持。

三是环保技术产业化步伐加快。在包头铝业建设了一条年处理1万吨大修渣的无害化示范线，处理后的废渣达到无害化标准和国家I类固体废物标准。在中州铝业建设了年产2万吨土壤改良剂试验线，开发出多个土壤改良剂配方产品，累计用于环境污染修复过万吨，为中铝股份绿色发展提供了技术方案。

四是新产品开发取得一批先进成果。中铝山东拟薄水铝石和4 A沸石15%的产能实现产品转型升级，郑州研究院特种一水软铝石、锂离子隔膜用陶瓷浆料、特高压电工填料等新产品开发成功。山东华宇“3N铝”电解槽已扩展到一个工区26台，产能达到40吨/天。贵州分公司年产2万吨高导电率铝母线及铝导杆，应用于贵州华仁建设经济效益良好。

五是智能工厂试点全面实施。广西分公司等4家企业列入国家工信部两化融合贯标企业名单，公司“双创”汇聚平台等3个项目列入国家制造业试点示范名单。完成电解铝、氧化铝及矿山智能制造顶层设计及实施方案，包头铝业智能工厂试点建设进入全面实施阶段。31家所属企业上线运行ERP系统及电子采购交易系统。

2. 营销创效。2017年，中铝股份氧化铝现货销售价格同比提高845元/吨，主营产品库存大幅度下降，成为国内第五大焦煤进口商，并成功注册了焦煤交割库，精细氧化铝出口全年达33万吨，同比提高11.6%。全年实现了发运业务全覆盖，培育和推广了多式联运、去包装化、跨区域业务承接、铝锭期货交割库、新疆班列重去重回等一大批物流新技术、新业态，物流成本环比降低3.4%以上。

3. 风险管控。2017年，中铝股份压缩法人户数13户，分流安置再就业中心人员5308人，跨板块、跨企业转移人员912人。“三供一业”（供水、供电、供热和物业管理）分离移交工作，12家企业签署框架协议，其余16家企业即将签署正式协议。压减“两金”（应收账款和存货）取得成效，全年清收逾期账款3.86亿元，压缩呆滞库存4.11亿元，“两金”（应收账款和存货）周转率同比加快0.86次。中铝国贸清回逾期欠款2.75亿元，中铝能源清收历史欠款9200万元。

中铝股份完成了“问题清单”专项工作。对所属122家各级次企业全面开展专项工作，做到了“全级次、全覆盖”。按照问题导向，自学习、自诊断、自整改，高标准、严要求、穿透式自觉开展问题清单专项工作，通过梳理整改举一反三，促进了管理提升，增强了系统抗风险能力。

组织三级企业审计部门100余人完成了23家企业的内控独立检查工作，发现问题166个，初步实现了三级单位审计监督“全覆盖”。跟进重大项目过程审计，及时督导、整改问题98个。对14家企业开展了飞行检查，查实大小问题及缺陷184个。帮助企业内部审计，梳理问题5501项，整改完成3514项，整改率64%。

优化调整法律管控体系，组建了5个区域法律中心和2个子集团法律事务部；加强法律队伍建设，市场化招聘所属企业总法律顾问，整合了内部法律资源。处置争议纠纷或重大风险事项203件，挽回和避免经济损失达2.2亿元。

五、党建工作

2017年，中铝股份党委认真贯彻全国国有企业党的建设工作会议精神，发挥党组织的领导核心和政治核心作用，把方向、管大局、保落实。党的十九大之后，迅速掀起学习贯彻党的十九大精神的热潮，提高思想认识，明确工作责任，把党的建设各项任务落到实处。

一是创新学习方式。中铝股份党委以“创新在线”“一刻钟讲座”和中心组学习等为载体，紧紧围绕转型升级、改革发展，学习贯彻习近平新时代中国特色社会主义思想和党的十九大精神。

二是落实法定地位。制定了党委议事规则，明确党委会研究讨论生产经营重大事项；将党建要求纳入公司章程，建立健全《新形势下党内政治生活若干准则实施细则》各项配套制度，确保党组织法定地位；细化责任清单，健全党组织主体责任、书记第一责任、党委委员分工负责、职能部门具体实施的党建工作责任体系；党建工作与经营业绩“双百分”考核，实现了党建责任与业务工作同规划、同部署、同检查、同考核。

三是压实“两个责任”。积极开展“反腐倡廉教育月”活动，组织处级以上干部及关键岗位人员前往北京市海淀区反腐倡廉警示教育基地参观学习，组织以“廉洁从业、重德立行”为主题的党委中心组专题学习。建立健全风险防控制度体系，强化责任担当，层层传导压力，落实监督责任，严控项目资金管理和监督，强化项目责任人负责制。严抓巡视发现问题整改，建立巡视督促上下联动的监督网。

五、重要记事

1月10日，中铝股份财务总监张占魁带队参加了在北京举行的德意志银行中国概念北京峰会。

1月14日至15日，中铝股份2017年工作会议在中铝大厦召开。中铝公司党组副书记、副总经理、中铝股份总裁敖宏作题为《瞄准新方位，铿锵向未来，为实现中铝股份绝地崛起而努力奋斗》的工作报告。

3月1日，中铝股份党委书记、总裁敖宏在北京会见崇左市市长孙大光一行。双方就中铝公司及中铝广西有色稀土开发有限公司在崇左市的转型发展等事宜进行了深入沟通并达成多项共识。

3月9日，中铝股份高级副总裁卢东亮在北京会见了港交所前海联合交易中心总裁郭晓利一行。双方就产品开发、贸易、仓储、物流等相关事宜进行了深入沟通与交流。

3月24日，中铝股份2016年度业绩发布会在上海中铝大厦举行。中铝股份执行董事、总裁敖宏参加了业绩发布会。

4月7日，财务总监张占魁赴贵阳市人民政府拜会贵阳市委副书记、市长刘文新等领导，双方就快速推进贵铝退城入园项目达成一致，并就项目进展情况进行了深入的探讨。

4月12日上午，中铝股份与白银市就华鹭铝业出城入园项目进展情况、华鹭铝业原厂区土地开发事宜交换意见。

4月11日，中铝股份党委书记、总裁敖宏在北京会见山西省河津市市长赵建喜一行，双方就共同推进中铝驻河津企业的发展举行会谈。

5月16日，中铝股份财务总监张占魁带队参加了中信里昂证券在天津举行的第22届中国投资论坛。

5月25日，中铝股份有限公司产业投资基金成立暨中铝交银四则产业投资基金成立揭牌仪式在上海中铝大厦举行。中铝集团党组书记、董事长葛红林，交通银行董事长牛锡明共同为基金成立揭牌。

6月20日，摩根士丹利资本国际公司（MSCI）宣布，从2018年6月开始将中国

A股纳入MSCI新兴市场指数和全球基准指数。中铝股份作为标的股被纳入MSCI指数。

7月20日，由中铝股份与上海高金联合主办的2017年度产业金融发展论坛在上海中铝大厦精彩亮相。中铝集团党组成员、副总经理，中铝股份高级副总裁卢东亮出席论坛并致欢迎辞。

8月18日，中铝股份2017年中期业绩发布会在中铝总部举行。

8月28日，中铝股份高级副总裁卢东亮在北京会见云南冶金集团副总经理丁吉林一行。双方就加深沟通了解、推动业务合作等事宜进行交流并达成多项共识。

9月8日，中铝股份与中国太平洋保险（集团）股份有限公司战略合作协议签字仪式在上海举行。

11月14日，中铝股份2017物流合作创新发展论坛在福建省福州市举行。中国有色金属工业协会副会长文献军，中铝股份高级副总裁卢东亮出席会议并致辞。中国物流与采购联合会、中国铁路相关路局、各大港务集团及重点物流企业代表、有色金属生产企业代表约120余人出席论坛。

11月13日，中铝股份2017年客户高峰论坛在福建省福州市举行。中国有色金属工业协会副会长文献军应邀出席并致辞。中铝股份等45家氧化铝客户企业、53家电解铝客户企业共约2600名代表应邀出席论坛。

12月14日，首届中国有色金属工业年度经济论坛在北京隆重召开，中铝集团党组副书记、副总经理，中铝股份党委书记、总裁敖宏荣膺"中国有色金属工业年度经济人物"。

12月22日，中铝股份降杠杆暨市场化债转股合作仪式在中铝大厦举行。中铝集团党组书记、董事长葛红林出席仪式。中铝集团党组副书记、总经理，中铝股份董事长余德辉在仪式上致辞。中铝集团党组副书记、副总经理，中铝股份党委书记、总裁敖宏接受了投资机构代表增资。发改委、国资委等有关部门负责人，中国华融资产、国寿投资等投资机构嘉宾，中信证券等中介机构嘉宾应邀出席并讲话。

撰稿／刘　曼

审核／关晓东

中国铝业河南分公司

一、基本情况

中国铝业河南分公司（简称河南分公司），始建于1958年，前身是我国第二个五年计划时期建设的郑州铝厂。2017年12月完成中铝矿业与河南分公司资产重组，成立新的中铝矿业有限公司（2018年1月1日正式使用）。

河南分公司位于中原腹地郑州市，区域位置优越，南依嵩山、北临黄河，京广、陇海两大铁路干线在此交汇，107、310国道和连霍高速公路、郑西客运专线穿境而过。

主要产品有氧化铝及其多品种、碳阳极、金属镓及其深加工产品。具有年供矿400万吨，年产氧化铝200万吨、碳素制品12万吨、金属镓40吨，年自发电15亿千瓦时的生产能力。拥有铝土矿资源保有储量1.6亿吨。

通讯地址：河南省郑州市上街区厂前路2号。

邮政编码：450041。

2017年基本数据表

表9

主要产品产能	资产总额/亿元	负债率/%	员工总数/人	平均年龄/岁	学历结构/人	
主要产品产能	91.03	27.65	2743	44	中专及以下	1550
总额/亿元					大学专科	693
碳素制品12万吨/年					大学本科	474
铝土矿400万吨/年					硕士及以上	26

二、组织机构

（一）领导班子

董建雄　中国长城铝业公司党委书记、中国铝业河南分公司副总经理

李国乾　中国铝业河南分公司总经理（2017年4月17日任职）

李忠良　中国长城铝业公司纪委书记

王东升　中国铝业河南分公司财务总监

高纯生　中国铝业河南分公司副总经理

毕效革　中国铝业河南分公司副总经理

申子伟　中国铝业河南分公司副总经理（2017年10月23日任职）

邓建杰　中国铝业河南分公司副总经理（2017年2月6日离任）

（二）机构设置

部室：总经理办公室、党委工作部、人力资源部、财务部、纪检监察审计部、工会共青团部、安全环保部、投资发展部

中心：生产指挥保障中心、营销中心、矿业中心

分厂：氧化铝厂、热电厂、碳素厂（2017年10月1日划归河南分公司）

矿山：洛阳矿、渑池矿、巩义矿、登封矿、小关矿

三、生产经营

2017年，河南分公司以扭亏脱困和转型升级为主线，围绕企业“十大”提质增效攻关项目，奋力拼搏，打赢了扭亏脱困“翻身仗”，结束了自金融危机以来连续9年的亏损局面。全年实现盈利6201万元，对比预算超额完成6201万元，经营性盈利4.9亿元，同比增加5.62亿元，生产运营净现金流完成3.76亿元，对比预算超额完成7609万元。

主要指标表

表10

指标名称		2016年	2017年	同比增长/%
主要产品产量	1. 氧化铝/万吨	122	171.3	40.4
	2. 金属镓/吨	14.83	15.62	5.3
	3. 碳素制品/万吨	8.76	12.1	38.1
工业产值/亿元		20.38	42.05	106.3
销售收入/亿元		23.64	64.77	174
利润额/亿元		−4.87	0.62	—
纳税额/亿元		1.76	3.95	124
净资产收益率/%		−25.23	0.55	—
产值劳动生产率/千元·人		1316.81	1533	16.4
人身伤亡事故/起		0	0	—
工亡人数/人		0	0	—
重伤人数/人		0	0	—
轻伤人数/人		0	0	—

四、重大发展项目

2017年3月25日，河南分公司氧化铝升级改造项目建成投产，创国内氧化铝项目建设新纪录。项目投产后，三个月内实现达产达标，实现了“建一个、成一个、盈一个”的目标。

重大项目情况表

表11

项目名称	设计规模/万吨	投资规模/万元	当年完成投资额/万元	年内项目建设形象进度
氧化铝节能减排升级改造项目	100万吨氧化铝	44847	1684	建成投产

五、企业管理

2017年，河南分公司开展强基固本行动，开展案例警示教育、组织各类安全教育培训、开展领导干部进班组活动，抓好抓实日常检查和专项督查，严格落实隐患排查整改与考核问责，完成了强基固本第一阶段的大清查工作。

2017年，河南分公司梳理发布制度176项。全面建立指标对标体系，新老系统电耗、气耗、新水消耗等指标均超过历史最好水平。发挥财务快速预警和动态监控职能，实施每日晨会和每旬分析会制度，及时发现和解决问题。

六、科技创新

2017年科技创新数据表

表12

科技创新投入/万元	申请专利/件	授权专利/件	科技人员占比/%
47893	0	1	39

七、深化改革

2017年，河南分公司按照国资委和中铝集团要求，通过"债转股"和"现金增资"的方式，完成了中铝矿业与河南分公司资产重组，成立中铝矿业有限公司。

完善分配激励机制，下发了骨干员工激励实施办法，上调新入职大学生薪酬待遇标准，矿山全面实行以"吨采矿计件工资、吨破碎计件工资"为核心的绩效考核方案。重新制定了岗位设置及人员编制方案，一批年轻有为的干部走上中基层管理岗位，年龄结构、专业结构得到改善；落实专业技术人员考评、晋升、激励"三位一体"激励措施，初步制定"五级工程师""五级技师"激励办法。

八、党建与企业文化建设

（一）党建工作

2017年，河南分公司党委创新实行党建、绩效双百分考核，实施"两带两创"、党支部带项目等一系列党建活动。

河南分公司狠抓教育监督，推动"每日一题""每旬一案""每月一课""每季一警示"党风廉政教育工作全面化、具体化、可视化和常态化；坚持从严查办案件，倒逼责任落实，成立了"两金"压降、执行力督办、安全责任落实等7个"接地气"专项监督工作组，监督整改落实专项工作226项，累计党政纪处分18人，问责处理34人；效能监察结项38项；完成问题清单梳理226个、审计7项，核实资产6.96亿元。

（二）企业文化建设

2017年，河南分公司坚持弘扬"创业、创新、创造"的"三创"精神，激发全员创新活力，解决了一批重点难点问题。在河南分公司厂区中心马路打造300米企业文化长廊，把企业历史、企业精神、安全文化、廉洁文化、厂务公开等文化做一集中展示，打造企业文化长廊。

九、履行社会责任

2017年，河南分公司深化帮扶工作精准化、规范化建设，建立完善全总帮扶系统在册困难职工档案216户；企业帮扶中心累计救助困难职工614人次，发放救助款107.91万元；开展金秋助学活动，共计救助困难职工子女132人，发放助学款20.36万元。

重视环境治理工作，渑池分公司土地复垦得到中央电视台报道。

十、重要记事

3月31日，中铝集团党组书记、董事长葛红林到中铝股份河南分公司调研氧化铝升级改造项目建设情况。

3月30日，中铝集团党组成员、副总经理刘才明到中铝郑州企业调研。

4月13日，中铝集团党组成员刘祥民到中铝郑州企业调研指导工作。

7月20日至21日，中铝股份副总裁蒋英刚一行到河南分公司考察调研。

8月1日，中铝集团党组书记、董事长葛红林到中铝郑州企业调研。

10月29日至31日，河南分公司通过中国船级社质量认证公司审核组对QHSE三大管理体系的现场验收审核。

12月9日，河南分公司召开发展思路研讨会。

12月12日，中铝集团党组书记、董事长葛红林到中铝郑州企业调研指导工作。

撰稿／王超锋

核稿／张鹏飞

中国铝业贵州分公司

一、基本情况

中国铝业贵州分公司（简称贵州分公司）是中国铝业股份有限公司在贵州的分支机构，所在地为贵阳市白云区。

企业主营业务为铝土矿、石灰石矿的勘探、开采，电解铝及部分加工产品，碳素制品及相关有色金属产品的生产和销售。

2017 年基本数据表

表 13

主要产品产能 / 万吨	资产总额 / 亿元	负债率 /%	员工总数 / 人	平均年龄 / 岁	学历结构 / 人	
电解铝 40	58.93	—	2727	45	中专及以下	1838
					大学专科	619
碳素制品 27					大学本科	267
铝土矿 225					硕士	3

二、组织机构

（一）领导班子、高级专务及助理

陈　刚　党委书记

路增进　副总经理（主持行政全面工作）

周双林　纪委书记

赵　坤　副总经理

杨孟刚　副总经理

陶　栋　财务总监（2017 年 4 月调出）

蒋凤贵　财务总监（2017 年 4 月调入）

黎　云　高级专务

杨建华　总经理助理

王　洋　总经理助理

（二）机构设置

职能部室：总经理办公室、人力资源部、项目工程部、财务部、安全环保部、矿产资源部、企业管理部（持续优化部）、资产处置办公室

二级单位：生产运营中心、营销中心、矿业公司、电解铝厂、碳素事业部、动力厂、技术研发中心（分析测试中心）。

三、生产经营

2017年，贵州分公司克服氧化铝价格高于18%联动水平以及预算外铝价电价联动增加成本等不利因素，实现利润890万元。全面完成集团下达的生产经营目标。

主要生产经营指标

表14

指标名称		单位	2016年	2017年	同比增长/%
主要产品产量	1. 电解铝 / 万吨		29.82	28.21	−5.39
	2. 碳素制品 / 万吨		24.12	25.52	5.80
	3. 铝土矿 / 万吨		146.81	142.93	−2.64
工业产值 / 亿元			39.35	45.19	14.84
销售收入 / 亿元			39.75	46.78	17.69
利润额 / 亿元			1.17	0.089	−92.39
纳税额 / 亿元			2.09	1.68	−19.62
净资产收益率 /%			4.66	—	—
产值劳动生产率 / 千元・人			1350	1608	—
人身伤亡事故 / 起			0	0	0
工亡人数 / 人			0	0	0
重伤人数 / 人			0	0	0
轻伤人数 / 人			0	0	0

随着电解铝“退城进园”项目通电投产，结合贵州电力供应紧张、原铝亏损现金流等因素，贵州分公司开展存量电解铝系统逐步退出工作。经请示中铝股份同意，2017年11月15日和11月21日，电解铝二、三系列永久性退出生产。整个退出过程安全、平稳、有序。

2017年，贵州分公司合金化生产全年产量17.63万吨，创历史最好水平。与中铝萨帕共同研发轨道交通、船舶、摩拜单车等新型铝合金材料及产业化生产，成功生产Φ533毫米、Φ457毫米规格合金圆铸锭；成功研发高导电率铝母线、新型铝导杆，满足了贵州华仁项目对节能材料的需求。全年实现近4万吨A356.2合金销售，创历史新高。

贵州分公司碳素事业部实现利润同比增长151%，在中铝碳素企业中名列第一。全年阳极焙烧块单位制造成本、组装块单位制造成本均排名中铝第一；阳极一级品率达到82.55%。煅后焦实收率、成型产量、焙烧天然气消耗等指标，在中铝集团13家碳素企业中综合排名保持第一。全年实现阴极产品产量1.3万吨。

矿业公司努力克服安全环保督察压力，以及雨季洪水灾害、火工品供应与矿石运输等方面的困难，全年完成采矿143万吨，实现矿石销售153万吨，销售高品位矿石5.7万吨。

四、重大发展项目

（一）轻合金新材料“退城进园”项目

2016年7月8日，中铝公司与贵州省人民政府签订了《中铝在黔企业合作发展协议书》，达成了合作建设中铝贵州轻合金新材料“退城进园”项目的发展共识。

该项目是政府和企业认真贯彻落实经济新常态下深化供给侧改革，推动转型升级的重要举措，也是继华锦氧化铝160万吨项目、猫场120万吨铝土矿项目建成投产后，又一个打造升级版铝工业基地的重要支撑项目。该项目由中国铝业股份有限公司、杭州锦江集团和贵州省产业投资（集团）有限责任公司共同投资，在清镇市铝工业园区合作建设100万吨轻合金新材料项目。项目结合贵阳市建设全国生态文明示范城市规划，采用最先进的500千安电解槽技术建设。项目分两期实施，一期建设50万吨并配套建设铝合金化生产线，于2016年8月26日正式开工建设，2017年8月26日正式通电投产，投产后项目由贵州华仁新材料有限公司承接。

（二）轻合金新材料“退城进园”合金化项目

2017年11月，中铝股份批复贵州分公司作为投资主体建设“退城进园”项目的合金铝部分。合金铝项目于2017年3月16日开工建设，设备招标已完成92%，主要工艺及建筑设备采购合同已签订，土建整体工程完成75%。因项目独立运营，导致项目较初设发生变化，按照总部投资管理部通知要求，该项目已暂缓建设。

（三）轻合金新材料“退城进园”炭素阳极基地项目

贵州分公司完成了项目25万吨可研和初设，32万吨初步设计和53万吨可研报告的专家审查，根据中铝集团安排，后续工作由贵州华仁新材料有限公司承接。

（四）麦坝矿区坑内开采工程

麦坝矿区已完成项目环评验收，在贵州省环保厅取得备案。完成麦坝矿建设用地招拍挂手续，缴纳竞买保证金295万元。

（五）清镇坛罐窑矿段开采工程

根据中央环保督查的情况进行整改，组织开展环评验收工作，委托环评单位编制环评变更说明，实施矿坑水及饮用水处理、油烟治理等环保工程。完成竣工决算审计，中铝集团还未出具最终审计报告。

重大项目情况表

表15

项目名称	设计规模/万吨	投资规模/万元	当年完成投资额/万元	年内项目建设进度
轻合金新材料“退城进园”项目	40万吨电解铝	357280	—	拟定了生产准备实施网络进度计划，完成了生产准备和通电投产方案（初稿）编制等工作。
轻合金新材料“退城进园”合金化项目	—	—	—	2017年3月16日开工建设，设备招标已完成92%，主要工艺及建筑设备采购合同已签订，土建整体工程完成75%。
轻合金新材料“退城进园”炭素阳极基地项目	未明确	未明确	—	完成项目25万吨可研和初设，32万吨初步设计和53万吨可研报告的专家审查。

五、企业管理

麦坝铝矿努力克服暴雨淹井等重大灾害，于2017年12月22日通过中铝集团模范矿山验收，成为中铝股份第一家地下模范矿山。猫场矿于1月10日取得安全生产许可证，为地下矿山依法合规组织生产创造了条件。

深入开展“精准辨识、消除浪费”活动。全年16个消除浪费项目累计收益3502万元。

认真开展《问题清单》梳理及整改，制定了贵州分公司问题梳理及整改专项工作方案，梳理了26个专题94个具体问题并进行整改。截至2017年底，已完成整改问题58个，继续整改的问题36个。

开展安全环保质量强基固本行动。采用各级领导包保班组等形式，落实责任和整改，实行全级次穿透。通过全面大清查，形成了安全和环保的问题清单。开展“安全、干净”班组竞赛活动，验收合格班组达到97%。全年累计督办现场管理问题点共计170个，整改完成率86%。全年累计检查1105次，查出问题点2169个，整改率100%。

确保安全环保投入，全年立项52个，立项费用3169万元。开展环境风险排查和“小散乱污”整治，环保设施运行率100%。对生产领域业务外包119个项目及承包商进行清理整顿，完成压减承包商30%的目标。2017年，贵州分公司实现重伤及以上事故为零，较大环境污染事故为零的安全环保目标。

2017年，贵州分公司通过了DNV（挪威船级社）对加工用6系铝合金圆铸锭生产工厂的认证，获得了美国ABS对半连续铸造6082、6061铸棒的认证，产品在中国高铁、澳大利亚奥斯塔造船厂护卫舰、日本住友精密工业株式会社飞机热交换器上得到运用。

六、科技创新

《猫场高硫铝土矿焙烧脱硫试验研究》项目：完成铝土矿干法制粉技术及装置开发、焙烧脱硫工艺研究、焙烧精矿加工性能提升技术研究等全部研究内容，焙烧精矿溶出沉降性能满足氧化铝生产工艺要求的预期研究目标。2017年12月，中铝科技部组织专家对该项目进行了结题验收。

《高导电率铝母线产业化示范》项目：建成了20000吨/年高导电率铝母线及铝导杆生产线。中铝公司组织专家对高导电铝母线性能和应用前景进行了评估。在室温条件下测量铝母线等距压降，硼化加稀土铝母线的电导率比传统母线提高5%—6%，且机械、焊接性能均满足电解系列工程建设需要。2017年，累计入库母线17425.808吨、入库导杆3768.388吨，已陆续应用于贵州华仁项目。

《贵州分公司FHEST技术推广》项目：在3台230千安系列电解槽上进行推广。2017年，3台推广槽正常期和非正常期共计节电54.17万千瓦时。

《铝电解槽内衬用新型碳/碳复合材料整体成型应用研究》项目：完成高导电树脂-碳/碳复合材料、高阻抗树脂-碳/碳复合材料研制，设计了新型内衬结构铝电解槽，开发出新型碳/碳复合材料整体成型技术与焙烧技术，在贵州分公司4458#槽上进行工业验证试验。

《猫场铝矿地下开采顶板安全控制综合技术研究》项目：2017 年，完成猫场铝矿现场调查、顶板力学建模计算研究、矿体直接顶板切顶厚度研究、顶板黏土岩和铝土岩力学参数选取、房柱法采场矿柱尺寸计算、岩样耐崩解性试验、地质雷达用于顶板厚度测定实验等研究工作。

截至 2017 年底，贵州分公司拥有的有效专利共 157 件（其中发明专利 88 件）。

2017 年科技创新数据

表 16

科技创新投入 / 万元	申请专利 / 件	授权专利 / 件	科技人员占比 /%
529.18	0	3	2.89

七、深化改革

推进矿山分配激励。在总结碳素事业部、铸造事业部市场化改革经验的基础上，制定并完善了贵州分公司矿业公司承包经营方案及精品矿激励办法，取得良好效果。

平稳实施员工优化配置改革。结合电解铝退出实际，加强与贵州华仁的沟通协调，力争最大限度进行人员分流安置。截至 2017 年底，贵州分公司向贵州华仁有序分流安置各类骨干员工 400 余人。结合“退城进园”进程，在中铝集团的部署和支持下，实施员工内部退出岗位休养 620 人。

组建资产处置办公室，采取盘活阴极生产线、内部利用长期积压备件等措施，实现资产处置收益及资产盘活。加大非经营性房产处置力度，成立了专项整改小组，完成房产评估并报送中铝集团备案。

八、党建与企业文化建设

2017 年，贵州分公司落实全国国有企业党的建设工作会议精神，完善党建考核评价体系。推进“两学一做”常态化制度化，贯彻学习党的十九大精神和习近平新时代中国特色社会主义思想。

强化从严治党，健全党风廉政建设责任体系。建立常态化约谈机制，全年共开展各类约谈 285 人次。对矿业公司开展内部政治巡察,反馈了巡察意见。以“钉钉子”精神抓好政治巡视、执行力巡视和专项巡视问题整改，使一批长期遗留问题得到有效解决。

2017 年，贵州分公司动力厂供电车间运行四班荣获“全国工人先锋号”荣誉称号。在“中国铝业杯”第十一届全国有色金属行业职业技能竞赛中，贵州分公司荣获团体总分第二名，并包揽铝及铝合金熔铸工工种前 3 名。电解铝厂“电解铝生产槽盖板”获中铝集团 2017 年度“银点子”奖，碳素事业部“优化阳极组装钢爪涂石墨工艺”获中铝股份 2017 年度“银点子”奖。碳素事业部二焙烧工区在中铝股份碳素企业提质降耗劳动竞赛中获优胜奖，电解铝厂五车间二厂房东区在中铝股份电解铝生产工区劳动竞赛中获三等奖。

九、履行社会责任

开展精准帮扶。全年帮扶困难职工 424 人次，使用帮扶资金 27.2 万元。

畅通信访渠道。全年共受理在岗员工来信来访和诉求 5 件次 13 人次，退休人员与外来人员来信来访和诉求 58 件次 247 人次，初信初访一次性办结率大于 95%，信访答复率达到 100%。

十、重要记事

1 月 11 日，中华全国总工会党组成员、组织部部长张茂华率领全总慰问团到中铝贵州企业看望慰问劳动模范和困难职工。

2 月 6 日，贵阳市委副书记、市长刘文新率领市直相关部门负责人，到清镇铝工业园中铝“退城进园”项目现场调研。

2 月 20 日，电解铝厂铸造事业部二厂房新引进的水平铸机，一次性试车成功，生产出了规格 550 毫米 ×200 毫米的高导电率铝母线。

2 月 20 日，中国铝业股份有限公司副总裁冷正旭到中铝贵州企业，对电解铝“退城进园”项目建设情况进行现场调研。

2 月 20 日，中铝集团职业健康安全环保督察组一行五人到达中铝贵州企业，开展为期 19 天的职业健康安全环保督察。

3 月 16 日，中铝贵州企业启动问题梳理及整改专项工作。

3 月 17—18 日，中国铝业股份有限公司智能制造及新材料应用专题研讨会在中铝贵州企业召开。

3 月，中国铝业贵州分公司矿山“提质增效”项目——王庄破碎站全面打通流程，为下一步消化部分猫场铝矿高硫矿石提供基本保障。

3 月，中国铝业贵州分公司碳素事业部降铁碳压降取得实质性突破。新配方浇铸的试验阳极在电解铝厂上槽运行后，经过连续测试，铁碳压降降到 77.7 毫伏，达到同行业领先水平，较 2016 年降低 25.3 毫伏。

4 月，贵州省经信委正式对外发布 2017 年度贵州省“千企改造”工程企业名单，全省 12 个行业的 113 户龙头企业和 101 户高成长性企业入围。贵州分公司作为 12 户有色行业龙头企业中的首位企业入围。

4 月 7 日，贵州分公司西南地区炭阳极生产基地项目初步设计方案通过了中国铝业股份有限公司组织的专家审查。

4 月 11 日，贵州分公司领导班子调整：聘任蒋凤贵为中国铝业股份有限公司贵州分公司财务总监，解聘陶栋的中国铝业股份有限公司贵州分公司财务总监职务，调出。

4 月 27 日，中铝集团党组书记、董事长葛红林到中铝贵州企业调研，中铝集团党组成员、副总经理刘才明等陪同调研。

4 月 27 日，贵州华仁新材料有限公司揭牌仪式在贵阳清镇铝工业园举行。中铝集团党组书记、董事长葛红林和贵阳市副市长杨赤忠共同为公司揭牌。

5 月 9 日，中国铝业贵州分公司电解铝厂铸造事业部成功试生产出直径为 457 毫米合金圆铸锭，从建筑型材逐步向工业型材转变取得新进展。

5 月 16 日，国投创益产业基金管理有限公司副总经理张万旗一行到中铝贵州企业进行调研。

5 月 18 日，国务院国资委财务监管局副局长王海琳一行，到中铝贵州企业调研。

6 月 7 日，贵阳市委副书记、市长刘文新主持召开中国铝业贵州分公司“退城进园”项目专题会议，对项目相关工作进行研究和安排。

6 月 11 日，中铝集团党组副书记、副总经理敖宏到中铝贵州企业调研。

6 月 11 日，贵州省委副书记、省长孙志刚到清镇铝工业园调研。

6 月 12 日，中国铝业贵州分公司 6082 合金棒生产线通过挪威船级社审核，获得了挪威船级社颁发的 6082 合金棒生产线认证证书，顺利进入下游高铁轨道交通、船舶生产领域，开拓了铝合金产品的市场。

6 月 13 日，国有重点大型企业监事会主席杨坚一行，到中国铝业贵州分公司调研。

6 月 22 日，中铝集团第八巡视组进驻贵州企业，就项目建设、“两金”压缩等专项工作开展巡视检查。

8 月 10 日，由新华网、中国新闻网、中国经济网、北京时间、澎湃新闻、千龙网、《21 世纪经济报道》、《证券日报》等多家国内主流媒体记者组成的采访团，到中铝贵州企业进行实地采访，对贵铝转型升级发展情况进行了深入报道。

8 月 26 日，中国铝业股份有限公司贵州分公司“退城进园”项目通电投产仪式在清镇市铝工业园举行。贵州省委书记、省长孙志刚，中铝集团党组书记、董事长葛红林出席仪式并共同启动项目通电投产。

8 月，中国铝业贵州分公司 6061、6082 合金棒生产线通过美国船级社审核，获得了美国船级社颁发的 6061、6082 合金棒生产线认证证书。

10 月 15 日，贵州分公司猫场铝矿环保设施改造项目——1130m 矿坑水处理系统竣工验收，矿坑水处理能力达到 25m^3/h。

11 月 20—21 日，贵州省委书记孙志刚，贵州省委副书记、代省长谌贻琴分别率领贵州省 2017 年第二次项目建设现场观摩会参会人员，到贵州华仁新材料公司进行现场观摩。

11 月 15—21 日，贵州分公司电解三系列和二系列相继退出生产。

12 月 4—6 日，中铝集团安全生产大检查第一督导组到中国铝业贵州分公司，对安全环保质量“全面大动员、全面大清查、全面大整改”强基固本行动开展情况进行检查督导。

12 月 22 日，贵州分公司麦坝铝矿以 86.5 分通过模范矿山验收，成为中国铝业股份有限公司第一家通过验收的地下模范矿山。

撰稿 / 施慧芸

审核 / 路增进

中国铝业广西分公司

一、基本情况

中国铝业股份有限公司广西分公司(简称广西分公司)，位于广西壮族自治区百色市平果县境内，其前身是成立于1987年的平果铝业公司（以下简称平果铝）。2002年中国铝业上市，将平果铝生产经营性资产分离出来组建中国铝业广西分公司，存续部分仍为平果铝业公司。2008年两公司合并重组，平果铝保留辅业，由广西分公司托管。2016年8月，平果铝业公司再次进行改革，隶属于中铝资产经营管理公司，2017年11月，平果铝业公司进行所有制改革，更名为平果铝业有限公司，仍由广西分公司托管。

广西分公司主营业务范围：铝土矿、石灰石矿、氢氧化铝、氧化铝、铝锭、铝合金、碳素制品及有关金属产品的生产与销售。

2017年基本数据表

表17

主要产品产能	资产总额/亿元	负债率/%	员工总数/人	平均年龄/岁	学历结构/人	
氧化铝254万吨	74.61	22.96	2253	42.6	中专及以下	1281
铁精矿71万吨					大学专科	500
金属镓56万吨					大学本科	438
焙烧阳极8万吨					硕士及以上	34

二、组织机构

（一）领导班子

黄卫平　党委书记、总经理

伍祚明　党委副书记、副总经理、工会主席

陈广展　常务副总经理

夏远强　副总经理

杨海洋　副总经理（2017年8月借调几内亚项目）

丁　波　财务总监

陈申贵　纪委书记

赵　平　副总经理（2017年9月22日任职）

熊　林　副总经理（2017年9月22日任职）

（二）机构设置

1. 广西分公司

管理部门：综合部、党委工作部、工会工作部、纪检监察审计部、人力资源部、财务部、安全环保部、企业管理部、生产技术部（质量管理部）、装备能源部、营销采购部

二级单位：矿业公司、氧化铝厂、热电厂。

2. 平果铝业有限公司

管理部门：平果铝财务部

二级单位：广西中铝工业服务有限公司、平果铝业公司炭素厂、广西中铝建设监理有限公司、广西中铝管理咨询有限公司、平果铝分析检测中心、平果铝后勤服务中心、平果铝保卫（武装）部、平果铝医院、平果铝码头运管部。

三、生产经营

2017年，广西分公司面对生产成本上涨、矿石品位不断下降等不利因素，坚持贯彻新发展理念，迎难而上，深挖内潜，生产经营取得了辉煌的业绩：广西分公司提前4个月完成中铝集团下达的利润指标，全年实现账面利润17.1亿元，超预算进度8.02亿元，利润创近10年新高；氧化铝全口径完全成本1597.82元/吨，竞争力名列行业前茅；完成生产运营净现金流20.73亿元，超预算进度7.03亿元。

平果铝业有限公司实现利润1174万元，完成考核目标的130%。

广西分公司主要指标表

表18

指标名称		2016年	2017年	同比增长/%
主要产品产量	1. 氧化铝/万吨	256.08	254.86	−0.47
	2. 铁精矿/万吨	65.9	71.68	8.77
	3. 金属镓/万吨	55.76	56.52	1.37
工业产值/亿元		43.90	62.04	41.32
销售收入/亿元		47.38	64.65	36.45
利润额/亿元		6.47	17.10	164.30
纳税额/亿元		6.88	9.92	44.19
产值劳动生产率/千元·人		1699	2830	66.57
人身伤亡事故/起		0	1	—
工亡人数/人		0	1	—
重伤人数/人		0	0	—
轻伤人数/人		0	0	—
轻伤人数/人		0	0	—

四、重大发展项目

配套华磊轻合金项目9月25日通电投产，比中铝集团批复工期提前2个月。

重大项目情况表

表19

项目名称	设计规模/万吨	投资规模/万元	当年完成投资额/万元	年内项目建设形象进度
三期排泥库扩容技改工程	增加排泥库有效库容 $3552 \times 104m^3$	35316	19669	2#、3#坝封顶，5#坝完工一半
广西华磊新材料有限公司轻合金材料项目之阳极组装配套项目	组装阳极，年生产能力20万吨	4755	3542	完成工程验收

续表 19

项目名称	设计规模 / 万吨	投资规模 / 万元	当年完成投资额 / 万元	年内项目建设形象进度
华磊轻合金材料项目之炭素焙烧系统配套项目	焙烧阳极炭块，年生产能力 13 万吨	11840	9320	工程完工
平果铝业公司那茂码头项目	码头设计吞吐量 310 万吨 / 年	16861	5350	一期工程 2 个泊位主体工程完工

五、企业管理

（一）质量和环境管理

2017 年，广西分公司氧化铝一级品率保持 100%，焙烧氧化铝 −45μ 达到 12.01%，同比优化 0.70%。环境隐患排查整治 1178 项，做到建设项目环保手续 100% 依法合规，隐患整改闭环率 100%。

（二）标准化管理

全面推进现场管理标准化工作。2017 年，广西分公司所有二级单位、机关部室全部通过现场管理标准化工作验收，中铝股份先后在广西分公司召开“火电厂现场管理标准化观摩会”“标准化 + 助推精准管理、实现提质增效现场会”。

2017 年 7 月 20 日，广西分公司启动消除“跑冒滴漏”专项行动，制定了《动密封点泄漏标准》等 7 个管理制度，形成了系统化管理体系，全员参与改善治理。全年共排查“跑冒滴漏”点 16383 个，治理完成率达 98.4%。

广西分公司全年设备非停减少 169 台次，同比减少 26%；热电厂降低“非停”次数，在中铝集团 2017 年专项劳动竞赛中获得第一名。2017 年广西分公司共 5 个 QC 小组获得“国优”称号，7 个 QC 小组被评为省部级优秀 QC 小组。

六、科技创新

2017 年，广西分公司共开展科技研发项目 13 项，新产品、新技术、新设备试用 6 项，共投入研发经费 598 万元，共申请专利 11 项，获得授权专利 6 项、著作权 1 项。对知识产权工作进行了规范，知识产权管理体系通过了第三方认定和发证，获广西自治区工业创新大赛优秀奖。同时利用技术优势，开展印度电解铝技术服务、越南仁基氧化铝技术服务，培养了一支电解铝、氧化铝经验丰富的专家团队，培训外方学员近 400 人，派遣各类技术专家 31 批次。

2017 年科技创新数据表

表 20

科技创新投入 / 万元	申请专利 / 件	授权专利 / 件	科技人员占比 /%
598	11	6	10.18

七、深化改革

广西分公司积极推进平果铝业公司全民所有制改革，重点落实资产、土地等清算工作，2017 年 11 月已完成平果铝业公司工商注册变更为平果铝业有限公司。

剥离企业办社会职能工作取得突破。将剥离企业办社会职能工作纳入广西分公司2017年“三大工程”统筹推进，紧盯时间节点，精心谋划，反复论证，至2017年底签订了移交协议，“三供一业”剥离移交工作基本完成。

矿山人力资源改革取得实效。围绕制度完善、人员优化配置、业绩考核、薪酬激励、员工培训等方面推进矿山人力资源改革，促进提质增效。

八、党建与企业文化建设

2017年，广西分公司全面落实从严治党责任，以学习贯彻落实党的十九大精神和习近平总书记系列重要讲话精神为主线，充分发挥党建工作促进中心工作的重要作用,建立“两学一做”联系点274个。将“两个责任”落实贯穿于企业党建和生产经营全过程，2017年广西分公司针对巡视组发现的问题，对62人次进行了问责处理。召开了六届一次工会会员代表大会和第四次团代会，各级群团组织主动作为，围绕中心工作开展系列培训及劳动竞赛活动，努力构建员工成长成才平台。

九、履行社会责任

2017年，广西分公司积极履行社会责任，全方位开展关爱员工工程，对36户困难职工家庭给予帮扶救助，出资150万元改善基层班组工作条件。提高职工收入，2017年，职工人均年收入增长率超过12%。开展“资助贫困大学新生”活动，副科级以上干部筹措14万余元帮扶资金，资助平果县各乡镇共70名贫困家庭大学新生。定点帮扶田东县作登乡陇穷村、思林镇新圩村和三百村，在三个定点帮扶村援建2个篮球场和244盏路灯。同时，积极营造企地和谐关系，江滨路、体育场、工人文化宫等民生工程修缮改造全面投入使用，惠及周边群众。践行绿色发展理念，完成生态复垦2326亩，达标排放控制符合标准要求。

十、重要记事

1月20日，广西分公司六届一次职工代表大会召开。

5月19日，中铝集团党组副书记、副总经理敖宏到广西分公司调研。

6月30日，中铝股份“‘标准化+’助推精准管理、实现提质增效”现场会在广西分公司隆重召开。中铝集团党组成员、副总经理卢东亮，30家成员企业负责人及相关人员参加会议。

7月20日，广西分公司赤泥高磁选铁、循环流化床煤气站改造、提高铝土矿中氧化铝回收率－高压溶出系统改造、平南2#预留地赤泥堆场建设和广西分公司27号、30号矿体抢救性开采等五个竣工项目通过专家验收评审。

8月22日，国家安监总局第九督查组到广西分公司开展遏制非煤矿山重特大事故专项督查。

9 月 25 日，中铝集团党组书记、董事长葛红林，中铝集团党组副书记、副总经理敖宏到广西分公司调研。

10 月 20 日，中铝集团党组成员、副总经理卢东亮率检查组到广西分公司开展安全检查。

撰稿 / 周丽芬

核稿 / 钟　声

中国铝业青海分公司

一、基本情况

中国铝业股份有限公司青海分公司（简称青海分公司）位于青海省西宁市宁张公路28公里处，其前身为原青海铝厂，是国家“七五”“八五”期间重点项目。1985年4月动工新建，1987年12月投产。

青海分公司主要产品有重熔用铝锭、铝及铝合金扁锭、铸轧卷、铝电解用预焙阳极炭块等。主导产品“海湖”牌重熔用铝锭于1995年在伦敦金属交易所注册。

2017年基本数据表

表21

主要产品产能	资产总额/亿元	负债率/%	员工总数/人	平均年龄/岁	学历结构/人	
1. 铝锭40万吨	30.02	74.50	2267	41.9	中专及以下	1113
2. 扁锭10万吨					大学专科	760
3. 铸轧卷10万吨					大学本科	387
4. 阳极21万吨					硕士及以上	7
5. 阴极2.3万吨						

二、组织机构

（一）领导班子

星占雄　总经理、党委书记

李惟扬　党委副书记、工会主席

尤祥胜　副总经理

张小刚　财务总监

张德智　纪委书记

张生凯　副总经理

陈有财　副总经理

注：5月16日，陈有财任副总经理。7月10日，李惟扬任党委副书记，为工会主席人选，不再担任纪委书记职务；张德智任纪委书记；星占雄不再担任工会主席职务。

（二）机构设置

职能部门：人力资源综合部、财务部、营销采购部、企业管理部、装备能源部、党群工作部（团委）、纪检监察（审计）部、工会。

二级单位：安全环保生产技术中心、质量物资管控中心、第一电解厂、第二电解厂、铸造厂、炭素厂、阴极事业部、动力厂、机修公司、青海中铝铝板带有限公司。

三、生产经营

2017 年，青海分公司坚持绿色发展理念，优化产品结构，提高产品的附加值，成功开发生产绿色 85 铝，得到国际化大公司的认可，全年生产销售绿色 85 铝 1.29 万吨，利润率大幅提高。用铝液直接生产 1235 铝箔坯料在青海分公司获得成功。实现 5052A 铝合金扁锭的批量生产。

主要生产经营指标表

表 22

指标名称		2016 年	2017 年	同比增长 /%
主要产品产量	铝锭产量 / 万吨	6.48	2.51	−0.61
	外销铝液量 / 万吨	25.55	29.85	0.17
	扁锭产量 / 万吨	8.71	7.79	−0.11
	铸轧卷产量 / 万吨	7.51	7.71	0.03
	阳极产品产量 / 万吨	19.43	19.19	−0.01
	阴极产品产量 / 万吨	0	0.70	—
工业产值 / 亿元		43.11	48.97	0.14
销售收入 / 亿元		43.40	50.43	0.16
利润额 / 亿元		1.73	0.49	−0.72
纳税额 / 亿元		1.16	1.01	−0.13
净资产收益率 /%		21.3	9.1	—
产值劳动生产率 / 千元·人		1882	2160	—
人身伤亡事故 / 起		0	0	0
工亡人数 / 人		0	0	0
重伤人数 / 人		0	0	0
轻伤人数 / 人		0	0	0

四、企业管理

一是加强基础管理。坚持问题导向，以“问题清单”专项行动为抓手全面查补短板，提升精准管理水平，共梳理出 33 个专题 128 项问题，已完成整改 99 项，占问题总数的 77%。持续推进安全环保质量“全面大动员、全面大清查、全面大整改”强基固本活动，机关部室中层以上管理人员、生产单位基层以上管理人员包保班组层层动员，有效解决了“上面热、中间温、下面冷”的形式主义现象。组织开展厂区环境专项整治，粉刷厂房、修复窗户、重铺道路，营造健康安全美丽的生产环境。

二是全过程推进降本增效工作。继续坚持“算着干、干着算”的成本控制理念，从各个环节入手严控各项成本费用。吨铝修理费用在中铝电解铝企业中保持最低；精打细算，点点滴滴降低机物料消耗，吨铝制造费用在中铝电解铝企业中保持最低、吨组装块制造成本在中铝电解铝企业中位列前三名、吨铝财务费用在中铝内部始终保持最低。

三是强化安全管理。认真落实各项安全管理举措，实现了可视化监控。厂区交通及电解、铸造等主要生产厂房内实现了人车分离、物理隔离。开展“安全、干净、高效”班组竞赛，实现安全管理关口前移、重心下移。严格按照外部承包商安全管理“七步法”“五必须”的要求，对企业所有承包商持续开展检查评估，防范承包商生产安全事故的发生。全年，青海分公司实现安全生产“六个为零”。

四是强化环保管理。2017 年青海分公司共投入资金 3000 余万元，增加环保设施 14 套，当年全部投运；新建危废品库房 22 间，实现了危险废物合规合法贮存。重点污染源监督性监测 100% 达标，废气各项污染因子 100% 达标排放，工业废水零排放，环境污染事故为零的目标，顺利通过了国家环保督查。

五、科技创新

2017 年青海分公司新获得授权专利 6 件，其中发明专利 1 件，实用新型专利 5 件。截至 2017 年底，青海分公司共获得授权专利 134 件，其中发明专利 53 件，实用新型专利 81 件。

2017 年科技创新数据表

表 23

科技创新投入 / 亿元	申请专利 / 件	授权专利 / 件	科技人员占比 /%
1.98	0	6	51

六、深化改革

青海分公司本着“精干、高效”原则，对二级单位及相应党组织进行撤并整合，对中层管理人员进行了调整，二级单位减幅达 25%，中层管理人员减少 20%。

青海海源铝业公司于 2017 年 7 月 15 日顺利完成了厂办大集体改制工作。在已完成供暖、供电移交的基础上，完成了生活区物业、供水、市政设施的移交。

青海中铝工服公司与庆丰铝业、重庆旗能铝业公司、黄河鑫业公司等多家单位建立合作关系，全年对外创收 508 万元。

七、党建及企业文化

2017 年，青海分公司党委修订《党委会会议制度》《“三重一大”决策制度实施办法》等多项规章制度，突出了党的政治核心和领导核心作用。从严落实党建责任，实行季度考核与“双百分”考核相结合。

深入推进“两学一做”学习教育常态化制度化，严格落实“三会一课”，制定学习贯彻党的十九大精神实施方案，全年召开 5 次专题会学习习近平新时代中国特色社会主义思想；党委成员深入基层讲党课，宣传贯彻十九大精神，指导企业实践。推进基层党建工作标准化，党组织、党员信息采集入库率 100%。开展党员义务奉献、“一名党员一面旗”、“党员对对红”等主题活动，“两带两创”活动确立项目 163 个，收益 1200 余万元。

工会以群众性经济技术创新活动为载体，开展多种形式的劳动竞赛。团委围绕企业安全生产、青工技能素质提升、青工岗位成才三大主题，开展青年安全监督岗等活动。

八、社会责任

2017 年，青海分公司在企业增效的基

础上，为所有员工增加工资收入，并通过发放一次性奖励，实现了员工持续增收。深入推进强基固本行动，狠抓本质安全、美化厂区环境，努力为职工创造安全美丽的工作环境。首次开展全员户外拓展培训。在春节、中秋等传统节日为员工发放慰问品。为1493名员工进行了职业健康、特殊工种、职业病等类型的免费体检。继续做好困难员工的帮扶工作，建立和完善困难员工电子档案82户，共发放各类救助金60万元。

九、重要记事

1月3日下午，西宁市副市长杨小民到青海分公司调研。

1月21日，青海分公司召开六届三次职代会。

2月22日，中铝集团党组书记、董事长葛红林到青海分公司现场调研。

3月6日，中铝集团第三巡视组到青海分公司开展巡视工作。

4月25日，青海省住房城乡建设厅副厅长白宗科一行到青海分公司，就生活区棚户区改造项目及物业管理情况进行调研。

6月21日，由中铝集团党群工作部主办、青海分公司党委承办的中铝公司“庆七一·创新赢得未来”主题演讲西北片区比赛在分公司举行。

7月10日，中铝股份党委召开视频会议，宣布青海分公司领导班子调整决定：根据工作需要，经与中共青海省委商得一致，李惟扬任中铝股份青海分公司党委副书记，为工会主席人选，不再担任中铝股份青海分公司纪委书记职务；张德智任中铝股份青海分公司纪委书记；星占雄不再担任中铝股份青海分公司工会主席职务。

7月15日，青海海源铝业有限责任公司创立大会暨第一届股东会召开，标志着海源铝业公司大集体改制工作顺利完成。

7月下旬，铝板带公司成功生产出8011合金啤酒封单零铝箔。

8月份，青海分公司入围“2017年青海企业50强”，连续第十三次进青海省企业50强。

8月19日，中铝集团党组书记、董事长葛红林到青海分公司现场调研。

8月26日，青海分公司召开安全环保质量“全面大动员、全面大清查、全面大整改”强基固本动员会。

8月，青海省人力资源和社会保障厅公布了2016年“青海省首席工人技师”名单，青海分公司职工蒲科林榜上有名。

10月17日，中铝集团党组副书记、副总经理敖宏到青海分公司调研，并对问题梳理及整改专项工作进行穿透检查。

撰稿／韩　涛

审核／姜良杰

中国铝业兰州分公司

一、基本情况

中国铝业股份有限公司兰州分公司（简称兰州分公司）的前身是兰州铝厂，始建于1958年，是新中国成立后国家“二五”期间在祖国大西北建设的第一家电解铝厂。1999年4月，兰州铝厂改制为兰州铝业股份有限公司；2005年1月，中国铝业股份有限公司与兰州铝厂签订股权转让协议，兰州铝业股份有限公司成为中国铝业的控股子公司；2007年4月，实施股权分置改革，换股吸收合并，成为中国铝业的分公司。

兰州分公司主营业务为铝冶炼；铝加工产品、碳素制品的生产、销售；发电。生产厂区位于兰州市红古区平安镇，厂区占地面积约222万平方米。

通讯地址：甘肃省兰州市西固区福利西路169号。

邮政编码：730060。

2017年基本数据表

表24

主要产品产能	资产总额/亿元	负债率/%	员工总数/人	平均年龄/岁	学历结构/人	
1. 电解铝：43万吨 2. 发电装机：90万千瓦 3. 炭素制品：23万吨	56.31	—	2474	38	中专及以下	1533
					大学专科	586
					大学本科	334
					硕士及以上	21

二、组织机构

（一）领导班子

孙波涛　总经理、党委书记

周新哲　党委副书记、工会主席（2017年6月22日任职）

肖伟峰　党委委员、副总经理

张得教　党委委员、副总经理

徐文胜　党委委员、副总经理

司建宏　党委委员、纪委书记（2017年10月13日任职）

徐　薇　总经理助理

马雅丽　总经理助理（2017年7月21日任职）

杨永亮　党委副书记、纪委书记（2017年6月1日调出）

范天元　党委委员、副总经理（2017年7月21日调出）

（二）机构设置

职能部室：办公室、人力资源部、财务部、安全环保健康部、发展规划部、党委工作部

二级单位：生产运营中心、营销采购中心、装备能源管理中心、质检信息中心、电解一厂、电解二厂、自备电厂、炭素厂、动力厂。

三、生产经营

2017年，兰州分公司积极应对各种困难和挑战，不断优化生产组织，扎实推进基础管理，争取政策支持，生产经营实现了平稳运行。

主要生产经营指标表

表25

指标名称		2016年	2017年	同比增长/%
主要产品产量	1. 电解铝/万吨	39.91	39.1	−2.03
	2. 发电量/万吨	40.43	38.43	−4.95
	3. 炭素制品/万吨	16.98	24.94	4.69
工业产值/亿元		40.67	47.8	17.53
销售收入/亿元		39.89	47.55	19.2
利润额/亿元		1.51	0.0074	−99.5
纳税额/亿元		1.96	1.53	−21.94
净资产收益率/%		0.08	−0.18	—

续表25

指标名称	2016年	2017年	同比增长/%
产值劳动生产率/千元·人	1815	1932	—
人身伤亡事故/起	0	0	0
工亡人数/人	0	0	0
重伤人数/人	0	0	0
轻伤人数/人	0	0	0

四、重大发展项目

2017年，兰州分公司组织实施了“200千安动力电源改造”“200千安铸造生产线技术改造”“自备电厂电煤全自动采制样系统改造”“炭素回转窑节能改造”等项目，全年项目投资资本性支出合计1.02亿元，在企业推进环境保护、节能减排和降本增效等方面发挥了重要作用。

重大项目情况表

表26

项目名称	投资规模/万元	当年完成投资额/万元	年内项目建设形象进度
200kA动力电源改造	1600	1600	交付使用
200kA铸造生产线技术改造	1200	1200	完成90%
自备电厂电煤全自动采制样系统改造	1114	1114	完成90%
炭素回转窑节能改造	1110	1110	交付使用

五、企业管理

按照安全、环保、质量和职业健康管理体系的要求，兰州分公司加强对管理过程和活动的管控，体系方针得到了较好贯

彻执行。

2017 年，兰州分公司推进规章制度的制修订，新制定 11 项、修订 35 项、废止 32 项。

推进强基固本行动，制定行动方案，通过动员会、班组宣讲会等方式，完成全级次宣讲，实现全方位覆盖；加强基础管理工作的督导，通报指标完成情况和劳动竞赛结果，坚持边查边改。

推进智能工厂建设，智能工厂建设整体规划及二期的建设方案已经完成。申报的铝电解智能工厂试点示范项目（一期）被工业和信息化部授予国家级“智能制造试点示范（铝电解智能工厂）”称号。

六、科技创新

实施 FHEST 技术推广项目。该项目于 2017 年 4 月列为中铝集团 2017 年“节能环保降炭专项”。2017 年全年共在 56 台电解槽上推广应用 FHEST 技术，正常期节电 44.68 万千瓦时，非正常期节电 395.01 万千瓦时，节电效果显著。

在碳素组装生产线开展了“磷生铁复合改性剂试验”，铁碳压降平均降低了 27 毫伏，效果明显。

开展的“新型稳流保温铝电解槽节能技术试验与应用”项目获得甘肃省总工会第十届全省职工优秀技术创新成果奖三等奖。

发明专利“阳极导杆与阳极钢爪的无过渡焊接装置及焊接方法”获得国家知识产权局授权。

2017 年科技创新数据表

表 27

科技创新投入 / 万元	申请专利 / 件	授权专利 / 件	科技人员占比 /%
4425.8	0	1	6.9

七、深化改革

根据兰州分公司辅业改革改制方案成立的兰州兰铝物资运输有限公司，于 2017 年年初进行了重组，成为中铝物流集团的子公司。

按照中铝集团压减法人户数的要求，2017 年 9 月压减了兰州兰铝现代城市服务有限公司。

兰州铝厂积极推进公司制改革，于 11 月改制成立了兰州铝厂有限公司；加快实施“三供一业”移交改造，与兰州市国资委及有关各方签订了多方协议和正式分离移交改造协议。

八、党建与企业文化建设

2017 年是兰州分公司“党建工作基础年”。兰州分公司提高政治站位，深入学习领会党的十九大精神、习近平总书记系列重要讲话精神，贯彻落实中铝集团年度工作部署要求，加强党建基础工作。年内，制定《中国铝业兰州分公司党群工作季度检查考核激励办法》，实现了党建工作的定量化考核。

推进企业文化设施建设，总结完善和丰富发展企业文化，提炼形成了兰州分公司“成就员工就是成就企业”的管理理念和“拼搏奉献、务实高效、创新超越、和谐发展”企业作风。

九、履行社会责任

多措并举关爱员工。一是全面实施帮扶中心保障计划，全年帮扶救助因病、意外伤害、子女就学等困难员工 334 人次。二是加强生产现场无组织排放治理和绿化工作,抓好班组休息室环境建设,全面推进“安全干净班组”创建活动，为一线员工营造良好的工作和休息环境。三是为 202 个基层班组配发“爱心药箱”急救药品。四是坚持高温季节为一线员工送防暑降温药品和饮品。

切实落实环保责任。12 月 18 日媒体报道兰州分公司大修渣环境问题后，兰州分公司全面落实环境保护部挂牌督办要求和环保部门整改安排，以敢于担当的精神和高度负责的态度抓好整改落实，积极配合有关方面调查处理；在配合第三方做好监测评估、制定处置方案的同时，全面加强各类废旧物资特别是危险废物的规范化管理；超常规推进大修渣无害化处理项目建设，举一反三开展内部排查整改工作，大修渣环境问题整改工作推进有序。

积极支持公益事业。兰州分公司按照甘肃省委的部署，积极推进精准扶贫工作。原对口帮扶的兰州市永登县武胜驿镇霍家湾村、聂家湾村、新民村等三个村已实现整存脱贫。根据甘肃省委新的部署，2017 年下半年开始对口联系甘肃省靖远县兴隆乡大庙村，安排专人驻村入户，协助推进精准扶贫工作。

十、重要记事

3 月 3 日，扁锭扩能改造项目完工投运，兰州分公司新增扁锭产能 7 万吨。

6 月 1 日，杨永亮不再担任兰州分公司党委副书记、纪委书记，调出。

6 月 22 日，周新哲任兰州分公司党委副书记、工会主席。

7 月 21 日，范天元不再担任兰州分公司党委委员、副总经理，调出；马雅丽任总经理助理。

7 月 25 日，中国铝业公司外部董事张富生、孙又奇、张晓鲁、赵小刚一行到兰州分公司调研指导工作。

8 月 3 日，甘肃省委常委、兰州市委书记李荣灿一行到兰州分公司调研。

10 月 13 日，司建宏任兰州分公司纪委书记。

11 月 9 日，甘肃省委常委、副省长宋亮到兰州分公司调研。

11 月 9 日，中铝集团党组副书记、总经理余德辉，中铝公司党组成员、副总经理卢东亮一行到兰州分公司调研指导工作。

11 月 30 日，兰州铝厂完成公司制改革，变更为兰州铝厂有限公司。

审稿 / 冯康虎

撰稿 / 曾海宏

中国铝业重庆分公司

一、基本情况

中国铝业股份有限公司重庆分公司（以下简称重庆分公司）于2006年7月7日注册成立。

重庆分公司生产规模为年产80万吨冶金级砂状氧化铝，2014年7月氧化铝生产线停产。

通讯地址：重庆市南川区水江镇南陵大道水江镇政府东侧

邮政编码：408403。

2017年基本数据表

表28

主要产品产能	资产总额/亿元	负债率/%	员工总数/人	平均年龄/岁	学历结构/人	
氧化铝80万吨/年	29.24	98	443	36	中专及以下	245
					大学专科	127
					大学本科	66
					硕士及以上	5

二、组织机构

（一）领导班子

芦　东　党委书记、总经理

杨世德　党委副书记、副总经理（2017年4月始任）、工会主席（2017年8月始任）

邵伟生　纪委书记、副总经理

（二）机构设置

财务组、综合（安全环保）组、资产维保组。

三、生产经营

2017年，重庆分公司以扭亏脱困转型升级为中心，全面实施精准管理，积极推进挖潜增效，租售闲置资产、盘活库存物资、争取政策补贴，全面完成全年控亏目标。

按照效益最大化原则，联系周边厂家对外销售母液，销售收入429万元。加强与地方政府及企业对接，借助地方新引进重点项目，将部分土地、仓库等对外出租，创收 241.66 万元。

主要生产经营指标

表 29

指标名称			2016年	2017年
主要产品产量	氧化铝	万吨	0	0
工业产值		亿元	39.35	45.19
销售收入		亿元	39.75	46.78
利润额		亿元	1.17	0.089
纳税额		亿元	2.09	1.68
净资产收益率		%	4.66	—
产值劳动生产率		千元 / 人	1350	1608
人身伤亡事故		起	0	0
工亡人数		人	0	0
重伤人数		人	0	0
轻伤人数		人	0	0

说明：重庆分公司氧化铝生产线停产，指标没有可比性

四、重大发展项目

2017 年，重庆分公司无新增重大发展项目。

五、企业管理

全面落实安全环保主体责任，牢固树立“大安全”理念，扎实推进安全环保宣传教育，组织收听早安中铝，落实安全一岗双责责任清单。抓好安全环保综合大检查和“放射源安全”“防汛安全”等专项检查，加强重点部位的安全监管工作，组织 2 次应急实战演练；推进“安全干净”劳动竞赛、安全环保质量“全面大动员、全面大清查、全面大整改”强基固本行动，抓好安全环保隐患排查整治工作，实现了全年安全环保工作目标。

坚持科学减法，强化费用严控，深化节约降本，全面实行直采、网购工作，自主完成设备检修维护、清理绿化等工作，2017 年可控费用同比降低 30%。

建立健全“巡逻—督察—组长联合检查—值班组长检查—领导抽查督办”五级安全巡检监控体系，定期对现场设备进行检修与保养，全力做好资产维护保全。

坚持“内部充分准备、外部强化协调，坚持分厘必争，最大限度止损”的原则，积极应对法律诉讼和潜在纠纷，避免经济损失 1580 万元。

六、科技创新

2017 年，重庆分公司配合重庆市科委推进重庆市 121 科技支撑项目结题验收。对 10 项专利缴纳维护年费 1.02 万元。

2017 年科技创新数据表

表 30

科技创新投入 / 万元	申请专利 / 件	授权专利 / 件	科技人员占比 /%
1.02	0	0	0.4

七、深化改革

2017 年，重庆分公司与重庆市发改委、重庆能投集团旗能电铝就多方合作盘活资产、打造上下游一体化产业链事宜进行多

次沟通协商。与南川区政府及相关部门就建设铝的深加工项目、全铝汽车整车装配等脱困方案进行了多次探讨。与中电投白马氧化铝厂、重庆京宏源实业有限公司（电解铝）就多方合作盘活资产等事宜进行多次沟通。重庆分公司与南川区政府、重庆市博赛矿业（集团）有限公司就资产租赁合作事宜进行了多轮沟通谈判，12 月启动标的资产的评估工作。

推进转型发展的尝试，与东方智库、绿地集团多次就合作开发民族风情、建设特色旅游事宜进行磋商。就利用国家和重庆市政府再就业培训和职业教育相关政策，与西南铝培训中心联合办学进行探讨沟通。

分类推进闲置资产盘活。根据中铝股份批示，优先将闲置资产调剂转让至集团内部企业，共转移盘活种分母液、备品备件和设备等，盘活资产约 8200 万元。

八、党建与企业文化建设

2017 年，重庆分公司深入推进“两学一做”学习教育常态化制度化，组织党委中心组学习 19 次、专题民主生活会 2 次，党员集中学习 34 次，各级领导干部讲党课 17 次，发放学习资料 433 份。运用“互联网 +”开展新媒体教育，打造指尖上的“移动课堂”，加强理想信念教育，提高党员的政治觉悟和思想境界。坚持逢会必讲党风廉政建设，与关键岗位进行廉洁谈话，给予党政纪处分 4 人。

2017 年，重庆分公司组织开展创新赢得未来演讲比赛、“学革命英烈、做合格党员”和“讲党性讲担当讲奉献”主题党日活动，以及“降本增效我先行、我为基层党建献一策”合理化建议征集、主题论坛、专题述评、纪念建党 96 周年活动等特色活动，征集员工意见建议 89 条。

九、履行社会责任

组织下基层座谈会和日常谈心谈话活动，实现与留守职工交流谈心 100%。

帮助员工解决生活工作中的困难，组织开展迎新春系列活动、正月十五篝火晚会、三八节趣味活动、夏季送清凉、八一复转军人慰问、“徒步走健康、行动促安全”健身活动、员工生日发放蛋糕等活动。

持续落实“送温暖”工程，做好精准困难帮扶工作，累计慰问困难党员、职工 6 人，发放慰问金 1.25 万元。

坚持对员工负责，用好用足跨企业转移支持政策，为员工上岗再就业、跨企业转移提供支持和帮助，创新党员“1+1+N”网格化服务，多方邀请内外部企业到重庆分公司宣讲面试，组织多场专题招聘会，全年稳妥安置员工 364 人。

十、重要记事

1 月 25 日，重庆分公司组织召开 2017 年度工作会议。

4 月 21 日，重庆分公司召开干部大会，宣布中铝集团党组决定：任命杨世德为党委副书记、副总经理。

5月5日，国有重点大型企业监事会主席李志群在西南铝听取了重庆分公司《问题清单》梳理专项工作情况。

6月3日，重庆市委常委、常务副市长吴存荣到重庆分公司参观调研。

7月21日，中国铝业股份有限公司、重庆分公司与重庆市发展和改革委员会就重庆分公司合资合作事宜进行了商谈。

9月14日，中国铝业股份有限公司、重庆分公司与南川区人民政府、重庆市博赛矿业（集团）有限公司就重庆分公司租赁合作事宜进行了商谈。12月25日，评估公司就租赁合作事宜开展了标的资产评估。

12月26日，重庆分公司组织召开第五次会员代表大会。

撰稿 / 王　震

中国铝业连城分公司

一、基本情况

中国铝业股份有限公司连城分公司（简称连城分公司）位于甘肃省兰州市永登县河桥镇境内，前身为兰州连城铝厂，1966年筹建，1974年投产，曾先后隶属于冶金工业部、中国有色金属工业总公司、中国铝业集团、甘肃省政府。2006年11月加入中国铝业公司，2008年6月进入中国铝业股份有限公司。主要从事铝冶炼、铝及铝合金产品加工、炭素制品加工、销售等业务。

2017年基本数据表

表31

主要产品产能	资产总额/亿元	负债率/%	员工总数/人	平均年龄/岁	学历结构/人	
1. 电解铝54万吨	44.98	60.48	2162	40	中专及以下	1153
2. 炭素制品35万吨					大学专科	444
					大学本科	298
3. 合金铸锭27万吨					硕士及以上	19

二、组织机构

（一）领导班子

何文建　总经理、党委副书记

朱永松　党委书记、副总经理、工会主席

宋　昇　纪委书记

罗天元　纪委书记（2017年9月任职）

黄勇忠　财务总监

王　群　副总经理

（二）机构设置

管理部室：人事行政部、党群（纪检）工作部、财务部、企管发展部、安全环保健康部、装备能源部

业务中心：生产运行中心、营销采购中心、质量检验中心、综合服务中心

生产单位：电解一厂、电解二厂、炭素一厂、炭素二厂、熔铸厂、动力厂、检修厂

托管的兰州连城铝业有限责任公司下设3个单位（部门）：综合管理部、兰州中铝工业服务有限公司、连铝陇兴宾馆。

三、生产经营

2017年，连城分公司原铝、阳极炭块及合金等主要产品产量大幅提升，全年外销铝液20.76万吨，同比增长22.96%。成功开发了AlSi20、A356.2-2、ZLD104等合金新品种，销售合金17.15万吨，同比增长34.79%。外销阳极炭块6.65万吨，同比增长665%。

主要生产经营指标表

表32

指标名称		2016年	2017年	同比增长/%
主要产品产量	1. 铝产品/万吨	39.86	51.44	29.05
	2. 炭素制品/万吨	21.52	31.26	45.26
工业产值/亿元		42.63	63.12	48.06
销售收入/亿元		42.84	65.43	52.73
利润额/亿元		0.41	0.02	−95.12
纳税额/亿元		1.26	1.49	18.25
净资产收益率/%		1.07	−0.19	—
产值劳动生产率/千元·人		2094.84	2919.52	—
人身亡事故/起		1	5	400
工亡人数/人		1	1	持平
重伤人数/人		0	0	—
轻伤人数/人		0	4	—

四、企业管理

一是质量安全环保三大管理体系标准完成换版（2016版）。二是建立重点工作督办制度，人事行政部负责督办业务并建立督办平台，全年督办重点工作425项，对督办事项未完成和逾期完成的中层干部问责32人次。三是开展“5分钱”降本行动，即通过提高产量、降低物料消耗、控制费用支出等途径，全年降本3.05亿元，折算电价5.03分/度。四是推进安全、环保、质量、设备和现场管理强基固本提升活动，提升基础管理水平。五是推进两化融合，完善了数据决策系统、OA办公平台、设备能源管理平台、工艺车辆GPS定位和超速报警等系统。六是压降“两金”占用，降低库存2052万元，节约财务费用1496万元。七是强化财务管理，会计核算和财务管理列在中国铝业股份有限公司28家企业会计信息质量4家零差错企业之一。八是通过大宗原料增减储、利旧采购、辅材和备件批量采购、区域协同采购、氧化铝集装箱运输等方式，实现采购降本2738万元。九是开展设备管理提升活动，保障关键设备连续稳定运行。十是完善供水系统三级计量设施，开发了流程图和水量月报分析系统，实现了水消耗可视化管理。十一是盘活闲置厂房、备件和辅材，建成了电解质破碎系统，改善清极破碎作业环境。处置低效无效备件，降低资金占用2025万元。十二是强化安全环保管理，落实安全生产责任制，建立全员安全责任清单。全面整治“小散乱污”，各类污染物达标排放。

五、科技创新

推广应用“新型稳流保温节能”技术大修电解槽87台，使500千安电解系列一代槽数量下降到142台；自主研发应用铝锭连铸在线计量及激光标识项目，实现了铝锭计量、打标等工序的自动化，荣获中国集团创新创意大赛二等奖；备品备件全流程精准管理系统研发项目被确立为中国集团2017年青年科技人才启明星计划项目，获得30万元资金支持；铝电解槽安全高效复产及指标优化综合技术项目、500千安电解系列工艺优化探索研究项目分别获得甘肃省冶金有色工业科技进步二等奖和三等奖。

2017年科技创新数据表

表33

科技创新投入/亿元	申请专利/件	授权专利/件	科技人员占比/%
0.748	0	0	10

六、深化改革

2017年，连城分公司改革管理机构，原办公室和人力资源部合并成立人事行政部，增设装备能源部。剥离辅营业务，将物流的资产、人员和业务划转到中铝物流集团。完成了生活区物业服务社会化改革。盘活原100千安电解厂房及部分设备设施，招商引进年产能5万吨的电工圆铝杆生产线。

七、党建与企业文化建设

连城分公司党委组织党的十九大精神宣传教育活动，推进“两学一做”学习教育常态化制度化，开展“两带两创”活动；动态监控重点岗位廉洁风险点，规范企业领导人员履职待遇和业务支出；构建党建与生产经营双百分的考核体系，推进党建工作精准化、标准化。

微信公众平台、微信群等新媒体与传统媒体相结合，并规范了基层党组织活动室，发挥主阵地作用，传递正能量。

丰富企业文化建设载体，设立了500千安办公楼一楼企业展厅、二号门文化墙；美化亮化基层班组交接班室。

八、履行社会责任

实施环保工程。实施了炭渣综合利用、200千安炭素3号回转窑脱硫系统改造、电解质破碎系统改造等项目，实现了炭素系统炭渣、煅烧余热、炭粉、废焦油的循环利用。分别建成500千安炭素系统焙烧烟气净化系统升级改造项目和200千安炭素焙烧1号焙烧烟气净化系统升级改造项目，实现炭素焙烧系统烟气合规排放。

开展困难职工帮扶活动。发放日常救助、扶贫解困、贫困助学、互助医疗等困难帮扶资金51.7万元，帮扶职工300余人；发放抚恤金112万元；职业健康普查1809人次。

开展精准扶贫工作。2017 年，连城分公司向渭源县秦祁乡捐助扶贫资金 40 万元，建设自来水改造项目。

九、重要记事

1 月 21 日，连城分公司召开二届二次职工代表大会，确定了 2017 年重点工作。

2 月，连城分公司铝锭在线激光二维码标识系统投入运行，该系统为国内首创，实现了从铝锭生产、出入库到客户网上查询质量信息的激光二维码全流程管理，用智能技术取代了铝锭在线计量、合格证标签打印等工序的人工操作。

2 月 28 日，连城分公司将物流资产、人员和业务划转到中铝物流集团。

6 月 25 日，国资委大型企业监事会集中重点检查组、中铝集团第五巡视组进驻连城分公司开展巡查工作。

7 月 26 日，中铝集团董事会外部董事张富生、孙又奇、张晓鲁、赵小刚到连城分公司调研。

8 月 3 日，甘肃省委常委、兰州市委书记李荣灿率领兰州市、永登县及甘肃省电力公司有关人员到连城分公司调研。

8 月 10 日，甘肃省委副书记、省长唐仁健，甘肃省委常委、兰州市委书记李荣灿，省政府秘书长常正国到连城分公司调研。

9 月 28 日，3 号煅烧回转窑经过环保达标改造后点火复产。

是年，连城分公司新增多种牌号的合金并实现量产。4 月，360Z.6 合金成功试制，全年产量 786.74 吨；5 月，A356.2 低铁合金锭成功试制，全年产量 5329.53 吨；9 月，Alsi10mg 合金成功试制，全年产量 706.48 吨。

撰稿 / 王冬生

审核 / 康会林

中铝山东有限公司

一、基本情况

中铝山东有限公司（简称中铝山东）位于山东省淄博市张店区，前身山东铝厂是“一五”时期国家156个重点建设项目之一，于1954年7月1日建成投产。

主要产品有氧化铝、精细氧化铝吨。

通讯地址：山东省淄博市张店区五公里路1号。

邮政编码：255000。

中铝山东有限公司2017年基本数据表

表34

主要产品产能	资产总额/亿元	负债率/%	员工总数/人	平均年龄/岁	学历结构/人	
氧化铝203万吨	70.20	34.01	4591	44.5	高中（技校）及以下	3430
					大学专科	595
精细氧化铝82万吨					大学本科	498
					硕士及以上	68

二、组织机构

（一）领导班子

张正基　董事长

蒋　涛　总经理（2017年7月任职）

朱守河　总经理（2017年7月解聘）

沈山峰　财务总监（2017年3月任职）

王辛成　副总经理（2017年5月任职）

董晓辉　副总经理（2017年5月任职）

（二）机构设置

与山东铝业合署办公部室：总经理办公室、党委工作部、人力资源部、纪检监察审计部、工会（团委）

专业管理部室：财务部、生产管理部、投资管理部、安全环保部

二级单位：氧化铝厂、第二氧化铝厂、热电厂、动力厂、矿业公司、研究院、工业服务中心、炭素厂、营销中心、资源综合利用中心、海外资源开发中心

子公司：中铝山东新材料有限公司、中铝（阳泉）矿业有限公司、山东山铝电子技术有限公司、中铝青岛轻金属有限公司。

三、生产经营

2017 年，中铝山东企业始终坚持扭亏脱困转型升级工作总基调，抢抓市场机遇，全力提产增效，深化改革改制，加快转型升级，开创了改革发展的崭新局面，创出了 2008 年金融危机以来最好业绩。

主要生产经营指标表

表 35

指标名称		2016 年	2017 年	同比增长 /%
主要产品产量	1. 氧化铝 / 万吨	222.43	241.67	8.65
	2. 精细氧化铝 / 万吨	68.89	80.23	16.46
销售收入 / 亿元		62.81	84.02	33.77
利润额 / 亿元		3.76	4.12	9.57
纳税额 / 亿元		1.25	6.39	411.20
净资产收益率 /%		14.48	6.95	—
人身伤亡事故 / 起		0	0	—
工亡人数 / 人		0	0	—
重伤人数 / 人		0	0	—
轻伤人数 / 人		0	0	—

四、重大发展项目

打造铝基材料新高地。中铝齐鲁工业园铝基新材料产业一期项目 10 万吨板状刚玉、10 万吨精细分子筛、15 万吨环保吸附新材料正式开工建设，开启了新旧动能转换和增量带动存量发展的坚定步伐。

重大项目情况表

表 36

项目名称	设计规模 / 万吨	投资规模 / 万元	当年完成投资额 / 万元	年内项目建设进度
中铝齐鲁工业园铝基新材料产业一期项目	17.5	35075	30000	10 万吨板状刚玉一期项目主体工程已基本完工；10 万吨精细分子筛一期项目开始进行土建基础及设备安装；15 万吨环保吸附新材料一期项目湿法厂房已基本完工，干法厂房已完成 80%

五、企业管理

中铝山东聚焦经营管理的工作重点，精准发力，精细管控，形成了边算边干、边干边算的良好工作习惯。工作质量效率得到精准提升，夯实了盈利的基础。

1. 优化经济运行管控，实现降本增利。完善避峰填谷生产组织，全年创效 108.6 万元；争取跨区直购电交易，直购电量 3 亿千瓦时，成为山东省唯一一个申报电量全部竞价成功的企业，直接创效 1664 万元；实施能源系统优化，实现大能源管理降本 5914 万元；煤气产量、发电量、产汽量同比增加 78.08%、21.19%、9.45%；强化设备检修标准化管理，吨氧化铝检修费用下降 0.9%。

2. 调整营销策略，市场运作成效明显。坚持利润最大化目标导向，动态调整产品结构，全年共销售氢铝 70.7 万吨，非冶金级氧化铝 11.8 万吨，比销售冶金级氧化铝增利1.3亿元。引入竞争机制，控制采购节奏，锅炉煤、冶金煤采购价格在中铝通过市场运作，精细氧化铝加权售价提高417.45元/吨；抓住政策机遇，成立售电公司，开展电力贸易业务。

3. 实施精益操作，技术指标持续改善。推广岗位标准作业卡，规范了岗位员工操作行为；氧化铝综合能耗完成275.06千克标准煤/吨，排名行业前列；质量管理水平稳步提升，氧化铝分解率完成52.18%，获得中铝股份单项劳动竞赛第一名；−45μ 氧化铝粒度优化了5.6%；专氢白度指标提高3%左右。

六、科技创新

2017年，科技研发投入2.8亿元，助力降本增效，并获得专利授权7项；借助研究院平台开展14项课题攻关；电子公司被评定为高新技术企业；环境新材料有限公司高端水泥中标青岛胶州国际新机场和日照山字河国际机场；精细氧化铝市场需求导向日趋明显，产品品质不断提升；通过市场引导、品质升级，非冶金级氧化铝实物量占氧化铝系列总实物量比例首次超过50%，产品结构调整迈出历史性步伐。

七、深化改革

淄博华泰节能有限公司正式注销。加快“三供一业”移交,先后与市自来水公司、国网淄博供电公司签订供水、供电分离移交正式协议，相关设施改造工作有序推进。与张店区政府设立的淄博新阳光热力有限公司签订了供暖和物业分离移交正式协议。中铝山东工程划归中铝国际，运输部和物配中心整合至中铝物流集团。

八、党建与企业文化建设

深入学习贯彻党的十九大精神。结合企业实际，开展了“百名书记宣讲十九大”、“学习习近平新时代中国特色社会主义思想”等形式多样的宣讲、研讨、培训活动；公司各级领导主动深入基层党支部带头讲党课200余次；及时修订公司章程，明确了党组织在公司治理中的法定地位；坚持“三重一大”事项集体研究决策制度；严格履行党建工作“一岗双责”，建立了党建和生产经营双百分考核机制，实现了党建工作与业务工作同规划、同部署、同检查、同考核；健全了内部重大决策失职、渎职责任追究和倒查监管机制，针对执行不力情况分别与7名中层管理人员进行了谈话；在岗员工500人以上的单位设立专职党委副书记和党群工作部，500人以下的单位设立党政办公室；积极开展关爱员工送温暖活动，救助困难员工和社区居民共计227人26.4万元。

九、履行社会责任

按照省市政府退役士兵权益保障专项工作要求，接收安置1名51岁的退役士兵。

极响应国家绿色环保政策，率先执行“2+26”地区超低排放标准，全年投入1.2亿元，实施了焙烧炉、高温窑除尘脱硝等20余项环保治理项目；对铝土矿、煤炭、赤泥、石灰石、原盐等堆场进行封闭、棚盖和安装防尘网，抑制了无组织排放；全面建立了重点排污口“河长制”。累计减排二氧化硫、氮氧化物、粉尘140吨、410吨和234吨。

十、重要记事

7月1日，中铝山东工程技术有限公司正式划归中铝国际股份有限公司托管。

7月6日，央视《走遍中国》栏目到中铝山东热电厂采访。

7月14日，中铝山东企业召开干部大会，宣布中国铝业公司党组和中国铝业股份有限公司党委关于调整山东企业领导班子的决定，蒋涛任中铝山东有限公司总经理、山东铝业公司党委副书记。

9月30日，中铝齐鲁工业园铝基新材料产业一期项目举行开工仪式。

10月30日，人民日报内参部副主任罗庆华一行到中铝山东企业采访。

12月28日，中国铝业集团有限公司与中铝山东有限公司就转让中铝青岛轻金属有限公司100%股权事宜在北京签署《股权转让协议》。

撰稿/刘绪睿

审核/张华军

中铝中州铝业有限公司

一、基本情况

中铝中州铝业有限公司（以下简称中州铝业）是中国铝业股份有限公司（以下简称中国铝业）的子公司，位于河南省焦作市修武县境内，是国家首批循环经济试点企业。

中州铝业前身为原中州铝厂，1987 年开工建设，1993 年建成投产。2001 年底，根据中国铝业境外上市需要，改制分立为中州分公司和中州铝厂。2009 年 5 月，根据发展需要，中州分公司和中州铝厂合并重组，原中州铝厂由中州分公司代管，中州铝建、鑫诚监理由中州分公司托管。2010 年 6 月，中国铝业公司对中铝矿业有限公司实施分立重组，新设中铝中州矿业有限公司，由中州分公司托管。2015 年 3 月 29 日，为积极实施改革重组，中州分公司完成“分转子”工作，正式成立中铝中州铝业有限公司。2017 年 11 月 29 日，中州铝业的代管单位中州铝厂完成公司制改革，成立河南中州铝厂有限公司。

中州铝业主要产品为冶金级氧化铝和非冶金级氧化铝，其中，非冶金级氧化铝包括精细氧化铝和非铝产品。2017 年中州铝业共生产商品氧化铝 232.8 万吨。

通讯地址：河南省焦作市中铝中州铝业有限公司。

2017 年基本数据表

表 37

主要产品产能	资产总额/亿元	负债率/%	员工总数/人	平均年龄/岁	学历结构/人	
冶金级氧化铝：225 吨	77.41	25	4405	43	中专及以下	2432
					大学专科	1176
非冶金级氧化铝：60 万吨					大学本科	838
					硕士及以上	24

二、组织机构

（一）领导班子

张元坤　党委书记、董事长、工会主席

张占明　党委副书记、总经理

姜小凯　党委委员、副总经理

牟学民　党委委员、副总经理

张和平　党委委员、纪委书记

张学志　党委委员、财务总监

付通顺　党委委员、副总经理

张宏君　总经理助理

黄　昂　副总工程师

（二）机构设置

机关部室：办公室、人力资源部、财务部、计划经营部、安全环保健康部、纪检监察部、党委工作部、购矿部

二级单位：生产管理中心、中铝中州新材料科技有限公司、第二氧化铝厂、能源公司、资源管理站、营销采购中心、工程管理部

托（代）管单位：中铝中州矿业有限公司、河南中州铝建设有限公司、河南鑫诚监理建设有限公司、河南中州铝厂有限公司

退出并表单位：河南中州物流有限公司、河南九力科技有限公司、河南华诚轻金属科技有限公司、河南新尚环保科技股份有限公司、河南华顺天成科技有限公司。

三、生产经营

2017 年，中州铝业累计生产商品氧化铝 232.8 万吨。

中州铝业（含代、托管企业）全年完成营业收入 77.11 亿元，实现了七连增，实现利润 2.61 亿元，较预算增利 2 亿元，全级次企业持续保持盈利。

主要指标表

表 38

指标名称		2016 年	2017 年	同比增长 /%
主要产品产量	冶金级氧化铝 / 万吨	213.84	192.99	−9.7
	精细氧化铝实物量 / 万吨	49.15	58.18	18
工业产值 / 亿元		45.79	57.36	25.3
销售收入 / 亿元		58.45	70.82	21%
利润额 / 亿元		0.62	2.38	287
纳税额 / 亿元		2.89	5.05	74.74
净资产收益率 /%		0.48	3.06	—
产值劳动生产率 / 千元 · 人		1284.07	1593.44	—
人身伤亡事故 / 起		0	0	持平
工亡人数 / 人		2	1	−50
重伤人数 / 人		0	0	持平
轻伤人数 / 人		2	2	持平

四、重大发展项目

2017 年，中州铝业资本性支出计划 60012 万元，实际完成 65862.71 万元。其中 1000 万元以上项目 19 个（含大能源项目），资本性支出计划 58424 万元，完成 64858.71 万元；1000 万元以下项目 6 个，资本性支出计划 1588 万元，实际完成 1004 万元。

重大项目情况表

表 39

项目名称	设计规模 / 万吨	投资规模 / 万元	当年完成投资额 / 万元	年内项目建设形象进度
冶金级氧化铝工艺优化节能减排项目	50 万吨 / 年	34059	794.92	项目已进入收尾阶段
选矿拜耳法系统扩建工程	新增氧化铝产能 95 万吨 / 年	286962	1194	项目已进入收尾阶段
段村雷沟铝土矿开采工程	160 万吨 / 年	135767	25441.71	项目已进入收尾阶段
燃煤锅炉脱硝除尘综合治理改造项目	对 5 台锅炉实施脱硝改造	12774	51.6	项目已进入收尾阶段
大南爻尾矿库	新建容量 2680 万 m^3 赤泥库	21665	6338	2017 年 9 月份 6 台压滤机投用
降低工艺能耗提质增效技改项目	新增两台汽机	15927	11141	2017 年 5 月份 9# 汽机投用，11 月份 10# 汽机投用
燃煤锅炉超低排放改造项目	新建 1 套脱硫除尘一体化装置	8234	2428.25	2017 年 4 月份全部建成投用

五、企业管理

坚持精料生产、精益生产，严抓流程管控。42 项主要经济技术指标同比优化 28 项，优化率 67%；深挖能源降本，9# 机、10# 机、直供电项目相继并网运行，水网系统正式上线，全年累计实现大能源降本 5434 万元；持续优化供矿结构，2017 年，累计完成供矿 528 万吨，其中自采 187 万吨，自采比例同比提高 13%。

落实企业再造理念，坚定不移推进结构调整、转型升级。高温氧化铝、2# 立磨系统、细白升级改造等项目相继建成，全年精细氧化铝、非铝分别累计完成 39.5 万吨、18.7 万吨，同比分别增加 21.5%、12.7%，非冶金级产品占比达到 17.2%；分子筛、硅酸钙板保温材料等项目落地中州，与 5 家单位签订了战略合作意向。

打赢蓝天保卫战。2017 年，中州铝业严格落实“2+26”城市秋冬季大气污染综合治理攻坚行动方案措施，实施了“4+1”环保治理专项行动（控车、洗厂、谈心、沟通 + 项目治理），压实“河长制”“场长制”“路长制”等管理制度，做到了铁腕治污、精准治污。

六、科技创新

中州铝业召开了 2017 年科技成果评价会，一项科技成果达到国际领先，五项达到国内领先，一项达到国内先进；在中国有色金属工业协会科技成果评选中，两项科技成果被评为 2017 年度有色金属工业科学技术奖三等奖。坚持人才兴企战略，6 家公司级、2 家分厂级工作室运行良好，其中 1 家被评为焦作市优秀创新工作室；员工队伍中涌现了一大批“技术带头人”和“工人发明家”，入选焦作市科技创新领军人才 1 人，高层次创新人才 2 人。

2017 年科技创新数据表

表 40

科技创新投入/万元	申请专利/件	授权专利/件	科技人员占比/%
844.83	9	3	7.37

七、深化改革

落实“丰收计划”，完成了中州铝业工商变更登记，中州铝业股本由 32 亿元增加到 50.87 亿元，有息负债降低 24 亿元，资产结构大幅优化；落实内退政策，实现人员安置 461 人，人员结构进一步优化；实施中州铝厂公司制改革，成立了河南中州铝厂有限公司，进一步明晰了产权关系，提高资本运行效率。“三供一业”、职工医院、消防、外部公路等企业办社会职能剥离工作快速推进，物流贸易、科技研发、环境治理、仪器仪表维修等业务健康发展，内部交易产品实现 100% 内供，累计实现利润 2318 万元。同时，聚焦中州企业转型示范园，加大对外招商合作力度，推进铝基新材料、赤泥综合利用等优势产业进园，签订战略合作框架协议 4 家，静脉产业园等 6 个重点项目加紧推进。

八、党建与企业文化建

2017 年，中州铝业深入开展“两学一做”学习教育活动；完善了《党建工作责任制》，制定了年度考核实施方案及任务清单，补充了党建例会、述职评议考核等 5 项制度。

围绕“三型党组织”创建，紧扣转型升级、提质增效中心任务，推进“两带两创”，深化“五星党支部”创建，开展了“降本增效我先行”党员主题承诺活动，中州铝业党委及 19 个二级党委、总支，1600 名在职党员进行了公开承诺和亮诺，推动了党建工作与生产经营的深度融合。

中州铝业抓实“两个责任”，层层签订了党风廉政建设责任书，印发了监督计划、责任清单，建立了管理人员廉政“活页夹”；抓实监控督察，开展了“原燃料质检”“扩大内部市场交易”专项监督，矿石外出取样与进厂取样结果平均差值均在合理误差范围，钢球、润滑油等按总部要求实现 100% 内供；做好审计、巡视发现问题的整改，追责问责相关责任人 27 人次。化解信访事件 36 项，群众满意度不断提升。

九、履行社会责任

中州铝业牢固树立环保底线思维，按照《铝工业污染物排放标准》修改单及焦作市相关要求，2017 年，完成了 5# 熟料窑超低排放改造工作，开展了 4# 熟料窑超低排放改造。

2017 年，中州铝业慰问帮扶 163 人，发放救助金、慰问金等 53.15 万元。举办男子足球、女子排球、毽球、羽毛球比赛和职工大合唱比赛、职工书法、美术、摄影作品展。

2017 年，中州铝业落实精准帮扶要求，出资 160 余万元为当地村镇修路、打水井等基础设施建设；选派优秀干部入驻七贤镇铁匠庄村开展帮扶工作；职工医院对附近村镇的41户贫困户120人实行医疗扶贫，为其办理免费医疗服务和农村家庭医生签约服务。

十、重要记事

2月9日，中州铝业与修武县签订“修武县中铝转型示范园”战略合作协议，以实现优势互补、合作共赢、互惠互利、融合发展。

3月16日，中州铝业氧化铝工艺仿真培训系统投用。该系统是基于氧化铝生产流程现状，对拜耳法生产工艺调控、设备操作进行全程仿真模拟，可提高岗位员工生产操作技能水平。

4月27日，中州铝业租赁鲁山冠华选矿厂项目正式投产，该项目能够增加50万吨/年的精矿供应能力，可盘活平顶山地区的2300万吨低品位矿石资源。

9月22日，焦煤集团—中州铝业直供电项目成功并入企业电网。该项目于2016年11月15日开工建设，项目投运后，年可降低用电成本2000万元左右。

10月9日，高温氧化铝项目投料试生产，该项目的投用，进一步丰富了中州铝业精细氧化铝市场产品结构，拓宽和增强了经营渠道。

10月18日，华诚科技合成研究实验室揭牌。该实验室建成后，将以博士后工作站平台为支撑，通过自主研发或与国家院校合作研发的方式，开发絮凝剂、脱硫药剂等新产品，形成中州铝业新的利润增长点。

11月23—24日，第一届精细氧化铝与建材、耐材行业协同创新发展大会在河南焦作召开。中州铝业参会。

12月13日，中铝公司党组书记、董事长葛红林到中州铝业调研，要求中州铝业要站位全局，优化存量，集约利用土地资源，向产业集群演化，打好转型升级主动仗。

12月22日，中国共产党中铝中州铝业有限公司第一次代表大会召开，选举产生了中国共产党中铝中州铝业有限公司第一届委员会、第一届纪律检查委员会。张元坤当选为党委书记，张占明当选为党委副书记，张和平当选为纪委书记。

撰稿/姚　帅

审核/尚　锐

包头铝业有限公司

一、基本情况

包头铝业有限公司，简称“包头铝业”，前身是包头铝厂，始建于1958年，是国家“一五”规划建设的国内第二家电解铝企业，是内蒙古自治区第一家电解铝企业；1998年底改制为包头铝业（集团）有限责任公司，为中铝集团的控股子公司，其中中铝集团股权占比80%，包头市国资委占比20%。2005年5月9日，包头铝业股票在上交所上市发行；2007年12月26日，中国铝业股份有限公司以换股吸收合并的方式将包头铝业吸纳为全资子公司。

主营业务：许可经营项目有电力生产、电力供应；一般经营项目为铝、铝合金及其加工产品、高纯铝、热能、炭素制品的生产销售。

包头铝业通讯地址：内蒙古自治区包头市东河区毛其来。

2017年基本数据表

表41

<table>
<tr><th>主要产品产能</th><th>资产总额/亿元</th><th>负债率/%</th><th>员工总数/人</th><th>平均年龄/岁</th><th colspan="2">学历结构/人</th></tr>
<tr><td>1. 电解铝年产能130万吨</td><td rowspan="4">163
（含内蒙古华云）</td><td rowspan="4">29.08</td><td rowspan="4">在岗职工4503
（含内蒙古华云）</td><td rowspan="4">43</td><td>中专及以下</td><td>3230</td></tr>
<tr><td>2. 碳素制品年产能12万吨</td><td>大学专科</td><td>857</td></tr>
<tr><td>3. 高纯铝年产能2万吨</td><td>大学本科</td><td>406</td></tr>
<tr><td>4. 发电机组装机容量171</td><td>硕士及以上</td><td>10</td></tr>
</table>

二、组织机构

（一）领导班子

柴永成　执行董事、董事长、党委书记、工会主席

田明生　总经理、集团总经理、党委副书记

蔡　旭　副总经理、集团副总经理

石长存　副总经理、集团副总经理

乔元刚　财务总监、集团财务总监

韩效义　副总经理、副总经理

许　晶　集团副总经理、副总经理

冯修青　纪委书记

（二）机构设置

机关处室：人力资源行政部、发展规划部、财务部、安全环保健康部、党群工作部、纪检监察（审计）部、装备能源部、生产指挥保障中心、营销中心、华云合金铝项目部

二级单位：热电厂、电解二厂、电解三厂、电解四厂、高纯铝厂、熔铸中心、炭素厂、工业服务公司、动力厂、轻金属材料厂。

三、生产经营

2017 年，包头铝业共生产铝产品 57.22 万吨，电流效率同比提高 0.09 个百分点；发电 64.49 亿千瓦时，机组利用小时数达到 7071 小时（不含华云），供电标煤耗同比降低 2.85 克 / 千瓦时；阳极一级品率平均完成 79.85%，同比提高 5.62 个百分点。

包头铝业依托地方得天独厚的资源能源和区位政策优势，全力推进合金铝项目建设以扩大产能，按照达产达标和压缩边际利润为零品种的要求，强化熔铸中心、高纯铝厂、轻金属材料厂产销联动机制，全年共生产铝合金产品 21.6 万吨，同比增加 2.29 万吨，创效 2725 万元。

包头铝业电解槽大修渣无害化处理线，获得包头市环保局专项补贴 820 万元。

主要指标表

表 42

指标名称		2016 年	2017 年	同比增长 /%
主要产品产量	1. 铝系列产品 / 万吨	57.31	81.29	42
	2. 炭素制品 / 万吨	27.26	38.07	40
工业产值 / 亿元		61.30	105.48	72
销售收入 / 亿元		64.67	104.19	61
利润额 / 亿元		10.57	8.83	−16
纳税额 / 亿元		4.37	6.49	49
净资产收益率 /%		21.23	11.76	—
产值劳动生产率 / 千元 · 人		1610	2607	—
人身伤亡事故 / 起		1	2	100
工亡人数 / 人		1	2	100
重伤人数 / 人		0	0	0
轻伤人数 / 人		0	0	0

四、重大发展项目

2017 年包铝结构调整、转型升级三大项目成果丰硕：5 月 1 日，华云二期抚铝搬迁项目投产，创造了搬迁项目 9 个月建成投产的“华云速度”；5 月 29 日，华云一期工程提前 90 天投产；7 月 18 日，华云电厂

项目5#机组提前42天投产发电；10月24日，4#机组提前6天投产发电。在短短的一年时间，华云三大项目捷报纷呈，陆续提前投产。

重大项目简介表

表43

项目名称	设计规模/万吨	投资规模/万元	当年完成投资额/万元	年内项目建设形象进度
华云一期（含配套3×350MW机组）	46.4	645068	331339	基本建成投产，1台机组建成未投产
华云二期一步	28	274369	182569	建成投产

五、企业管理

完善法人治理结构。2017年，包头铝业召开了制度建设及废改立动员会，制定下发了企业规章制度“废、改、立”工作方案，对现行的各类管理制度、办法、实施细则及相关规定进行全面梳理、审核、修改、优化。根据企业近三年生产经营情况及机构、职能变化情况，对所有二级机构工作职责进行重新修订，提高运营效率、全面控制经营风险。

问题清单专项工作。2017年，包铝成立问题清单专项工作领导小组，制定专项工作实施方案，建立工作平台，高标准、严要求推进问题清单梳理整改全覆盖工作。落实“包厂到人”的要求，从上到下建立了层层包厂分工的联系制度。建立了“月度经济活动分析会专题汇报制度”“周报及月报制度”，高质量地完成了包头铝业、包铝集团及所属子公司《重点问题整改决议》，共发现问题110个，完成整改70个，整改率为69.64%。

现场管理。通过制定《中铝包头企业2017年现场管理工作方案》，积极开展现场管理专项行动，各单位现场管理水平明显提升。成立现场提升督查组，通过开展工具箱、休息室、办公室、库房、驾驶室等现场专项整治活动。实施物理隔离工程，对厂区道路增设交通标线、交通标志和设施，对旋转、低速水平运动设备加装隔离护栏，现场目视化工作逐步推进。

安全管理。2017年，包头铝业进一步完善和落实“党政同责、一岗双责、失职追责”“管工作必须管安全”的责任体系，强化各级人员安全履职能力。开展安全分享，讲安全学安全，层层传导压力，唤醒全员安全责任，坚守红线意识、底线思维，广泛发动职工，建立隐患排查长效机制。开展强基固本专项行动，提升全员安全生产素质。加强HSE系统建设，夯实基层安全管理，开展包保班组、班组安全自主管理、安全培训等工作。开展以落实承包商安全管理“七步法”“五必须”为主要内容的承包商安全管控专项行动，细化承保商管控各流程的具体措施。加强厂区交通安全管理，成立交委会，实施可视化监控工程，现场车辆加装 GPS 系统和行车记录仪。

六、科技创新

2017 年，包头铝业推进全员创新和技术创新，推动“标准化 +”，按照总部 2017 年铝电解节能技术推广实施计划要求，及时推行并跟进“FHEST 新型稳流保温铝电解槽”新技术应用推广，实现铝电解指标不断优化。国家电网、中南大学与轻金属材料厂共同组成课题组，研发“稀土耐热高强杆”，经过三次工业级试验，已掌握该耐热杆的核心技术工艺。沈阳铝镁设计研究院、中南大学与工服公司共同组成课题组，推进“高温高导铝母线”研发项目。攻关提高 7A04 铝合金圆坯料成品率，通过改变起铸方式、搭配最佳工艺控制点等多种技术手段的应用，成品率提升至 80% 以上。

2017 年 11 月，包头铝业有限公司荣获自治区科学技术厅、财政厅和自治区国税局、地税局授予的“高新技术企业证书”。高新技术企业证书编号：GR201715000142。

2017 年科技创新数据表

表 44

科技创新投入 / 万元	申请专利 / 件	授权专利 / 件	科技人员占比 /%
23163.75	1	5	15.99

七、深化改革

强化绩效考核。结合中铝集团岗位划分标准，立足华云新项目，开展横纵向对比分析，坚持“抓住关键、指明路径、双重挂钩、激励有序”思路，制定岗位名录和对应的岗级标准，健全岗位绩效工资体系，建立以市场化模拟利润、降本总额、创效总额为主的关键业绩指标体系，强化绩效考核结果的双重挂钩力度，解决人工成本过高的问题和短板。

优化资产结构。按照中铝集团安排，完成中铝物流资产、人员、费用划转，顺利实现物流资产剥离。大集体改制工作有序推进，综合企业公司完成工商变更，由集体企业变为包铝集团全资子公司，更名为包头中铝科技服务开发有限公司；按照推进节点，逐项落实“三供一业”移交工作，截至 2017 年底已完成“三供一业”移交改造正式协议的签订。

关注电力体制改革试点。2017 年，包头铝业密切关注以输配电价改革为主要内容的电力体制改革试点进展，加强与内蒙古电力公司和包头供电局的沟通协调，包铝存量和增量网购电价均达到电力多边交易平台内蒙古自治区用电企业最优。

八、党建与企业文化建设

2017 年，包头铝业党委修订完善了《“三重一大”决策制度实施办法》《党委议事规则》《党委会议事规则》，将党组织研究讨论作为董事会、经理层决策企业重大问题的前置程序，杜绝了以董事长办公会、党政联席会替代党委会的现象。全年共召开党委会 58 次。

2017 年，包头铝业党委针对有期限放假、协议休假的党员，积极采取有效措施，确保每一名党员可控、在控，对身在外地确实无法参加活动的党员，利用 QQ、微信等方式共享学习资料，确保了“党员离岗不离党、流动不流失、组织生活有保障”。随着华云项目的建成投产，休假返岗党员已全部编入所属党支部。

2017 年，包头铝业党委全面夯实党建责任制，各级党组织坚持每月召开一次书记办公会，每季度召开一次党群工作例会，每年召开一次党建工作会议。制定出台《包铝党委 2017 年党建工作综合考核实施方案》，每季度开展一次党群工作综合检查。实行党建工作与生产经营工作绩效考核“双百分”制，切实把党建的“软任务”变成助推发展的“硬指标”。

打造“1221”工作体系，推动党建“标准化 +”建设。即：制定一个目录——《标准化 + 党建工作目录》；编制两个清单——《包铝党委落实党要管党、全面从严治党责任制度清单》和《包铝党委各级党组织书记、班子成员抓党建责任清单》；形成两本手册——《基层党组织规范管理工作手册》和《党员学习记录手册》；签订一个责任书——《党建工作目标责任书》。

试点推行《包铝党委党员积分管理制度》，以细化“四讲四有”合格党员要求为考核指标，通过每月对照考核指标进行逐项计分、年度根据积分对党员进行奖惩的办法，提升党员队伍整体素质。

2017 年，经中央精神文明建设指导委员会复查，确认包头铝业有限公司继续保留“全国文明单位”荣誉称号，这是驻自治区包头市大企业和中铝集团唯一一家连续五次获得“全国文明单位”称号的企业（中央精神文明建设指导委员会文明委〔2017〕10 号）。

九、履行社会责任

作为“企业公民”，包头铝业在履行运营增盈求得股东权益最大化、完善法人治理结构、健全内控体系等基本义务的同时，致力于履行保护利益相关方权益。2017 年，包头铝业围绕提升员工幸福指数、强化安全环保工作、继续推行“河长制”、强化矛盾纠纷排查化解等工作，履行企业社会责任。

保障员工权益，提升员工幸福感。为员工创造畅通的发展通道，让员工进一步分享企业发展成果，不断改善员工的生活水平和工作环境，2017 年包头铝业对员工工资进行调整，人均增加收入近 600 元 / 月。

加快科技创新，提升绿色发展品质。投入近 2000 万元实施废槽衬无害化处理、铸造混合炉烟气治理、铝灰生产净化收尘整治、火法提炼电解质烟气净化改造等治理项目。2017 年，建成国内首条铝电解废槽衬无害化处理生产线，开发推进各项节能降碳项目，引进天然气替代传统能源，减少氟化物和粉尘排放，进一步改善了周边环境；进行工业废水处理，实现了零排放，荣获“内蒙古绿色能源示范单位”和“节能减排创新企业”称号。

投身公益，回馈社会。坚持参与社会公益活动，帮助弱势群体，努力推动社会和谐发展。每年拨付专项资金用以援助困难职工；开展“金秋助学”活动，帮扶支助贫困大学生。积极救助社会弱势群体和受灾群众，支持包铝定点帮扶对象——包头市固阳县西斗铺镇红泥井村脱贫。

十、重要记事

2 月 8 日，中铝集团党组副书记、副总经理敖宏调研包铝。

4 月 10 日，中国铝业首条铝电解废槽衬无害化处理生产线在包头铝业成功投运。

4 月 11 日，中铝集团董事长、党组书记葛红林调研包铝，实地查看华云项目三大工程建设情况，并调研了中铝首个大修渣生产线。葛红林结合自己学习习近平总书记系列重要讲话精神和治国理政新理念新思想新战略的体会，系统阐述了“十大工作方法”。

4 月，包头铝业有限公司电解四厂工艺车队被内蒙古自治区总工会授予“自治区工人先锋号”。

5 月 1 日，内蒙古华云新材料有限公司二期首期工程胜利通电调试、点火焙烧。该工程历时不到 9 个月时间，完成建设施工和生产准备工作，创造了行业建设史上的新纪录。

5 月 26 日，内蒙古华云新材料有限公司合金铝一期工程通电点火启动。中铝集团党组副书记、副总经理敖宏代表中铝集团致贺电，对项目胜利通电启动表示热烈祝贺。

6 月 29 日，内蒙古华云新材料有限公司 3×35 万热电联产自备机组项目 5 号机组投产启动、并网发电，举行投产启动仪式。

7 月 25 日，中铝股份 2017 年上半年劳动竞赛总结交流表彰会在包头铝业召开，对二季度劳动竞赛优胜奖 9 个竞赛组的先进代表进行表彰，参会人员现场观摩了包头铝业和华云公司生产现场，进行了技术交流。

7 月，包头铝业有限公司热电厂团委运行三值被中央团工委中央授予“企业青年文明号”

8 月 20 日，中铝集团党组成员、副总经理卢东亮调研包头铝业。

11 月 7 日，华云项目热电联产 4 号机组 168 小时试运行圆满结束，标志着该机组正式投产运行。

12 月份，包头铝业获得“高新技术企业证书”。

撰稿 / 赵　伟

审核 / 田明生

抚顺铝业有限公司

一、基本情况

抚顺铝业有限公司（简称“抚顺铝业”）成立于2006年1月，由原抚顺铝厂资产重组而成，同年3月被收购成为中国铝业全资子公司。主要经营炭素产品和铝合金产品。

通讯地址：辽宁省抚顺市望花区鞍山路东段6号。

2017年基本数据表

表45

主要产品产能	资产总额/亿元	负债率/%	员工总数/人	平均年龄/岁	学历结构/人	
预焙阳极18万吨/年	16.21	101.7	1369（其中在岗889人，放假90人，内退390人）	43	中专及以下	729
					大学专科	166
铝合金5000吨/年					大学本科	81
					硕士及以上	3

二、组织机构

（一）领导班子

周新哲　执行董事、党委书记、工会主席（至2017年7月止）

蒲　铭　执行董事、党委书记（至2017年7月起）

贾喜文　总经理、党委副书记

任海军　副总经理

杨　勇　副总经理、工会主席（至2017年7月起）

季海军　副总经理（至2017年8月止）

张克宁　财务总监

郑保义　纪委书记

（二）机构设置

管理部门：综合管理办公室、财务部、党群工作部、纪检监察部（审计部）、生产装备部、安全环保部、35万吨预焙阳极项目建设指挥部

二级单位：炭素事业部、合金事业部、

工程公司、后勤服务中心（离岗人员管理中心）、营销采购中心。

三、生产经营

2017 年，抚顺铝业坚决按照中铝集团扭亏脱困转型升级的总基调，加快工作节奏、加强工作力度，商品阳极质量大幅提升，炭素盈利能力本质性改善，新炭素项目加紧推进前期工作，全年生产商品阳极 16.29 万吨、铝合金 2927 吨。

主要指标表

表 46

指标名称		2016 年	2017 年	同比增长 /%
主要产品产量	1. 煅后焦 / 万吨	8.35	10.61	27.07
	2. 生块 / 万吨	10.69	19.52	82.60
	3. 焙烧块 / 万吨	8.99	16.29	81.20
	4. 合金 / 万吨	0.29	0.29	0
工业产值 / 亿元		2.57	6.17	139.8
销售收入 / 亿元		2.71	6.27	131.4
利润额 / 亿元		−3.34	−2.16	−35.3
纳税额 / 亿元		0.0322	0.0623	93.5
净资产收益率 /%		−56%	−13%	—
产值劳动生产率 / 千元・人		−101.39	16.12	115.90
人身伤亡事故 / 起		1	3	200
工亡人数 / 人		0	1	100
重伤人数 / 人		0	0	0
轻伤人数 / 人		2	3	50

四、企业管理

2017 年，抚顺铝业新班子成立后，结合现状，提出了“一年改观，两年翻身，三年跨越”，用三年时间打造中铝一流炭素的目标和“依靠抚铝人，筑牢抚铝魂，实现抚铝梦”的发展方向，为企业扭亏脱困转型升级提供信心支撑。

广开言路求良策，集思广益谋发展，发动各级干部员工开展“转型发展执行力大讨论”活动；启动了全层级人员培训，举行了内部集中夜间培训和各单位、各专业口的自主培训，各级管理和技术人员轮流“走出去”向兄弟企业学习；建立人才后备库，打通了年轻人成长通道。

2017 年，在中铝炭素专家组指导下，抚顺铝业制定了多种工艺调整方案，并多次组织人员到广西分公司、山西华泽、山东华宇等企业进行学习，邀请包头铝业、郑研院、连城分公司等企业技术人员到抚顺铝业进行交流指导，炭素产品质量稳中有升，实现商品阳极首次走出国门销往马来西亚。努力开发适合自身生产的中间合金，ALSI20 中间合金得到了客户认可，通过第三方审核，与东轻达成了长期合作意向；成功研发生产铝合金标样，通过了最终鉴定，成为企业新的利润增长点。

2017 年，抚顺铝业职业健康安全管理体系通过年度审核，质量管理体系和环境管理体系顺利通过换版审核，三大体系均有效运行。设备运转率提高到了 92%。

2017 年，抚顺铝业对安全制度进行了全面梳理，修订职业健康安全环保管理制度 18 项；岗位安全技术操作规程修订 23 项、新制定 2 项；对安全和环保管理专项考核细则进行了全面修订；结合“7・25”承包商员工坠亡事故，制定下发了《抚顺铝业承包商安全管控专项行动工作方案》，修订了《安全文明施工管理协议》，加强对承包商的管理。安环部组建后全面梳理、排查、整改安全隐患，启动了安全环保质量强基固本行动。

2017年，抚顺铝业准确梳理了与抚顺钛业的法律关系，积极维护两公司合法权益。承接了抚钛518人（包括内退398人、在岗14人、退休106人）劳动关系转移，妥善办理相关手续，做到了平稳过渡。

五、深化改革

对合金单元的人、财、物，产、供、销采取市场化运作方式，实行内部承包经营，风险抵押，赋予其自主权。合金事业部明确了自身定位及发展方向，积极向中高端中间合金转型。

在逐步解决处理了医保、社保等涉及员工切身利益的历史遗留问题的同时，多方面开辟就业和安置渠道：一是组织11人转移到包头华云公司就业，2人通过了东南铜业的招聘选拔；二是与中铝工服合作，组织了97人参与印度奥里萨邦电解铝厂的劳务输出项目；三是承揽沈加打磨业务，安置25人；四是由中铝资产牵头对企业富余人员按承建制劳务输出到包头铝业；五是根据生产实际，开展334名到期放假人员返岗工作；六是办理内退37人；七是自谋职业、协解等安置76人。

六、重大发展项目

35万吨预焙阳极项目：是抚顺铝业实现转型升级的载体。该项目总投资8.1亿元，得到了中铝集团和地方政府的大力支持。闲置废旧厂房拆除和土地平整已于2017年9月完成。

合金生产线项目：该项目总投资430万元，于2017年11月15日竣工，形成中间合金产能5000吨/年。此项目为抚顺铝业发展铝基中间合金和其他高端金属材料制造奠定了坚实的基础。

七、党建与企业文化建设

2017年，抚顺铝业已建立完善党建工作责任机制为保障，持续改进工作作风，加强队伍建设，并根据总部党建目标双百分考核制度，对企业党建目标任务进行细化、量化，逐级明确职责，加强党的基层组织建设。

启动和开展问题清单梳理工作，经过动员、启动、培训、制定方案、查找问题等阶段，形成了公司《问题清单》，完成并上报了《重点问题整改决议》和《非重点问题整改方案》。整理、完善、修订《合同管理办法》《公司章程》等规章制度34份。

2017年，抚顺铝业党委提出了“依靠抚铝人、筑牢抚铝魂、实现抚铝梦，重拾团结拼搏，求是向上”的抚铝精神。以党建主题实践活动为着力点，融入中心强化引领。开展了“戴党徽树形象”“两带两创”等主题实践活动。

八、重要记事

5月3日，抚顺市市长杨维到抚顺铝业召开环保现场督办会。

5月9日，中国铝业股份有限公司副总裁蒋英刚到抚顺铝业调研。

5月25日，中铝集团外部董事张富生、孙又奇、张晓鲁、赵小刚到抚顺铝业调研。

6月3日，中国铝业副总裁冷正旭到抚顺铝业就32万吨炭素项目建设事宜进行调研。

6月15日，召开抚铝班子会议及抚铝干部大会，宣布了关于成立抚顺铝业有限公司工作组的通知。由蒋英刚担任工作组组长，蒲铭、贾喜文担任副组长，周新哲另有任用。

6月27日—6月29日，抚顺铝业有限公司新建32万吨炭素项目可研报告专家评审会在北京召开。

7月11日，蒲铭任职抚顺铝业有限公司执行董事、党委书记。

8月15日，国务院国资委监事会第25办事处主任杨健奎到抚顺铝业听取“问题清单”专项工作汇报，同时对6月国资委集中重点检查的相关情况进行了核实。

9月27日，中国铝业副总裁蒋英刚到抚顺铝业进行安全生产大检查。

11月9日，中铝集团党组副书记、副总经理敖宏到中国铝业抚顺铝业调研。

撰稿／田　野

核稿／刘广军

中国铝业郑州有色金属研究院有限公司

一、基本情况

中国铝业郑州有色金属研究院有限公司（以下简称郑州研究院）地处河南省郑州市上街区，前身是始建于1965年的郑州轻金属研究所，1988年与中国有色金属工业铝冶炼技术开发中心合并，更名为郑州轻金属研究院。1992年并入中国长城铝业公司，1999年进入中国铝业集团公司。2001年3月进入中国铝业公司，12月主体随中国铝业上市，定名为中国铝业股份有限公司郑州研究院，存续部分沿用原名称郑州轻金属研究院。2015年，上市部分由分公司体制改为子公司体制，更名为中国铝业郑州有色金属研究院有限公司。2017年，存续部门由全民所有制企业改制为国有一人有限公司，更名为郑州轻金属研究院有限公司。主营业务包括：有色金属、炭素产品的设计、研制、开发及相关技术服务；轻金属材料质量监督检验、化学分析。

通讯地址：郑州市上街区济源路82号。

邮政编码：450041。

2017年基本数据表

表47

<table>
<tr><th>主要产品产能</th><th>资产总额/亿元</th><th>负债率/%</th><th>员工总数/人</th><th>平均年龄/岁</th><th colspan="2">学历结构/人</th></tr>
<tr><td>1. 精细氧化铝：4.25万吨/年</td><td rowspan="4">5.29</td><td rowspan="4">49</td><td rowspan="4">668</td><td rowspan="4">42.5</td><td>中专及以下</td><td>184</td></tr>
<tr><td rowspan="2">2. 铝制品：0.2万吨/年</td><td>大学专科</td><td>101</td></tr>
<tr><td>大学本科</td><td>267</td></tr>
<tr><td>3. 防渗料：2万吨/年</td><td>硕士</td><td>3</td></tr>
</table>

二、组织机构

（一）领导班子

樊大林　执行董事兼党委书记

史志荣　总经理兼党委副书记

王福武　纪委书记（2017年8月9日任职）

王　煊　副总经理

董文貌　纪委书记（2017 年 8 月 9 日离职）

（二）机构设置

职能部室：综合办公室、人力资源部、财务部、科技管理部、企业管理部（安全环保部）、纪检监察室、党群工作部

二级单位：氧化铝研究所、铝电解研究所、炭素研究所、资源综合利用研究所、设备与自动化研究所、特种氧化铝研究所、镁冶炼技术与装备研究所、环境工程技术研究所、质检中心、营销中心、研发条件中心、沁阳高温氧化铝材料厂、氧化铝功能材料厂、特种氧化铝材料厂、轻金属材料厂、海赛高技术陶瓷有限责任公司、河南华慧有色工程设计有限公司、郑州轻研合金科技有限公司。

三、生产经营

2017 年，郑州研究院实现收入 5.8 亿元，同比增长 1.6 亿元，实现利润 2330 万元，超额完成 330 万元。

科技板块加快协同发展，在做好集团技术服务的同时，全力开拓外部市场，全年科技收入实现 2.3 亿元，同比翻番；实现考核利润 4004 万元。产业板块主要产品累计完成 10.2 万吨，同比增加 52%。工程板块全年承接各类项目 116 项，合同总额 8870 万元，实现营业收入 4928 万元，实现利润 746 万元，同比利润增长 82% 。

加强平台建设。“温室气体自愿减排交易项目审定与核证机构”获国家发改委批准。牵头组建河南省氧化铝产业技术创新战略联盟和电解铝产业技术创新战略联盟。下属轻研合金公司获批建立郑州市轻合金材料院士工作站，并通过了武器装备质量管理体系审核。中铝股份“大数据中心”和数据可视化服务平台正在加快建设。

主要指标表

表 48

指标名称		2016 年	2017 年	同比增长 /%
主要产品产量	1. 精细氧化铝 / 万吨	3.61	4.16	15.05
	2. 铝制铝 / 万吨	0.38	0.25	−35.71
	3. 防渗料 / 万吨	2.02	3.84	90.11
工业产值 / 亿元		2.7	2.8	3.70
销售收入 / 亿元		4.21	5.81	38
利润额 / 亿元		0.31	0.23	−25
纳税额 / 亿元		0.25	0.3	20
净资产收益率 /%		10.16	8.96	−11.80
产值劳动生产率 / 千元 · 人		1811	1879	3.75
人身伤亡事故 / 起		0	0	—
工亡人数 / 人		0	0	—
重伤人数 / 人		0	0	—
轻伤人数 / 人		0	0	—

四、重大发展项目

2017 年，郑州研究院已完成在建项目 2 个，总建设投资 769 万元。

重大项目情况表

表 49

项目名称	投资规模 / 万元	当年完成投资额 / 万元	年内项目建设形象进度
安全环保设施改造项目	450	450	已完成
氧化铝功能材料厂部分设施搬迁	319	319	已完成

五、企业管理

认真组织落实精准管理“五个专项”的具体行动，通过技改投资，盘活存量和运营转型，大力推进产业效益倍增计划。开展降低生产波动“稳产、高产、超产”专项，加强工艺纪律、设备管理，提高生产计划性，深挖高科技产品利润。开展“降低生产成本专项”工作，加强过程控制和考核，全年降低加工成本500万元以上。深入开展安全大检查、强基固本行动、安全干净班组竞赛、“小散乱污”环境整治、承包商安全管控专项行动等工作，运用5S管理、目视化管理、标准化作业等工具方法加强生产现场和实验室管理，作业环境明显改善。2017年，郑州研究院实现了轻伤以上人身伤害事故、火灾、重大设备事故、交通事故、环境事故均为“0”的安全环保目标。

六、科技创新

2017年，郑州研究院共开展研发项目43项，申报成功国家项目2项；获专利授权15项，其中发明专利9项，并获国际发明专利1项；6项科技成果经中国有色金属工业协会组织的专家评审，1项达国际领先水平，5项达国际先进水平；两项成果获省部级科技进步奖。

“更低能耗铝电解节能技术扩大试验”形成了能量平衡技术和工艺与控制技术。“大规格抗氧化阳极经济性生产技术”“铝电解废阴极资源综合利用技术”正加快产业化步伐。“高硫铝土矿选矿脱硫技术”为全国高硫铝土矿有效开发利用提供了较为经济可行技术。新型稳流保温铝电解槽节能技术被列入国家重点节能技术目录前三名，在中铝集团8家电解铝企业全面推广。“铝电解大修渣无害化处置技术”在包头铝业建成投用国内首条1万吨/年铝电解大修渣无害化处理示范线。新型双碱法脱硫技术运用于山西华兴3台锅炉，达到超低排放要求。烟气干法非催化还原脱硝技术已在三家氧化铝企业及四家炭素企业推广应用。

“新型功能炭材料的研究开发”项目团队，入选第二批“智汇郑州·1125聚才计划创新领军团队”。

2017年科技创新数据表

表50

科技创新投入/万元	申请专利/件	授权专利/件	科技人员占比/%
6129	63	24	61

七、深化改革

建立了经营业绩与党建工作互为系数的考核机制。

进一步完善了基层职工考评、岗位工资晋（降）档机制。修订完善了五级工程师选拔聘任工作实施办法和考核激励机制，组织开展了选拔聘任工作。

建立了新入职大学毕业生前三年工资待遇保障机制。

推动完成绿色冶金与材料研究所并入铝电解研究所。

全面完成了郑州轻金属研究院公司制改革。

完成了人员分流安置工作。

精细氧化铝产业改革和环保产业公司化改革积极推进。

“三供一业”社会化移交工作稳步推进。

八、党建与企业文化建设

落实全面从严治党，完成了党建工作进章程，严格落实党建工作“一岗双责”。完善党委会议事规则，落实党委会重大事项的前置程序，坚持党建与生产经营“四同步”，实施“双百分”考核。把“三型”党组织建设和“两带两创”活动有机融合，共开展党组织带党员创效项目(课题)56 项，党员带群众创新项目 76 项，创效项目已完成 23 项。认真落实党管干部、党管人才原则，制定了“十三五”人力资源发展规划，先后组织各层级党务培训 200 人次，214 人次参加了“万名党员进党校”学习教育，920 名党员参加了党课辅导。

认真落实“两个责任”，聚焦监督执纪问责，加强警示教育和对关键部门、岗位和选人用人等事项的监督，累计召开 7 次警示教育大会。修订完善了“三重一大”决策、企业负责人履职待遇及业务支出、公务接待等制度，深入落实中央八项规定精神。在“闲官”治理中，对排名靠后的中基层管理人员给予免职。

企业工会组织开展“安全、干净”班组竞赛、合理化建议和劳动竞赛活动，加强新闻宣传工作和企业文化建设，讲好员工故事，树立先进典型，弘扬工匠精神。

九、履行社会责任

2017 年，郑州研究院新型稳流保温铝电解槽节能技术、铝电解大修渣无害化处理技术、新型双碱法脱硫技术等 10 余项节能环保新技术落地转化。在山西华兴、兰州分公司环保事件出现以后，郑州研究院展现社会责任担当，提供优良的技术和高标准的服务，帮助企业解决问题，得到集团领导和当地政府的高度评价。

十、重要记事

1 月 11 日，郑州研究院被正式认定为河南省 2016 年第一批高新技术企业。

1 月 21—22 日，郑州研究院召开了三届三次职工代表大会暨 2017 年工作会议。

1 月 25 日，国家发改委正式批准郑州研究院为“温室气体自愿减排交易项目审定与核证机构”。

2 月 4 日，中铝集团党组书记、董事长葛红林到郑州研究院调研。

3 月 16 日，郑州研究院研发的包头铝业大修渣无害化处理示范线一次带料试车成功。

5 月 23—24 日，郑州研究院成功召开全国“铝及铝用原材料质量分析”会议。

7 月 22 日，郑州研究院召开了 2017 年年中工作会暨党建工作会议。

11 月 28 日，党委书记、执行董事樊大林会见法国 AMBER DEVELOPMENT 公司总经理 Yves Occello 先生。

11 月 30 日，郑州轻金属研究院全面完成国有一人有限公司改制工作，更名为郑州轻金属研究院有限公司。

12 月 12 日，中铝集团党组书记、董事长葛红林到郑州研究院调研。

撰稿 / 王　卫

核稿 / 涂　键

中国铝业香港有限公司

一、基本情况

中国铝业香港有限公司（简称中铝香港）是中国铝业股份有限公司（简称中铝股份）于2005年3月在香港设立的全资子公司，注册地为香港金钟夏悫道16号远东金融中心4501，办公地址在中国北京市海淀区西直门北大街62号。

中铝香港作为中铝股份海外战略的执行机构，是中铝股份唯一的海外投融资平台，负责中铝股份海外开发和并购项目的实施以及海外机构（公司）的日常管理。

2017年基本数据表

表51

资产总额/亿元	负债率/%	员工总数/人	平均年龄/岁	学历结构/人	
125.57	49.92	21（本部）	36	中专及以下	0
				大学专科	0
				大学本科	3
				硕士及以上	18

二、组织机构

（一）领导班子

李旺兴　董事长、党委书记
赵振刚　总裁、党委副书记
刘福兴　副总裁
孙　波　副总裁

（二）机构设置

本部机构：综合部、人力资源部（党群工作部）、财务部、项目一部、项目二部、业务发展部。

全资SPV子公司：中铝香港东南亚发展有限公司、蓝天资源（印尼）有限公司、中国铝业新加坡有限公司、中国铝业能源控股有限公司、中铝香港投资有限公司。

控股实体企业：Lao Service Minging Co. Ltd.（简称老挝合资公司）、PT. Nusapati Prima（简称印尼合资公司）。

三、生产经营

2017年中铝股份向中铝香港下达的利润考核目标为盈亏平衡，实际考核盈利1841.42万元，超额完成了年度利润考核目标，并实现报表盈利8648万元。采取的主要措施包括：

提前完成法人户数压减任务。根据中铝股份《提质增效工作实施方案》要求，中铝香港于2017年顺利注销中铝澳洲公司，提前完成集团下达的法人户数压减任务，并盘活呆账180万元。

进口铝土矿业务贡献利润增长点。2017年，中铝香港累计进口铝土矿302.8万吨，扣除相关财务费用后，实现利润775.8万元。

加强资金财务管理。全年实现收益232万元。

主要指标表

表52

主要指标	2016年	2017年	同比增长%
销售收入/亿元	10.67	10	−6.22
利润额/亿元	−0.86	0.87	201
纳税额/亿元	境外企业不在国内缴税		
净资产收益率/%	−1.25%	1.4%	—
人身伤亡事故/起	0	0	—
工亡人数/人	0	0	—
重伤人数/人	0	0	—
轻伤人数/人	0	0	—

四、重大发展项目

为落实国家“一带一路”倡议，实现中铝集团“十三五”规划中提出的国际化经营规划目标，开发利用几内亚铝土矿资源，2016年10月31日，中铝集团与几内亚政府、几内亚国家矿业公司就博法区块开发合作签署《合作框架协议》，之后中铝香港负责积极推进项目研究。

按照“先矿后铝、因地制宜、因陋就简”以及“铝土矿—氧化铝一体化规划、分步实施”的原则，中铝香港拟优先将博法铝土矿项目高品位矿石运回国内，配套供给集团下属企业及沿海氧化铝项目。博法项目将优先建设矿山及配套的港口及物流系统，计划总投资约为5.7亿美元。

2017年，中铝香港先后完成博法矿山项目及配套港口项目立项、可研和环评，可研和环评均顺利通过集团、几内亚政府审批，并与几政府签署《合作框架协议补充协议》《技术合作协议》，约定了矿权交易对价和开发重要原则。

重大项目情况表

表53

项目名称	设计规模	投资规模	当年完成投资额	年内建设项目形象进度
几内亚博法（Boffa）铝土矿项目及配套港口项目	1200万吨	5.7亿美元（约合人民币40亿元）	739.46万美元（约合人民币4831.8万元）	完成项目可研、环评

五、企业管理

（一）加强基础管理，健全风控体系

2017年，鉴于海外项目风险较大的特点，中铝香港做好风险防控工作，要求各海外项目组、境外合资公司以周报、月报的形式汇报生产经营和人员健康安全情况。根据内控要求，中铝香港每年派员对老挝、印尼合资公司开展年度巡查工作，保证合资公司合规运营。

中铝香港按要求研究部署并认真开展“问题清单”专项工作。全年完成问题整改32个，填补了管理漏洞，提升了防范风险能力。

2017年，中铝香港共制定、修订制度30项，废止7项，涵盖党建、人事、贸易、财务、投资等诸多领域，超额完成年初下达的制度建设目标。

（二）推进遗留问题的解决

诉讼和非诉追偿并举，贸易遗留问题稳妥推进。2017年初，中铝香港通过向Astam施压，告知中铝香港将启动仲裁进行追偿，Astam随后向中铝香港还款3480美元。7月，中铝香港正式向香港国际仲裁中心提起仲裁，启动了仲裁程序，通过法律手段追偿迈出关键一步。ICBS非诉追偿持续推进，2017年，中铝香港委托经纬所聘请印尼当地调查公司对ICBS进行资产调查。根据调查结果，经商法律部、经纬所决定暂不采取仲裁或诉讼等法律手段，继续采取非诉措施及寻找机会追偿欠款。

多方评估转让机会，推进老挝项目盘活。中铝香港采取两条腿走路努力盘活资产。一是申请矿权延期，老挝合资公司向老挝政府提交矿权延期申请。二是与第三方协商股权或矿权转让事宜。第三方已向中铝香港发出收购老挝合资公司两个铝土矿矿权的意向及建议条款清单；合资方股东也表示愿意回购中铝香港在老挝合资公司的全部股权。

六、深化改革

2017年，鉴于老挝和印度尼西亚合资公司均无实质性开发及运营，为了降低驻外企业的维护成本，老挝与印度尼西亚合资公司进一步压减人员，维持最低成本运营。

随着几内亚和印度尼西亚氧化铝项目的稳步推进，中铝香港审时度势，通过接收应届高校毕业生，与外语人才平台合作，补充了法语、印度尼西亚语翻译人员，调整人才队伍的专业结构。研究并编制了博法项目前期机构设置、薪酬方案和人员培训计划。组织面向中铝集团内部公开招聘14名核心团队成员，为几内亚铝土矿项目提供人力资源保障。

七、党建工作

2017年，中铝香港党委全面落实中铝集团党组和中铝股份党委的工作部署，深入贯彻学习中共十九大精神，将“两学一做”常态化，全年共组织中心组集中学习14次；

修订党委、纪委议事规则，明确党委会作为“三重一大”决策的前置程序；制定党建工作实施细则、中铝香港提醒、函询和诫勉的实施细则。全面深化从严治党，严格落实“两个责任”。经营班子同党委书记签订《党建与思想政治工作“一岗双责”责任书》，落实党建责任。

八、履行社会责任

针对长沙院派驻几内亚现场工勘团队出现大面积疟疾疫情，中铝香港本部和现场工作组立即启动应急预案，有效控制了病情。

通过开展多角度的风险防控，2017 年中铝香港在安全环保方面未出现任何事故。

九、重要记事

3 月 20 日，几内亚博法铝土矿开发项目正式立项。

7 月 10 日，中铝香港就 Astam 案件正式向香港国际仲裁中心提起仲裁，正式启动了仲裁程序，通过法律手段追偿迈出关键一步。

7 月 19 日，中铝香港向几内亚环境部递交了博法铝土矿开发项目环境评价报告。

8 月 4—12 日，几内亚博法项目第三轮谈判在北京召开，中几双方签署了《合作框架协议之补充协议》。

9 月 17 日，几内亚环境部颁发博法铝土矿开发项目环评合格证书。

9 月 18 日，博法铝土矿开发项目配套港口项目立项。

10 月 24 日—11 月 2 日，几内亚博法项目第五轮谈判在几内亚首都科纳克里举行，中几双方签署《技术合作协议》。

11 月 8 日，中国铝业澳洲有限公司正式注销。

11 月 24 日，中铝香港向几内亚地矿部递交博法项目矿山及港口项目可行性研究报告并通过评审。

12 月 28 日，几内亚地矿部通过项目可研验收，颁发验收函。

撰稿 / 张　婧

审核 / 李旺兴

中铝国际贸易有限公司

一、基本情况

中铝国际贸易有限公司（以下简称中铝国贸）经国家工商行政管理局和国家外经贸部批准，于2001年4月18日在北京成立，注册资金1亿元。中铝国贸是中国铝业唯一的对外贸易窗口，是具有法人资格，拥有进出口经营权的经济实体。2017年4月，中铝国贸与中铝（上海）有限公司实行“两块牌子，一套人马”。

主营业务：铝、铝合金、铜的境外期货业务；盐酸，硫酸；氢氧化钠，氟化铝，氨（液化，含氨50%），镓，煤焦沥青的批发；进出口业务；销售煤炭、焦炭（不在北京地区开展实物煤的交易、储运活动）有色金属材料及其矿产品、非金属矿石、石油焦、金银制品、工艺品、首饰、金属制品、金属矿石、建筑材料、机械电子设备、制冷空调设备、汽车配件、五金交电、日用百货、针纺织品、木材、钢材、办公自动化设备、通信设备、化工材料（不含危险化学品）、汽车（含小轿车）、7号燃料油；高科技开发、技术转让、技术咨询；经济信息咨询服务；铝材来料加工业务。

通讯地址：北京市海淀区复兴路乙12号。

2017年基本数据表

表54

主要产品产能	资产总额/亿元	负债率/%	员工总数/人	平均年龄/岁	学历结构/人	
氧化铝销售量：1064万吨	133	71	314	38	中专及以下	9
铝产品销售量：258万吨					大学专科	43
					大学本科	194
铜铅锌销售量：189万吨					硕士及以上	68

二、组织机构

（一）领导班子

曾庆猛　党委书记、董事长

杨家骍　党委副书记、总经理

董克恭　党委委员、财务总监

曲　蕾　党委委员、纪委书记

申兰江　党委委员、副总经理（2017年4月起）

黄　力　党委委员、副总经理（2017年8月起）

李广飞　党委委员、副总经理（2017年8月起）

（二）机构设置

截至2017年12月底，中铝国贸本部下设8个职能部门，在京外设立了13家分子公司。另有代管企业1家、参股企业3家。

职能部门：办公室（安全环保健康部）、人力资源部（党群工作部）、纪检监察部、审计部、财务部、法律部、运营管理部、期货部；7个业务中心：氧化铝业务中心、电解铝业务中心、能源业务中心、非铝金属业务中心、原料业务中心、国际业务中心、结构化交易中心。

分子公司：上海中铝凯林铝业有限公司、中铝国贸（上海自贸试验区）有限公司、中铝佛山国际贸易有限公司、中铝国贸佛山投资有限公司、中铝无锡国际贸易有限公司、中铝重庆国际贸易有限公司、中铝天津国际贸易有限公司、中铝青岛国际贸易有限公司、中铝河南国际贸易有限公司、中铝物资供销有限公司郑州分公司、中铝青海西部国际贸易有限公司、中铝国贸香港有限公司、中铝内蒙古国贸有限公司。（其中：上海凯林、天津国贸待注销，已停止经营）

代管企业：中铝南海合金铝业有限公司。

参股企业：中衡协力投资有限公司、招商物产（天津）有限公司、中铝淄博国际贸易有限公司。

三、生产经营

2017年，中铝国贸（含中铝上海、中铝金贸、南海合金）完成营业收入1447亿元，实现利润5.89亿元。

开展氧化铝代理制服务，全年销售氧化铝1064万吨。

开展铝产品包销保供服务，完成包销保供87.6万吨；组建了合金营销团队，与上汽进出口公司组建了联合工作团队，全年销售铝锭258万吨，合金产品47.7万吨。

TT焦煤合同开始向五年固定期过渡，实现了国内唯一焦煤延伸交割库获批落户和全流程自主控制，5月完成首单交割；出口了第一船中铝焦煤3.5万吨，中铝成为国内第五家焦煤出口商。

全年完成铜铅锌销售量189万吨,其中，电解铜35.6万吨，锌锭72万吨。

全年完成原料采购总量448万吨，实现集采品种外销35万吨。

全年国际贸易额完成16亿美元，出口精细氧化铝33万吨，铁矿石全年进口量106万吨。

主要指标表

表 55

指标名称		2016年	2017年	同比增长/%
主要产品产量	1. 氧化铝 / 万吨	1208	1064	−11.9
	2. 铝产品 / 万吨	299	258	−13.7
	3. 焦煤 / 万吨	323	390	20.7
	4. 铜铅锌 / 万吨	201	189	−5.97
销售收入 / 亿元		1135	1388	22.3
利润额 / 亿元		7.4	5.89	−20.4
纳税额 / 亿元		2.8	4.8	71.4
净资产收益率 /%		21	14	—

四、企业管理

坚持“不新增风险、不丢失权益、不放弃责任”的“三不原则”，推进历史债务清理，全年累计追回欠款 2.65 亿元，3.5 亿美元蒙古 TT 焦煤预付款全部按期收回，鑫仁铝业预付款风险敞口关闭。

开展仓储管理“事权、货权、财权”“三权分立”改革，全年开展了年度、半年度全品种盘点及 2 次氧化铝专项盘点。对第三方仓库实行评级管理，启动了电解铝第三方仓库“统谈分签”模式，电解铝仓储成本同比降低 53%。制定了《市场风险管理办法》，建立了蓝、黄、红三级风险预警机制和止损决策机制。

开展内控互查工作。对 6 家子公司 4 名负责人开展离任审计，配合完成了上级 3 次专项审计任务，上报了 15 份审计问题整改报告。全年办理授信审批 154 项总计 70.1 亿元。全年制定、修订制度 34 项，废止 12 项。建立合同分类管控体系，推广使用五大类 24 份标准合同文本，审核各类合同协议 4848 份。共处理法律纠纷及潜在纠纷 35 起，结案 9 起。

发挥财务集中管理作用，开展“三率”研究实现增收节支 9000 万元；合理配置现汇与承兑结构比例，节约财务费用 1.29 亿元；推进本部弥补亏损方案及争取各地税政支持 1.56 亿元，注销各类无融资功能账户 53 户，财务公司开户率和直连银行账户授权率 100%。推进瘦身健体暨压缩法人户数工作，压减法人户数 1 户。推进了 OA 系统向子公司延伸、上海仿真会议系统、本部信息安全项目建设。

开展了安全环保质量强基固本行动，形成了“珍爱生命，八方同安”“三全三不”“四梁八柱”安全文化建设思路，完善了安全环保制度体系。全年开展安全专项检查 9 次，安全培训和应急演练 25 次，制修安全环保制度 9 项。

开展基础管理“83346”行动，推行了 33 种工作方法、46 条管理举措。三大管理体系通过专家审核。

开展问题梳理及整改专项工作，共梳理了 564 个问题,形成《重点问题整改决议》78 个。

五、深化改革

联合国内六家企业成立了中衡协力投资有限公司。与招商局集团合资成立了招商物产（天津）有限公司。与淄博市张店区政府合资重组了中铝淄博国际贸易有限公司。

与中铝（上海）有限公司实行“两块牌子，一套人马”，组建了结构化交易中心，非铝金属业务、电解铝业务转移到上海。

实施了组织架构及管控模式改革，所有业务单元形成了一核一翼一体化运营体系，重庆国贸、佛山国贸向业务区域支持平台转型，西部国贸向加工贸易专营平台转型，无锡国贸向国内精细氧化铝专营平台转型。启动了财务共享中心建设方案。撤销经营发展部、仓储管理部，组建了运营管理部，将战略规划、ERP 系统管理、统计上报等职能划归办公室，并成立了安全环保健康部。

六、党建与企业文化建设

认真学习中共十八大及十九大精神，学习习近平总书记系列重要讲话精神，推进“两学一做”学习教育常态化制度化，修订、完善了《中铝国际贸易有限公司党委中心组理论学习制度》等 8 项制度。

把党对企业的领导和党建工作总体要求写进公司章程，明确了党组织的法定地位。把党委会作为董事会、总经理办公会、股东会的前置条件。

下发了《中铝国贸党委党建工作责任清单》，签订了党支部书记责任清单及党员责任清单。对照 25 项党建重点任务进行自查，到年底完成整改 23 项。

全年共有 9 个党支部进行了换届改选，为 18 名调入、12 名调出党员办理了组织关系接转手续；2 名预备党员按期转正，新发展 4 名中共预备党员。

全年中铝国贸共召开 1 次党建工作会议、2 次党委专题民主生活会、3 次基层党支部专题组织生活会。

设立“党组织带党员创效”课题 27 个，“党员带群众创新”课题 37 个，做到了各级党组织和全体党员全覆盖。

把全面从严治党的成果转化为一流的执行力，全年开展“一岗双责”约谈 237 人次。修订了执行力问责工作细则，完成巡视整改 43 项，整改完成率为 93.5%。

印发了《中铝国际贸易有限公司企业文化管理暂行办法》，明确了企业精神（励精图治、创新求强）；核心价值观（责任、诚信、开放、卓越）；经营理念（乐于合作、易于交往）；企业使命（贸通实业，易达天下）；企业愿景（打造国内领先、国际一流，具有中铝特色的工业品供应链集成服务商）。

七、履行社会责任

2017 年，中铝国贸以开展《中铝国际贸易有限公司供应链社会责任管理模块》为重点，推进社会责任管理与实践。

完善社会责任管理：制定了中铝国贸社会责任工作管理办法、供应商 / 客户准入制度；完善了社会责任工作领导小组与责任体系。

在公司治理、员工权益保护、安全环

保等方面推动社会责任试点向纵深迈进：通过做实业务中心，降低了运营风险，提高了协同运营效率；深化仓储管理“事权、财权、货权”三权分立改革，实现前、中、后台不相容岗位的分离，形成了对权力的有效制衡；实施领导人员“锋刃计划”、青年人才“飞跃计划”和优秀员工“翱翔计划”，维护了员工权益；推进安全文化建设，健全了安全环保和职业健康管理机构，夯实了安全生产基础。

与外部利益相关方开展交流合作：全年与各大研究机构面对面交流15次，与上海高金学院、弘则研究等联合举办高端产业金融论坛2次，定向发布市场研究专题报告10份。与招商局集团、上海高金学院、上汽集团、山东卓创开展合作。

八、重要记事

1月23日，中铝国贸一届五次职代会暨2017年工作会议、党风廉政建设和反腐败工作会议召开。

3月9日，中铝集团党组副书记、总经理余德辉到中铝国贸调研指导工作。

3月22日，中铝国贸举行河北地区焦煤客户座谈会暨沙河驿焦煤交割仓库揭牌仪式。

4月14日，中铝（上海）有限公司召开干部大会，宣布中铝国贸、中铝（上海）实行“两块牌子，一套人马”。根据中铝股份任字〔2017〕45号、46号、47号文：曾庆猛任中铝（上海）有限公司党委书记，董事，为董事长人选；杨家骍任党委副书记、总经理；曲蕾任纪委书记；董克恭任财务总监；申兰江任副总经理。

4月19日，中铝国贸领导班子赴雄安新区考察调研。

5月23日，实现TT焦煤出口第一船。

6月1日，中铝国贸与招商海通签署战略合作框架协议。

6月22—23日，中铝国贸领导班子率相关职能部门、业务中心负责人，赴浙江物产调研。

7月20日，中铝国贸召开2017年中工作会，中铝集团党组书记、董事长葛红林出席会议。

8月1日，中铝集团党组书记、董事长葛红林到中铝国贸调研工作。

9月22日，中铝国贸党委召开安全环保质量专题民主生活会。

12月4日，中铝国贸学习贯彻中共十九大精神专题研讨会暨2017年改革创新与发展战略研讨会召开。

撰稿 / 盖志云
核稿 / 吕彩霞
审定 / 杨家骍

中铝物流集团有限公司

一、基本情况

中铝物流集团有限公司（简称中国物流）前身中铝国贸北京（货运）有限公司，于2014年10月组建，时为中铝国际贸易有限公司（简称中铝国贸）全资子公司。2015年，由中铝股份和中铝国贸共同出资组建中铝物流，股权比例分别为81.87%和18.13%，注册资金5000万元；2016年3月，中铝物流从中铝国贸分立运行；2017年6月，中铝国贸撤出全部股金，中铝物流成为一人独资公司。

2017年末，中铝物流发展至10家分（子）公司、2家合营企业，注册资金9.6亿元。

2017年基本数据表

表56

资产总额/亿元	负债率/%	员工总数/人	平均年龄/岁	学历结构/人	
20.9	—	2368	44	中专及以下	1617
				大学专科	465
				大学本科	268
				硕士	17
				博士及以上	1

二、组织机构

（一）领导班子

刘为胜　党委书记、董事长、纪委书记（2017年无变动）

周韶峰　副总经理（2017年1月—2017年6月）

闫晓军　副总经理、工会主席（2017年7月）

董光辉　副总经理（2017年无变动）

于　华　副总经理（2017年无变动）

陶甫伦　财务总监（2017年7月）

（二）机构设置

本部职能部门：综合部、财务部、物流业务一部、物流业务二部、金融物流部、风险控制部

所属企业：

分公司：

中铝物流集团有限公司山东分公司

中铝物流集团有限公司贵州分公司

中铝物流集团内蒙古有限公司吕梁分公司

中铝物流集团甘肃有限公司连城分公司

子公司：

中铝物流集团内蒙古有限公司

中铝物流集团中州有限公司

中铝物流集团东南亚国际陆港有限公司

中铝物流集团中部国际陆港有限公司

中铝物流集团西北国际陆港有限公司

中铝物流集团甘肃有限公司

合资公司：

中油中铝（北京）石油化工有限公司

河南中铝国储能源有限公司。

三、生产经营

2017年，中国物流完成物流总量5064万吨，其中：买断国贸产品发运963万吨，铝锭及其他铝产品发运143万吨。全年营业收入64.89亿元，其中：运输业务收入30.35亿元，同比增幅79%；供应链物流营业收入28.54亿元，同比增幅584%；厂内包保业务6亿元，同比增幅41%。

主要生产经营指标表

表57

指标名称		2016年	2017年	同比增长/%
主要产品产量	氧化铝发运/万吨	723	820	13.4
	电解铝发运/万吨	30	143	333
销售收入/亿元		25.36	64.89	156
利润额/亿元		0.56	0.75	34
纳税额/亿元		0.48	0.78	63
净资产收益率/%		7.89	5.2	—

四、企业管理

围绕“大营销、大采购、大物流、平台化、国际化、金融化”战略布局，坚持“服务、合作、诚信、共赢”八字工作方针，集约整合搭平台，强基固本抓管理，超越创新拓市场，物流服务在中国铝业基本实现全覆盖，发运产品涵盖了氧化铝、电解铝、铝合金、煤炭、炭块、煅后焦、液碱等主要品种，内部市场和外部业务占比均大幅提升，其中外部业务占达到18%。

以问题为导向，全年完成4次、28个版本的梳理和修订工作，共梳理问题1227项，完成整改787项，整改率达64.14%。组织开展各类专题培训28场次，参培人员488人次。

落实央企“总对总”战略合作，2017年，中铝物流分别与太原铁路局、乌鲁木齐铁路局、青岛港完成战略合作协议签订。至此，中铝物流已与国内5大铁路局、3大港口、20余家有影响力的央企建立起了合作发展关系。

落实安全生产“一岗双责”，中铝物流

开展区域责任包保和24小时安全巡查，将工资总额的30%作为安全生产考核权重。全年未出现重大生产、设备、人身伤害事故，杜绝了重伤及以上人身伤害事故发生。

五、重大发展项目

中铝物流对广西华磊新材料有限公司生产物流项目投资1910万元，用于购置工艺车辆等物流设备；投资870万元用于中部国际陆港“上海期货交易指定交割仓库”建设；投资1630万元用于中部陆港小汽车中转库建设；投资1347万元，对智能物流云平台（一期）和信息调度指挥中心项目进行立项建设。

六、深化改革

中铝物流贯彻落实国企改革“1+N”系列，改革创新，将分（子）公司一把手工资集中到集团本部考核发放，副职及以下人员薪酬由一把手考核，赋予了分（子）公司更大的权力与责任。

在新拓展业务激励方面，中铝物流2017年兑现分（子）公司业务拓展奖1347万元、超额完成利润奖650万元、财税优惠政策奖88万元。

七、党建与企业文化建设

2017年，中铝物流加快组织建设，完成了工会、团委组建工作。推进“两学一做”学习教育常态化、制度化，实现时间、内容、人员三落实。开展“两带两创”活动，其中“党组织带党员创效”项目立项45项、“党员带群众创新”项目立项21项。落实反腐败制度建设，修订制度8项、排查廉洁风险点24个，制定防控措施46条。严肃执纪问责，给予4人诫勉谈话、3人责令检查、3人提醒谈话。

八、重要记事

1月17日，中铝物流2017年工作会议在北京本部召开。

3月2日，中铝物流与青岛港（集团）有限公司签署了《中铝物流集团有限公司与青岛港（集团）有限公司战略合作协议》。

4月11日，中铝物流社会责任工作启动大会隆重召开。

5月23日，中铝物流与中石油合资组建的“中油中铝（北京）石油化工有限公司”举行揭牌仪式，中铝集团领导葛红林、敖红、卢东亮出席揭牌仪式。

5月23日，中铝物流与太原铁路局有限公司签订战略合作协议。

6月28日，中铝国贸撤出全部股金，中铝物流成为一人独资公司。

7月4日，中铝物流与乌鲁木齐铁路局有限公司签订战略合作协议。

7月19日，中铝物流2017年年中工作会议暨一届二次党员代表大会在上海中铝大厦召开。

10月20日，中铝集团党组副书记、总

经理余德辉带队，对中铝物流问题梳理及整改穿透工作进行检查。

10 月 27 日，党委书记、董事长刘为胜出席在重庆举办的第三届中国有色金属工业供应链发展论坛。

11 月 14 日，由中铝物流举办的“中国铝业 2017 物流合作创新发展论坛”在福州隆重举行，中国有色金属工业协会、中国物流与采购联合会、中铝集团、各铁路和港口等物流企业代表出席论坛。

11 月 17 日，中铝物流第一次工会会员代表大会在郑州轻金属研究院举行。

11 月 18 日，中铝物流集团中部国际陆港有限公司上海期货交易所铝锭期货指定交割库揭牌仪式在河南省郑州市上街区中部陆港交易大厅举行。

12 月 28 日，中铝物流执行董事刘为胜带队，与乌鲁木齐铁路局签订了“战略大客户战略合作协议”。

撰稿 / 陈新彦

中铝能源有限公司

一、基本情况

中铝能源有限公司（简称中铝能源）是中国铝业集团有限公司2011年组建的能源业务单元，是中铝股份全资子公司，于2011年7月在北京成立，注册资本8.19亿元，本部位于北京市西直门北大街62号中铝大厦15层。

中铝能源是中国铝业股份有限公司（简称中铝股份）在宁夏以外地区的能源产业主要投资、管理、运营平台和利润中心。

2017年1月，所属宁夏丰昊配售电有限公司在宁夏银川注册成立；2月，中铝能源与中铝宁夏能源集团有限公司完成宁夏银仪电力设备检修安装有限公司管理权交接。

2017年基本数据表

表58

主要产品产能/万吨·年	资产总额/亿元	负债率/%	员工总数/人	平均年龄/岁	学历结构/人	
煤炭 1921	20.89	54.51	328	38	中专及以下	41
					大学专科	124
					大学本科	140
					硕士及以上	23

二、组织机构

（一）领导班子

何怀兴　党委书记、执行董事、总经理

杨思光　纪委书记、副总经理、安全总监

马晓中　副总经理

张凤琴　财务总监

（二）机构设置

本部部门：综合管理部（人力资源部、党委纪委工作部）、财务资产部、业务发展部、企业管理部（安全环保部）

全资子公司：山西华禹能源投资有限公司、中铝贵州矿业有限公司、中铝遵义矿业有限公司

控股子公司：宁夏银仪电力工程有限公司、内蒙古丰融配售电有限公司、宁夏丰昊配售电有限公司、中铝新疆铝电有限公司

受中铝股份委托管理股权的企业：甘肃华阳矿业开发有限责任公司、山西介休鑫峪沟煤业有限公司、青海能源发展（集团）有限责任公司

电厂建设项目部：中铝能源有限公司内蒙古华云项目部、中铝能源有限公司广西华磊项目部。

三、生产经营

2017 年是中铝能源围绕“一个服务理念、三个巩固、四个开创、三个全面推进和实现利润 2000 万元”的工作目标扎实推进各项工作。截至 12 月末，扭亏为盈，实现利润 3000 万元，全面超额完成全年各项任务目标。

年内，内蒙华云项目圆满完成各项里程碑节点目标，#5 和 #4 机组顺利并网发电，#5 机建设总用时 15 个月，提前计划 50 天完成 168 小时试运行，创国内同类型机组记录。广西华磊项目 1# 机组从开工到并网发电仅用 17 个月 12 天，创造了国内循环流化床机组项目建设时间最短、质量优良的新纪录。

组建中铝集团电力检修运维专业平台。7 月顺利完成宁夏银仪检修公司重组工作。制定银仪检修扭亏脱困方案并取得实效，建立完善中铝能源“标准化 +”检修和“标准化 +”维护的管控体系，推动中铝集团将检修维护业务纳入内部市场采购品种，为电力运维检修平台 2018 年经营奠定基础。

配售电业务取得实质性进展。内蒙古丰融和宁夏丰昊双双取得售电资质。内蒙古丰融取得了包头铝业工业园区增量配电网试点项目主体资格，于 9 月底通过中铝股份审核予以立项开展项目前期工作，成为内蒙古第一家在电力交易中心代理用户的售电公司，完成交易电量 505 万千瓦时。宁夏丰昊第四季度率先实现售电业务进场交易“零”的突破，完成交易 1.6 亿千瓦时，排名宁夏回族自治区所有参与交易的售电公司第二位。

涉煤生产企业经营管理取得重大突破。一是山西华禹万杰煤矿 4 月成功通过复产验收，为巡视问题的整改落实和超额完成年度任务目标提供了保障；二是顺利完成中铝老洞河煤矿去产能公示、矿井关闭方案和职工安置方案编制工作。

能源贸易取得全方位盈利。所属内蒙丰融、宁夏丰昊等企业依托中铝集团驻地企业，充分发挥企业在能源贸易领域的先天优势，努力开拓市场，积极服务主业实体企业，保障了集团公用电厂和自备热（电）电企业用煤安全。

主要生产经营指标表

表 59

指标名称		2016 年	2017 年	同比增长 /%
主要产品产量	煤炭 772.34/ 万吨	741.75	772.34	4.12
工业产值 / 亿元		4.09	4.83	18.1
销售收入 / 亿元		3.49	7.21	106
利润额 / 亿元		0.0695	0.3004	332
纳税额 / 亿元		0.057	0.15	163
净资产收益率 /%		0.01	0.03	—
产值劳动生产率 / 千元・人		1247	1473	—
人身伤亡事故 / 起		0	0	0
工亡人数 / 人		0	0	0
重伤人数 / 人		0	0	0
轻伤人数 / 人		0	0	0

四、企业管理

2017 年，中铝能源按照中铝股份战略规划管理工作的统一安排部署，完成“十三五”发展规划实施方案的编制上报工作，提出了“十三五”期间“巩固和扩大电力建设、生产检修服务；大力开拓配售电业务；优化涉煤企业资产提升经营效果；积极参与中铝集团能源资产整合；探索新能源、电力环保和水务资产的投资运营；稳步做大能源贸易”的六大发展战略。

中铝能源认真贯彻执行安全环保管理制度及有关决策部署，及时修订调整机构组成和职责文件及《中铝能源安全生产管理办法》纲领性文件、编制印发了《中铝能源安全环保责任规定》和《安全生产党政同责一岗双责规定》等安全管理规章制度，并对所属企业安全进行监督检查，全年所属企业及受托管理企业未发生重伤及以上人身事故，未发生环保事件。

五、深化改革

2017 年，中铝能源顺应国家产业结构调整，实现由能源投资向高附加值的能源服务的转变，迈出煤炭、电力等传统能源的转型发展步伐，扎实推进“四个开创”，夯实持久竞争力基础。在中铝股份的大力支持下，7 月完成对宁夏能源银仪公司的重组，中铝集团层面电力运维平台初步搭建。面对人员流失严重，内部市场萎缩的双重困境，制定银仪公司扭亏方案并严格督办，确保了银仪公司年度不亏损。

六、党建与企业文化建设

2017 年 6 月 9 日，中铝能源党委、纪委正式成立，标志着中铝能源党组织体系建设迈出重大步伐。所属各基层单位于 6 月底均成立了党组织，实现了基层党组织全覆盖。根据国资委党委、中铝集团党组要求，中铝能源及所属企业完成了党建工作纳入公司章程工作。

2017 年，中铝能源党委新建及修订党建、纪检监察、企业文化建设制度 24 项；以抓政治学习促进“两学一做”制度化常态化，以“两带两创”为抓手实现党建融入中心工作。

七、重要记事

1 月 16 日，中铝能源 2017 年度工作座谈会在京召开。

1 月 20 日，许波不再担任中铝能源有限公司执行董事，何怀兴任中铝能源有限公司执行董事、总经理。

1 月 26 日，中铝能源所属宁夏丰昊配售电有限公司在宁夏银川注册成立，马晓中任董事长，沈卫任总经理。

2 月，中铝能源所属内蒙古丰融配售电有限公司、宁夏丰昊配售电有限公司分别成为所在省区第一批公示的配售电企业，具备电量交易资格。

是月，中铝能源与中铝宁夏能源集团有限公司完成宁夏银仪电力设备检修安装有限公司管理权交接。

3 月，中铝集团第二巡视组进驻中铝能源开展政治巡视。

是月，中铝能源启动问题梳理及整改专项工作。

是月，中铝股份针对中铝能源涉煤企业去产能问题成立专项工作组。

4 月，内蒙古丰融配售电有限公司取得包头铝业工业园区配网试点项目主体资格。

5 月，中铝能源办公地点搬至中铝大厦。

6 月，中铝能源党委、纪委在京成立，何怀兴任党委书记、杨思光任纪委书记。

是月，中铝能源本部机关，所属企业、项目部成立党支部（党总支）。

7 月，中铝能源召开 2017 年年中工作会和党建工作会在京。

是月，华云项目 5# 机组完成“168”试运行。

9 月，中铝股份批复包头铝业工业园区增量配电试点项目立项。

是月，宁夏银仪电力设备检修安装有限公司更名为宁夏银仪电力工程有限公司。

是月，宁夏丰昊配售电有限公司完成首单售电交易，交易电量 1.6 亿千瓦时。

10 月，贵州矿业老洞河煤矿通过国务院国资委去产能现场验收。

11 月，华云项目 4# 机组完成“168”试运行。

12 月，华磊项目 1# 机组正式并网。

撰稿 / 刘　佳

中铝（上海）有限公司

一、基本情况

中铝（上海）有限公司（简称中铝上海）于 2012 年 4 月 1 日在上海注册成立，注册资本金 96830 万元。成立初期，中铝上海为中国铝业公司（简称中铝公司）全资子公司。2013 年 6 月，中铝上海无偿划转至中铝资产经营管理公司（简称中铝资产），2016 年 6 月，中铝上海由中铝资产无偿划转至中铝公司。2016 年 6 月 29 日，中国铝业股份有限公司（简称中国铝业）通过公开竞投的方式购得中铝上海 60% 股权，成为中铝上海控股股东，中铝公司持有中铝上海 40% 股权。2017 年 5 月 12 日，中国铝业与中铝公司签署了《关于中铝（上海）有限公司产权交易合同》，竞购中铝公司所持有的中铝上海 40% 股权，中铝上海成为中国铝业全资子公司。中国铝业发挥中铝上海地处上海国际金融中心的区位优势，将中铝上海作为金融、贸易、物流中心，拓展对外融资和海外贸易。

中铝上海经营范围包括国内国际贸易、房地产开发经营、项目工程管理、建筑业、金属材料及相关产品的销售、货运代理、仓储（除危险品）、商务咨询（除经纪）、资产管理、物业管理、餐饮企业管理（除食品生产经营），停车场（库）经营等。

通讯地址：上海市浦东新区长清北路 53 号中铝大厦。

邮政编码：200126。

2017 年基本数据表

表 60

资产总额 / 亿元	负债率 /%	员工总数 / 人	平均年龄 / 岁	学历结构 / 人	
35.24	72.43	22	42	高中以下	1
				大学专科	6
				大学本科	11
				硕士及以上	4

二、组织机构

（一）领导班子

2017 年 4 月 6 日前：

张占魁　董事长

申兰江　党委书记、总经理

2017 年 4 月 6 日后：

曾庆猛　党委书记、董事长（2017 年 5 月任执行董事）

杨家骍　党委副书记、总经理

曲　蕾　纪委书记

董克恭　财务总监

申兰江　副总经理

黄　力　副总经理（2017 年 8 月起）

李广飞　副总经理（2017 年 8 月起）

徐寒杰　总法律顾问（2017 年 8 月起）

王跃进　高级专务

（二）机构设置

2017 年 4 月 16 日前：五部一室，分别为办公室、财务管理部、企业管理部、工程技术部、物业管理部、党群工作部（纪检监察工作部），其中党群工作部（纪检监察工作部）和办公室合署办公。

2017 年 4 月 16 日后，中铝上海和中铝国贸实行部门共享。本部职能部门包括：办公室、人力资源部（党群工作部）、纪检监察部、审计部、财务部、法律部、经营发展部、仓储管理部、期货部。

六大业务中心：电解铝业务中心、能源业务中心、非铝金属业务中心、结构化交易中心、资产经营中心、项目经营中心。

三、生产经营

2017 年上半年，中铝上海加快推进上海中铝大厦项目收尾工程，顺利通过上海市竣工验收，以及调试试运行，达到了正常使用状况。2017 年 1 月，荣获中铝公司总经理特别奖；8 月，中铝大厦项目获得了上海市优质工程——白玉兰奖。6 月 30 日，上海中铝大厦顺利完成了项目预转固工作，中铝上海正式转为生产经营期。

下半年，中铝上海推进建设中铝贸易总部工作，充分发挥区域优势，积极稳妥推进贸易业务向上海地区转移，相继开展了电解铝、非铝贸易业务，办公楼宇出租、物业管理、资产盘活、项目管理业务，营业收入全年累计完成 44.06 亿元，实现利润 452 万元，开启了生产经营新篇章。全年未发生影响企业和员工队伍和谐稳定等情况，未发生重大经营风险和安全环保事故。

主要生产经营指标表

表 61

指标名称	2016 年	2017 年
销售收入 / 亿元	0.0064	44.06
净利润 / 万元	4.15	339
纳税额 / 万元	11	805
净资产收益率 /%	0.0043	0.35

说明：因业务范围变化，年度指标无可比性

四、企业管理

中铝上海积极推进管理规程标准化工作，以问题清单梳理工作为契机，加强制度管理，制定下发了财务管理、物资采购、资产管理、投资管理、法律纠纷等管理制度，规范管理程序，堵塞管理漏洞。

建立完善安全责任管理体系，开展了安全生产大检查活动和安全环保质量“全面大动员、全面大清查、全面大整改”强基固本专项行动等，全年共查处安全隐患17项，整改9项，整改率达到52%，实现全年安全、环保事故为零的目标。

建立完善ERP系统、OA办公系统管理，规范ERP系统操作和使用，将财务、采购、销售等业务功能综合集成，使各业务部门在统一平台上协同工作，实现信息共享，提高了工作效率，实现了企业精益化管理和规范化运作。

五、深化改革

2017年4月，根据中铝党组决策部署，中铝上海和中铝国际贸易有限公司（简称中铝国贸）进行战略重组，以中铝上海为平台，建设中铝贸易总部。两公司实行一套人马、两块牌子，职能部门共享的运营模式。中铝上海积极推行市场化改革，撤销企业管理部、物业管理部、工程技术部等管理部门，新设立资产经营中心和项目经营中心，建立完善了面向市场、权责明确的组织架构和运营机制。

六、党建和企业文化建设

2017年，中铝上海党委以学习贯彻落实中共十九大精神为契机，紧紧围绕建设中铝贸易总部核心任务，扎实开展“两学一做”学习教育和“两带两创”活动。认真落实全面从严治党，层层分解落实管党治党第一责任人责任。组织形势任务教育和主题讨论活动，推进企业文化建设。

扎紧党建制度笼子，强化管党治党责任落实。中铝上海党委先后制定了《“两学一做”学习教育常态化制度化实施办法》《党委会议事规则》《党建工作责任制实施办法》《党风廉政建设责任制考核办法》《执行力问责工作细则》《公司委派董事监事管理办法》《党费收缴、使用管理办法》等，组织修改公司章程，将党组织及其议事规程写入公司章程。

加强组织建设，充分发挥战斗堡垒作用。党委根据公司结构调整，及时研究部署，撤销原三个支部，将新增业务及人员重新划分，设立第一、第二、第三党支部，组建新的支委会，做到了党建工作“四个同步”。党委制定“两带两创”实施方案，三个党支部开展了党组织带党员创效、党员带群众创新活动，各支部结合自己的工作实际设立创带目标，建立“两带两创”台账，按时完成“两带两创”工作任务。

加强党员教育培训，提高干部员工素质。党委为全体党员发放专题学习笔记，购买发放了《中央企业党建思想政治工作优秀研究论文集》《十九大报告辅导读本》《中国共产党党章》《习近平用典》等学习资料，并定时通过QQ群、微信学习平台推送学习内容近百篇。组织党员培训达

200余人次。参加上海市经信党委支部书记培训、中铝集团党支部书记培训、新党员培训，以及中共十八届六中全会、十九大知识培训，组织全体员工参加十九大精神答题活动。

丰富组织生活，不断强化党员意识。组织纪念建党96周年系列活动，企业领导为全体党员员工讲党课；举办现场教学活动，组织全体党员到淞沪抗战纪念馆进行参观，并重温入党誓词；举办了“迎七一”版面展，三个支部分别制作了版面，参加了展示；召开专题组织生活会，各支部召开了“两学一做”专题组织生活会；组织优秀党员、优秀党务工作者、优秀党组织的评选。

七、履行社会责任

2017年，中铝上海顺利完成了中铝大厦项目建设任务，一次性通过了优质结构验收，获得了上海市优质工程——白玉兰奖。项目建设期间，中铝上海认真贯彻落实中铝集团和上海市项目建设各项规章制度，始终坚持安全生产要求，大力开展员工安全生产教育培训和隐患排查，全年未发生安全环保质量事故。严格合同管理，强化契约精神，未发生合同纠纷。协调周边央企，发起设立楼宇安全联保机制，为平安上海建设贡献智慧。

以人为本，实施员工关爱计划。在做好传统节日、生日慰问的基础上，建立员工职业健康安全档案，开展养生讲座、心理健康咨询活动，创建妈咪小屋，设立员工食堂，360度关爱员工、服务员工。

八、重要记事

1月22日，中铝上海党委召开领导班子专题民主生活会和民主评议党员会议。

1月23日，中铝上海召开2017年度工作会议。

2月7日，中铝上海网站正式开通运营。

3月8日，中铝上海启动问题清单专项工作。

4月6日，中铝股份对中铝上海领导班子进行调整：曾庆猛任党委书记、董事长；杨家骍任党委副书记、总经理；曲蕾任纪委书记；董克恭任财务总监；申兰江任副总经理，不再担任公司党委书记、总经理职务；张占魁不再担任公司董事长职务。

5月19日，实行机构改革，撤销企业管理部、物业管理部、工程技术部，设立资产经营中心、项目管理中心。

5月25日，中铝集团党组书记、董事长葛红林，党组副书记、副总经理敖宏到中铝上海调研，参加中铝交行四则基金成立仪式。

6月30日，中铝大厦完成项目转固工作，中铝上海由项目建设期转为生产经营期。

8月14日，中铝上海召开党委会，对党支部进行调整，设立第一、第二、第三党支部，撤销后勤支部、经营支部、物业支部。

8月22日，中铝上海章程修改完成，增加党组织及其议事规程相关内容。

9 月 8 日，中铝集团党组副书记、总经理余德辉，党组副书记、副总经理敖宏到中铝上海调研。

10 月 17 日，国有重点大型监事会主席李志群到中铝上海监督检查问题清单工作。

11 月 1 日，中铝上海 ERP 和 SAP 系统上线运营。

11 月 22 日，中铝上海召开工会委员会扩大会议，补选工会委员、工会副主席。

11 月 28 日，中铝集团党组书记、董事长葛红林在上海中铝大厦会见上海市人大常委会副主任薛潮。

撰稿 / 张　斌

核稿 / 申兰江

审定 / 杨家骅

中铝山西新材料有限公司

一、基本情况

中铝山西新材料有限公司（简称山西新材料）地处山西省河津市，是由中国铝业股份有限公司山西分公司（简称山西分公司）和山西华泽铝电有限公司（简称山西华泽）于2017年8月合并重组而成，是山西省第一家拥有“矿山—氧化铝—电解铝—铝加工”并配套自备发电机组的完整铝产业链的大型企业。

山西分公司的前身是始建于1983年的山西铝厂，2002年1月，根据中铝公司部署，山西铝厂的氧化铝板块的优良资产，组成山西分公司，做为中国铝业股份有限公司的核心企业重组上市，主营业务是氧化铝生产。山西华泽由中国铝业股份有限公司和山西漳泽电力股份有限公司于2003年按6：4比例共同出资组建，是国家发改委重点支持并经国务院批准的首家铝电一体化示范企业，主营业务是电解铝、合金棒、阳极炭素生产。

2017年8月8日，山西分公司和山西华泽进行合并重组，以山西分公司经评估后的全部资产和负债的净额山西华泽进行增资，重组完成后，更名为中铝山西新材料有限公司。

通讯地址：山西省河津市龙门大道北段9号。

邮政编码：043304。

2017年基本数据表

表62

<table>
<tr><th>主要产品产能</th><th>资产总额/亿元</th><th>负债率/%</th><th>员工总数/人</th><th>平均年龄/岁</th><th colspan="2">学历结构/人</th></tr>
<tr><td>氧化铝250万吨</td><td rowspan="5">128.95</td><td rowspan="5">72</td><td rowspan="5">5004</td><td rowspan="5">41.8</td><td>中专及以下</td><td>3428</td></tr>
<tr><td>电解铝42万吨</td><td>大学专科</td><td>1009</td></tr>
<tr><td>铝合金棒10万吨</td><td>大学本科</td><td>543</td></tr>
<tr><td>阳极炭素21万吨</td><td rowspan="2">硕士及以上</td><td rowspan="2">24</td></tr>
<tr><td>燃煤发电机组2×300兆瓦</td></tr>
</table>

二、组织机构

（一）领导班子

王龙章　董事长、党委书记
郭威立　总经理、党委副书记
袁欣富　党委副书记、工会主席
孙安稳　财务总监
郭庆山　副总经理
席东昌　副总经理
贾立群　纪委书记
蔺迎征　副总经理
尚生荣　副总经理
张瑞忠　副总经理

（二）机构设置

中铝山西新材料有限公司成立后设置职能部室8个，管理中心6个，二级单位13个，托管单位6家。

机关处室：办公室（招标办公室）、人力资源部、计划财务部、投资发展部、安全环保健康部、矿产资源部、党委工作部（工会工作部）、纪检监察部（审计部）。

管理中心6个：生产运行中心、装备能源中心、营销中心、质检仓储中心、技术研发中心（能源环境监测中心）、后勤服务中心。

二级单位：第一氧化铝厂、第二氧化铝厂、热电分厂、矿业公司、电解一厂、电解二厂、炭素厂、石灰石矿、精细氧化铝公司、铸造厂、动力厂、物流运输公司、河津市华泽建安有限公司。

托管单位：中铝太岳矿业有限公司、山西中铝太岳新材料有限公司、山西华谊矿业有限公司、山西龙门铝业有限公司（2017年完成法人户数压减）、中铝山西孝义铝矿有限公司（列入“2017年压减法人户数”专项工作计划）、山西铝厂碳素厂（列入“2017年压减法人户数”专项工作计划）。

三、生产经营

2017年，山西新材料，产量较2016年皆有提升，成本同比下降明显，产品创效能力稳步提高。全年实现营业收入80.9亿元，控亏4.2亿元，上缴税金总额3.5亿元，为实现本质脱困奠定了坚实基础。

主要指标表

表63

指标名称		2017年
主要产品产量	1. 氧化铝 / 万吨	189.02
	2. 电解铝 / 万吨	43.67
	3. 精细氧化铝 / 万吨	1.5
	4. 铝基合金 / 万吨	12.74
	5. 炭素产量 / 万吨	20.9
工业产值 / 亿元		67.03
销售收入 / 亿元		80.9
利润额 / 亿元		−4.6
纳税额 / 亿元		3.5
净资产收益率 /%		−12.40
产值劳动生产率 / 千元·人		1339.53
人身伤亡事故 / 起		1
工亡人数 / 人		1
重伤人数 / 人		0
轻伤人数 / 人		0

说明：山西新材料2017年成立，主要指标仅涉及当年数据

四、重大发展项目

2017年，山西新材料在建重大项目5项，当年完成投资17039万元。

重大项目情况表

表64

项目名称	设计规模/万吨	投资规模/万元	当年完成投资额/万元	年内项目建设形象进度
赤泥堆场扩建项目	形成库容为2087万立方米赤泥堆场	33228	300	新建Ⅸ格A格建成投用，Ⅸ格B格协调征地事宜
热电分厂脱硫脱硝及粉尘综合治理项目	—	23074	716	主体工程已完工投用，配套建设工程在建
氧化铝厂区生产废水治理及雨水排放改造完善项目	—	2236	235	主体工程完工投用
炭素系统挖潜创效项目	28万吨预焙阳极	32998.83	0	焙烧车间桩基、土方开挖、基础完成施工；生阳极车间桩基完成施工
2X300MW发电机组超低排放改造BOT项目	—	15788.38	15788.38	—

五、企业管理

2017年，山西新材料开展合规性评价，组织质量、HSE管理体系手册和程序文件的换版工作。

组织开展危险有害因素、环境因素辨识评价，并制定管理方案、应急预案等措施。

通过内外部审核，确保体系文件的贯彻落实和体系的规范运行。

加强机构改革，整合业务分工。

实施大宗原燃物料采购大客户战略，年节约费用4200万元。

实行备件辅材供应及维检修一体化承包，年减少费用支出1400万元。

践行“互联网+”思想，建立电商物流、大宗物料管控系统，无人计量、网上竞价和电子支付成功应用。招标实现统一集中管理，规范化全覆盖，全年降本9834万元。

六、科技创新

2017年，中铝山西新材料有限公司与中国铝业郑州有色金属研究院有限公司合作开展了FHEST（电解槽新型稳流保温节能）技术推广应用，项目总投入2925万元，应用该技术使电解吨铝直流电耗降低至12400千瓦时以下，节电效益显著；与中铝国际合作的两组份烧成半工业试验关键指标良好，开展工业试验；自主开展了提高种分分解率新技术、赤泥综合利用、赤泥脱钠技术等多项新技术研究和应用；成功引进微粉合作生产项目，一期建设规模3万吨/年；牵头组织氧化铝生产技术攻关，技术贡献730余万元。

2017年，山西新材料制定科技创新管理制度、科技项目管理办法，编制未来三年的“精细氧化铝发展规划”“科技发展规划”等，强化科技对企业转型发展的引领作用；创办科技信息共享平台，加强对外技术合作交流，加强技术人才队伍建设；6项专利获得国家知识产权局受理，5项专利获得授权。为增强企业核心竞争力提供了有力支撑。

2017年科技创新数据表

表65

科技创新投入/万元	申请专利/件	授权专利/件	科技人员占比/%
2925	6	4	1.72

七、深化改革

2017年8月山西新材料致力于发挥“1+1>2”效应，转型发展开启新篇章：直购电交易、新能源交易双重突破，28万吨炭素项目顺利开工建设、1.5万吨拟薄水铝石扩建项目通过中铝股份总裁专题会，3万吨氢氧化铝微粉项目签订合作协议。

实施精细氧化铝公司市场化改革，产销量均创历史新高，一举扭转连续3年亏损局面，同比增效600多万元。

八、党建与企业文化建设

山西新材料党委全面落实从严治党责任，持续巩固“两学一做”学习教育成果，坚持扭亏脱困转型升级总基调，持续夯实党建工作基础，强化干部队伍建设，严明纪律匡正风气。

山西新材料着力为员工打造“大家庭”的温暖。开办职工食堂，为倒班员工提供免费工作餐，开展夏送清凉配发洗衣机，实施“厕所革命”等。重点关爱特殊群体，开展大病医疗互助、金秋助学、特困帮扶，发放救助金50万元。争取跨企业转移和内退政策，解决再就业问题。

九、履行社会责任

山西新材料积极履行社会责任，参与社区发展，支持和带动地方经济社会发展。

推进绿色矿山建设，实施精矿战略，提高了资源利用率。

开展节能减排，实施氧化铝厂3#立盘液封流程改造，解决了现场冒泡的问题，停运2台液封泵，降低了生产电耗，并对改造经验进行推广。

开展降低产汽煤耗技术攻关，实施了热电分厂二期5台锅炉脱硝综合整治，持续开展锅炉漏风治理，锅炉综合产汽原煤耗较2016年降低1.61 kgce/t-汽，减排CO_2量1万吨。

十、重要记事

2月7日，运城市副市长卫再学到原山西分公司调研。

2月15日，中国铝业股份有限公司副总裁蒋英刚到原山西分公司调研。

4月14日，中铝集团党组成员刘祥民与中铝驻河津的21名班组长座谈，听取关于“安全、干净”劳动竞赛开展工作体会。

5月10日，国务院参事、中国有色金属工业协会党委书记、会长陈全训到中铝驻河津三家企业调研。

8月7日，中国铝业股份有限公司与山西漳泽电力股份有限公司签署了《中铝股份山西分公司、山西华泽铝电有限公司重组协议》。

8月8日，中铝山西新材料有限公司举行揭牌仪式，并于当日召开中铝山西新材料有限公司成立干部大会。

9月23日，中铝山西新材料有限公司召开第一次党代会。

10月13—14日，中国铝业股份有限公司副总裁蒋英刚到中铝山西新材料有限公司检查强基固本行动开展情况。

11月21日，中国铝业股份有限公司安全生产观摩会在山西新材料召开。

撰稿 / 范方强　吕国栋

甘肃华鹭铝业有限公司

一、基本情况

甘肃华鹭铝业有限公司（简称甘肃华鹭）位于黄河上游的甘肃省白银市，是国家“七五”重点建设工程,前身是白银铝厂，始建于1986年。2006年8月成为中国铝业股份有限公司的控股子公司。

甘肃华鹭的主要经营业务为：金属材料加工，炭素产品生产销售。2017年企业实施出城入园和转型发展，开展炭素搬迁项目建设。

通讯地址：甘肃省白银市白银区城信大道19号。

邮编：730900。

2017年基本数据表

表66

主要产品产量	资产总额/亿元	负债率/%	员工总数/人	平均年龄/岁	学历结构/人	
煅后焦3.4万吨	16.34	76.85	1297	46.2	中专及以下	856
					大学专科	187
铝合金1.7万吨					大学本科	243
					硕士及以上	11

二、组织机构

（一）领导班子

杨永亮　董事长、党委书记（2017年5月31日任）

谢叶明　总经理、党委副书记（2017年5月31日任）

王　欣　副总经理

王强华　副总经理

杨　杰　纪委书记

注：2017年5月31日前，孙波涛任董事长、总经理、党委副书记，何永鸣任党委书记、纪委书记、工会主席。

（二）机构设置

机关处室：办公室、人力资源部、财务部、党群工作部（审计部、纪检监察部）、规划发展部。

二级单位：炭素厂、动力厂、生产运营中心、营销采购中心、物资运输中心、质检信息中心、白银华鹭工服公司。

三、生产经营

2017 年，甘肃华鹭抢抓市场机遇，科学制定投产方案，在停产两年后实现了正常生产销售。截至 12 月底，销售煅后焦 2.23 万吨，生产合金产品 1.7 万吨。

主要指标表

表 67

指标名称		2016 年	2017 年	同比增长 /%
主要产品产量	煅后焦 / 万吨	—	3.40	—
	合金产品 / 万吨	0.82	3.29	109
工业产值 / 亿元		0.8	3.29	310
销售收入 / 亿元		1.78	3.9	119
利润额 / 亿元		−2.50	−1.32	−47.2
纳税额 / 万元		0.21	0.17	−19
净资产收益率 /%		−39.39	−29.71	—
产值劳动生产率 / 千元 · 人		59.3	61.68	—
人身伤亡事故 / 起		0	0	—
工亡人数 / 人		0	0	—
重伤人数 / 人		0	0	—
轻伤人数 / 人		0	0	—

四、重大发展项目

15 万吨炭素搬迁项目：煅烧系统于 2017 年 5 月 29 日点火烘炉，焙烧系统于 7 月 31 日点火试生产，成型系统于 12 月 7 日顺利出块，基本实现了全流程投产。

重大项目情况表

表 68

项目名称	设计规模 / 万吨	投资规模 / 万元	当年完成投资额 / 万元	年内项目建设形象进度
碳素系统整体搬迁项目	15	29698	18000	煅烧车间、焙烧系统、制糊成型车间建成，各系统联动试车完成，项目整体进入收尾阶段

五、企业管理

2017 年，甘肃华鹭坚持物料处置价值最大化原则，依法合规进行资产处置，210 千安和 155 千安停产系统的电解槽刨炉和物料清理工作全部完成；155 千安系列 1055 项资产报废处置工作完成资产评估、备案及进场交易，处置回收资金 2456 万元。210 千安系列 1158 项固定资产处置完成评估和内部决策审批流程。全年累计盘活各类停产系统物资 26586 吨，回收资金 11779 万元。办理新增委托贷款 3.4 亿元，保证了 7.1 亿元贷款到期接续。全年获取政府稳岗补贴 54 万元，获取人员分流安置补助资金 677 万元，减免城镇土地使用税 58.2 万元，抵减企业所得税 9.9 万元。

六、深化改革

2017 年，甘肃华鹭针对出城入园实际，对部分运营流程和组织机构进行了调整优化。

开展了年度中层管理干部述职考评，组织实施中层（含技术）管理人员竞聘上岗工作，中层干部调整交流幅度达 53.3%；

7 名基层干部走上了中层管理和技术管理岗位。

完成年度“瘦身健体”工作目标，压缩法人户数 1 户。完成总部下达岗位总控定员 800 人的年度工作目标。

通过异地运营电工铝杆合金项目安置员工 50 余人。通过竞标，近 90 名员工驻兰州分公司承担炭素成型设备检修和铸造生产任务，获得劳务收入 532 万元。委派 33 名天车工承揽印度电解铝厂天车工作业任务。向包头铝业、东南铜跨企业转移人员 66 人。

七、党建和企业文化建设

2017 年，甘肃华鹭深入学习贯彻党的十九大精神，组织召开了第二次党员代表大会，完成了党委和纪委换届选举工作，明确了“利用五年时间再造一个崭新的甘肃华鹭”奋斗目标。将党建工作要求写入公司章程，有效发挥了党委的领导核心和政治核心作用。

全面落实中铝集团党组印发的《党建工作责任制实施细则》《领导班子党建工作责任制清单》，明确了党建工作“责任人”的责任内容，细化了党委班子成员抓党建的具体任务、工作标准、进度要求，企业党建工作的基础得到进一步夯实。

八、履行社会责任

2017 年，甘肃华鹭自觉遵守环境保护、资源节约和安全生产、职工权益保护、市场经济秩序等法律法规，有序推进出城入园工作。

积极参与到精准扶贫攻坚战，与农户合作实施产业扶贫，实现炕枣销售 1 万公斤目标。利用社会资金 12000 元，为 4 户人家完成了自来水进户工程；动员社会力量捐助价值 4000 多元的衣物、玩具。筹集资金 11600 元开展年底分户慰问工作。将原乡文化站作为义诊基地，邀请社会爱心人士驻村义诊，接受诊疗人数达 500 人。

九、重要记事

1 月 17 日，甘肃华鹭召开三届五次职代会，回顾总结 2016 年工作，安排部署 2017 年主要任务。

6 月 8 日，甘肃省委副书记、省长唐仁健到甘肃华鹭炭素搬迁项目建设工地调研。

8 月 25 日，甘肃华鹭召开年度股东会、三届一次董事会和二届一次监事会，审议表决了相关会议议案。

10 月 16 日，甘肃华鹭召开第二次党代会，完成了企业两委换届选举工作，明确了新一届党委、纪委工作重点任务。

2017 年，甘肃华鹭在出城入园项目建设中取得成绩，获得中铝股份“优建快盈总裁特别奖”。

撰稿 / 郑启瑾

审稿 / 杨永亮

遵义铝业股份有限公司

一、基本情况

遵义铝业股份有限公司（简称遵义铝业），是由中国铝业股份有限公司控股的电解铝生产企业，位于历史名城遵义市播州区苟江工业园区。

遵义铝业前身为遵义铝厂，始建于1985年，1988年建成投产。电解铝产能36万吨/年（通过强化电流，挖潜挹产可实现41万吨产能），2017年实际运行产能为33万吨/年。

通讯地址：贵州省遵义市播州区南白镇火车站村。

邮政编码：563100。

2017年基本数据表

表69

主要产品产能	资产总额/亿元	负债率/%	员工总数/人	平均年龄/岁	男女比例	学历结构/人	
铝锭（铝液）33万吨	28	104%	1135	43	9：1	硕士研究生	3
						本科	97
						大专	138
						中专及以下	897

二、组织机构

（一）领导班子

朱守河　董事长

谢青松　总经理、党委副书记

杨宗光　党委书记、副总经理、工会主席

何　飞　副总经理

陈　静　副总经理

罗德才　纪委书记

（二）机构设置

机关部室：办公室、党委工作部、纪检监察审计部、工会工作部、人力资源部、财务部、企管发展部、安全环保部、生产管控中心、营销中心。

二级生产单位：电解一厂、电解二厂、电解三厂、动力厂、阳极组装厂、熔铸厂、分析计控中心

三、生产经营

2017年，遵义铝业坚持“大目标、高标准、严要求、强考核、快推进”的生产经营方针，抢抓历史机遇，加快项目建设，6月29日，遵义铝业最后一台电解槽投入生产，实现满负荷运行，较计划工期提前46天，创造了最大化经济效益。全年企业超产2.6万吨，增利1630万多元，实现了产量、利润、指标“三提升”。

主要生产经营指标

表70

指标名称	2016年	2017年	同比增长/%
电解铝/万吨	10	33	70
工业产值/万元	126736	478298	74
销售收入/万元	111821	413371	73
利润额/万元	3021	20163	85
纳税额/万元	1601	1125	−42
净资产收益率/%	−10	−25	—
产值劳动生产率/万元	110	260	—

四、企业管理

2017年，遵义铝业开展达产达标工作，全面完成了年度绩效考核指标，完全成本和利润总额达到中铝电解铝企业第二名。

遵义铝业通过建立销售作价与发货双确认机制，加强信用动态评估、实现了产销率、货款回笼率两个“100%”的目标。

遵义铝业通过了HES三体系换版第三方监督审核工作。

遵义铝业开展强基固本行动，2017年，各级领导干部深入班组开展安全活动85次，开展安全文明生产检查65次，考核处罚违章113例，整改隐患1152项。对上级部门督察发现的171个问题点，全面落实整改。

五、科技创新

2017年,遵义铝业开展了6个科技项目：铝电解智能管控关键技术应用研究与示范、低温低电压铝电解新技术研发、铝电解多物理场综合应用研究、智能管控MES系统开发、FHEST技术推广应用。其中，通过推广运行新型稳流节能保温电解槽（FHEST技术），进一步降低了生产成本，创效显著。通过其他科技项目的创新和先进技术的引进，2017年遵义铝业荣获贵州省高新科技企业称号。

全年投资计划总额为2100万元，其中获国拨资金900万元，自筹资金1200万元。

六、深化改革

遵义铝业深化绩效考核：一是坚决执行奖优罚劣、奖勤罚懒的绩效分配思路。二是继续推进政策资金争取、技术创新、金点子银点子、电解工区劳动竞赛、合理化建议等的创新创效工作。三是针对企业

重点安排的专项工作进行考核管理，加大对突出贡献人员的专项奖励。

七、党建与企业文化建设

深入推进“两学一做”学习教育常态化制度化，建立了企业领导班子成员、党委委员工作联系点。坚持以问题为导向，以强化责任担当为重点，深化“三型”党组织创建，开展“两带两创”活动。各党支部全年共实施“党组织带党员创效”项目 24 个，“党员带群众创新”项目 17 个。

新建党委议事规则、新形势下党内政治生活若干准则实施细则等 7 项制度，修订完善“三重一大”“三会一课”等 6 项制度。全年召开 28 次党委会、党委扩大会，坚持每月召开 1 次党纪工团例会。

2017 年，遵义铝业开展了球毛球比赛、徒步拓展活动、三八节趣味活动等文体活动。

八、社会责任

遵义铝业高度重视社会责任的履行，坚持做好慰问、帮扶困难党员和困难群众工作，开展春节慰问、送温暖、金秋助学等多种有效活动，下拨的慰问经费做到专款专用。

遵义铝业积极响应政府号召，派遣主管干部驻村对口帮扶，帮助贫困山区脱贫致富。

遵义铝业重视员工的技能培训，全年累计培训 1610 人次，积极帮助员工提升业务技能。

遵义铝业贯彻落实新安全法和环保法有关规定，全年未出现安全环保事故。

九、重要记事

2 月 19 日，中国铝业股份有限公司副总裁冷正旭一行到遵义铝业调研。

3 月 16 日，中铝集团党组成员刘祥民到遵义铝业调研。

4 月 28 日，遵义铝业举行环保节能技改项目二期工程投产仪式。中铝集团党组书记、董事长葛红林，贵州省委常委、常务副省长秦如培等领导出席仪式。

6 月 17 日，贵州省委常委、遵义市委书记龙长春一行到遵义铝业调研。

6 月 22 日，中铝集团召开仿真视频会，对中铝遵义企业主要领导进行调整。

7 月 25 日，遵义市铝产业专题招商现场考察团一行 120 余人到遵义铝业考察调研。

8 月 18 日，遵义铝业召开二届十四次董事会暨第二十次股东会、二届十五次董事会暨第二十一次股东会。

9 月 15—16 日，中国铝业股份有限公司副总裁冷正旭带队到遵义铝业开展安全生产综合检查。

12 月 15 日，遵义铝业荣获国家“高新技术企业”称号殊荣，成为贵州省 2017 年公布的第二批国家高新技术企业。

撰稿 / 胡继昌

审核 / 马　科

山西华圣铝业有限公司

一、基本情况

山西华圣铝业有限公司（以下简称山西华圣）是中国铝业股份有限公司与山西昇运有色金属有限公司（原为山西关铝股份有限公司）合资组建的大型电解铝企业。2006 年 3 月 7 日正式注册成立，双方出资比例为 51∶49，注册资本总额为 10 亿元。截至 2017 年底，山西华圣资产总额 22.59 亿元，员工总数 1505 人。山西华圣主要经营范围为年产 22 万吨电解铝和 6 万吨阳极碳素产品，分别采用 300 千安大型预焙槽电解技术和预焙阳极焙烧技术。

山西华圣地处秦晋豫黄河金三角的山西省永济市，坐落在城东 6 公里处永济市循环经济园铝深加工区。

通讯地址：山西省永济市中山东街26号。

2017 年基本数据表

表 71

主要产品产能	资产总额 / 亿元	负债率 /%	员工总数 / 人	平均年龄 / 岁	学历结构 / 人	
电解铝 22 万吨	22.59	59.9	1505	39.79	中专及以下	1110
预焙块 6 万吨					大学专科	259
					大学本科	135
					硕士及以上	1

二、组织机构

（一）领导班子

蒋英刚　董事长（2017 年 12 月离任）

薛亮民　总经理（2017 年 12 月离任）

张俊仓　党委书记、董事长、工会主席（2017 年 12 月起任董事长，离任工会主席职务）

闫国刚　财务总监

徐卫东　副总经理、工会主席（2017 年 12 月起任工会主席）

金占平　纪委书记

（二）机构设置

机关处室：总经理办公室（后勤保障部）、人力资源部、财务部、计划发展部、党群工作部、纪检监察部（审计部）。

二级单位：生产运营中心（安全环保健康部）、营销采购中心、电解厂、炭素厂、物资配送中心（对外为山西华圣物流有限公司）、运行维护中心（对外为山西华圣冶金设备修理有限公司）。

三、生产经营

2017年，山西华圣深化精准管理，强化技术攻关，挖潜增效和转型升级，关键业绩指标名列中铝股份前茅。

主要生产经营指标表

表72

指标名称		2016年	2017年	同比增长/%
主要产品产量	1. 电解铝/万吨	22.42	22.48	0.3
	2. 预焙块/万吨	8.04	8.31	3.4
工业产值/亿元		24.51	28.84	17.7
销售收入/亿元		24.32	27.66	13.7
利润额/亿元		1.7	0.47	−72
纳税额/亿元		0.98	0.7	−28.6
净资产收益率/%		19.75	7.62	−61.4
产值劳动生产率/千元·人		156.11	191.6	22.7
人身伤亡事故/起		0	0	0
工亡人数/人		0	0	0
重伤人数/人		0	0	0
轻伤人数/人		0	0	0

四、重大发展项目

2017年9月19日，山西华圣“炭素系统挖潜增效填平补齐项目”正式开工建设。该项目实现了企业多年以来重大发展项目零的突破，主要建设内容为在焙烧二期预留场地新建焙烧炉及其辅助设备设施和厂房，建成投产后，焙烧产能将增加4万吨，实现电解与炭素的产能配套。

重大项目进度表

表73

项目名称	设计规模/万吨	投资规模/万元	当年完成投资额/万元	年内项目建设形象进度
炭素系统挖潜增效填平补齐项目	4	4200	1885	厂房主体、焙烧炉基础、调压塔基础、电捕主体

五、企业管理

山西华圣铝业有限公司“十三五发展规划实施方案”正式发布。结合中铝集团战略目标以及运城市打造铝镁基地的发展思路，提出了“一争取，两做强，两开拓，实现转型升级，坐盈保先”的工作思路，明确了“十三五期间电解铝主要经济技术指标行业领先、炭素对电解贡献行业领先、发展形成中原地区废铝回收利用集散中心、22万吨电解铝液合金化率达100%、综合竞争力跻身国内行业1/4强”的总体目标。

2017年，山西华圣认真贯彻落实中铝集团安全环保质量强基固本行动方案，强化“安全无败诉，环保无申辩”意识，落实“一岗双责”责任，安全环保“八为零”目标得以保持，质量指标得到提升。全年培训员工2296人次，外包方523人次，建立红黑名单，将承包商纳入安全管理体系。恢复渣场喷淋设施，修订电解槽危险固体废物运输防抛洒处置方案，完成二期渣场建设、锅炉煤改气、破碎间改造、烟气在线监测等环保工程。

规范质量异议及处理流程，严把物料质量关，更新完善工艺标准，铝液质量明显提升。

将模范工厂创建与标准化管理、精准辨识、“双基”管理“安全、干净”班组竞赛有机结合，获得中铝股份模范工厂（冶炼）荣誉称号。安装安全隔离护栏，规范标识牌及看板，制作关键设备现场管理标准卡，实施设备清洁方案，现场管理更加规范。

推行设备点检标准化和预防性维修，设备维修费用和备件费用同比下降 14% 和 43%，大修槽工期保持在 20 天。开展“安全、干净”班组竞赛活动，实施班组值班室、休息室、卫生间改造，拍摄制作“安全、干净”视频。

成立女子安全纠察队，全员配发“616”安全确认卡，开展“党员安全监督岗”“青年安全监督岗”等活动。

六、科技创新

扩大推广“更低能耗电解槽”技术应用，实施槽控系统升级、破碎系统改造等多项技术改造项目，试验槽直流电耗、电流效率等指标显著提升。优化阳极外形尺寸，采取防氧化措施，阳极毛耗、天然气单耗等指标位居中前列。

打开工程技术人员职业发展通道，建立技术人员与管理人员并行、共存、互通、共融的发展平台，技术人才创新创新成果突出，全年有两项“五小”成果荣获山西省“五小”竞赛一等奖、三等奖；四项创新成果荣获中铝集团“金点子”“银点子”奖。

2017 年科技创新数据表

表 74

科技创新投入 / 万元	申请专利数 / 件	授权专利 / 件	新产品销售	科技人员占比 /%
61.1	4	3	无	3

七、深化改革

编制“十三五”发展规划，提出“深耕主业，开垦‘鑫’业，打造国内最具竞争力的铝产业循环企业”的战略目标，明确“一争取，两做强，两开拓”的工作思路，转型发展步入关键期。

成立了合金化推进办公室，超额完成生产 4 万吨合金产品的目标。

八、党建与企业文化建设

落实全国国有企业党建工作会议精神，完成党建进章程工作，明确了党组织在公司法人治理中的法定地位。

建立“党组织工作责任清单”和“党组织书记责任清单”，落实“双百分”责任制考核。中层以上干部给联系点党支部讲党课 36 场，协管以上干部包保班组。

落实“两学一做”学习教育常态化制度化，实施“两带两创”项目，设置党员安全监督岗。

建立健全工会及团委组织，成立女工

委员会，开展安全监督、巡回演讲、食堂改进等活动。

加强内外宣传，“厚植创新潜力，引领华圣辉煌”作品入选中铝集团品牌故事。发布《文化手册》之四——“我的踏石攻坚计”，开展“我的安全谁做主”主题征文活动。

九、履行社会责任

设立困难员工帮扶基金，成立职工帮扶服务中心，将70名困难员工纳入到全总工会帮扶工作管理系统。

组织员工参加运城市总工会开展的大病医疗互助工程，全年为8名员工申领大病医疗互助保险金27573元。

十、重要记事

1月13日，山西华圣铝业有限公司“更低能耗铝电解节能技术”试验项目通过专家组评审。该项目是山西华圣铝业有限公司年度新立重大科技专项项目。

2月16日，中国铝业副总裁蒋英刚一行来山西华圣调研。

4月5日，山西华圣铝业有限公司召开第一次工会会员代表大会。会议选举产生了工会经费审查、女职工第一次全体委员会，各委员会分别选举产生了工会主席、副主席、经审委主任、女工委主任。张俊仓当选为工会主席。

6月21—22日，中铝股份副总裁蒋英刚到山西调研并参加山西华圣第一届董事会第十六次会议、2016年度股东会。

7月23日，山西华圣铝业有限公司“十三五发展规划实施方案”正式发布。

9月19日，山西华圣铝业有限公司炭素系统“挖潜增效、填平补齐”项目进行开工典礼。该项目是山西华圣铝业有限公司电解铝生产系统产能的配套项目。

9月20日，山西华圣铝业有限公司跻入运城市“龙腾虎跃”转型发展计划“虎榜”培育企业名单。

10月20日，国家发改委产业协调司夏农一行到山西华圣铝业有限公司进行工作调研。

11月19日，运城市委副书记、代市长朱鹏等一行11人到山西华圣铝业有限公司就生产经营情况及2018年电力政策争取情况进行调研。

12月13日，山西华圣铝业有限公司召开干部大会。会议宣布中铝公司党组、中铝股份党委关于人事任免的决定：张俊仓为山西华圣董事长人选，不再担任工会主席；徐卫东为山西华圣工会主席人选；蒋英刚不再担任山西华圣董事长、董事；薛亮民不再担任山西华圣董事、总经理。

12月20日，山西华圣特邀陕西渭南党校王四海教授宣讲十九大会议精神。

12月21日，山西省统计局党组书记、局长翟振新一行5人到山西华圣调研。

撰稿 / 武世杰

审稿 / 姚向红

山东华宇合金材料有限公司

一、基本情况

山东华宇合金材料有限公司（以下简称山东华宇）地处山东省临沂市罗庄区江泉工业园，占地面积1060亩。山东华宇为“国家级高新技术企业”“有色安全生产标准化一级企业”“临沂大学材料科学与工程学院第一届理事会理事长单位”。

2017年基本数据表

表75

主要产品产能	资产总额/亿元	负债率/%	员工总数/人	平均年龄/岁	学历结构/人	
1. 电解铝22万吨	35.63	47.53	1837	36	中专及以下	1250
2. 发电33亿度					大学专科	439
3. 炭素11万吨					大学本科	144
4. 煅后焦60万吨					硕士及以上	4

二、组织机构

（一）领导班子

高喜柱　党委书记、董事长

蒲　铭　总经理（2017年1—6月）

刘金星　党委副书记、纪委书记、工会主席、副总经理

李志强　党委副书记、副总经理

王际海　党委副书记、副总经理（2017年12月6日任命）

（二）机构设置

职能部室：综合办公室、党群工作部、财务部、纪检监察（审计）部、安全环保健康部、营销部、装备项目部。

二级单位：生产指挥保障中心、电解铝厂、铝加工事业部、炭素厂、热电厂、工业服务公司。

分子公司：山东沂兴炭素新材料有限公司。

三、生产经营

2017 年 12 月，山东华宇与中铝材料应用研究院联合组建了山东分院。

山东华宇形成了 3C 电子表面材技术壁垒，赢得市场认可，成为 ViVO x20 型号手机背板铝材独家供应商。由山东华宇负责编写了该产品的中铝企业标准。

山东华宇用普通氧化铝在现有电解槽实现 3N 铝生产，铁含量可以控制在 0.035% 以下，2017 年累计销 229.529 吨。

2017 年，山东华宇多型号高强高韧结构件用变形铝合金材料生产实现新突破，A390 合金已用于开发汽车底盘用高性能锻坯、连铸棒、锻造轮毂用高性能锻坯、汽车空调用高耐磨斜盘锻坯等。

主要指标表

表 76

指标名称		2016 年	2017 年	同比增长 /%
主要产品产量	1. 原铝液 / 万吨	3.093	2.563	−17.14
	2. 铝合金 / 万吨	18.859	18.696	−0.86
工业产值 / 亿元		24.86	28.82	15.93
销售收入 / 亿元		25	29	16
利润额 / 亿元		2.37	0.26	−89.03
纳税额 / 亿元		1.65	0.78	−52.73
净资产收益率 /%		2.57	1.46	—
产值劳动生产率 / 千元 · 人		266.09	178.34	—
人身伤亡事故 / 起		0	0	0
工亡人数 / 人		0	0	0
重伤人数 / 人		0	0	0
轻伤人数 / 人		0	0	0

四、重大发展项目

2017 年，山东华宇在临港经济开发区建设完成中铝煅后焦基地一期 60 万吨项目。项目建设投资 19737 万元，占地 200 亩。该项目新建 8 台 76 罐罐式煅烧炉，采用沈阳院先进的均温煅烧工艺及新型罐式炉炉型结构。

项目于 2017 年 3 月 3 日正式批复开工，12 月 6 日第一车煅后焦成功首发，当年实现创效 804 万元。

重大项目情况表

表 77

项目名称	设计规模 / 万吨 · 年	投资规模 / 万元	当年完成投资额 / 万元	年内项目建设形象进度
一期 60 万吨煅后焦项目	60	19737	19737	已建设投产

五、企业管理

安全方面：山东华宇高度聚焦员工安全行为管理和安全风险管控，以“安全生产十条禁令”“三无工厂”创建为切入点，狠抓安全管理，实现了全年轻伤以上事故为零。

环保方面：山东华宇以危险废物管理为切入点，确保电解槽大修渣等危废的合法处置。按照排污许可证管理有关要求，重新进行环境应急预案备案，定期开展环境数据监测，确保达标排放。按照《绿色工厂评价通则》开展绿色工厂创建和产品碳标签认证。

质量方面：编制《2018年—2019年新体系建设推进一览表》，逐步完成7项高附加值产品质量（体系）认证。各单位负责人每季度缴纳3000元的风险抵押金，对质量事件进行挂钩考核。

六、科技创新

2017年，山东华宇科技创新投入9241万元，占销售收入总额的3.3%，科技项目立项11项；通过市级企业技术中心综合考核，获批国家级高新技术企业；获得山东省西部紧缺人才项目支撑计划、研发费用加计扣除减免所得税、罗庄区人才支持、临沂市产学研合作资金支持388万元；获得发明专利2项，专利授权2个。

2017年科技创新数据表

表78

科技创新投入/万元	申请专利/件	授权专利/件	科技人员占比/%
9241	3	2	11

七、深化改革

2017年，山东华宇继续加大全员成本目标责任制承包，实行市场化改革，成立了铝加工事业部，电解铝厂、炭素厂事业部制运行。9月12日，山东华宇与临沂恒源热力、沈阳铝镁设计院三方合作建设的山东沂兴炭素新材料有限公司成功点火，投入生产。

山东华宇将子公司山东华博建筑工程有限公司列入2017年集团压减法人户数行列，于2017年10月末完成了子公司的注销工作。山东华宇成立时购买的12台柴油发电机组为电厂备用发电机组，近年来一直处于闲置状态，2016年列为低效无效资产，2017年底将机组通过出租的方式进行了盘活。

八、党建与企业文化建设

组织建设：制定、修订了《山东华宇合金材料有限公司专务管理办法》《山东华宇合金材料有限公司协理员管理办法》《公司干部选拔任用、考核考评制度》等制度，推崇并形成了“公平公正、晋升凭业绩”的选人用人观。山东华宇各级党组织、党员信息全部录入到山东省“灯塔——党建在线”综合管理服务平台，做到了“一网覆盖”“同网管理”。

思想建设：山东华宇创新开展“党员大讲堂”活动，加强政治理论学习、业务培训。

作风建设：山东华宇层层签订《2017年党风廉政建设责任书》，并纳入年度绩效考核体系。签订《廉洁从业承诺书》《家庭助廉承诺书》《企业廉洁约定书》，从源头上警示预防违规违纪的发生。

群众与青年工作：山东华宇工会建立了“工会搭台、专业管理、群众唱戏”的劳动竞赛管理机制，全面调动一线员工参与劳动竞赛的积极性。在各重要时节组织开展群众活动，增强了企业的凝聚力和向心力。山东华宇团委全年组织了8项主题活动。

企业文化体系建设：山东华宇制定下发了《山东华宇企业文化管理办法》《山东华宇品牌建设指导意见》等制度。企业文化综合展厅、员工活动室、阅览室投入使用。

九、履行社会责任

2017年山东华宇获得“有色安全生产标准化一级企业”；高分通过了中铝集团现场管理评价，达到“先进水平+”；通过中国船级社2017年度“三标一体”管理体系审核；通过IATF16949质量管理体系外审认证。取得ISO9001、ISO14001和OHSAS18001管理体系换版认证。

山东华宇依据国家和山东省有关污染物排放管理规定，通过环保设施的建设和提升改造，实现了污染物的达标排放。

2017年，山东华宇团委组织青年志愿者290人次到周边敬老院、社区、公园开展志愿活动，获得中铝集团“优秀青年志愿服务队”荣誉称号。

十、重要记事

1月3日，山东华宇获得2016年度山东省技术市场科技金桥奖先进集体。

2月19日，中铝集团党组成员刘祥民到山东华宇调研。

8月2日，5系变形铝合金大扁锭试产成功。

8月4日，山东华宇被国家安全生产监督管理总局确定为“有色安全生产标准化一级企业”。

8月8日，中铝集团党组成员、副总经理张程忠到山东华宇调研。

9月12日，国内单体最大的煅后焦项目中铝煅后焦基地沂兴炭素一期60万吨1号煅烧炉成功点火烘炉。

11月24日，中铝材料应用研究院山东分院在山东华宇成立。

12月16日，山东华宇顺利通过IATF16949质量管理体系认证。

撰稿／刘　欢

核稿／鞠海明

中铝宁夏能源集团有限公司

一、基本情况

中铝宁夏能源集团有限公司（简称宁夏能源）成立于2003年6月，注册资本50.26亿元。宁夏能源有分子公司27家，其中分公司6家，全资和控股子公司13家，参股公司8家。控股的银星能源股份有限公司为A股上市公司（股票代码：000862）。

2017年基本数据表

表79

主要产品产能	资产总额/亿元	负债率/%	员工总数/人	平均年龄/岁	学历结构/人	
1. 火力发电：519万千瓦	332	76	5530	33	中专及以下	2696
2. 风力发电：140万千瓦						
3. 光伏发电：20万千瓦					大学专科	1291
4. 煤炭产能：1000万吨						
5. 风机及塔筒产能：1000MW					大学本科	1507
6. 电池组件产能：100MW					硕士及以上	36

二、组织机构

（一）领导班子

朱润洲　总经理（2017年11月离任）、董事长、党委书记（2017年11月任职）

李克强　党委书记（2017年11月离任）

李建国　党委副书记、副总经理、工会主席（2017年11月离任）、总经理（2017年11月任职）

张　举　党委副书记、工会主席（2017年11月任职）

郑高升　副总经理

高　原　副总经理

赵丽华　纪委书记

范天元　副总经理（2017年7月任职）、总工程师（2017年11月任职）

王顺祥　副总经理（2017年9月离职）

冯奇峰　总工程师（2017年2月离职）

（二）机构设置

机关部室：办公室、计划发展部、生产技术部、市场营销部、安全环保部、人力资源部、财务管理部、法律股权部、党委工作部、科技和信息化管理部、纪检监察部、审计部。

二级单位：马莲台发电厂、六盘山热电厂、宁夏银星发电有限责任公司、宁夏宁东供热有限公司、陕西西夏能源有限公司、光伏发电公司（太阳山光伏发电厂、红寺堡光伏发电厂、固原光伏发电厂、中卫宁电新能源有限公司、宁夏意科太阳能发电有限公司）、宁夏王洼煤业有限公司、宁夏银星煤业有限公司、宁夏六盘山铁路有限公司、宁夏银星能源股份有限公司、北京意科通信技术有限责任公司、宁夏宁电物流有限公司、宁夏新能源研究院、中铝宁夏能源集团综合服务公司、陕西丰晟能源有限公司、中铝固原能源综合开发项目筹建处。

三、生产经营

2017 年，宁夏能源完成发电量 158.59 亿千瓦时，同比上升 84%。火电年度基数电量占比超过年初计划值 13% 以上，大用户直供电交易降价幅度低于市场平均水平 20% 以上。取得政府关于 7.4 万千瓦容量风电项目不参与区内电力直接交易的承诺，减少经营损失 1125 万元。

生产原煤 1000 万吨，同比上升 22.98%。煤炭营销充分发挥自备铁路优势，销售范围扩展到 8 个省市，销售半径延伸到 1350 公里，重点大用户增加到 41 个，总销量创历史新高。

风电场站推行设备评级，完善隐患排查治理常态机制，长停机组故障率控制在 4.5‰以内，故障损失电量与 2016 年相比降低 58%；阿左旗、太阳山五期风电项目取得全国同区域对标竞赛一等奖和二等奖。光伏发电发挥“补容增效”作用，年利用小时数同比增加 80 小时，利润同比增长 4.67 倍，成功实现本质盈利。

主要指标表

表 80

指标名称		2016 年	2017 年	同比增长 /%
主要产品产量	1. 火力发电量 / 亿千瓦时	66.25	136.11	105.45
	2. 风力发电量 / 亿千瓦时	17.36	19.27	11
	3. 光伏发电量 / 亿千瓦时	2.63	3.21	22.05
	4. 煤炭 / 万吨	814.98	1000	22.63
工业产值 / 亿元		49.59	56.67	14.28
销售收入 / 亿元		41.71	56.24	34.84
利润额 / 亿元		3.19	3.11	−2.51
纳税额 / 亿元		4.36	7.9	81.19
净资产收益率 /%		3.52	1.74	—
产值劳动生产率 / 千元 · 人		831.21	1035	—
十万人死亡率		16.76	0	−100
千人负伤率 /‰		-	0.18	100

四、重大发展项目

2017 年，宁夏能源完成投资 12.48 亿元，其中续建项目 7.87 亿元，新开工项目 3.50 亿元。银星电厂 2×66 万千瓦项目 2 月 15 日两台机组转入商业运行，较“西电东送”其余电源项目提前 10 个月投产，工程造价较区内同类型项目低 3 亿元以上。陕西朱庄 5 万千瓦风电项目 12 月 2 日并网发电。

重大项目情况表

表 81

项目名称	设计规模/万吨	投资规模/万元	当年完成投资额/万元	年内项目建设进度
王洼煤矿 600 万吨改扩建项目	600 万吨	195859	24957	主系统形成
银星一井 400 万吨项目	400 万吨	265422	2755	4 月 10 日通过国家能源局“核准”，矿井开始试生产
原州区至王洼铁路项目	36.96KM	226560	6643	建成投产
银星电厂 2×660MW 工程	2×660MW	452001	7156	建成投产
六盘山热电厂厂外燃煤输送系统	—	9081	5350	2017 年 8 月 10 日投运
六盘山热电厂厂外城市供热热力网改扩建工程	437 万 m^2	15530	800	建成投产
宁东集中供热工程	400 万 m^2	34421	260	部分建成投产
陕西定边朱庄风电场 50MW 项目	50MW	39525	29893	建成投产
银星能源吴忠太阳山风电场 50MW 项目	50MW	34668	31870	具备并网条件
固原市污水处理厂提标改造项目	4 万 m^3/d	3694	3100	建成投产
陕西定边白兴庄风电项目	10 万千瓦	—	—	12 月 29 日获得陕西省发改委核准

五、企业管理

问题清单专项工作。按照“全级次、全覆盖”要求，找准企业存在的“疑难杂症”，共梳理 33 个方面 565 项问题，年内完成整改 424 项。通过问题查找和整改，清理闲置银行账户 12 个、收回逾期应收账款 9705 万元、处置非正常库存 2933 万元。

内部管控。对管理制度进行了修编和流程再造，全年新增制度 37 项、修订制度 67 项，建立了以管理提升为主要内容的内部控制体系和全面风险管理体系。完成合同范本的补充制定和修订工作，合同范本数量从 36 种增加到 65 种。

安全管理。落实安全包保责任制，全员签订安全一岗双责责任清单和安全承诺书，实现企业领导班子包保单位、机关部门负责人和基层科级以上干部包保班组全覆盖。开展安全环保检查 22 次，查出安全隐患 2715 项，完成整改 2662 项，整改完成率达到98%。推进安全生产标准化建设，结合“安全干净”班组竞赛创建星级班组133个，六盘山热电厂电气二次班等4个班组被评为中铝集团“安全干净”示范班组，王洼煤矿和王洼二矿、银洞沟煤矿分别通过国家一级、二级煤矿安全生产标准化验收。

环保工作。落实“绿水青山就是金山银山”理念，推进工业废水、废气达标排放。银星一井矿井水5月10日建成；王洼二矿、银洞沟煤矿水处理项目12月30日完成工艺系统安装，开始试运行；固原污水厂提标改造项目12月30日投运；王洼煤业公司所属煤矿防风抑尘网、六盘山热电厂脱硫废水改造完成。

设备管理。6台火电机组年利用小时数达到5273小时，对标靠前，超年度计划800小时；六盘山热电厂荣获中铝股份锅炉非停次数劳动竞赛优化奖第一名、优胜奖第二名。煤炭产业抓安全、抓产量、抓成本、抓煤质，产量同比增长22.98%。

六、深化改革

2017年，宁夏能源推进低效参股公司股权处置，华能宁夏公司股权成功挂牌转让，中宁发电公司和大坝发电公司股权盘活处置完成审计评估；完成7户法人户数压减，超额完成2户；“两金”压降效果明显，剔除新能源电价补贴因素后完成考核目标；逾期应收账款和呆滞库存清收较考核目标多完成6838万元；取得税收减免和优惠6500万元。

4家硅材料企业破产工作取得实质性突破，宁电硅业被法院裁定破产终结；宁电光伏材料、宁电硅材料、银星多晶硅被宣告破产且进行了第一次破产财产拍卖。北京意科破产申请10月25日被北京市石景山区法院裁定受理，破产工作进入法律程序。

完成3家火电企业和银星能源机构改革及员工优化配置工作，实施主辅分离，妥善安置富余人员。压缩二级管理机构29%，精简管理人员30%。王洼煤业公司“三供一业”移交协议顺利签署。

七、科技创新

2017年，宁夏能源积极推进科技创新体系建设，培育有产业发展优势的创新平台，拥有1个新能源检测中心公共服务平台、1个专家服务基地、2个工程技术中心、1个国家级高新技术企业。

2017年，宁夏能源借助科研院所的技术力量，围绕安全生产、节能降耗组织技术攻关。与安徽理工大学高科技中心共同开展《王洼矿区弹性支护技术的研究与应用》项目研发，解决了巷道矿压大、巷道变形严重、支护成本高的问题。与西安热工研究院合作实施《提高机组负荷深度调峰的开发与应用》，完成火电机组深度调峰试验。与深圳市禾望电气股份有限公司合作实施《S77-1500及FD77A-1500风机主控系统国产化应用》项目，提高风机年发电量2%以上。

2017年，宁夏能源科技项目投资收益率达到30%以上。争取各类科技奖励及补助资金294万元，申请专利8项，授权发明专利3项。

朱庄风电、太阳山风电六期、固原至王洼自备铁路等新上项目纳入能源管控中心监控，成功实现对所有产业的安全生产集中监控、设备性能集中分析、生产过程集中调度、投入产出统配优化。加大产业技术升级和改造，孙家滩3MWp补容改造、太阳山风电场机组升级改造试点项目并网发电。

2017年科技创新数据表

表82

科技创新投入/万元	申请专利/件	授权专利/件	科技人员占比/%
490	8	3	2.2

八、党建与企业文化建设

（一）党建工作

落实了党委研究讨论是董事会、经理层决策重大问题前置程序的要求，健全了党委把方向、管大局、保落实的制度基础。深化“两学一做”学习教育，拓展“两带两创”主题活动内涵，实现党建工作与生产经营“双促进”“双提高”。召开第一次党代会，选举产生了新一届党委和纪委。建立功能党小组141个，对口帮带班组242个；根据党员特长和专业技术，组织1698名党员与职工结成“带创”对子，建立233个创新项目，创造经济效益2800余万元。深化“三型”党组织建设，创建36个“创新创效型”党组织、22个“支持保障型”党组织、21个“管理服务型”党组织，44个党员示范岗。

深入学习领会中共十九大精神和习近平新时代中国特色社会主义思想，坚持“党要管党、从严治党”，推进纪检干部“接地气”工作。严肃政治纪律和工作纪律，坚持抓早抓小，强化执行力问责，问责干部员工122人次，约谈干部123人次。

（二）群团工作

2017年，宁夏能源征集“五小创新”成果46项，创造经济效益560万元。举办电焊工、集控运行值班员等6个工种的技能竞赛，选派陈聪等5人参加中铝集团班组长综合管理技能竞赛荣获团体一等奖和优秀奖，参加全国有色金属行业班组长综合管理技能竞赛荣获一、二、三奖。开展“青字号”品牌工程、青年志愿者活动、主题演讲比赛、创新创意大赛等青工活动。

（三）企业文化

2017年，宁夏能源开展“新春走基层”慰问演出、乒乓球比赛、毽球比赛、五人制足球赛等形式多样的文体活动。开展中国优秀传统文化进企业活动。《中铝宁夏能源信息》被评为2017年度宁夏企业“优秀内刊”。

九、履行社会责任

1.对口扶贫。按照宁夏回族自治区党委、政府工作安排，与彭阳县王洼镇陡坡村建立精准扶贫联系点，支持基础设施、特色养殖等扶贫项目，并免费为地方乡镇、学校、医院等单位提供燃煤，带动地区群众脱贫致富。

2. 绿色能源。2017 年，陕西定边朱庄 5 万风电项目建成投产，宁夏太阳山六期 5 万风电项目建成，内蒙古左旗 20 万千瓦风电项目、陕西白兴庄 10 万千瓦风电项目前期工作有序推进。

3. 达标排放。2017 年，宁夏能源二氧化硫、氮氧化物、烟尘排放总量与 2016 年相比分别下降 42%、36%、49%，顺利完成中铝股份下达的《2017 年节能减排计划》。《开发碳资产助力新能源》案例获得联合国全球契约中国网 2017 年度可持续能源供应最佳实践案例奖。

十、重要记事

1 月 22 日，宁电物流公司顺利通过国家住房和城乡建设部的审查，取得工程建设招标代理甲级资质。

1 月 26 日，兰州铁路局正式下发固王铁路接轨线开通命令，固王铁路全线正式开通。

2 月 15 日，银星电厂 2×660MW 工程 #2 机组成功通过 168 小时满负荷试运行，#1、#2 正式转入商业运营。

6 月 9 日，中铝宁夏能源集团有限公司总经理朱润洲当选中国共产党宁夏回族自治区第十二届委员会候补委员。

8 月 29 日，中铝集团党组书记、董事长葛红林调研中铝宁夏能源，并与宁夏回族自治区党委副书记、银川市委书记姜志刚进行了会谈。

9 月 20 日，宁夏回族自治区国土资源核查组核准王洼二矿为国家级绿色矿山建设试点单位。

11 月 30 日，中铝宁夏能源集团召开干部大会，会上宣布了中铝集团党组调整宁夏能源集团领导班子的决定：朱润洲任中铝宁夏能源集团党委书记，推荐董事长人选；李建国任中铝宁夏能源集团董事、总经理；张举任中铝宁夏能源集团党委副书记，为工会主席人选。

12 月 2 日，陕西定边朱庄 5 万风电项目并网发电。

12 月 28 日，中铝宁夏能源集团有限公司召开第一次党代会，选举产生了第一届党委委员和纪委委员。

撰稿 / 李传名　闫佩龙

中国铝业遵义氧化铝有限公司

一、基本情况

中国铝业遵义氧化铝有限公司（简称遵义氧化铝），位于贵州省遵义市播州区尚嵇镇。由中国铝业股份有限公司出资73.28%、贵州乌江水电开发有限公司出资26.72%共同创立，2006年6月6日注册。遵义氧化铝工程项目是贵州省和中铝公司“十一五”规划重点项目，总投资47.8亿元，设计规模为年产氧化铝80万吨、配套170万吨铝土矿。经过技术挖潜、填平补齐和管理提升，实际产能超过100万吨。

通讯地址：贵州省遵义市播州区尚嵇镇大坝村永兴路4号。

邮编：563135。

2017年基本数据表

表83

主要产品产能	资产总额/亿元	负债率/%	在岗员工/人	平均年龄/岁	学历结构/人	
氧化铝108万吨	43.42	61.53	801	32	中专及以下	366
					大学专科	261
					大学本科	174

二、组织机构

（一）领导班子

朱守河　董事长、党委书记

薛亮民　总经理、党副委书记

邹善能　纪委书记

张立强　副总经理

林　青　副总经理

李　戎　总经理助理

（二）机构设置

机关处室：综合人事部、财务部、党群工作部（工会办公室、纪检监察室<审计部>）、安全环保部。

二级单位：生产运行中心、营销中心、矿产公司、生产保障中心、动力管控中心。

三、生产经营

2017年，遵义氧化铝坚持扭亏脱困、转型升级总基调，强化内部管理，优化指标控制，生产经营保持稳中有升。2017年，遵义氧化铝资产负债率从年初的68.61%降低至61.24%。

主要生产经营指标

表84

生产氧化铝	108.14万吨
销售氧化铝	108万吨
实现销售收入	28亿元
累计上缴税费	约2.3亿元

四、企业管理

薪酬调整。以业绩为导向，打破原有绩效分配模式，调整薪酬比例，增加员工收入，2017年在岗人员人均收入同比增长23.6%。

安全环保。落实安全生产主体责任，签订安全一岗双责责任清单1245份；强化风险控制，推进隐患排查治理，全年累计排查隐患1296项，无重大事故隐患，已完成整改1280项，整改率98.7%；开展安全教育培训6785人次，组织各类事故应急演练350余次；强化环境保护意识，完善环保设备、设施，实现污染物零排放。

五、党建与企业文化建设

2017年，遵义氧化铝深入推进“两学一做”学习教育常态化制度化，大力开展“两带两创”主题活动，把生产经营中的重点和难点作为“两带两创”项目的出发点和落脚点，推进党建工作。

全年，“党组织带党员创效”项目共计36个，“党员带群众创新”项目共计73个，实现项目总收益3000余万元。

六、重要记事

2月16日，遵义氧化铝召开一届五次职工代表大会暨2016年党建思想政治工作会。

3月3日，中国共产党中国铝业遵义氧化铝有限公司第二次党员代表大会召开。选举产生中国共产党中国铝业遵义氧化铝有限公司第二届委员会，中国共产党中国铝业遵义氧化铝有限公司第二届纪律检查委员会。

3月16日，中铝集团党组成员、安全总监刘祥民率队到遵义氧化铝调研安全环保工作。

4月13日，国家安全监督管理总局检查组到遵义氧化铝检查安全管理工作。

6月22日，中铝集团党组对遵义氧化铝主要领导职务作出调整，朱守河担任党委书记、董事长。

6月29日，遵义氧化铝召开党建96周年纪念大会。

年8月29日，遵义氧化铝召开安全环保质量全面大动员、全面大清查、全面大整改强基固本专项行动动员会。

9月19日，国务院安委会第二总会督察组到遵义氧化铝开展安全生产督察工作。

12月12日，遵义氧化铝召开中共十九大精神宣讲暨知识竞赛活动。

12月23日，中铝集团2017年党建工作考察第三组对遵义氧化铝进行年度党建工作检查考核。

撰稿／申　潇

审核／熊　军

贵州华锦铝业有限公司

一、基本情况

贵州华锦铝业有限公司（简称贵州华锦）是中国铝业股份有限公司与杭州锦江集团有限公司按照党的十八届三中全会精神，大胆实践探索混合所有制经济，于2014年7月18日在贵州省贵阳市清镇市注册成立的合资公司。注册资本金为10亿元，其中中国铝业持有华锦铝业60%的股权，杭州锦江持有华锦铝业40%的股权。

经营范围主要包括：铝土矿产品、铝冶炼产品及相关金属，铝加工产品销售；碳素制品销售；铝工业废弃物（赤泥、粉煤灰）销售；相关技术开发、技术服务等业务。

2017年基本数据表

表85

主要产品产能	资产总额/亿元	负债率/%	员工总数/人	平均年龄/岁	学历结构/人	
氧化铝160万吨	46.62	62.72	781	37	中专及以下	497
					大学专科	177
					大学本科	103
					硕士及以上	4

二、组织机构

（一）领导班子：

张建阳　总经理

蒋凤贵　财务总监

项　阳　副总经理

何　斌　副总经理

王文志　总工程师

熊万彬　总经理助理

（二）机构设置

部门：生产管控中心、热电运行部、设备保障中心、技术部、质量检查部、工程部、财务部、商务部、综合部、人力资源部、稽核审计部、安全环保部。

三、项目建设及生产经营情况

主要生产经营指标表

表 86

指标名称		2016年	2017年	同比增长/%
主要产品产量	1. 氧化铝 / 万吨	144.84	160.08	10.52
工业产值 / 亿元		26.88	41.02	53.27
销售收入 / 亿元		27.93	41.05	46.97
利润额 / 亿元		4.82	11.48	138.17
纳税额 / 亿元		0.933	3.55	280.49
净资产收益率 /%		38	64.35	—
产值劳动生产率 / 千元・人		3490.9	5275.29	—
十万人死亡率		0	0	持平
千人负伤率 /‰		0	0	持平
重伤人数 / 人		0	0	持平
轻伤人数 / 人		0	0	持平

四、企业管理

2017 年，贵州华锦荣获“中国铝业股份有限公司 2017 年度总裁特别奖——回报股东奖”“中国铝业股份有限公司氧化铝质量提升劳动竞赛优化奖第一名”“中国铝业股份有限公司电厂锅炉（机组）非停次数劳动竞赛优化奖第二名”“中国铝业股份有限公司氧化铝焙烧炉燃料单耗劳动竞赛优化奖第二名”。

（一）安全环保管理

贵州华锦以深化细化实化安全标准化为主线，以提高人的安全素质为核心，以夯实基础管理为重点，以风险辨识防控为关键，进一步增强红线意识，加强承包商管理，坚守生态底线，加强污染物排放管控。2017 年，贵州华锦安全环保设施运行正常，污染物达标排放，未发生轻伤以上生产安全事故和突发环境事件，安全环保风险可控，安全环保形势基本稳定。

（二）质量管理

2017 年，贵州华锦修订《贵州华锦工艺事故管理办法》，新增《质量事故管理办法》，将责任落实到个人。

以中铝股份质量管理问题清单项目为参考，全面梳理质量管理存在的不足，抓重点强弱项补短板，按要求进行整改。

成立成品氧化铝攻关小组，通过对成品 −45μm、Na_2O、Fe_2O_3 含量攻关提高产品质量，提升产品竞争力。

五、党建工作

2017 年，贵州华锦党委加强党的建设，推动党委理论学习中心组学习和民主生活会的制度化和规范化。根据中铝集团《推进“两学一做”学习教育常态化制度化实施办法》，学习贯彻中共十八届六中全会、十九大精神。

贵州华锦党委与各党支部、各部门签订党风廉政建设责任书，强化责任考核，对违规违纪行为认真追查，严肃问责。2017 年，贵州华锦党委开展谈心谈话 20 次。

贵州华锦党委高度重视入党积极分子的进步与成长，注重培养和接收优秀分子加入到党的队伍中来。2017 年共有 11 名员工申请加入党组织，各党支部按照程序进行了考察和培养，同时，办理了1名党员转正手续。

六、社会责任

2017年，按双方股东要求，将2015年至2017年上半年利润进行了分红，分红7.45亿元。

2017年，贵州华锦党委组织召开“安全、干净”班组竞赛交流会，推进“安全、干净”示范班组创建工作。

2017年末，贵州华锦党委对困难党员、困难群众员工进行摸底调查，走访慰问7名困难党员和员工，发放了慰问金。

撰稿／姜文卓

核稿／李冀平

广西华磊新材料有限公司

一、基本情况

广西华磊新材料有限公司（以下简称广西华磊）位于广西百色市平果工业区，毗邻中国铝业广西分公司，是中铝广西投资发展有限公司（简称中铝广投）、广西百色开发投资集团有限公司（简称百投集团）联合出资，于 2015 年 12 月 30 日注册成立的合资公司。

经营范围包括电解铝生产，火力发电，铝材深加工，煤炭生产和经营，投资百色区域电网，铝加工、火力发电、电解铝生产的技术服务和技术培训。

2017 年基本数据表

表 87

主要产品产能	资产总额/亿元	负债率/%	员工总数/人	平均年龄/岁	学历结构/人	
铝水 20 万吨	51.54	54.70%	779	34	中专及以下	340
					大学专科	226
					大学本科	196
					硕士及以上	17

二、组织机构

（一）领导班子

黄卫平　董事长、总经理（至 2017 年 10 月 16 日）

卢达川　总经理（2017 年 10 月 16 日起任）

陈　健　副总经理（至 2017 年 10 月 16 日）

赵　平　副总经理

吴廷军　副总经理兼财务总监

（二）机构设置

机关处室：综合部（内审部）、人力资源部、财务部、营销采购部、生产技术部（安全环保部）、装备能源部、工程管理部。

二级单位：电解铝厂（轻合金项目部）、

发电厂（热电项目部）、动力厂（动力项目部）。

三、项目建设

广西华磊轻合金材料项目于2016年7月15日开工建设，是2011年国家发展改革委批准的“广西百色生态型铝产业示范基地”核心项目。项目建设500千安大型预焙槽300台、年产铝水40万吨和3×350兆瓦超临界燃煤发电机组，计划建设工期18个月，总投资概算61亿元。轻合金部分于2017年9月25日建成投产，比中铝集团批复的工期提前了两个月；热电部分一号机组于2017年12月27日投产发电，创国内同类型机组最短工期。截至2017年底，完成投资430573万元。

四、生产经营

2017年，广西华磊轻合金部分处于投产初期，原材物料投入量较大，电解槽启动电压较高、电流效率较低；热电部分还未完全投产，轻合金部分依靠百色区域电网供电，未能得到充足的电力供应。因此，2017年生产经营指标受到一定影响。

主要指标表

表88

指标名称		2016年	2017年	同比增长/%
主要产品产量	铝水/万吨	0	2.071	—

续表88

指标名称	2016年	2017年	同比增长/%
纳税额/万元	94.26	406.52	331.28
人身伤亡事故/起	0	0	持平
工亡人数/人	0	0	持平
重伤人数/人	0	0	持平
轻伤人数/人	0	0	持平

五、企业管理

（一）员工队伍建设

广西华磊坚持以“从严把关，宁缺毋滥，逐步引进各类专业人才”为原则选聘员工，严抓队伍建设，健全员工队伍。采取从中国铝业广西分公司调入管理和技术骨干，从外部引进电力专业人才，面向中铝企业和社会招聘生产一线操作人员，从校园招聘应届大中专毕业生等方式，分期分批、有节奏地引进满足集团试生产及生产经营需要的人才。

（二）建章立制

2017年，广西华磊制定实施了关于招投标管理、工程管理、投资控制、安全环保管理、物资采购供应管理、人员招聘和培训、综合管理，以及生产操作等管理制度共335个。对现行制度进行梳理，共修订制度27个。

（三）精准管理

一是现场管理标准化。以创国内同行业一流水平、打造中铝样板工厂为定位，高标准、严要求、全覆盖，推进现场管理标准化工作；二是生产运营管理精准化。

逐步完善规章制度建设，全面梳理、细化、优化业务流程，以贯标为抓手，着手建立各项管理体系，逐步实现设备点检维修、能源、营销采购、财务的精准化管理。年内，广西华磊机关和动力厂率先通过现场标准化验收。

（四）安全管控

一是建立健全了安全生产责任制，制定并落实全员安全“一岗双责”清。二是开展全员安全培训、考试，一线操作人员全员持证上岗。三是开展安全强基固本和领导干部“包保班组”等活动。四是组织开展全员安全知识培训、考试活动。五是严格执行《关于落实〈中国铝业公司安全生产十条禁令〉的通知》要求。六是抓好新员工入厂安全培训。2017 年，广西华磊安全事故为“零”。

六、党建工作

一是创新党建工作方式，助力项目建设。党建工作融入项目建设中心，各项目部党支部与参建单位开展党建“互联共建”活动，进一步加强双方信息沟通联络，相互协作、相互支持，充分发挥党员先锋模范作用，致力建设精品工程。

二是加强党风廉政建设，夯实廉政基础。企业董事长与有关人员签订廉洁从业承诺书；严守《关于禁止接受施工单位宴请等行为的规定》以及国家、中铝集团的党风廉政要求，从源头上堵塞漏洞，预防腐败和不廉洁行为的发生。

七、履行社会责任

广西华磊轻合金材料项目的安全设施、职业病防护设施与主体工程同时设计、同时施工、同时投入使用。

热电部分总投资 34.95 亿元，同步建设的环保设施包括烟气处理装置、废水处理装置、固体废物处置装置以及风险防范措施等投资 2.4 亿元（占总投资的 6.86%）。烟气出口二氧化硫、氮氧化物和烟尘排放浓度可分别控制在 35mg/Nm^3、50mg/Nm^3、10mg/Nm^3 以下，实现废水循环利用、固体废物无害化处理和再利用。

轻合金部分总投资 22.45 亿元，同步建设烟气净化系统，投资 1.02 亿元，占总投资的 4.5%，可实现氟化物、粉尘排放浓度优于国家排放标准。

八、重要记事

1 月 21 日，热电部分烟囱结构建设顺利到顶（高 210 米），比计划提前 39 天。

2 月 18 日，中铝股份副总裁冷正旭到广西华磊轻合金材料项目建设现场调研。

2 月 23 日，轻合金部分电解槽第一批槽周母线进场，标志着电解槽制作安装拉开序幕。

2 月 24 日，中铝集团党组成员、副总经理卢东亮到广西华磊轻合金材料项目建设现场调研。

3 月 16 日，广西华磊热电部分 2# 冷却塔建设顺利到顶（高128.33米）。

3月23日，广西华磊轻合金部分500千安电解槽首台样槽结构制作完成。

4月7日，广西壮族自治区人民政府副主席黄日波到广西华磊轻合金材料项目建设现场考察。

5月19日，中铝集团党组副书记、副总经理总裁敖宏到广西华磊轻合金材料项目建设现场调研。

6月22日，广西壮族自治区人民政府副主席陈刚到广西华磊调研指导安全生产工作。

7月9日，广西华磊热电部分1#发电机定子吊装成功，标志着热电部分进入发电机组设备安装阶段。

7月18日，广西壮族自治区党委副书记孙大伟到广西华磊轻合金材料项目建设现场调研。

8月3日至4日，中铝股份副总裁冷正旭到广西华磊部署轻合金材料项目提前投产事宜。

8月28日，中铝股份副总裁冷正旭到广西华磊轻合金材料项目建设现场调研。

9月11日，中铝集团党组副书记、总经理余德辉到广西华磊调研。

9月25日,广西华磊项目举行投产仪式。

10月20日，中铝集团党组成员、副总经理卢东亮率检查组到中铝股份驻桂企业开展安全检查。

11月9日，中铝股份副总裁蒋英刚到广西华磊轻合金材料项目建设现场调研。

11月22日，全国有色金属工业创建精品工程培训暨现场观摩会在广西华磊隆重召开。

11月29日，中铝集团党组成员、党组纪检组组长赵钊到广西华磊调研。

12月27日，广西华磊发电厂1#机组首次并网发电。

12月28日，中铝股份副总裁冷正旭到广西华磊轻合金材料项目建设现场调研。

撰稿 / 周庆明

审稿 / 刘正平

中国铜业有限公司

一、基本情况

中国铜业有限公司（以下简称中国铜业）成立于2008年8月，注册资本金32.35亿元，是中国铝业集团有限公司的全资子公司。截至2017年12月底，中国铜业总资产962.36亿元，拥有各类从业人员21335人。

2016年3月，根据中铝集团与云南省的战略合作安排，中国铜业企业工商注册地址从北京迁往昆明。2017年4月14日，按照中铝集团党组决定，实行中国铜业与云铜集团一体化管理。

中国铜业铜产业链条完整，包括海外和国内现代一流铜矿山、先进采矿冶炼技术和现代化铜加工生产线。矿山铜资源储量约3000万吨，包括海外秘鲁铜矿和云铜集团11座在产矿山，年产铜精矿（含铜）27万吨；有5家铜冶炼厂，年产电铜59万吨；铜加工企业主要包括洛阳铜加工、华中铜业、昆明铜业及上海铜业，主要产品为铜合金板、带、箔、管、棒、型材等，品种760余个，规格上万种，铜加工材产量超过30万吨。

中国铜业主营业务范围为铜及其他有色金属的勘探、开采、冶炼、加工、销售，与之相关的副产品的生产、销售，及有色金属行业工程的勘测、咨询、设计、监理及工程总承包，及相关进出口贸易业务。

中国铜业的母公司为中国铝业集团有限公司，持股比例为100%。

中国铜业下辖两家家上市公司，分别为在深圳证券交易所上市的云南铜业（代码：000878）、在全国中小企业股份转让系统（新三板）上市的云铜科技（代码：430530）。

2017 年基本数据表

表 89

资产总额 / 亿元	负债率 /%	员工总数 / 人	平均年龄 / 岁	学历结构 / 人	
962.36	64.78	20734	39	中专及以下	11251
				大学专科	4846
				大学本科	4213
				硕士	404
				博士及以上	20

说明：员工总数含秘鲁矿业

二、组织机构

（一）领导班子

刘建平　董事长

武建强　董事、总裁、党委副书记（2017 年 4 月 14 日起任党委副书记）

施维勤　董事、党委书记、高级副总裁、工会主席（2017 年 4 月 14 日起任职）

栾书伟　董事、党委常委、高级副总裁（2017 年 4 月 14 日起任职，2017 年 4 月 14 日后不再担任副总裁）

马惠智　董事、党委常委、高级副总裁（2017 年 4 月 14 日起任职，2017 年 4 月 14 日后不再担任副总裁）

刘跃伟　高级副总裁（2017 年 4 月 14 日起任职，2017 年 4 月 14 日后不再担任副总裁）

张晓光　副总裁（2017 年 1 月 4 日起任职）

刘洪均　副总裁、安全总监（2017 年 4 月 14 日起任副总裁，2017 年 4 月 14 日后不再担任总裁助理，2017 年 8 月 9 日起任安全总监）

陈　琳　监事、党委常委、纪委书记（2017 年 4 月 14 日起任职）

田永忠　党委常委（2017 年 4 月 14 日起任职）

张士国　党委常委、财务总监（2017 年 4 月 14 日起任职）

姚志华　党委常委、副总裁（2017 年 4 月 14 日起任职）

王明星　副总裁（2017 年 4 月 14 日起任职）

王　冲　党委常委、副总裁（2017 年 4 月 14 日起任职）

（二）机构设置

中国铜业本部部门：

综合管理部（董事会办公室）、人力资源部、财务资产部、投资管理部、营销管理部、企业管理部（安全环保健康部）、党群工作部（工会工作部 / 机关党委 / 团委）、纪检监察部（巡察办公室）、审计部、科技管理部、法律部。

矿产资源部、信息化管理部为云铜股份与中国铜业共享部门。2017 年 7 月起，中铝集团有关部门不再为中国铜业共享部门。

中国铜业所属企业：

云南铜业股份有限公司、中铝矿业国际、

中铝秘鲁矿业公司、中铝东南铜业有限公司、中铝洛阳铜业有限公司、中铝上海铜业有限公司、中铝华中铜业有限公司、中铝矿产资源有限公司、中铝洛阳铜加工有限公司、云南迪庆有色金属有限责任公司、凉山矿业股份有限公司、云南云铜锌业股份有限公司、青海鸿鑫矿业有限公司、中铝昆明铜业有限公司、云南铜业房地产开发有限公司、云南铜业科技发展股份有限公司、中国云南国际经济技术合作公司、云南铜业（集团）钛业有限公司、中国有色金属工业昆明勘察设计研究院有限公司、云南铜业矿产资源勘查开发有限公司、拉萨天利矿业有限公司、云晨期货有限责任公司、云港金属有限公司、广东清远云铜有色金属有限公司等。

三、生产经营

2017 年，中国铜业认真贯彻落实“多盈利、超常规、减问题、快改革”的总要求，迎难而上，顽强拼搏，取得了自成立以来最好的经营业绩，塑造了中国铜业的良好形象，担当了国有企业的重大责任，呈现了持续健康快速的发展态势。

截至 2017 年 12 月底，中国铜业实现营业收入 919.58 亿元，累计盈利 7.05 亿元，全级次亏损企业 20 户。

国内矿山企业全年完成矿产铜产量 8.43 万吨、铜选矿综合回收率 89.62%、铜精矿品位 22.31%。秘鲁铜矿完成矿产铜产量 19.34 万吨、铜选矿回收率 76.34%、铜精矿品位 19.15%。

冶炼企业全年完成精炼铜产量 62.68 万吨；硫酸 260.72 万吨；黄金 10.03 吨；白银 450.87 吨；铜冶炼总回收率 98.23%；铜冶炼综合能耗 218 千克标准煤 / 吨。

加工企业全年完成铜加工材产量 30.35 万吨；综合成品率 76.70%；退换货率 6.2‰（0.62%）；铜加工综合能耗 200.08 千克标准煤 / 吨。

2017 年，中国铜业 1000 万元以上投资项目共有 26 项，其中固定资产类 23 项，资源勘探类 3 项，全年固定资产投资完成 55.14 亿元，完成全年计划的 93.86%。

主要生产经营指标表

表 90

指标名称	2016 年	2017 年	同比增长 /%
工业总产值 / 亿元	381.18	720.86	89.12
销售收入 / 亿元	932.73	919.58	−1.41
利润额 / 亿元	−8.78	7.05	280.30
所有者权益 / 亿元	205.01	338.98	65.35
纳税额 / 亿元	17.43	16.00	−1.43
净资产收益率 /%	−3.66	−0.72	2.94
产值劳动生产率 / 千元・人	1632.31	3366.16	106.22
人身伤亡事故 / 起	2	1	−50.00
工亡人数 / 人	2	1	−50.00
重伤人数 / 人	0	0	—
轻伤人数 / 人	2	81	3950

四、板块建设

（一）运营管理

盘活存量出效益。秘鲁矿业坚持“三

步走”战略，强化设备管理和计划执行，实现均衡供矿，稳定生产流程，扭转了指标波动的不利局面。凉山矿业拉拉铜矿、玉溪矿业大红山矿、楚雄矿冶六苴铜矿等老矿山稳定生产指标，迪庆矿业羊拉铜矿基本实现正常生产，金沙矿业完成新老区整合。西南铜业、易门铜业、滇中有色的3个短平快项目先后建成投产，实现增产增效目标，全年创造效益超亿元。

打造增量有突破。全年投入资金55.63亿元，一批重点项目建设取得重大成果，是中国铜业成立以来建设项目投产最多的一年，为综合实力上台阶提供了新的支撑。普朗铜矿项目实现“3·16”投料试车，青海鸿鑫牛苦头铅锌矿项目较考核目标工期提前35天实现投料试车，香格里拉鼎立公司铜厂沟铜钼矿项目于3月15日投料试车。东南铜业年产40万吨铜冶炼项目进展较为顺利，得到中铝集团充分肯定；赤峰云铜年产40万吨铜冶炼环保搬迁项目、华中铜业高精度铜板带箔项目二期工程、凉山矿业拉拉落凼矿区深部矿段采矿工程、刚果（金）LCS冶炼项目也有序推进。2017年，中国铜业国内新增铜金属5.22万吨、铅锌金属2.76万吨、锑金属1604吨，升级铜金属5.94万吨、铁矿石491.58万吨。

用好变量强作为。2017年，中国铜业节约财务费用上亿元。东南铜业、赤峰云铜等重点项目引入地方政府资金支持，减少企业投资，放大国有资本的影响力。洛阳铜业获25亿元产业调整基金，其中国调基金20亿元。推进“三供一业”分离移交，签订12个项目移交协议，收到中央财政补助资金4.89亿元，完成了中铝集团考核目标。争取9项社会化管理有关政策补助共3158.4万元。

管理运营精耕细作。坚持召开早调会和“一对一、面对面”提质增效月度分析会，全级次穿透管理，提高运营效率。加强库存管理，呆滞库存清理完成年度目标的132.86%。强力推动内部市场交易管理和大宗物资集中采购，涵盖燃油、劳保工装等11个类别，提高交易量，降本增利效果初显。制定《客户信用管理办法》，健全客户信用管理体系，落实经济合同、规章制度、重要决策事项100%的法律审核。强化内审风控工作，实施47个经济责任审计、项目审计及专项审计，全年未发生重大风险事项。持续优化信息化系统建设，云铜股份“两化融合”通过监督审核。深入开展“模范工厂”创建、“精准辨识、消除浪费”和“下基层、盯问题、督整改”专项行动，现场管理有所改善。

问题清单落地有声。构建主动发现问题和防范风险的长效机制，取得阶段性成效，得到国务院国有重点大型企业监事会及中铝集团专项组的肯定。全级次共梳理问题3621个，制定重点问题整改决议450个，对1946个非重点问题形成整改方案，全年累计整改问题707个。

瘦身健体取得突破。“僵尸企业”处置完成年度工作计划，减少法人企业16户，完成了年度“压减”任务，昆勘院成功转让。债权清收取得成效，完成清收7.1亿元，其中收回现金3.22亿元，催清压降3.88亿元。

创新驱动步伐加快。重视效率变革、高质量发展，强化科技创新和产品升级。洛阳铜加工参与的“高强高导铜合金关键制备加工技术开发及应用”项目，荣获了2016年度国家科技进步奖二等奖，在国家科技奖励大会上受到表彰；西南铜业“铼的提取”有了重大突破，建成了氢还原制备铼粉生产线，处于国内先进水平；华中铜业重视产品结构优化，高端产品比重增加了30%，部分产品已替代进口产品；洛阳铜加工强化高附加值产品的市场开发，为国防工业做出了贡献。

（二）重大项目进展

1. 建成投产项目。迪庆有色普朗铜矿一期采选工程：项目采选生产规模1250万吨/年，概算总投资64.72亿元。项目于2017年3月16日顺利实现Ⅱ系列投料试车，7月16日实现Ⅰ系列试车投料。

青海鸿鑫牛苦头矿区采选工程（一期）：项目建设规模96万吨/年,概算总投资5.64亿元。项目于2017年9月26日顺利实现项目整体投料试车。

香格里拉铜厂沟铜钼矿采选项目：采选规模为33万吨/年，达产年产20%的铜精矿含铜307吨/年、47%的钼精矿含钼812吨/年，批复概算总投资为3.83亿元。项目2017年5月建成并进行了系统试车。

易门铜业环保高效清洁化生产改造工程：新增粗铜含铜5万吨/年，概算总投资1.97亿元。项目于2017年4月投料试车。

滇中有色年产10万吨粗铜30万吨硫酸完善项目：新增粗铜含铜3.7万吨/年，概算总投资2.00亿元。项目于2017年6月投料试车。

西南铜业电解提质增效升级改造项目：新增阴极铜5万吨/年，概算总投资0.32亿元。项目已于2017年4月30日完工。

2. 重点在建项目。赤峰云铜环保升级搬迁改造项目：年产高纯阴极铜40万吨，概算总投资56.11亿元。2017年，投资计划10.50亿元，实际完成10.51亿元。至年末，项目熔炼区域、电解系统、精矿库、硫酸区域等土建工程基本完成，电解主厂房实现封顶；项目落实了政府搬迁补偿资金和增资扩股资金10亿元。

东南铜业铜冶炼基地项目：年产阴极铜40万吨，概算总投资48.86亿元。年度投资计划15.38亿元，实际完成15.40亿元。

华中铜业高精度铜板带箔项目二期工程：新增铜板带箔6万吨/年，概算总投资11.28亿元。年度投资计划2.50亿元。

凉山矿业拉拉铜矿落凼矿区深部矿段采矿工程：项目地下采矿建设规模4000吨/天（132万吨/年），概算总投资4.64亿元。年度投资计划1.10亿元,实际完成1.05亿元。

中铝秘鲁特罗莫克铜矿二期扩建项目：二期扩建项目设计在现有采选规模的基础上增加5.274万吨/天的采选能力，扩建后项目年产铜精矿含铜增加到30万吨。2017年底取得开工批复。二期扩建项目建设采取指挥部制，采用EP+CM管理模式，截至2017年末，项目基本设计已完成，详细设计已完成85%，周期设备采购已完成74%，已完成投资6.28亿美元。

（三）安全环保

严格落实中铝集团强基固本工作部署。经过“四上四下”，共梳理安全问题清单575项，重大安全问题清单35项，安全风险清单27525项，危险作业清单2262项，上锁挂牌清单7600项，严重违章行为清单805项；梳理环保问题清单62项，其中企业61项，本部1项。

从严从紧问责考核，全年针对安全环保问题，问责处理92人，其中：撤职、免职13人。全面落实“一岗双责”安全责任清单，抓牢安全环保质量“全面大动员、全面大清查、全面大整改”强基固本行动，深入实施“领导进班组、全员查隐患”专项安全活动，积极开展隐患专项整治、安全生产许可证办理和承包商安全管控专项工作，安全环保态势总体平稳。

全年未发生较大及以上安全生产事故和环境事件。安全生产方面，发生了一起承包商冒顶片帮事故，1名承包商员工身亡。企业员工和承包商员工工亡人数与2016年相比，分别减少2名和1名。2017年累计发生轻伤81起、81人；可记录伤害139起；险兆事故134起。

环境保护方面，主要污染物达标排放。二氧化硫排放量同比下降20%，烟粉尘排放量同比下降16.2%，化学需氧量排放量同比下降19.5%，工业固体废物综合利用率同比上升9.9%。

（四）其他工作亮点

管理改革深入实施。落实中铝集团与云南省全面深化战略合作协议的安排，完成中国铜业、云铜集团的“一体化”改革，推进两级机关优化整合、人员重组、流程再造。完善OA公文处理系统，借助远程会议系统和信息化等手段，提升“双总部”运行效率。推进中铝集团内部资产注入，完成洛阳铜业、华中铜业、上海铜业、中铝资源资产注入；中矿国际从香港退市，为资产注入中国铜业和秘鲁矿业二期工程建设资金筹措创造了条件。落实“党建进章程”要求，出台了《决策权限管理办法》。昆勘院、省建物资完成公司制改制，冶炼加工总厂改制为西南铜业分公司，洛阳铜加工和华中铜业实现营销整合。

激励考核凸显活力。创新实施“效益改进奖惩”“超目标利润提成奖励”“考核得分挂钩奖励”等改革措施，收入分配向一线员工、艰苦岗位和价值创造倾斜，国内在岗员工人均工资收入较2016年增长9.88%。实施重点项目建设及债权清收的专项考核，云铜营销进一步完善全员经营风险抵押金制度，中矿国际等企业完善工资预算激励办法。

党的建设全面强化。2017年，中国铜业党委修订完善《党委常委会议事规则》《党委理论学习中心组学习制度》《“三重一大”决策制度实施办法》《决策权限管理办法》等一系列制度。在中央党校、云南省工青妇干校、昆明市委党校举办中层领导干部培训班，近1000人次参加培训。围绕“三同时”“三基本”要求，全面加强基层党组织建设，实现党的组织全覆盖，落实“党建进章程”工作，建立健全党的工作部门，选优配强党务干部。实现“两学一做”常态化制度化，推进“两带两创”活动，“党组织带党员创效”项目748个，“党员带群众创新”项目1161个，13766人次党员和9910人次群众参与；24个实体企业党委梳理出问题清单，确定整改事项398条，落实整改措施416条。推进党建“双百分”考核，制定考核方案、考核办法、考核细则，与二级党组织签订党建责任书，层层压实责任。组织为期2个月的大检查考核，查找问题145个，提出整改建议132条。

中国铜业党委把安全环保工作纳入党委重要工作范畴，全年召开4次民主生活会或中心组学习，专题研讨安全环保工作；组织召开3次安全环保警示教育大会，通报、学习事故案例，汲取事故教训。

党风廉政建设纵深推进。抓好巡视整改，针对中铝集团巡视发现的问题，制定整改措施460条，完成整改178个。开展内部巡察，全年完成6个企业巡察，发现问题317个，通报批评1个党委，党政纪处分22人次，问责26人次。依法依规处置问题线索112件，问责261人次，党政纪处分135人次。狠抓中央八项规定精神落地，严防“四风”回潮反弹，快查快处违反中央八项规定精神的问题。强化警示教育，全年召开警示教育大会4次，通报案例122个。

五、重要记事

1月8日，河南科技大学牵头、洛阳铜加工等6家单位参与的“高强高导铜合金关键制备加工技术开发及应用”项目荣获2017年度国家科学技术进步二等奖。

1月14—15日，中国铜业召开2017年工作会。

1月16日，葛红林、刘建平出席普朗铜矿一期采选工程投料试车仪式。

4月7日，中共云南省委组织部正式批复同意成立中国共产党中国铜业有限公司委员会和中国共产党中国铜业有限公司纪律检查委员会。

4月14日，中铝集团党组决定中国铜业与云铜集团实施一体化管理体制改革。

7月18日，中国铜业正式启动实施中国铜业、云铜集团“一体化”管理，明确本部部门设置及职能划分。

8月23日，中国铜业召开“全面大动员、全面大检查、全面大整改”强基固本行动动员大会，中铝集团党组成员、副总经理刘建平出席动员会。

8月29日，中国铜业与东川区人民政府在昆明签订矿山整合升级战略合作框架协议。

10月24日，中铝集团党组副书记、总经理余德辉调研东南铜业。

10月30日，中国铜业党委在召开传达学习贯彻党的十九大精神视频会议，专题安排部署十九大学习活动计划。

12月9—10日，中国铜业学习贯彻十九大精神专题研讨会暨2017年改革创新与发展战略研讨会在北京召开。

撰稿／孙　剑

审核／沃拥军

云南铜业股份有限公司

一、基本情况

云南铜业股份有限公司（简称云铜股份，股票代码：000878）为中国铜业有限公司控股的上市公司。前身为云南冶炼厂，成立于1958年，是国家第一个五年计划中156项重点建设项目之一。1998年改制为股份制上市公司，更名为“云南铜业股份有限公司”。

云铜股份主要生产高纯阴极铜、电工用铜线坯、工业硫酸、金锭、银锭、电工用圆铜线、硫酸铜等主产品，并能综合回收金、银、铝、铋、锡、铂、钯等多种有色金属。主产品“铁峰牌”高纯阴极铜，在上海金属交易所和伦敦金属交易所注册，并荣获“中国名牌产品”称号。

通讯地址：云南省昆明市盘龙区人民东路111号。

邮政编码：650100。

2017年基本数据表

表92

主要产品产能	资产总额/亿元	负债率/%	员工总数/人	平均年龄/岁	学历结构/人	
1. 电解铜：61万吨	268.55	71.89	11713	39	中专及以下	6638
2. 白银：550吨					大学专科	2933
3. 黄金：10千克					大学本科	1952
4. 工业硫酸：160万吨					硕士及以上	190

二、组织机构

（一）领导班子

武建强　董事长

田永忠　副董事长、总经理

代光辉　副总经理

黄云静　财务总监

杨新国　副总经理

赵庆红　副总经理

彭捍东　董事会秘书

（二）机构设置

机关部门：综合管理部（董事会办公室）、人力资源部、财务资产部、投资管理部、营销管理部、生产运行部、安全环保健康部、党群工作部、纪检监察部、内审部、科技管理部、法律部、矿产资源部、信息化管理部。

二级单位：云铜分公司、西南铜业、赤峰云铜、滇中有色、易门铜业、玉溪矿业、楚雄矿冶、金沙矿业、迪庆矿业、检验检测管理中心。

三、生产经营

2017 年，云铜股份云铜股份生产经营整体完成情况较好。

主要生产经营指标表

表 91

指标名称		2016 年	2017 年	同比增长 /%
主要产品产量	1. 电解铜 / 万吨	58.22	62.61	7.54
	2. 白银 / 吨	516.59	450.87	−12.72
	3. 黄金 / 千克	10016	10028	0.12
	4. 工业硫酸 / 万吨	168.81	193	14.33
工业产值 / 亿元		351.82	455.85	29.57
销售收入 / 亿元		591.95	573.23	−3.16
利润额 / 亿元		2.18	5.02	130.28
纳税额 / 亿元		8.04	9.49	18.03
净资产收益率 /%		3.75	4.06	—
产值劳动生产率 / 千元 · 人		1626.98	2152.28	—
人身伤亡事故 / 起		2	0	100
工亡人数 / 人		2	0	100
重伤人数 / 人		1	0	100
轻伤人数 / 人		3	56	1766

创新开展进口铜精矿转内贸业务。2017 年云铜股份制定了进口铜精矿转内贸业务操作方案，自营进口转内贸铜精矿数量 14.74 万矿吨，折合 3.53 万金属吨。

整合国内原料采购资源，云铜股份将对各单位优秀采购人员、物流等资源进行整合，并根据各炼厂的原料需求统一进行调配，杜绝供应商在云铜股份内各个采购主体间采购政策不一致的问题，避免内部企业竞争，统一对外口径。通过科学的组织结构和规范的业务流程有利于规范采购行为和风险控制，有利于控制原料成本，并且有利于降低系统整体的物流成本。

全面推进内部市场交易及大宗物资集中采购。2017 年云铜股份加快内部市场交易及大宗物资集中采购平台建设，制定并下发了《大宗物资集中采购管理办法》和《内部市场交易管理办法》，对燃油、劳保工装、电线电缆、煤炭、劳保用品等物资进行了集中采购。

四、重大发展项目

2017 年，金沙公司新老区一体化整合取得重大进展。签订矿山整合升级合作协议、增资扩股协议、资产收购协议，完成标的资产交付的现场工作。详细梳理因民铜矿、汤丹铜矿和滥泥坪铜矿三个矿山“一体化”开发目标各项目和工作内容，制定新老区整合“一体化”方案推进工作网络计划。赤峰云铜环保升级搬迁改造项目电解系统主跨基础施工完成 90%，主跨排架柱预制及吊装完成 100%；火法熔炼、吹炼系统余热锅炉基础已完成，具备锅炉安装条件。东南铜业按网络计划图推进项目建设，顺利完成闪速炉本体安装等9个里程碑节点目标。滇中有色10万吨粗铜/年、30万吨硫酸/年完善项目建成投入并达产。易门铜业高效环保清洁化生产改造项目投入并达产。西南铜业分公司电解提质增效升级改造完工。

五、企业管理

2017年，云铜股份加强企业管理，强化重点领域风险防控。加强采购业务检查，重点对非标准合同及超政策采购的合同进行跟踪3次，提出整改意见和建议12条。加强和完善购销风险控制，制定《营销业务合同OA系统审批业务规则》，全年审核营销业务合同127个。开展自产矿保值，防范市场风险。

推进精益管理，全员全过程强化质量管理。持续实施安全、环保、职业健康管理体系、内控风控体系、管理能力提升工程等，以提质增效保证发展质量。“铁峰”牌银锭连续5年获“全国用户最喜爱20家白银品牌”荣誉。

实施生产管理能力提升专项工程。2017年，云铜股份首次就生产管理进行系统体系梳理，顶层设计由总经理亲自挂帅。形成“以生产调度为核心,以设备管理为基础,以‘电铜创优区’和‘铜酸协作区’为冶炼两翼，以‘采掘剥供充平衡’和‘技术指标优化’为矿山抓手”的生产组织框架，印发管理体系文件，开展红旗设备、矿山三率、冶炼回收率、阳极铜、电解铜质量等十项劳动竞赛及创先评优活动。

深入开展安全环保质量“全面大动员、全面大清查、全面大整改”强基固本行动。制定各级综合检查、专业检查、自检自查方案共361个，对所属企业开展安全环保大检查和抽查督查，共查出隐患82项，提出整改措施及建议85项；领导带队检查156次、专业检查444次、单位自检自查659次，查出隐患8619项，完成整改8562项，整改完成率99.3%。全年未发生重伤及以上安全事故、重大设备事故、环保事件。

推进会计核算基础工作。开展粗铜效益及赤峰云铜搬迁效益等专项测算。进一步扩大中长期资金规模，中长期融资占比提高了3.62%，有效缓解资金接续风险。通过压缩融资规模，全年平均融资规模较2016年相比，降低了9.6亿元，节约财务费用约0.46亿元。主动争取进出口银行12亿元“高新卖方信贷”低息资金,大幅降低融资成本。

完成8户企业模范工厂验收评价，7户实体生产企业开展内部培训11期；开展4期精准管理诊断比武和最佳实践案例分享，共诊断出问题192项，分享31个最佳案例。

六、科技创新

2017年，云铜股份科技创新投入5.33亿元，科技计划项目39项，申请专利54件，其中：发明专利19件、实用新型专利35件；获授权专利32件，其中：发明专利4件、实用新型专利28件；获中国有色金属工业协会科技进步一等奖1项、三等奖1项；获云南省科技进步创新团队三等奖1项。

云铜股份整合优化科技资源，从基础性、专业性和组织性三个层次完善创新管理体系，全年科技创新投入达5.33亿元，实施科技计划项目37项，研发人员达423人；全年起草或参与制定颁布国家标准10项。

七、深化改革

2017年，云铜股份机关由原5个部门完善设置为11个部门（10个直属部门和1个管理中心），改革后，云铜股份机关机构进一步健全，职责权限更加明确，管控能力大幅增强。撤销原冶炼加工总厂，成立西南铜业分公司，西南铜业分公司实行生产、财务、税务等独立核算。

年内完成3户僵尸企业处置。迪庆矿业紧盯生产经营，2017年实现扭亏为盈，摘掉僵尸企业帽子；德钦维科完成吸收合并；红山球团2017年实现扭亏为盈，同时按照股权转让方式，已于2017年11月27日进场挂牌。加强账户管理，2017年完成公司及下属单位账户撤销31户。

资本运作非公开发行股票工作开展顺利。2017年1月，国务院国资委组织专家对云铜股份非公开发行股票方案进行了评审，经与专家组多轮意见交流，完成了国务院国资委专家评审意见反馈，国务院国资委产权局对评估结果进行确定。由于中国证监会2017年2月17日对非公开发行股票政策的调整，云铜股份及时修订了资本运作方案，经云铜集团及中铝云铜股份董事会审批并报国务院国资委审核通过后。资本运作方案材料于8月1日报送证监会审核。

八、党建与企业文化建设

（一）党建工作

截至2017年，云铜股份未设立党委，下属党组织直属原云铜集团党委管理。中国铜业与云铜集团实施“一体化”管理体制改革后，2017年10月12日，云南省委组织部批准同意撤销云铜集团党委，下属原云铜集团党委管理的党组织和党员转由中国铜业党委管理。截至2017年12月31日，云铜股份共有党的基层组织278个，其中党委32个、党总支12个、党支部234个；共有党员5872名（在岗党员3692名，离退休党员2180名）。党组织覆盖所有控股企业、参股企业、新建单位、项目单位和省外企业。

2017年，云铜股份认真学习宣传十九大精神，制定落实“十个一”系列活动（一次学习贯彻大会、一个主题教育、一次集中专题研讨、一次大讨论、一次党课、一次专题讲座、一次轮训班、一次答题活动、一次论坛、一篇心得体会）方案，发挥“头雁效应”，班子成员带头参加十九大精神的中心组学习、研讨，基层党支部以“三会一课”落地落细推进学习落实。

层层压实党建工作责任，全面贯彻落

实党建责任“双百分”考核，建立和完善党建工作目标责任考核体系，制定并出台党建工作责任制管理办法（试行）、党建工作责任制考核实施方案（试行）、2017 年度党建工作目标责任考核评分细则，开展书记抓党建述职评议工作和党建工作目标责任制和党风廉政建设责任制考核工作。云铜股份全级次 27 户企业已完成章程修改工商登记备案。

“两带两创”活动富有成效，各级党组织共设立党组织带党员创效项目 321 个，党员带群众创新项目 836 个，累计有 8642 人次党员和 8461 人次群众参与。坚决推进“安全环保质量”强基固本大行动，下属企业党委梳理出问题整改清单，整改事项达 248 条，落实整改措施 268 条。

（二）企业文化建设

开展“金牌班组”“技师工作站”创建活动，打造崇尚创造、精湛业务的“工匠”文化。

上线新改版的云南铜业门户网站，优化了企业对外展示平台。制作《“铜”话世界》栏目、面向社会发布年度社会责任报告、规范发布年度报告。

九、履行社会责任

2017 年，云铜股份秉承十九大提出的“把人民对美好生活的向往作为奋斗目标”，提出以“‘共铜’创造美好生活”为核心的责任文化理念，把“责任 诚信 开放 卓越”的核心价值观融入实现“精彩价值、产业繁荣、绿色生态、幸福企业、和谐社区”的事业中，与股东、客户、环境、员工及社区共创共享美好生活。

云铜股份坚持依法合规运营，加强风险管控，深化党风廉政建设和巡视整改工作，不断夯实企业发展内功；云铜股份严格按照上市规则的要求，完善信息披露管理制度，拓宽与投资者的多元化沟通渠道，积极构建良好的投资者关系；云铜股份主动适应经济发展新常态，以提质增效为中心，开展全面精准管理，启动生产管理能力提升专项工程，有效保证生产运行的精细化和整体利益最大化。

云铜股份加强与上下游合作伙伴的交流与合作，携手打造诚信供应链，促进产业健康发展，本地化采购金额达 37.95 亿元，本地化采购比例达 54.34%。

云铜股份坚持“走资源消耗低、环境污染少、清洁生产、可持续发展的新型工业化道路”，将环境保护管理指标纳入云铜股份生产运营的全过程，建立健全环境管理岗位责任制，制定环保日报告制度，通过了 ISO 14001 环境管理体系认证，2017 年无重大环境事件；云铜股份将绿色开采理念融入勘探、规划设计、施工全过程，以最环保的技术路线、最智能的开采工艺减少矿山开采对环境的影响，云铜股份共有 6 座矿山获得了国家级绿色矿山的称号；云铜股份持续改进生产工艺设备，清洁生产和循环经济成果丰硕，万元产值综合能耗 99.48 千克标准煤 / 万元（2015 年可比价），同比下降 2.29%。

云铜股份努力打造包容的多元文化氛围，少数民族员工占比 28.2%，为少数民族员工创造平等就业、实现梦想的平台；云铜股份拓宽职业发展通道，开展多层次多样化的教育培训，全年员工培训投入 436.56 万元。

云铜股份用心、用情投入精准扶贫工作，通过基建帮扶、产业帮扶、教育帮扶等多项举措帮扶贫困户 159 户、贫困人口 540 人。

十、重要记事

1 月 5 日，国务院国资委组织专家对云铜股份非公开发行股票方案进行了评审。

2 月 8 日，云铜股份赤峰云铜搬迁扩建项目建设指挥部成立，任命云铜股份副总经理杨新国为指挥长。

4 月 25 日，云南省召开第二十二届劳动模范和先进工作者表彰大会，滇中有色熔炼分厂运修工段余热发电班被授予“全国工人先锋号”荣誉称号，金沙矿业因民公司选厂工区长杨建明被授予“全国五一劳动奖章”荣誉称号，玉溪矿业大红山铜矿一选厂磨选组组长缪沅振、冶炼加工总厂稀贵分厂水洗工区工区长郭开师、迪庆矿业选厂设备组组长席开龙被授予“云南省劳动模范”荣誉称号。

6 月 28 日，国家安监总局到云铜股份玉溪矿业大红山铜矿开展汛期安全生产专项督查。

7 月 4 日，云南铜业股份有限公司西南铜业分公司成立，中国共产党云南铜业股份有限公司西南铜业分公司委员会、纪律检查委员会同时成立。原冶炼加工总厂的生产经营、人员、债权债务、资产等全部转移到西南铜业分公司。

7 月 31 日，云铜股份上榜 2017 年《财富》中国 500 强，以 591.95 亿元的营业收入位列 107 名,比 2016 年的 110 位上升 3 位，居云南 6 家上榜企业之首。

8 月 9 日，云铜集团、云铜股份召开两级机关干部大会，宣布云铜股份深化改革机关各部门设置方案和人员编制方案。

8 月 29 日，云铜股份和深圳市中金岭南战略合作签字仪式在昆明举行，确定将在有色金属开发，铜、铅、锌资源利用，金融服务等领域展开合作，实现强强联手、互利共赢。

10 月 14 日，云铜股份启动生产管理能力提升专项工程，形成以生产调度为核心，以设备管理为基础,以“电铜创优区”和“铜酸协作区”为冶炼两翼，以“采掘剥供充平衡”和“技术指标优化”为矿山抓手的生产组织框架。

11 月 30，中国铜业总裁、云铜股份董事长武建强，中国铜业党委常委、云铜股份总经理田永忠率云铜股份团队参加在上海举行的亚洲铜业周（ASIA COPPER WEEK）大会。其间，云铜股份与智利国家铜业公司在上海成功签署长单合作协议。

撰稿 / 徐　雷

审核 / 叶德生

中铝矿业国际

一、基本情况

中铝矿业国际（简称CMC）于2003年4月24日根据公司法于开曼群岛注册成立为获豁免公司。2013年1月31日，CMC于香港联交所上市，并于2017年3月14日通过私有化在香港联交所成功退市，以进行下一步资本运作和资源整合。

中矿（宁德）有限公司（简称中矿宁德）是中铝矿业国际（简称中矿国际）的全资子公司。在中铝集团“优先发展铜”的发展战略指引下，中矿国际在福建省宁德市设立贸易公司——中矿（宁德）有限公司，主要负责铜精矿的采购、销售及混配业务。中矿宁德注册地：福建省宁德市蕉城区蕉城南路74号地产综合楼903室。

2017年基本数据表

表93

资产总额/亿元	负债率/%	员工总数/人	平均年龄/岁	学历结构/人	
346.42	67.27	1412	38	中专及以下	922
				大学专科	4
				大学本科	469
				硕士及以上	17

二、组织机构

（一）领导班子

栾书伟　总裁

王红绪　副总裁

高立东　财务总监

（二）机构设置

部门：行政部、财务部。

企业：中铝秘鲁矿业公司、中矿（宁德）有限公司。

三、生产经营

中铝秘鲁矿业公司：

1. 利润指标远超预期。全年实现经营性利润 2.6 亿美元，扣除 CMC 期货损益 9000 万美元和石灰石厂减值 4000 万美元，实际报表利润 1.3 亿美元。

2. 生产指标超额完成。全年生产铜精矿 101 万吨，铜精矿含铜 19.35 万吨，超额完成年初下达的考核指标。

3. 生产成本大幅下降。全年单位精矿完全成本平均为 5025 美元 / 吨，低于预期目标 5500 美元 / 吨。

4. 技术指标全面提升。全年平均铜回收率为 76.35%，平均铜精矿品位为 19.15%。

中铝秘鲁矿业公司主要指标表

表 94

指标名称		2016 年	2017 年	同比增长 /%
主要产品产量	精矿含铜	16.84	19.34	14.9
工业产值 / 亿美元		6.27	9.72	55
销售收入 / 亿美元		6.27	9.72	55
利润额 / 亿美元		−0.6033	1.31	318.5
纳税额 / 亿美元		1.25	1.05	−16
净资产收益率 /%		−10.1%	19.5%	294.1
产值劳动生产率 / 千美元 · 人		433.31	699.78	39.8
人身伤亡事故 / 起		73	63	−14
工亡人数 / 人		0	0	0
重伤人数 / 人		4	5	−25
轻伤人数 / 人		69	58	−16

5. 财务成本下降。债务融资规模从年初 41.48 亿美元降低至 40 亿美元；资产负债率比年初降低了 3 个百分点。

6. 销售增利成效显著。全年销售铜精矿 94 万干吨（含铜 17.9 万吨），完成年度预算的 95.25%；实现销售收入 9.05 亿美元，完成年度预算的 100.4%。

中铝宁德：

中矿宁德主要指标

表 95

指标名称		2016 年	2017 年	同比增长 /%
主要产品产量	铜精矿混矿量	6.43	22.86	254.59
工业产值 / 亿元		3.34	20.54	514.98
销售收入 / 亿元		3.34	20.54	514.98
利润额 / 亿元		0.10	0.28	180
纳税额 / 亿元		0.037	0.015	−0.59
净资产收益率 /%		36.53	43.73	—
产值劳动生产率 / 千元 · 人		20875	128375	—
人身伤亡事故 / 起		0	0	0
工亡人数 / 人		0	0	0
重伤人数 / 人		0	0	0
轻伤人数 / 人		0	0	0

1. 利润指标超预期。2017 年实现利润 416.66 万美元。实现营业收入 30432.29 万美元，发生期间费用 734.41 万美元。2017 年实现公允价值变动损失 −153.19 万美元，实现期货投资损益 −2041.02 万美元。

2. 产量同比显著增长。2017 年实际完成 22.86 万吨，完成了所有到港的特罗莫克铜精矿混配生产，同比 2016 年，产量增长 16.43 万吨。受唯一备案矿源特罗莫克铜精矿（简称备案矿）原料供应不足、码头泊位紧张以及海关布控查验等因素影响，2017 年产量暂未实现预算目标。

3. 成本控制情况。2017 年采购平均费用 9.49 美元 / 吨，比预算 7.49 美元 / 吨高 2 美元 / 吨，主要是 2016 年应支付未支付的港杂费计入产生。

受备案矿上半年消化 2016 年合约的影响，下半年执行新的价格，综合影响粗炼费 TC 盈利 29.73 美元 / 吨，精炼费 RC 盈利 9.19 美元 / 吨。2017 年成品矿绝大部分实现无杂质扣罚，杂质扣罚盈利 21.64 美元 / 吨。同时受 A 矿杂质的影响，扣罚消化盈利空间变小。

4. 财务成本控制情况。受汇率波动的影响，汇率持续下行，由年初 6.8288 跌至到 12 月份 6.5342，共计产生汇兑收益 2271 万元人民币（337 万美元），节约成本费用 15.67 美元 / 吨。

1—12 月财务费用 −7.8 美元 / 吨比预算 18 美元 / 吨减少，主要一是汇率波动，二是 1—12 月信用证项下单据押汇为美元 90 天，平均利率 3.4%，比预算人民币基准利率 4.35% 低 0.95%。12 月份新增信用证押汇 950 万美元。12 月末押汇余额 5353.54 万美元。

5. 采购销售增完成情况。

2017 年 1—12 月采购铜精矿 22.07 万湿吨，累计采购金额为 18.21 亿元（约合 2.7 亿美元）。其中采购秘鲁特罗莫克矿 14.24 万吨，采购金额为 8.7 亿元（约合 1.29 亿美元）；其他干净矿 7.83 万吨，采购金额为 9.51 亿元（约合 1.41 亿美元）。

2017 年完成铜精矿销售 21.74 万湿吨，累计销售金额为 20.98 亿元。

四、重大发展项目

保税库升级改造项目：由于铜精矿仓库混矿前端与后端库容不配套，原有仓库无法满足大规模生产的需要，中矿宁德与宁德海关、宁德检验检疫局、中铝东南铜业有限公司和长沙有色设计院相关单位的多次交流研讨保税仓库扩建升级改造，以进一步提产增效提供基础保障。保税库后续升级改造工作由中铝东南铜业有限公司作为建设主体组织开展。

重大项目进度表

表 96

项目名称	设计规模 / 万吨	投资规模 / 万美元	当年完成投资额 / 万美元	年内项目建设形象进度
尾矿坝 III 期	11.72	13400	1810	此项目总投资 1.34 亿美元，包括将三期尾矿坝主坝从 4,637masl 建设到 4,658 masl 的所有工作和活动，截至 2017 年 12 月底已经累计完成投资 1810 万美元
新增 2 个铜浮选柱项目	11.72	587	137	此项目总投资 587 万美元。截至 2017 年 12 月底已经累计完成投资 137 万美元

续表 96

项目名称	设计规模/万吨	投资规模/万美元	当年完成投资额/万美元	年内项目建设形象进度
新增4台混浮精选浮选机项目	11.72	964	55	此项目总投资964万美元。截至2017年12月底已经累计完成投资55万美元
尾矿管道移位	11.72	1484	293	该项目总投资1484万美元。截至2017年12月底已经累计完成投资293万美元

五、企业管理

（一）生产管理持续改进

针对生产技术指标"三低一高"（即处理量低，回收率低，精矿品位低，铜精矿杂质高）的问题，牢牢扭住生产牛鼻子，明确思路，强化管理，逐个击破制约生产的瓶颈问题。

理顺矿山生产管理关系。研究确定1名副总经理分管生产工作，明确各层级和各个岗位的职责，实现采选有机协调，生产统一指挥。

严格落实并执行计划。重新制定2017年下半年采矿计划并严格执行，采矿计划率由平均60%左右提高到90%以上。

技术指标得到优化。在采选技术难题攻克方面取得明显成效，全年产量超额完成，铜回收率较2016年提升2.67个百分点，尤其是下半年平均比2016年提升4个百分点；铜精矿品位较2016年提升1.08个百分点。

（二）降本增效初见成效

开展提质增效、降本增收活动。建立全员参与、全面覆盖、重点突破的工作机制，提质增效、降本增收活动持续向纵深推进，全年完全成本平均较2016年下降8%。

改变营销策略增收。调整营销模式，引入招标竞价机制，使MCP占据销售主动。全年平均TC/RC比预算低50美元/干吨，总体杂质罚款比预算低25美元/干吨。

利用税务政策创效。积极研究秘鲁税法，合理争取税务返还。全年累计实现增值税返还款1.08亿美元，创造性地收回2014—2016年的净资产税返还款合计约2360万美元。

创新采购模式降本。通过缩短合同期限、引入新供应商等措施，压降了大宗物料采购成本。例如石灰价格压低，全年节约成本800万美元；通过电力谈判压价，年均电力费用降低900万美元。

（三）规范高效运行

整合优化组织架构。根据业务需要，新成立了办公室、档案部、预算部、生产与技术部、化验分析部等部门。

强化制度建设。结合巡视整改和问题清单工作，建立健全制度，堵塞管理漏洞，新立制度23项，修改制度34项。

完善规范决策机制。建立了月度生产经营会、周总部视频会、周班子例会、周生产例会，规范了总裁办公会和董事会的召开，明确重大事项要上会决策程序。

（四）科学谋划未来发展

编制完成 MCP 中长期发展战略规划、科技发展规划、信息化发展规划，确立了“建设成为被公认的世界一流矿业公司”的愿景，树立了共同理想和基本价值观，明确了 MCP 未来发展方向和奋斗目标，增强员工对企业未来发展的信心。

（五）扎实推进问题清单和巡视整改

集中力量，认真开展问题清单梳理工作，共梳理出 63 个方面 143 项问题，并逐一整改，推动了长期困扰发展问题的解决，得到监事会和中铝集团的肯定。

高度重视，积极抓好巡视整改，制定了 60 项整改措施，按时完成整改任务。

（六）稳步推进遗留问题解决

本着对企业负责、对员工负责、对历史负责的态度，坚定不移推进遗留问题解决，并取得了积极的进展。

在中铝集团和相关各方的帮助下，通过自身努力，促使秘鲁政府颁布新法案，以后不再认定中国国有企业和银行为关联方而征收 30% 利息预提税。

积极争取秘鲁能矿部帮助，促使秘鲁国会颁布新法规，为解决老镇 34 公顷土地问题提供了法律依据。

老镇 55 户钉子户搬迁取得较大突破，全年完成 13 户搬迁。

（七）扎实抓好安全环保工作

开展“领导下基层、查安全、抓整改”活动，共查处问题 1239 项，已完成整改 963 项。建立了总裁每季度一次、副总裁每月一次、经理每周一次的安全检查制度，以及每月召开一次安委会，每日早调会先研究安全工作的常态机制。

强化应急预案和设备管理。妥善处理自然灾害、皮带设备事故、“8·17”现场轻微环境污染等事件。

妥善处理社企关系。每月参加“圆桌会议”，积极协商，妥善处理社区和企业的矛盾问题，与社区百姓互敬互爱，互助互惠，保持了友好的社企关系。

六、科技创新

2017 年科技创新数据表

表 97

科技创新投入 / 万美元	申请专利 / 件	授权专利 / 件	科技人员占比 /%
389	0	0	4.85

MCP 于 2017 年 10 月编制了《中铝秘鲁矿业公司中长期科技发展规划》，明确了科技发展目标——将 MCP 打造成处理复杂矿石技术最先进矿业公司。同时，MCP 为了规范、系统的管理和开展科技创新工作，开始着手组建科技工作管理部门。

2017 年，MCP 在采矿、选矿方面开展了 68 项试验、研究、技改工作，总预算 1851 万美元。全年实际投入资金 389 万美元。其中包括新增两台浮选柱项目和新增 4 台浮选槽项目，两个项目的总预算为 1550 多万美元，2017 年实际投入资金 91 万美元。

2017 年 MCP 重大科技项目包含两项：

1. 新增两台浮选柱项目——由于铜精选流程存在实际处理量为设计处理量 2 倍、

浮选时间短等问题，经过试验、分析和讨论，MCP 决定在铜精选流程增加两台浮选柱，以提高铜精矿铜品位和铜回收率。经计算，增加两台浮选柱后，铜精矿铜品位能够从 18.07% 提升至 19.32%，铜回收率能够从 73.68% 提升至 75.31%。

2. 新增 4 台浮选槽项目——由于混合精选流程存在浮选浓度高于设计值、浮选时间短、浮选效率低等问题，经过试验、分析和讨论，MCP 决定在混合精选流程增加 4 台浮选槽，以提高铜精矿铜回收率。经计算，增设四台浮选槽后，铜全流程总回收率可以提高 2.03%。

七、党建与企业文化建设

MCP 党支部坚持“以党建抓生产，以党建保经营，以党建促发展”的思路，创新开展支部党建工作。一是理顺支部管理工作，明确办公室为支部日常工作机构。二是坚持认真开展“三会一课”，落实“两学一做”和“三全面”工作，举办 5 次党支部委员会，1 次党员大会和 3 次党课。三是积极开展“十九大”精神宣传系列活动，组织 2 次支部会议和 2 次党课，完成 1 次宣讲工作。四是建立员工道德委员会，强化风险管理和内部控制，堵住腐败滋生的源头，维护 MCP 正直优秀的品牌形象。

中矿宁德积极推进党建和企业文化建设。一是认真传达贯彻落实中共十九大精神，组织全体党员和积极分子参加监事会主席关于十九大报告的专题党课。二是认真梳理自查党建入章程情况，及时将党建工作写入中矿宁德章程。三是积极组织开展党建联建共建活动，与中国银行宁德分行、宁德市人力资源和社会保障局开展迎七一党建共建活动。

八、履行社会责任

（一）2017 年与社区进行的沟通活动及成效

为研讨和达成企业与社区的框架协议，与莫罗科查社区、布卡拉社区和尧利社区召开圆桌会议累计 8 次，累计参会者达 90 人，在新莫罗科查举办了第七次“特罗莫克在大家共同努力下发展”的开放参观日，社区共计 507 名成人和 152 名儿童参加了此次活动，主要是向胡宁大区教育指导委员会人员展示社区工作的成效。

为社区及居民发放《今日中铝》信息简报，2017 年共印发 4 次，主要是向社区宣传企业文化理念和展示企业形象。

对老镇的住户家庭进行上门拜访，2017 年共走访了 143 次，向住户宣传贯彻搬迁政策和商谈搬迁细节。

对莫罗克查新镇居民进行住房交付回访，2017 年共收到 65 项问题，对所有已确定的问题进行了解决。

（二）2017 年搬迁完成情况

2017 年 MCP 社区关系部门积极努力，千方百计推进老镇“钉子户”搬迁工作，全年成功搬迁钉子户 13 户，从年初 55 户降低到 42 户。

（三）2017 年在社区配套基础建设方面的投入

2017 年，MCP 累计投入约 146 万美金，开展房屋修缮、排雨沟清理、饮用水和污水处理厂运行维护工作等。

（四）2017 年在社区教育和技术培训方面的投入

在新莫罗克查社区。对年轻人进行测绘培训，累计培训 234 学时；对小工商业者和企业家进行电脑知识和应用培训，累计 19 人参加培训，并全部通过理论和实操考试；对 23 名女性进行中级美容培训，累计培训 256 小时，最终 20 人通过考核；通过拉奥罗亚奖学金计划，对居民进行机械维修培训，2017 年资助 3 人，3 名被资助者均通过考核升入第六学年。

在尧利社区：开展行政管理管理培训，累计 5 人参加并通过考试；开展中级美容师培训，累计 21 人参加；开展电工培训，累计 34 人参加；开展商务培训，累计 59 人参加，24 人拿到资格证书；开展计算机基础培训，累计 19 人参加，18 人拿到资格证书；开展石匠培训，累计 15 人参加；开展仓库管理培训，累计 9 人参加，4 人通过考核；开展测绘培训，累计 23 人培训，16 人进入第二阶段培训。

九、重要记事

2 月 3 日，CMC 向股东们寄发了对在港上市的 CMC 的私有化协议安排文件。

3 月 3 日，CMC 正式举行了关于私有化提案的股东会议。参会的独立股东们对包括私有化在内的相关提案进行了表决并顺利通过。

3 月 15 日，CMC 顺利完成退市并退出香港联交所上市地位。

撰稿 / 徐　行

中铝矿产资源有限公司

一、基本情况

中铝矿产资源有限公司（简称中铝资源）成立于2010年4月。2017年1月，中铝集团决定将中铝资源纳入中国铜业有限公司（以下简称中国铜业）管理。

截至2017年底，中铝资源注册资本金为5.9506亿元。股权结构为：中国铜业持股92.43%，中国铝业持股6.68%，中国稀有稀土持股0.89%。

中铝资源经营范围包括：矿产地质调查、固体矿产勘查，地球物理勘查，地球化学勘查，地质勘探工程施工，工程地质勘查，地质测绘与工程测量，地质勘查技术咨询与服务，矿产资源的开发及矿产品经营，矿业咨询与技术服务。

通讯地址：北京市海淀区西直门北大街62号15层。

邮政编码：100082。

2017年基本数据表

表98

资产总额/亿元	负债率/%	员工总数/人	平均年龄/岁	学历结构/人	
14.55	54.03	53	42.67	中专及以下	13
				大学专科	8
				大学本科	19
				硕士及以上	13

二、组织机构

（一）领导班子

武建强　董事长（2017年1月起任）

王东生　总经理

王　强　党委书记、副总经理、纪委书记、工会主席

沃拥军　副总经理（2017年6月起任）

赵　飞　财务总监（2017年7月起任）

（二）机构设置

本部部门：

综合部／党群工作部、综合部／人力资源部、党群工作部、财务资产部。

所属企业：

中铝西藏矿业有限公司、中铝矿产资源有限公司青海分公司、青海中铝黄金有限公司、中铝矿产资源有限公司新疆分公司。

托管企业：

中铝力拓勘探有限责任公司（清算中）。

三、生产经营

2017 年，中铝资源在技术服务、多种经营等方面开展工作。

（一）技术服务

1. 中铝资源与云南铜业、昆勘院勘查公司就资源工作进行深入沟通交流和研讨，就多方合作、优势互补打造商业勘查、提升资源获取能力达成共识。

2. 提出借鉴西藏多龙整装勘查模式，借助中国铜业落户云南的契机，深化部、省、企资源获取合作机制，建议在云南实施绿色整装勘查，促进整装高效获取矿产资源。

3. 中铝资源先后与国土资源部、中国地质调查局、成都地调中心、国家找矿战略行动技术指导中心、中国地质科学院等单位进行接洽。2017 年 6 月 19 日，中国地质调查局组织国家找矿战略技术指导中心、中铝资源召开专题会议，就合作模式、初步选区等达成共识。

4. 主动服务中国铜业。结合实际，提出在中国铜业内部创新实践“带资提供技术服务新机制”，核心是由中铝资源与相关矿山企业联合出资开展矿山地质找矿，加强中国铜业矿山地质找矿，解决矿山找矿投资不足问题，实现中铝资源与矿山企业风险共担、利益共享以及持续发展。

5. 承担的广西铝土矿技术服务取得阶段成果。广西沉积型铝土矿找矿完成 2016 年度成果评审，2016 年度探获 331+332 级别铝土矿石资源量 600 万吨。

（二）多种经营

2017 年，中铝西藏通过利用自有资金与中铝融资租赁有限公司、中铝国际物流（天津）有限公司合作开展铝合金模板租赁经营合作事宜，12 月 25 日，中国铜业正式研究批复同意中铝西藏开展铝合金模板租赁经营合作业务。

主要生产经营指标表

表 99

指标名称	2016 年	2017 年	同比增长 /%
销售收入 / 亿元	0.031	0.0057	−81.61
利润额 / 亿元	0.072	−0.60	−933.33
所有者权益 / 亿元	7.85	6.69	−14.78
净资产收益率 /%	0.89	−8.21	—

四、企业管理

（一）安全生产、强基固本行动

2017 年，中铝资源根据中铝集团和中国铜业相关安全、环保等制度，建立健全规章制度，进一步强化安全生产防范措施，全面完善各类应急救援预案，积极开展安全隐患排查。全年未发生安全生产事故及环境事件。

（二）财务管控工作

截至2017年底，中铝资源资产负债率为54.03%；企业“压减”任务完成1户；成本费用4057万元，较年度目标节约350万元；亏损企业户数控制在5家，完成全年目标；资金集中度为63%，全面完成月均存款全口径资金45%的任务目标。

五、深化改革

（一）存量资产盘活

1. 青海黄金公司股权转让。2017年，中铝资源启动青海黄金公司股权转让工作。11月22日在北京产权交易所公开挂牌转让。

2. 藏东矿业暨昂青矿业剩余股权转让工作。2017年，中铝资源启动藏东矿业暨昂青矿业剩余35%股权转让工作，获得中国铜业、中铝集团以及各股东方审议同意。

3. 完成藏东矿业减资工作。经中国铜业批准，并获得藏东矿业股东大会审议通过，中铝资源于6月23日按照法定程序完成藏东矿业减少注册资本金1.5亿元工作，收回藏东矿业投资款9000万元。

（二）金龙铜矿及其他矿权的维护和处置

一是多渠道争取金龙矿区保护区调整工作。向西藏自治区领导汇报金龙铜矿项目保护区调整遇到的困难并提出希望帮助解决的问题；国土资源部通过中国地质调查局设立了“西藏多龙矿床技术经济与环境综合评价”项目（项目周期2016—2018年），对多龙矿床进行综合评价。

二是做好金龙项目已有勘查工作的成果总结。12月27日，完成拿若矿区铜矿普查报告、铁格隆南矿区金铜矿普查报告评审备案；完成尕尔勤、色那和色那东3宗探矿权过户勘查报告评审工作。

此外，中铝资源加强对各类探矿权的管理和延续，确保矿权有效性，完成中铝资源3宗探矿权、西藏金泰公司1宗探矿权及中铝集团名下位于青海、内蒙古的10宗探矿权注销。

（三）中铝力拓勘探公司清算

2017年，中铝资源配合中铝集团依法合规组织开展中铝力拓勘探公司探矿权注销、资产盘点评估、资产核销、固定资产处置、企业撤销、人员解聘劳动合同等清算工作；完成中铝力拓内蒙古勘探有限责任公司清算。

六、党建与企业文化建设

（一）配合中铝集团开展政治巡视

2017年3月3日至4月28日，中铝集团第五巡视组对中铝资源、中铝西藏分别开展了政治巡视。6月1日，巡视组反馈了对中铝资源领导班子总体评价，指出了巡视发现的六方面问题并提出七点意见建议。中铝资源党委积极开展巡视整改工作，截至2017年9月底，完成全部41个整改事项。

（二）问题清单梳理及整改专项工作

2017年，中铝资源积极推进问题清单在各层级企业的全覆盖及穿透工作。全年，中铝资源先后召开30余次党政联席会议、专项组会议逐项讨论修改问题清单及整改决议内容，梳理出62项问题，初步完成34项问题整改，整改完成率54.84%。

（三）党建责任制和党风廉政警示教育

一是从严落实党建责任、层层落实“一岗双责”，充分发挥党组织把方向、管大局、保落实的政治核心作用。二是严肃党内政治生活，认真召开党委中心组学习（扩大）会、党员领导干部民主生活会、“三会一课”及主题党日活动，深入学习贯彻党的十八届六中全会、十九大精神，坚持民主集中制原则和“三重一大”决策制度，及时传达党风廉政警示教育大会精神，认真执行中央出台的条例和准则。三是制定《中铝资源党建工作责任制实施细则》和《党建工作考核细则》，扎实推进“两学一做”学习教育常态化制度化。四是加强基层党组织建设，9月22日召开党员大会，进行党委、纪委换届选举工作，选举产生了新一届党委会和纪律检查委员会。

七、重要记事

1月3日，中铝公司决定对中铝资源管理体制进行调整，将中铝资源纳入中国铜业有限公司管理。

3月3日，中铝公司第五巡视组正式进驻中铝资源开展政治巡视工作。

4月11日至12日，中铝资源召开2017年地质工作专题会议。

5月9日，中国铜业总裁、中铝资源董事长武建强主持召开中铝资源2017年第二次股东会议、一届七次董事会。

5月24日，北京市第一中级人民法院二审判决维持海淀法院一审原判，判令原自然人股东贾荣、马清华支付中铝资源补偿款3434.5万元，此为终审判决。

7月27日，新疆维吾尔自治区高级人民法院下达二审判决，判令弘河开元公司向中铝资源返还补偿款1200万元，并支付违约金100万元，最高人民法院于10月29日下达民事裁定书驳回新疆弘河开元公司的再审申请。

9月22日，中共中铝矿产资源有限公司党员大会召开，会议选举产生了中共中铝矿产资源有限公司新一届委员会和纪律检查委员会。

10月15日，中铝资源与昌都市投资有限公司、西藏昌都市政府就藏东矿业股权转让事宜达成一致意见，双方形成了同意转让股权的股东大会决议。

11月22日，青海黄金股权在北京产权交易所公开挂牌转让。

12月27日，拿若矿区铜矿普查报告、铁格隆南矿区金铜矿普查报告完成向西藏自治区国土厅备案。

撰稿/许　婧　段江燕

核稿/王　强

中铝东南铜业有限公司

一、基本情况

中铝东南铜业有限公司（以下简称东南铜业）于2015年12月31日注册。

2017年，东南铜业重点推进铜冶炼基地项目建设，同步开展中铝宁德保税仓库混矿项目混矿作业。其中，铜冶炼基地项目位于宁德（漳湾）临港工业区冶金新材料产业园，紧邻漳湾港8#、9#泊位，占地面积1324亩，实际用地面积987亩。项目全部以进口铜精矿为原料，冶炼工艺采用国际先进、成熟、环保、具有规模优势的富氧强化熔炼技术。设计规模为年产阴极铜40万吨、硫酸（折合100%硫酸）146万吨。项目概算总投资为48.86亿元，其中固定资产投资40.44亿元。

通讯地址：福建省宁德市蕉城区。

2017年基本数据表

表100

资产总额/亿元	负债率/%	员工总数/人	平均年龄/岁	学历结构/人	
19.94	43.32	262	35	中专及以下	79
				大学专科	59
				大学本科	107
				硕士及以上	17

二、组织机构

（一）领导班子

于　健　党委书记（2017年3月任职）、董事长、总经理

叶小林　副总经理（2017年4月任职）

李锦华　副总经理

张　东　财务总监

郭汉刚　副总经理（2017年3月任职）

（二）机构设置

综合管理部、人力资源部、财务部、商务部、施工管理部、工艺技术部（下设，铜精矿保税仓库）、党群工作部。

三、生产经营

2017 年，东南铜业积极争取项目优惠电价和各项政策。通过与福建省及宁德市政府及相关部门沟通协调，推进优惠电价政策落实工作。根据《铜冶炼基地项目合作协议书》约定，东南铜业取得返回项目地基处理补助款 3564.78 万元，减免城市建设配套费 390 万元等。

2017 年，东南铜业与 10 家企业签订了 179 万吨的硫酸销售意向性协议。为开辟硫酸海运外销之路，与宁德港务集团协商，开始了 10# 码头增加硫酸货种的前期工作。

主要指标表

表 101

指标名称	2017 年
营业收入 / 万元	1624.88
利润额 / 万元	40.03
纳税额 / 亿元	0.09
净资产收益率 /%	0.04
产值劳动生产率 / 千元・人	−18.41
人身伤亡事故 / 起	0
工亡人数 / 人	0
重伤人数 / 人	0
轻伤人数 / 人	0

说明：2017 年处于建设期

四、重大项目

2017 年，东南铜业重点围绕 40 万吨铜冶炼基地项目建设，同步落实硫酸与铜渣消纳、水电气路、项目优惠电价等各项外部条件，稳步推进保税仓库运营，着力构建公司党建管理架构。年内，办理完成 11 项内部和政府行政审批手续，累计办理完成 26 项，均取得了相关批复或支撑性文件。

（一）40 万吨铜冶炼基地项目建设

实现 9 个里程碑节点目标。完成了“12 月 12 日闪速炉本体安装完工”等 9 个里程碑节点目标，满足了一级网络计划图所要求的工程进度。完成桩基施工 13770 根，完成率 100%；熔炼、电解等各区域总体完成年度计划工程量的 103%；设备安装完成年度计划工程量的 100%。完成投资 15.58 亿元，为年度计划的 101%。

项目外部条件落实。一是铜渣综合利用。联手政府部门招商引资，多方选择引进了武汉声荣环保科技有限公司，与之签订了 60 万吨铜废渣综合利用合同，地方政府与之签订了投资建厂的合作协议。2017 年，完成项目可研、当地新公司注册、项目备案、用地范围海域吹砂等工作。此外，启动了铜渣堆场（一期）项目建设，确定了新的选址，开始了初勘工作。与多家水泥和新型建材企业接洽铜渣使用事宜。二是制氧站建设。实施了制氧站 BOO 模式建设，与上海宝钢气体公司签订了项目工业气体供用合同，总投资 2.9 亿元。由其注册成立了宁德宝铜气体有限公司，相继完成了项目桩基施工、基础施工、全部设备采购。三是配套基础设施建设。年内项目用水、用电设施建设分别完成进度的 50%、70% 以上，完成与中国铜业所签目标责任书工作任务。

五、企业管理

2017年，东南铜业共筹集资金14.3亿元（注册资本金11亿元、外部融资3.3亿元）。项目资本金按时间节点计划落实到位，共计11.3亿元。办理了35.5亿元的银行授信。同时，严控资金成本，比年初计划节约资本化利息3345万元。

持续开展规章制度“废、改、立”工作，全年新增下发制度94项，修改25项，废止1项，制度体系进一步完善；建立了领导干部安全环保、党的建设、党风廉政建设一岗双责责任清单，并从严执行与落实；督办股东会、董事会决策事项以及总经理办公会安排的各类重点工作280余项。

年内，完成人员招聘643人，完成需求总数的70%，协商解除劳动关系人员6人。2017年，采取“自编自培、分类施教、注重实操”的培训模式，编制了400余万字、20余册培训教材，组织各类培训累计8期，达431人次，先后组织410名员工参加各类职称评审并取证。

认真开展问题梳理及整改专项工作，历经“十上十下”，梳理出8个主要风险点、60个问题；经反复审核修改，形成4个重点问题整改决议、12个非重点问题整改方案。将巡视、审计、工程建设项目招投标督察等专项整改问题与问题清单结合起来，一并落实，全年完成42个问题的整改。

六、党建工作

深入学习贯彻党的十九大精神。制定了《学习宣传十九大精神实施方案》，开展了5个大讨论和研讨会，组织人员参加了中铝党校的十九大精神轮训班等各种培训，开展宣讲和讲党课16次。

对照全国国有企业党的建设工作会议精神，建立了临时党总支，成立了3个临时党支部和14个临时党小组，被福建省委列入省管单位，并取得了成立东南铜业党委、纪委的批复，实现了企业党组织属地化管理。增设党群工作部（纪检监察部），配备相应编制人员。

从严落实党建责任制，制定了党建工作考核细则，层层签订目标责任书，压实管党治党责任。按时完成党建工作总体要求入章程工作，明确了党组织在公司治理中的法定地位。认真开展党组织书记述职评议。坚持落实党组织研究是重大问题决策的前置程序。建立完善党内制度24项。

扎实开展“党组织带党员创效、党员带群众创新”活动，围绕企业重点工作落实项目13个；各级党员干部下班组、进岗位300余次，与员工一道清查问题，制定整改措施。

印发了《2017年党风和反腐倡廉建设责任分解方案》，制定了责任清单，签订了责任书。对各种不作为、慢作为或履职不到位的员工加大问责力度，共计诫勉谈话3人，批评教育6人，经济处罚4人，提升了工作效能。开展“下基层、盯问题、督整改”现场巡查督改专项活动和纪检干部“接地气”活动，发现各类问题320项，全部完成整改。

七、党建工作

关心关爱职工生活。解决了16名在岗员工子女入学问题。组织78名入职半年以上员工进行了健康体检。开通了通勤班车。投用了厂区员工食堂。经与宁德市委市政府及相关部门汇报联系沟通，进一步解决员工住房问题，确定宁德师范学院东段一地块为自建员工住宅选址。

实现安全生产目标。加强安全管控体系建设，配齐配好安全管理人员；落实建设项目“三同时”制度，建立健全安全管理制度，进行了覆盖全员的安全一岗双责责任清单制定与落实。认真开展承包商安全管控专项行动。深入开展安全环保质量“全面大动员、全面大清查、全面大整改”强基固本行动，查出安全问题216项，全部进行了整改，实现了“六为零”目标。

做好环保风险防控。针对国务院国有重点大型企业监事会的指示要求和中铝集团、中国铜业领导的重要批示，东南铜业通过全流程全过程地梳理环保风险隐患，查摆存在的问题差距，制定具体方案措施，形成包括8个方面的风险、多个投资项目在内的《提升环保风险防控能力方案》，并呈报中铝集团。

撰稿/田茂良
审核/李志刚

中铝洛阳铜业有限公司

一、基本情况

中铝洛阳铜业有限公司（以下简称洛阳铜业）主体资产为1954年筹建并成立的洛阳有色金属加工厂。洛阳铜业由中国铜业有限公司控股（占股91.69%），洛阳市国资委（占股8.31%）参股。

洛阳铜业拥有铜及铜合金板带、管棒、铝镁板带材加工生产系统，具备年产有色金属加工材20万吨的生产能力，可生产有色加工材合金牌号175个，品种760余个，规格上万种。产品广泛应用于航空、航天、舰船、军工、冶金、电子、机电、纺织、交通、建筑、化工、轻工、能源等国民经济各领域。

洛阳铜业拥有我国铜加工行业最早的国家级企业技术中心、国家级实验室；先后承担了“863计划”项目、重大科技攻关项目等国家级项目；取得了近百项工艺技术、产品开发的科研创新成果；研制出一大批涉及电子、通讯、现代交通、环保能源、生物工程等高新技术领域和朝阳产业用高性能铜合金产品，为中国经济发展做出了突出的贡献。

2017年基本数据表

表102

资产总额/亿元	负债率/%	员工总数/人	平均年龄/岁	学历结构/人	
29.57	84.77	2242	45	研究生	2
				本科	35
				专科	26
				中专	1
				高中以下	6

二、组织机构

（一）领导班子

周明新　党委书记、董事长（2017年9月起任）

姚红海　总经理、党委副书记（2017年9月起任）

师青春　总经理、党委副书记（至2017年2月）

周明新　副总经理、党委委员（至2017年2月）

姚红海　党委书记、副总经理（至2017年9月）

罗国荣　党委委员、财务总监

赵泽江　党委委员、副总经理

董运华　党委委员、纪委书记

注：周明新，2017年9月前任总经理、党委副书记。

（二）机构设置

综合办公室、人力资源部、党群工作部、财务部、开发部。

三、经营情况

2017年，洛阳铜业为使土地收益实现最大化，利用土地正式开发的空档期，建立临时停车场，利用牡丹花会的有利时机，最大限度地进行创收。全年，压减目标、三供一业移交、亏损户数控制、资金集中度及接续安全等5项指标全面完成预算。费用支出也全部控制在预算指标以内，特别是办公费、招待费、差旅费等可控费用大幅降低，全年可控费用支出229万元，比预算降低97万元，降幅达30%。

主要指标表

表103

指标名称	2016年	2017年	同比增长/%
销售收入/亿元	38.36	45.58	18.52
利润/亿元	—2.97	—2.78	6.40
纳税额/亿元	0.32	0.35	9.32
净资产收益/%	0	0	—
产值劳动生产率/千元·人	28.55	66.27	132.12
人身伤亡事故/起	0	0	0
工亡人数/人	0	0	0
重伤人数/人	0	0	0
轻伤人数/人	0	0	0

四、企业管理

问题梳理。组织开展问题梳理及专项整改工作，对已经具备整改条件的坚持立行立改，完成问题整改11项，2017年底问题整改率达39%。

精准管理。围绕费用管理创新、债务化解、人员分流等工作，创新思路，强化精准管理。清理整顿门面房出租问题，每年为企业实现增收200多万元。

费用支出管理。推行费用支出信用卡结算管理办法，杜绝现金来往，从源头上杜绝跑冒滴漏、私设“小金库”等违规行为的发生。

全力推进退休人员社会化管理。根据《关于推进省属国有企业退休人员社会化管理服务工作的意见》要求，洛阳铜业共移交7407名退休人员档案，使退休人员顺利移交社会管理，每年可为企业节约费用60万元。

五、深化改革

破解土地盘活困局。2017年，面对多年来土地盘活困局，根据中铝集团董事长葛红林借景、借势、借力的要求和允许洛铜摸着石头过河、探索转型发展的指示，洛阳铜业一方面加强与政府的沟通对接工作，取得政府部门的理解和支持；另一方面，组织相关专家座谈论证，多方寻找土地盘活的思路和途径，最终选定与洛阳旅发集团、涧西区政府等合作实施"中国铜工业文化旅游双创产业园"项目。5月27日，洛阳市涧西区政府常务会议明确对项目表示支持，并对土地出让金返还、政策支持等关键内容，以会议纪要的形式给予了认可。截至2017年底，已经完成三方、四方协议的签订。

推进拟开发土地上资产的搬迁工作。为保证东区428亩土地能够按期腾退，洛阳铜业按照全局着眼、分步解决，先易后难、最后攻坚，尽可能以最低的费用尽快解决互占土地的历史遗留问题的思路，启动了与洛铜集团有关428亩地上资产搬迁谈判工作，达成一致意见，并签署了"洛铜集团搬离东区的工作备忘录"，洛铜集团在12月10日前完成全部搬迁工作，为未来土地盘活奠定基础。

完成铜宝股权转让。在集团保险经纪公司的支持下，洛阳铜业通过产权交易公开挂牌方式所将所持有的铜宝公司65%的股权进行转让，为企业带来收益334万元。

推进"三供一业"移交。为快速推进洛铜"三供一业"移交工作，降低企业负担费用，通过积极争取和谈判，剔除不合理的费用，中铝洛铜的负担费用由8000万元降至约2300万元。

盘活闲废资产。对留存在母公司的房产、设备类固定资产进行了全面清查盘点，较全面掌握资产现状，对企业低效无效资产加快处置进度。2017年，处置低效无效资产873万元。

人员分流安置基本完成。稳步做好人员分流安置工作，促进企业和谐稳定发展。2017年，签订协议人员达到1105人，占总分流人数88%。在加强人员分流和维稳工作的同时，持续推进分流人员的再就业工作。截至2017年底，再就业或上岗36人（含已签协议人员）。

六、党建与企业文化

创新党建模式。洛阳铜业党建模式的创新，为企业脱困发展、转型升级提供了有效支撑。2017年，洛阳铜业通过搭建"特色党日"等载体，将党建工作融入转型发展中心工作。企业党委书记、董事长周明新撰写的《企业越困难越要重党建》在2017年11月1日《中国铝业报》发表后，中铝集团党组书记、董事长葛红林专门作了批示。

党建工作责任制。根据中铝集团党组2017年党建工作的目标和要求，洛阳铜业印发了《党建工作责任制实施细则（试行）》，与基层党组织签订责任书，层层压实责任，对党建工作有布置、有检查、有考核。各级领导干部扎实履行“一岗双责”，各基层党组织逐级签订《党建工作目标责任书》13份，企业党委和各基层党组织委员48人全部签订了“一岗双责”责任清单，全体党员签订了“党员个人责任清单”。

基层党组织建设。面对分流安置人员带来的不稳定因素和584名在册不在岗党员不能过正常组织生活的实际，企业党委积极创新管理，打破惯常做法，完成了劳动力市场党支部的建立和对党员的有效教育管理，建立了支部层面的“洛铜党员之家”微信群，13个党小组均建立了本小组微信群，共发布党建知识和企业党建新闻20余次。

党风廉政建设。全年认真组织完成了13起信访和转办件的核查处理，组织对巡视组反馈的74个问题实施整改，对违规违纪违法问题进行了严肃处理，分别给予45人进行了问责处理和党政纪处分（问责处理26人，党政纪处分19人），收回违规款项135294元。发挥审计职能，共查出被审单位在会计核算、制度执行及管理等方面存在的问题19项，直接或间接挽回经济损失769.5万元。

2017年，洛阳铜业党委坚持融入中心服务大局，突出重点求实效，在全体党员中开展了“解放思想，振兴洛铜我先行”主题实践活动，共有693名党员向所在党组织做出了工作和学习承诺。

七、履行社会责任

2017年，洛阳铜业领导多次深入对口扶贫点——杜沟村，调研了解脱贫攻坚工作进展，慰问贫困群众，落实定点帮扶工作。截至2017年底，120平方米的村卫生所和497平方米的新村、1000平方米的综合文化服务中心和文化广场项目已经建成投入使用；打通长度3.5千米田间路6条，建设提灌站和蓄水池各一座；对镇里通往杜沟村的原宽3.5米已年久损坏的3千米主干道进行整修，并扩宽为4.5米，工程已经完成一半。加大整村推进扶贫项目建设，确定下一年度村贫困户转移就业、产业扶持、社会保障、特殊救助等项目库精准到户、到人项目与环境整治、教育医疗卫生等强化脱贫保障项目。

认真落实“一对一”帮扶要求，组织洛阳铜业领导干部与贫困户结对帮扶，做到每户贫困户都有帮扶人，并因户施策，一户多策，帮助贫困户制定脱贫措施。帮扶责任人按照“不脱贫不脱钩”的工作要求进行帮扶，多次到村、入户对接，宣传国家帮扶政策，与贫困户交流沟通。2017年，有9户贫困户成功申请免息小额贷款20万元，发展养殖种植项目，实现增收；7名贫困户参与到户增收项目，实现分红。

为帮扶村的群众做实事办好事，对贫

困户开展春节、中秋慰问和夏季送清凉活动，发放慰问资金8000余元；组织职工为杜沟村小学捐赠图书1100余册和价值2000余元的体育和学习用品；团委组织青年志愿者到村开展志愿服务活动，助力脱贫攻坚；向河南省福兴儿童公益基金会与河南省扶贫开发协会申请，为贫困户子女申请生活资助金；协调汝阳县劳动局到村组织举办短期职业技能培训班，64户贫困户106人参加培训并取得资格证书，为贫困户劳动力就业拓宽渠道；协调为26户贫困户35人办理了低保和“五保”，让无劳动力的贫困人口老有所依。

对困难职工给予帮扶救助，在双节期间先后筹措资金16万元，对137名困难职工、困难劳模和军转干部进行帮扶和慰问。

八、重要记事

1月13日，张晓光出任洛阳铜业董事，为董事长人选，欧小武不再担任洛阳铜业董事长、董事职务。

2月5日，中铝集团党组书记、董事长葛红林到洛阳铜业调研。

2月14日，洛阳铜业领导班子调整，师青春不再担任洛阳铜业总经理职务，调出；周明新任洛阳铜业总经理，会议确定“双轮驱动，救活洛铜”思路。

2月20日，洛阳铜业召开“解放思想，振兴洛铜”研讨会，“我为企业献一策，振兴洛铜做贡献”和“大干40天”系列活动在企业全面展开。

3月31日，中铝集团党组书记、董事长葛红林到洛阳铜业调研，提出加快转型、探索发展新路子。

4月28日，洛阳铜业与洛阳市旅发集团签订洛铜工业文化旅游项目三方框架协议，困扰洛铜多年的土地盘活工作取得突破。

5月28日，中铝集团党组书记、董事长葛红林到洛阳铜业调研。

6月底，洛阳铜业“三供一业”移交费用2300余万元支付完成，标志着洛阳铜业已经完成三供一业移交工作。

8月2日，中铝集团党组书记、董事长葛红林到洛阳铜业调研，提出洛铜两公司要做到“两个轮子”一起转，新公司做好主业突围，母公司做好转型发展。

8月2日，中国农业银行率先将首笔6000万元基准利率贷款发放到洛阳铜业。

9月11日，中国诚通控股集团副总裁、中国国有企业结构调整基金总经理童来明一行到洛阳铜业调研。

9月30日，周明新为中铝洛阳铜业有限公司董事长人选，姚红海任中铝洛阳铜业有限公司总经理。

12月13日，中铝集团党组书记、董事长葛红林到洛铜调研。

撰稿／汪恒玉
审稿／吉长兴

中铝上海铜业有限公司

一、基本情况

中铝上海铜业有限公司（简称上海铜业）是中国铜业有限公司控股子公司，注册资本152324万元。上海铜业由四个股东组成，分别是中国铜业有限公司、上海仪电资产经营管理（集团）有限公司、上海工业投资（集团）有限公司、上海闵马投资管理有限公司，股比分别为55.15%、33.04%、9.62%、2.19%。上海铜业主要从事铜及铜合金材料加工、贸易和进出口业务，主要产品为铜板带箔。

通讯地址：上海市宝山区泰和路1088号。

邮政编码：200940。

2017年基本数据表

表104

资产总额/亿元	负债率/%	员工总数/人	平均年龄/岁	学历结构/人	
24.83	83.26	713	52.1	中专及以下	582
				大学专科	82
				大学本科	45
				硕士及以上	4

二、组织机构

（一）领导班子

姜敢闯　党委书记、董事长、总经理（2017年6月担任党委书记、2017年8月担任董事长）

李向宇　党委书记、副总经理、工会主席（2017年6月调离）

谭　秋　财务总监

张火兴　副总经理、工会主席（2017年6月担任工会主席）

钱国平　党委副书记、纪委书记

（二）机构设置

职能部门：综合管理办公室（董事会办公室）、人力资源部、财务部、企业管理部（安全环保健康部）、党委工作部（纪检监察审计室、工会办公室）。

二级单位：资产管理分公司、行政服务分公司、电子新材料研发中心、工贸公司、工程建设分公司。

子公司：上海有色经贸物资有限公司、建德市千岛湖天龙山庄有限公司。

三、生产经营

主要指标表

表 105

指标名称	2016年	2017年	同比增长/%
主要产品产量铜材 / 万吨	0.17	0	−100
工业产值 / 亿元	0.54	0	−100
销售收入 / 亿元	147	150.8	2.52
利润额 / 亿元	−2.5	0.36	114.4
纳税额 / 亿元	0.1	0.09	−11.11
净资产收益率 /%	−52.33	9.3	—
产值劳动生产率 / 千元·人	—	—	—
人身伤亡事故 / 起	0	0	0
工亡人数 / 人	0	0	0
重伤人数 / 人	0	0	0
轻伤人数 / 人	0	1	100

（一）积极作为，获得隆昌路地块最大收益

上海铜业以“快、好、省”的方式完成了隆昌路地块土地修复工作，创造了上海市土地修复的“上铜案例”与“上铜速度”，实际费用比概算节约了450万元，使该地块具备了挂牌条件。经上下齐心协力，获得了隆昌路地块出让土地收益7.06亿元，超出预计目标3.06亿元。同时，经过与宝山区税务部门协调沟通，获免税4200万元。为此，上海铜业被中国铜业有限公司授予2017年度“资本运作成功奖”总裁特别奖励。

（二）开展降本增效活动，实现企业减支增利

上海铜业开展“两金占用”压减工作，加大应收账款清欠力度，及时归还银行贷款，还债降负，降低财务费用。2017年末“两金”占用合计1.89亿元，比目标值下降了4126.39万元；两金周转率按预算口径达到58.66次，比年初预算目标提高5.66次。上海铜业全年归还银行贷款8亿元，每年可减少财务费用约4000万元。加强物资采购和委外修理管理，推行网上采购，减少中间环节，降低采购成本。组织开展“双增双节”活动，收拢零散有色金属，累计清扫清理铜屑、铜渣8688公斤，价值30多万元。充分运用司法手段追讨和清算清欠应收账款，压减应收账款51万元，回笼进出口公司应收账款2万美元，处理历史老欠款940万元，抢抓时机开展套期保值，取得连续收益75万元。

（三）强化物业管理，确保租金收入

上海铜业主动协调沟通，解决好西部地块承租户在公辅设施配套、能源费用结算、夏季用电等方面的具体问题，签订了三方供能费用支付方式补充协议，并加强租赁场所安全监管，确保了安全度汛和“迎

峰度夏”。

（四）多管齐下，高效推进资产处置

按上级产能转移的部署，上海铜业新老线设备拟搬迁至中铝华中铜业有限公司，配套建设华中铜板带箔二期工程。为加快实施设备搬迁，研究和咨询国资监管制度，协调做好资产评估和备案，按规定程序依法合规地推进设备内部协议转让。

积极开展盘活金属存货工作，与中铝洛阳铜业有限公司签订了在制品、成品处置框架协议，累计处置金属1800余吨，实现资金回笼7000多万元。其间，还开展了期货套期保值业务，择时对在制品和产成品库存的占用金属进行保值，严格执行中铝期货相关规定，把握市场节奏，实现了期货和现货双盈利。

（五）继续开展减员增效工作

为做好减员增效工作，上海铜业严格按照上级人员分流安置和清理的要求，2017年全年办理内退18人，协议解除劳动关系5人，清退劳务人员16人，完成了中国铜业有限公司下达的“僵尸企业”及特困企业2017年度人员分流安置计划。

（六）认真做好问题清单梳理及整改专项工作

上海铜业认真开展企业诊断、强化基础管理工作的重点环节，予以深入贯彻落实，前期进行动员部署、成立问题清单梳理及整改工作领导小组、工作小组，分解任务，制定计划，领导带头，包企到户，确保全覆盖。在33个专题中梳理出49个问题，并完成25个问题的整改。

四、企业管理

积极落实一岗双责安全责任制，完善安全管理制度，组织修订了上海铜业主业停产后各部门、二级单位的安全生产责任书，并予以检查落实。组织制定了全体上岗人员的“一岗双责”安全责任清单。组织修订和完善了9项安全生产管理制度，确保在转型发展过程中安全生产管理体系的有效运行。

宣贯中铝安全理念，加强安全培训工作。通过组织安全教育视频培训、召开安全教育警示大会、建立微信群宣传安全教育知识、开展安全应急演练和安全生产知识竞赛等活动，全年共计对332人次进行了相关安全教育培训。

认真组织安全隐患大排查。以开展“全面大检查、全面大排查、全面大整改”强基固本行动为主线，认真开展安全隐患大排查、安全大检查工作，确保安全生产零事故、零伤亡、零投诉。每周至少2次到现场进行安全检查。设备迁建工作启动后，及时建立现场安全监督检查网络，并加强到现场的检查。设备拆迁安全工作处于受控，无事故发生。

从严控制停产后废水、废弃物的达标排放，确保无环保事件。建立了上海铜业“河长制”，将其排放责任落实到人。妥善处理了长年积累下来的化学品，委托有关资质单位处置危险废弃物。处置了5台全油轧机的轧制油87吨，节约费用40万元以上。

另外，积极利用市政府给予的碳排放试点单位政策，通过上海能源交易所卖出公司能源节约配额1,101吨，收益4.2万元。

五、深化改革

（一）有序推进吴淞东部地块“城市更新”项目落地

吴淞厂区东部地块（泰和路1006号、1010号）厂房改造城市更新项目通过大量的考察、交流、遴选工作，以及项目招标和专家论证，确定了上海圣博华康规划设计咨询有限公司为上海铜业的战略合作方，共同合作打造成具有互联网+、智能制造、科创文旅、大健康等融为一体的科创小镇。

（二）探索混改新机制，盘活富余生产设备

积极谋求盘活富余生产设备，研究与民营企业合作，探索混改新机制。进一步谋划盘活压延铜箔生产和研发方面的无形资产，以知识产权、装备、资金及无形资产等入股混合所有制企业，加大经营激励机制创新，推进资本运作，实现资产保值增值。

（三）优化布局，有效压缩法人户数

按照中铝集团和中国铜业有限公司“瘦身健体”的工作要求，上海铜业及时拟定“瘦身健体”工作方案、工作计划和考核办法，明确目标，落实责任。2017年完成了压减2户任务。

（四）开拓创新，盘活闲置资产实现企业增效

为盘活安欣公司持有的坐落于太仓市南郊镇群星村内闲置资产（已全部计提坏账），在获悉太仓市政府将对该资产予以征收的信息后，上海铜业主动上门洽谈，商议资产评估事宜，经多次前往太仓市调研，了解市场行情，与管委会进行沟通和反复协调后，最终获得了472万元补偿款，比评估价高了近50%，实现了企业增效。

六、党建与企业文化建设

上海铜业党委注重加强党建基础管理，制定了2017年党建工作考核实施方案、党委中心组学习制度和学习计划等党内基本制度。全年召开党委会32次，民主生活会2次，组织中心组学习12次。严格按照《关于加快推进企业党建工作总体要求纳入企业章程有关事项的通知》要求，遵照党建进章程的股东会审批流程，履行工商登记备案相关法定程序，完成了党建进章程工作。

制定了“学习宣传贯彻党的十九大精神系列活动实施方案”。通过领导上党课、制作宣传展板、开展十九大知识竞赛和主题征文等丰富多样的形式，迅速掀起了学习宣传、贯彻落实党的十九大精神热潮。

扎实开展“两学一做”学习教育常态化制度化主题教育活动，党委、党支部和党员分别建立了学习计划，认真完成党员承诺践诺工作。通过组织开展“安全、干净”班组劳动竞赛、“庆七一创新赢得未来”主题演讲比赛和“庆国庆、迎十九大爱国歌曲大家唱”等活动，丰富党日活动的内容和载体。开展“党组织带党员创新，党员

带群众创效”主题活动，共建立了11个创新创效项目，做到在岗党员全覆盖。

在贯彻落实党风和反腐倡廉建设工作中,通过扎实推进“接地气”现场巡查督改，有序开展设备搬迁等重点工作的预警督查，对违规公款购买消费高档白酒问题、非经营性房产问题、自查自纠深化巡视整改专项督查、领导人员及亲属违规经商办企业自查、有关业务核查等多项自查督查工作，加大查信办案力度，为转型发展保驾护航。

七、履行社会责任

环境绩效表

表106

环保投入/万元	COD排放量/吨	粉尘排放量/吨	废水排放量/万吨	重复用水率/%
18.3	4.36	0	15.97	79

社会绩效表

表107

全年用工数/人	人身伤亡事故数	千人负伤率	劳动合同签订率/%	职业病发病数
713	0	1.4	100	0

八、重要记事

1月15日，为表彰上海铜业2016年在完成主业关停和人员分流安置两项重要任务中做出的突出贡献，上海铜业公司获得中国铜业有限公司颁发的“总裁特别奖”。

2月24日，上海铜业召开四届一次职代会，明确了2017年工作任务和奋斗目标。

3月23日，中铝集团党组书记、董事长葛红林，党组成员、副总经理刘才明到上海铜业调研，参观新老线生产设备，了解人员分流安置、党建和维稳、厂房及土地盘活、设备搬迁等工作进展。

6月7日，上海铜业隆昌路630号地块市场竞拍，经223轮激烈角逐，上海宝龙集团以29.8亿元获得该地块开发权。

8月30日，根据2017年压减任务进度安排，上海铜业完成上海安欣有色金属有限公司工商注销工作。

8月31日，上海铜业召开二届三次董事会，选举姜敢闯为中铝上海铜业有限公司董事长，审议通过新老线设备内部协议转让决议。

9月12日，根据2017年压减任务进度安排，上海铜业完成上海有色金属集团进出口公司工商注销工作。

10月26日，上海铜业与中铝华中铜业有限公司在上海签订了新老线设备转让等一揽子协议。

12月27日，上海铜业与中铝洛阳铜加工有限公司在上海签订老线400毫米生产线设备转让协议。

撰稿/胡　蓉

核稿/黄政义

中铝华中铜业有限公司

一、基本情况

中铝华中铜业有限公司（以下简称华中铜业），地处湖北省黄石市，成立于2005年9月28日，由中国铜业有限公司控股75.6%、黄石市国有资产经营有限公司参股24.4%。其高精度铜板带项目是我国高精度板带材产品产业化的示范项目，是世界500强企业中铝集团同湖北省开展战略合作的开局性项目，主导产品有国内市场急需的高精度引线框架铜带、变压器铜带、电缆铜带、电子接插件铜带、光伏太阳能铜带、LED产品用电子铜带、军工用热交换器散热铜带等。

2017年9月，高精度铜板带箔项目二期工程启动建设，项目是中铝集团“十三五”规划的重点项目，也是黄石市促进铜产品千亿产业发展、延长铜精深加工产业链的重点项目。项目总投资11.27亿元，产品主要包括压延铜箔0.3万吨/年、引线框架及无氧铜带3.7万吨/年、新合金材料2万吨/年，符合国家新一代电子信息技术产业发展政策导向。

通讯地址：湖北省黄石市下陆区铜鑫路特1号。

邮政编码：435005。

2017年基本数据表

表108

主要产品产能	资产总额/亿元	负债率/%	员工总数/人	平均年龄/岁	男女比例	学历结构/人	
高精度铜板带材成品3万吨/年	17.47	61.66	481	36	5∶1	中专及以下	150
						大学专科	202
高精度铜板带坯3.5万吨/年						大学本科	120
						硕士及以上	9

二、组织机构

（一）领导班子

明文良　董事长（2017 年 3 月 23 日始任）、党委书记（2017 年 3 月 23 日始任）、总经理

叶小林　董事长（至 2017 年 3 月 23 日）、党委书记（至 2017 年 3 月 23 日）

王际清　纪委书记

曹旗文　副总经理

刘长奎　财务总监

陈立彬　党委副书记、工会主席

（二）机构设置

1. 职能部门：

办公室（董秘室、党群工作部、工会工作部合署办公）、企业管理部、人力资源（组织）部、纪检监察审计（法律事务）部、财务部、生产部、技术质量部、市场营销部、装备工程部、安全环保部。

2. 全资子公司：

中铝华中铜业黄石金地科技有限公司。

三、生产经营

2017 年，华中铜业围绕“抓党建、促经营，调结构、抢高端，提质量、增效益，强管理、求精准，抓项目、谋发展”五项重点工作，内强管理求精准，外拓市场增效益，各项关键指标稳中趋好，全年实现产量 3.64 万吨，同比增加 10%；销量 36712 吨，同比增加 11.4%；综合成品率 62.68%，同比提升 3.1%；单位加工费 4547 元 / 吨，同比下降 67 元 / 吨；在消化历史遗留等问题 3764 万元的基础上，同比减亏 3796 万元，首次实现现金流不亏，实现华中铜业发展的历史性突破。

主要指标表

表 109

指标名称		2016 年	2017 年	同比增长 /%
主要产品产量	1. 铜加工材 / 万吨	3.3	3.36	10
	2.C10200 / 万吨	1.97	1.98	0.51
	3.C19210 / 万吨	0.59	0.82	38.98
	4.C19400 / 万吨	0.73	0.83	13.7
	5.H65 / 万吨	0.01	0.003	−70
工业产值 / 亿元		12.7	17.1	34.65
销售收入 / 亿元		17.32	14.41	−16.80
利润额 / 亿元		−0.69	−0.69	持平
纳税额 / 亿元		0.11	0.07	−40.18
净资产收益率 / %		−50.83	−17.15	—
产值劳动生产率 / 千元 · 人		2472	3245	—

四、重大发展项目

2017 年，华中铜业全年实际完成投资 37473.75 万元，其中高精度铜板带箔项目二期工程完成 37140.1 万元。

1. 高精度铜板带箔项目二期工程项目建成后，可新增劳动用工 300 人，营业收入超过 40 亿元，年均税后利润 8000 万元以上，年上缴税金 5000 万元以上。

2.500 万元以下零星更新改造项目全年完成 333.65 万元。主要包括精轧机 IMS 测厚仪改造、850 气垫炉摩擦搅拌焊机、2#

炉改造、熔铸粉尘与烟气治理项目等。

重大项目情况表

表 110

项目名称	设计规模/万吨	投资规模/万元	当年完成投资额/万元	年内项目建设进度
高精度铜板带箔项目二期工程	6万吨/年高精度铜板带箔	112770	37140	土建和设备基础基本完工

五、企业管理

运行管理。现场管理推行标准化管理，坚持“赛马定标、定标比高、有标必依、执标必严、违标必问、持续提高”，深入推进标准化，形成以质量管理、生产操作、设备精度、安全干净为主的现场管理的标准化体系，形成 488 条 5S 标准，270 项规范型标准、43 项创新型标准。

实现结果管理向节点过程管理转变，将现场生产效率、产品质量、工艺技术等问题实行每日工作节点化管理，早晨布置，白天落实，晚上验收。推行节点管理工作计划促使准时化交货率提高 9.5 个百分点，产品平均交期为 7 天，比行业平均水平快一倍，受到客户广泛认可。

安全环保。2017 年华中铜业认真践行中铝集团“3132”安全管理思路，逐步建立完善“党政同责、一岗双责、失职追责”的安全履职考核体系。在继续夯实基础性安全环保工作的同时，结合强基固本行动，梳理安全环保管理薄弱环节，有序整改，二期工程项目重点推进“安全交底条”行动，促进安全管理的持续升级。全年实现各类安全环保事故为零的目标。

六、科技创新

华中铜业所生产高端产品 C19400 进入行业所有高端客户，市场占有率稳居国内首位；通过了国家高新技术企业认证；获得授权发明专利 2 项、实用性专利 9 项，其中首个自助发明专利 1 项，2017 年 10 月 25 日，《一种高氧韧铜的熔铸生产工艺》获得国家发明专利；2017 年 12 月 30 日，黄石市铜加工产业技术研究院落户华中铜业。

华中铜业积极对接国家高端电子信息产业，成功研发出高氧韧铜，2017 年产量达 2000 吨，成为国内唯一合格批量生产 FPC 压延铜箔材企业，实现替代进口，填补国内空白，为二期项目压延铜箔国内领先奠定基础，为我国高端电子信息产业发展提供强有力的支持和保障。

七、深化改革

一是 2017 年华中铜业以增资重组和经营班子市场化契约化改革试点为契机，加快管理体制改革，全面推广“以效益为中心，以业绩定薪酬”的工作绩效承包改革。

二是全面推行的“四保一包”，保安全、保产量、保质量、保成本和包工资的总额工作绩效总承包。设置目标红线，竞标确定承包人。

三是全面启动首席工程师区域技术负

责制。首席工程师牵头成立管理小组，负责解决责任区域内的工艺、质量问题，全面推行技术人员“完成日常工作只拿基本绩效，凭技术创新拿高额奖金绩效”的三级激励模式。

四是积极摸索适合维修班组（区域）特性的承包模式。金工班只发岗位及技能工资，其余全部通过内外承揽机加工业务创效创收；公辅作业区实行工资包干改革，减人不减资，增人不增资；维修区实行工时制改革，多劳多得。

五是机关管理部室统筹推进“个性化”改革，推行 KPI 指标考核为主的工作绩效承包，注重工作质量和执行力考核。金地公司实施物流自营、个人贸易和辅业承包等试点，成为公司改革的试验田。

六是建立干部“双百分制”交叉考核机制。将干部绩效指标考核和管理行为考核相结合，强化考核结果运用，突出干好、干坏待遇不一样，对完不成承包责任目标、执行力不强、作风不务实、推诿扯皮、群众口碑不好的干部坚决予以调整。

八、党建与企业文化建设

2017 年，华中铜业党委认真学习贯彻党的十九大精神和习近平新时代中国特色社会主义思想，紧密围绕“抓党建、促经营”工作思路，创新构建“党建 +N”工作体系，以党建工作责任制为统领，以党建“双百分”考核为抓手，通过完善基层组织、强化标准化建设，创新“备课式”党委中心组、微党课等学习方法，加强党员干部培训教育；扎实开展“两带两创 +N”“三型党组织”等特色活动，全年创新创效项目 24 个，创效 644.37 万元，推进了“两学一做”学习教育常态化制度化，推进党风廉政建设，开创了党建经营工作新局面，党建工作得到中铝集团党建工作考核组的充分肯定。

九、履行社会责任

精准帮扶，推行职工互助金制度，帮扶慰问困难党员及职工；通过开展“金秋助学”“劳动竞赛”“职工文艺汇演”等丰富多彩活动，提升员工归属感；提高员工收入，2017 年员工收入同比提升 12.65%。

贯彻落实精准扶贫政策，华中铜业青年干部张涛挂点阳新县三溪镇柏树村任第一书记。

十、重要记事

3 月 23 日，华中铜业召开干部大会，宣布中国铝业集团有限公司党组对华中铜业班子成员调整的决定：明文良任华中铜业党委书记、董事长，叶小林不再担任华中铜业党委书记、董事长、董事职务，调出。

5 月 16 日，中国铝业集团有限公司党组书记、董事长葛红林到华中铜业调研。同日，代表中铝集团与黄石市市政府在黄石签订高精度铜板带箔项目协议。

6 月 20 日，湖北省政协副主席、时任黄石市委书记马旭明到华中铜业调研高精度铜板带箔二期项目建设情况。

7 月 28 日，中铝集团党组副书记、副总经理敖宏，中铝集团党组成员、副总经理董事长刘建平到华中铜业调研指导。

9 月 8 日，高精度铜板带箔项目正式全面动工。

10 月 25 日，华中铜业《一种高氧韧铜的熔铸生产工艺》成功获得国家发明专利，并成为国内唯一合格批量生产 FPC 压延铜箔材企业，实现替代进口，填补国内空白。

10 月 26 日，华中铜业、上海铜业在上海签订铜板带箔生产线设备转让协议。

11 月 17 日，湖北省委副书记、省长王晓东到华中铜业调研高精度铜板带箔二期项目建设情况。

11 月 28 日，华中铜业通过国家高新技术企业认证。

12 月 30 日，华中铜业联合中铝材料应用研究院、武汉科技大学、湖北理工学院，成立湖北省首家铜加工产业技术研究院。

撰稿 / 郝　君

核稿 / 明文良

中铝洛阳铜加工有限公司

一、基本情况

中铝洛阳铜加工有限公司（简称洛阳铜加工）是中铝洛阳铜业有限公司的全资子公司，承接了洛阳铜业的优质资产，成立于2016年7月29日，同年12月正式以企业法人身份独立运营。

主营业务。洛阳铜加工现有包括铜镍材加工、铝镁材加工和配套的国家级企业技术、检测中心在内的研、产、供、销体系，主要生产铜镍及其合金板、带、箔、管、棒材，铝镁板带材等有色金属加工材产品，年生产能力20余万吨，其中铜板带材年产能16万吨左右，铜管棒材年产能3万吨左右，铝镁板带材年产能1万吨左右。

洛阳铜加工拥有“国家级企业技术中心”“河南省铜镁合金加工工程研究中心”“国家认可实验室”“中国有色金属工业重金属加工材质检站”“国家铜合金标准样品生产许可证”，通过质量管理体系、武器装备质量管理体系、环境管理体系、职业健康安全管理体系认证，取得了近百项专利、工艺技术、产品开发科研创新成果，承担着国家JG、重点工程项目，参与国家正负电子对撞机、欧元造币材料、嫦娥卫星探月工程等关键材料的研发及供应，编制铜加工行业重要产品国家标准，研发与生产一直保持着行业主导地位。

通讯地址：河南省洛阳市涧西区建设路50号。

邮政编码：471003。

2017年基本数据表

表111

主要产品年产能	资产总额/亿元	负债率/%	员工总数/人	平均年龄/岁	学历结构/人	
铜板带材16万吨	20.98	41.80	1617	43	中专及以下	797
					大学专科	505
铜管棒材年3万吨					大学本科	307
铝镁板带材1万吨					硕士及以上	8

二、组织机构

（一）领导班子

张晓光　总经理(兼)(2017年8月始任)

曹钦润　执行董事、党委书记

娄花芬　总经理（2017年8月离任）

李向宇　副总经理（2017年6月—11月）

陈江桥　副总经理

董运华　党委副书记、纪委书记

朱盘根　财务总监

秦光文　总经理助理

王华星　总经理助理

诸　捷　总经理助理

（二）机构设置

综合部、财务部、党群工作部、人力资源部、纪检审计部、营销公司、生产管理部（安全环保健康部）、质量管理部、装备管理部、技术中心、工艺管理部、熔铸厂、板带厂、管棒厂、宽厚板厂。

注：2017年4月撤销技术改造办公室，增设装备管理部。

（三）生产经营

2017年，洛阳铜加工着力提质增效，实施精准管理，狠抓强基固本，优化整合资源，推行标准化管理，改善了生产组织均衡性，增强了市场服务能力，技经指标保持稳定，降本增效亮点纷呈，有效管控经营风险，科技研发成果丰硕，实现了企业扭亏增盈，2017年实现利润总额2613万元，营业收入34.40亿元。

主要指标表

表112

指标名称		2017年
主要产品产量	1. 铜板带材 / 万吨	7.0024
	2. 铜管棒材 / 万吨	0.791
	3. 铝镁板带材 / 万吨	0.2022
工业产值 / 亿元		32.80
销售收入 / 亿元		34.40
利润额 / 亿元		0.26
纳税额 / 亿元		0.04
净资产收益率 /%		1.92
产值劳动生产率 / 千元 · 人		2028.44
人身伤亡事故 / 起		13
工亡人数 / 人		0
重伤人数 / 人		0
轻伤人数 / 人		13

说明：洛阳铜加工2016年7月成立，主要指标表只涉及2017年数据

四、企业管理

2017年，洛阳铜加工制定下发22大类管理制度211项。建章立制17项，制定、修订管理标准13大类230项。

生产组织以准时化交货为核心，细化补充数据量，进行了有针对性分析，保证了生产计划的制度化、规范化，全年实现准时化交货率78.9%。12月，面对环保限产、限气、原料矛盾突出的困难局面，完成月产9336吨，年度产量超出新增合同量。

实施产品质量扁平化管理，严格执行ISO 9001：2015版标准的要求，运用流程图和5W1H相结合的方法及模式，构建流

程化程序文件体系并在10月份运行实施；组织推荐的《提高锌白铜成品率》和《合理使用锯片,减少锯片消耗》两项QC成果，分别获得了2017年度洛阳市质量管理小组一等奖和二等奖的荣誉；开展质量问题大清查工作，共排查出质量问题12项，完成整改4项。全年完成铜加工材产品综合成品率54.87%，退换货率13.49‰，产品投诉率2.37 %。

洛阳铜加工从加强组织领导、完善管理制度、持续改进体系入手，围绕一岗双责责任清单落地、双控机制建设、强基固本三条主线，开展了“安全大检查”“安全、干净”班组劳动竞赛、承包商安全管控、现场管理专项行动等活动。2017年未发生轻伤以上事故，未发生新增职业病病例，未发生重大消防、厂内交通事故；各级各类人员安全教育率和持证上岗率均达到100%；事故隐患整改率为99.3%；接触职业危害因素作业员工健康检查率为98.95%。

五、科技创新

2017年，洛阳铜加工高强高导铜合金研制取得突破性进展，破解了非真空条件下高熔点、易烧损合金元素的成分控制的行业难题,《高强高导铜合金关键制备加工技术开发及应用》项目获国家科技进步二等奖。开发出高性能引线框架异型带控制技术，达到了异型带高温软化性能要求，导电率由原来的85%IACS提高到88%IACS以上，实现千吨级规模。《大规模集成电路用铜基引线框架材料的关键技术及产业化》获中国机械工业科学技术一等奖。研制出新型造币（泰铢）材料，满足国际造币材料特殊性能需求。研发出镍铝青铜大规格铸锭制备技术，解决了易氧化造渣易热裂难题，开发出镍铝青铜LC6156造币带材。突出JG优势，研制出PD用3个牌号系列管材，突破了材料的力学性能与内部组织匹配关键技术，年开发量377吨。

洛阳铜加工承担着《特殊用途镁合金板材研制》《特殊用途C72900铜合金棒材研制》《特殊用途铜合金线材研制》3项国家JG配套科研项目。开展了JG固定资产投资项目《特殊用途镁合金生产线技术改造》相关工作；承担了中铝基金项目《电子用Cu-Cr-Ti系合金LY32/LY41带材开发》，中铝明星计划项目《新能源汽车用铜板带产品开发》，项目均按计划开展。由洛阳铜加工主起草，制、修订的《铜及铜合金室温拉伸试验方法》《铜及铜合金板材》《铜及铜合金带材》《铜及铜合金拉制管》4项国家标准获得发布。

2017年科技创新数据表

表113

科技创新投入/万元	申请专利/件	授权专利/件	科技人员占比/%
13353.88	10	—	8.47

六、深化改革

2017年4月，洛阳铜加工对组织架构和业务职能进行了变革和优化，新组建了装备管理部、工艺管理部等部门，并对原有职能部门业务进行调整，将主体生产厂中的装备、质量、技术、作业计划、调拨等管理职能上收至相应职能管理部门，形成集技术、服务、资源、平台“四位一体”的管理架构。

七、党建与企业文化建设

2017年，洛阳铜加工召开第一次党代会，配齐配强党委、纪委班子，完成11个二级党组织、23个基层党支部选举工作。按照“双向进入”要求，实行了党政交叉任职。制定完善《“三重一大”事项决策制度》《党建工作目标责任考核细则》等制度34项，切实履行党委把关定向、组织凝聚、保证监督的政治责任。落实党建与生产经营“双百分”考核，进行了党组织书记抓党建工作述职评议。

深入推进“两带两创”活动，设立创效项目48个，党员带领群众创新项目或课题69个。开展“党员手中出精品”“党员责任区”“党员先锋岗”等特色活动。发挥党组织在“三个大全面”强基固本行动中的领导作用，层层召开专题民主生活会，查摆问题，明确整改清单、措施、时间进度和责任人；企业党委排查的7个问题已全部整改；组织2次穿透式专题培训；征集职工代表提案75项；征集质量改进合理化建议118项，实施完毕79项。

扎实推进“两学一做”学习教育常态化制度化，深入学习贯彻党的十九大精神，开展了培训轮训、撰写学习心得和主题征文活动。确立了“重塑行业领先地位，建设一流铜加工企业”的发展愿景，大力灌输“客户至上，质量第一”的经营理念和“把重复的事情做到极致”的工作理念，加强“四少四多”“一真三严”等行为文化教育。开展“打赢强基固本攻坚战，再造品牌洛铜铸辉煌”活动。编制企业视觉识别系统手册，规范着装要求，树立统一形象。弘扬诚信文化，《按期保质保量，助力杭州峰会》入选2016年中铝集团十大诚信案例。开展了“迎新春趣味运动会”、羽毛球赛、拔河比赛、迎接十九大演讲比赛及摄影展等活动。

认真落实巡视整改，建立了问题清单、任务清单和责任清单，制定整改措施124条，召开党风廉政建设警示教育大会5次，集中通报处理违规违纪问题。

组织召开洛阳铜加工第一次职工暨工会会员代表大会、第一次团员大会，选举产生企业两级工会组织和团组织，围绕重点工作开展“安全 干净”班组劳动竞赛，发挥劳模创新工作室和青年创新工作站作用。

八、履行社会责任

洛阳铜加工将绿色生产、清洁生产贯穿于生产组织及物料转化全过程，加速以节能为重点的技术设备改造，提高能源利用效率，2017年将4台1000千伏安和400千伏安老旧熔炼炉变压器更换为高效节能变压器。实施污染控制，改变生产过程中不合理的工序、科学调配炉台班次、压缩炉台开动时间、减少炉台开动数量，有效降低废气排放总量；生产废水全部循环使用，年可实现节水180万吨，取得经济效益317万元，减少外排悬浮物5.3吨/年、石油类6.4吨/年、化学需氧量7.2吨/年；在企业确定的9个重点排污口设置“河长”标示牌，明示“河长”的姓名、职责、污染物控制指标，“河长”作为重点排污口的第一责任人，监督和保障排污口达标排放；公司委托有资质的检测公司定期对废水、废气、噪声进行全面检测，全年来污染物排放量持续降低。

成立“青年创新工作站”，对新能源汽车用纯铜铜板焊接软化R行业性技术难题进行深入研究。2017年，洛阳铜加工开发出新能源汽车用铜板带材1781吨，成为企业的千吨级支柱产品。

九、重要记事

2月5日、5月28日、12月13日，中铝集团党组书记、董事长葛红林3次到洛阳铜加工调研。

4月6日，洛阳铜加工召开主管以上干部大会，启动进一步优化组织架构、调整职能工作。

4月27日，中国共产党中铝洛阳铜加工有限公司第一次代表大会召开。大会选举第一届党委委员和纪委委员。

5月份，技术中心主管工程师黄国兴获长征五号运载火箭首飞“突出贡献者”荣誉称号，并受到中铝集团的表彰。

8月11日，洛阳铜加工召开中层以上干部大会，中国铜业副总裁张晓光任洛阳铜加工总经理（兼）。

9月11日，洛阳铜加工召开大会，全力推进“打赢强基固本攻坚战、再造品牌洛铜铸辉煌”工作。

9月15日，板带厂1#高端框架产品气垫炉设备性能全面恢复。

10月29日，洛阳铜加工第一次职工暨工会会员代表大会召开。

10月30日，洛阳铜加工选送的“提升新能源汽车用铜板带抗软化性能”项目，获得中铝集团创新创意大赛片区复赛“高端产品和工艺品设计”类别一等奖，并在11月30日总决赛中获三等奖。

撰稿/李瑞华

审核/李　峰

中国稀有稀土股份有限公司

一、基本情况

中国稀有稀土股份有限公司（简称中国稀有稀土）前身是创建于1988年的中国稀土开发公司。

中国稀有稀土为股权多元化的混合所有制企业。截至2017年末，中铝集团持有中国稀有稀土52.96%股权，中国铝业股份有限公司持有14.62%股权，焦作万方铝业股份有限公司持有13.17%股权，有研稀土新材料股份有限公司持有3.11%股权，中国—比利时直接股权投资基金持有1.69%股权，海通开元投资有限公司持有1.60%股权，曾阳庆持有3.43%股权，江苏旭昱科技有限公司持有2.23%股权，阜宁稀土实业有限公司持有2.23%股权，江苏卓群纳米稀土股份有限公司持有2.23%股权，常熟市盛昌稀土科技有限公司持有1.89%股权，江苏保利有色金属有限公司持有0.50%股权，赵平华持有0.33%股权。

2017年基本数据表

表114

资产总额/亿元	负债率/%	员工总数/人	平均年龄/岁	学历结构/人	
44.94	28.53	1542	41	大专及以下	1241
				大学本科	254
				硕士	42
				博士及以上	5

二、组织机构

（一）领导班子

丁海燕　董事长、党委书记

胡谷华　董事、总裁、党委副书记

贺海钧　董事、副总裁、纪委书记
　　　　工会主席（2017年12月起任）

刘建军　董事、副总裁

王丰申　财务总监

（二）机构设置

本部部门：综合部［董事会办公室、党委（纪委）办公室］、财务部、投资管理部、企业管理部。

所属企业：中铝稀土（江苏）有限公司、中铝广西有色稀土开发有限公司、中铝四川稀土有限公司、中铝山东稀土有限公司、中铝山东依诺威强磁材料有限公司、中稀国际贸易有限公司。

三、生产经营

科技平台建设取得新进展。中铝中央研究院稀土分院获批组建，科技专家团队建立。中铝广西稀土下属企业申报的矿山开采及冶炼分离工程技术研究中心、智能化工程技术研究中心和自治区级绿色工厂得到批复；南宁研发中心建设稳步推进，项目实验室建设工作全面展开。常熟公司苏州市（高纯）稀土新材料工程技术研究中心、中铝依诺威市级强磁材料工程技术研究院获得地市批复。与严纯华、张洪杰两名院士合作成立了稀土新材料院士工作站。2017 年，稀土板块新增高新技术企业 4 个、新设稀土工程研究中心 1 个，累计 6 家企业通过高新技术企业认证、建设 4 个省级技术中心。

主要指标表

表 115

指标名称	2016 年	2017 年	同比增长 /%
工业总产值 / 亿元	39.16	46.38	18.43
销售收入 / 亿元	33.90	46.57	37.41
利润额 / 亿元	1.03	2.46	137.86
所有者权益 / 亿元	30.32	32.11	5.93
纳税额 / 亿元	1.37	1.61	17.52
净资产收益率 /%	2.9%	6.28%	116.55
人身伤亡事故 / 起	0	0	持平
工亡人数 / 人	0	0	持平
重伤人数 / 人	0	0	持平
轻伤人数 / 人	0	0	持平

科技成果和科技成果转化实现新突破。2017 年，中国稀有稀土创新管理机制，制定了《中国稀有稀有股份有限公司科技创新项目激励实施办法（试行）》。年内，获得专利授权 75 项（其中发明专利 15 项、实用新型专利 60 项），省部科技成果一等奖 1 项、二等奖 2 项，有色行业优秀 QC 小组 4 项。获各类科技政策资金支持额度超过 4000 万元。中铝广西稀土在行业内率先推进矿山浸萃一体化技术产业化；中铝江苏稀土培育超高纯稀土氧化物项目，进一步巩固国际领先地位。通过布局前沿，实现行业引领发展。磁材企业通过科技创新及协同，实现产品结构高端化。

资源获取取得新进展。通过推进矿山企业生产精准管理，中国稀有稀土矿产品保障率（矿产量 / 分离产量）创新高。贺州花山项目先后完成划定范围批复、储量核实备案、开发利用方案备案等工作；崇左大青山探矿权、岑溪糯垌采矿权已由广西壮族自治区政府审批并报送国土资源部。

产业转型迈出新步伐。江苏国盛为上海光机所提供的高纯氧化钕，作为激光玻璃制备关键原料用于神光系列装备；所属4家分离工厂优化调整工艺，生产了石油裂解催化用结晶氯化镧产品，实现经济和环保效益双赢；汽车尾气催化用铈锆储氧材料实现市场供应。

四、板块建设

（一）党风廉政建设

2017年，中国稀有稀土开展学习宣传贯彻十九大精神系列活动。领导班子成员深入包联基层支部联系点进行十九大宣讲，全年为基层讲党课20次以上。11月18日，组织本部党员干部赴西柏坡参观学习，重温入党誓词，牢记“两个务必”，进行革命传统教育。

至2017年底，中国稀有稀土各级次共19家企业全部完成“党建工作写入章程”工作；建立党委中心组学习制度，全年共开展14次中心组集体学习活动；按月组织中心组“安全环保质量强基固本”专题研讨学习，召开专题民主生活会；成立党建工作推进组，推进各级班子及领导干部扎实履行“党政同责”“一岗双责”，把落实党建责任与业务工作同规划、同部署、同检查、同考核，与中铝江苏稀土等7个基层党组织签订了党建责任书。

2017年8月29日，中铝江苏稀土党委、纪委成立，选举产生新一届党委会和纪律检查委员会，所属支部全部换届。中铝四川稀土、中稀国贸、中铝依诺威先后成立了党支部；本部支部完成委员换届选举工作，直属基层支部应建必建达100%。2017年，中国稀有稀土共召开25次党委会。

中国稀有稀土通过提拔任用、交流和上级调任等方式，2017年共调整任用干部25名。全年累计培训干部百余人次。

签订《岗位履职清单》《党风廉政承诺书》，加大落实“两个责任”考核力度。制定纪检监察干部“接地气”实施细则，并组织开展实地检查工作。设立监督执纪曝光栏，开展反腐倡廉宣传教育月活动。坚持开展警示教育和党性教育，中国稀有稀土纪委组织8次活动，120余人次参加。

中国稀有稀土组织员工为广西岑溪矿业公司职工书屋捐赠图书活动。组建和完善“职工小家”、女职工组织等，组织开展“百日冲刺、决战全年”劳动竞赛、“金点子”和“银点子”征集等活动，职工民主管理、民主监督意识逐步增强。

（二）运营管理

增强管控能力。进一步完善板块生产运营的管控架构。形成周例会（生产、投资项目）、月度经济活动分析、季度检查、定期分析检查和内控风控、库存管理等专项活动相结合的运营管控模式。优化中铝江苏稀土运营管理，实现常熟稀土、常州稀土并实现区域生产、营销资源协同。

推进“质量效益型工厂（矿山）”创建工作。中国稀有稀土围绕10个方面开展2017年“争创质量效益型工厂（矿山）”创建工作。强化考核和激励，出台了《推进精准管理争创质量效益型工厂（矿山）工作评价规则》，实施企业月度自评与板块季度考评相结合，对排名靠后的企业负责人进行谈话，对年度创建工作成绩显著的企业、车间进行表彰与奖励。

开展“百日冲刺、决战全年”劳动竞赛活动。对问题清单专项整改、业绩提升、内控风险体系建设、安全环保、现场管理提升等10项重点工作进行了总动员。

（三）重大项目进展

江苏国盛稀土冶炼分离生产线异地升级改造项目：一期工程12月14日完成项目整体竣工验收，二期工程10月完成项目立项、12月完成可研报告编制并通过专家评审会。

中铝江苏稀土稀土分离生产线异地升级改造项目：完成环评、安评、职评、用地规划、土地预审、核准前置审批，具备项目核准条件。

包头金属项目：3月完成立项、8月完成可研报告编制、10月完成板块决策程序并呈报中铝集团开展决策工作。

南宁研发中心项目：6月，项目初步设计通过板块批准；11月，开工报告获得板块批复。

（四）安全环保

严守安全环保底线，实现“零事故”“零污染”。全年未发生环境事件，未发生重伤及以上安全事故。完成2017年度节能减排任务。

五、重要记事

1月15日，中国稀有稀土召开2016年年度工作会议，部署安排2017年工作。

3月14日，中国稀有稀土与梧州岑溪市政府签订战略合作框架协议。

4月7日，中国稀有稀土与四川省核工业地质局签订合作框架协议。

4月12日，中国稀有稀土召开2017年度股东大会第一次会议、第一届董事会第五次会议和第一届监事会第四次会议。

5月，中央研究院稀土分院设立。

7月15日，中国稀有稀土召开年中工作会议。

11月10日，（第三届）中国稀土论坛在广西南宁召开，中铝集团党组成员刘祥民出席会议并致辞。

12月5日，中国稀有稀土工会委员会成立。

12月14日，江苏国盛稀土冶炼分离生产线异地升级改造项目（一期）完成竣工验收。

撰稿 / 王亚娟

核稿 / 梁利辉

中铝稀土（江苏）有限公司

一、基本情况

中铝稀土（江苏）有限公司（简称：中铝江苏稀土）位于江苏省常熟市，于 2011 年 4 月 26 日成立。中铝江苏稀土注册资本 62330 万元，由中国稀有稀土股份有限公司与江苏省 4 家获得指令计划的稀土冶炼分离企业及 1 家贸易公司共同出资组建。

中铝江苏稀土业务范围包括：稀土氧化物及化合物、稀土磁性材料、稀土发光材料、纳米稀土材料的研发；稀土金属（危险化学品除外）销售；稀土提炼机械设备的研制、销售；稀土技术咨询、技术服务；从事货物及技术的出口业务等。

中铝江苏稀土具备年稀土分离能力为 13200 吨。拥有多项国家和省级重点高新产品，以及多项实用新型专利，具备稀土分离研发生产能力，生产规模、技术装备、产品品种等综合实力居江苏省稀土分离冶炼企业首位。

中铝江苏稀土通讯地址：江苏省常熟市义虞路 3 号。

邮编：215500。

2017 年基本数据表

表 116

主要产品产能	资产总额 / 万元	负债率 /%	员工总数 / 人	平均年龄 / 岁	学历结构 / 人	
1. 南方离子型矿分离能力 7800 吨	113100	46.11	779	45	中专及以下	627
					大学专科	97
2. 北方轻稀土矿分离能力 5400 吨					大学本科	52
					硕士及以上	3

二、组织机构

（一）领导班子

刘建军　董事长、党委书记

黄华勇　副总经理（主持工作）、党委副书记

安恩法　财务总监

刘长河　副总经理

郭朝阳　纪委书记

（二）机构设置

机关部室（5个）：综合部、投资发展部、财务部、企业管理部（安全环保部）、营销工作组。

二级单位（5个）：中铝稀土（常州）有限公司、中铝稀土（阜宁）有限公司、中铝稀土（宜兴）有限公司、中铝稀土（常熟）有限公司，江苏比昂电子材料有限公司（参股）。

三、生产经营

2017年，中铝江苏稀土新一届领导班子按照葛红林董事长提出的“四再一好”工作要求，紧紧围绕“固本强基、突破瓶颈、培育竞争力”的工作主线，凝聚力量，破篱创新，锐意改革，精益求精，在艰难的内外部环境面前实现了公司新发展。

中铝江苏稀土全年共计生产稀土氧化物5774吨，销售5980吨。实现营业收入108588万元，利润总额3500万元。“两金”占用余额5.78亿元，较年初下降35%，超额完成年度压降目标。其中应收账款规模较年初下降81%，存货占用规模较年初下降7%。先后顺利接管了所属常熟公司、常州公司和阜宁公司的经营权，确保了企业生产经营和员工队伍稳定，实现了国有资产的保值增值。

主要生产经营指标表

表117

指标名称		2016年	2017年	同比增长/%
主要产品产量	氧化镧/吨	623	689.6	11
	氧化镨/吨	75	64.2	−14
	氧化钕/吨	262	222.4	−15
	氧化镝/吨	169	204.3	21
工业产值/亿元		7.63	10.05	32
销售收入/亿元		17.48	17.04	−3
利润额/亿元		0.62	0.35	−44
纳税额/亿元		0.197	0.298	51
净资产收益率/%		8.3	4.32	—
产值劳动生产率/千元·人		87.94	129.01	—
人身伤亡事故/起		0	0	—
工亡人数/人		0	0	—
重伤人数/人		0	0	—
轻伤人数/人		0	0	—

四、重大发展项目

根据“十三五”发展规划，未来五年，中铝江苏稀土将坚持“大集团引领、大项目支撑、集群化推进、园区化承载”的战略，紧紧围绕“一个龙头、一个园区、两个中心、三大基地、四大产业链”的重点任务，通过抓龙头、抓配套、抓园区、抓高端、抓

下游，着力延伸产业链，提高与稀土产业发展相关的产品、设备配套能力，以创新促进发展为核心，加快体制改革和科技创新，最终形成“产业集聚、布局合理、创新力强”的产业发展格局。

项目推进及研发合作进展。与苏州金澄集团等民企合作的大尺寸、高性能ITO靶材项目试验线已于2017年4月建成投产，并于10月试生产成功大尺寸（400×700mm）高性能ITO靶材，产品质量和主要参数已经通过第三方检测机构检测，达到国际先进水平。与中科院宁波材料技术与工程研究所合作高丰度混合稀土（Y基）永磁材料研发产业化项目已于2017年下半年开始实施。另外，中铝江苏稀土正积极推进中铝稀土（华东）研究院5000吨/年改性氧化铝项目，并引进中铝山东新材料有限公司参股本项目，为项目后续运行所需的拟薄水氧化铝原料保障打下了基础。

五、企业管理

2017年，中铝江苏稀土认真落实一岗双责履职、积极推进现场管理、强化安全检查隐患排查治理的重要作用，通过强基固本、安全干净班组竞赛、承包商专项治理、挂牌上锁、安全月、安全事故警示教育等专项活动促进全员安全意识和技能提升。通过加强日常环境监测、台账记录、设备维护保养等环保控制和治理管理方法，严格控制污染物排放，推进节能减排、清洁生产工作，确保了生产经营的平稳安全，未发生安全生产事故、未发生环境污染事件。

根据国务院国资委监事会、中铝集团相关工作要求，公司统筹组织、周密部署，开展了问题梳理整改专项工作。成立了组织机构，制定了工作实施方案，先后修改完善10余次问题清单梳理报告，高标准、严要求完成各阶段工作任务。公司及下属4家企业共计梳理问题320项，形成并签署了14个重点问题决议、责任书和承诺书，制定了非重点问题整改清单和整改实施方案。

按照中国稀有稀土上市内控相关要求，公司针对审计机构检查提出的100余项问题开展了全方位整改、自查互查、穿透测试，对32个内控管理流程进行了整改完善。顺利通过了安永审计组织开展的内控穿透检查，基本达到了中国稀有稀土上市要求。

公司以风险管理为导向，积极评估风险隐患，完善风险管理体系。开展了制度立改废工作，制定（修订）印发规章制度共计41项。完善信用管理体系，针对存在的坏账风险，及时通过法律诉讼途径，收回了赣州鑫元逾期应收账款，挽回经济损失约224万元。

六、技术创新

2017年以来，中铝稀土（江苏）有限公司和所属常熟公司先后通过了2017年高新技术企业认证。常熟公司以“苏州市（高纯）稀土新材料工程技术研究中心”为平台入围了2017年苏州市企业技术创新专项

（企业工程技术中心）拟立项项目名单。

企业所属各子公司立足市场，融合创新，推出一批技术原创性、选题实用性、工艺先进性及效益明显性新产品。例如：高纯氧化铽、高纯氧化铒被江苏省列为高新技术产品。一步引出法高纯氧化镝、联动非酸洗法高纯氧化铽、非皂化除杂高纯氧化钇等 5 项产品有望编入《2017 有色金属行业高新技术产品目录》。“高总量、高比重、小粒度碳酸铈产品”等 7 个产品获得中国稀有稀土表彰，稀土结晶氯化镧项目等 3 个产品研发项目被中国稀有稀土列为“2017 年重点科技项目立项计划”。“利用离子交换法制备超高纯稀土氧化物粉体材料关键技术研究及产业化示范项目”获得了 2017 年度中国有色金属工业科学技术二等奖。

2017 年科技创新数据表

表 118

科技创新投入 / 万元	申请专利 / 件	授权专利 / 件	科技人员占比 /%
5130	35	33	10.26

七、党建纪检

在中铝集团党组、中共江苏省委组织部、中国稀有稀土党委的关心指导下，中铝江苏稀土于 8 月 29 日成功召开第一次全体党员大会，选举产生了中共中铝江苏稀土委员会和纪律检查委员会，下属党组织同步完成换届选举，党建纪检工作从此步入常态化。

2017 年，共计印发党委议事规则、党建责任制等基础管理制度 18 项。建立了党建纪检工作责任制，与党组织书记、本部部门负责人、子公司领导班子成员全面签订了《党建工作目标责任书》《党风廉政建设责任书》，公司及下属企业全部完成了党建进章程工作。公司党委围绕生产经营工作，积极开展中心组定期学习、党组织“三会一课”、党员发展等基础性党建工作。纪委紧扣生产经营抓监督，围绕重点领域和关键环节开展反腐倡廉教育活动，围绕自查自纠、内部巡察、巡视整改、安全管理执行力等方面开展问责，有效发挥了公司纪委的监督作用。全年共问责 30 人次，制定整改措施 117 项。股东应收账款清收率达 91%，库存压降额 6656 万元，取得了显著成效。

八、社会责任

积极参与公益事业，构建和谐企地关系，中铝江苏稀土积极参加常熟“慈善一日捐”活动，向常熟市慈善总会捐赠善款 4.9 万元，同时组织公司本部和常熟公司党员、管理人员共计捐赠善款 5190 元，切实履行央企的社会责任，以实际行动弘扬乐善好施、扶贫济困的传统美德，为地方慈善事业传递一份爱心、贡献一份力量。

九、重要记事

1 月 18 日，中国稀有稀土股份有限

公司在江苏阜宁召开营销专题会议，中国铝业公司总经理助理、中国稀有稀土股份有限公司董事长丁海燕、总裁胡谷华出席会议。

3 月 20 日，中铝公司第四巡视组进驻中铝稀土（江苏）有限公司开展政治巡视。

6 月 27 日—7 月 8 日，国有重点大型企业监事会检查组对中铝稀土（江苏）有限公司财务及经营管理情况开展集中重点检查。

7 月 21 日，中国铝业公司党组书记、董事长葛红林到中铝稀土（江苏）有限公司检查部署防暑降温工作，中国铝业公司党组成员刘祥民、总经理助理兼中国稀有稀土股份有限公司董事长丁海燕、总裁胡谷华陪同检查。

8 月 11 日，中铝江苏稀土召开干部会议，宣布对公司主要领导调整决定。

8 月 29 日，中铝江苏稀土召开党员大会，中国稀有稀土党委副书记、总裁胡谷华，中国稀有稀土副总裁、公司董事长刘建军出席会议，会议选举产生了中共中铝江苏稀土委员会和纪律检查委员会。

8 月 30 日，中国铝业公司总经理助理、中国稀有稀土股份有限公司董事长丁海燕到中铝稀土（江苏）有限公司检查指导。

9 月 22 日，中国稀有稀土股份有限公司在常熟召开精准管理和现场管理专项评价现场会，中国稀有稀土股份有限公司总裁、党委副书记胡谷华出席。

9 月 27 日，江苏省煤炭地质局党委书记、局长蔡卫明，副局长陆云富，总会计师陆忠良等一行到中铝稀土（江苏）有限公司洽谈访问。

10 月 23—24 日，中国稀有稀土股份有限公司总裁、党委副书记胡谷华到公司检查指导。

撰稿 / 胡水龙

核稿 / 黄华勇

中铝广西有色稀土开发有限公司

一、基本情况

中铝广西有色稀土开发有限公司（简称中铝广西稀土）于 2011 年 7 月 19 日在广西南宁成立。

中铝广西稀土同中国稀有稀土股份有限公司、广西有色金属集团共同持股，股权占比分别为 60%、40%。注册资金 7.5 亿元。

中铝广西稀土主要经营范围：稀土、矿产资源的勘查和开发，稀十、有色金属、矿产品及其冶炼分离产品、加工产品的研究、开发、生产和销售，稀土相关设备的研制和销售，稀土资源的技术咨询、技术转让、技术服务，实业投资；进出口贸易。

通讯地址：广西壮族自治区南宁市民族大道 141 号中鼎万象东方。

2017 年基本数据表

表 119

主要产品产能	资产总额 / 亿元	负债率 /%	员工总数 / 人	平均年龄 / 岁	学历结构 / 人	
稀土分离年产能 9000 吨	17.73	39.45	1013	39	中专及以下	636
稀土矿山产能 1000 吨					大学专科	173
稀土抢救性回收产能 2250 吨					大学本科	182
永磁产品年产能 2000 吨					硕士及以上	23

二、组织机构

（一）领导班子

李　兵　董事长、党委书记

杜栋斌　总经理

蒙利溢　党委副书记、纪委书记、工会主席

姚　石　财务总监

娄战荒　副总经理

梅　毅　副总经理

（二）机构设置

机关部室：综合管理部（董事会秘书室）、党委工作部（纪检监察审计部）、财务部、生产管理部（安全环保部）、科技部。

全资企业：中铝广西有色稀土贸易公司。

控股企业：中铝广西有色金源稀土有限公司（持股55%）、江苏省国盛稀土有限公司（持股80%）、中铝广西国盛稀土开发有限公司（持股96.55%）、中铝广西有色崇左稀土开发有限公司（持股60%）、中铝广西贺州稀土开发有限公司（持股55%）、中铝广西梧州稀土开发有限公司（持股50%、中铝广西有色稀土贸易公司持5%）、中铝广西岑溪稀土开发有限公司（持股55%）、中铝广西玉林稀土开发有限公司（持股55%）。

参股企业：中铝广西方信环保新材料科技公司（持股34%）、腾冲中铝矿业开发有限公司（持股35%）。

三、生产经营

中铝广西稀土按照“把牢一条主线，巩固一个重点，寻求两大突破，实现一个覆盖，抓好一降一增”的“112111”生产经营思路，稀土矿和冶炼分离产量再创新高。

资源获取和矿权申办工作均取得突破：荔浦至玉林高速公路稀土资源抢救性回收项目获广西壮族自治区正式批复；藤县稀土资源抢救性回收项目获广西壮族自治区国土资源厅的“路条”；花山稀土采矿权申办获国土资源部同意划定矿区范围批复；广西壮族自治区政府向国土部呈两函，申请协议出让糯垌稀土矿采矿权和大青山稀土探矿权；积极获取东盟稀土资源，进口稀土矿4000多吨。

中铝广西稀土与岑溪市政府签署“岑溪市稀土废料综合利用项目”合作协议；与广西西骏新材料有限公司签订“稀土冶炼分离异地升级改造项目”合作协议；推进稀土冶炼分离项目二期工程建设；推进与韩国星林电子合作研发生产永磁电机项目和金源公司永磁产品提质扩产工作；崇左稀土保税仓建设基本完成。

主要指标表

表120

指标名称		2016年	2017年	同比增长/%
主要产品产量	1. 稀土矿产品 / 万吨	0.2487	0.2483	−0.16
	2. 稀土氧化物 / 万吨	0.2824	0.2855	1.09
	3. 稀土永磁材料 / 万吨	0.0564	0.0827	46.63
工业产值 / 亿元		12.14	15.59	28.41
销售收入 / 亿元		10.63	21.22	99.62
利润额 / 亿元		0.42	1.72	309.52
纳税额 / 亿元		0.97	2.05	111.34
净资产收益率 /%		4.04	13.57	—
产值劳动生产率 / 千元·人		1517.5	1538.99	—
人身伤亡事故 / 起		0	0	0
工亡人数 / 人		0	0	0
重伤人数 / 人		0	0	0
轻伤人数 / 人		0	0	0

四、重大发展项目

中铝广西稀土南宁研发中心项目：项目采用国内成熟先进的试验、分析检测设备，环保、节能、安全、卫生均符合国家规定。项目于2017年1月开工建设，年底基本建成。

建设广西国盛二期稀土分离生产线，在稀土中游产业增量方面推进产业升级，促进“质量变革”。

重大项目情况表

表 121

项目名称	设计规模/万吨	投资规模/万元	当年完成投资额/万元	年内项目建设形象进度
中铝广西稀土南宁研发中心	无	3801	3231	基本建成

五、企业管理

中铝广西稀土实施现场管理标准化建设，开展“安全、干净”班组竞赛、安全环保质量强基固本行动、质量月活动、百日劳动竞赛等，为提质增效夯实基础。

强化运营管控，借力问题清单工作，深入推进 90 项问题整改，全面提升管理水平。

中铝广西稀土落实安全环保责任制，强化安全培训教育，推动隐患排查治理的常态化和制度化，全年实现“零工亡事故、零环保事件”的目标。

严格落实承包商安全管理“七步法”“五必须”,铁腕整治相关方的“三违”现场、“习惯性”违章现象。

落实中国稀有稀土精益化管理的重要举措，推进“争创质量效益型工厂（矿山）”活动，实行一厂一策，一事一策，精准施策。

六、科技创新

2017 年，中铝广西稀土获批科研立项 29 个，其中国家级项目 1 项；获得授权专利 27 项。“精、小、细、特”新产品开发取得新突破，崇左矿山复杂地质条件离子型稀土矿镁盐浸取工业化实验顺利产矿；广西国盛通过生产线改造，成功生产出氯化镧结晶；江苏国盛磷酸二氢铝产品达到高纯级别，磷酸二氢钡一次性试产成功；金源稀土成功开发出型号为 48SH 的高性能永磁材料。

所属企业“自治区级稀土冶炼智能化工厂”“自治区级博士后创新基地”等科研平台相继建立；与崇左市共建的“广西—东盟（崇左）稀土研究院”成立。

2017 年科技创新数据表

表 122

科技创新投入/万元	申请专利/件	授权专利/件	科技人员占比/%
6121.92	28	27	18

七、深化改革

对内统筹谋划，坚持目标管理，强化责任落实。对外加强管理，包管结合，放管结合，不断提升综合管理效率。

实施人事体制机制创新，调动企业一线和机关普通员工的积极性，拓展纵向流动奋斗成才的渠道和机会。

八、党建与企业文化建设

中铝广西稀土深入学习贯彻中共十八大和十九大精神，落实集团党组关于全面从严治党一系列决策部署，签订了党建工作目标责任书，强化主体责任和监督责任的落实；规范党委会、中心组学习、政工月例会、季检查考评、半年和年度总结部署为重点的党建工作体系。推进党建入章程，党的领导成为公司治理的核心与引领力；设立中铝广西稀土党校，明确“一岗双责”清单，强化基层调研“五必谈”；开展“两带两创”活动，深化“两学一做”制度化常态化，“党组织带党员创效”23项，“党员带群众创新”24项。制定党风廉政建设工作要点，明确“12346”党风廉政建设工作思路；设立纪检监察审计部，借力政治巡视和问题清单，强化监督执纪。

九、履行社会责任

中铝广西稀土支持社区发展，回报地方政府和社区群众支持：在符合岗位要求的前提下，优先选聘当地群众，安排就业260余人。在组织勘探、开采和零星工程建设时，优先考虑当地群众，促进群众增收600余万元。持续优化原山浸取采矿新工艺，严守安全环保底线，实现资源有效保护和高效利用;设立社区关系代表，打造“亲朋式”和谐企地关系；引导矿区群众成立经联社，构筑矿企合作新模式。所属企业贺州稀土公司主动承担历史遗留的大丈塘采矿区复垦工作，新增耕地1.19公顷（93.70%）；改良1.27公顷土地土壤生态环境，培肥地力，矿区群众得到实惠。

十、重要记事

1月18日，中铝广西稀土召开会议，传达中铝集团一届五次职代会暨2017年工作会议、党风廉政建设和反腐败工作会议精神。

5月9日，中铝广西稀土与张洪杰院士合作的院士工作站获广西壮族自治区政府授牌。同时还获授“中铝业中央研究院稀土分院”。

7月26日，崇左市政府正式授予中铝广西稀土驻崇左企业广西—东盟（崇左）稀土研究院的牌匾。

8月2日，中铝广西稀土党委召开党员代表大会，组织第一届委员会委员补选工作。娄战荒，黄华勇、梅毅当选公司党委委员。

8月23日至26日，中铝广西稀土参加2017中国—东盟矿业合作论坛暨推介展示会。国土资源部副部长曹卫星、广西壮族自治区政府副主席黄伟京高度评价中铝广西稀土发展取得的成效。

10月28日，在第十四届梧州宝石节期间，中铝广西稀土与岑溪市政府、广西西骏新材料有限公司分别签订了“岑溪市稀土废料综合利用项目”和“稀土冶炼分离异地升级改造项目”协议。

11月10日，由国务院参事室、中国有色金属工业协会主办，中国稀有稀土股份有限公司、中国有色金属工业协会稀土分会承办的2017（第三届）全国稀土论坛在广西南宁召开。

11月16日，2017年度国家知识产权示范企业和国家知识产权优势企业评审结果揭晓，中铝广西稀土所属企业金源稀土公司等被评为国家知识产权优势企业。

撰稿/梁　健

中铝四川稀土有限公司

一、基本情况

中铝四川稀土有限公司（简称：中铝四川稀土）位于四川省凉山彝族自治州德昌县，于2014年4月8日成立。中铝四川稀土注册资本8000万元，由中国稀有稀土股份有限公司、乐山盛和稀土股份有限公司、德昌县多金属矿试验采选厂、北京有研稀土新材料股份有限公司、中国地质科学院矿产综合利用研究所5家获得指令计划的稀土矿山、研发、冶炼分离企业共同出资组建。

中铝四川稀土采用市场化运营原则，引进地方国企、民营企业等多种经济成分为，并积极推进下游应用产业。

中铝四川稀土积极承接国家部委和各级政府有关政策及计划指标，目前正和多家稀土矿山企业、冶炼分离企业洽谈合作。

截至2017年底，中铝四川稀土已参股羊房稀土矿和三岔河稀土矿，与四川省地质矿产勘查开发局合作开展德昌大陆槽稀土矿1号矿体项目，将乐山盛和、晨光稀土、西安西骏、德昌县多金属矿试验采选厂、冕里稀土、厚地稀土等企业生产总量控制计划纳入管理。

中铝四川稀土业务范围包括：稀土有色金属矿产品、冶炼分离产品、加工产品的研究、开发；稀有稀土贸易、相关设备的研发和销售；技术咨询、技术转让、技术服务；项目投资；进出口业务。

中铝四川稀土通讯地址：四川省凉山州德昌县德州镇西宁街西段41号（新天地商务酒店院内4楼）。

邮编：615500。

2017年基本数据表

表123

员工总数/人	平均年龄/岁	学历结构/人	
6	41	大学专科	1
		大学本科	3
		硕士	1
		博士	1

二、组织机构

（一）领导班子

贺海钧　董事长、

杨振海　总经理、党支部书记

王全根　总工程师（兼）

周继海　副总经理（兼）

张祖炫　财务总监

（二）机构设置

机关部室（2个）：综合部（人力资源、安全环保、营销）、财务部。

三、生产经营

中国稀有稀土、中铝四川稀土主动向工信部汇报四川整合思路及四川组建地方稀土集团动向，争取对四川工作的支持。同时，中铝四川稀土与四川省经信委、省投促局、德昌县、冕宁县等政府部门保持联络沟通，并积极与四川地矿局、盛和资源、川发展等四川相关企业协商，表达应由中国稀有稀土作为大集团主体牵头整合汉鑫矿业等稀土资源的意愿。

2017年，中铝四川稀土在稀土产业整合方面具体推动了以下项目：

（一）羊房稀土矿项目

中铝四川稀土负责人与冕宁县委县政府领导多次洽谈合作，并会同盛和资源与冕宁县政府签署战略合作框架协议，以促进冕宁县稀土整合及羊房稀土矿工作。

冕里稀土按照四川省环保督察和冕宁县委县政府要求，投入500万元开展安全环保整改工作。

冕里稀土完善申报材料，办理采矿权长延，正在省国土厅审批中。在中铝四川稀土推动下，冕里稀土负责人会同各股东方与四川子午线矿业咨询股份有限公司（以下简称子午线）洽谈羊房矿矿权扩界方案。羊房矿扩界方案已纳入冕宁县稀土矿权规划，并通过冕宁县上报省州主管部门。

（二）三岔河稀土矿项目

2017年3月，中铝四川稀土与冕宁矿业各相关股东深圳盛屯、源动力科技等签署投资协议书和章程，以现金100万元认购冕宁矿业5%股权。盛屯控股有限公司向中铝四川稀土签署承诺函，承诺中铝四川稀土每年获得不低于10%的投资收益。随后办理了冕宁矿业工商变更登记手续，中铝四川稀土正式成为冕宁矿业股东。

冕宁矿业拟先由大股东深圳盛屯借款开展业务，正在进行安全环保整改，投入资金500余万元并初步通过验收。此外，冕宁矿业已启动60万吨矿山开采扩证工作，并制订了恢复生产方案，随后将开展土地征用、选厂建设、尾矿库审批建设等工作。

（三）德昌大陆槽稀土矿1号矿体项目

中铝四川稀土与四川汉龙资产处置工作组、四川省经信委、四川地矿局、德昌县政府密切沟通，跟踪、参与汉鑫矿业处置和整合。

2017年10月，四川地矿局办理完汉鑫矿业和德昌多金属采选厂法人变更事宜，由汉龙变更为四川地矿局，正办理汉鑫矿业相关证照权益回归德昌多金属采选厂事宜，并与托管方盛和资源开展资产清算工作。

经中国稀有稀土、中铝四川稀土负责人与四川地矿局领导多次座谈沟通，四川地矿局已明确表态愿意和中国稀有稀土合作汉鑫矿业项目，正在完善合作方案。

（四）推动晨光稀土生产计划纳入中国稀有稀土管理

2017 年初，盛和资源和全南新资源向中国稀有稀土上报申请，希望将生产总量控制计划列入中国稀有稀土管理。中国稀有稀土、中铝四川稀土据此向工信部稀土办递交报告，并到稀土办汇报沟通，最终取得稀土办同意将全南新资源生产总量控制计划纳入中铝四川稀土管理。此后，中铝四川稀土除向全南新资源下达生产总量控制计划、协助办理行业准入，也积极与晨光稀土开展贸易合作。

四、党建纪检

中铝四川稀土于 2017 年 4 月 22 日召开第一次全体党员大会，选举产生了中共中铝四川稀土支部委员会。

6 月 30 日，党支部组织全体党员和入党积极分子赶赴四川省会理县中央红军长征会理会议纪念馆，让全体党员重温党和军队长征伟大精神。

启动党建工作制度建设工作，制定了《中铝四川稀土有限公司 2017 年思想政治工作要点和计划》《中铝四川稀土有限公司党支部三会一课制度》《中铝四川稀土有限公司党支部党费收缴、使用和管理办法》《中铝四川稀土有限公司党支部党风廉政建设工作制度》《中铝四川稀土有限公司党支部民主生活会制度》等 11 项制度。

认真抓好党风廉政建设和反腐倡廉工作，切实履行“一岗双责”，党支部与每一位党员都签订了《党风廉政建设责任书》，公司和每一位员工都签订了《廉洁从业承诺书》。

认真开展“两学一做”、“两带两创”学习教育活动，2017 年中铝四川稀土有限公司党支部共计设立《党支部带领全体党员创效益》《党员带群众创新》2 个项目，按照党员所在岗位的职责和分工，自上而下进行任务分解，明确创效目标，效果显著。

10 月 18 日，中铝四川稀土党支部组织全体党员收看中共十九大的会议实况转播，之后及时下发了《中铝四川稀土党支部关于学习宣传贯彻中共十九大精神计划安排》，全体党员和入党积极分子迅速掀起了学习贯彻落实中共十九大精神的热潮。

在企业章程中已增加“党组织及党的工作机构”，并已建立“双向进入、交叉任职”领导体制。

五、社会责任

中铝四川稀土党支部兼管的银峰矿业，是中国稀有稀土 2013 年 4 月起控股的钨矿山企业。地处四川省甘孜州康定市贡嘎山乡，海拔 4200 多米，地理位置偏僻，气候变化无常，高原氧气稀薄，甚至没有通信及网络信号，电站及矿部还常有野兽出没。中铝四川稀土克服自然条件差等困难，积极做好员工队伍稳定、维护地区安全，构建和谐的内外发展环境。

1.2017 年银峰矿业新管理层多次到矿

部、水电站现场慰问，并和留守员工促膝谈心，建立并实施了岗位绩效考核制度，全面排查了矿部和电站的安全隐患。

2. 2017 年上交康定市公安机关银峰矿业原私人股东控股方历史遗留的全部雷管和爆破管共计 3299 枚，消除了矿部存在的长期安全隐患，维护当地藏区的安全稳定。

3. 员工们利用矿部废旧钢材，修复电站旁边的简易桥梁。附近藏族群众看到后，主动送来钢材等资源，参与一起修桥。这座简易桥被当地藏族村民称为友谊之桥、团结之桥。

六、重要记事

3 月 30 日，中铝四川稀土与冕宁矿业各相关股东深圳盛屯、源动力科技等签署投资协议书和章程，以现金 100 万元认购冕宁矿业 5% 股权。中铝四川稀土正式成为冕宁矿业股东。

4 月 22 日，中铝四川稀土召开全体党员大会，选举党支部委员。

5 月 23 日，中铝四川稀土召开第一届董事会第九次会议和第一次股东会议。

6 月 30 日，中铝四川稀土党支部组织党员前往红军长征四川省会理纪念馆学习、重温伟大的长征精神。

撰稿 / 吴　磊

核稿 / 杨振海

中铝山东依诺威强磁材料有限公司

一、基本情况

中铝山东依诺威强磁材料有限公司（简称中铝依诺威）为国有控股有限责任公司，成立于2015年12月，注册资本5000万元，由中国稀有稀土股份有限公司（控股51%）和山东依诺威强磁材料有限公司（参股49%）共同出资。

中铝依诺威前身是山东依诺威强磁材料有限公司，山东依诺威强磁材料有限公司成立于2005年4月，2015年12月中国稀有稀土股份有限公司与山东依诺威强磁材料有限公司签订了合资合作协议，企业更名为中铝山东依诺威强磁材料有限公司。

中铝依诺威下设两个车间、四个部室和一个技术检测中心，拥有17项国家专利，1项省著名商标，高性能烧结钕铁硼磁体制造技术借鉴了国家863计划项目成果及德国VAC、日本日立金属等公司的先进技术，达到了世界先进、国内领先水平。

中铝依诺威主要生产和经营烧结钕铁硼永磁材料及器件，兼营钐钴、铝镍钴、铁氧体等磁体产品，年产能1000吨。

通讯地址：山东省肥城市高新技术产业开发区工业三路311号。

2017年基本数据表

表124

主要产品产能	资产总额/亿元	负债率/%	员工总数/人	平均年龄/岁	学历结构/人	
高性能钕铁硼强磁材料，年产能1000吨	1.20	56.32	77	38	中专及以下	59
					大学专科	9
					大学本科	8
					硕士及以上	1

二、组织机构

（一）领导班子

刘建军　董事长

张书凯　总经理

李山祥　副总经理

黄秀启　副总经理

郝　鑫　副总经理

华秋生　财务总监

（二）机构设置

部室：生产部、营销部、财务部、综合部。

车间：一车间、二车间。

三、生产经营

2017年，中铝依诺威围绕年度目标任务，压实责任，落实措施，狠抓各项重点工作落实，全年完成产量506吨，销量476吨。主要工作如下：

成立品管科，加强了生产过程品质监督管控。聘请了资深质量管理专家对质量工作进行了指导，完善了质量管理标准、机制。进一步优化作业流程，严格工艺纪律、过程控制。

通过产品结构调整，全年前3家客户订单量达到订单总量的65%，前5家达到80%。

稳定并发展有发展前景的大客户，在高端手机、伺服电机、高端扬声器上扩大了业务规模。培育大客户，对有发展前景的市场进行定向开发。控制低端产量，维持在25%以下。

主要指标表

表 125

指标名称		2016年	2017年	同比增长/%
主要产品产量	钕铁硼磁性材料/万吨	0.02	0.05	117.2
工业产值/亿元		0.35	0.75	117.1
销售收入/亿元		0.32	1.27	298.7
利润额/亿元		0.02	0.02	持平
纳税额/亿元		0.002	0.01	515.8
净资产收益率/%		2.36%	1.87%	—
产值劳动生产率/千元·人		469.71	977.14	—
人身伤亡事故/起		0	0	持平
工亡人数/人		0	0	持平
重伤人数/人		0	0	持平
轻伤人数/人		0	0	持平

四、企业管理

（一）风险管控

内控管理：定期对管理流程进行测试，完善了内控管理制度和业务流程。2017年修改制度4项，新制定制度13项。

精准管理和标准化管理：开展劳动竞赛和“精准辨识、消除浪费”活动，推进“6S”管理、目视化管理、定置定位管理。

问题清单整改：开展问题自查，确定问题55项，撰写了重点问题整改决议，分别制定了部门整改责任书、个人整改承诺书。坚持边查边改、立查立改，2017年整改完成各类问题32项。

安全环保质量管理：加强安全管理体系、环境管理体系及安全标准化建设，实现了制度到位、责任到人。定期开展环保自查，严格整改处理各类问题。开展了质量月活动。

强基固本行动：召开强基固本行动动员会。全年组织两次安全环保检查，查处问题 42 条。开展清理整顿承包商行动，推进“安全、干净”班组竞赛活动。按照“四上四下”要求，基本确定了安全、环保、质量问题清单。

五、科技创新

1. 制定实施了《科技研发项目管理办法》，申报了专利 9 项，收到专利证书 9 项。申报 QC 成果 5 项、有色金属工业协会 QC 成果 1 项。完成了关键工艺优化 2 项、关键技术改进 2 项、新产品开发 3 项、小改小革 3 项、成果转化 2 项、内部科研项目 2 项。

2. 与广西金源合作申报了中铝基金项目，申请资金 170 万元；2017 年争取各类补贴 140 万元。合作推进了新产品研发，已完成部分样品试制。与江苏稀土和中科院宁波材料所开展了高丰度混合稀土（Ce/Y）永磁材料关键制备技术研发课题合作。

3. 完成省级著名商标变更，泰安市产业技术研究院获得批准成立，中铝依诺威被评为山东省电子信息产业最具发展潜力企业。

2017 年，中铝依诺威 QC 小组获评有色金属工业优秀质量管理小组和山东省电子信息产业最具发展潜力企业。

2017 年科技创新数据表

表 126

科技创新投入 / 万元	申请专利 / 件	授权专利 / 件	科技人员占比 /%
209	9	9	13

六、深化改革

市场化改革：探索市场开发新模式，成立了深圳联络处和宁波联络处，实现了产品批量供货。探索了磁体 + 组件联动模式，研发并生产钕铁硼磁组件产品——自动除铁器已供应客户使用，并纳入中铝公司采购目录。

对外合作：组建外贸团队，并利用阿里巴巴国际站等平台积极开展外贸业务。与日本东洋电机公司达成合作协议，并通过了日方现场审核和样品及样机测试，订单实现正常供货。加强与大型外贸企业的商务合作，积极开拓国外市场。

七、党建与企业文化建设

2017 年，中铝依诺威严格落实中铝党组、中国稀有稀土党委的要求和部署，加强党的建设、群团建设、企业文化建设等工作。

落实党建责任。认真贯彻落实党支部研究讨论是董事会、经理层决策重大问题前置程序的规定要求，将党建工作要求纳入了公司章程。制定年度党建工作计划，定期专题研究党建工作。制定《党建工作责任制实施细则》，落实党建“一岗双责”责任清单。

三大作风建设。成立了中铝依诺威党支部，选举第一届支委会。组织召开了党员大会，传达学习贯彻落实中共十九大会议精神。加强中心组学习,利用“三会一课”加强学习，所有党员记录学习笔记，撰写心得体会。深化“三型”党组织创建，开展“两带两创”活动。年内组织召开两次组织生活会和两次警示教育大会。

企业文化建设。成立工会组织，开展各类工会活动。利用各种媒体和渠道，加大企业品牌和形象的正面宣传力度。完善企业文化手册，开展企业文化宣贯和主题活动。2017 年继续保持“肥城市精神文明建设先进单位”称号。

八、履行社会责任

组织治理：建立了战略、审计、提名、薪酬与考核等专业委员会，制定了具体实施细则，全面开展了相关工作。

关爱员工：每年组织员工职业健康查体，为员工提供劳保用品，对婚丧嫁娶的员工进行看望慰问，为必要的工序安装空调降温。

九、重要记事

6 月，中铝依诺威与日本东洋电机公司达成合作协议，8 月份成功验厂。

7 月，中铝依诺威党支部正式成立。

12 月，中铝依诺威工会正式成立。

撰稿 / 毕京平

审核 / 黄秀启

中稀国际贸易有限公司

一、基本情况

中稀国际贸易有限公司（简称中稀国贸）于2015年10月注册于天津自贸试验区（东疆港保税区），注册资金5000万元，是中国稀有稀土股份有限公司的全资子公司。

主要经营：稀土氧化物、碳酸稀土、氯化稀土、混合稀土金属、稀土合金、磁材、催化剂等。

通讯地址：天津市滨海新区三大街滨海金融街W2AB-4层。

2017年基本数据表

表127

资产总额 / 亿元	负债率 /%	员工总数 / 人	平均年龄 / 岁	学历结构 / 人	
2.01	0.73	10	41.3	中专及以下	0
				大学专科	0
				大学本科	8
				硕士及以上	2

二、组织机构

（一）领导班子

柴建国　副总经理（主持工作）

曾　麓　财务总监

（二）机构设置

业务部、财务部、综合部。

三、生产经营

2017年，中稀国贸实现营业收入13.7亿元，其中，稀土业务1.45亿元，占10.58%；稀有金属业务1.97亿元，占14.37%；锌精矿、铜、铝等其他业务10.28亿元，占75.05%。新增加了四氧化三钴、氧化铕、铝钪合金、煤炭、页岩油、碳素阳极等贸易品种。

5 月，中稀国贸主导了国储中心第四次稀土氧化物招标工作，共成交稀土产品 106 吨，金额约 1.06 亿元。

主要指标表

表 128

指标名称	2016 年	2017 年	同比增长 /%
销售收入 / 亿元	10.54	13.7	29.98
利润额 / 亿元	0.02	0.44	21
纳税额 / 亿元	0.01	0.15	14
净资产收益率 /%	8.07	6.34	—
人身伤亡事故 / 起	0	0	0
工亡人数 / 人	0	0	0
重伤人数 / 人	0	0	0
轻伤人数 / 人	0	0	0

四、深化改革

通过问题清单梳理和上市内控体系建设要求，结合中稀国贸实际经营需要，2017 年共新建和修订了《三重一大管理办法》等管理制度 16 项。

五、党建与企业文化建设

2017 年，中稀国贸坚持把党建工作和经营工作同谋划、同部署，全面推进从严管党治党。

2017 年，经中国稀有稀土股份有限公司党委批准同意，中稀国贸党支部正式成立。选举产生第一届支部委员会和支部书记，建立健全支部各项工作制度。

中稀国贸有 5 名正式党员。2017 年，中稀国贸将党的组织建设写入了公司章程。

六、重要记事

3 月，中稀国贸党支部成立。

撰稿 / 陈宇桐

中铝国际工程股份有限公司

一、基本情况

中铝国际工程股份有限公司（简称中铝国际）前身为中铝国际工程有限责任公司，于2003年11月6日经中国铝业公司批准组建，同年12月16日，经国家工商行政管理总局批准注册成立。

2017年10月，中铝国际按协议方式收购中铝山东工程技术有限公司60%股权。

2017年10月，中铝国际按协议方式收购中国有色金属工业昆明勘察设计研究院有限公司。

中铝国际拥有国家对外工程承包经营资格证书、冶金行业工程设计甲级证书以及市政、环境工程等咨询甲级证书，主要从事国内外有色金属或与有色金属有关的工程规划、咨询、勘察、设计、监理、工程总承包、装备制造、技术服务、进出口等业务，是我国有色金属行业领先的技术、工程服务与设备供应商。

中铝国际业务涉及多个行业，范围覆盖30个省（自治区、直辖市），多次荣获优秀工程勘察和优秀工程设计金奖、银奖、铜奖，以及工程建设鲁班奖。

2017年基本数据表

表129

资产总额/亿元	负债率/%	员工总数/人	平均年龄/岁	学历结构/人	
455	73.6	13284	46	中专及以下	3731
				大学专科	3865
				大学本科	7510
				硕士	1297
				博士及以上	26

二、组织机构

（一）领导班子

贺志辉　党委书记、董事长

宗小平　党委副书记、总裁

吴志刚　副总裁

畅耀民　副总裁

马　宁　副总裁（任职时间至 2017 年 10 月 31 日）

贺斌聪　纪委书记、工会主席

张　建　财务总监

（二）机构设置

机关部室：董事会办公室、总裁办公室、人力资源部（党群工作部）、纪检监察审计部、财务部、国内业务部、国际业务部、科技管理部、企业管理部、工程管理部（安全环保健康部）。

二级单位：沈阳铝镁设计研究院有限公司、贵阳铝镁设计研究院有限公司、长沙有色冶金设计研究院有限公司、中色科技股份有限公司、中国有色金属长沙勘察设计研究院有限公司、中国有色金属工业第六冶金建设有限公司、中国有色金属工业第九冶金建设有限公司、中色十二冶金建设有限公司、中铝长城建设有限公司、中铝国际（天津）建设有限公司、中国有色金属工业昆明勘察设计研究院有限公司、中铝山东工程技术有限公司、中铝国际技术发展有限公司、中铝国际工程设备有限公司、北京紫宸投资发展有限公司、中铝国际铝材科技产业有限公司、中铝国际香港有限公司。

三、生产经营

业务转型卓有成效。中铝国际重点关注地方政府保障房和市政交通基础设施 PPP 项目等“投融建”业务的市场开发，在业务转型上实现大突破。

市场布局集中优化。中铝国际印发了《关于加强国内市场管理的指导意见》，成立了雄安片区、西南片区、内蒙古片区和长三角片区 4 个重点片区经营团队。

海外市场逐步推进。2017 年，中铝国际利用电解节能技术，积极拓展印度和印尼等国家的电解铝存量市场。

工程用铝全面铺开。中铝国际重点打造以全铝天桥为重点的绿色城市产品。在北京、甘肃、呼和浩特、福州等多地承建了 8 座全铝天桥，其中，东单、崇文门全铝人行天桥是目前国内单跨最大的铝合金天桥。

主要指标表

表 130

指标名称	2016 年	2017 年	同比增长 /%
工业总产值 / 亿元	269.7	22%	360.7
销售收入 / 亿元	13.6	41%	10.4
利润额 / 亿元	11.2	45%	8.2
所有者权益 / 亿元	140	34%	121.3
纳税额 / 亿元	8.9	19%	9.19
净资产收益率 /%	12.90%	59%	7.56
产值劳动生产率 / 千元・人	—	—	—
人身伤亡事故 / 起	—	—	—

续表 130

指标名称	2016 年	2017 年	同比增长 /%
工亡人数 / 人	—	—	—
重伤人数 / 人	—	—	—
轻伤人数 / 人	—	—	—

四、板块建设

（一）运营管理

两大企业顺利“回归”。2017 年，为配合中铝国际 A 股回归，加快工程板块做大做强步伐，下半年如期完成了对昆勘院和山东工程的并购任务。

资质申报取得进展。本部综合甲级资质申报已正式启动，预计 2018 年上半年能将资料递交北京市规委审核。

“瘦身健体”如期完成。2017 年，中铝国际完成所有 5 级企业管理层级的提升，三供一业全年签署“三供一业”协议 31 项，“压减”法人户数 21 户，圆满完成了中铝集团下达的压减任务。

装备制造复苏加快。2017 年，中铝国际装备制造板块合同、收入、利润同比均创出新高，标志着公司制造板块复苏态势进一步加快。

（二）重大项目进展

重点项目履约可控。中铝国际承揽的几个中铝集团系统内项目，在主体材料大幅涨价、业主资金不能及时到位的情况下，确保了项目如期推进。普朗铜矿项目顺利投产，遵义电解铝项目提前交付使用，贵铝项目和华磊项目顺利通电，东南铜项目整体按计划实施。中润项目在施工条件异常艰苦的条件下，中铝国际班子成员带头长期驻守现场，靠前指挥，发扬“钉钉子”精神，于 11 月 23 日实现了供电区送电。

品牌建设初见成效。中铝国际逐步形成了“打造中铝国际品牌、争创金奖标杆项目”的良好氛围，承建的华磊项目和东南铜项目在“2017 年全国有色金属工业创精品工程现场观摩会”上获行业好评，树立了公司的良好形象，也推动了中铝国际项目管理水平的提高。

（三）安全管理

安全生产常抓不懈。按照中铝集团关于开展安全环保质量“全面大动员、全面大清查、全面大整改”强基固本行动要求，中铝国际制订了专项行动方案。加强了施工现场的安全隐患排查治理力度，全面推进施工现场安全管理标准化工作。全年，中铝国际组织了 3 次抽样安全大检查，提出 39 项隐患整改清单和 289 项整改要求，并按期完成了整改，中铝国际安全生产形势总体平稳。

（四）其他工作亮点

科技进步继续保持行业领先。全年公司有 11 项科研成果通过行业协会等有关部门组织的成果评定，获有色协会省部级科学技术一、二、三等奖各 3 项。全年申报国内专利 286 件，国际专利 10 件，其中国内发明 124 项；获得国内授权专利 246 项，其中发明 137 项，获得境外授权专利 9 项，获得部级工法 23 项，在有色行业继续处于领先地位。

电商平台实现全覆盖。公司完善了采购流程，并配合中铝集团开展产品内部交易；招标公司的成立进一步完善了中铝集团招投标管理体系，全年共有46家企业的83个项目298个标包开标，1064家单位参加投标，中铝集团内部资源得到有效整合，集中管理优势得到发挥。

五、重要记事

1月15日，中铝国际二届一次职代会暨2017年工作会、党风廉政建设和反腐败工作会议在本部召开。会议学习贯彻落实中铝公司2017年工作会议精神，回顾总结2016年工作，并对2017年工作进行安排部署。中铝公司党组书记、董事长葛红林向中铝国际发送贺信，中铝公司党组成员、副总经理张程忠，中铝公司总裁助理，中铝国际党委书记、董事长贺志辉，公司领导班子，昆勘院院长赵志锐、党委书记袁小军，中铝南铝铝结构技术开发有限公司总经理葛永梅、副总经理刘振贵和袁方出席会议。中铝公司有关部门负责人、成员企业主要负责人、职工代表、拓展工程用铝做出突出贡献的代表、总部高级业务经理及以上干部以及特邀代表共110余多人参加了会议。

3月22日，中铝国际在香港举行2016年度业绩发布会。公司总裁、党委副书记宗小平，财务总监张建，总裁助理翟峰在发布会上向出席会议的50多位投资者和分析师详细介绍了公司概况、2016年经营情况和财务业绩、2017年市场形势和业务展望等。会上，公司路演团队同与会嘉宾就公司A股发行计划、民建项目获取、净利润和财务成本等方面进行了热烈交流，投资者对公司在有色金属行业供应过剩的形势下依然保持稳健的发展态势和经营状况给予了肯定。

6月13日，在2017南亚东南亚国家商品展暨投资贸易洽谈会上，中铝国际和云南省公路投资公司签订了永胜至宁蒗高速、宾川至南涧、大理至漾濞至云龙、南涧至景东、老挝磨丁至会晒等5条国内外高速公路建设的框架协议。公司党委副书记、总裁宗小平和云南省公路投资公司党委副书记、总经理张从明分别代表双方签署协议。

7月3—6日，国有重点大型企业监事会主席李志群一行到委内瑞拉分公司调研，在项目现场听取了委内瑞拉分公司关于《问题清单》情况汇报。李志群主席对委内瑞拉分公司执行项目的收款进度表示满意，对项目风险控制意识给予肯定，并就《问题清单》梳理提出具体要求。中铝公司党组成员、副总经理刘建平，中铝国际总裁、党委副书记宗小平陪同调研。

7月19日，在中铝财务公司的支持下，公司通过光大银行成功发行15亿元超短期融资券，本期债券发行获得市场超4倍认购，发行率4.7%，同比期首钢股份（AAA评级）发行的同类产品低0.02个百分点。在当前债券市场融资成本居高不下的市场行情下，通过对债市的准确把握，抓住有利机会，有效降低了公司融资成本。

7月28日，由中国建筑业协会主办的建筑业“双200强”企业结果公示，中铝国际在竞争力200强企业中排行第38位，九冶在成长性200强企业中排行第6位。

8月，由中国建筑业协会组织评选的2016年度中国建筑业双200强企业评价结果正式公布，中铝国际入围2016年度中国建筑业竞争力200强企业名单，名列第37位，九冶入围2016年度中国建筑业成长力力200强企业名单，名列第6位。

是月，由美国《工程新闻记录》(ENR)评选的2016年度“全球最大250家承包商”和“国际最大250家承包商”出炉。“全球最大250家承包商”以总承包企业的全球营业总收入为排名依据，重在体现总承包的综合实力。中铝国际入围，并位列第121位，国内企业排名第31位。“国际最大250家承包商”的排名则依据总承包企业在本土以外的海外工程业务总收入，重在体现总承包企业的国际业务拓展实力。中铝国际排名245位，国内企业排名第65位。

9月6日，中铝招标有限公司在北京正式成立。中铝公司党组书记、董事长葛红林，中铝公司党组副书记、总经理余德辉共同为新公司成立揭牌。中铝公司党组成员、副总经理张程忠受葛红林、余德辉委托代表中铝公司党组致辞。中铝公司总经理助理，中铝国际党委书记、董事长贺志辉主持揭牌仪式。中铝公司各部门负责人及各板块相关部门负责人与中铝国际干部员工100余人参加了揭牌仪式。

12月8日，中铝国际研发的铝合金结构人行天桥参加北京2017年国际创新创业博览会，并荣获“年度双创示范奖”“职工双创示范奖”。

12月28日，中铝国际承建的北京长安街东单和崇文门两座铝合金天桥吊装成功，东单铝合金天桥长58.16米，被专家论证为目前国内铝天桥跨度最大的。两桥体采用简支梁铝合金桁架拱形结构，主桥、梯道、连接板等部位8000余件构件，全部由六冶在郑州生产并在现场装配。新天桥预计2018年1月下旬投入使用。

撰稿/张　婷

审核/任　云

沈阳铝镁设计研究院有限公司

一、基本情况

沈阳铝镁设计研究院有限公司（下称沈阳院）成立于1951年，是我国最早建立的有色行业大型综合性甲级设计研究单位之一，是全国勘察设计综合实力百强单位、国家级“守合同、重信用”单位、辽宁省首批科技型企业。沈阳院本部位于辽宁省沈阳市。

沈阳院业务范围广泛，专业齐全，能够全方位满足国内外工程项目的合作需求。业务领域包括有色冶金、建筑工程、市政公用和环境保护等；业务范围涵盖规划、技术咨询、可行性研究、设计与科研、工程总承包和监理等。

沈阳院长期致力于氧化铝、电解铝及其他轻金属工程设计和工艺技术的研究与开发，总体技术处于国内领先、国际先进水平，拥有自己的工程技术中心、研发中心及产业化基地，建立了完善的工程公司信息化系统，建立了国际先进的工艺设计、工程设计平台和工程数据库。

通讯地址：沈阳市和平区和平北大街184号。

邮政编码：110001。

2017年基本数据表

表131

资产总额/亿元	负债率/%	员工总数/人	平均年龄/岁	学历结构/人	
20.13	57.01	657	41.7	中专及以下	56
				大学专科	83
				大学本科	325
				硕士及以上	193

二、组织机构

（一）领导班子

刘　敬　党委书记、执行董事

阮左正　总经理、党委副书记

王　巍　副总经理（2017 年 1 月离任）

杨晓东　副总经理、总工程师（2017 年 7 月离任）

姜跃华　副总经理、总工程师

康顺起　党委副书记、纪委书记

周凤禄　副总经理

周东方　副总经理（2017 年 7 月始任）

朱佳明　副总经理（2017 年 7 月始任）

（二）机构设置

职能部门：项目管理部、专家办公室、国内业务部、国际业务部、民用业务部、科技管理部、企业管理部、安全环保健康部、总经理办公室、督办工作部、财务部、纪检监察审计部、人力资源部、党委工作部、工会。

生产科室：氧化铝室、电解铝室、电力自动化室、土建室、公用工程室、工程经济室、工程技术中心、康加陆建筑设计事务所。

二级公司：沈阳博宇科技有限责任公司、沈阳铝镁科技有限公司、沈阳铝镁设计研究院建设监理有限公司、北京华宇天控科技有限公司。

三、生产经营

在国内增量市场，沈阳院签订了索通齐力、山东创新、广西强强、内蒙古通顺等炭素项目，获得增量炭素项目绝大部分市场份额；签订了东方希望三门峡氧化铝扩建项目设计合同，签订了包头高精铝项目设计合同，还签订了中碳能源 EPC 总承包合同。在国内存量市场，先后中标国电投山西氧化铝、中州分公司氧化铝系统改造总承包项目，签订了贵州广铝焙烧炉、山西信发焙烧炉及山西新材料有限公司辊压机原料磨改造项目等总承包合同。

在国际市场，沈阳院签署了南非罐式炉设计及设备材料供货合同，实现第一个罐式炉技术的出口；同土耳其 ETI 铝业公司签订了新型阴极浇铸及设备供货合同，实现土耳其市场的持续开发；成功签订实施中铝印尼氧化铝项目可研合同，为印尼市场的后续开发奠定了坚实的基础。

在民用市场，沈阳院获得首个铝天桥设计合同：甘肃张掖铝天桥项目，完成哈尔滨四座铝天桥的技术设计和可研工作。

在工程用铝方面，沈阳院持续提高工程用铝科技含量，铝合金流态化冷却器在孝义信发铝厂产业化实施，电解残极冷却箱在霍煤鸿骏现场安装完成。

2017 年主要生产经营指标表

表 132

指标名称	2016 年	2017 年	同比增长 /%
销售收入 / 亿元	6.62	24.29	267.16
利润额 / 亿元	0.76	0.49	−35.44
纳税额 / 亿元	0.31	0.42	35.48
净资产收益率 /%	8.28	5.06	—

四、企业管理

2017年，沈阳院通过落实安全责任，夯实安全管理基础，强化施工现场安全管理，加强安全检查，开展强基固本行动等一系列工作，推动安全形势稳步提升。

沈阳院开展问题清单专项工作，逐单位逐条梳理问题清单内容，通过反复查找完善，共梳理出96个问题，形成9个重点问题的整改决议，实现问题全穿透。

沈阳院发布2017版沈阳院标准144项，完成质量、环境和职业健康安全的新版转版工作，通过方圆标志认证集团外审。围绕标准化、模块化、三维协同设计，统一规划共实施业务建设44项，做到由点及面，实现系统化、系列化。以技术标准化为手段，实现工艺技术引领，发挥“标准化+”效应。

五、科技创新

2017年，沈阳院首次被评为国家知识产权示范单位，1名员工被评为全国企业知识产权先进个人。

沈阳院申报的国家重点研发项目“有色金属冶炼烟气多污染物协同控制技术项目”，获得国家科技部立项。申报的“智能制造综合标准化与新模式应用”项目，经国家工信部批复立项，是目前面向铝行业唯一的智能工厂标准化项目。

沈阳院率先建立数据远程诊断及服务中心，同连城分公司建成联通专线，实现数据同步更新，通过提供数据诊断和指标优化服务，连城分公司试验电解槽指标持续好转。

在氧化铝智能化方面，开发了区域智能优化控制系统及氧化铝生产智能决策系统，开始在中铝华兴和孝义信发推广应用。在铝电解智能化方面，与新松机器人公司共同研发铝锭自动转运装卸系统，实现铝锭的自动化转运和物流的精益管理。

2017年科技创新数据表

表133

科技创新投入/万元	申请专利/件	授权专利/件	科技人员占比/%
3550.21	47	44	59.38

六、深化改革

2017年，沈阳院实施《骨干员工薪酬激励办法》，通过综合考评和薪酬调整，实现收入同能力和贡献相匹配；实施《中层管理人员年度考核办法》，提升干部工作状态；在绩效考核方面，突出关键指标，实行各部门年度重点工作“上墙”公示。

为调动技术团队研发和营销的积极性，实施组织模式创新，成立炭素环保事业部，签订了连城铝厂RTO项目合同、南非项目材料和控制系统合同。事业部制改革打开了体制改革的突破口，多个部门、二级公司开始进行事业部制改革。

沈阳院根据企业法人户数压减工作要求，完成物业公司、世纪华通的注销工作。针对沈阳金纳公司的情况，果断做“减法”，完成金纳公司股权转让工作，为沈阳院整体持续健康发展打下了坚实的基础。

七、党建与企业文化建设

2017年，沈阳院推进“两带两创”活动，落实“两学一做”常态化制度化、“三会一课”制度，实现了党建工作与企业发展互融共进、互相促进。

开展党建工作问题清单梳理，强化管党治党领导力量建设，召开党员代表大会，增补选举1名纪委委员、2名党委委员。完成本部和4个二级公司党建工作进入企业章程工作，把企业党建工作内嵌到企业治理结构之中。

党委切实履行党风廉政建设主体责任，切实履行“一岗双责”，以上率下，示范引领，对违反中央八项规定精神的，从严执纪问责，为公司改革发展、转型升级提供坚强的政治保证和纪律保障。

2017年，沈阳院承办了中铝集团“创新创意”东部片区复赛，组织参赛作品23个，荣获中铝集团公司决赛二等奖1个、优秀奖1个，组织参加中铝集团工会电解槽盖板设计大赛，获得三等奖。开展“安全、干净”班组竞赛、“比学赶帮超”活动，“创新赢得未来”演讲比赛、“传家训，立家规，扬家风”活动，拍摄中央企业青年文明号“通风组事迹”微视频。

八、社会责任

2017年，沈阳院针对电解铝、炭素厂开发实施了一批重大环保技术改造项目，主要包括索通发展28万吨焙烧炉烟气净化采用蓄热式焚烧炉+NID半干法脱硫系统，处理焙烧炉中二氧化硫、氟化物和沥青烟；连城铝厂500千安焙烧烟气循环流化床半干法脱硫，处理烟气中的二氧化硫和氟化物。

沈阳院开展“三八”国际妇女节系列活动，购买安康保险、赠送图书、礼品、观看电影；增加职工活动室活动设施，新设立离退休职工二经阅览室。

2017年，沈阳院共有544名员工在解放军第二〇二医院体检中心进行了年度身体健康检查。

九、重要记事

1月11日，沈阳院通过2017年辽宁省第一批高新技术企业认定。

5月12日，中铝公司中央研究院沈阳分院举行揭牌仪式。

6月13日，沈阳院《最大氧化铝节能焙烧炉的诞生》荣获中铝公司首届降碳节能十大优秀案例。

6月23日，沈阳院与国电投山西铝业有限公司签订国家电投集团山西铝业挖潜改造EPC总承包合同。

6月26日，沈阳院省级工程技术研究中心通过验收，予以正式命名“辽宁省轻金属冶炼工程技术中心”正式挂牌运行。

6月，沈阳院“大型高效节能阳极焙烧炉及系统控制开发与应用”项目经中国有色金属工业协会组织的科技成果评价整体技术达到国际领先水平。

7 月，沈阳院公用工程室给排水组喜获中央企业团工委授予的“2015—2016 年度中央企业青年文明号”称号；通风组获得“2016 年度中国铝业公司青年文明号”称号。

7 月，沈阳院于欢荣获中国铝业集团团委颁发“中国铝业公司优秀共青团干部”荣誉称号。

8 月 23 日，沈阳院与爱森（中国）絮凝剂有限公司合作“沉降及絮凝及应用研究联合实验室”在沈阳院举行揭牌仪式。

9 月 12 日，沈阳院投资参股的国内单体最大的煅后焦项目——中国铝业煅后焦基地山东沂兴碳素新材料有限公司一起 60 万吨 1 号煅烧炉，成功点火烘炉。

10 月，沈阳院正式被沈阳市经济和信息委授予市级企业技术中心牌匾；市级企业技术中心证实在沈阳院挂牌运行。

10 月 20 日，沈阳院与大连重工、起重集团签订战略合作协议。

10 月 22—27 日，沈阳院党委书记刘敬陪同中铝集团党组成员、副总经理卢东亮赴印度尼西亚，出席中铝印尼氧化铝项目银行及可行性研究报告合同签约仪式。

10 月 26 日，沈阳院与土耳其 ETI 铝业公司成功签订《新型阴极浇铸及设备供货合同》，这是沈阳院最新技术应用于 ETI 铝业电解生产线的又一次成功合作。

11 月 2 日，沈阳院 EPC 总承包的越南仁基氧化铝项目顺利通过业主性能考核验收。

11 月 10 日，中铝集团董事长葛红林赴沈阳院 EPC 总承包的越南仁基氧化铝项目调研。

12 月，沈阳院被国家知识产权局评定为 2017 年度国家知识产权示范企业；周东方被评选为 2016 年度企业知识产权工作先进个人。

12 月 1 日，在中铝集团工会、团委举办，中铝国际承办的“首届创新创意大赛”决赛中，沈阳院《超低能耗 HZG 系列搅拌装置》获得二等奖；《新型、高效流态化冷却器》获得优秀奖。

12 月 6 日，沈阳院设计的聊城信源电解铝项目、EPC 总承包的越南林同氧化铝项目同时获部级优秀咨询成果一等奖。

撰稿 / 曹丽娜

审稿 / 于　祥

贵阳铝镁设计研究院有限公司

一、基本情况

贵阳铝镁设计研究院有限公司（简称贵阳院）成立于1958年，隶属于中国铝业集团有限公司，是中铝国际工程股份有限公司的成员企业，是我国最具实力的轻金属冶炼设计科研单位之一，拥有国家铝镁电解装备工程技术研究中心、博士后工作站、国家企业技术中心，是本行业领域21家重点高校、科研院所、大型企业“产学研联盟”的依托单位。

贵阳院成立以来，先后承担过国内外各类工程设计1000余项和国家863项目、国家重点科技攻关项目60余项，获国家级科技进步奖及优秀设计金（银）奖60余项，省部级奖400余项，为我国有色金属工业的技术进步和快速发展做出了积极贡献。被授予“全国文明单位”、全国“企事业单位专利示范企业”。

通讯地址：贵州省贵阳市观山湖区金朱西路2号。

2017年基本数据表

表134

资产总额/亿元	负债率/%	员工总人数/人	平均年龄/岁	学历结构/人	
21.71	66	697	40.8	中专及以下	40
				大学专科	74
				大学本科	416
				硕士及以上	167

二、组织机构

（一）领导班子

吕维宁　党委书记、执行董事

袁　赤　党委副书记、总经理

颜　彪　党委副书记、纪委书记

刘　迅　党委委员、副总经理

宁前进　党委委员、副总经理

骆先庆　党委委员、副总经理

周文科　财务总监

（二）机构设置

党群系统：党群工作部、纪检监察部。

职能管理：总经理办公室、人力资源部、财务部、企业管理部、审计部、技术管理部、安全环保健康部、老院区管理服务中心。

经营科研生产部门：国际业务部、国内业务部、设计管理部、冶金工程分院、土木工程分院、民用建筑分院、市政环保分院、电气工程分院、工程经济分院、技术研发中心、总承包业务部、房地产开发部、博士后流动工作站、国家铝镁电解装备工程技术研究中心、铝电解工程事业部、铝应用工程事业部、信档文印室。

二级公司：贵阳振兴铝镁科技产业发展有限公司、贵州创新轻金属工艺装备工程技术研究中心有限公司、贵阳新宇建设监理有限公司、贵阳铝镁设计研究院工程承包有限公司、贵州顺安机电设备有限公司、贵州匀都置业有限公司。

三、生产经营

贵阳院推行全员经营的理念，加大传统有色市场开拓力度，坚定实施国际战略，努力开拓国际市场。2017 年，贵阳院在市场开拓、转型升级、标杆建设、基础管理、风险管理、技术创新和党建工作等方面有了新的突破。

主要生产经营指标表

表 135

指标名称	2016 年	2017 年	同比增长 /%
销售收入 / 亿元	8.54	11.10	29.98
利润额 / 亿元	0.86	1.07	24.42
纳税额 / 亿元	0.57	0.69	21.05
净资产收益率 /%	3	4.46	—

四、企业管理

贵阳院办公自动化系统全面投入使用，日常办公基本实现无纸化；严格预算管理，严控办公用房使用面积，把闲置办公用房出租；实施财务集中管理，二级公司财务人员和本部财务人员集中办公。

贵阳院完成了对振兴公司和顺安公司的业务整合，降低成本优化配置；实行财务集中管理，强化了财务监督、管理和风险控制能力。

五、科技创新

2017 年，贵阳院拥有国家铝镁电解装备工程技术研究中心、国家企业技术中心、博士后工作站、贵州省轻金属工艺装备工程技术研究中心、贵州省轻金属冶炼工艺装备工程研究中心、贵州省企业技术中心“3+3”的科技创新平台体系。

在国家中心平台上实施的“863 计划”课题“铝电解槽（窑炉）PM2.5 控制技术与装备研制”和国际合作项目“铝电解电、磁、热、力、流与浓度分布综合研究及应用”顺利通过科技部组织的验收。完成的“基于精确感知与智能决策的铝电解 MES 系统”科技成果获得中国有色金属工业协会科学技术一等奖；“系列全电流下铝电解槽带电焊接方法及装备”获得第十九届中国专利优秀奖；“老挝 80 万吨氧化铝可行性研究报告”获得中国有色金属建设协会优秀工程咨询一等奖。

贵阳院开发的“Φ18m大型节能机械搅拌分解槽”成功在云南文山氧化铝厂推广应用。

2017 年科技创新数据表

表 136

科技创新投入 / 万元	申请专利 / 件	授权专利 / 件	科技人员占比 /%
2430	55	61	69.4

六、深化改革

贵阳院根据中国铝业集团有限公司对经营业绩不显著的四级公司进行清理的工作要求，2017 年相继完成了对珠海新峰公司、晨辉达公司及一微公司的注销工作，实现企业瘦身健体。

实施供给侧结构改革，将冶金工程分院的电解铝组单独设立为铝电解工程事业部；从相关处室选拔优秀设计人员充实到铝应用工程事业部；通过外部招聘补充铝应用工程事业部经营人员；设立矿山事业部，进行独立经营核算。

七、党建与企业文化建设

2017 年，贵阳院落实“双责”推进从严治党。贵阳院党委严格落实党建工作“双百分”考核和“一岗双责”要求，年初签订责任书、年中动态督查、年底述职评议；制定下发党支部工作清单手册，完善党组织经费管理规定，落实“三会一课”制度，实现了党建工作的制度化、常态化、长效化。

2017 年，贵阳院在各岗位党员中开展“党员公开承诺”“共产党员岗”和“两带两创”活动。各党支部申报了 21 个专项党员攻关项目，申报了 36 个党员带群众创新项目。

工会通过强化和完善管理规章制度加强组织的规范运行，探索和创新工会活动的新形式。团委通过读书分享会、志愿者服务、趣味运动会、青年联谊等活动不断丰富青年员工业余生活。

八、履行社会责任

贵阳院积极投身贵州“脱贫攻坚战”，彰显央企社会责任。赴党建扶贫点施秉县牛大场镇金坑村开展深入调研，慰问困难党员，为精准扶贫提供方案；为筹建村综合楼投入 8 万元设计费；多渠道联系开展精准扶贫，并积极与医院、银行合作，共同筹集扶贫资金 20 余万元。

冶金、电气、市政、监理公司等党支部深入扶贫点、社区和小学开展志愿帮扶活动。

九、重要事记

1 月 8 日，中铝集团党组成员、副总经理张程忠通过仿真视频的方式出席贵阳院党委班子“两学一做”学习教育专题民主生活会。

5 月 16 日，贵阳院召开干部大会。会议宣读了中铝国际党委关于周文科出任贵阳院财务总监的决定。

6月14—15日，由贵阳院联合中国有色金属学会轻金属冶金学术委员会、贵州大学等六家单位主办的第五届中国（贵州）铝工业科学技术发展大会在贵阳召开。

7月4日，贵阳院召开纪念建党96周年暨“弘扬工匠精神 传承铝镁梦想”铝镁工匠表彰大会。

7月21日，贵阳院总承包呼和浩特市鄂尔多斯东街农业大学铝合金人行天桥一次吊装成功。

9月23日，贵阳院党委副书记、纪委书记颜彪率各党支部书记到党建扶贫点施秉县牛大场镇金坑村开展主题党日活动。

9月26日，贵阳院召开第十届七次工代会、七届十六次职代会。骆先庆当选贵阳院工会主席。

10月19日，中铝集团党组成员、副总经理张程忠率第五检查组到贵阳院开展问题清单梳理与整改穿透检查工作。

11月23日，贵阳院青年创新工作站正式授牌成立。

12月13日，国家铝镁电解装备工程技术中心聘任桂卫华院士为中心技术委员会主任。

12月22日，贵阳院召开2017年度党支部书记述职述廉评议会。

12月，经过复审，贵阳院继续保持“全国文明单位”称号。

撰稿／韦玉台
核稿／王彦超

长沙有色冶金设计研究院有限公司

一、基本情况

长沙有色冶金设计研究院有限公司（以下简称长沙院）位于湖南省长沙市木莲东路 299 号。

长沙院主营业务：从事冶金行业、煤炭行业、建筑行业、市政行业、机械行业、商物粮行业、建材行业、电力行业、化工石化医药行业、环境工程资质范围内的咨询、设计及工程总承包；上述工程项目的科学研究及设备、材料的销售；岩土工程、工程测量、固体矿产勘查资质范围内的工程勘察；城乡规划编制、建设项目环境影响评价、工程造价咨询；压力容器设计、压力管道设计；承担资质范围内的国（境）外工程的勘察、咨询、设计和监理项目及上述工程项目所需的设备、材料出口；承包与其实力、规模、业绩相适应的国外工程项目，对外派遣实施上述境外工程所需的劳务人员；自有房屋租赁。（依法须经批准的项目，经相关部门批准后方可开展经营活动）

2017 年基本数据表

表 137

资产总额 / 亿元	负债率 /%	员工总数 / 人	平均年龄 / 岁	学历结构 / 人	
30.51	71.67	1114（在岗）	40	中专及以下	211
				大学专科	145
				大学本科	490
				硕士及以上	268

二、组织机构

（一）领导班子

廖江南　党委书记、执行董事

谭荣和　党委副书记、总经理、总工程师

康国华　党委副书记、纪委书记

黄　飞　副总经理、安全总监

杨　震　副总经理

廖梁进　财务总监

朱建国　副总经理

（二）机构设置

职能部门：总经理办公室、人力资源部（离退休管理中心挂靠）、财务部、技术发展部、党群工作部（工会、团委）、纪检监察部、审计部、法律部。

业务部门：生产经营部（企业管理部）、国际业务部、专家办公室（与研发中心合署办公）、工程管理部、招标采购部、信息档案部、资产管理中心、安全环保健康部、环保产业和投融资业务部。

生产部门

事业部：矿山事业部、冶金事业部、化工事业部、电力事业部、建筑规划设计院、市政事业部、能源事业部、安全环境事业部、环保事业部。

专业部:土建部、总图部、工程经济（规划咨询）部。

分子公司：厦门分公司、珠海分公司、西宁分公司、工程勘察分公司、湖南华楚工程建设咨询监理有限公司、湖南长冶建设工程施工图审查有限公司、华楚高新科技（湖南）有限公司、中铝国际山东建设有限公司。

三、生产经营

2017 年，长沙院在狠抓有色主业稳基础的同时，大力拓展新能源材料、市政、民建、环保、智能制造等相关业务，并紧紧抓牢压缩“两金”这个牛鼻子，保证企业“血液”不断流,生产经营总体持续向好。

主要生产经营指标表

表 138

指标名称	2016 年	2017 年	同比增长 /%
销售收入 / 亿元	16.80	20.53	22.2
利润额 / 亿元	1.20	0.77	−35.83
纳税额 / 万元	5472.81	6198.23	13.25
净资产收益率 /%	12.96	8.26	—
人身伤亡事故 / 起	1	0	−100
工亡人数 / 人	1	0	−100
重伤人数 / 人	0	0	0
轻伤人数 / 人	0	0	0

四、企业管理

三大体系正常运行。质量、环境和职业健康安全管理体系运行良好，结合实际修订体系文件，管理体系进一步健全。

建章立制全面展开。形成“废改立”清单，废止 10 项、修订 46 项、新立 28 项制度，形成了较完善的办文、办会、办事制度和流程体系。

“瘦身健体”持续进行。开展“两金”清收，创新清收模式，针对逾期和重大项目签订清收目标责任书，通过法律手段、保理、签订解除合作协议、甲供材抵账、三方抵账等多种方式清收款项。推进法人“压减”工作,华楚矿山、华楚机械完成工商、税务注销。推进“三供一业”移交工作。

风控手段有效增强。开展“20+N”专项工作，问题清单梳理实现了全覆盖，最终梳理查找出 3 大方面 33 个专题 88 个问题。退出劳动广场棚改项目与华楚高科产业化项目。强化资金管控，及时偿还到期借款，确保资金安全。

安全生产常抓不懈。强化安全督察整改、强基固本专项行动、承包商安全管控等，抓好安全生产培训，落实安全生产一岗双责，推进安全管理人员委派制，实施安全风险抵押，提升安全生产管理水平与绩效。

五、科技创新

2017 年科技创新数据表

表 139

科技创新投入 / 万元	申请专利 / 件	授权专利 / 件	科技人员占比 /%
7466	54	35	68.8

六、科技创新举措

2017 年，长沙院开展 20 项科研、业建项目；主编国标 6 部、图集 1 部、行标 2 部；参编国标 6 部、行标 4 部；函审国标 4 部；复审国标 4 部；国标《浆体长距离管道输送工程设计规程（修订）》列入了 2017 年工程建设协会标准制定、修订计划。

2017 年，重点推广了高海拔寒区矿山采选综合技术、深井矿床开采技术、尾砂充填无废开采技术、高碱细磨铅锌快速分支优化浮选技术、富氧侧吹熔池熔炼技术、氧压浸出技术、帷幕灌浆堵水技术、尾矿库初期防跑浑和加快初期尾砂固结的技术、岩溶区初期排放安全备用技术、天然气分布式能源系统技术等一系列核心关键技术，同时开拓锰系列产品清洁生产技术、高浓度长距离尾矿管道输送技术、锂分离提纯新技术、新能源微电网技术等新技术市场。

2017 年，长沙院荣获科学技术奖、优秀工程设计 / 咨询奖、工法、QC 成果共 20 项。

七、深化改革

调整组织机构。成立法律部，完善法治工作机构，建立法律审核制度，加强法律审核力度；整合 PPP 办公室，成立环保产业和投融资业务部，加速推进能源环保业务发展。

加强人才培养。修订中层管理人员年度考核管理办法，建立末位淘汰机制；加大党建责任考核、安全责任考核、“两金”清欠等专项工作考核力度，强化考核的激励和引导作用。全年开展各类培训 1320 人次，突出以用促学、学以致用，注重发挥培训在新技术、前沿科学、社会热点、国家新政策等方面的交流和引入作用。

2017 年，长沙院积极盘活存量资产，老院区出租给湘雅附二医院；加大剥离资产管理力度，采取对外租赁、挂牌出售等方式创收。

八、党的建设

2017 年，长沙院扎实推进“两学一做”学习教育常态化制度化工作，重点抓好中共十九大精神和全国国有企业党建工作会议精神的学习和贯彻。坚决落实党建工作责任制，层层签订年度党建工作目标责任书。完善党建工作与绩效考核挂钩的考核办法，推进全国党员管理信息系统应用，加强支部和党员管理的标准化、信息化建设。

构建自上而下、一级对一级的监督体系，建立执行力问责机制。

九、社会责任

2017年，长沙院召开职工代表大会，听取和审议工作报告，收集职工代表意见和建议。

组织员工体检，安排专人接待员工心理咨询，评估员工健康状况，倡导健康生活理念。

对困难员工、新进员工给予一定补助，慰问烈士家属；认真做好离退休服务管理工作，改善老同志活动中心室环境。

十、重要记事

1月22日，长沙院召开八届职工代表大会第六次全体会议暨2016年度总结表彰大会。

1月24日，宁德市委书记隋军、市长郭锡文、副市长杨方一行到长沙院东南铜业项目现场视察工作。

2月28日，耒阳市委副书记、市长李向阳一行到长沙院访问交流。

3月4日，中铝集团党组成员刘祥民一行到长沙院调研指导工作。

5月24日，中铝国际党委决定，廖梁进任长沙院财务总监。

6月22日，中铝集团党组成员刘祥民考察长沙院东南铜业项目现场。

8月31日，国家有色质量监督总站常务副站长蔡胜利一行到长沙院东南铜业项目现场指导质量管理工作。

9月2日，中铝集团党组书记、董事长葛红林，中铝公司党组成员、副总经理刘才明到长沙院东南铜业项目现场考察指导工作。

9月6日，宁德市委书记隋军、常务副市长曾智勇到长沙院东南铜业项目现场调研。

9月12日，长沙院召开干部大会，宣布中铝国际党委关于朱建国任院副总经理的决定。

10月21日，宁德市市长郭锡文一行到长沙院东南铜业项目现场调研。

10月24日，中铝集团党组副书记、总经理余德辉在长沙院党委书记、执行董事廖江南等有关人员陪同下考察长沙院东南铜业项目现场。

11月21日，国务院国有重点大型企业监事会主席李志群一行考察长沙院东南铜业项目现场。

11月24日，长沙院获国家级博士后科研工作站授牌。

撰稿／尹　恒

审稿／黄应龙

中国有色金属长沙勘察设计研究院有限公司

一、基本情况

中国有色金属长沙勘察设计研究院有限公司（以下简称长勘院），位于湖南省长沙市韶山北路81号，成立于1964年4月，原名为冶金勘察总公司长沙勘察公司，隶属于冶金工业部。

长勘院主营业务：测绘工程、工程地质勘察、水文地质勘察、岩土工程（勘察、设计、治理、监测、监理）、地基与基础工程（桩基础施工、地基处理、基坑支护、边坡与滑坡治理）、固体矿产勘查、地质灾害治理工程（勘查、设计、施工）及地质灾害危险性评估、建筑工程设计、工程建设监理、环境评价咨询、岩土建材试验、水质分析。

2017年基本数据表

表140

资产总额/亿元	负债率/%	员工总数/人	平均年龄/岁	学历结构/人	
7.55	67.88	562	39	中专及以下	82
				大学专科	91
				大学本科	308
				硕士及以上	81

二、组织机构

（一）领导班子

廖从荣　党委书记、执行董事

金义元　党委副书记、总经理

史焕献　副总经理、安全总监

杜年春　副总经理、总工程师

刘永祥　党委副书记、纪委书记

匡　林　副总经理、工会主席

2017年5月17，中国铝业集团有限公司任命廖从荣为长勘院党委书记，免去总经理职务，任命金义元为长勘院党委副书记、总经理，免去党委书记职务。

2017年5月23日，中铝国际工程股份有限公司任命匡林为长勘院副总经理。

（二）机构设置

1. 职能部门。总经理办公室、党群工作部、纪检监察审计部、人力资源部、财务部、企业管理部、科技质量部、安全环保健康部、离退休办公室。

2. 二级单位。长沙分公司、科研中心、深圳公司（深圳分公司）、珠海分公司、广西分公司、厦门分公司、海南分公司、重庆分公司、建筑设计分公司、工程监理分公司、试验中心、长勘投资开发公司、后勤服务中心、房地产开发公司。

3. 参股、控股公司。湖南通都投资有限公司、长沙通湘建设有限公司。

三、生产经营

2017年，长勘院（上市部分）签订合同12.07亿元，实现营业收入8.33亿元，实现利润9026.64万元。商贸公司（存续部分）实现利润31.13万元，经营活动净现金流1665万元。长勘院相继在南京、三明、瑞金、雄安、全南等地新建立5个经营网点；清收清欠工程款，“两金”存量压降2.15亿元；组建铝模板业务团队，开展工程铝应用，签订合同1451万元；北海海东方项目房产销售回笼资金2043万元。

主要生产经营指标表

表141

指标名称	2016年	2017年	同比增长%
合同额/亿元	11.97	12.07	0.84
销售收入/亿元	6.19	8.32	34.41
利润额/亿元	0.71	0.82	15.49
所有者权益/亿元	1.99	2.42	21.61
纳税额/亿元	0.40	0.55	37.50
净资产收益率/%	36.40	34.79	—
全员劳动生产率/万元·人年	34.93	43.62	—
人身伤亡事故/起	0	0	持平
工亡人数/人	0	0	持平
重伤人数/人	0	0	持平
轻伤人数/人	0	0	持平

四、企业管理

2017年，长勘院开展企业管理重点工作：

建立健全风险管理“三道防线”，完善决策机制，结合问题清单开展自查自纠，强化风险管理。

推进强基固本行动，开展了安全生产“全面大动员、全面大清查、全面大整改”行动，实行领导干部包保班组，加大对重大、复杂工程方案和报告的审查力度，通过月度检查、督促整改、约谈问责等措施，安全、质量管理得到巩固。

选拔60名优秀人才充实到中基层后备干部库，引进注册执业人员5名，19名员工通过了注册资格考试，队伍结构更加优化。

取得银行综合授信 2.8 亿元，开具 1000 多万元零保证金履约保函，融资渠道得到拓宽。

五、科技创新

“地下空间智能化全息探测技术与装备研究”“中铝公司安全与环境在线监测大数据中心”两个重点科研项目实现生产应用。自主研发了“铝土矿尾矿水深度处理和循环利用”，解决了铝尾矿废水高效净化循环利用这一难题。引进并推广应用无人机倾斜摄影测量和正射摄影测量、地面三维激光扫描、洞穴三维激光扫描等尖端技术，创造了良好的社会效益和经济效益。在湘西州地灾监控应急指挥系统、凡口铅锌矿安全监测系统等重点项目上打造了一批科技成果推广应用示范项目，受到政府和客户的高度评价。完成科研成果推广 3500 多万元，创效 980 万元。

“空间地理信息无人化采集与厂矿三维仿真技术”获中铝集团首届创新创意大赛一等奖。“地下空间智能化全息探测技术与装备研究”项目获得国务院国资委央企熠星创新创意大赛三等奖。“微型钢管桩施工工艺的改进”获得中铝集团“金点子”奖。

主编有色行业标准 5 项规程，参编 19 项规范规程。获科技进步二等奖 1 项，优秀工程一等奖 11 项，二等奖 7 项，三等奖 2 项。

2017 年科技创新数据表

表 142

科技创新投入 / 万元	申请专利 / 件	授权专利 / 件	科技人员占比 /%
2578	11	7	11.4

六、深化改革

深入开展问题清单梳理工作，共梳理出三大方面 33 个专题 101 个问题，整改完成率 63%，未完成整改的问题制订了三年整改计划。完成中铝华大股份有限公司的亏损治理。湖南君天物业管理有限公司在上海联合产权交易所挂牌。退休人员社会化管理签订了移交协议。“三供一业”分离移交工作，完成了供水、供电、物业移交相关协议的签订，其中供水已完成外业改造施工。与中南大学携手创建“卓越测绘工程师工程实践教育中心”。成立了“技术能手创新工作室”“青年创新工作室”。

七、党建与企业文化建设

长勘院党委认真贯彻中铝集团党组的工作部署，坚持党的领导，加强党的建设，全面从严治党。

推进“两学一做”学习教育常态化制度化，落实“三会一课”，严格执行党内监督和“三重一大”决策，建立“一岗双责”党建责任体系，开展党支部书记述职评议。

深入开展“两带两创”活动、“安全、干净”班组竞赛、创新主题演讲比赛、提质增效主题征文等活动。

选人用人坚持“四凡四必”，匡正风气，开展整治“闲官”“闲岗”专项工作。

制订、完善巡察工作等管理制度，建立监督长效机制。开展纪律教育、廉洁教育和警示教育，压实执纪问责监督责任，处理5起违纪违规行为，问责21人，党风廉政建设更加从严。

八、履行社会责任

2017年，长勘院开展安全、环保、质量管控行动，全年工程质量合格率100%，无安全、环保事故发生，客户满意度达90%以上。

采取定期帮扶和应急救助相结合的方式开展困难员工帮扶，共帮扶困难员工97名。

加大综合治理整治力度，做好维稳工作，获得2017年度湖南省直单位社会治安综合治理“先进单位”称号。

在长沙遭遇水灾之际，长勘院向受灾地区捐助爱心款11.2万元。

九、重要记事

1月19日，长勘院召开第十二届一次职代会暨第九届工代会。

2月22日，长勘院召开干部大会民主评议领导班子。

3月13日，长勘院召开问题梳理及整改专项工作全覆盖启动大会。

3月24日，长勘院召开第五届女职工代表大会。

4月9日，有色金属行业24项技术标准讨论会暨第三次工作会议在长勘院召开。

6月25日，中铝集团安全环保督察组对长勘院开展HSE督察。

7月11日，长勘院向长沙市岳麓区含浦街道受灾地区捐赠爱心款10万元。

7月22日，长勘院召开2017年年中工作会暨战略发展研讨会议。

11月21日，长勘院与广西城乡规划设计院、中铝长城建设有限公司签署战略合作协议。

12月26日，中央企业熠星创新创意大赛总结活动在北京中国中铁广场报告厅举办，长勘院“地下空间智能化全息探测技术与装备研究”项目荣获大赛三等奖。

撰稿／王万里

审核／刘衍林

中色科技股份有限公司

一、基本情况

中色科技股份有限公司（简称中色科技），成立于2002年1月，由洛阳有色金属加工设计研究院有限公司联合苏州长光企业发展有限公司等发起设立，为中铝国际工程股份有限公司（简称中铝国际）的控股了公司。业务范围包括有色金属加工行业规划、工程咨询设计、装备研制、科研及科研成果产业化、工程总承包等。

注册地址：中国（河南）自由贸易试验区洛阳片区高新开发区凌波路中段。

邮政编码：471039。

2017年基本数据表

表143

资产总额/亿元	负债率/%	员工总数/人	平均年龄/岁	学历结构/人	
20.83	86.50	909	41	中专及以下	141
				大学专科	118
				大学本科	493
				硕士及以上	157

二、组织机构

（一）领导班子

黄粮成　党委书记、董事长

罗爱华　总经理、党委副书记

秦建平　财务总监

袁南天　副总经理、安全总监

娄建亭　副总经理

毕　琳　副总经理

张　浩　党委副书记、纪委书记

（二）机构设置

职能管理部门：公司办公室、企业管理部、人力资源部、党群工作部、财务部、科技部、纪检监察部（审计部）、安全环保部。

生产管理部门：设计管理部、国内业务部、国际业务部、工程总承包管理部。

专业室：工艺设计室、土建设计室、电力设计室、公用设计室、铝应用设计室。

事业板块：装备技术公司、建筑设计

分院、环境保护工程所、消防智能化工程所、工程造价咨询公司、工业和信息技术服务公司。

全资或控股公司：洛阳金诚建设监理有限公司、苏州有色金属研究院有限公司、苏州中色金属材料科技有限公司、苏州中色德源环保科技有限公司。

分公司:苏州分公司、霍林郭勒分公司、青海分公司、崇州分公司。

三、生产经营

中色科技成功签订了西北铝、东轻、西南铝、华中铜业、中铝瑞闽等系统内新改扩建项目和天津忠旺、中天合金、河南明泰、楚江新材等系统外大型项目，合同总额 10.6 亿元。其中，设计咨询合同额较上年翻番，广西百矿项目以 9550 万元创单一设计项目合同历史之最，贵铝“退城进园”合金化项目为近五年第一个工业 EPC 总承包项目。

在生产方面，开展“履职尽责、攻坚担当”主题劳动竞赛，发动生产单位突击任务，抢进度、保质量、优化服务。设计板块加强人力资源动态管理，采取激励措施保生产进度、收费节点和重点项目。快速响应客户要求，配强现场服务力量，全年 16 台套设备完成验收。

主要指标表

表 144

指标名称	2016 年	2017 年	同比增长 %
工业产值 / 亿元	3.43	5.76	68

续表 144

指标名称	2016 年	2017 年	同比增长 %
销售收入 / 亿元	3.43	5.76	68
利润额 / 亿元	−0.36	0.51	242
纳税额 / 亿元	0.23	0.14	−39
净资产收益率 / 亿元	−8.94	15.12	269%
人身伤亡事故 / 起	0	0	持平
工亡人数 / 人	0	0	持平
重伤人数 / 人	0	0	持平
轻伤人数 / 人	0	0	持平
轻伤人数 / 人	0	0	持平

四、企业管理

开展干部公开竞聘。年内，公开竞聘选拔 25 名中层干部，优化了干部队伍结构，进一步推动干部年轻化。截至 2017 年底，中色科技中层干部中，70 年代正职占 54%，中层副职中 80 年代占 49%。加强重点工作督办，2017 年中色科技共下发督办任务 538 项，完成率 97.1%。

强化财务管理。处理特殊事项挖潜 2509 万元，通过增值税销项税额扣减节约税收 722 万元，累计节省财务费用 400 万元。采取奖惩措施压降“两金”，存量压降完成年度考核目标的 125%，第三方应收账款较年初下降 27%，逾期应收账款完成考核目标的 181%，处理呆滞存货完成考核目标的 130%。严控非生产性支出，节省开支 2000 多万元。

加强安全环保质量管理。组建安全环保部，完善安全环境管理和监督问责制度，实行安全生产风险抵押和专职安全管理人员委派制度。开展强基固本专项行动，结合 HSE 督察反馈问题组织全面大整改。开展“十大管理缺陷”“十大设计错误”评选活动。

开展“问题清单”梳理工作。查找到 127 个问题点。形成了重点问题专项报告、整改计划和整改决议。

五、科技创新

2017 年，中色科技出台《工程设计技术创新指导意见》《科技创新管理办法》《科研项目负责人制管理办法》，鼓励技术创新。“国家企业技术中心”获得河南省和洛阳市奖励资金 510 万元。申报技术推广项目 7 项、技术开发项目 21 项，获中铝集团、中铝国际资金支持 800 万元。《X 型六辊铜箔轧机关键技术研究及装备研制》和《超长型材分膛时效炉的研制》获中国有色金属工业协会科技进步二等奖。

实施“互联网 +”工业技术服务基础建设，备品备件平台开始线上运营，上网备件和二手设备总额超过 10 亿元，成交额近 1000 万元，荣获中铝集团首届创新创意大赛一等奖；远程服务平台在中铝洛阳铜业有限公司和中铝河南洛阳铝加工有限公司实现全流程贯通，具备了远程调试及数据采集、设备故障预警、专家视频会诊等服务功能。

“中色万基年产 10 万吨铝板带工程”荣获全国优秀工程勘察设计银奖，6 个项目获全国有色金属行业优秀工程设计奖和优秀工程咨询成果奖。

2017 年科技创新数据表

表 145

科技创新投入 / 万元	申请专利 / 件	授权专利 / 件	科技人员占比 /%
4225	46	35	66

六、深化改革

改进对事业部和分子公司的管理，实施简政放权，下放经营权、人事权和分配权。公开招聘管理部门人员，定编、定岗、定责、定薪。规范生产经营岗位职系，构建以五级工程师、五级商务经理为主线的工程技术和经营人员职业发展通道，与总承包项目经理共同构成主营业务岗位体系。

改革薪酬分配，严格绩效考核。生产单位实行薪酬总额与人均利润挂钩，设计和科研人员按月兑现、多劳多得、上不封顶，管理人员定性评价与定量考核相结合。2017 年，中色科技在岗员工收入较上年增长 11.1%。

七、党建与企业文化建设

按照中铝集团党建工作部署，全级次完成党建要求入章程，落实了党委研究讨论作为重大决策的前置程序。制定《党支部工作规则》，实施党建目标考核和党组织书记抓党建述职评议考核，建立党委、党支部、党员三级责任清单，层层压实压紧党建责任。组织学习习近平总书记治国理政重要论述和中共十九大精神，开展党员承诺践诺评诺和“身边的榜样”主题教育活动，推动“两学一做”学习教育制度化常态化。以“三型”党组织建设、“两带两创”活动、党员攻关项目为抓手，坚持党建与生产经营“四同步”，实施“双百分”考核，促进党建工作与中心任务深度融合。

八、履行社会责任

2017年，中色科技创新扶贫工作，企业投入7.7万元，争取政府扶贫资金和社会捐助88.5万元，助力新安县仓头镇王村脱贫致富。该村共有居民480户，人口1524人，其中，建档立卡贫困户110户，贫困人口380人。截至2017年12月31日，已脱贫80户，脱贫人口290人；未脱贫30户，共计90人。

九、重要记事

3月12日，中铝集团外部董事张富生、孙又奇、张晓鲁、赵小刚到中色科技调研。

3月20日，河南省委常委、洛阳市委书记李亚到中色科技调研。

4月25日，中铝集团调整中色科技领导班子，黄粮成任中色科技党委书记、董事长，罗爱华任中色科技总经理、党委副书记。

5月12日，中铝中央研究院洛阳分院揭牌。

7月1日，中色科技召开庆祝中国共产党成立96周年暨创先争优表彰大会。

8月2日，中铝集团党组书记、董事长葛红林到中色科技调研。

10月18日，中色科技干部员工集中收看中共十九大会议盛况。

10月30日，中铝集团创新创意大赛中部片区复赛在中色科技举行。

撰稿 / 张　鸽

审稿 / 罗爱华

中国有色金属工业第六冶金建设有限公司

一、基本情况

中国有色金属工业第六冶金建设有限公司（简称六冶）始建于1963年4月，先后隶属原冶金工业部、中国有色金属工业总公司、国家有色金属工业局，2001年成为中国铝业公司首批成员企业，2011年3月重组改制并入中铝国际工程股份有限公司。六冶主营业务包括工程总承包、施工总承包、装备制造、工程用铝等，具备建筑工程施工总承包特级资质和建筑行业甲级设计资质，市政公用、公路、冶金、机电安装、矿山等5项施工总承包一级资质，钢结构工程专业承包一级资质，对外承包工程经营资格，以及非标准设备制作安装、三类压力容器和压力管道制作安装等专项资质，为国家高新技术企业和河南省建筑业骨干企业。

通讯地址：六冶总部位于河南省郑州市淮河路36号。

邮政编码：450006。

2017年基本数据表

表146

资产总额/亿元	负债率/%	员工总数/人	平均年龄/岁	学历结构/人	
67.08	71.49	2025	39	中专及以下	630
				大学专科	654
				大学本科	726
				硕士及以上	15

二、组织机构

（一）领导班子

马　宁　党委书记（2017年10月31日起）、执行董事（2017年11月14日起）

王伟峰　副总经理

赵晨田　财务总监

纪　行　副总经理

李延峰　党委副书记、纪委书记

柴　卫　副总经理（2017 年 3 月 20 日起）、安全总监（2017 年 3 月 20 日起）

石天昊　副总经理（2017 年 3 月 20 日起）、工会主席（2017 年 9 月 22 日起）

（二）机构设置

职能部门：办公室、企业管理部、市场开发部、安全环保部、工程管理部、技术中心、财务部、海外事业部、人力资源部、物资设备公司、纪检监察审计部、党群工作部、后勤服务中心。

二级公司：一分公司、三分公司、工业安装分公司、金属结构厂（科技重工有限公司）、五分公司、洛阳有限公司、机电安装有限公司、六分公司。

区域公司：重庆、西南、东北、西北、平舞。

地区公司：北京、上海、深圳、西安。

工程指挥部：贵州凯里、浙江温州、贵州盘县、新蔡。

专业公司：河南六冶贸易有限公司、河南六冶租赁有限公司。

控股企业：河南浩信置业、铜川浩通、汝州浩博、汝南浩宇、太康浩文等公司，参股河南前海时代环保技术有限公司、中铝建新材料河南有限公司。设有国家企业技术中心、河南省焊工培训中心。

代管企业：郑州中铝建设开发有限公司。

三、生产经营

主要指标表

表 147

指标名称	2016 年	2017 年	同比增长 /%
销售收入 / 亿元	37.62	50.17	33
利润额 / 亿元	2.39	2.70	13
纳税额 / 亿元	1.62	1.22	−25
净资产收益率 /%	10.97	12.43	—

2017 年新签合同 269 份，金额 223.02 亿元，同比增长 74.64%，其中传统承包类合同 44.3 亿元，PPP 合同 178.72 亿元。承建了华峰铝业、河南金大地、漯河紫光锦园、新蔡如意花园、三门峡安和苑、许昌智慧产业园综合楼、华中铜业、博兴瑞峰等一批大单承包类项目，签订了汝州电子商务园、汝南市政道路、太康党政服务中心等 PPP 合同。落实了云南“2+8+N”高速公路中的 4 条公路项目，市场开发团队获中铝国际总裁特别奖一等奖。

建成铝型材加工生产线，集成了铝天桥型材加工和安装综合能力，承建了福州、呼和浩特、陇西、北京、张掖等铝天桥项目，得到央视在内的新闻媒体报道。全年工程用铝收入 6324 万元，利润 678.6 万元。工程用铝团队获中铝国际总裁特别奖二等奖。加强海外市场开拓，跟踪了印度电解铝、氧化铝和南山铝业印尼 100 万吨氧化铝以及老挝公路项目。

对单项合同额大、运作环节多、实施过程复杂的 PPP 项目坚持稳扎稳打。选定

23个重点项目，比照中建标准开展新标杆创建，螺旋拔高、循环提升。施工的河南汝州、汝南项目，贵定小城镇、贵州盘县等一批项目，被当地省、市政府列为观摩交流项目，中州冶金级氧化铝项目评为部优，洛阳万基钛业项目评为市优。郑东新区普惠路地下人行通道项目获河南省市政工程金杯奖。郑州万众大厦、巩义御景湾、三门峡矿等项目分别申报了结构中州杯、市优和部优。

四、企业管理

2017年，六冶取得建筑工程特级资质、甲级设计资质和对外援助工程总承包资质。

签订安全目标责任书34份、安全责任清单1853份，强化清单履职。推行安全风险抵押，严格奖惩措施。编发《安全管理员履职手册》，推行现场安全防护标准化，建设安全体验馆。开展强基固本和分包商安全管理专项行动，梳理安全问题、企业风险、危险作业、上锁挂牌清单975项，加强整改和问责，落实基层项目、施工班组和分包方安全管理措施。全年未发生工亡事故和环保事故，获2个省级安全文明工地、1个市文明施工管理先进工地和2项国家级安康杯优胜单位称号，汝州金融大厦项目部被评为中铝集团“安全、干净”班组。

压实“两金”压降责任，全年压缩“两金”存量25.32亿元，完成年度考核指标19.14亿元的132.3%，其中1000万元以上大额“两金”压降16.56亿元，较年初余额压降70.4%，逾期应收账款压降1亿元。

五、科技创新

国家企业技术中心通过认定。加强高新技术企业维护，技术创新立项42项，获省部级工法8项，专利受理35项、授权21项。在重大项目推广BIM技术，建成项目远程监控系统，提升施工和安全管理水平。以铝天桥项目为契机，提升金属结构设计和制造技术，打造设计、施工价值链和自有品牌。推广铝模板技术应用，参编河南省地方铝模板标准1项、申报专利5项。加强研发费用核算和高新技术收入归集，研发费用加计扣除节税约110万元，高新技术企业节税2134万元。

2017年科技创新数据表

表148

科技创新投入/万元	申请专利/件	授权专利/件	科技人员占比/%
15631.7	34	21	10.7

六、深化改革

优化调整组织架构，设立安全环保部、五分公司、六分公司，成立海外事业部，组建云南分公司。

完善规章制度建设，全年新建包括总部工作制度、决策权限管理、招投标管理、国内市场管理、项目市场营销、项目成本责任制、项目管理考核、工程款回收管理、违规经营投资责任追究、党建和党风廉政建设等规章制度30余项，修订规章制度近20项，完成三大管理体系文件换版。

全年引进156名高校毕业生，导师带徒签约145对。选拔任用中层干部13人，确定23名后备干部，遴选100名80后重点培养对象。制定《干部交流管理办法》，交流中层干部近30人、基层干部近100人。

七、党建与企业文化建设

2017年，六冶完成党建工作进章程，层层签订党建工作目标责任书，建立党建工作责任清单和季度例会制度，制定党支部工作规则，落实“三会一课”制度，规范党支部活动。

制定和修订党风廉政建设制度13项，组织反腐倡廉教育71场，聘请党建、纪检监察专家培训纪检干部50余人次。签订《党风廉政建设责任书暨承诺书》99份，建立党风廉政建设责任清单。纪委书记落实监督责任约谈22人，廉政谈话39人。

八、履行社会责任

2017年，六冶继续以有效保障农民工权益基础上的人权保护为主题，开展社会责任实践，表彰了8名优秀农民工及6家优秀分包方。

九、重要记事

2月7—8日，六冶召开十届七次职代会暨2017年工作会议、党风廉政建设和反腐败工作会议。

3月31日，中铝集团党组书记、董事长葛红林到六冶承建的中铝河南分公司项目调研。

4月23日，中铝集团党组书记、董事长葛红林到六冶工业安装分公司承建的中铝福建瑞闽铝深加工项目调研。

7月23日，六冶召开2017年年中工作会议。

10月26日，《大型H型钢全熔透角焊缝免清根焊接工艺》获国家发明专利授权。

11月3日，六冶召开干部大会，马宁任六冶公司执行董事、党委书记。

11月27日，陕西省铜川市常务副市长严维佳调研六冶铜川道路管廊项目。

12月14日，中铝集团党组书记、董事长葛红林到六冶承建的北京铝合金天桥安装现场调研。

12月28日，六冶承建的北京长安街两座铝合金天桥吊装成功。

撰稿／薛瑞玉

审核／曾纪石

中色十二冶金建设有限公司

一、基本情况

中色十二冶金建设有限公司（简称十二冶），始建于1964年，先后隶属于国家冶金部、中国有色金属工业管理总局、中国有色金属工业总公司，现为中铝国际工程股份有限公司的全资子公司。是一家集工程总承包、投融资项目运作、房地产开发、矿产资源开发、科技开发、装备制造、海外业务于一体的多元化大型建设企业。

十二冶拥有1项冶金工程施工总承包特级资质，建筑工程、矿山工程、石油化工工程、市政公用工程、机电工程5项施工总承包一级资质，钢结构工程、地基基础工程、建筑装修装饰工程3项专业承包一级资质，公路工程、电力工程2项施工总承包二级资质，输变电工程专业承包二级资质，及冶金行业（金属冶炼工程、冶金矿山工程）专业甲级设计资质、房地产开发二级资质和中华人民共和国对外承包工程经营资格（商务部）等。

十二冶本部位于山西省太原市。

通讯地址：山西省太原市杏花岭区胜利街280号中铝十二冶大厦。

邮政编码：030009。

2017年基本数据表

表149

资产总额/亿元	负债率/%	员工总数/人	平均年龄/岁	学历结构/人	
52.74	93.29	3049	41	中专及以下	1483
				大学专科	633
				大学本科	906
				硕士及以上	27

二、组织机构

（一）领导班子

孙玉和　执行董事、党委书记

于广业　总经理

韩俊科　党委副书记、纪委书记、监事

黄永峰　副总经理（2017 年 3 月 12 日任职）

黄国保　副总经理

杨云山　财务总监

邱俊民　副总经理（2017 年 9 月 6 日任职）

（二）机构设置

职能部室：总经理办公室、党群工作部（人力资源部）、纪检监察审计部、财务部、企业管理部（法律事务部）、市场经营部、工程管理部、安全环保部、技术设计研究中心。

分公司：安装公司、矿山市政工程公司、山西房屋建筑工程分公司、金属结构公司、工程承包公司、华北分公司、西北分公司、中南分公司、西南分公司、北京分公司、十二冶基地管理公司。

子公司：中色十二冶金重庆节能科技有限公司、山西中色十二冶新材料有限公司、山西龙冶建筑劳务有限公司、山西中色十二冶物贸有限公司、贵州通冶建设发展有限公司、淮南中圣置业有限公司、中色十二冶韩国有限责任公司。

直属项目部：山西中铝华润项目部、贵州贵安新区大学城项目部、福建中铝瑞闽项目部、包头华云项目部、四川三台项目部。

山西十二冶资产管理有限公司：太原中色十二冶房地产开发有限公司、重庆尚江宸置业有限公司、职工医院、山西福逸养老运营有限公司。

三、生产经营

2017 年，十二冶坚持相继中标安徽萧县、云城尚品、云南保山和贵州仁怀等一批项目，积极跟踪和推进石家庄藁城、河南汝州、郏县、南阳、安阳以及四川、重庆等地的项目。在“两金”清理、市场开拓、项目管理、铝应用等方面取得了一些进展。但是面对严峻的市场形势，十二冶自身内生动力不足，管理中仍然存在较多问题，导致整体经营状况不佳，除产值基本持平外，其余各项经营指标均出现不同程度的下滑。

主要指标表

表 150

指标名称	2016 年	2017 年	同比增长 /%
工业总产值 / 亿元	21.6	21.7	0.46
销售收入 / 亿元	25.9	22.43	−13.4
利润额 / 亿元	−1.27	−1.48	−16.53
所有者权益 / 亿元	4.57	3.54	−22.54
纳税额 / 亿元	1.04	0.67	−35.57
净资产收益率 /%	−20.4	−35.13	—
产值劳动生产率 / 千元 · 人	67.5	71.17	—
人身伤亡事故 / 起	0	0	持平
工亡人数 / 人	0	0	持平
重伤人数 / 人	0	0	持平
轻伤人数 / 人	0	0	持平

四、企业管理

（一）质量安全环保三大体系

2017 年，结合内部管理情况和外部标准转换，十二冶重新修订了质量、环境和职业健康安全管理体系文件，保持有效运行，获得了方圆标志认证集团的认证证书。

（二）管理提升

进行法人压减,全年完成了 6 个子公司、16 个注册类分公司的注销工作，有效防范各类经营风险。

按要求对到期资质——压力容器、安全生产许可证、非煤安全生产许可证等进行更换，确保相关证书有效使用。

有效处理法律案件，清收回款，落实债权，有效止住出血点。

加快推进信息化建设，基本实现了项目财务与业务的接轨。

五、科技创新

全年，十二冶科技创新投入 6692.55 万元，用于科研项目支出、科技人员培训、工法和专利申报及科技人员奖励等。

2017 年 7 月，十二冶正式取得高新技术企业证书，并获得授牌，同时获得太原市科技局及财政局下发的 2017 年第一批科学技术项目资金 10 万元。

2017 年，十二冶获得省部级工法 3 项、国家知识产权局授权专利 4 项（其中发明专利 2 项、实用新型 2 项），新申请专利 3 项（发明专利 2 项、实用新型 1 项）、软件著作权 9 项，部级优秀 QC 小组成果 4 项。

2017 年，十二冶参与编制 3 项国家标准，其中《有色井巷矿山工程验收评定标准》已编制完成，开审查会议；《建设工程质量管理标准》和《建设工程合同管理标准》已报批，待公示。参与编制 1 项地方标准，《保模一体板复合墙体保温系统应用技术标准（有机芯材型）》编制完成，已报批。

2017 年初，十二冶向太原市杏花岭区国税局成功办理研究开发费用加计扣除备案工作，研发费用加计扣除额 284.43 万元，节省税款 42.66 万元。

2017 年科技创新数据表

表 151

科技创新投入 / 万元	申请专利 / 件	授权专利 / 件	科技人员占比 /%
6692.55	3	4	16.56

六、深化改革

全面实施机构改革机关。部室由 12 个合并为 9 个，优化工作流程；合并组建了新的华北分公司和西北分公司，对二级公司的布局进行了调整。

启动“三供一业”移交地方工作，全年签署了移交框架协议 10 项。

山西中色十二冶新材料有限公司完成了工商注册。

七、党建与企业文化建设

十二冶党委以学习宣传中共十九大精神系列活动为主要内容，将“两学一做”学习教育制度化，形成常态化的党员学习教育机制；狠抓党风廉政建设，认真履行党委主体责任，层层签订“党风廉政建设承诺书”，落实分解责任，促进党风廉政建设“两个责任”“一岗双责”的落实。

以党建工作融入中心工作为目标，落实考核细则，强化考核激励，创新开展了党建工作与生产经营绩效两者互为系数的“双百分”考核机制，层层压实党建责任。

以十二冶“十三五”规划企业文化落实方案为重点，持续开展了“品牌故事”征集、企业文化小故事征文等活动；统一项目的企业文化形象，制定了项目企业文化理念标准。

八、履行社会责任

（一）员工权益

为196户322人办理了城镇职工及居民低保年度审核和新增户；开展送温暖活动，为困难家庭发放了慰问款12.76万余元；开展金秋助学活动，为8名困难职工子女发放助学金1.1万余元；为3名女职工办理女工特病保险理赔3万元。

（二）社区参与和发展

组织30余名员工进行无偿献血，共计1万余毫升；十二冶志愿者走进太原社区的“蜗牛之家”，与社区的唐氏综合征、自闭症患者开展帮扶活动，

（三）环境保护

为响应中铝集团“绿色发展、以铝代钢、扩大铝应用”的号召，成立“山西中色十二冶新材料有限公司”，建成了两条保模一体化板生产线，与山西省建科院共同成立了“产学研用”基地，在“内铝外保一体化板”等领域开展铝应用推广。

九、重要记事

1月24日，十二冶召开六届四次职代会暨2017年工作会、党建和反腐倡廉工作会。

1月24日，十二冶房地产公司取得太原市国土资源局颁发的“棕榈·佳园2号楼”（办公大楼）不动产权证书。

4月23日，中铝集团党组书记、董事长葛红林到十二冶承建的中铝瑞闽项目进行现场调研指导。

6月28日，十二冶举办了“学党章党规知识竞赛”，持续推进“党建基础建设年”和“执行力问责年”各项工作。

7月，十二冶多个项目获得中国有色建设协会颁发的行业（部级）工程建设QC小组优秀成果奖。

7月11日，十二冶取得高新技术企业证书，正式获得授牌。

8月28日，十二冶组织召开安全环保质量“全面大动员、全面大清查、全面大整改”强基固本行动动员大会。

11 月 14 日，十二冶联手北京科技大学开展的“赤泥等多固废协同利用理论及其在路面基层材料中的应用”成果通过专家鉴定。

11 月，由十二冶牵头组成的中铝联合体成功中标云南省保山市 2017—2020 年棚户区改造项目（一期）。

撰稿 / 徐岱儒

审核 / 刘瑞平

九冶建设有限公司

一、基本情况

九冶建设有限公司（简称九冶）总部位于陕西省西咸新区渭城东路，拥有建筑工程施工总承包特级资质。股权结构为中铝国际持股 62.5%、企业员工持股 37.5%。

九冶主营业务为：建筑工程、冶金工程、机电工程、钢结构工程、水工金属结构制作与安装工程、起重设备安装工程、环保工程、公路工程、市政公用工程、管道安装、塔吊拆装；化工石油工程、矿山工程、电力工程、建筑装修装饰工程；建筑设计、建筑材料及其工程试件检验试验。承包境外建筑、冶金、机电、钢结构、水工金属结构制作与安装、境内国际招标工程、上述境外工程所需的设备材料出口、对外派遣实施上述境外工程所需的劳务人员及进出口业务。

通讯地址：陕西省西咸新区渭城东路。

邮政编码：712042。

2017 年基本数据表

表 152

资产总额 / 亿元	负债率 /%	员工总数 / 人	平均年龄 / 岁	学历结构 / 人	
71.62	90.51	2539	38	中专及以下	920
				大学专科	713
				大学本科	879
				硕士及以上	27

二、组织机构

（一）领导班子

张全万　董事长、党委书记

周永康　总经理、副董事长、党委副书记

丁学锋　常务副总经理、总工程师

奚华龙　党委副书记、工会主席

张哲月　党委委员、纪委书记

屈宏伟　党委委员、副总经理

田刚强　副总经理

苏文菊　财务总监

万福储　总经理助理

欧　彦　总经理助理

屈　斌　总经理助理

任晓妮　副总工程师兼工程管理部部长（2017 年 4 月 27 日起任）

（二）机构设置

机关部室：总经理办公室、工程管理部、安全环保部、技术中心、企业管理部、合同造价管理部、财务管理部、人力资源部、党群工作部、纪检监察室、董事会监事会办公室、项目管理公司、国际工程公司。

下属单位：九冶建设有限公司第一工程公司、九冶建设有限公司第二工程公司、九冶建设有限公司第五工程公司、九冶建设有限公司第六分公司、九冶建设有限公司汉中分公司（汉中九冶建设有限公司）、九冶建设有限公司机电安装工程分公司（河南九冶建设有限公司）、新疆九冶建设有限公司。

三、生产经营

主要指标表

表 153

指标名称	2016 年	2017 年	同比增长 /%
工业产值 / 亿元	64.79	63.98	−1.25
销售收入 / 亿元	48.37	53.13	9.84
利润额 / 亿元	1.52	1.96	28.94
纳税额 / 亿元	1.99	1.22	−38.69
净资产收益率 /%	26.58	21.83	—
人身伤亡事故 / 起	0	0	持平
工亡人数 / 人	0	0	持平
重伤人数 / 人	0	0	持平
轻伤人数 / 人	0	0	持平

四、企业管理

2017 年，在中铝集团统一部署下，九冶认真开展了问题梳理与整改专项工作，按照“查找主要管理问题形成问题清单、梳理重点问题形成整改决议、制定非重点问题整改方案”等要求，按时完成了各阶段的材料上报。

2017 年，九冶围绕“强化执行、精准管理”主题管理活动，强化企业管理。一是以扭掉“四种坏习惯”为抓手，坚持开展了管理问题“自查自纠”“降本增效”等工作。二是以市场营销为龙头，始终坚持“四轮驱动”营销战略,全年落实施工任务?亿元。三是以建设标准化示范工地为载体，持续推进施工管理标准化，创优质工程、创文明工地、创绿色施工示范工程、创新技术应用示范工程等“四创”工作。四是狠抓“两金”压降专项工作。五是加强员工队伍建设，九冶专门成立了网络培训学院，全年共组织各类培训 149 次，累计参培人员 4236 人次。

2017 年，九冶未发生生产安全事故及环境污染事故。九冶全年共对 158 名专职安全员进行了岗前培训，按照中铝集团要求，开展安全环保质量强基固本行动。两级公司领导带头进车间、到项目、下班组，带领班组共同梳理在安全环保质量方面存在的问题，并立行立改，对实现全年安全生产发挥了重要作用。2017 年，九冶获得国家级优质工程 1 项；获省部级优质工程

10 项，其中：长安杯 1 项，冶金优质工程 4 项；全国优秀焊接工程 3 项；陕西省冶金优质工程 1 项，省级优质结构工程 1 项。

五、科技创新

2017 年，九冶科技创新投入 22985 万元，主要包含企业内部的日常研发经费支出及当年形成于研发的固定资产支出等。重大科技项目包括：工程用铝、企业级 BIM 平台建设、1100 兆瓦超超临界锅炉钢结构制造等项目。科技研发项目在工程上应用关键技术 10 项，其中 4 项为国内领先水平，5 项为国内先进水平，1 项为行业领先水平。

2017 年，九冶通过国家级企业技术中心认定。年内取得部级工法 9 项，形成关键技术 10 项，发明专利 1 项，实用新型专利 6 项。

2016 年科技创新数据表

表 154

科技创新投入/万元	申请专利/件	授权专利/件	科技人员占比/%
22985	10	7	23.46

六、企业改革

2017 年，九冶按照中铝国际企业法人压减和管理层级压减工作的总体安排和要求，对下属的山东九冶建设有限公司、郑州九冶海联机电设备有限公司、河南九冶钢结构有限公司、河南九冶建筑物资租赁有限公司、安康市九冶畅佳力混凝土有限公司等五个子公司采取了股权转让、工商注销的方式，完成了企业法人压减和管理层级压减的工作。

七、党建与企业文化建设

2017 年，九冶党委深入学习宣传贯彻十九大精神。加强基层党支部建设，切实开展“标准化党支部”创建活动。全年建成 15 个标准化党支部、党员先锋岗近 90 个。

持续改进干部管理，规范干部选任程序。全年共调整干部 30 人次。以考核促进干部队伍建设。两级公司党委全年共谈话 83 人，推荐基层班子后备干部 24 名，推荐机关处级干部 6 名，考察组形成专项报告 6 份。抓好青年干部（人才）队伍培训工作，形成人才梯队。

结合实际开展形势任务教育，两级公司根据 8 个宣讲课题，总计组织宣讲 60 余场次，听讲员工约 2000 人次。抓好新闻宣传舆论导向，正面引导职工群众。九冶被咸阳市国资委、陕西新闻工作者协会企业报分会分别评为“宣传工作先进单位”。

稳步推进企业文化建设。由九冶编写的《诚信大旗飘扬在黄河畔》被中国铝业公司评选为“十大诚信典型案例”；征集“九冶故事”27 篇并汇编成书；《九冶志》完成初稿撰写工作；举办了“爱厂如家多奉献 立足岗位展风采”庆“五一”慰问演出活动、“最美员工，筑梦九冶”第五届职工摄影艺术展、“青春共筑九冶梦，降本增效做贡献”第六届青年演讲赛。

八、履行社会责任

2017年，九冶积极履行社会责任。参与企业所在地咸阳市创建“全国文明城市”活动；开展“关心关爱”活动，全年共慰问困难劳模及职工76人，困难党员60人；开展互助保障计划，1000余名员工参加了互助保险计划；为职工排忧解难，成立红白理事会，全年共为20多名青年职工筹备喜事，协助10多个去世家属办理丧事；做好安全环保工作，全年未发生环境污染事件，未发生工亡事故，无重大道路交通及以上事故，无职业病新增病例，千人负伤率为零；积极组织技术比武，由九冶选送的四名选手在陕西省职业技能竞赛中获得电焊工专业团体第一名。

九、重要记事

5月22日，九冶召开第三届股东会第一次会议，审议通过《九冶建设有限公司2016—2020年发展战略规划》。

6月1日、8月13日，国务院国资委国有重点大型企业监事会主席李志群，中铝公司党组书记、董事长葛红林分别到九冶调研。

6月19日，九冶建设网络培训学院及各基层公司培训分院正式成立并开通。

8月，九冶荣登“2016年度中国建筑业成长性200强企业”榜单，名列第六位。

2017年，九冶通过国家级企业技术中心认定，成为咸阳市首家建筑企业通过认定的单位。

是年，九冶信息化工作荣获中铝国际总裁特别奖。

是年，九冶承建的勉县综合医院工程获得2016—2017年度国家优质工程奖。

撰稿 / 罗拱北

审核 / 张全万

中国有色金属工业昆明勘察设计研究院有限公司

一、基本情况

中国有色金属工业昆明勘察设计研究院有限公司（简称昆勘院）（英文名Kunming Prospecting Design Institute Of China Nonferrous Metals Industry Co.,Ltd）成立于1953年，是集勘察（查）、设计、施工、咨询研究为一体的大型综合甲级工程勘察设计研究单位。曾先后隶属于重工业部、冶金部、中国有色总公司，国家有色工业局，云南省人民政府，云铜集团，现隶属于中国铝业集团之中铝国际工程股份有限公司。

昆勘院拥有工程咨询、建筑设计、冶金行业设计、工程勘察、地基与基础工程，地质勘查，地质灾害评估和勘查、设计、施工，工程测绘，工程检测、地下水资源开发、环境保护行业污染治理，土工试验，施工图审查等各专业资质证书22本、资格认定4个，备案1个，共涉及56个专业资质范围，其中甲级（含一级、一类）资质、资格证书13本。

经营范围：建筑工程设计；冶金行业设计；工程地质和水文地质勘察及凿井；工程测量、不动产测绘、摄影测量与遥感、地理信息系统工程、测绘航空摄影及监理；不良地质条件的处理，地球物理勘探，水、土、岩试验；矿产地质调查、勘查；水文地质、工程地质和地球物理勘查；地质测绘；地质勘探工程；岩石、矿物、土地及水质的分析、化验、鉴定与测试，工程咨询、地质灾害危险性评估、地质灾害治理工程勘查、设计施工，城市规划编制；地基与基础工程专业承包壹级；水工建筑物基础处理工程专业承包叁级；承担高速公路路基、标准公路和独立大桥的施工。

兼营范围：钻探机具修理及设备加工，测绘仪器及计算机修理，勘察，设计的技术咨询，技术培训。承包水文地质，工程地质钻探，水井，地热井钻井，桩、基础工程，软弱地基基础处理工程，特种钻探工程，验桩工程；土石方工程专业承包；特种专业工程专业承包；矿山机械销售，机电设备销售，地理信息系统及数据库建设，工程监理，无人飞行器航摄，计算机软硬件开发、设计与技术咨询，信息系统集成。

通讯地址：云南省昆明市东风东路东风巷1号。

邮政编码：650051。

2017 年基本数据表

表 155

资产总额 / 亿元	负债率 /%	员工总数 / 人	平均年龄 / 岁	学历结构 / 人	
5.18	44.80	694	38.97	中专及以下	88
				大学专科	121
				大学本科	395
				硕士及以上	90

二、组织机构

（一）领导班子

赵志锐　执行董事、总经理、党委副书记

袁小军　党委书记、工会主席

刘文连　党委委员、副院长、副总经理、总工程师

邹国富　党委委员、副院长、副总经理

周　罕　党委委员、副院长、副总经理

段小清　党委副书记、纪委书记

吴　昊　党委委员、副院长、副总经理

杨征俊　党委委员、财务总监

（二）机构设置

1. 机关职能部门。党政办公室、人力资源与资产管理部、财务部、生产技术部、市场开发部、安全环境部、党群工作部、纪检监察部。

2. 生产经营部门。划分为三个板块，即：传统板块、设计板块和资源板块，及直属驻外分院。

传统板块：恒基岩土工程公司、地质与环境工程院、岩土勘察分院、测绘分院、第五分公司、实验中心、勘测物探公司、呈贡分公司、地质工程公司、第一分公司、地下水资源公司、仁和工程公司、工程勘测院、地下空间开发工程公司。

设计板块：设计分院、建筑分院、矿冶分院。

资源板块：地质研究院。

驻外分院：海南分公司、深圳分公司、攀枝花（西昌）分公司、北方分公司、红河分公司、迪庆分公司（普朗指挥部）、广西分公司、普洱（版纳）分公司、贵阳分公司。

3. 其他。事业部：投融建事业部。

运营管理中心：施工图审查中心、矿山技术中心、后勤服务中心。

全资或参股公司：昆明勘察院科技开发公司、迪庆兰宝灵矿业有限公司。

三、生产经营

2017 年，昆勘院取得了历史最好的经营业绩：实现内部市场全覆盖，新开拓了重庆、成都等区域市场；开展金属矿山地下复杂采空区调查评价治理等综合技术研

究，主动开拓新的业务市场，提升工程技术服务的附加值；中标普朗铜矿采样分析化验和尾矿库生产运行管理两个服务项目，初步实现了从工程建设服务到生产运行管理的转变，促进了业务链的有效延伸；完成普朗铜矿尾矿库点渗排险治理总承包任务，实现了社会效益和经营效益的双丰收。

主要指标表

表 156

指标名称		2016年	2017年	同比增长 /%
主要产品产量	合同额 / 亿元	10.53	11.3	7.31
工业产值 / 亿元		8.70	10.19	17.13
销售收入 / 亿元		7.18	8.28	15.32
利润额 / 亿元		0.42	0.31	−26.19
纳税额 / 亿元		0.50	0.46	−8.00
净资产收益率 /%		15.94	7.42	—
产值劳动生产率 / 千元 · 人		1116.67	1306.41	—
人身伤亡事故 / 起		0	0	0
工亡人数 / 人		0	0	0
重伤人数 / 人		0	0	0
轻伤人数 / 人		0	0	0

四、企业管理

2017 年，昆勘院质量、环境、职业健康安全管理体系进行了 2017 版的换版工作。7 月 10—21 日昆勘院进行了三大体系内审；10 月 23—25 日公司进行了三大体系外审。

8 月 16 日，昆勘院发布《审核人、审定人管理及考核办法（修订稿）》《工程项目技术质量管理办法（修订稿）》《专业专职副总工程师岗位职责及考核办法责及考核办法（修订稿）》《优秀工程项目及成果奖评选办法（试行）》。

2017 年度，昆勘院以安全发展、绿色发展、质量强企理念为指导，对照世界一流勘察设计企业，坚持“抓重点、补短板、强弱项”的工作思路，推进“领导进班组 全员查隐患”专项安全活动，加大承包商安全管控工作力度，夯实基础管理。

五、科技创新

2017 年，昆勘院投入科技经费 2576.02 万元，占企业总销售收入的 3.18%。全年实现科技创效约 800 万元。

“K-TEM 智能航空瞬变电磁测量仪开发”取得实质性突破，带动昆勘院采空区调查技术与业务的全面提升；“强力螺旋灌注桩新型桩机及其施工工法”，成功应用于遵义、海口等地区施工项目。

昆勘院承担的重大科技项目进展情况：云南省科技厅《云南羊拉铜矿深部和外围成矿规律及增储研究》项目，完成了成果资料的编制工作。通过对羊拉铜矿床的地质特征、地球化学、矿床成因、成矿规律、成矿模式进行系统深入的研究，建立了羊拉铜矿 DTM 地形模型、地质模型、矿体的块段模型，指导找矿工作，在羊拉矿区共探获铜资源（111b+122b+332+333）矿石量 570.42 万吨，金属量 66024.05 吨，预测 334 类铜金属资源量约 26 万吨。云南省科技厅《金沙江结合带铜、金多金属矿床成矿规律及综合勘查评价技术研究与示范》项目，完成外业工作，开展成果资料的编制工作。承担的赵鹏大院士、吴爱祥专家工作站通过省科技厅阶段性考核；云南省科技厅创新试点企业平台建设项目通过验收。

2017年，昆勘院申报专利7项，5项获得授权。申获软件著作权5项。昆勘院被正式授予“云南省创新型企业”称号。

2017年科技创新数据表

表157

科技创新投入/万元	申请专利/件	授权专利/件	科技人员占比/%
2576.02	7	5	14

六、深化改革

2017年，昆勘院按照中铝党组将昆勘院转让至中铝国际的总体部署，全面按期完成改制、转让各项工作。5月正式改制为有限公司，12月完成转让至中铝国际各项工作。

七、党建与企业文化建设

（一）党建工作

昆勘院有限公司党委有基层党组织29个，其中党总支2个（含机关党总支和离退休党总支）、基层党支部27个；党员420人，其中在职党员260人，离退休党员160人。2017年，岩土工程施工党支部荣获了云铜集团“先进基层党组织”荣誉称号。

2017年，昆勘院党委在上级党委的正确领导下，深入贯彻落实全面从严治党要求，紧紧围绕“改革突破年”各项目标任务，按照年初制定的“1158”党建工作思路，围绕生产经营中心，充分发挥政治核心作用，落实党建责任、党风廉政建设责任、安全生产党政同责三项责任，认真组织学习宣传贯彻党的十九大精神；持续深入推进“两学一做”学习教育；认真开展“两带两创”活动；不断夯实“双基”，助推党建工作上新台阶；完成党委委员补选和基层党支部换届选举工作；做好党组织和党员档案排查工作；开展督导检查和考核；组织“两优一先”评选工作；加强干部队伍建设；落实“两个责任”强化执纪问责等重点工作，扎实推进思想建设、组织建设、作风建设、党风和反腐倡廉建设、人才队伍建设和制度建设，党风、企风得到好转，纪律和规矩意识得到加强，党内基础管理工作有了明显改善，干部职工干事创业的氛围初步形成，为公司提质增效、转型升级提供了坚强的政治保证。

（二）企业文化建设

2017年，昆勘院在内网上开辟了“改革突破”“两学一做‘新常态’”“新时代新使命新征程”“安全环保质量大行动”“科技创新”“再创新业绩喜迎十九大”等系列专栏，发掘报道深度，提升报道质量，强化宣传效果，弘扬了昆勘院改革突破的正能量。

利用宣传展板及时强调昆勘院阶段性重点工作和亮点的同时，为适应昆勘院项目分散、点多面广战线长的特点，2017年利用微信公众号及时向分散在全国各地的职工推送了45期重要信息。

对各部门企业文化工作明确联络人，建立了企业文化（宣传）工作群，对昆勘院文化手册、宣传册等开展再版修订工作。

（三）群团工作

技能比赛。选派昆勘院技术人员参加云南省总工会举办的比赛，筹备参与“云岭职工第十四届技术技能大赛”及“土工技术技能比武”，开展技术技能劳动竞赛。

工会工作。做好“送温暖”和日常性帮困服务工作，共慰问困难职工、困难劳模、农民工和生病住院职工32人次。工会组织昆勘院全体在职、离退休职工体检共826人次。组织参加行业协会的“勘察设计杯”羽毛球赛、第七届“勘察（查）设计杯”篮球赛、云南省2017“勘察设计杯”行业足球赛等活动。

共青团工作。制定并下发了《2017年共青团和青年工作要点》，签订2017年团内工作目标责任书，开展青年典型选树表彰活动。各基层团支部开展“一学一做”教育实践、“青年之声”网上共青团平台、“师带徒”活动、青年职业生涯导航活动、青年创新工作站创建、青年交流会活动、新员工入职拓展活动。

八、履行社会责任

2017年，昆勘院成立了社会责任工作领导小组，开展企业社会责任各项工作，全年多次组织社会责任培训，并开展4个社会责任工作课题的研究工作。

昆勘院再次荣获盘龙区“纳税突出贡献企业”荣誉称号。

鲁甸“8·3”地震和景谷“10·7”地震发生后，昆勘院第一时间投入震后应急排查工作，并对排查乡镇承担3年的包保责任，2017年昆勘院派出专家组对鲁甸县的中小型次生地质灾害点进行防治工程前期现场核查等工作。

2017年，工会医疗互助130人次，发放互助金约103120元。做好在昆离退休人员生日蛋糕卡的发放工作，并安排车辆接送离退休人员体检。

九、重要记事

1月4日，昆勘院取得云南省国土资源厅颁发的地质勘查乙级资质证书（证书编号：53201711100007），至此，昆勘院地质勘查资质液体矿产勘查，水文地质、工程地质、环境地质调查，地球物理勘查，地质坑探，地质实验测试（岩矿测试）五个专业均达到乙级资质。

3月，经第四届“全国有色金属行业工程勘察设计大师”评选，昆勘院副总工程师董柱、闫鼎熠荣获“全国有色金属行业工程勘察大师”荣誉称号。截至2017年底，昆勘院共有1名国家级勘察大师，11名省部级勘察大师。

5月，昆勘院完成改制，从全民所有制

改为有限责任公司。

8 月 18 日，昆勘院有限公司取得了云南省住房和城乡建设厅颁发的施工图设计文件审查机构认定书（勘察一类）。

9 月 25—29 日，昆勘院有限公司主编的有色行业《灌注桩基础技术规程》等四项标准顺利通过评审。

12 月 27 日，昆勘院有限公司参赛团队，参加云南省首届工程勘察与岩土工程技术人员技术技能大赛传捷报，包揽了大赛团体一等奖及大赛状元荣誉。

12 月，昆勘院并入中铝国际工程股份有限公司。

撰稿 / 管力瑶

核稿 / 雍伟勋

中铝山东工程技术有限公司

一、基本情况

中铝山东工程技术有限公司（简称山东工程）是中铝国际控股子公司。注册资本2.74亿元，资产总额12.83亿元。

2014年8月中铝山东有限公司整合所属设计院、恒成机械制造厂、中铝万成山东建设有限公司、信息技术中心等资源，组建成立中铝山东工程技术有限公司。2017年7月1日划归中铝国际托管，同年11月27日完成股权变更及工商变更，正式由中铝国际统一管理。

山东工程以“核心设计、核心施工、核心制造＋社会协作”为主要运营模式，具有“研发、设计、制造、建安、信息”的系统集成优势。拥有工程咨询甲级资质，建筑工程乙级、冶金行业乙级设计资质；冶金工程施工总承包壹级，建筑工程总承包、石油化工工程施工总承包、防水防腐保温工程专业承包、钢结构工程专业承包、建筑机电安装工程专业承包贰级资质；一、二类压力容器制造许可。

通讯地址：山东省淄博市张店区南定镇五公里路1号。

邮政编码：255000。

2017年基本数据表

表158

资产总额/亿元	负债率/%	员工总数/人	平均年龄/岁	学历结构/人	
12.84	74.07	966	43.01	高中（技校）及以下	429
				大学专科	199
				大学本科	297
				硕士及以上	41

二、组织机构

（一）领导班子

徐　勇　党委书记、执行董事、纪委书记

张文博　党委副书记、总经理

王　志　副总经理兼设计院院长

刘　强　副总经理

张新红　财务总监

（二）机构设置

专业管理部室：综合管理部、财务部、市场开发部、企业管理部。

二级单位：设计院、恒成机械制造厂、中铝万成山东建设有限公司。

三、生产经营

自 2017 年 7 月正式划归中铝国际托管以来，山东工程在下属单位减少的情况下（原工业服务中心和山东铝业设备研究检测中心未随公司划转），紧盯全年目标任务，积极调整和适应中铝国际的管控要求和经营考核重点，加快推动产业结构升级，不断拓展外部市场和业务渠道，实现了安全文明生产，保持了持续向好的发展态势。

主要生产经营指标表

表 159

指标名称	2016 年	2017 年	同比增长 /%
销售收入 / 亿元	16.62	12.65	−31.38
利润额 / 亿元	0.41	0.39	−5.13
纳税额 / 亿元	0.52	0.53	1.89
净资产收益率 %	8.92	8.11	—
人身伤亡事故 / 起	0	0	持平
工亡人数 / 人	0	0	持平
重伤人数 / 人	0	0	持平
轻伤人数 / 人	0	0	持平

四、企业管理

山东工程于 2017 年 7 月 5 日成功组织召开了第一次党代会，选举产生了第一届“两委”委员和党委书记（副书记）、纪委书记；如期平稳完成了班子构建、部门增设和事业部调整等工作。按照中铝国际和山东企业的要求，制定了涵盖财务、企业管理、党建等内容的 13 项管理制度，逐步规范完善了各项专业管理，实现了与中铝国际各项管理工作的顺利对接。

（一）安全环保基础扎实

2017 年，山东工程聚焦“零工亡”目标，开展了安全环保质量全面大动员、大清查、大整改强基固本行动，清查出安全问题 36 处，建立完善了安全生产风险分级管控和隐患排查治理两个体系建设。

（二）质量提升效果明显

2017 年，山东工程不断完善质量预防控制体系，强化过程监督控制，质量提升效果明显。中铝万成山东建设有限公司承担的“中铝山东有限公司关小上大建设背压机组工程”，荣获“中国有色金属工业（部级）优质工程”；承建并申报的中铝山东有限公司“10 万吨功能新材料项目”，通过了中国有色金属工业（部级）优质工程专家评审委员会现场复审。

（三）人力资源建设稳步推进

根据山东企业要求扎实开展了《清理闲官、清退旷工、整顿劳动纪律专项行动》，全面排查各类长期不上班人员（含内部劳动市场），对旷工人员进行了集中清退，对内部劳动力市场人员进行了再安置，整顿劳动纪律，规范和加强员工管理工作。对 2017 年新入职的 57 名优秀大学毕业生，制定了丰富实用的实习计划，实施定向培养和全方位培养相结合，为山东工程的发展注入了新的生机和活力。

（四）财务管理日趋规范

山东工程在严格执行年度财务预算和实收利润周预测的基础上，认真梳理各类财务规章制度和管理规定，讨论修订了《差旅费报销管理办法》等制度，建立了项目结算收入台账、重大项目承揽台账，强化了对各单位的预算管控和追踪预警，统筹规划资金使用，加快构建新的财务管控模式，通过每日统计资金收付明细、出具翔实的资金日报，及时掌控每日的资金收付情况。根据中铝国际对项目毛利率提出的新标准，严控项目收益风险，正逐步从单纯追求市场规模经济向项目可行性获利方式转变，统筹考虑项目成本收入的配比，对项目毛利率水平进行严格审核，严控项目财务风险。

六、科技创新

2017 年，山东工程科技研发投入 1959.42 万元，申请专利 3 项，获得软件著作权 5 项。内部征集“金点子、银点子”合理化建议，评选出 15 个优秀合理化建议，其中“滚圈热处理工装设计”获中国铝业集团 2016—2017 年度“金点子”合理化建议荣誉称号。“微细粒低铁赤泥高效分选关键技术产业化”获得中国有色金属工业科学技术奖三等奖。

2017 年科技创新数据表

表 160

科技创新投入／万元	申请专利／件	授权专利／件	科技人员占比/%
1959.42	3	0	17.67

七、深化改革

山东工程原所属单位工业服务中心和山东铝业公司设备研究检测中心划归中铝山东有限公司管理。

2017 年 7 月 1 日，山东工程正式划归中铝国际工程股份有限公司托管，11 月 27 日完成股权变更及工商变更，正式由中铝国际工程股份有限公司统一管理。

八、党建工作

2017 年 6 月 22 日，经山东铝业公司党委批准，山东工程党委成立。山东工程党委深入学习贯彻党的十九大精神，结合企业实际，组织 12 名党员干部参加学习习近平新时代中国特色社会主义思想的宣讲、研讨、培训；各级领导主动深入基层党支部带头讲党课；坚持“三重一大”事项集体研究决策制度；严格履行党建工作“一岗双责”，实现了党建工作与业务工作同规划、同部署、同检查、同考核；规范各单位党务部门设置，完善“灯塔党建”综合管理服务平台，确保 e 支部全面开通和党员 100% 注册率；召开以“学习廖俊波、黄大年同志先进事迹”为主题的学习会，组织观看《榜样》教育片作为推进“两学一做”学习教育常态化、制度化的重要内容；设立党员责任区22个、党员先锋岗9个、党员突击队4个等共计40项创效项目、33个创新项目；组织新进大学生代表参加山铝团委组织的“青年徒步 悟性十九大”；扎实开展了问题梳理及整改专项工作，实现了“查问题、促整改、求实效”的目标。

九、履行社会责任

山东工程始终坚持企业的发展和履行社会责任相结合，2017年重点做好关心孤寡老人、关爱困难职工、公益捐款等工作。

定期帮助社区孤寡老人进行卫生清扫等家务，节日送去救助物资。

开展“汇聚爱心 助力扶贫”为主题的“慈心一日捐”活动、爱心公交充值活动、困难职工帮扶救助等活动，全年走访慰问困难职工7户，救助金额7500元；“慈心一日捐”共捐款84220元。

深入实施“送温暖工程”，职工互助储金会共救助职工3人，共计救助资金8000元；看望生病住院职工53人，发入慰问金11189.2元；申报意外伤害5人，赔付约1875元。

开展“金秋助学”活动，为11名高考职工子女发放了纪念品拉杆旅行箱。

组织团员青年参加无偿献血活动，激发青年团员社会责任。

十、重要记事

7月1日，山东工程划归中铝国际工程股份有限公司托管。

7月5日，山东工程成立党委并召开第一次党员代表大会，选举产生第一届党委委员、纪委委员，党委书记、党委副书记、纪委书记。

7月26日，山东工程召开2017年年中工作会议。

7月29日，在中铝国际总部召开山东工程加入中铝国际欢迎大会暨管理目标责任书签字仪式。

10月31日，中铝国际董事长贺志辉到山东工程调研。

11月27日，山东工程完成股权变更及工商变更，正式由中铝国际统一管理。

12月7日，山东工程深化领导改革小组成立。

撰稿／孟芮宇

中铝资产经营管理有限公司

一、基本情况

中铝资产经营管理有限公司（以下简称中铝资产）是中国铝业集团有限公司的全资子公司，成立于2013年4月，注册资本1亿元。所属企业共27户。截至2017年12月31日，资产总额247.64亿元，负债总额110.2亿元，资产负债率为44.5%；在岗职工1.4万余人，在册职工2.6万余人。

中铝资产主要承担中铝集团的非主业资产和受托管理企业资产的经营管理职责，按照“改革、减震、盘活、增利”的定位，对这些资产进行专业化经营、管理和处置，推进改革改制，盘活存量资产，整合优势资源，实施转型发展，形成新的利润增长极。

中铝资产所属企业工业产品共有12大类100多种，涉及工业润滑油、耐磨材料、耐火材料、过滤材料、化工产品、絮凝剂产品、建筑材料、碳素制品、铝加工、包装产品、劳保工装、装备制造等。在工业服务领域实力突出，具有为氧化铝、电解铝、铝加工、铜冶炼、铜加工企业提供生产运营、机修检修、系统诊断、技术改造、工程设计、监理与施工等全产业链的工业服务能力。

中铝资产的发展目标是按照“主业化、专业化、市场化”的方向，突出抓好“4+X”产业布局，加快升级发展，做好中铝集团提质增效的排头兵、改革创新的施工队和创新发展的生力军，开创高质量发展的新局面，为中铝集团实现具有竞争力的世界一流企业作出新的更大的贡献。

2017年基本数据表

表161

资产总额/亿元	负债率/%	员工总数/人	平均年龄/岁	学历结构/人	
247.67	44.5	25743	43	中专及以下	8453
				大学专科	3096
				大学本科	2404
				硕士	167
				博士及以上	1

二、组织机构

（一）领导班子

吴茂森　执行董事、党委书记、总经理
石宇权　副总经理、总法律顾问
徐子彪　财务总监
张建业　副总经理
韩自强　纪委书记
郭　欣　副总经理、工会主席
张　轶　副总经理

（二）本部部门

综合部（党群工作部）、财务部、资产经营部、安全生产管理部、地产开发部、市场开发部、纪检监察工作部。

（三）二级单位

全资子公司：山东铝业有限公司、中国长城铝业有限公司、贵州铝厂有限责任公司、中铝山西铝业有限公司、平果铝业有限公司、河南中州铝厂有限公司、青海铝业有限责任公司、兰州铝厂有限公司、兰州连城铝业有限责任公司、郑州轻金属研究院有限公司、沈阳华汇资产管理有限公司、贵阳铝镁资产管理有限公司、珠海长冶资产经营管理有限责任公司、洛阳有色金属加工设计研究院有限公司、湖南长勘商贸发展有限公司、郑州中铝建设开发有限公司、山西十二冶资产管理有限公司、中铝工业服务有限公司、中铝润滑科技有限公司、遵义华通就业服务有限公司、永济市华圣就业服务有限公司、白银华鹭就业服务有限公司。

控股公司：中铝投资发展有限公司、甘孜州银峰矿业有限责任公司。

托管公司：包头铝业（集团）有限责任公司、中铝科学技术研究院有限公司、中铝河南铝业有限公司。

三、生产经营

2017 年，在习近平新时代中国特色社会主义思想指导下，中铝资产全面贯彻中铝集团的决策部署，聚焦破解发展难题和提升可持续发展能力，突出抓好经营增盈、改革减负、内部交易等重点工作，经济效益稳步提升，发展质量不断提高，全面完成了年度的各项工作任务。

2017 年，中铝资产全年共实现利润 8.7 亿元，超年度确保目标 4.7 亿元，超年度奋斗目标 7000 万元，分别完成确保目标和奋斗目标的 218% 和 109%。生产经营利润大幅增长，全年完成 4.7 亿元，完成年度奋斗目标的 118%。生产经营业务收入 112 亿元，同比增加了 24 亿元，首次突破百亿大关。

1. 运营质量大幅提高。运营质量和管理质量全面向好，2017 年末资产负债率 44.57%，同比降低 5.17 个百分点，较年度考核目标降低 3.64 个百分点，经营性现金流净流入 4.16 亿元，较年度考核目标增加 8.2 亿元。存货周转天数为 110 天，优于中铝集团下达的存货周转天数 112 天的目标。

2. 盈利能力全面增强。所属三级企业全部实现盈利，其中 17 户企业完成年度奋斗目标，2 户企业完成年度确保目标。企业盈利水平大幅提高，4 户企业盈利 5000 万元以上，8户企业盈利千万级以上。其中：山东铝业实现生产经营利润1.2亿元，率先突破亿元大关；中铝工服营业收入和利润同比大幅增长，是中铝资产业绩和营业规模成长最快的企业；长城铝业实现利润8070万元，达到奋斗目标的336%，对比预算完成情况最好；山西铝业同比消除3户亏损企业，亏损面得到全面治理，扭亏增盈2787万元；贵州铝厂两金压降3.97亿元。

3. 行业配套产业集群雏形初显。氯碱、水泥、包装袋、工装、润滑油、氮化硅砖、钢球、絮凝剂、滤布等传统产品，以及检修维护、建安施工、装卸运输、设计清理等工业服务业务的实力不断壮大。氮化硅砖、无损打壳锤、氧化铝专用阀门等新增产业快速达产达标，平果铝业阳极组装配套项目、碳素焙烧系统配套项目和长城铝业赤壁炭素一期项目、那茂码头项目按期投产和快速推进，为行业配套产业集群发展注入了生机和活力。走出国门实现新突破，中铝工服与印度韦丹塔（VEDANTA）电解铝厂签订了4000万元的工业服务合同。行业配套产业集群在创收增效方面的作用更加显著，2017年生产经营业务收入和利润占比分别达到了45.5%和52.4%。

主要生产经营指标表

表162

指标名称	2016年	2017年	同比增长/%
工业总产值/亿元	51.32	51.77	0.88
销售收入/亿元	98.22	111.78	13.81
利润额/亿元	37.15	0.9	−97.58
所有者权益/亿元	126.96	137.46	8.27
纳税额/亿元	9.26	8.06	−12.96
净资产收益率%	36.64	−0.14	—
产值劳动生产率/千元·人	249	174	—
人身伤亡事故/起	1	0	−100
工亡人数/人	1	0	−100
重伤人数/人	1	0	−100
轻伤人数/人	0	0	0

四、板块建设

（一）党的建设全面加强

2017年，中铝资产认真落实党组织研究前置要求，完成党建工作入章程，全面落实党建工作责任制，保障党委“把方向、管大局、保落实”。以提升组织力为重点，夯实党建基础，制订并严格落实双百分制考核，抓好“两学一做”常态化制度化。持续加强党建与经营工作的紧密结合，以生产经营业绩提升、内部市场交易增长等为重点，突出抓好“两带两创”活动。完善党风廉政建设工作机制，明确责任清单，推进落实“两个责任”向基层延伸。强化廉洁教育，开辟廉洁教育新阵地，及时宣贯中央和中铝集团党风廉政建设精神，加强对干部的日常谈话提醒。严格落实中央八项规定精神，营造风清气正的良好氛围。

（二）资产盘活成效显著

扎实开展矿山土地盘活工作，山东铝业淄博工业园、山西铝业河津工业园区、长城铝业智能制造产业园等园区建设步入正轨，与政府的合作不断深入，项目引进和建设有序开展，盘活矿山及厂区腾退土地1500亩，招商引资8亿元，创造就业岗位1000多个。快速推进资本运作项目，资产经营和相关企业密切配合，完成深圳财务公司股权转让、贵州铝厂甘艳线土地收储等资本运作项目，实现资产盘活收益4亿元。其中，贵州铝厂将贵铝甘艳线铁路及赤泥管网沿线压覆土地和资产交由地方政府收储，实现盘活收益1.85亿元。

（三）企业改革大举推进

2017年，中铝资产全面完成24户全民所有制企业改革，提前一年完成了国资委划定的7户僵尸特困企业的处僵治困目标。采用关闭注销、股权转让、吸收合并等多种方式,完成13项压减任务。稳妥推进“三供一业”分离移交，提前完成40项框架协议的签订任务，推进剥离办社会职能，完成5户企业消防、8项社区管理、14项市政职能移交。完成23户厂办大集体企业改革，超年度考核指标8户。

（四）内部市场迅猛增长

在内部市场战略的支持下，中铝资产积通过加强营销管理、提升质量和服务水平，促进了内部市场跨越式增长。2017年累计实现内部市场交易额44亿元，较2016年增加27.5亿元，同比增长166%；较2017年计划的25亿元增加19亿元，计划完成率达到176%。“总对总”交易模式效果好，7大重点产品累计实现内部交易额7.22亿元，同比大幅增长270%。其中，山东铝业公司累计完成12.3亿元，首超10亿元大关；长城铝业积极进取，集装袋、过滤布、絮凝剂、备品备件等产品全面开花；中铝工服、中铝润滑实现大发展，交易额分别增长889%和326%。

（五）“三大攻坚战”全面打响

聚焦“零工亡、零污染、零次品”目标，结合问题清单梳理、整改，强化基础管理，全面打响强基固本“三大攻坚战”。开展板块内清理整顿，累计清理承包商83家。2017年签订15000余份“一岗双责”责任清单，实现全员全覆盖。持续开展督导检查，全年共检查企业40余家，发现隐患及违章1089项，整改完成991项，整改完成率91%。开展“小散乱污”整治,充分落实“河长制”。“高标准、严要求”开展环保整治，开展安全干净班组创建活动，评选出了山东铝业、长城铝业等10个示范班组。

五、重要记事

1月8日，中铝集团党组书记、董事长葛红林出席中铝资产“两学一做”学习教育专题民主生活会。

1月9日，中铝集团第五巡视组对中铝资产反馈政治巡视意见。

1月15日，在中铝大厦3003召开中铝资产2017年年度工作会。

3月1日，中铝资产启动问题梳理与整改专项工作。

4月，中铝资产召开加快推进全民所有制企业公司制改革工作视频会议，全面启动 24 户全民所有制改革任务。

6 月，中铝资产按照中铝集团工作部署，积极把党建工作写入公司章程，落实企业党组织在法人治理结构中的法定地位，实现党的领导和公司治理运行机制的有机融合和深度嵌入。

7 月 16 日，中铝资产召开 2017 年年中工作会，中铝集团党组书记、董事长葛红林出席会议，并对中铝资产下一步发展提出了要求。

7 月 30 日，中铝资产党委召开“一先两优”表彰大会，表彰先进党支部、优秀党务工作者和优秀共产党员。

8 月，中铝资产制订并印发《中铝资产经营管理公司关于开展安全环保质量“全面大动员、全面大清查、全面大整改”强基固本行动方案》，组织所属企业开展安全环保质量强基固本行动。

9 月 7 日，中铝资产党委召开全体党员大会，增补张建业为党委委员；中铝资产工会召开工会会员代表大会，选举郭欣为工会主席。

11 月 25 日，中铝资产由西直门搬迁至昌平区未来科学城中铝科学院。

11 月 27 日，中铝集团党组书记、董事长葛红林到中铝资产办公新址看望慰问干部职工，并听取中铝资产领导班子工作汇报。

11 月 30 日，中铝资产经营管理公司完成全民所有制企业公司制改制，更名为中铝资产经营管理有限公司。

12 月 8 日，中铝资产与中铝集团签订了增资中铝财务有限责任公司协议，增资总金额 28262.45 万元，增资后中铝资产持有中铝财务有限责任公司 4.76% 的股权。

12 月 20 日，中铝资产与港中旅酒店有限公司签订战略合作协议，拟在旗下 10 家自营宾馆、酒店开展相关合作。

12 月 27 日，中铝集团党组副书记、总经理余德辉到中铝资产看望慰问职工，听取中铝资产领导班子工作汇报，并为全体党员讲党课。

撰稿 / 王林涛

审核 / 杨永坤

山东铝业有限公司

一、基本情况

山东铝业有限公司（简称山东铝业）位于山东省淄博市张店区，于 1954 年 7 月 1 日建成投产。2017 年改制为全民所有制企业。

主要产品有水泥、液碱、液氯、铝型材、IC 卡等。

通讯地址：山东省淄博市张店区五公里路 1 号。

邮政编码：255000。

2017 年基本数据表

表 163

主要产品产能	资产总额 / 亿元	负债率 /%	员工总数 / 人	平均年龄 / 岁	学历结构 / 人	
水泥 330 万吨	32.45	61.75	1844	44.8	高中（技校）及以下	1033
烧碱 18 万吨					大学专科	305
					大学本科	443
液氯 16 万吨					硕士及以上	63

二、组织机构

（一）领导班子

张正基　党委书记、执行董事、总经理

蒋　涛　党委副书记（2017 年 7 月任职）

关晓光　党委副书记、工会主席（2017 年 3 月任职）

魏立新　财务总监

（二）机构设置

与中铝山东合署办公部室 5 个：总经理办公室、党委工作部、人力资源部、纪检监察审计部、工会（团委）。

专业管理部室：财务部、综合管理部、企业管理部。

二级单位：氯碱厂、铝加工厂、职业教育培训中心（职业学院）、特种材料厂、物业管理部、保卫部（人民武装部）。

子公司：山东山铝环境新材料有限公司、青岛博信铝业有限公司、山东山铝机电科技有限公司、淄博大地房产开发有限责任公司、中铝淄博工业园发展有限公司、淄博东山事业有限公司。

三、生产经营

2017年，山东铝业始终坚持扭亏脱困转型升级工作总基调，抢抓市场机遇，全力提产增效，深化改革改制，加快转型升级，开创了改革发展的崭新局面，创出了2008年金融危机以来最好业绩。

主要指标表

表164

指标名称		2016年	2017年	同比增长/%
主要产品产量	1. 折百烧碱/万吨	19.71	20.52	4.11
	2. 液氯/万吨	15.92	16.42	3.14
	3. 水泥熟料/万吨	190.02	208.08	9.50
	4. 水泥/万吨	316.32	300.45	−5.02
销售收入/亿元		24.19	24.19	24.19
利润额/亿元		3.71	3.71	3.71
纳税额/亿元		1.35	1.35	1.35
净资产收益率/%		42.38	42.38	—
人身伤亡事故/起		0	0	—
工亡人数/人		0	0	—
重伤人数/人		0	0	—
轻伤人数/人		0	0	—

四、重大发展项目

坚持高起点定位、高标准设计，统筹制定了山铝厂区、社区和中铝齐鲁工业园区“三位一体”、联动开发的系统规划方案，完成了园区一期、厂区及社区城市设计及重大项目初步规划，初步明确了园区开发的总体思路。

创造南海速度，开拓异地办学新局面。历经七个多月的建设，克服了诸多难以想象的困难，职业学院威海校区于2017年9月投入运行，8000余名师生正式扎根南海，山铝职教迈出了异地合作办学、打造全国领军式职业院校的关键一步。

五、企业管理

山东铝业聚焦经营管理的工作重点，精准发力，精细管控，形成了边算边干、边干边算的良好工作习惯。工作质量效率得到精准提升，夯实了盈利的基础。

1. 融合发展进步明显。主动加强与地方政府工作对接，市区镇三级政府对公司的改革发展给予了更多理解和支持，中铝齐鲁工业园建设有望加快步伐。与威海市及南海新区、阳泉市建立了协调沟通机制。借助中铝党校强化服务，与中铝兄弟单位建立了良好关系。认真做好党的十九大、全国、省市“两会”等重大会议、重要节点的信访维稳工作，实现了中铝党组提出的“零进京零群访”的目标要求；加强厂区、宿舍区治安保卫，保证了一方平安。

2. 市场运作成效明显。坚持利润最大化目标导向，动态调整产品结构，全年共销售氢铝70.7万吨，非冶金级氧化铝11.8万吨，比销售冶金级氧化铝增利1.3亿元。引入竞争机制，控制采购节奏，锅炉煤、冶金煤采购价格在中铝内部排名稳步提升；在波动的市场中寻找机遇，降低液碱采购成本259万元、纯碱采购成本367万元；通过市场运作，水泥售价提高 93 元 / 吨，精细氧化铝加权售价提高 417.45 元 / 吨；抓住政策机遇，成立售电公司，开展电力贸易业务。

3. 技术指标持续改善。推广岗位标准作业卡，规范了岗位员工操作行为；氧化铝综合能耗完成 275.06 千克标准煤 / 吨，排名行业前列；水泥熟料综合电耗创出历史最好水平；炭素产品质量、消耗、成本综合排名位列中铝第一名。质量管理水平稳步提升，氧化铝分解率完成 52.18%，获得中铝股份单项劳动竞赛第一名；−45 μ 氧化铝粒度优化了 5.6%；专氢白度指标提高 3% 左右。

六、科技创新

2017 年，科技研发投入 2.8 亿元，助力降本增效，并获得专利授权 7 项；借助研究院平台开展 14 项课题攻关；电子公司被评定为高新技术企业；环境新材料有限公司高端水泥中标青岛胶州国际新机场和日照山字河国际机场；精细氧化铝市场需求导向日趋明显，产品品质不断提升；通过市场引导、品质升级，非冶金级氧化铝实物量占氧化铝系列总实物量比例首次超过 50%，产品结构调整迈出历史性步伐。

七、深化改革

山东铝业公司、设备检测中心完成公司制改革分别更名为山东铝业有限公司、机电科技有限公司；山铝宾馆变更为公司分支机构。加快“三供一业”移交，先后与市自来水公司、国网淄博供电公司签订供水、供电分离移交正式协议，相关设施改造工作有序推进。与张店区政府设立的淄博新阳光热力有限公司签订了供暖和物业分离移交正式协议。

八、党建与企业文化建设

深入学习贯彻中共十九大精神。结合企业实际，开展了“百名书记宣讲十九大”“学习习近平新时代中国特色社会主义思想”等形式多样的宣讲、研讨、培训活动；企业各级领导主动深入基层党支部带头讲党课 200 余次；及时修订公司章程，明确了党组织在公司治理中的法定地位；坚持“三重一大”事项集体研究决策制度；严格履行党建工作“一岗双责”，建立了党建和生产经营双百分考核机制，实现了党建工作与业务工作同规划、同部署、同检查、同考核；健全了内部重大决策失职、渎职责任追究和倒查监管机制，针对执行不力情况分别与 7 名中层管理人员进行谈话；在岗员工 500 人以上的单位设立专职党委副书记和党群工作部，500 人以下的单位设立党政办公室；积极开展关爱员工送温暖活动，救助困难员工和社区居民共计 227 人、26.4 万元。

九、履行社会责任

一是按照省市政府退役士兵权益保障专

项工作要求，接收安置1名51岁的退役士兵。

二是加强民生建设：物业管理部为老年公寓投资70万元，增设电梯，免费安装大型净化器系统；山铝润溪水厂主导举办“润泽春蕾，共享阳光”大型爱心公益活动，并在全国高考期间为高考学子、家长和志愿者们赠送饮用水。

三是北大医疗淄博医院开展精准扶贫工作：减免困难患者周秀芝、王春英各5000元手术费，并赠送牛奶、鸡蛋以及5000元救助金。

四是积极响应国家绿色环保政策，率先执行“2+26”地区超低排放标准，全年投入1.2亿元，实施了水泥窑、焙烧炉、高温窑除尘脱硝等20余项环保治理项目；对铝土矿、煤炭、赤泥、石灰石、原盐等堆场进行封闭、棚盖和安装防尘网，抑制了无组织排放；全面建立了重点排污口“河长制”。累计减排二氧化硫、氮氧化物、粉尘140吨、410吨和234吨。

十、重要记事

7月1日，中铝山东工程技术有限公司正式划归中铝国际股份有限公司托管。

7月14日，中铝山东企业召开干部大会，宣布中国铝业公司党组和中国铝业股份有限公司党委关于调整山东企业领导班子的决定，蒋涛任中铝山东有限公司总经理，山东铝业公司党委副书记。

8月8日，中铝党校分别与山东省委党校，淄博市、济宁市、临沂市、聊城市委党校，胜利油田党校签订战略合作协议。

8月9日，“中铝党校党性教育基地”揭牌仪式在山东省临沂市委党校举行

9月29日，山东铝业职业学院威海校区建成投用，迎来首批4000余名新生。

9月30日，中铝齐鲁工业园铝基新材料产业一期项目举行开工仪式。

10月30日，人民日报内参部副主任罗庆华一行到中铝山东企业采访。

11月14日，中铝大学及分校成立大会暨揭牌仪式在山东铝业举行。

11月27日，山东铝业进行了全民所有制企业公司制改革，正式更名为山东铝业有限公司。

撰稿 / 刘绪睿

审核 / 张华军

中国长城铝业公司

一、基本情况

中国长城铝业公司（简称长城铝业）隶属于中铝资产经营管理有限公司。长城铝业是集生产、建设、科研、经营于一体的综合性国有独资企业。长城铝业前身是郑州铝厂，始建于1958年，1992年组建为中国长城铝业公司，2011年12月中国长城铝业公司、中国铝业河南分公司实行合署办公、一体化管理。2017年3月长城铝业与中铝矿业有限公司（原中国铝业河南分公司）实行一个党委领导，行政独立运行的管理模式。2017年12月，长城铝业完成了公司制改制。

营业范围：主要产品为水泥和碳素制品，兼营建筑安装、装备制造、物流贸易、信息技术、地产开发、环境监测、职业教育、后勤服务、餐饮住宿等业务。

通讯地址：河南省郑州市上街区厂前路28号。

邮政编码：450041。

2017年基本数据表

表165

主要产品产能	资产总额/亿元	负债率/%	员工总数/人	平均年龄/岁	学历结构/人	
水泥产能100万吨	26.9	66.5	2247	41	中专及以下	1213
碳素制品产能30万吨					大学专科	653
					大学本科	365
多品种氧化铝0.6万吨					硕士及以上	16

二、组织机构

（一）领导班子

董建雄　党委书记

王小平　党委副书记、总经理（2017年3月25日任职）

李忠良　纪委书记

江新民　副总经理

李世恩　副总经理

吴志伟　财务总监

（二）机构设置

机关部室：总经理办公室、党委工作部、人力资源部、财务部、企业管理部、纪检监察审计部、工会共青团部、工业园区办公室、综合部。

二级单位（分子公司）：水泥厂、后勤服务管理中心、保卫消防中心、职业技术学院、文化产业发展公司、新闻中心、河南新长城实业有限公司、河南中铝建设工程有限公司、河南中铝检测技术有限公司、郑州铝城实业开发公司、河南中铝装备有限公司、河南长兴实业有限公司、河南长城众鑫实业股份有限公司、河南长城物流有限公司、河南长城信息技术有限公司、银都宾馆、广州冶炼厂、赤壁长城炭素制品有限公司、河南中铝社会服务有限公司、郑州长城铝业炭素股份有限公司、郑州银建房地产开发有限公司，郑州长铝华素机电有限公司。

三、生产经营

2017 年，长城铝业完成了 2017 年目标任务，生产经营呈现良好发展势头。长城铝业实现经营性盈利 8069 万元，超出预算目标 6069 万元，超出奋斗目标 5669 万元。

长城铝业承接了山东沂兴项目制作安装合同 3076 万元，打开了集团外部碳素行业制作安装市场；发挥专业优势，中标太康县公共自行车和东兴电解铝管控一体化等项目，合同额 1419 万元；新增恒大保险和田管中心两家长期大客户，为未来稳定经营提供了保障。

主要指标表

表 166

指标名称		2016年	2017年	同比增长/%
主要产品产量	水泥/万吨	67.3	79.13	17.28
	碳素制品/万吨	12.97	22.94	76.9
工业产值/亿元		4.52	8.01	77.21
销售收入/亿元		14.50	17.20	18.69
利润额/亿元		1.95	0.11	−94.11
纳税额/亿元		0.73	1.10	51.02
净资产收益率/%		24.95	0.56	—
产值劳动生产率/千元·人		209	356	—
人身伤亡事故/起		0	0	持平
工亡人数/人		0	0	持平
重伤人数/人		0	0	持平
轻伤人数/人		0	0	持平

四、重大发展项目

重大项目情况

表 167

项目名称	设计规模/万吨·年	投资规模/万元	当年完成投资额/万元	年内项目建设形象进度
赤壁长城炭素制品有限公司扩产预焙阳极项目	10	19939.66	63	12 月中旬开工建设

五、企业管理

2017 年，长城铝业严格落实安全环保法律法规，以及国家、省市及中铝公司安全环保工作要求，牢固树立红线意识和底线意识，强化安全环保管理。深入推进安全环保质量强基固本行动，完成全级次动员工作。落实领导网格化包保责任，每周编发强基固本简报，推动行动开展。完成了第一阶段的大清查工作，分别梳理出 129 个安全问题点、28 个环保问题点、6 个质量问题点，已完成整改 120 项。

长城铝业加强风险管控，落实重点专项工作。补充调整了各分子公司财务主管，并实施集中管理，完成财务账户清查清理，提升经营风险管控能力。成立长期应收账款清欠办公室，应收账款对比年初下降 7775 万元，存货对比年初下降 1.72 亿元，超额完成“两金”压降目标。成立非经营性房产问题专项整改小组，积极盘活闲置资产，获得非经营性房产处置收益 1432 万元，解决土地遗留问题避免损失 520 万元。修订和新增制度 154 项。

长城铝业持续巩固内部市场，累计完成内部市场交易结算金额 6.3 亿元，同比增加 110.5%。

六、科技创新

2017 年，长城铝业不断加强科技管理，下属 2 家单位顺利通过高新技术企业认证，协助中铝科技部举办了精细氧化铝交流专题分会；长城铝业水泥厂篦冷机改造等科技创新项目荣获铝股份年度“银点子”奖。

七、深化改革

2017 年，按照国资委要求，长城铝业、广州冶炼厂顺利完成全民所有制改制工作。大集体改革有序推进，完成了氧化铝劳动服务公司改制，参股成立了郑州铝城新材料科技有限公司。“三供一业”移交进展顺利，水电暖正式移交协议全部签订，物业移交主体已基本明确。

优化干部人才梯队建设，重新梳理并编制了岗位及人员设置方案，一批年轻干部走上中基层管理岗位；完善分配激励机制，下发了骨干员工激励实施办法，对新入职大学生薪酬待遇标准进行上调。

八、党建与企业文化建设

（一）党建工作

2017 年，长城铝业坚持全面从严治党，压实“两个责任”，组织长城铝业全体党员学习新党章及中共十九大工作报告。通过开展“党员活动日”党员责任区创建、开好“三会一课”等形式，增强党员干部的“四种意识”。构建警示、教育、监督、问责为一体的反腐倡廉管理体系，累计党政纪处分 18 人，问责处理 34 人；强化重点领域的监督监察，2017 年累计效能监察立项 38 项。

各级群团组织紧扣生产经营重点，大力实施“四项工程”，累计开展劳动竞赛 109 项，发放奖励 11 万元；征集合理化建议 7893 条，评出金点子 6 项，合理化建议二等奖 21 项、三等奖 19 项，优秀成果 63 项。

（二）企业文化建设

2017 年，长城铝业坚持弘扬“企业兴衰、我要负责”的责任意识，各级党组织带头激发活力，坚持弘扬“创业、创新、创造”的“三创”精神，带动全员创新，解决了一批重点难点问题。

春节前夕组织企业文化联书法家，为广大职工及当地群众义务书写赠送春联。开展书画美术摄影展、篮球比赛、排球比赛、羽毛球比赛游泳比赛等文化体育活动，丰富职工文化生活。

九、履行社会责任

2017 年，长城铝业救助困难员工 617 人次，发放救助款 116 万元，帮助解决 132 名困难员工子女上学难问题。

十、重要记事

2 月 4 日，中铝集团党组书记、董事长葛红林到中铝郑州企业，就郑州长城智能产业园建设情况进行实地调研，详细了解了中铝郑州企业的整体情况。

3 月 30 日，中铝集团党组成员、副总经理刘才明到中铝郑州企业调研。

4 月 13 日，中铝集团党组成员刘祥民到中铝郑州企业调研指导工作。

5 月 28—29 日，中铝集团党组书记、董事长葛红林到中铝郑州企业调研。

7 月 31 日，长城铝业与赤壁市人民政府就赤壁炭素二期扩建项目正式签约。12 月 11 日，长城铝业召开赤壁长城炭素二期扩建项目启动动员大会。

11 月 9 日，中国共产党中国长城铝业公司第四次代表大会隆重召开。

撰稿 / 王超锋

核稿 / 李国亮

贵州铝厂有限责任公司

一、基本情况

贵州铝厂有限责任公司（简称贵州铝厂）始建于1958年，原名贵州铝业公司，1965年更名为302厂，1972年更名为贵州铝厂。2002年2月，原贵州铝厂正式分离为上市公司和存续企业两个单位，上市公司为中国铝业贵州分公司，存续企业为贵州铝厂。

2017年11月27日，贵州铝厂完成了公司制改制，由全民所有制企业改制为国有独资公司，改制后股东为中铝资产经营管理有限公司。贵州铝厂注册资金5亿元；截至2017年12月末，资产总额38.16亿元；在册、在岗职工5014人。还承担着贵州铝厂和中国铝业股份有限公司贵州分公司的土地管理及后勤服务等职能。

贵州铝厂主营业务：现代工业服务、现代城市服务、现代物流（铁路专用线及公路）、房地产开发、职业教育学校、技术服务、建筑施工、餐饮住宿、交通印刷、科研所需原辅材料、机械设备、仪器仪表、零配件及相关技术的进口业务、经营本企业进料加工、“三来一补”等。

通讯地址：贵州省贵阳市白云区同心东路贵州铝厂。

2017年基本数据表

表168

<table>
<tr><th>主要产品产能</th><th>资产总额/亿元</th><th>负债率%</th><th>员工总数/人</th><th>平均年龄/岁</th><th colspan="2">学历结构/人</th></tr>
<tr><td>彩铝板</td><td rowspan="4">38.16</td><td rowspan="4">77.28</td><td rowspan="4">在册5014
在岗1988</td><td rowspan="4">48</td><td>中专及以下</td><td>1408</td></tr>
<tr><td rowspan="2">铝型材</td><td>大学专科</td><td>366</td></tr>
<tr><td>大学本科</td><td>214</td></tr>
<tr><td>多品种氧化铝</td><td>硕士及以上</td><td></td></tr>
</table>

二、组织机构

（一）领导班子

陈　刚　执行董事、党委书记

聂亚文　副总经理（主持工作）、党委副书记

周双林　纪委书记

韩宝元　财务总监

彭　涛　副总经理、工会主席

（二）机构设置

职能部门：综合管理部、资产经营部、企业管理部、安全环保部、财务部、党委工作部、纪检监察部（审计部）、工会共青团工作部。

二级单位：贵州铝厂有限责任公司铝合金厂、贵州铝厂有限责任公司职业教育学院、贵州铝厂有限责任公司精细氧化铝厂、贵州铝厂有限责任公司后勤中心。

全资公司：贵州贵铝现代城市服务有限公司、贵州贵铝技术服务有限责任公司、珠海亚奇纸塑制品有限公司、贵州铝兴物业管理有限公司、贵州中铝云顶旅游开发有限公司。

控股公司：贵州贵铝华颐房地产开发有限责任公司、贵州中铝彩铝科技有限公司。

参股公司：中铝贵州工业服务有限公司、贵州贵铝物流有限公司。

三、生产经营

2017 年，贵州铝厂实现经营性盈利 2794 万元，超额完成利润 1800 万元的奋斗目标；收回氧化铝土地收储资金 5 亿元，实现了预期目标；获得贵州省、贵阳市、白云区人民政府相关政策补贴资金 2811 万元。

主要指标表

表 169

指标名称		2016 年	2017 年	同比增长 /%
主要产品产量	1. 铝型材 / 万吨	0.22	0.19	-11.45
	2. 彩铝 / 万吨	0.06	0.25	309.50
工业产值 / 亿元		0.70	1.15	64
销售收入 / 亿元		9.81	3.63	63
利润额 / 亿元		23.66	-1.89	-108
纳税额 / 亿元		0.52	0.87	67
净资产收益率 /%		538.88	-21.91	—
产值劳动生产率 / 千元・人		2.76	5.78	—
人身伤亡事故 / 起		0	0	持平
工亡人数 / 人		0	0	持平
重伤人数 / 人		0	0	持平
轻伤人数 / 人		0	0	持平

四、重大发展项目

根据中铝集团、中铝资产的指导意见和贵州省、贵阳市发展规划及贵州铝厂发展战略的实际需要，明确了以修文矿土地综合开发利用项目为龙头，以土地综合利用项目为中心，并重点推进健康养老、赤泥闭库等项目。

（一）修文矿土地综合开发利用项目

完成项目的总体规划设计，原则通过概念性规划专家评审。中铝集团与贵阳市人民政府签订了《修文矿生态修复及土地综合开发建设项目框架协议》；与绿地西南公司、中建装饰集团有限公司、碧桂园集团签订《战略合作框架协议》，与中天城投集团签订合作备忘录；注册成立了贵州中铝云顶旅游发展有限公司。

（二）金融北城项目

按照贵阳市人民政府打造“公平共享的创新型中心城市示范区和以生态为特色的世界旅游名城”决策部署及白云区人民政府“三产主导、二产辅助、一产支撑”的发展方向，工作专班与中天城投有限公司合作，开展前期的项目规划论证、土地获取、合资公司组建等工作。

（三）健康养老项目

经过两年多的调研、论证，明确了项目的发展方向和市场定位，制定了“贵铝智慧幸福苑健康养老中心”工作方案和营销工作计划。同时，完成项目施工招投标工作，于12月17日正式进入开工建设。

重大项目情况表

表170

项目名称	投资规模/万元	当年完成投资额/万元	年内项目建设形象进度
赤泥闭库项目	6613	4840	完成土建工程量的70%
健康养老项目	3566.65	1040	室内改造完成70%

五、企业管理

（一）强化制度建设，促进管理提升

分层级开展建章立制工作，完成贵州铝厂的制度汇编。实现“设备见本色”，加强了无泄漏治理，持续提升无泄漏工厂创建水平。持续提升现场管理水平和厂容厂貌，厂区环境治理取得显著成效。

（二）加强财务管理，细化会计核算

进一步提升预算分析质量，强化预算执行力，规范会计业务处理，夯实财务管理基础，提升财务管控能力。

（三）加强内控管理，狠抓问题整改

监事会问题清单、中铝集团第八巡视组检查反馈问题等123项问题中“已整改”“整改中”“未整改”的问题分别为75个、46个、2个。

（四）安全环保质量，不断夯实基础

认真履行企业的安全生产主体责任，成立独立的安全环保部门，配齐专业管理人员，以问题为导向，抓好安全“一岗双责”责任清单的落实。企业全年实现轻伤以上事故、一般以上环境污染事件为零，保持了安全生产形势的总体平稳。

六、科技创新

“猫场高硫铝土矿焙烧脱硫试验研究”等一批研发成果在矿山和电解项目投入使用；“涂装生产线云端智能制造”项目获得贵州省经信委300万元的项目扶持资金；新型自装卸铝水抬包车进行量产；贵州铝厂移动办公平台“云之家”正式上线运行。

2017年科技创新数据表

表171

科技创新投入/万元	申请专利/件	授权专利/件	科技人员占比/%
340	9	1	1.1

七、深化改革

（一）“瘦身健体”促进提质增效

2017年11月27日，贵州铝厂改制为

贵州铝厂有限责任公司。

平稳实施工贸实业总公司厂办大集体改革。

2017 年，贵州铝厂亏损户治理超额完成目标任务，从两户减少为零户。

2017 年，贵州铝厂加快供水、供电、市政物业等“三供一业”分离移交工作。

2017 年，企业落实正向激励，全员在岗员工收入同比平均增加 11%。

2017 年，企业出台“放、管、服”工作指导意见，推出绩效分配、资产经营、投资等业务的“简政放权、规范管控、强化服务”清单，进一步激发了企业的发展活力和内生动力。

八、党建与企业文化建设

（一）党建工作

完善党建考核评价体系。制定 9 项党建管理制度，修订汇编党支部“三会一课”、主题党日等 10 个工作制度。

两级党组织大力开展 170 个“两带两创”项目。

创新“督导帮扶”考评模式。党委书记、纪委书记和机关党群干部对 9 家直属党组织和25个基础薄弱的党支部进行“点对点”帮扶。

开展政治巡察和专项巡察。对贵州贵铝现代城市服务有限公司开展了政治巡察，对贵州铝厂有限责任公司铝合金厂开展“开源节流、增收节支”工作情况进行专项核查评估。

（二）企业文化建设

制定了《中铝贵州 2017—2019 年企业文化建设实施方案》，明确了五项重点工作。

贵州贵铝现代城市服务公司员工丁辉荣获第二届“最美中铝人”称号。

九、履行社会责任

根据贵州省国资委统一部署，贵州铝厂选派干部到黔南州福泉市凤山镇三根树村担任驻村第一书记，协助政府开展精准扶贫。

贵州铝厂连续七年开展大病医疗互助活动，构建了一张全方位立体型帮扶工作网。

十、重要记事

1 月，贵州铝厂获得 2016 年度中铝资产经营管理有限公司总经理特别奖。

4 月 27 日，中铝集团与贵阳市人民政府签订《贵铝修文矿生态修复及土地综合开发建设项目框架协议》。

4 月 29 日，中铝贵州工业服务有限公司员工黄吉禹荣获“贵州省五一劳动奖章”。

10 月 17 日，贵州铝厂与白云区人民政府签订《关于打造以公平共享为目标的创新型中心城市示范区和以生态为特色的世界旅游名城战略合作协议》。

11 月 27 日，贵州铝厂改制为贵州铝厂有限责任公司。

12 月 17 日，“贵铝健康养老项目暨贵铝智慧幸福苑”施工建设工作启动。

撰稿 / 冉袁川

审稿 / 孙　杰

中铝山西铝业有限公司

一、基本情况

中铝山西铝业有限公司（简称山西铝业）前身为山西铝厂，是国家“六五”至“八五”期间重点建设项目，2002年中国铝业重组上市后，山西铝厂氧化铝板块的优良资产，组成中国铝业山西分公司，剥离后的存续企业仍称山西铝厂。2016年山西铝厂、山西分公司正式分开，独立运作。2017年，山西铝厂实行公司制改制更名为中铝山西铝业有限公司。

主营业务工程技术服务、工业产品制造、现代服务产业，并通过关联交易向中铝新材料有限公司提供基础设施服务和土地租赁业务。

通讯地址：山西省河津市铝基地龙门大道北段10号。

2017年基本数据表

表172

资产总额/亿元	负债率/%	员工总数/人	平均年龄/岁	学历结构/人	
43.81	38.18	3724	45	中专及以下	2646
				大学专科	665
				大学本科	393
				硕士及以上	20

二、组织机构

（一）领导班子

2017年1—11月（山西铝厂）：

王天庆　党委副书记、厂长

张　智　党委书记、副厂长

李安平　副厂长

王素刚　副厂长

步　前　纪委书记

尹红卫　财务总监（2017年5月—11月）

2017年11—12月（中铝山西铝业有限公司）：

王天庆　党委书记、执行董事

张　智　党委副书记、总经理

李安平　副总经理

王素刚　副总经理

步　前　纪委书记

尹红卫　财务总监

（二）机构设置

机关部门：综合处、财务处、企管处、安环处、销售部、党委工作部、纪检监察工作部（审计部）、工会工作部（共青团工作部）。

二级单位：武装保卫部、离退休管理服务中心（信访办、中铝山西企业社会保险部）、兴县公司、智能工程公司（信息化管理部）、生活服务中心、职工培训中心、孝义铝矿、沁源阳坡铝矿、耐磨材料公司（过滤材料公司）、加油站、计控信息中心。

全资公司：晋铝物业管理有限公司、工贸有限公司、山西碳素厂、晋铝物流有限公司、晋铝冶炼设备技术有限公司、晋铝矿山工程服务有限公司、河津市宏泰粉煤灰开发有限公司。

控股公司：山西中铝工业服务有限公司、山西铝厂设计院有限公司、园林绿化工程有限公司、晋正建设工程项目管理有限公司、晋铝资源综合利用开发有限公司、晋铝兴业冶金材料有限公司、黄河电器设备有限公司。

参股公司：山西甘霖晋铝医疗投资有限公司、镓华天和电子材料有限公司、北京吉亚半导体材料有限公司、晋铝耐材有限公司、山西介休鑫峪沟煤业有限公司、煜业选煤有限公司、山西介休南窑头大佛寺煤业有限公司。

集体企业：晋铝实业总公司。

三、生产经营

主要指标表

表 173

指标名称		2016年	2017年	同比增长/%
主要产品产量	1. 粉煤灰砖 / 万块	5976.42	6277.63	5
	2. 氮化硅 / 吨	1482.9	3781.64	155
销售收入 / 亿元		12.21	20.8	70.35
利润额 / 亿元		0.7	−0.29	−141.43
纳税额 / 亿元		1.21	1.16	−4.13
净资产收益率 /%		2.73	−1.31	—
人身伤亡事故 / 起		0	0	持平
工亡人数 / 人		0	0	持平
重伤人数 / 人		0	0	持平
轻伤人数 / 人		0	0	持平

四、企业管理

“废、改、立”梳理 90 项管理制度，废止 5 项、修改 8 项、新立 28 项。开展基石行动，探索出了包括五项专业管理检查标准和“54321”综合评价检查标准在内的一套完整的基础管理体系。开展“安全、干净”班组劳动竞赛。各级领导干部对企业 159 个班组实现了全覆盖包保，全年共验收通过 130 个班组，通过率 81.76%，年内有 2 个班组获得中铝集团“安全、干净”示范班组荣誉，班组面貌焕然一新。

统筹安排资金预算，优化债务结构，降低财务费用，加强资金管控。健全完善“两金”管理责任体系，落实“谁的账，谁清收”的终身负责制。

开展问题梳理及整改全覆盖工作，全年共梳理出215个问题，形成了54份重点问题整改决议并签订了整改责任书，制定了257条整改措施。

完善安全环保责任管理体系，修订安全生产制度21项，签订“一岗双责”责任清单3952份，实现全员全覆盖。开展了全面大动员、大清查、大整改强基固本行动，强化监督检查，全年共发现违章2183项，整改完成2183项，整改率100%，实现了全年安全生产事故为零的目标。

五、深化改革

公司制改制。11月29日，原山西铝厂办理完成了营业执照变更，正式更名为中铝山西铝业有限公司，由全民所有制企业转换为一人有限公司，成为独立的市场主体。

僵尸企业处置和特困企业治理。对长期亏损、严重资不抵债且扭亏无望的山西碳素厂实行了破产清算，通过办理内退、跨企业转移、有期限放假、经济性裁员、自谋职业等方式共安置员工800余人，破产申请得到地方法院批准；加快晋铝兴业扭亏脱困，集中精力做好氮化硅板块管理提升，晋铝兴业连续8个月实现盈利，实现了扭亏为盈。2017年获得中铝资产总经理特别奖。

厂办大集体改革。通过协商解除劳动关系的途径，妥善安置实业公司集体工、合同工300余人，补缴了养老、医疗等社会保险。加快“三供一业”和企业办社会职能移交步伐。通过与接收方多次沟通协商，完成了河津、介休、孝义三地四个区域的全部“三供一业”移交框架协议签订。

六、党建与企业文化建设

推进“两学一做”学习教育常态化制度化，创新学习方式，充实学习内容，丰富学习载体；修订了党委会议事规则，建立党建工作责任制和责任清单，层层签订党建工作目标责任书，定期开展党建工作述职和“一岗双责”谈心谈话；重视党风廉政建设“两个责任”的落实，从严执纪问责抓案件查办；坚持月度考核、季度检查、年度总体评价的“双百分”考核机制，党建工作做到了有安排、有落实、有检查、有考核，形成了管理闭环；提出并推行支部建设“七步法”，激发了基层支部活力，受到中铝集团党建检查组的充分肯定；开展“两带两创”活动，共申报实施创新创效项目13个、课题98个、改善点172个。

落实企业文化示范基地进分厂、进车间、进班组活动。按照企业文化识别系统的要求，制作宣传版面，统一视觉形象。元宵节、三八节前夕，分别举办了环厂跑、戏曲演唱、猜灯谜、庆三八游艺活动等，丰富员工文化生活。以“逐梦·脚步”为主题，举办了“庆七一”主题诵读比赛，抒发对党的忠诚和对企业的情怀。举办了“喜迎十九大 清凉度盛夏”电影文化周活动，连续一周时间在体育公园播出革命题材及爱国主义题材影片。组织摄影爱好者深入厂区、深入基层、深入矿山现场采风，用艺术的手法展现生产一线的劳动场景，同时开展手机微摄影作品征集活动。鼓励员工手机记录身边感动的点滴、闪光点和精彩瞬间。组织开展了中铝山西铝业公司第二届“最美中铝人”评选活动。

七、履行社会责任

2017 年，山西铝业在岗员工人均收入同比增长 18%。

2017 年，山西铝业投入 100 万元，开展送温暖、“金秋助学”活动和特困群体帮扶工作。其中，对 15 名大病职工及 78 名特困职工进行了帮扶，共发放救助金 19.82 万元。为退休老同志遗属发放生活困难补助金 23.4 万元，为 116 名大病、特困和生活不能自理的退休职工发放了救助款和慰问金 17.45 万元。

八、重要记事

1 月 21 日，中国共产党山西铝厂第四次代表大会召开，确定了山西铝厂今后五年的工作目标和重点任务，选举产生了中共山西铝厂第四届委员会和纪律检查委员会。

3 月 6 日，山西铝厂召开干部大会，宣布中铝公司党组关于王天庆任山西铝厂厂长的决定。

5 月 10 日，国务院参事、中国有色金属工业协会党委书记、会长陈全训到中铝驻河津三家企业调研。

5 月 23 日，河津市铝工业园区多能源局域网项目启动，该项目对降低铝工业园区企业用能成本，打造绿色铝工业示范园区具有重要意义。

6 月 19 日，山西炬华 3 万吨铝基新材料项目正式开工，标志着运城、河津两级市政府与山西铝厂合作建设的河津铝工业园，迈入了良性发展的快车道。

11 月 19 日，山西铝厂改制为中铝山西铝业有限公司，王天庆任中铝山西铝业有限公司执行董事、党委书记；张智任中铝山西铝业有限公司总经理、党委副书记。山西铝厂党委、纪委、工会更名为中铝山西铝业有限公司党委、纪委、工会。

12 月 29 日，中铝山西铝业有限公司举行揭牌仪式，标志着企业发展步入了新阶段。

撰稿 / 梁江华

洛阳有色金属加工设计研究院有限公司

一、基本情况

洛阳有色金属加工设计研究院有限公司（简称洛阳院），于 1964 年 3 月 28 日成立，是中铝资产经营管理有限公司（简称中铝资产）的全资子公司。业务范围包括有色金属加工炉窑制造安装、装饰装修、物业服务等。

注册地址：洛阳市涧西区西苑路 1 号。

邮政编码：471039。

2017 年基本数据表

表 174

营业收入 / 亿元	资产总额 / 亿元	负债率 /%	员工总数 / 人	平均年龄 / 岁	学历结构 / 人	
3.79	9.68	47.42	473	41.6	中专及以下	210
					大学专科	97
					大学本科	145
					硕士及以上	21

二、组织机构

（一）领导班子情况

黄粮成　执行董事

罗爱华　总经理

秦建平　副总经理

（二）机构设置

职能管理部门：院办公室、人力资源部、财务部、审计部、企业管理部、科技部、安全环保部、房地产开发部、离退休职工管理部、行政服务部。

全资或控股公司：洛阳佛阳装饰工程有限公司（简称佛阳公司）、苏州新长光热能科技有限公司（简称新长光公司）。

三、生产经营

2017年洛阳院新签合同额5亿元，较上年增加1.8亿元。新长光公司巩固在板带生产领域的销售，积极向型材生产领域拓展，合同额较上年增长76.9%。

主要指标表

表175

指标名称	2016年	2017年	同比增长/%
工业产值/亿元	1.57	2.57	64
销售收入/亿元	1.47	3.79	158
利润额/亿元	0.40	0.034	−92
纳税额/亿元	0.23	0.18	−22
净资产收益率/亿元	8.12	0.51	—
人身伤亡事故/起	0	0	0
工亡人数/人	0	0	0
重伤人数/人	0	0	0
轻伤人数/人	0	0	0

四、企业管理

2017年洛阳院实施管理部门定编、定岗、定责、定薪，公开招聘，精干队伍。进一步改革薪酬分配体系，严格绩效考核制度。生产单位实行薪酬总额与人均利润挂钩，设计和科研人员按月兑现、多劳多得、上不封顶，管理人员定性评价与定量考核相结合。

2017年洛阳院结合中铝集团巡视意见、审计报告和问题清单查堵管理漏洞，完善管理制度，推进管理改革。集中开展制度"废、改、立"工作，共计制定制度39项，修订3项，废止4项。

洛阳院按照国务院国资委监事会的要求和中铝集团的部署，深入开展"问题清单"梳理工作，共找到90个问题点，形成了重点问题专项报告、整改计划和整改决议。

五、深化改革

洛阳院原为全民所有制企业。2017年洛阳院对包括职工安置、企业法人治理结构、改革改制等内容制定了具体实施方案，履行了相关程序。于2017年12月1日完成了全民所有制企业改制，整体变更为有限公司，更名为洛阳有色金属加工设计研究院有限公司。

六、党建与企业文化建设

新长光公司和佛阳公司认真贯彻全国国有企业党建工作会议精神，将党建工作写入公司章程，确定了党组织在企业的法定地位。同时积极推进党组织建设，选优配强了党支部委员会，落实并完善"三会一课"制度，将每月的25日作为固定党日。党支部组织开展了"党员攻关项目""两带两创"等活动。

七、履行社会责任

2017年，洛阳院"三供一业"社会化移交工作进展顺利，完成供水、供电、供暖移交协议的签订。供电、供水、供暖改造已经完成，供电资产移交已经完成，供水、供暖资产移交待工程决算审计完成后进行。

八、重要记事

2 月 5 日，中铝集团党组书记、董事长葛红林视察洛阳院。

2 月 6 至 7 日，洛阳院召开第七届十二次职代会暨 2017 年工作会议。

3 月 20 日，河南省委常委、洛阳市委书记李亚同志到洛阳院调研。

4 月 7 日，洛阳院召开七届十三次职代会。

7 月 23 日，洛阳院召开 2017 年中工作会。

9 月 12 日，完成洛阳有色院物业服务有限公司的工商注销工作。

12 月 1 日，洛阳院完成改制，更名为洛阳有色金属加工设计研究院有限公司。

12 月 29 日，中铝集团对洛阳院领导人员进行调整，黄粮成任执行董事，罗爱华任总经理，秦建平任副总经理。

撰稿 / 张　鸽

审稿 / 罗爱华

中铝工业服务有限公司

一、基本情况

中铝工业服务有限公司（以下简称中铝工服）是中铝资产经营管理有限公司（以下简称中铝资产）的全资子公司，2013年11月6日注册成立，注册资本1.2亿元。

中铝工服于2017年1月收购青海通和冶金材料公司全部资产，并成立了中铝工服西宁分公司；于2017年4月组建了中铝工服宁国分公司；于2017年6月收购杭州耐特阀门股份公司34%的股权，实际控股杭州耐特阀门股份有限公司。

中铝工服是中铝资产着力培育发展的一家专注于有色企业生产运营、智能服务、新材料产品的多元化平台公司。经营业务范围为：仓储服务，清洁服务，计算机系统服务，技术开发、技术转让、技术咨询、技术服务、销售（含网上销售）计算机、软件及辅助设备、机械设备及配件、仪器仪表、通信设备、电子产品、塑料产品、服装鞋帽、橡胶制品、矿产品、润滑油、纺织品、煤炭（不在北京地区开展实物煤的交易、储运活动），技术检测，货运代理；机电设备维修（限分支机构经营），生产耐火材料、耐磨材料、铸铁件（限在外埠从事生产活动），工程设计，施工总承包、专业承包，货物进出口、技术进出口、代理进出口。

中铝工服未来业务发展定位是：按照中铝资产"主业化、专业化、市场化"的发展方向，加快打造形成自身支柱产业，未来逐步形成基础工业服务、智能工业服务、节能工业服务及主业配套产品四大核心业务板块，在目前旗下拥有阀门、氮化硅砖、打壳锤头、钢球等多个产品品牌基础上，建立统一的"中铝工服"品牌集群。

通讯地址：北京市昌平区北七家镇未来科技城蓬莱苑南路，中铝科学技术研究元8号楼4层。

邮政编码：102209。

2017 年基本数据表

表 176

资产总额 / 亿元	负债率 /%	员工数量 / 人		平均年龄 / 岁	学历结构 / 人		职称结构 / 人	
3.0905	40.5	员工总数	136	36	1. 高中以下	85	1. 工程师	8
		1. 正式员工	118		2. 大学专科	17	2. 助理工程师	12
		2. 借调或交流员工	14		3. 大学本科	26	3. 高级技工	20
		3. 劳务派遣	4		4. 硕士	6		

二、组织机构

（一）领导班子

张建业　执行董事（2017 年 6 月任职）

王　松　法定代理人、总经理

蒋玉文　副总经理（2017 年 7 月任职）

江　杨　财务总监（2017 年 9 月份任职）

（二）机构设置

职能部门：综合管理部 / 党群工作部、财务部、项目管理部（安全环保部）、营销中心。

子公司：中铝工服西宁分公司 / 青海西宁市、中铝工服宁国分公司 / 安徽宁国市。

控股子公司：杭州耐特阀门股份有限公司 / 浙江杭州市。

参股公司：中铝工服（西宁）有限公司、兰州中铝工业服务有限公司、山西中铝工业服务有限公司、河南中铝装备有限公司、山西铝厂黄河电器有限公司、山西铝厂设计研究院有限公司。

三、生产经营

2017 年，中铝工服利用中铝资产争取的中铝内部市场交易政策，重点推进了钢球、氮化硅砖、打壳锤头、阀门、滤布等产品市场开拓，启动实施了赴印度天车操作技术服务项目，生产经营取得成立四年来的历史性突破，全年实现营业收入 2.12 亿元，较上年同期增长 11.84 倍，首次跨越亿元大关。

主要生产经营指标表

表 177

指标名称	2016 年	2017 年	同比增长 /%
工业产值 / 万元	3000	6073	102
销售收入 / 万元	1652	21204	1184
利润额 / 万元	26	973	3642
所有者权益 / 万元	5258	18389	—
纳税额 / 万元	85	466	448
净资产收益率 /%	0.4	4.7	—

四、企业管理

（一）积极推进工业服务整合

按照中铝资产的统一安排部署，配合中铝资产资产经营部，积极推进以中铝工服为整合平台，对中铝资产所属工业服务企业进行产业整合的相关工作，并制订初步整合方案。

（二）配合推进内部市场交易工作

2017年，中铝工服充分发挥平台作用，协助资产公司相关部门推进内部市场交易各项管理工作。2017年，中铝资产累计实现内部交易额44亿元，是2016年的2.67倍，其中，中铝工服完成内部市场交易1.62亿元。

（三）产业发展模式探索

中铝工服通过不断摸索探讨并逐步形成了“产品+服务+再制造”工业服务产业链，为中铝工业服务产业转型升级，培育发展产业新支柱探索出了一条新路。

五、科技创新

2017年，金属基复合材料打壳锤头产品被列为中铝集团年度推广项目，为在全国铝行业推广奠定了较好的基础。同时通过参加铝行业大型展会，扩大宣传，内外部市场开拓均取得突破，当年即实现销售打壳锤头6276支，销售收入584万元。在中铝集团内部市场交易支持下，基本实现了集团内部统一供应；外部市场也辐射到了云铝、中电投和登高铝业等外部企业，打出了一定的知名度。

六、深化改革

（一）推进问题清单专项工作

2017年，中铝工服在编制完成问题清单和重点问题整改决议的基础上，积极寻找企业在管理存在的问题和不足，落实各项问题整改措施。

（二）推进强基固本专项工作

2017年，中铝工服部署落实安全环保质量“全面大动员、全面大清查、全面大整改”强基固本行动，初步建立起覆盖中铝工服本部到各下属企业基层班组的渠道网络。

（三）建立健全规章制度

2017年完成了《外派人员薪酬标准管理办法（试行）》《采购管理办法》《印度项目部管理暂行办法》的制定；完成了《客户信用管理办法实施细则（修订）》《投资管理办法》《印章管理暂行办法》《合同专用章管理暂行规定》《资产管理暂行办法》《合同管理暂行办法》《业务招待费管理暂行办法》《应收款项管理暂行规定》等10个办法或制度的修订。

七、党建与企业文化建设

（一）党的基础组织建设不断强化

2017年以来，中铝工服在完善本部党支部建设的同时，结合实际生产管理需要，在西宁分公司设立党小组，在印度海外项目组设立海外临时党支部，加强党组织的基层建设，贯彻落实中铝资产党委各项党建要求和任务，圆满完成了中共十九大精神以及新《中国共产党党章》的宣传贯彻工作。

（二）党组织领导经营活动作用落到实处

中铝工服坚持以党建促生产、以党建保发展，严格落实业绩与党建双百分考核，对“三重一大”等重大事项严格履行党支部先行审议的规定，充分发挥支部在企业的领导核心和政治核心作用，保证党和国家方针政策以及上级安排和部署在企业的坚决贯彻执行。

（三）党风廉政建设得到保障

中铝工服将党风廉政建设作为长期性的重点工作和日常工作，做到防微杜渐、常抓不懈。2017 年，开展反腐倡廉宣传教育月活动，组织全体党员和关键岗位人员观看了警示教育片；组织反腐倡廉主题党课，进行党规党纪知识答题活动；中层以上人员签订了《党风廉政建设责任书》《廉洁从业承诺书》。

八、履行社会责任

2017 年 10 月，中铝工服党支部全体党员积极响应中铝公司直属党委的贫困学生帮扶倡议，在与青海省海北州海晏县 101 名贫困学生开展的“心连心、手拉手”结对帮扶困难学生活动中，选择了祁连山小学学生贺廷兰作为帮扶对象，并捐助 1000 元助学金。

九、重要记事

1 月 7 日，在中国铝业大厦举办了为期三个月的中铝资产经营管理公司所属企业主业配套产品展。

1 月 23 日，中铝工服出资 4441.30 万元收购青海通和冶金材料有限公司，组建中铝工服西宁分公司，主要生产氮化硅砖产品。

3 月 1 日，中铝工服启动参股 50% 的工服科技清算，5 月全面叫停其经营业务。

4 月 21 日，在中国铝业大厦举办了中铝资产经营管理公司所属企业重点工业服务项目展。

4 月 26 日，出资 600 万元组建宁国分公司。

6 月 16 日，出资 2757.4 万元，收购杭州耐特阀门有限公司 34% 股权，成立杭州耐特阀门股份有限公司。

11 月 25 日，搬迁至北京市昌平区北七家镇未来科技城中铝科学技术研究院 8 号楼 4 层。

12 月 10 日，赴印度天车操作技术服务项目正式启动，24 人服务团队作为首批派遣奔赴印度项目项目现场。

撰稿 / 毛国栋

中铝润滑科技有限公司

一、基本情况

中铝润滑科技有限公司（简称中铝润滑）成立于2008年11月，是中铝集团以原中国有色新金属公司的产业和资产为基础组建的科技产业公司，是中铝资产经营管理有限公司全资子公司。

中铝润滑是具有独立法人资格的一人有限公司，注册资本3700万元；占地面积68.58亩。

中铝润滑主要从事有色金属新材料的科技及产业化开发；润滑油品及相关原辅材料的研发、生产、销售及相关咨询业务；有色金属的销售；进出口业务；仓储服务业务。公司被认定为北京市高新技术企业，长期保有ISO 9000质量管理体系认证。

地址：北京市昌平区回龙观工业区发展路6号。

2017年基本数据表

表178

主要产品产能	资产总额/万元	负债率/%	员工总数/人	平均年龄/岁	学历结构/人	
轧制油添加剂1200吨	9358.40	42.34	83	41	高中以下	11
					大学专科	14
设备润滑油5000吨					大学本科	17
					硕士	3

二、组织机构

（一）领导班子

郭　欣　执行董事

张建业　执行董事（2017年3月任命）

王　松　总经理

梁亚彤　副总经理（2017年3月任命）

蒋玉文　副总经理

李　铁　副总经理

（二）机构设置

职能部门：综合部、财务部、营销部、采购部、生产技术部（安全环保部）。

生产车间：工艺润滑油生产车间。

三、生产经营

2017 年，中铝润滑中铝集团内部交易为契机，快速推进产品经营种类和市场占有率。通过对市场销售及产品种类的拓展，实现销售用户供货 124 家，其中新用户增加 66 家；润滑油品种实现供货 718 种，与 2016 年同期 175 种相比，同比增长 310%。全年实现利润 705.84 万元，与 2016 年同期 111.79 万元相比，同比增长 531.40%，完成中铝资产下达的年度经营奋斗目标的 141.17%。

主要指标表

表 179

指标名称		2016 年	2017 年	同比增长 /%
主要产品产量	轧制油添加剂、设备油 / 吨	1883.57	3379.28	79.41
工业产值 / 万元		2812.14	5131.40	82.47
销售收入 / 万元		3653.36	11557.82	216.36
利润额 / 万元		111.79	705.84	531.40
所有者权益 / 万元		4085.96	5395.64	32.05
纳税额 / 万元		162.95	323.33	98.42
净资产收益率		2.78	12.86	—
产值劳动生产率 / 万元·人		64.95	114.03	—
人身伤亡事故数 / 起		0	0	持平
员工伤亡数 / 人		0	0	持平

四、重大发展项目

2017 年重大项目情况表

表 180

项目名称	设计规模 / 万吨·年	投资规模 / 万元	当年完成投资 / 万元	年内项目建设进度
生产线异地搬迁扩能改造	1.2	2203.14	540	2017 年 3 月 30 日开工

五、企业管理

2017 年，中铝润滑有效运行质量、环境、职业健康安全管理体系。

中铝润滑以“提升产品品质、增加产品种类”为经营目标，积极与优秀企业中的同类产品进行对标，分析查找自身产品的不足，努力提高产品品质，大力发展“中铝”及“绿棕榈”两个自主润滑油品牌。全年产品的合格率为 100%。

中铝润滑强化安全生产中的标准化建设，注重安全隐患的排查治理工作，精细化管理到生产中的每一个环节。全年安全事故率为零，新进员工岗前培训率 100%，特殊工种持证上岗率 100%。

六、科技创新

2017 年，经过多次实验，中铝润滑成功研发低油斑产品 ZLT-12J 和 ZLT-10J，以及高抗氧化性产品 ZLT-12Y。设备润滑油通过灵活有效的模式与国内最高水平的油品研发机构实施高起点合作，不断进行产品结构调整，确保产品配方技术在国内处于领先，与进口产品相一致。

2017 年科技创新数据表

表 181

科技创新投入 / 万元	申请专利 / 件	授权专利 / 件	科技人员占比 /%
485	0	0	11

七、深化改革

2017 年，中铝润滑根据中铝资产创新

体制机制的工作要求，完善干部队伍建设体系，并配套完成了组织机构调整。通过干部考核、民主推荐等程序对综合部、营销部、采购部、生产技术部（安全环保部）4个部门负责人进行公开选聘。

中铝润滑完善绩效考核体系，使工资总额向创效岗位及骨干员工倾斜。2017年，中铝润滑以提升企业经营业绩为目标，坚持收入分配的正向激励。通过建立和完善营销绩效考核制度，把销量、回款、价格作为KPI指标细化分解到销售员个人，落实销售人员业务责任，对老客户增量、新客户开发、应收账款回收等重点要素制定更具针对性的激励政策；并通过工资总额分配向骨干员工倾斜的激励方案，不断优化员工收入分配机制。

八、党建与企业文化建设

2017年，中铝润滑党支部把党建工作纳入到企业章程；对党支部委员会进行了换届选举；围绕生产经营开展了“党组织带党员创效，党员带群众创新”活动，“全面大动员、全面大清查、全面大整改”强基固本行动；以自学、研讨、互动等多种方式，深入开展“两学一做”学习教育活动；通过“反腐倡廉宣传教育月”活动，开展党规党纪知识答题答卷；对新提拔的中层管理人员进行任前集体廉政谈话；并与党员、干部签订了《党风廉政建设责任书》《廉洁从业承诺书》《党员责任清单》《党建工作一岗双责清单》《党支部2017年党建目标责任书》。

九、履行社会责任

2017年，中铝润滑响应中央号召，落实北京市非首都核心功能疏解任务，启动生产线异地搬迁至河南的产能扩建项目；按照地方政府要求，完成了对生产车间及化验办公用房的“煤改电”绿色能源改造项目。

中铝润滑持续开展与员工、客户及当地政府等相关利益方的沟通工作。

社会责任绩效表

表182

全年用工数/人	劳动合同签订率/%	职业病发病数/件	重复用水率/%	固体废物综合利用率/%
44	100	0	100	100

十、重要记事

4月5日，中铝润滑召开全体员工大会，中铝资产经营管理有限公司领导宣布中铝润滑班子成员人事任免事宜。

6月1日，经公开选拔，综合部、营销部、采购部、生产条件保障部（安全环保部）选任新的部门负责人。

7月18日，中铝润滑召开职工大会，通过生产线外迁及土地开发方案。

12月1日，中铝润滑召开第二届工会换届选举大会。

12月28日，中铝润滑通过ISO 9000质量管理体系认证的换证工作。

撰稿/薛晓君

审稿/王　松

中铝投资发展有限公司

一、基本情况

中铝投资发展有限公司（简称中铝投资），前身为中铝置业发展有限公司，2015年11月企业名称变更为中铝投资发展有限公司。股本结构为，中铝资产经营管理有限公司75.88%，中铝股份21.73%，中铝国贸1.97%，上海中铝凯林0.42%。

经营范围：实业投资；物业管理；房屋租赁；室内外装饰装潢；建筑材料及有色金属产品销售；焦炭、化工产品（不含危险化学品）、五金交电、机械、电器产品及备件的销售；停车场的管理。

通讯地址：北京市海淀区西直门北大街62号中国铝业大厦19层。

邮编：100082。

2017年基本数据表

表183

资产总额/亿元	负债率/%	员工总数/人	平均年龄/岁	学历结构/人	
29.26	1.8	48	41	中专及以下	11
				大学专科	7
				大学本科	27
				硕士及以上	3

二、组织机构

（一）领导班子

吴茂森　董事长

张　轶　总经理（法定代表人）（2017年7月20日始任）

赵　锋　副总经理（2017年12月8日始任）

（二）机构设置

职能部门：综合部、财务部、项目拓展部和工程技术部。

独立全资子公司：北京中铝联合物业

管理有限公司（下设北京中铝联合物业管理有限公司大厂分公司）、天津中铝置业投资有限公司、晋铝房地产开发有限公司。

分公司：中铝投资发展有限公司深圳分公司、中铝投资发展有限公司北戴河分公司、中铝投资发展有限公司兰州分公司。

三、生产经营

2017 年，在中铝集团党组和中铝资产党委的关怀和指导下，中铝投资认真贯彻落实党的十九大精神，努力践行“创新、绿色、协调、发展、共享”发展理念，紧紧围绕中铝集团决战决胜、爬坡过坎的部署和中铝资产提升经营盈利水平、转型升级发展的要求，团结拼搏，开拓进取，扎实开展精准化管理，努力提高物业出租率和资金收益，认真开展问题清单梳理和整改，稳步推进白银土地项目和增资房产过户，优质服务中铝总部，超额完成了各项考核指标。

主要生产经营指标表

表 184

指标名称	2016 年	2017 年	同比增长 /%
销售收入 / 亿元	6.20	2.92	−52.90
利润额 / 亿元	2.79	1.00	−64.16
纳税额 / 亿元	1.35	1.21	−10.37
净资产收益率 %	7.44	2.62	–
产值劳动生产率 / 千元 · 人	0	0	持平
人身伤亡事故 / 起	0	0	持平
工亡人数 / 人	0	0	持平
重伤人数 / 人	0	0	持平

（一）提高租金收益

2017 年，中铝投资所持房屋的出租率超过 98%，所经营的中铝大厦、通泰大厦写字楼、深圳中银大厦和兰州中铝投资大厦等写字楼，除中银大厦部分房产因拟处置未出租外，其余全部实现出租。中铝股份等 3 家股东 2015 年底增资的房产全部实现出租。

2017 年通过市场调研和合同谈判，提升了写字楼的租金价格，解决了历史遗留问题，增加了收入。全年共实现租赁收入 10688 万元。

（二）推进增资房产过户

加强与中铝股份就增资房产过户事宜的协调，海天公寓 33 套房产已取得土地增值税免税证明，办理央产房过户的国管局“一书一函”。中铝国贸深圳写字楼已递交过户申请；连城分公司已经提交房产测绘申请。

（三）按计划完成固定资产投资项目

2017 年，中铝投资完成了中铝大厦管理系统智能化改造、电气火灾系统安装、门禁系统改造、配电室变压器电容器更换、板式换热器更换、消防主机设备维修等项目，并为中铝集团员工公寓周转房配备家具电器等设备设施。实际完成固定资产投资 119 万元，投资计划完成率为 99%。

（四）服务质量和满意度进一步提升

中铝物业公司围绕全面建立标准化物业管理体系，着力提升服务品质，强化内部管理，外树企业形象，转变服务方式，规范流程，精准管理，服务管理水平明显提升，客户服务满意度达到 90% 以上。

一是成立了专项维修组。有计划开展设备维护保养，克服设备老化带来的运行困难；从严格制度执行入手，通过细化管理、严格监督检查，使各项维修维护工作落到实处，有效保证了大厦设备设施的良好运行。二是加强了餐饮服务保障。严把安全和质量关，提高员工的服务意识和水平。在做好日常餐饮服务的同时，加大学习交流力度，全年共外派学习 6 人次，引进外部厨师 10 人次，增加特色菜品 20 个，菜品品质得到提升。同时开展了“明厨亮灶”改造，进一步规范后厨管理，保障总部大楼员工吃得放心、吃得满意。全年为驻楼员工提供早、中、晚就餐服务近 38 万人次。三是圆满完成会议和接待服务任务。为提升服务质量，针对客服人员流动大的特点，加大了员工岗前和岗中的培训力度，严格按标准操作；采用了会议服务平台预订系统，有效提高了会议预订效率。

（五）妥善处理中银花园商铺清租

深圳中银花园在资产处置过程中，由于部分租户在租赁合同条款上存在异议，提出大额索赔，考虑到司法诉讼过程较长，面临承担未能按时清场交付的违约责任。在中铝资产指导和帮助下，提出了一揽子解决方案，由受让方负责房产清场，按时实现了出售资产移交工作，有效化解了清租违约风险。

（六）白银土地项目稳步推进

天津置业公司为配合华鹭铝业“退城入园”项目摘牌取得白银市华鹭铝业原厂区土地 588.24 亩。经请示中铝资产，中铝投资于 2017 年 6 月启动了 588 亩土地现场工作，开展了测绘和工程地质初勘工作。同时，积极推进整体规划前期工作，联合华鹭铝业开展规划设计招标，12 月规划设计通过规划局评审。

根据中铝集团领导专题会第 79 次 4-1 号决定，成立了华鹭 1847 亩土地开发领导小组和工作小组，统一协调土地开发事宜。召开工作小组会议 4 次，研究白银土地联合开发方案，择机启动中铝股份收购天津置业公司股权的工作。

四、企业管理

（一）开展问题梳理整改

成立专项领导小组，制订《中铝投资问题梳理实施方案》，建立领导人员联系点制度包企到人。通过问题清单梳理，进一步明确存在问题。本着“边查边改、立行立改”原则，逐一对照查找的问题提出整改方案，进行整改。其中，亏损企业治理、处置低效无效资产等 28 项问题于 2017 年底前完成整改。

（二）夯实基础管理

一是规范决策管理，增强“三重一大”决策科学性。严格落实中铝集团《关于进一步推进国有企业贯彻落实“三重一大”决策制度的意见》，“三重一大”事项均广泛听取意见、集体讨论，保证决策合法合规和科学民主。2017 年共召开总经理会议 51 次，决议事项 156 件。每周组织召开碰头会，通报上周工作情况，布置本周工作安排，全年召开碰头会议 44 次，完成工作督办 221 项，形成了程序化、制度化的工作模式，有力地促进了各项工作的落实。

二是修订完善制度体系，扎紧制度的笼子。重新修订完善了《财务报销管理办法》，明确报销流程和票据规范；制定《资金支付管理办法》，明确资金的内部控制及各级审批权限；制定《内部控制测试缺陷整改汇总表》《发票管理办法》，有效规避各类风险的发生。制定《员工违规违纪追责、处罚规定（试行）》、《总经理特别奖励基金管理办法（试行）》，修订完善了《绩效考评实施办法》，改进考核方法，明确奖惩。修订了《印章使用和管理办法》《合同管理办法》等 5 项制度和《领导人员廉洁从业实施办法》，为公司日常管理提供了制度保障。

三是开展标准化建设，体系运行通过审核。经第三方认证机构评价，中铝投资三大体系运行情况符合标准要求，认证证书保持有效。中铝物业于 2017 年 4 月获得海淀区安监局颁发的安全生产标准化三级认证证书。

（三）开展强基固本行动

坚持“安全第一，预防为主，综合治理”的工作方针，扎实开展强基固本专项行动。成立工作领导小组，制定实施方案，党支部组织召开专题组织生活会，深入剖析自身在安全质量环保工作中存在的不足。下发《习近平总书记关于安全环保质量重要论述摘编》并定期组织学习。围绕安全环保质量工作认真开展“两带两创”活动，组织党员带动员工学案例、抓分析、查隐患，并对 11 项内容挂牌立项，要求长期监督检查。实行“一岗双责”安全管理体制，建立完善安全生产责任制和安全生产管理制度，制订生产岗位安全生产操作规程、年度安全教育培训计划，形成了安全生产管理网络体系，有力保障了财产安全和职工人身安全。2017 年重点火灾发生率为零，重大设备安全运行率 100%，安全生产事故为零。

五、深化改革

2017 年完成“三供一业”国有资本经营预算资金预拨和清算申报工作，北戴河分公司家属楼供暖改造移交项目清算 117 万元，供水、供电改造移交项目申请预拨 51 万元。2017 年积极联系北戴河区政府，推进北戴河分公司家属楼的物业改造工程。

六、党建与企业文化建设

2017 年，中铝投资严格落实“三会一课”等各项制度，推进标准化党支部建设，党建工作规范化制度化水平进一步提升。制定了中铝投资《党建工作计划》《理论学习与党课教育计划》《落实标准化党支部建设规定动作明细表》等。进一步明确党支部委员责任，提出具体要求和目标任务，明确考核办法和措施。加强了对工会工作的指导，开展暖心工程，发挥桥梁纽带作用。

中铝投资党支部被中铝资产党委评为“先进基层党支部”。

以党小组为单位组织广大党员认真学习党的十九大精神特别是习近平新时代中国特色社会主义思想。中铝资产党委领导2次到支部讲专题党课，党支部书记和支委委员讲授专题党课4次。全体党员参加党规党纪知识答题活动，并参加了直属党委“庆七一，创新引领未来”主题演讲，取得成绩。

落实“两个责任”，党风廉政建设进一步加强。注重用身边典型人和事教育警示党员队伍，传达学习中铝集团历次党风廉政建设警示教育大会上的案件通报。党员共撰写体会交流文章22篇。落实《中铝资产党委党风廉政建设及反腐败工作要点》，把责任分解到了每个部门、岗位及支委，责任到人,抓好落实。党支部与党员签订《党风廉政建设责任书》16份，组织党员围绕遵规守纪进行深入自查和剖析反省，使廉政建设横向到边、纵向到底。

七、社会责任

中铝投资重视安全生产，定期开展安全大检查，以杜绝污染、保护环境、维护职业健康和安全的经营方针为基础，自觉履行社会责任，推进企业可持续发展，2017年共排查安全隐患87项，确保中铝大厦安全稳定运行和人员安全。

构建全面安全管理体系，严格执行大厦安全管理制度。与驻楼各单位（部门）及员工签订了《消防安全责任书》；为保证消防安全培训质量，由原集中培训改为按部门或单位进行单独培训，有效地保证了培训效果；开展了紧急逃生疏散演练；完成了“两会”、十九大期间等重要活动安全保卫工作；配合办公厅完成了信访维稳工作，有效保证了大厦正常工作秩序和安全的工作环境。

八、重要记事

3月13日，中铝投资成立问题梳理及整改专项工作领导小组，开展问题梳理及整改专项工作。

3月27日，中铝投资开展中银大厦1#、2#裙楼商业房产清收移交工作。

6月27日，按照中铝集团领导专题会议精神，中铝投资对天津置业白银588亩土地与甘肃华鹭铝业有限公司1259亩土地（共1847亩土地）进行统筹规划,整体设计，制定方案，滚动开发。开展土地勘察、场地平整等土地开发的前期工作。

7月，中铝投资党支部被中铝资产党委评为“先进基层党支部”。

8月30日，天津置业联合华鹭铝业对白银市1847亩土地规划设计公开招标。

撰稿／杨　丹

审稿／陈俊达

中铝河南铝业有限公司

一、基本情况

中铝河南铝业有限公司（简称河南铝业）成立于2005年8月12日，是由中国铝业集团有限公司、洛阳城市发展投资集团有限公司、伊川财源实业投资有限责任公司、万基控股集团有限公司共同出资设立的控股公司，持股比例分别为90.03%、6.58%、2.73%、0.67%。

河南铝业主营业务：高中端铝及铝合金板带箔及型材产品，设备、房产的租赁业务。2017年11月，河南铝业完成中铝河南洛阳铝加工有限公司和中铝河南洛阳铝箔有限公司分离后，不再进行铝加工产品经营，主要围绕土地、房产的租赁业务开展资产经营工作。

通讯地址：河南省洛阳市高新技术开发区丰华路12号。

邮政编码：471000。

2017年基本数据表

表185

主要产品产能	资产总额/亿元	负债率/%	员工总数/人	平均年龄/岁	学历结构/人	
13万吨	15.35	77.46	125	44	中专及以下	16
					大学专科	39
					大学本科	67
					硕士及以上	3

二、组织机构

（一）领导班子

李　斌　副总经理（主持行政全面工作，2017年9月14日调出）

郭朝阳　党委副书记、副总经理（2017年9月14日调出）

顾振坤　副总经理（2017年9月14日始任）

高作文　副总经理（2017年11月7日调出）

（二）机构设置

2017年11月机构改革后，河南铝业撤

销二级单位编制，实行扁平化管理，组织机构由综合事务部、财务部、经营管理部三个部门组成。

二级单位：洛阳铝加工厂、洛阳铝箔厂、洛阳热轧厂、洛阳冷轧厂、郑州冷轧厂、进出口公司、洛阳开盈科技有限公司。

三、生产经营

2017年，河南铝业认真贯彻落实“扎实做好生产经营，快速提升产销规模”的工作思路，持续推进产品结构调整，产销规模稳步提升；同时加快资产盘活进程，全年实现营业收入13.95亿元，同比减亏0.98亿元，完成年度控亏目标。

主要指标表

表186

指标名称		2016年	2017年	同比增长/%
主要产品产量	1. 铝板带/万吨	6.01	7.34	22.13
	2. 铝箔/万吨	2.48	2.61	5.24
工业产值/亿元		12.57	16.22	29.03
销售收入/亿元		13.84	13.95	0.79
利润额/亿元		−1.87	−0.89	52.41
纳税额/亿元		0.38	0.33	−13.16
净资产收益率/%		—	2.41	—
产值劳动生产率/千元·人		1214.09	—	—
人身伤亡事故/起		0	0	0
工亡人数/人		0	0	0
重伤人数/人		0	0	0
轻伤人数/人		0	0	0

四、重大发展项目

重大项目情况表

表187

项目名称	投资规模/万元	当年完成投资额/万元	年内项目建设形象进度
中铝河南洛阳铝加工有限公司污水处理站设备升级改造项目	286	161	3月开工，四季度试运行，12月完成验收纳固
洛阳冷轧厂MK8463A磨床搬迁至中铝河南洛阳铝加工有限公司项目	110	96	年初开工，4月进行安装、调试，5月完成验收纳固
洛阳冷轧厂轧制油再生装置搬迁至中铝河南洛阳铝加工有限公司项目	46	39	4月开工，四季度试运行，12月完成验收纳固

五、企业管理

河南铝业2017年修订和新建制度14项，废除30项。

开展安全环保质量强基固本活动，2017年河南铝业安全、环保、质量三大体系平稳运行，圆满完成各项安全环保质量目标。

河南铝业制定《骨干员工激励实施方案》，定期进行骨干员工评选，通过薪酬激励，稳定人才队伍。

六、深化改革

（一）管理体制改革

2017年11月，为适应经营主业由铝加工产品经营向资产经营转型的实际，河南铝业进行组织机构改革，压缩管理层级，撤销二级单位编制，建立适应河南铝业资产经营业务需要的扁平化组织架构；通过推进协商解除劳动合同、为符合条件员工办理内退、实行有限期放假政策，全年完成人员分流 50 人。

（二）重组改制

2017 年 7 月，河南铝业完成对中铝河南洛阳铝加工有限公司和中铝河南洛阳铝箔有限公司的设备增资，降低了两子公司的资产负债率。11 月，河南铝业与中铝集团签订债务抵偿协议，将所持有的中铝河南洛阳铝加工有限公司和中铝河南洛阳铝箔有限公司所有股权转让给中铝集团，两子公司从河南铝业分离。

根据中铝集团统一安排，河南铝业积极配合中色科技股份有限公司以系统内部分债权置换洛阳冷轧厂相关资产，2017 年末完成相关资产和人员的移交工作。

（三）闲置资产盘活

2017 年，河南铝业通过与中铝集团系统内企业沟通，寻求合作，推进闲置设备等的盘活工作，完成洛阳冷轧厂全部设备、洛阳热轧厂精密锯设备和郑州冷轧厂 2300 轧机、精整设备等向中铝瑞闽股份有限公司的搬迁和资产评估工作；利用闲置厂房资源优势，实现经营收益，郑州冷轧厂按照“短期经营 + 长期开发”的工作思路，开展物流方向的短期租赁经营工作。2017 年年末，郑州冷轧厂租赁面积及收入较年初翻番。

七、党建与企业文化建设

2017 年，河南铝业党委以层层建立党建工作责任制为抓手，同各单位签订党建工作目标责任书，形成了党委统一领导，职能部门和所属单位各司其职、各负其责，上下齐抓共管、责任明晰、考核具体的规范化、科学化工作格局；组织开展“不忘初心，牢记使命”主题教育，专题学习中共十九大会议精神；通过修订河南铝业章程，把党建工作的职责权限、机构设置、运行机制、基础保障等纳入公司章程；开展安全环保质量工作“两带两创”活动，发动党员带动员工群众学案例、查隐患、限期整改，把安全环保质量强基固本行动纳入党建工作考核细则。

2017 年，河南铝业以企业微信公众号、企业网站为主阵地，认真做好企业文化宣传工作，展示河南铝业全体员工扭亏脱困和转型发展的决心和风貌。

八、履行社会责任

环境保护：河南铝业积极落实重点排污口“河长制”，制定《重污染天气环保应急预案（措施）》，2017 年河南铝业各种污染物均达标排放，全年未发生环境污染事故。

关爱员工：开展爱心救助活动，全年共帮扶生病住院员工 40 余人，帮扶金额 15 万元；开展“金秋爱心助学”活动，为 18 名考上大学的困难职工子弟发放爱心助学金 2.4 万元；开展生活困难职工的送温暖活动，发放困难帮扶金 3 万元。

九、重要记事

1 月 19 日，河南铝业召开二届五次职工代表大会暨 2017 年工作会议。

2 月 4 日，中铝集团党组书记、董事长葛红林到河南铝业考察调研。

3 月 29 日，河南铝业注册成立全资子公司洛阳开盈科技有限公司。

5 月 1 日，完成郑州冷轧厂 2300 轧机主体设备向中铝瑞闽股份有限公司搬迁工作。

7 月 14 日，河南铝业由中铝资产经营管理有限公司委托管理。

8 月 2 日，中铝集团党组书记、董事长葛红林到河南铝业下属洛阳热轧厂、中铝河南洛阳铝加工有限公司调研指导。

9 月 14 日，河南铝业领导班子调整：顾振坤任河南铝业副总经理，李斌、郭朝阳不再担任副总经理职务。

11 月 15 日，河南铝业进行机构改革，撤销二级单位编制，改革后由综合事务部、财务部、经营管理部三个部门组成。

11 月，河南铝业与中铝集团签订下属中铝河南洛阳铝加工有限公司和中铝河南洛阳铝箔有限公司股权转让合同，两子公司从河南铝业分离。

撰稿 / 王亚飞

核稿 / 吴紫静

中铝资本控股有限公司

一、基本情况

中铝资本控股有限公司（以下简称中铝资本）成立于 2015 年 4 月，由中国铝业集团有限公司控股，中国铝业股份有限公司增资参股，注册资本 24.33 亿元，是中铝金融产业投资、管理、监督和服务的平台。

主要从事金融投资及资产管理；资产受托管理；投资策划；咨询服务等业务。对所属全资、控股、参股企业的有关国有资产和国有股权行使出资人权利，对有关企业国有资产和国有股权依法进行经营管理和监督，并相应承担资产保值增值责任。控参中铝保险经纪（北京）股份有限公司、中铝融资租赁有限公司、中铝创新发展股权投资基金管理（北京）有限公司、中铝建信投资基金管理（北京）有限公司、中铝商业保理（天津）有限公司、云晨期货有限责任公司、农银汇理基金管理有限公司、北京鑫源盈丰投资基金管理合伙企业，涵盖银行业务、保险经纪、融资租赁、基金、期货、商业保理等领域。

2017 年基本数据表

表 188

资产总额 / 亿元	负债率 /%	员工总数 / 人	平均年龄 / 岁	学历结构 / 人	
153.32	60.24%	20	35	大学专科及以下	0
				大学本科	5
				硕士	14
				博士	1

二、组织机构

（一）领导班子

蔡安辉　党委书记、董事长、总经理

葛小雷　党委委员

于红卫　党委委员、工会主席

黄　薇　党委委员、纪委书记、副总经理

（二）机构设置

本部部门：

综合管理部（党群工作部）、计划财务

部、战略发展部、投资运营部、信息科技部、风控审计部（纪检监察部）。

控股公司：中铝保险经纪（北京）股份有限公司、中铝融资租赁有限公司、中铝建信投资基金管理（北京）有限公司、中铝商业保理（天津）有限公司、中铝创新发展股权投资基金管理（北京）有限公司。

参股公司：云晨期货有限责任公司、农银汇理基金管理有限公司、中企云链（北京）金融信息服务有限公司。

三、生产经营

2017 年，中铝资本完成了年度绩效奋斗目标和全年创新发展任务，利润总额 1.90 亿元，向中铝集团上缴现金分红 4068.25 万元。

主要生产经营指标表

表 189

项目	2016年	2017年	同比增长 /%
营业收入 / 万元	17694.02	26238.85	48.29
营业成本 / 万元	9487.44	11437.65	20.56
期间费用 / 万元	584.09	708.36	21.28
纳税额 / 万元	3446.36	4535.40	31.60
净资产收益率 /%	6.35	6.5	—
营业利润 / 万元	9738.81	19011.35	95.21
利润总额 / 万元	10454.49	19012.33	81.86
净利润 / 万元	8309.91	15349.98	84.72
归属于母公司所有者的净利润 / 万元	6863.70	13314.14	93.98

四、板块建设

2017 年，中铝资本以保持规模和盈利双增长为主线，开展了以下重点工作：

（一）瞄准业务创新方向，经营发展取得了新成绩

融资租赁积极培育市场化发展能力。积极助力重大结构调整项目，以经营性租赁促进产品营销，全年实现利润 1.03 亿元，获得“2017 中国融资租赁成就奖”，具备了走出集团、服务有色行业的市场化发展能力。

商业保理积极发挥内部供应链金融作用。服务板块和实体上市、压降“两金”、期末清盘，提供了有效的解决方案，累计投放 37 亿元，凸显了内部供应链金融的快速高效服务能力。综合实力居行业前 50 名。

基金业务充分发挥牌照价值和渠道功能。管理基金规模 62 亿元，跃居私募基金行业前 2%，签约合同规模 106 亿元，高效助力板块结构调整。

保险经纪建好了统保和产权经纪平台。全年产权经纪交易额达到 52 亿元，助力集团瘦身健体和资本运作，获得“2017 年产权组织交易金奖”和“优质服务奖”；协助企业获赔 1.3 亿元，为境内外资产提供避险服务。

协同创新，解决了多元化需求。“财务公司 + 租赁 + 基金”高效协同，为中铝四则基金提供集成服务；组合运用“承兑 + 再贴现”等综合票据融资模式，满足企业低成本资金需求；创新“租赁 + 票据”模

式，缓解企业流动性压力；中铝资本和建信基金联手联动，量身制定私募基金产品，服务于稀土公司上市。

培育了金融智库能力。成立了中铝金融创新委员会，提高科学决策治理水平；刊印《中铝金融资讯》，创立《产业金融研究》，科学研判金融市场动态；服务集团金融需求，完成了多项资本运作咨询和专项研究。

（二）创新平台管控治理架构，管控治理能力进一步提升

创建了精简高效、管控服务到位的两级职能管控模式，形成了中后台服务前台、前台服务客户的服务链。

资本运营能力显著增强。实现了对云晨期货的专业化管理，推动建设北京上海分支机构；推动农银汇理管理规模扩大，完成对农银汇理及其子公司增资；成立了中铝创投基金管理公司，拓展了围绕主业开展资本运作的渠道和能力。在集团的指导下，完成了财务公司股权多元化一期工作。

精准运营管理实现提质增效。强化平台整体资产配置预算管理，开好了早调会，资金运营效率与效益得到了显著提升，在资金巨幅波动的关键时点守住了流动性底线。建立月报三级复核机制，提升会计信息质量，获集团年度财务决算暨会计管理“优秀组织奖”。

信息科技保障更为有力。实施全方位、立体化巡查运维，开展灾备及业务连续性安全演练，机房环境实时监测，实现了系统安全不间断运行。开发风险指标监测系统，实现信贷投资业务线上审批，成功接入上海票据交易所。

行政管控能力全面加强。理顺决策权限管理机制，确保两级公司规范决策。坚持跟踪推进、督办问效，督办件办结率100%。全年承办150余次会议。倡导绿色办公，实施安全生产责任制，加强员工八小时内外管理。

风险管控能力持续提升。梳理出各类问题176个，制定重点问题整改决议32份，非重点问题均形成了整改方案；修订、新增制度140余项,完善了六家公司内控手册，梳理一级流程138个，控制标准1200余个；实施两级业务审批，组织全级次各类业审会96次。提出问题整改建议超过150条。

（三）抓实党建引领，强根铸魂打牢创新发展基石

坚决贯彻落实集团党组关于全面从严管党治党的部署要求，以党建统领发展全局，切实把国有企业的党建优势转化为实实在在的经营发展成果。

发挥党的领导核心作用。完成了党建进章程工作，改组了试点企业董监事会，引入外部董事。从严执行了党内监督和“三重一大”制度，贯彻落实党组织研究讨论作为重大决策的前置程序。

全面落实党建责任。实施“双百分”考核，由党委书记负总责直接抓，党委委员分工抓，党支部书记具体抓，层层抓落实。抓实党建责任制，组织制定全覆盖的党建“一岗双责”清单，逐项督办、跟踪问效，全面完成集团

党组下达的各项党建考核指标。

加强基层组织建设。构建起支部书记、支委委员、督导员、纪检观察员、党小组长“立体式”基层党建工作力量体系。设计了“互联网＋党建”的“四微”管理新模式，创新推出了“党员积分制”考核激励模式。一支部、二支部分别与集团人力资源部、广西稀土优秀党组织结对。成立了19个创新创效团队。

深化党风廉政建设。完成廉控和内控“两个体系”建设、权力和责任“两个清单”试点任务。注重监督程序关口前移，构建“授权、行权、监督”的三位一体架构。创新巡视巡察联动机制，实施全面整改。开展特色廉洁文化教育，推出体验式案例警示教育模式，组织家庭助廉活动。

强化干部人才队伍及市场化机制建设。建设多层次后备干部队伍，建成34人多序列金融人才库。以“中铝金融创新讲堂”为培训主阵地，强化员工融入，做好人才培养。在投资投行业务领域进行了激励改革试点，组建完成了中铝租赁职业经理人团队，形成中铝金融特色的职业经理人管理体系。

群团工作凝心聚力。2017年，中铝资本3名选手参加直属党委“庆七一”演讲比赛，获全优；组建篮球队和足球队，组织期货交易大赛等活动。开展合理化建议助力“两带两创”，组织读书会、志愿助学等活动。开设中铝资本微信公众号，推出中铝金融宣传册，开辟党建宣传园地，建立十九大专栏，在集团及外部媒体发布40篇报道。

五、重要记事

1月20日，中铝金融业务板块召开2017年工作会议，传达中铝集团一届五次职代会和2017年工作会议精神，部署2017年重点工作，并签署了2017年业绩合同书。

7月18日，中铝资本召开2017年年中工作会议暨党建和党风廉政建设工作会议。

8月，中铝资本启动职业经理人内部人才库选拔，标志着职业经理人试点项目进入到实施阶段。

10月17日，中铝集团党组副书记、总经理余德辉率领第二检查组对中铝资本开展问题穿透检查并作现场指导。

10月24日，中铝资本团委正式启动“大手拉小手·一起向前走”志愿服务活动。

10月30日，中铝资本党委组织召开党委中心组学习（扩大）会议，传达学习党的十九大会议精神。

11月29日，中铝集团党组成员、副总经理总裁卢东亮到中铝资本调研指导。

12月2日，中铝资本召开2017年发展与创新研讨会。

撰稿／崔　巍

审核／于红卫

中铝财务有限责任公司

一、基本情况

中铝财务有限责任公司（简称中铝财务）是经中国银行业监督管理委员会（银监复〔2011〕199号文）批准的非银行金融机构，于2011年6月正式设立，位于中铝大厦七层。中铝财务由中国铝业集团有限公司控股，中铝资产经营管理有限公司增资参股，注册资本26.25亿元。中铝财务在业务上接受中国银行业监督管理委员会和中国人民银行的监督指导，依法自主经营，具有独立企业法人资格。

中铝财务以“立足集团、服务集团”为宗旨，为成员企业提供本外币存款、结算、贷款、跨境业务，担保，票据承兑及贴现，委托贷款，结售汇，同业拆借，有价证券投资，委托投资，承销成员单位的企业债券，财务顾问，资信证明等金融服务。

2017年中铝财务基本数据表

表190

资产总额/亿元	负债率/%	员工总数/人	平均年龄/岁	学历结构/人	
315.54	89.06	46	33	大学专科及以下	3
				大学本科	14
				硕士	26
				博士	3

二、组织机构

（一）领导班子

蔡安辉　董事长

葛小雷　总经理

于红卫　副总经理

黄　薇　副总经理

（二）机构设置

综合管理部、计划财务部、信贷业务部、结算业务部、投资业务部、同业市场部、信息科技部、风险管理部、审计稽核部。

三、生产经营

2017年，中铝财务紧紧围绕做强做优中铝特色金融产业，以保持规模和盈利双增长为主线，创新创效，全面超额完成了年度绩效目标。截至2017年底，中铝财务管理资产总额达到781亿元，同比增长67%。

主要生产经营指标

表191

项目	2016年	2017年	同比增长/%
营业收入/万元	54,563.4	66,638.02	22
营业成本/万元	23,284.3	30,690.01	32
期间费用/万元	2,821.59	3,579.31	27
纳税额/万元	9,222.07	13,820.31	50
净资产收益率/万元	7.83	8.95	—
产值劳动生产率/万元·人	870.41	640.2	—
营业利润/万元	25,430.1	37,861.35	49
利润总额/万元	25,434.35	37,861.08	49
净利润/万元	18,868.33	28,827.75	53
归属于母公司所有者的净利润/万元	18,868.33	28,827.75	53

四、企业管理

(一)综合金融服务

资金集中。全年完成了小集中全部迁移，实现了资金集中平台的统一；日均全口径资金集中度提高到46%，同比增长11个百分点，全年本外币日均存款214亿元，同比增长25%。

结算服务。全年结算量达到2.02万亿元，同比增长65%，始终保持了资金零差错、零事故和零损失。

信贷供给。综合运用多种工具，调剂资金总额达815亿元。日均信贷规模达到120亿元，同比增长了20%，存贷比达80%。办理委托贷款超过520亿元，同比增长106%。开辟“应急通道”，累计办理近70亿元的短期过桥贷款、票据融资和保函，化解企业债务风险。

融资服务。2017年中铝财务获得了银行间质押式回购匿名点击业务资质，成为第三家获此资质的央企财务公司。全年融入外部资金2440亿元，同比增长了66%，融资成本低于市场水平32BP。

(二)创新创效

2017年中铝财务固定收益投资收入近2亿元，收益率超过7%，进入了行业前列；具备了债券承销能力，首次以财务顾问身份为集团工程板块完成债券承销15亿元，节省财务费用1400万元；争取到再贴现低成本资金4.6亿元，列央企财务公司第五名；打通美元拆借通道，完备了财务公司外币资金池功能。

此外，还获批了买方信贷业务牌照，为集团工程企业开立首笔保函，推出循环贷款，设计存款新产品，满足企业个性化金融需求。

(三)中后台管控治理

精准运营管理。遵循安全性、流动性、盈利性、服务性四性平衡原则，强化平台整体资产配置预算管理，开好早调会，有效预判市场走势和资金波动，实现了资金计划到日到时、资产配置精准灵活。在资金巨幅波动的关键时点守住流动性底线，活期备付率压降了8.2个百分点降至15.7%，在存贷利差同比持平的情况下，日均生息资产收益率同比增加了32BP，增加利润5000万元。会计信息质量得到了全面提升，获得中铝集团年度财务决算暨会计管理“优秀组织奖”。

信息科技保障。实施全方位、立体化巡查运维，开展灾备及业务连续性安全演练，机房环境实时监测，实现了系统安全不间断运行。开发了风险指标监测系统，优化了系统性能，核心业务系统开关机速度提升了6倍，实现信贷投资业务线上审批，成功接入上海票据交易所，为电子票据交易奠定基础。

行政管控能力。理顺决策权限管理机制，确保规范决策。坚持跟踪推进、督办问效，督办件办结率100%，有力推动决策落实。高效统筹会务管理。按照集团“安全、干净”的理念，倡导绿色办公，实施安全生产责任制，加强员工八小时内外管理。

风险管控能力。加强风险统理能力建设，筑牢了三道风险防线，做到了干成事、不出事。高质量完成问题清单梳理，落实了领导包企联系点制度，层层穿透培训，制定重点问题整改决议，非重点问题均形成了整改方案；健全制度和内控体系建设，完善了公司内控手册；加大风险预警管理，紧盯重点风险领域，高标准完成专项审计和日常稽核。

五、文化建设

中铝财务加强品牌文化建设，制定了实施方案。撰写中铝金融品牌故事，被《中铝品牌故事集》收录。推出中铝金融宣传册，建立十九大专栏，在集团及外部媒体发布多篇报道。

六、履行社会责任

中铝财务加强与监管机构、政府部门等利益相关方建立工作沟通机制，在业务准入、信贷规模增加等方面获得有力支持。

中铝财务组织开展“大手拉小手 一起向前走”青年志愿活动。结合打工子弟学校的特点，先后开展“讲历史故事给你听”“小手捏出五彩梦”等主题活动，开发特色鲜明、贴合需求、富有创意的青少年系列课程，为打工子弟学校送去电脑、学习用具等慰问品。

中铝财务组织干部员工参与青海省海晏县“心连心、手拉手”结对帮扶困难学生，共帮扶贫困学生17名。

七、重要记事

5月11日，中铝财务银行间本币交易规模自年初以来总量突破1000亿元，资金支付保障和运用能力再上新台阶。

6月30日，中铝财务首次向成员企业开放电子商业承兑汇票端口，服务企业通过电票系统开立商业承兑汇票。

7月18日，中铝财务首次开展债券承销业务。

9月，中铝财务获批银行间市场质押式回购匿名点击业务，成为第三家获批该资质的央企财务公司。

12月27日，中铝财务开展首笔循环贷款业务。

12月，中铝财务成功打通美元拆借市场，开展了首笔美元拆借业务。

12月，中铝财务获监管机构批准成员单位产品买方信贷的新业务资格。

12月，中铝财务股权多元化方案获监管机构批准，注册资本增加至26.25亿元。

2017年，中铝财务共获得再贴现资金支持4.57亿元，在北京地区71家财务公司中列第五位。

撰稿/张　岳

审核/于红卫

中铝融资租赁有限公司

一、基本情况

中铝融资租赁有限公司（简称中铝租赁）是商务部批准设立的中外合资融资租赁公司，成立于2015年5月，注册地在天津自贸区，经营地在北京，由中铝资本控股有限公司、中铝海外控股有限公司发起设立，注册资金8亿元。

中铝租赁提供新购设备直租型融资租赁、新购设备直租型经营租赁、售后回租型融资租赁、联合租赁、转租赁、租赁财产的残值处理及维修、租赁交易咨询和担保，兼营与主营业有关的商业保理业务，其他资产管理等创新的产品和服务。

通讯地址：海淀区西直门北大街62号中国铝业大厦2层。

2017年基本数据

表192

资产总额 / 亿元	负债率 /%	员工总数 / 人	平均年龄 / 岁	学历结构 / 人	
43.28	78.74	7	31	大学专科及以下	0
				大学本科	1
				硕士	5
				博士	1

二、组织机构

（一）领导班子

蔡安辉　董事长

张翔宇　副总经理（主持工作）（2017年3月任职）

陈寰宇　副总经理

（二）机构设置

综合管理部、计划财务部、业务一部、业务二部、资金管理部、风险管理部。

三、生产经营

租赁业务是中铝租赁的核心业务和立足之本。该业务主要为客户提供个性化租赁服务方案，以满足企业优化财务报表、盘活存量资产、充分利用闲置设备、拓展融资渠道等差异化的业务需求。中铝租赁在集团内部的业务涉及铝、铜、能源和铝加工等领域。2017年中铝租赁业务规模快速增长，运用直租、售后回租等业务产品，融资租赁团队积极助力重大结构调整项目，以经营性租赁促进产品营销，全年实现利润1.03亿元，并获得“2017中铝融资租赁成就奖”，具备走出集团、服务有色行业的市场化发展能力。

2017年中铝租赁工作紧密围绕着“集团内部为主，适当开拓外部业务”工作思路开展工作，创新业务模式，通过加大直租和外部项目开拓的力度，实现中铝租赁首笔集团外部业务投放，投放规模达5000万元。

四、企业管理

中铝租赁依托自贸区在贸易、金融等领域特有的区位优势、政策优势和租赁业的聚集效应，坚持“服务为本，回报至上”的经营理念，发挥中铝集团产业链优势和资金融通功能、资产管理功能、产品促销的特色功能，助力成员企业转型升级、提质增效。

中铝租赁作为“市场化、契约化”改革试点，组建了职业经理人团队，形成了中铝金融特色职业经理人管理体系，初步建立成人力资源管控机制。

五、重要记事

4月27日，中铝租赁开展首笔直租业务。

6月3日，中铝租赁召开业务发展研讨会。

11月24日，中铝租赁在“2017中国融资租赁年会”上获“成就奖”。

12月11日，中铝租赁召开二届一次董事会会议，向外部董事颁发聘书，审议通过职业经理人聘任管理等议案，改组董监事会，增设了战略与提名委员会、薪酬与审计委员会、风控委员会向外部董事颁发聘书。

撰稿／苑　鑫

审稿／于红卫

中铝商业保理（天津）有限公司

一、基本情况

中铝商业保理（天津）有限公司（简称中铝商业保理）作为中铝资本控股有限公司的全资子公司，成立于2016年5月13日，注册地在天津自贸区，经营地在北京，注册资金3亿元。

中铝商业保理作为供应链中的核心企业，为其提供供应链类保理产品组合，涵盖了客户的付款和收款环节，包括预付保理、现付保理、应付保理、应付回购保理、应收回购保理、应收卖断保理等。

通讯地址：海淀区西直门北大街62号中国铝业大厦2层。

2017年基本数据

表193

资产总额/亿元	负债率/%	员工总数/人	平均年龄/岁	学历结构/人	
20.29	84.35	9	33	大学专科及以下	0
				大学本科	1
				硕士	7
				博士	1

二、组织机构

（一）领导班子

黄　薇　执行董事

张翔宇　总经理

黄　越　副总经理（2017年2月任职）

（二）机构设置

综合管理部、计划财务部、业务一部、业务二部、资金管理部、风险管理部、资产管理部。

三、生产经营

中铝商业保理致力于做好金融服务发展基础，围绕集团供应链、产业链、价值链延伸服务，满足集团内部外部金融服务。2017年中铝商业保理全年实现业务投放

30.35亿元，铝加工和工程板块成为主要内部市场，铜板块和外部市场得到突破，利润总额共计2007.48万元。

中铝商业保理团队创新业务模式，开展循环保理业务，于2017年9月份完成了西南铝冷链扎应收百威英博和AA金属的循环保理业务。该项目以循环模式不仅锁定了后续新增业务，而且便捷了业务操作。

四、企业管理

中铝商业保理依托自贸区在贸易、金融等领域特有的区位优势和政策的聚集效应，充分发挥功能支撑作用，以供应链上下游企业为服务对象，以应收应付账款为服务手段，坚持市场化运营、专业化管理，着力打造具有竞争力的特别商业保理公司，为集团内企业及上下游企业提供多样化的保理服务，促进中铝金融发展升级。

2017年，中铝商业保理员工队伍得到锻炼和成长，核心团队逐渐形成，了解铝铜产业链的运作特点，以及各板块的经营模式，挖掘潜在的业务机会，为优化业务模式、增强产品黏性奠定基础。

2017年，中铝商业保理为板块和实体上市、压降“两金”、期末清盘提供有效解决方案，凸显了内部供应链金融的快速高效服务能力，综合实力居行业前50名。

2017年3月，中铝商业保理加入了中国服务贸易协会商业保理专业委员会，与协会就行业现状、发展趋势、发展问题及解决措施进行了多次交流，积极参与保理行业组织的业务与会计等行业制度的制定工作，并与多家保理公司建立了长期的信息沟通机制。

五、重要记事

6月3日，中铝商业保理召开业务创新研讨会。

9月，中铝商业保理完成首笔应收账款循环保理业务。

12月11日，中铝商业保理获得天津东疆保税港区2017年政策性补贴56万元。

撰稿／苑　鑫

审稿／于红卫

中铝保险经纪（北京）股份有限公司

一、基本情况

中铝保险经纪（北京）股份有限公司（简称中铝保险经纪）于 2013 年 1 月经中国保险监督管理委员会批准设立，总部设于北京，是一家全国性、综合性的专业保险中介机构，可在全国范围内从事财产险、人身险、再保险等经纪业务、风险管理咨询等业务。

中铝保险经纪两大业务为保险经纪业务和产权经纪业务。

保险经纪业务主要为集团内外公司企业提供保险方案策划、项目招标、日常管理、协助索赔、风险管理咨询、防灾防损服务等保险经纪服务。

产权经纪业务分为集团内和集团外两部分。其中集团内为中铝集团及所属企业办理国有资产处置、股权转让、增资业务的进场交易等经纪服务，同时具有北京产权交易所、上海联合产权交易所社会会员资格。

2017 年基本数据表

表 194

资产总额 / 万元	负债率 /%	员工总数 / 人	平均年龄 / 岁	学历结构 / 人	
4300	21.68	13	34	大学专科及以下	1
				大学本科	6
				硕士	6

二、组织机构

（一）领导班子

蔡安辉　董事长

于红卫　总经理

李　锦　副总经理

（二）机构设置

综合管理部、计划财务部、经纪业务一部、经纪业务二部、业务管理部、风险管理部、产权经纪部。

三、生产经营

2017年，中铝保险经纪公司业务规模大幅增长，主营业务收入2107.60万元，较上年增长33.33%，利润1276.30万元，较2016年增长57.08%。全面超额完成了年度经营业绩考核指标。

财产险按板块进行统保招标，已覆盖所有板块；理赔方面，圆满完成了重大案件的结案，没有出现人为失误导致的该赔不赔、无理由延长理赔时间等现象，已处理完毕和正在处理有11家企业的理赔工作，共获得赔付1.35亿元。全年，中铝保险经纪完成保费代收付业务361笔，保费金额7526万元，涉及财产险、货运险、机器损坏险等5大类共12个险种。

组织风险查勘培训工作共15次，包括铝板块的山西华泽、兰州分公司、中铝山东有限公司；工程板块的九冶、天津建设；铝加工板块的西南铝、东轻、中铝沈加，铜板块的云铜股份、迪庆有色、秘鲁矿业等。

业务创新方面，2017年新开发厄瓜多尔风险评估收入22.64万元；集团外产权交易项目——包头交通投资集团经纪人帮助进场办理股权摘牌事宜取得收入19.62万元；中铝广西分特种设备项目收入11.64万元。三项创新型业务，收入合计53.90万元。

办理进入产权市场交易的产股权、实物资产、企业融资服务等产权交易（集团内外）项目金额为52亿元，累计成交额已突破39亿元。与2016年成交额24亿元相比，增幅达62.50%。佣金收入134.71万元，比上年增幅达134.65%。

四、重要记事

2017年，中铝保险经纪共制定8项新制度和修订8项旧制度。

内控方面，内外部审计暂未发现重大内控设计和执行缺陷，客户满意度超过90分。

五、重要记事

1月，中铝保险经纪完成中铝国际委内瑞拉电解铝厂改造工程项目的保险安排。

1月，中铝保险经纪成功中标厄瓜多尔风险评估资格。

6月，中铝保险经纪协助焦作万方完成向阳光财险索赔赔付，理赔款共计1.27亿元。

12月，中铝保险经纪完成秘鲁项目全球排分与续保工作。

12月，中铝保险经纪完成了新材料首批次保险补贴申领资料报送工作。

12月，中铝保险经纪获得“北京市诚信创建企业”。

12月，中铝保险经纪获得北京产权交易所“优质服务奖”。

12月，中铝保险经纪获得上海联合产权交易所“组织金奖”。

撰稿／王健民

审稿／于红卫

中铝建信投资基金管理（北京）有限公司

一、基本情况

中铝建信投资基金管理（北京）有限公司（简称中铝建信基金）成立于2013年，由中铝资产经营管理公司和建信（北京）投资基金管理有限责任公司共同投资设立，注册地在北京，注册资本为3000万元。

2015年，中铝资本控股有限公司（以下简称中铝资本）受托管理中铝建信基金，2016年初，中铝资本受让中铝资产经营管理公司所持有的股权，成为中铝建信基金控股股东。

主营业务：中铝建信基金提供包括企业私募股权投资基金、政府引导产业基金、供改基金、混改基金、境内外并购基金、母基金等业务，从企业咨询、新兴产业孵化、政府基建投资、国企改革、企业发展战略、价值管理等方面全方位为客户提供以私募基金业务为载体的全套金融解决方案。

通讯地址：海淀区西直门北大街62号中国铝业大厦2层。

2017年基本数据

表195

资产总额/万元	负债率/%	员工总数/人	平均年龄/岁	学历结构/人	
3656.74	7.81	2	32	大学专科及以下	0
				大学本科	0
				硕士	1
				博士	1

二、组织机构

（一）领导班子

刘宇鹏　董事长

王业强　总经理

李　军　副总经理

陈海涛　副总经理

（二）机构设置

综合管理部、计划财务部、基金业务部、风险管理部。

三、生产经营

中铝建信基金依托中铝集团的产业背景、中铝资本产融结合的金融股权平台优势、建信信托有限责任公司广泛的金融网络，专注于私募股权领域，助推主业发展，服务有色产业，发展多元化经营，拓宽更广阔的产业与金融合作空间。

2017年，中铝建信基金积极发挥牌照价值和渠道功能，管理基金规模62亿元，跃居私募基金行业前2%，签约合同规模106亿元。

四、企业管理

2017年，面对基金业务的新业务和新模式，中铝建信基金深入集团铝、铜、稀土、铝加工、能源、工程等板块企业，了解基金业务需求，提高基金业务服务的覆盖面，努力解决集团与成员企业的融资、管理和发展难题。

一是成功设立中铝交银四则基金，充分发挥基金公司产融结合服务功能。中铝金融各业务单元形成联合体，组团协同创新，解决了多元化需求。“财务公司＋租赁＋基金”高效协同，为中铝四则基金提供集成服务。

二是设立中铝有色金属产业私募投资基金，全面加强中铝资本与稀土板块的深度合作，支持中国稀土业务发展，中铝资本和建信基金联手联动，量身制定私募基金产品。

五、重要记事

5月24日，首支基金产品“北京中铝交银四则产业投资基金管理合伙企业（有限合伙）”完成基金首期资金20亿元的投资，并于6月1日在基金协会完成备案。

12月27日，中铝有色金属产业私募投资基金完成产品备案，随后成功完成投资，基金规模9400万元。

撰稿／苑　鑫

审稿／于红卫

云晨期货有限责任公司

一、基本情况

云晨期货有限责任公司（以下简称云晨期货公司）成立于 2002 年 3 月 7 日，注册资本为 3 亿元。

云晨期货公司是上海期货交易所、大连商品交易所、郑州商品交易所会员、上海国际能源交易中心会员和中国金融期货交易所交易结算会员，主营商品期货经纪和金融期货经纪业务的期货公司。

通讯地址：云南省昆明市人民东路 111 号。

邮编：650051。

2017 年基本数据表

表 196

资产总额 / 亿元	负债率 /%	员工总数 / 人	平均年龄 / 岁	学历结构 / 人	
13.74	73.34	86	33	中专及以下	1
				大学专科	6
				大学本科	54
				硕士及以上	25

二、组织机构

（一）领导班子成员

曹　辉　总经理

徐彦皓　副总经理

（二）机构设置

1. 部门：经纪业务总部、财务部、研发部、资产管理部、信息技术部、风控结算部、合规稽核部、综合与人力资源部、党群工作部。

2. 二级单位：

（1）子公司：上海滇晟商贸有限公司。

（2）分公司：直属昆明营业部、蒙自营业部、楚雄营业部、曲靖营业部、北京分公司、上海分公司。

三、生产经营

2017年，云晨期货公司实现利润总额2004.87万元，同比增长23.43%；手续费收入2065.71万元，同比下降8.51%；成交额4060亿元，同比增长50.94%；成交量358.47万手，同比下降23.85%；日均客户权益9.61亿元，同比增长65.69%；实现利息收入2195.36万元，同比增长54.75%；投资收益564.57万元，同比增长71.37%；管理费用2898.98万元，同比上升30.5%。

主要指标表

表197

指标名称	2016年	2017年	同比增长/%
销售收入/亿元	0	0.66	100
利润额/亿元	0.16	0.20	25
纳税额/亿元	0.06	0.06	持平
净资产收益率/%	4.93	4.17	−15.42
人身伤亡事故/起	0	0	持平
工亡人数/人	0	0	持平
重伤人数/人	0	0	持平
轻伤人数/人	0	0	持平

2017年，云晨期货公司公司利息收入2195.36万元，同比上升55%。云晨期货公司将闲置自有资金投资国债回购业务，截至2017年12月,累计投资收益564.57万元，同比上升71%。

云晨期货迈出了向全国性期货公司发展的第一步。通过小单尝试的方式，与上海利合、上海锦生金属、上海亚衡实业等5家企业开展仓单回购业务，累计业务规模突破6000万元。同时，滇晟商贸掌握了基差交易的交易方法，已开始对有色金属、石油沥青、化工产品PTA等进行前期市场调研与工作准备。

在市场拓展和客户服务方面，云晨期货紧跟市场发展，扩展服务范围。一是顺利完成豆粕、白糖期权和原油期货的交易准备，并成为上海国际能源交易中心的首批会员，获得了能源类期货品种交易资格。二是组织各营业部、分公司进行市场拓展，在赤峰、北京、天津、上海、无锡、贵州等多地进行市场调研和客户开发，并积极推广合作套保、仓单服务等创新业务。三是改革投资者行情报告会组织形式和日常维护模式，增强与客户的交流互动，从而收到了良好的效果。

云晨期货公司积极开展资管业务准备工作，从结构化和平层两个种类给风管子公司设计好了资管产品通道；开展了“保险+期货”项目，推动资管备案进程。

四、重大发展项目

云晨期货公司在2017年内未进行重大发展项目建设。为做好各类系统建设，加强技术保障，云晨期货公司修订了系统运维管理制度，加强运维管理水平，进行了豆粕、白糖期权测试；将农行通讯链路转至证联网；调整了4条运营商链路，全年预计节省链路费33万元；研究金仕达高速行情API，存储每天的分笔（tick）数据；

研究金仕达MD网关API，实现自主程序化交易（量化交易）。

五、企业管理

在质量安全环保三大体系运行情况方面，云晨期货公司贯彻“安全第一，预防为主，综合治理”的安全方针，强化安全管理，消除事故隐患，全年未发生质量安全环保事故。

云晨期货公司积极采取控制措施，应对交易所交易制度调整风险。推进《证券期货投资者适当性管理办法》专项工作计划，加快适当性管理系统的建设，完善投资者分类、产品服务分类、适当性匹配、核心业务系统等系统功能的改造，并配合证监会检查组进行了适当性落实情况的检查。

配合中国证监会检查组完成了对云晨期货公司的全面大检查工作。持续开展制度建设，建立、修订了《总经理办公会管理办法》《外派人员补贴管理办法》《招聘管理办法》等31个制度。

六、科技创新

云晨期货公司将统计前沿方法引入期货实际行情中以优化分析模型，完成铝数据库模型的搭建和展示系统，实现客户的远程实时调阅。一方面初步建立了基于铅锌数据库的量化价格分析模型，另一方面将铝模型展示于月度行情报告中，提升研报定量分析水平。

七、深化改革

2017年，云晨期货公司加强法人治理，开展股权变更，完成了党建入章程等事项。

云晨期货公司完成了2016年度选人用人“一报告两评议”工作，开展了2017年度后备干部推荐、选拔与培养。

八、党建与企业文化建设

2017年，云晨期货公司党支部对照25项党建重点任务、党建目标责任书及党建考核实施细则的要求，深入推进“两学两化”“两带两创”等工作，做实“双基”党建基础工作，全面加强党的建设。

2017年，云晨期货公司党支部与下属6个党小组签订《党建工作目标责任书》。为突出党的政治建设，规范党内政治生活，支部决定由较高政治敏锐性、党建专业能力的党群工作部员工担任党小组长，提升党小组的学习能力、管理能力、工作活力、创新能力。

九、履行社会责任

2017年，云晨期货公司录用员工20人。开展内外部培训55次，培训人次444次。开展了2017年度的员工技能评定工作。

为加强对期货投资者的保护，在证监会及期货业协会牵头组织下，期货行业开始推行“投资者适当性制度”。云晨期货公司以前台为中心积极参与了该制度的前期准备、中期测试、后期完善等全流程工作，率先落实了“投资者适当性制度”，为促进投资者理性参与期货市场尽到自身应有责任。

十、重要记事

1月10日至8月4日，云晨期货公司在赤峰、北京、天津、上海、无锡、贵州等多地进行市场调研和客户开发。

5月31日，云晨期货公司成为上海国际能源交易中心的首批会员，获得了能源类期货品种交易资格。

7月3日，云晨期货公司完成铝数据库模型的搭建和展示系统，实现客户的远程实时调阅。

8月25日，云晨期货公司完成了中层干部人事档案的清理与查漏补缺。

12月25日，云晨期货公司《问题清单》梳理及整改工作完成定稿。

2017年，云晨期货公司的风险管理全资子公司——上海滇晟商贸有限公司合作套保业务规模达到5000万元，仓单服务业务规模突破6000万元。

撰稿／李元璞

核稿／石瑞君

铝加工事业部

一、基本情况

2015年2月2日，经中国铝业公司董事会审议，设立铝加工事业部。

铝加工事业部作为中铝集团组建的事业部，是独立核算、纳入集团考核的非法人实体，是铝加工企业运营管控中心。

2017年基本数据表

表198

资产总额/亿元	负债率/%	员工总数/人	平均年龄/岁	学历结构/人	
290	71.7	15210	41	中专及以下	8088
				大学专科	4014
				大学本科	2922
				硕士	178
				博士及以上	8

二、组织机构

（一）领导班子

张吉龙　总经理

蒋太富　副总经理

杨　新　副总经理

周韶峰　财务总监（2017年6月任职）

（二）机构设置

本部部门：综合部、财务部、企业管理部、产业发展部、科技管理部（轻量化推进办公室）、营销管理部。

下辖企业：西南铝业（集团）有限责任公司（含中铝西南铝板带有限公司、中铝西南铝冷连轧板带有限公司、重庆西南铝民生实业公司）、东北轻合金有限责任公司、西北铝业有限责任公司、中铝瑞闽股份有限公司、中铝铝箔有限公司（华西铝业有限责任公司）、中铝萨帕特种铝材（重庆）有限公司、中铝河南洛阳铝加工有限公司。

托管企业：中铝沈阳有色金属加工有限公司。

参股企业：中建铝新材料有限公司、华北铝业有限公司。

三、生产经营

2017 年，铝加工事业部坚持扭亏脱困转型升级的工作总基调，按照创新加减乘除和精准管理的工作要求，紧盯目标、创新措施，实现了良好的生产经营业绩。

2017 年，铝加工事业部下辖企业共完成产量 144.9 万吨，同比增长 10.69%；销量 144.8 万吨，同比增长 10.2%；出口销量 17.6 万吨，同比增长 44%；产能利用率达到 82%，同比提升 12 个百分点。全年综合成品率达 77.47%，同比提升 1.41 个百分点，较年度目标提高 0.97 个百分点，连续三年实现同比增长近 1 个百分点；质量异议损失率 0.24%，较年度目标降低 0.11%，外异损失同比降低 736 万元。

主要指标表

表 199

指标名称	2016 年	2017 年	同比增长 /%
工业总产值 / 亿元	214.56	265.53	23.76
销售收入 / 亿元	245.26	303.33	23.68
利润额 / 亿元	0.72	1.43	98.61
所有者权益 / 亿元	74.39	82.63	11.08
纳税额 / 亿元	3.72	3.92	5.38
净资产收益率 /%	1.07	1.24	—
产值劳动生产率 / 千元 · 人	112.04	133.15	—
十万人死亡率	0	0	—
千人负伤率 /‰	0.29	1.19	—

说明：2016 年为 13 家企业决算数据（不含河南铝本部），2017 年为 12 家企业决算数据

四、板块建设

（一）运营管理

铝加工事业部强化精准管理，推进提质增效。一是降本增效有力推进。制定下发《关于深入开展降本增效工作的指导意见》，确立降本增效重点项目 13 个。重点开展金属压降专项行动，从原料、在制品、废料和成品库存四大类加强金属占用管理，实施日跟踪、月通报、年总结，年末金属占用总量较年初压降 3.45 万吨。以西南铝为试点单位，推广模拟连续生产方式，提升了生产效率，增加了生产效益，实现了均衡生产。二是财务管控力度加大。加强预算分析和动态跟踪，做好月度经营情况通报，保障经营目标的实现。积极拓展融资渠道，确保了资金链安全。三是质量管理得到加强。以劳动竞赛为抓手，开展熔铸工序、铝箔轧制工序典型产品质量提升行动，提高了产品成品率。坚持做好每月质量提升劳动竞赛经验交流，每季度开展优化和优胜奖评比，并在西南铝召开了质量提升竞赛现场交流和表彰会。全面推进强基固本行动，组织开展现场管理评审，对东轻、中铝沈加、陇西铝箔质量工作进行穿透检查，完成四轮次质量问题清单梳理和报送，安排部署了企业质量攻坚战。四是安全环保平稳有序。推进安全环保大动员大清查大整改强基固本行动，全年共组织开展三轮次安全环保检查，查找各类隐患问题 419 项，全部完成整改，实现了年度安全零工亡、环保零污染的目标。组

织召开企业安全环保现场经验交流会，完成安全干净班组竞赛现场评审，开展生产领域承包商梳理整顿。

（二）市场营销

坚持以市场为导向，实施大客户战略，做好资源保障，市场开拓效果显著。一是民品订单大幅增长。各企业大力开拓民品市场，主要产品市场占有率明显提升，中铝萨帕产销量破万吨，同比增长122%，轨道交通产品同比增长322%，交付重庆、厦门、武汉等城市地铁项目所需材料，成为国际知名船企奥斯塔（Austal）的合格供应商并首次交付产品。二是大客户合作深入推进。各企业通过提高产品质量、保证交货期和提升服务水平等措施，巩固已有的大客户，并不断开发新的大客户。2017年与英辉造船、艾路浦分别签署战略合作协议，与中国中车、上汽集团等大型央企和地方国企开展深度合作，与中航物流、兵器物资、航天一院等军工集团物资单位加强交流沟通。三是风险管理不断加强。加强企业授信额度管理，跟踪企业授信执行情况。制定下发《铝加工事业部客户信用管理办法》，开展信用风险管理工作现场检查，有效防范了信用风险。全年使用授信额度控制在计划之内，超额完成年度计划目标。

（三）深化改革

铝加工事业部统筹部署改革任务，推进改革改制，着力深化分配激励，增强了企业动力和活力。

瘦身健体成绩显著。全年减少法人户数7户，管理层级由6级压缩至4级。10户全民所有制企业改革提前完成。西北铝签署“三供一业”分离移交协议，西南铝大集体改革迈出实质性步伐，3户大集体企业完成业务关停、人员分流安置工作。西南铝、西北铝完成8项公共设施等其他社会职能全部移交。积极推动混合所有制改革，西北铝与天津金桥焊材成立合资公司。

整合盘活进展明显。洛阳铝箔、洛阳铝加工从河南铝剥离，完成河南铝移交中铝资产、青岛轻金属移交中铝股份，实现铝加工主营业务归口管理。推动洛阳铝箔注入中铝铝箔，完成中铝铝箔吸收合并华西铝业，铝箔资源实现全面整合。东轻与地方政府积极合作，盘活30万平方米闲置土地资产，为东轻扭亏脱困和转型发展创造了有利条件。推进中铝瑞闽搬迁郑州冷轧厂、洛阳冷轧厂设备，西北铝处置铸轧线和冷轧线，西南铝物流公司、东轻物流公司顺利进入中铝物流集团。

分配激励效果明显。充分发挥工资总额激励作用，实现经济效益与员工收入同步增长。全面推行骨干员工激励政策，完善企业领导班子薪酬与业绩考核挂钩机制，加大激励薪酬奖惩力度。实施五级工程师制度，推进五级技师制度。

（四）转型升级

按照集团“跨越发展下游”的战略要求，加快推进转型升级，积极培育发展新动能。制定《铝加工事业部关于铝深加工业务发展指导意见》，提出“替代型终端产品、加工延伸型产品、加工余料综合利用型产品”

三个精深加工发展方向和工作措施，为企业向产业链下游延伸、发展深加工业务提供了有力指导。事业部与各企业上下联动、群策群力，初步形成了事业部统筹谋划、企业落地执行的深加工工作格局。

按照“产品结构向近终端调整”的要求，提出汽车轻量化业务发展总体思路，以乘用车、客车、挂车三种车型为重点，加快推进汽车轻量化专项。吉利乘用车项目完成样车试制，全部满足吉利装车要求，同时积极与上汽、海马等主机厂开展零部件业务。开展国内新能源全铝客车市场调研，与成都客车开展合作，完成主要零部件加工和大部件试制。调研物流车及集装箱轻量化市场，形成“材料和零部件生产 + 外部资源整合”的挂车轻量化推动模式。与第三方船舶铝材开发及应用推广单位合作，共同推进舰船用铝合金材料国产化研制与鉴定，已在海军某型号项目开展材料试制。加强与中船重工旗下英辉造船公司合作，首次实现国内船企整体采购中铝船用铝材并全船使用。

各企业加快布局产业链下游，积极发展深加工业务。西南铝实现汽车保险杠、铝合金结晶器等深加工产品批量供货；东轻成立深加工中心，研发生产高速列车遮蓬风挡、制药装备用铝制零部件等产品；西北铝利用自身材料优势，开发生产素具管、防喷管等深加工产品；中铝瑞闽自主研发的铝制托盘实现产销 8400 余个，获得中国物流与采购联合会托盘专业委员会颁发的“托盘行业创新奖”。

（五）创新发展

落实创新发展理念，发挥创新驱动作用，提升发展质量和效益。一是顶层规划精准落地。编制完成集团《铝加工“十三五”发展规划实施方案》和《铝加工事业部三年滚动规划（2017—2019）》，明确了铝加工的发展方向、主要目标和重点任务。组织召开跨越式发展铝加工交流研讨会，开展了铝加工“十三五”规划实施效果中期评估工作。二是科技创新步伐加快。全年完成中铝科技发展基金重大专项项目立项 3 个、重点项目立项 2 个。西北铝、中铝萨帕首次通过高新技术企业认定，铝加工高新技术企业增至 5 家。东轻、西南铝召开了科技创新大会，西南铝、中铝瑞闽成立了中铝中央研究院重庆、东南分院。东轻两项成果获得中国有色金属工业科学技术一等奖。同时，开发成功了一批新技术、新材料、新产品。西南铝汽车覆盖件铝板实现进口替代，成为蔚来汽车热成型用 7075 合金板材指定供应商；中铝瑞闽 3C 电子用 5252 合金实现销量破万吨；中铝萨帕为复兴号 350 时速标动试验项目提供车体材料，实现了高铁动车材料和大部件零的突破。三是重点项目进度加快。全年完成西南铝 5 号铸锭加热炉等 10 个重点项目前期决策，完成沈加钛镍加工材等 4 个项目验收工作，大多数重点项目建设进度明显加快。中铝瑞闽蓝园一期项目进展顺利，主体厂房完成建设，主要设备开始试运行、试生产；蓝园二期项目批复开工，完成主体设备招标工作。中铝瑞闽智能制造项目获得工信部立项。

（六）加强党建

2017年，铝加工事业部落实从严管党治党要求,以“党建+”模式统领党建工作，全面加强党的领导。探索完善事业部制模式下的党组织议事决策机制，落实了“三重一大”等重要决策中党支部研究讨论的前置程序。各企业均实现了党政“一肩挑”，完成25户企业党建工作进章程。推进党风廉政建设，落实中央八项规定精神，坚决反对“四风”和扭掉“四个坏习惯”。各铝加工企业纪委坚持问题导向，加强对重点领域和关键环节的监督检查，严肃纪律审查和执纪问责。事业部和各企业通过动员部署、研讨交流、心得撰写、宣讲答题等多种形式，学习贯彻党的十九大会议精神。组织开展“两学一做”学习教育和“两带两创”主题活动，解决生产经营和改革发展中的重点、难点问题，推动党建工作与中心工作的互融共促。

五、重要记事

2月6日，铝加工事业部与北京艾路浦科技发展有限公司在北京签署战略合作协议。

6月20日，铝加工事业部与英辉南方造船（广州番禺）有限公司在北京签署战略合作协议。

8月30日，中铝瑞闽高端铝合金功能材料智能制造新模式项目通过工信部立项批复。

9月5日，铝加工事业部与中航国际物流有限公司在北京签署战略合作协议。

11月7日，西南铝获得重庆市安全生产先进集体荣誉称号。

12月6日，西北铝加工厂名称变更为西北铝业有限责任公司，举行了揭牌仪式。

12月8日，中铝瑞闽蓝园二期开工。

撰稿／欧阳斌

审核／张吉龙

西南铝业（集团）有限责任公司

一、基本情况

西南铝业（集团）有限责任公司（简称中铝西南铝）直属于中国铝业集团有限公司，其前身是西南铝加工厂。经过50余年的发展，已成为我国综合实力最强的特大型铝加工企业之一，是我国航空航天和国防军工材料研发保障、高精尖铝材研发生产和出口的核心基地，中铝集团的核心企业。

西南铝荟萃了中国现代铝加工技术装备的精华，装备有以3万吨模锻水压机为代表的“四大国宝”，以及高精铝及铝合金板带材热连轧生产线、冷连轧生产线、铝合金厚板生产线，形成了航空航天、国防军工、交通运输、包装印刷、电子信息、建筑装饰用铝材等6大系列支柱产品。

2017年基本情况表

表200

主要产品产能	资产总额/亿元	负债率/%	员工总数/人	平均年龄/岁	学历结构/人	
铝材：24万吨	62.12	63.6	6667	42.5	中专及以下	3630
					大学专科	1844
					大学本科	1157
					硕士及以上	36

二、组织机构

（一）领导班子

尹雪春　党委书记、董事长

黎　勇　党委副书记、总经理

雷正平　党委副书记、工会主席

李　迅　副总经理

荣　梅　财务总监

宋　昇　纪委书记

杨　璐　副总经理

王建国　副总经理

（二）机构设置

机关部室：办公室（党委办公室、董事会办公室、总经理办公室、信访办、外事办、保密委员会办公室）、工会（团委）、纪检监察部（法律部、审计部、纪委）、规划发展部（深加工推进中心、改革改制办公室）、党委组织部（人力资源部）、财务部、生产运行部、安全环保部、技术质量部（军工配套管理部）、投资管理部。

生产和专业单位：熔铸厂、压延厂、锻造厂、挤压厂、高精板带事业部（冷轧厂）、动力计控中心、培训中心、技术中心、物资供应公司、销售公司（军品营销部）、保卫消防中心。

子公司：重庆西南铝进出口有限责任公司、重庆西南铝运输公司、重庆西南铝机电设备工程有限公司、重庆西南铝铝材深加工公司、重庆西南铝装饰工程有限公司、重庆西铝精密压铸有限责任公司。

三、生产经营

2017 年，西南铝紧紧围绕“提质量、降成本、调结构、促改革、增收入、控风险”工作主线，推动生产经营和改革发展各项工作取得显著进步，主要经济指标创历史同期较好水平。全年完成商品产量 41.6 万吨，同比增长 10.39%。

新产品开发步伐加快。攻克了高性能船用增压器叶轮模锻件细晶和高温蠕变控制技术，2 个规格产品得到了 ABB 公司的生产许可，实现进口替代。成功试制出 400 毫米船用高镁合金整体壁板型材、C919 大飞机窗框精密模锻件。完成 6XH1 手机壳产品工艺开发。

精深加工产品开发取得突破。开展了吉利全铝合金商务车和东风货车用多个品种型材的研制工作，完成了样车组装。汽车保险杠产品、铝合金托盘、铝制结晶器、全铝家居等一批“以铝代钢”“以铝节木”产品相继投放市场。积极融入城市大巴车前端设计，承接了 359 种结构件共计 1638 个零件的加工。

结构调整成效明显。加大新市场开发力度，不断拓展铝在汽车、船舶、石化领域的应用。承接了成都客车公司新能源客车全铝车身制作项目；完成宁德时代所需电池箱体技术研发，得到用户高度肯定；船用铝材取得重大突破，实现国内船板的首次批量供货。石化用铝材在 LNG 罐体料上取得新进展，实现向中海油供货。抓住航空航天、国防军工高速发展的有利时机，加大军品产销力度，全年军品销量同比增长 9%。为国产大飞机、天舟一号等提供了大量关键铝材，保证了国家重点项目的实施。

大力实施“走出去”和“大客户”战略，民品万吨级客户达到 7 家，年约量达总量的 90%。积极拓展 PS 铝板基市场，产销量 3.7 万吨，同比增长 24%，占国内中高端市场的 40% 以上。

主要指标表

表 201

指标名称		2016 年	2017 年	同比增长 /%
主要产品产量	铝材 / 万吨	37.7	41.6	10.3
工业产值 / 亿元		65.8	77.5	17.8
销售收入 / 亿元		73.04	86.74	18.75

续表 201

指标名称	2016 年	2017 年	同比增长 /%
利润额 / 亿元	1.49	0.24	−83.9
纳税额 / 亿元	1.26	1.7	34.9
净资产收益率 /%	6.65	0.21	—
产值劳动生产率 / 千元・人	1149	1351	—
人身伤亡事故 / 起	24	18	−6
工亡人数 / 人	0	0	0
重伤人数 / 人	0	0	0
轻伤人数 / 人	0	4	4

四、重大发展项目

2017 年，西南铝适应产品结构调整需要，一批重点技改项目建设获得新进展。大飞项目顺利获得国防科工局竣工验收批复，新增一万吨自由锻油压机、锻件热处理炉等设备投入生产；以 35 吨熔铸机组、2000 吨拉伸机、2800 毫米薄宽规格剪机组等为代表的 GX 三期项目建成投入使用；关键材料技术自主化能力建设项目获得国家可研评审批复。2500 吨反挤压机组建成投产；新增 16 吨熔铸机组，重卷清洗机组、厚板抛光覆膜机组，10 米综合炉项目、12500 吨挤压机水改油等一批重点项目建设按计划有序推进。

重大项目情况表

表 202

项目名称	设计规模	投资规模 / 万元	当年完成投资额 / 万元	年内项目建设形象进度
汽车板表面处理中试线	汽车板综合配套生产能力 10000 吨 / 年	7313	5148	设备安装中
125MN 水压机改油压机		2000	1634	设备安装中
10 米环件生产线		2870	1775	设备安装完成
2500MN 双动反向挤压机	铝材 1400 吨 / 年	2500	1650	已投入试生产
16 吨熔铸机组	10000 吨 / 年	1955	1955	设备安装完成

五、企业管理

2017 年，西南铝以体系建设为保证，持续有效运行 ISO 9000、AS9100、GJB9001 质量管理体系，深入贯彻“严”“细”“实”管理理念，开展“熔铸大板锭、圆铸锭和空心锭质量提升”专项劳动竞赛，3104 大板锭成品率同比提高 2.69 个百分点。持续开展“产品质量提升”专项行动，航空航天薄板产品成品率同比提高 4.4 个百分点；2A12 大规格板成品率同比提高 4 个百分点。年内，第二次获得了重庆市市长质量奖。

西南铝牢固树立“一切风险皆可控制，一切事故皆可预防”理念，以提高人的安全素质为核心，以全面落实全员安全生产责任清单为抓手、夯实基础管理，强化责任落实，有序开展强基固本行动。截至 2017 年 12 月 31 日，中铝西南铝实现了连续4448天无工亡事故、2009天无重伤事故，无新增职业病发生，无环境污染事件。2017年，西南铝被重庆市人民政府评为重庆市安全生产工作先进集体，保持了“重庆市环境友好企业”称号和重庆市环保“A级企业信誉等级”称号。

西南铝围绕降成本1亿元的目标，扎实推进提质增效工作，通过开展质量提升、“两金”压降、资金精准管理、原辅材料降本、节能技改等工作，实现降本增效1.19亿元，基本消化了产品降价损失1.16亿元。

六、科技创新

2017年，共申请国家级、省部级各类科研项目8项，西南铝在研项目共13项，全部按项目进度开展工作。技术创新工作成效显著，多个项目取得重大进展。部分重点创新项目、关键核心技术和产品开发情况如下：

（一）新型铝锂合金研发取得系列重大突破

中铝西南铝开展了第三、四代新型铝锂合金研制开发，在熔铸成形及冶金质量控制技术、新型高品质预拉伸厚板制备技术、薄壁型材稳定化制备技术、宽幅薄板卷式法制备技术、五米级锻环制备技术等方面取得一系列重大突破，不仅满足了国家重点项目、多个型号工程用铝锂合金新材料保供需求，还锻炼和培养了研发队伍，巩固了国内唯一铝锂合金工业化研制基地的“金字招牌”地位，促进了“新线建设”获批落地。

（二）7050熔铸技术深度开发和产业化成效突出

在国内首家研发成功7050合金大规格方锭熔铸工艺技术体系并实现高品质、航空级合金方锭工业化稳定生产的基础上，中铝西南铝通过深度开发进一步提高了铸造成形率和铸锭冶金质量，生产铸锭加工的板材探伤、断口及疲劳等力学性能表现优异，达到或超过进口同类产品，已经取代国外进口铸锭，在大型锻件产品加工中也取代进口7050合金圆铸锭产品，在“大飞”“商飞”等国家重点关键工程项目得到广泛使用。

（三）新型、先进铝合金熔铸技术开发取得重大进展

中铝西南铝在对新型高强韧、低淬火敏感性7085/7A85合金铸造凝固收缩特性深入分析研究的基础上，先后攻克成形及冶金质量控制难关，国内率先独家开发并量产了7085/7A85合金大规格方锭，持续提高铸锭实物质量和批产稳定性，已累计生产1000吨以上高品质合金铸锭，其加工厚板的探伤、断口合格率高达99%，取代圆锭“圆改方”加工大型锻件的探伤合格率超过98%，已完全取代进口，打破了国外企业对这一新型铝合金材料的封锁控制。

同时，中铝西南铝还开展了大量新型高标准铝合金熔铸工艺研究，如新型耐蚀5B59合金、高性能新型锻件用2A50合金、超高强7×××合金、高性能2A14合金等，

满足了重点项目研究及保供需要。针对硬合金圆锭生产保供缺口短板，自主开发了Φ670mm、Φ850mm、Φ1350mm等大规格圆锭热顶同水平铸造工装和工艺，不仅缓解了硬合金圆锭的保供瓶颈，更为高品质圆锭新线建设积累了工装及工艺经验。

（四）汽车轻量化开发顺利进行

汽车轻量化和深加工项目进展顺利。开展了吉利商务全铝合金车和东风货车用多个品种型材的研制开发，完成了样车组装；由中铝西南铝提供的铝合金材料制造的首台“中铝造”全铝车身客车在蜀都客车公司组装成功，大大降低了新能源公交车的自身重量；在铝合金电池托盘、动力电池用超高塑性材料等产品的开发上也取得了突破，各项技术指标均达到了进口产品质量水平。

2017年，中铝西南铝结合重点军工产品质量和强基固本行动，大力开展工艺优化和质量攻关，有效提升产品实物质量。通过优化压光工艺和强化过程控制，减少外来异物造成的表面缺陷，5A90薄板成品率较2016年同比提高1.06个百分点；优化2A12型材挤压工艺和热处理制度，解决了型材性能不合格及裂纹废品多的问题，实际成品率比计划提高了11.02个百分点；与中铝材料院合作，通过优化化学成分检测和挤压工艺，使2D12合金管材的晶间腐蚀问题得到了一定程度的控制，晶间腐蚀合格率由原来的30%提高至70%；借助熔铸劳动竞赛之力，通过优化固定底座设计、提高熔体纯净度及铸造工艺优化，3104铸锭成品率比去年同期提高2.95个百分点；通过铸造工艺和过滤工艺优化，5182合金铸锭表面和冶金质量均得到大幅提升，铸锭头尾锯切量由550毫米降至350毫米，铸锭铣面量减少6毫米，且产品漏盖缺陷得到较好控制；学习借鉴商飞质量管控模式，通过优化结晶器设计减少铸锭转角裂纹和底部裂纹废品，开发出大规格板材的气垫炉热处理工艺等措施，并加强对工艺参数执行情况的合理性分析和性能结果的综合分析等，促进了重点品种成品率有效提升，7050预拉伸板成品率由年初的63.08%提高到64.83%。

2017年，西南铝共申请国家级、省部级各类科研项目8项，获得科研配套资金4900余万元。申请专利95件，获得授权专利70件，其中发明专利36件，实用新型专利34件。完成制修订标准22项，其中国家标准18项。《汽车轻量化技术协同创新模式研究及成功实践》获得2017年度中国汽车工业科学技术进步一等奖。

2017年科技创新数据表

表203

科技创新投入/万元	申请专利/件	授权专利/件	科技人员占比/%
45444	95	70	22.26

七、深化改革

1. 全面完成民生实业公司等8户全民所有制企业公司制改革，解决了4家公司股权悬而未决的历史遗留问题，在中铝集团率先全部完成了公司制改革。对17家集体企业进行整合改革，实现集中统一管理和运营。

2.“三供一业”移交改造有序推进，供电项目已完成7623户移交江津供电公司，占应移交户数的70%；供气项目高压管道改造施工已完成，除农转非用户外，其余9000余户已移交重庆燃气管理。“一业”移交已与地方政府签订框架协议。

3.社会职能剥离加快推进，积极争取地方政府支持，认真研究政策，科学制定方案，全面完成了市政设施移交任务。

4.对17家集体企业进行整合改革，实现集中统一管理和运营，集体企业改革迈出了实质性步伐。

5.资产盘活：积极争取政府部门支持，将绿化道路等用地转化为工业用地，满足西南铝重点项目用地所需。经多次沟通重庆市、九龙坡区相关部门及西彭园区，全力争取将西南铝310余亩已规划为公共绿化、道路、生态保护等非工业用地整合调整为成片工业用地。截至2017年底，已完成地块梳理、指标平衡等工作，成功解决了2006年西彭园区与西南铝土地置换所欠43.8亩的历史遗留问题。2017年，西南铝通过租赁，盘活存量闲置资产内外收入745万元，其中，对外租金在2016年基础上增加55万元，增长28%。股权投资收益良好，交通银行分红182万元，投资回报率19%；重庆市农村商业银行分红179万元，投资回报率12%。

八、党建与企业文化建设

（一）党建工作

1.完善组织机构设置。一是建立健全党组织工作机构，重新设立党委组织部、党委宣传部、党委办公室。二是配齐配强党建力量。中铝西南铝党组织工作经费按照上年度职工工资总额的1%纳入年度预算，中铝西南铝专职党务工作人员总数按职工总数1%左右比例配备，职工人员500人以上的4个二级单位成立了政工科，其他单位有专兼职人员负责党群工作。具备条件的单位实行党政“一肩挑”和“双向进入、交叉任职”。

2.从严落实党建责任。一是制定了《西南铝党委党建工作责任清单》和《西南铝党建工作责任制实施细则》。对照“四个化”问题及监事会列出的问题清单，对党建工作进行了全面梳理，查找出党的领导、组织建设、作风建设三个方面28个问题，积极整改，已整改完成25个，还有3个在持续整改中。二是将党建考核内容纳入绩效考核体系。中铝西南铝党委与二级单位党组织、各二级单位党组织与所属党支部层层签订党建工作目标责任书。对各二级单位党组织实行“双百分”考评，考评得分与单位领导班子年度薪酬挂钩，按照中铝西南铝业绩考核挂钩方案执行（互为系数相乘）。三是落实党组织书记抓党建工作第一责任人的要求，组织各级党组织书记、副书记进行党建述职评议工作，并将述职评议结果与绩效考核挂钩。

3. 抓好党建重点任务。一是党建工作要求纳入公司章程。2017年，西南铝及14家二级法人单位顺利完成把党建工作总体要求纳入公司章程，确立了党建工作的法定地位。二是启动“活力党支部”创建。通过开展建设学习型党支部，发掘活力之源；落实“三会一课”，夯实活力之基；实施“润心工程”，巩固活力之本；开展创先争优，绽放活力之光等活动，最大限度地激发基层党支部的活力，打造具有西南铝特色的党支部建设品牌。三是融入生产经营开展“两带两创”活动。围绕完成本单位年度生产经营任务和党建工作任务设立创效项目224个，党员以“一带N”或“N带一”的模式，设立创新项目或创新课题537个，广泛开展党员示范岗、党员责任区、党建示范点等活动，党建工作与生产经营中心工作融合更加紧密。四是开展纪念建党96周年系列活动。

（二）企业文化

西南铝及基层单位的办公场所、劳保用品、办公用品、礼仪用品统一使用中铝公司标识。开展了“继承弘扬三线精神，走好新的长征路”征文活动，凝聚了中铝西南铝发展正能量。依托“安全环保质量强基固本行动”，立足于“品牌管理、安全管理、环境管理、质量管理”等方面，积极搭建系统、精细、有效的企业文化建设平台。

九、履行社会责任

（一）增加员工收入和福利待遇

实行年度奖、季度奖、冲刺奖，上调岗位工资；提高中夜班费，落实全员工作餐，提高就餐标准和职工健康体检标准；在国庆中秋、元旦春节传统节日为职工发放实物福利；2017年，职工收入全年增长了10.7%。

（二）落实民主管理

坚持职代会制度，在车间工会推行经济责任制经职工代表或职工群众讨论表决后实行，在主线厂和子公司开展厂情民意恳谈会活动，共谋企业发展大计，架起了干群连心桥，增强了职工主人翁意识，有效调动了职工的积极性。

（三）建立了帮扶机制

建立了中铝西南铝帮扶工作领导小组和19个二级单位帮扶工作小组；健全了《西南铝业（集团）有限责任公司职工困难帮扶补助办法》《西南铝业（集团）有限责任公司元旦春节送温暖办法》等帮扶制度。为困难职工建立了动态管理档案。建立了帮扶工作专项资金制度并纳入财务预算。为困难职工搭建了政策帮扶、医疗帮扶、困难帮扶、助学帮扶、法律援助、信访接待、职业介绍、岗位救助等“八个平台”。2017年，为困难职工发放慰问金和慰问品共计8297人次，218.60万元。其中：发放职工日常困难帮扶775人次，78.2万余元；金秋助学补助21人，3.25万元；元旦春节送温暖7501人次，137.15万元，有效地为困难职工解燃眉之急。

（四）支持公益事业

围绕企业战略目标，根据企业地域特点，制定了公益支持规划和方案，成立了以董事长（党委书记）、总经理、工会主席挂帅的公益规划实施组织体系，把公益支持纳入全面预算，确定了文化、教育、社区及环保等方面为中铝西南铝的重点支持领域。2017 年，捐款 15.45 万元。其中：向中南大学捐赠“西南铝奖教金”4.5 万元，向西南铝民生公司幼儿园捐赠价值 0.95 万元的钢琴 1 台，向对口扶贫单位重庆市武隆县捐赠 10 万元。

十、重要记事

2017 年 3 月，西南铝继 2009 年获得首届“市长管理质量奖”后，又获得第六届“市长质量管理奖”。

5 月 13 日，西南铝召开第二届科技创新大会。中铝集团党组书记、董事长葛红林出席大会并对西南铝提出争做世界一流排头兵的希望。

6 月份，西南铝顺利通过英国劳氏船级社、法国船级社换证审核。

7 月份，Nadcap 向西南铝颁发了新证书，同时授予西南铝认证周期延长为 2 年的奖励。8 月份，西南铝通过了日本船级社（NK）认证，取得了 5××× 合金船用板材的认可证书，这是西南铝通过的第 6 家船级社认证，为拓展船用产品市场拿下了又一张通行证。

10 月 18—20 日，2017 年中国技能大赛——“中国铝业杯”第 11 届全国有色金属行业职业技能竞赛决赛在西南铝举行。

2017 年，西南铝承担了长征七号火箭和天舟一号飞船高品质铝合金板材、型材、棒材以及锻环等多个品种的铝合金关键材料的研制任务，占到飞船和箭体所需铝材总量的 65% 以上。为我国首架国产大型客机 C919 提供了 30 个规格、600 余件铝合金材料，助国产大飞机 C919 成功首飞。在庆祝中国人民解放军建军 90 周年阅兵式中，亮相的众多武器装备中都有西南铝提供配套的大量高精铝合金材料。由于成绩突出，2017 年获得“长征五号运载火箭首次飞行任务突出贡献单位”荣誉称号。

2017 年，西南铝精心谋划，统筹推进，全面完成民生实业公司等 8 户全民所有制企业公司制改革，一并解决了 4 家公司股权悬而未决的问题，在中铝公司率先全部完成了公司制改革。

2017 年，完成了对 17 家集体企业的整合，成立了实业总公司，改革迈出了实质性步伐。全面推进劳动组织、干部人事和收入分配三项制度改革。

撰稿 / 秦　朗

核稿 / 黎　勇

东北轻合金有限责任公司

一、基本情况

东北轻合金有限责任公司（以下简称东轻）位于黑龙江省哈尔滨市平房区新疆三道街 11 号,始建于 1952 年,是国家“一五”期间 156 项重点工程中的 2 项，是新中国第一个铝镁加工企业，被誉为“祖国的银色支柱”、“中国铝镁加工业的摇篮”。

东轻主要产品有铝、镁及其合金板、带、箔、管、棒、型、线、锻件和深加工制品等，广泛应用于国防军工、航空航天、兵器舰船、轨道交通、石油化工等国民经济主要领域，并出口欧美、日、韩、东南亚等多个国家和地区；东轻是国内唯一可以生产 Y20 机翼上下壁板、掌握工业化条件下三级时效等国际先进铝加工关键技术、主要产品达到国际同等产品实物水平的企业。

东轻是国家级高新技术企业，拥有国家级企业技术中心、博士后科研工作站、院士工作站、有色金属材料制备加工国家重点实验室联合技术中心等国家级研发机构以及省级研发中心、工程中心和重点实验室。

2017 年基本数据表

表 204

主要产品产能 / 万吨	资产总额 / 亿元	负债率 /%	员工总数 / 人	平均年龄 / 岁	学历结构 / 人	
13	56.30	78.91	3724	42.65	中专及以下	1910
					大学专科	883
					大学本科	834
					硕士	95
					博士及以上	2

二、组织机构

（一）领导班子

范云强　党委书记、董事长、总经理、工会主席（2017 年 9 月离任）

万时云　副总经理（2017 年 9 月离任）、党委副书记、工会主席（2017 年 9 月任职）

王学书　副总经理

王　岩　副总经理

孟　林　副总经理

陈凯鸣　财务总监

吕新宇　副总经理

吴东红　纪委书记

（二）机构设置

职能部室：部、装备工程部、安全保卫部、党群工作部、纪检监察部/审计部。

运营中心：营销中心、技术中心、质量中心。

二级单位:熔铸厂、板带厂、中厚板厂、特材公司、机电工程公司、龙华物流公司、龙翔包装公司、动力厂、后勤服务中心、离退休管理中心、东北铝业公司。

三、生产经营

2017年，东轻坚持扭亏脱困转型升级的工作总基调，全面进入“战时状态”，对内苦练内功、对外争取支持，取得了生产经营和改革发展的关键性突破，扭转了持续多年的亏损局面。全年，实现订单11.96万吨，同比增长18.5%；实现销量11.93万吨，同比增长23.52%。

2017年主要生产经营指标

表205

指标名称	2016年	2017年	同比增长/%
主要产品产量/万吨	9.61	11.52	19.88
工业产值/亿元	21.60	24.89	15.23
销售收入/亿元	20.80	26.45	27.16
利润额/亿元	−1.82	0.10	105.49
纳税额/亿元	0.78	1.05	34.62

续表205

指标名称	2016年	2017年	同比增长/%
净资产收益率/%	—	0.37	—
产值劳动生产率/千元·人	540.4	670.4	24.1
人身伤亡事故/起	7	5	−28.6
工亡人数/人	0	0	持平
重伤人数/人	0	0	持平
轻伤人数/人	1	3	200

四、重大发展项目

（一）中厚板产业线辊底式淬火炉项目

2017年项目建设内容全部完成，包括新增1台辊底式淬火炉、1套龙门垛板系统和1台（套）宽体天车及配套吊具等主要工艺及辅助设备。

（二）老线供电系统基础设施改造项目

项目建设内容：对东轻现有供电系统基础设施进行技术改造，主要包括老厂区66千伏变电站改造、整合6千伏配电站，厂区高压电力管网改造、电气设备改造和66千伏输电线路改造。

（三）中铝龙江铝镁产业园研发创新中心项目

项目分两期建设：一期为中试生产基地厂房、试验检测中心厂房改造及配套园区管理办公楼改造、搬迁800吨挤压机生产线等；二期择机启动工业创意研究所、应用研究中心厂房、铝镁产业孵化器、特色产业事业部等标志性创新平台。

2017 年重大项目情况表

表 206

项目名称	投资规模/万元	当年完成投资额/万元	项目建设进度
中厚板产业线辊底式淬火炉项目	9440.7	1217	建设内容全部完成
老线供电系统基础设施改造项目	8515.15	1526	完成中试配电站、综合配电站土建施工
中铝龙江铝镁产业园研发创新中心项目	2790	795	完成中试生产基地厂房、试验检测中心厂房及园区管理办公楼改造等

五、企业管理

（一）质量安全环境三大体系运行情况

2017 年，东轻通过 BV、劳氏和新时代等 9 家单位和机构的第二、三方审核；NADCAP 特种工艺热处理审核、无损检测审核均获得审核周期延长至 18 个月的奖励；完成 TS16949 汽车体系认证，取得了汽车领域的准入资格。

（二）管理提升

全面强化质量内部监督，建立质量体系红黄牌预警机制；编制并下发《质量体系管理考核和评价细则》，建立质量管理体系工作评价新机制。

开展“安全生产大检查”、节假日联合检查、专项检查及日常检查工作，共查出各类安全问题 1399 项，整改完成 1387 项，整改完成率 99.2%。

全年提取安全生产费用 853 万元，集中安装了各单位天车轨道生命绳、完成污水厂墙体维修等事故隐患整改；进一步发挥“安全环保直通车”及其微信平台作用，员工报告安全问题共 1760 项，整改率 98.6%；安全知识答题 46 期，分享安全知识 288 篇；建设由 354 个摄像头组成的“天眼工程”，共发现各类违章行为 472 起，排除事故隐患 200 余起，提升了安全监管水平。

六、科技创新

2017 年，东轻制定、修订《科技创新项目管理办法》《科技创新项目奖励办法》等多项管理制度。

2017 年，东轻获得国家部委、中铝集团等各类科技计划项目批复 7 项；承担 7150、2024、7055 等合金研制方面的各类科技计划 21 项。

2017 年，东轻完成 DY 用 2024-T351 大规格板材研制项目预验收；实现 DY 用 7B50、2024 两种大规格铝合金板材关键工序转产；通过 DK 用 7055 合金板材、7150 合金型材、2024HDT 合金板材研制的项目转阶段评审。获得中国有色金属工业科技进步奖一等奖 2 项，二等奖 2 项。

2017 年科技创新数据

表 207

科技创新投入/万元	申请专利/件	授权专利/件	科技人员占比/%
23054.80	15	10	17.1

七、深化改革

营销系统改革。整合营销资源，优化布局营销 6 大区域；建立营销业绩考核激励与淘汰竞争机制，激发内生动力。

辅业体制改革。实施物流和包装经营主体混合所有制改革；启动东北铝业公司废业关闭工作和中铝物流公司整合龙华物流公司工作；完成东振公司工商注销和进出口公司的公司制改革，构建出多元化发展雏形。

盘活存量资产。在中铝集团党组和哈尔滨市政府的大力支持下，有效盘活 30 万平方米闲置土地，2017 年到位资金 2.09 亿元。

八、党建与企业文化建设

2017 年，东轻党委在中铝集团党组和地方党委的正确领导下，认真贯彻落实中央各项部署和中共十九大精神，以政治建设为统领，强化党组织主体责任、书记第一责任、领导干部“一岗双责”，推进“两学一做”常态化制度化。黑龙江省委书记评价东轻“党的建设、‘两学一做’、基层党组织建设，东轻走在了前面”。黑龙江省委组织部把东轻作为典型，专报国家国资委和中组部。在中铝集团党组 2017 年度党建考核中，东轻党建考核得分 104.19 分。

年内完成了工会、共青团的换届工作。

九、履行社会责任

落实安全环保责任。全年实现废水、废气达标率，污染物综合排放达标率均为 100%。

关注困难员工群体。年内为 450 人次困难员工发放“送温暖”慰问金 22.82 万元，对患重大疾病或突发意外致困的家庭 555 人次发放困难帮扶资金 99.44 万元；组织 3760 名员工及家属参加互助保障活动，为 280 名员工办理了大病和补充医疗保险理赔。组织 2637 名员工参加了“六一扶困助学”献爱心活动，为 39 名困难员工子女捐款 4.34 万元。

组织 14 名劳模参加疗休养活动等。

十、重要记事

1 月 15 日，东轻荣获 2016 年中铝集团总经理特别奖。

1 月 18 日，中铝集团党组调整东轻主要负责人。

5 月 10 日，中铝集团党组书记、董事长葛红林，党组成员刘祥民到东轻调研。

8 月 16 日，黑龙江省委书记、人大常委会主任张庆伟在中铝集团党组书记、董事长葛红林和黑龙江省、哈尔滨市有关领导的陪同下到东轻调研。

9月1日，中央及黑龙江省、哈尔滨市等9大媒体到东轻就党建工作进行深度报道。

10月16—17日，由中铝集团刘祥民党组成员带领第7检查组到东轻开展问题梳理与整改穿透检查。

11月11日，中铝龙江国际铝镁产业园规划框架思路专家论证会在北京召开。工信部原材料司、黑龙江省发改委、中铝集团、东轻及规划设计单位有关领导参加会议。

11月18日，建厂以来第一次在中央电视台《新闻联播》播发的时长为1分20秒的《黑龙江：转型升级助力经济发展》的报道中，东轻的国产大飞机翼壁板用铝合金材料成功投产成为亮点。

11月20日，中铝集团与中国商用飞机有限责任公司民用航空铝材研制及应用合作协议签约仪式在东轻举行。黑龙江省委书记、人大常委会主任张庆伟，中铝集团党组书记、董事长葛红林，中国商用飞机有限责任公司党委书记、董事长贺东风等领导出席签约仪式。中铝集团党组成员刘祥民和中国商用飞机有限责任公司副总经理吴光辉分别代表双方企业签署了合作协议。

撰稿／唐秀梅

审核／张宏峰

中铝瑞闽股份有限公司

一、基本情况

中铝瑞闽股份有限公司地处中国东部沿海的福建省福州经济技术开发区。筹建于1992年，1996年投产，2014—2015年完成股份制和混合所有制改革，成立了中铝瑞闽股份有限公司（简称中铝瑞闽）。

中铝瑞闽被列为福建省工业企业品牌培育试点示范企业；“瑞闽”牌铝板带被评为“中国名牌”产品，被国家海关部署评为“AA”级企业。

中铝瑞闽股份有限公司在福州新区闽台（福州）蓝色经济产业园建设铝东南沿海铝精深加工基地，项目建成后企业整体规模将达到80万吨，工业年产值150亿元以上，从而实现打造“百亿瑞闽”，成为国内特大型铝加工企业。

地址：福建省福州市马尾区青洲路9号/罗星塔路8号。

电话：0591-83680208。

传真：0591-83688587。

2017年基本数据表

表208

主要产品产能		资产总额/亿元	负债率/%	员工总数/人	平均年龄/岁	学历结构/人	
板材	1.6万吨	56.97	67.23	1319	33	中专及以下	701
带材	34.4万吨					大学专科	318
箔材	1万吨					大学本科	282
						硕士及以上	12

二、组织机构

（一）领导班子

李谢华　党委书记、董事长

蔡　峰　党委副书记、总经理

李　铁　党委副书记、工会主席

张荣旺　副总经理

王学兴　副总经理

黄旭东　副总经理

刘晓辉　纪委书记

许　韧　财务总监

注：2017年6月，财务总监钱广传调往中铝沈阳有色金属加工有限公司；2017年7月经董事会研究同意，王学兴任中铝瑞闽股份有限公司副总经理，许韧任中铝瑞闽股份有限公司财务总监。

（二）机构设置

行政职能部门：综合管理部、人力资源部、财务部、安全环境管理部、党群工作部（工会、团委）、纪检监察部、审计部。

一体化管理部门：销售公司、国际贸易公司、采购部、制造一部、制造二部、制造三部、技术质量部、计划调度部、装备能源部。

项目指挥部：项目管理部、项目工程部、项目技术装备部。

分支机构：中铝东南材料院（福建）科技有限公司（2017年6月成立）。

三、生产经营

全年，中铝瑞闽完成产销量28.21万吨，产销率100%，实现产能利用率100%，实现成本在2016基础上再优化3%，实现利润5000万元。2017年，中铝瑞闽股份有限公司累计实现产量28.21万吨，同比增长14.63%；实现销量27.72万吨，同比增长9.78%；产销率98.64%，实现利润8137万元，全面实现了全年的生产经营目标。

主要指标表

表209

指标名称		2016年	2017年	同比增长/%
主要产品产量	板材	15783	16344	3.55
	带材	220964	259536	17.46
	箔材	1382	889	−35.67
工业产值/亿元		33.36	44.81	34.32
销售收入/亿元		36.81	48.7	32.3
利润额/亿元		1.07	0.81	−24.3
纳税额/亿元		0.40	0.52	30
净资产收益率%		7.84	3.11	—
产值劳动生产率/万元·人		2568.70	3397.27	—
人身伤亡事故/件		0	0	0
工亡人数/人		0	0	0
重伤人数/人		0	0	0
轻伤人数/人		0	0	0

四、重大发展项目

表210

项目名称	设计规模/万吨	投资规模/亿元	2017年完成投资额/亿元	2017年项目建设形象进度
蓝园一期项目	29	14.4	8.62	2017年完成建筑面积122901.18平方米，完成施工进度95%
汽车板项目	10	9.94	2.1	开工前准备工作，项目备案、环评批复、土地招拍挂、项目初设及开工许可，通过总部批复

五、企业管理

中铝瑞闽以“一切风险均可控制、一切事故均可预防”的安全管理理念，大力推进安全标准化建设工作和营造“自主安全”的企业安全文化氛围。严格按照安全标准化要求，推进落实安全领导力建设和责任制落实。2017 年安全形势保持良好，并且保持着连续 20 年未发生重大安全事故的良好记录。2017 年中铝瑞闽通过国家有色行业安全标准化一级企业复审。

中铝瑞闽针对雨水排放口，建立河长制，实现废水零排放。通过全油回收装置，实现轧制生产过程的废油全部再生利用；通过引进专业的无害化处理设备，对生产过程产生的废渣进行无害化处理。

中铝瑞闽通过重点加强质量管理基础工作和严格过程控制，全年共收集 327 条合理化建议。

六、科技创新

2017 年，中铝瑞闽推动成立了中铝中央研究院东南分院，与高校及科研机构开展深入合作，进行新品研发、轧制工艺优化、效率提升和质量管控，取得了良好成效。东南分院确定了 8 个科研项目，总研发投入达到 2213 万元，多个产品已经进入小批量试样阶段，部分已开始批量销售。

2017 年，中铝瑞闽专利申报 66 项，其中发明专利 34 项，实用新型专利 32 项，增长超过 100%。5N 靶材在 2017 年第二届中国军民两用技术创新应用大赛从 7000 多个竞赛项目中通过层层筛选，成功晋级决赛并荣获优胜奖，是中铝集团也是福建省唯一参赛项目。

七、深化改革

2017 年，国内铝加工行业产品竞争已进入同质化阶段，中铝瑞闽坚持“设备只有发挥其设计产能才是有效”的理念，致力于每一台设备产出效率最大化，构建成本效率；通过重点落实产品结构转型和客户结构转型工作，完成结构转型；在价值提升上，中铝瑞闽股份有限公司致力于产品向产业链终端和价值高端发展，取得实质性成效。

八、党建与企业文化建设

中铝瑞闽把全面贯彻落实党中央、国资委党委和公司党组重大决策部署作为首要任务，坚持把党建工作同企业业务工作同安排、同部署、同检查、同考核，做到“四个同步”，落实管党治党责任。2017 年，中铝瑞闽党委深入贯彻落实全国国有企业党建工作会精神，以“两学一做”学习常态化制度化教育为主线，以两手抓、两促进、双融合开展“两带两创”活动，推动中铝瑞闽公司党建工作与中心工作深度融合。

九、履行社会责任

2017 年中铝瑞闽被纳入中铝集团社会责任实践试点单位，全面启动社会责任试点工作。提炼出了“智慧制造，轻铝生活”的社会责任核心理念，并付诸实践，开发

“铝”的绿色环保特性，用轻量化产品服务社会，为大众生活增色、为经济发展减负。

十、重要事迹

1 月 20 日，中铝瑞闽召开一届四次职工代表大会。

1 月，中铝瑞闽获中铝集团 2016 年度总经理特别奖励。

1 月，中铝瑞闽通过国家安全生产监督管理总局全国安全文化建设示范企业（2016 年）复审。

3 月，中铝瑞闽获“福建省科技型企业”称号。

4 月，中铝瑞闽被中国两化融合应用推广联盟评为“2016 年度中国两化融合领域‘双创’企业 25 强”。

5 月 9 日，中铝瑞闽和东北大学轧制技术及连轧自动化国家重点试验室达成了应用轧制技术提升产品质量控制方面的合作意向。

6 月 21 日，中铝中央研究院东南分院揭牌，与东北大学、北京科技大学、中铝中央研究院材料科学研究分院的签约仪式，开创了以企业为主体、以市场为导向、以学校为技术支撑的“产、学、研、用”一体化的科技协同创新联盟。

7 月 11 日上午，在中铝集团组织下召开中铝瑞闽公司中层干部视频会议，对企业领导班子进行调整。

7 月 28 日，标志着中铝东南沿海铝精深加工基地项目第一条生产线的纯拉伸机组第一个铝卷以 400m/min 生产速度投入试生产，质量合格。该铝卷的产出，标志着中铝瑞闽公司蓝园项目正式进入试生产，具有里程碑意义。

10 月，中铝瑞闽被福建省经济和信息化委员会授予“福建省智能制造试点示范企业（高端铝合金功能材料智能制造新模式）”

11 月 20 日，中铝瑞闽蓝园项目市场推介会在福州梅园国际酒店成功举办。

12 月 19 日，蓝园项目 110 千伏变电站成功送电。

撰稿 / 叶硕宁

西北铝业有限责任公司

一、基本情况

西北铝业有限责任公司（简称西北铝）是国内综合性大型铝加工企业，地处甘肃省东南部陇西县境内，为三线军工搬迁企业，始建于1965年7月，原设计主导产品与航空军工企业配套，大部分设备、人员由101厂（现东北轻合金有限责任公司）迁入，1968年建成投产。1997年，兰州铝厂兼并西北铝加工厂；2000年，兰州铝业股票成功上市并收购西北铝加工厂主业，设立兰州铝业股份有限公司西北铝加工分公司；2005年1月，中国铝业与兰州铝业实施资产重组，西北铝随之加盟中国铝业；2007年5月，设立为中国铝业股份有限公司西北铝加工分公司；2013年6月，中国铝业股份有限公司以协议转让的方式，由中国铝业公司下属全资子企业西北铝加工厂受让西北铝加工分公司的全部资产，原中国铝业股份有限公司西北铝加工分公司更名为西北铝加工厂；2017年11月，由于公司制改革，西北铝加工厂更名为西北铝业有限责任公司。

主导产品为铝及铝合金管、棒、型、线、排、铝粉、焊丝、铸造铝材和精深加工等14大类，近百种合金，上万种规格，产品以高精尖工业型材、军工材、中小管棒材为主。企业现有产能6万吨，注册商标为“奔马”牌。

通讯地址：甘肃省陇西县西郊坪。

邮政编码：748111。

2017年基本数据表

表211

主要产品产能	资产总额/亿元	负债率/%	员工总数/人	平均年龄/岁	学历结构/人	
挤压材：15000吨	10.81	67.09	1589	44	中专及以下	1032
					大学专科	339
					大学本科	209
					硕士及以上	9

二、组织机构

（一）领导班子

李　勇　执行董事、党委书记

胡　柯　总经理、党委副书记

张学平　党委委员、副总经理、工会主席

张鸿弟　党委委员、副总经理

张学志　党委委员、财务总监

毛旭生　党委委员、纪委书记

章　伟　副总经理

（二）机构设置

机关处室：总经理办公室、党群工作部、工会（团委）、纪检监察部、审计部、人力资源部、企业管理部、财务部、销售部、生产安环部、装备工程部。

二级单位：挤压厂、深加工中心、动力厂、技术质量中心、供应运输部、行政管理部、职工医院、陇西西北铝九鼎粉材有限公司（参股单位）、陇西西北铝金桥焊材有限公司（参股单位）。

三、生产经营

2017 年，西北铝坚持以提高发展质量和效益为中心，积极应对军队改革、核管减量造成的不利影响，全面推进改革创新，实施结构调整，狠抓精准管理，加快产品研发，生产经营保持良好态势。全年，西北铝产量 8763 吨，销量 8862 吨，产销率 101.13%。产品实际结构综合成品率 60.56%，同比提高 2.4%。质量异议损失率 0.25%，同比基本持平。经营利润 99 万元，处理历史潜亏 5864 万元，累计亏损 5765 万元。

主要指标表

表 212

指标名称		2016 年	2017 年	同比增长 /%
主要产品产量	1. 挤压材 / 万吨	8965	8763	−2.25
	2. 压延材 / 万吨	1474	0	−100
	3. 铝箔材 / 万吨	8877	0	−100
工业产值 / 亿元		4.67	2.63	−43.68
销售收入 / 亿元		4.82	2.58	−46.47
利润额 / 万元		3066	−5765	−288.03
纳税额 / 万元		265	651	145.66
净资产收益率 /%		−1.72	−20.28	—
产值劳动生产率 / 万元 · 人		9.015	6.64	—
人身伤亡事故 / 起		0	0	0
工亡人数 / 人		0	0	0
重伤人数 / 人		0	0	0
轻伤人数 / 人		0	0	0

四、重大发展项目

西北铝 35MN 水压机技术更新改造项目：2017 年完成竣工验收，全面投产。

特种行业铝合金材料产业化项目：2017 年，项目的主体设备 36MN 挤压机完成合同签订，厂房基础开始施工。

国防军工保障能力建设项目：2017 年，项目主体设备 30 米淬火炉、1500 吨拉伸机已完成设备招标和合同签订。

重大项目情况表

表 213

项目名称	设计规模/吨	投资规模/万元	当年完成投资额/万元	年内项目建设形象进度
35MN 水压机技术更新改造项目	2900	1.8714	5385	完成建设，9 月份投入试生产
特种行业铝合金材料产业化项目	800	12.3363	1254	完成项目各项前期工作，于 12 月 20 日开工建设

五、企业管理

2017 年，西北铝修订完善管理制度 63 项、废止 7 项，其中新建制度 25 项、修订制度 38 项。

安全环保管理。2017 年，西北铝落实安全“一岗双责”责任清单、安全风险分级管控隐患排查治理双控预防机制，深化安全生产标准化建设，开展强基固本行动，全面完成了安全环保年度各项考核指标。全年无轻伤以上工伤事故、火灾事故和环境污染事故。

专项管理提升。完成西北铝《问题清单》梳理上报工作，共梳理出各类问题 131 项。

质量体系审核。2017 年，西北铝通过了航空体系、PED、Nadcap 无损检测和热处理、GJB9001B 的监督审核、三标体系换证审核及 AS9100D 质量管理体系换版审核，接受了 4 次第二方质量体系审核。

开展 QC 活动。2017 年，西北铝有两个 QC 小组获有色金属行业优秀奖。

员工技能培训。设立有色金属行业职业技能鉴定点，建立和完善了五级工程师制度、职业技能鉴定制度和工程技术、操作技能、经营管理三类人才成长通道。2017 年评聘各类技能人才 226 人。

六、科技创新

2017 年，西北铝坚加大科技创新力度，大力发展精深加工产品，抢占铝材在高精尖行业应用的先机，开发了航天、舰船等新领域的管材、大型铝部件、排材、制氧机管材等 28 个大类新产品。及时完成某工程用关键结构铝合金管棒材和某项目 2A12 合金挤压管棒材的试制供货，保证了国家重点型号工程按期完成。

承担的中广核高精度特殊管材、起重行业铝部件、石油防喷管等产品批量化生产。

研发试制某挂架、煨弯型材、某铝合金支架、超声波辐射块、某铝合金部件、换能器等 40 余项新产品。

承担的大客飞机 2 项研制任务完成转阶段并进入全面应用研究，中铝集团 2 项科研任务按时间节点完成，甘肃省国际合作项目《风力发电机新型叶片用铝合金型材的研制》通过鉴定和验收。新获批国防军工配套项目 2 项、甘肃省重点科研项目 1 项、中铝科技重点项目 2 项。《一种无缝铝合金异形型管生产设备》等 2 项专利获授权。

全年争取各类科研经费770万元。主起草5项国家标准、军用标准和行业标准。

2017年科技创新数据表

表214

科技创新投入/万元	申请专利/件	授权专利/件	科技人员占比/%
955.41	2	2	17.1

七、深化改革

2017年，西北铝加工厂由于公司改制，建立和完善了法人治理结构。深入推进混合所有制改革，与全国最大的焊材生产商天津金桥集团合资组建了陇西西北铝金桥焊材有限公司，建成了一期1000吨年产能的铝焊丝生产线。完成陇西西北铝物业管理有限公司工商注销工作。签署“三供一业”“企业办市政”移交分离正式协议，职工医院分离移交工作有序推进。

存量资产盘活方面，完成降本增效项目14项，降本524万元，完成压延生产线部分设备和闲置车辆资产整体处置，盘活资金2298万元，成功开发100%废料铸造件铸造碟片和铸管，并实现批量化生产，从根本上解决了废料问题。处理各类废旧物资4270吨，盘活资金1719万元。应收账款同比降低1526万元，金属总量、在制品和成品库存同比分别降低66吨、459吨和583吨。

八、党建与企业文化建设

2017年，西北铝党委深入学习十九大精神，将党建工作纳入公司章程，明确了党组织在公司治理中的法定地位。

西北铝党委开展“‘两学一做’强四基，‘两带两创’显价值”活动，促进生产经营和改革发展。

2017年西北铝分设了纪检监察部和审计部，健全内部监督巡察体系，加强了对营销采购、项目建设、合资合作等重点工作的日常审计、检查监督。

2017年，西北铝扎实开展了精神文明建设、民兵武装、档案管理、军工保密、员工培训、群众文体活动等工作。

九、履行社会责任

2017年，西北铝积极实施“联村联户，为民富民”和精准扶贫行动，派驻3名主管级干部长期驻村任职，筹措资金为帮扶村安装太阳能路灯90盏。

2017年环境绩效

表215

环保投入/万元	COD排放量/吨	烟尘排放量/吨	粉尘排放量/吨	废水排放量/吨	重复用水率/%	固体废物综合利用率/%	露天矿排土场复垦率/%
30.3	2.323	0.945	0.4095	193200	95.49	94.94	0

2017 年社会绩效

表 216

全年用工数/人	人身伤亡事故数/件	千人负伤数/人	劳动合同签订率/%	职业病发病率/%	社会捐赠总额（含捐物折算价）/万元
1589	0	0	100	0	15

十、重要记事

1 月 23 日，西北铝召开二届五次职工代表大会暨 2017 年工作会议。

4 月 15 日，西北铝 35MN 技改项目—55MN 挤压机安装开工。

4 月 21 日，中铝集团党组副书记、副总经理敖宏到西北铝调研。

是日，甘肃省委书记林铎到西北铝调研。

4 月 24 日，西北铝设立有色金属行业职业技能鉴定点。

7 月 27 日，西北铝 35MN 技改项目—55MN 挤压机首次热负荷试车取得成功，12 月 27 日，通过中铝集团铝加工事业部现场竣工验收。

9 月 27 日，定西市第五批陇西县集中建设项目开工仪式在西北铝特种行业铝合金材料产业化项目建设现场隆重举行。

10 月 21 日，西北铝 2017 年棚户区改造正式开工。

11 月 28 日，西北铝完成工商登记变更手续，西北铝加工厂名称变更为西北铝业有限责任公司。西北铝加工厂党委、纪委、工会更名为西北铝业有限责任公司党委、纪委、工会。

12 月 6 日，西北铝业有限责任公司举行揭牌仪式。

12 月 28 日，西北铝与陇西县政府及相关单位签订“三供一业”“企业办市政”移交分离正式协议。

撰稿 / 田永红

审稿 / 李　勇

中铝沈阳有色金属加工有限公司

一、基本情况

中铝沈阳有色金属加工有限公司（简称中铝沈加）前身是沈阳有色金属加工厂，组建于1949年5月7日，是新中国第一家国有有色金属加工企业，被誉为中国有色金属加工业的“摇篮”。中铝沈加2008年3月进入中国铝业公司，2010年10月，中国铝业公司对中铝沈加实施停产、异地搬迁，在沈阳金属新材料产业园区建设钛镍加工材项目。项目2012年7月1日开工建设，2016年12月全面竣工投产。中铝沈加占地面积600亩，总投资21.87亿元，拥有钛熔铸、镍（铬锆铜）熔铸、锻造、板带轧制、残钛回收等生产线，可生产钛、镍、铜及其合金的多种规格的板、带、管、棒、饼、环等加工材产品。生产规模10045吨/年。2017年企业在岗职工640人。

通讯地址：辽宁省沈阳市苏家屯区桂花街358号。

邮政编码：110108。

2017年基本数据表

表217

主要产品产能	资产总额/亿元	负债率/%	员工总数/人	平均年龄/岁	学历结构/人	
钛及钛合金6045吨	24.53	69.54	743	42.9	中专及以下	426
镍及镍合金3000吨					大学专科	114
					大学本科	189
铬锆铜1000吨					硕士及以上	14

二、组织机构

（一）领导班子

汤　勇　执行董事、党委书记

王振有　总经理、党委副书记

贾信民　财务总监（2017年2月前）

钱广传　财务总监（2017年5月任职）

赵广厦　副总经理、工会主席

张德智　党委副书记、纪委书记（2017年7月止）

纪海军　纪委书记（2017 年 8 月任职）

王保成　副总经理（2017 年 8 月任职）

（二）机构设置

机关处室：综合管理部、财务部、生产运行部、工程装备部。

二级单位：供销公司、熔铸厂、板带厂、锻造厂、原残厂、动力厂、技术研发中心。

三、生产经营

2017 年是中铝沈加全面建成正式投产的第一年，中铝沈加完成产量 4811 吨，销量 4804 吨；主营业务收入 29106 万元，利润总额 120 万元。

2017 年，中铝沈加制定未来发展规划，确定中铝沈加“1、3”战略目标（“1”是指在钛民品市场国内第一；“3”是指在钛军品市场国内实现三分天下）。创新营销模式，产品订单保障生产需要。调整营销组织机构，新成立市场开发部和四个片区的工作模式，分别落实相应的职责；创新营销策略，实施“年约客户保证金优惠制度”，保证合同量。

主要生产经营指标表

表 218

指标名称		2016 年	2017 年	同比增长 /%
主要产品产量	1. 钛及钛合金 / 万吨	0.3326	0.4780	43.72
	2. 镍及镍合金 / 万吨	0.0013	0.0004	−69
	3. 铜及铜合金 / 万吨	0.0022	0.0027	22
工业产值 / 亿元		1.41	3.03	115
销售收入 / 亿元		1.60	2.94	83.62
利润额 / 亿元		−0.25	0.01	104.74

续表 218

指标名称	2016 年	2017 年	同比增长 /%
纳税额 / 亿元	0.0492	0.0531	7.9
净资产收益率 /%	0.16	—	—
产值劳动生产率 / 千元・人	185.4	408	—
人身伤亡事故 / 起	1	5	400
工亡人数 / 人	0	0	持平
重伤人数 / 人	0	0	持平
轻伤人数 / 人	1	5	400

四、重大发展项目

2017 年，钛镍加工材项目完成竣工验收。

中铝沈加与中国航空工业集团公司沈阳飞机设计研究所就进一步加强科研和新产品开发合作有关事宜达成共识，建立长期合作关系，签订战略合作协议。确定共同研究的首批航空产品，确立材料攻关项目。

五、企业管理

2017 年，中铝沈加提取安全生产基金 195 万元，投入资金 273.3 万元，强化生产安全设施。落实“一岗双责”责任清单、班组长履责百字守则、承包商安全管控“七步法”“三规两必”保命条款和“小散乱污”问题治理。开展强基固本行动，增强员工安全意识，切实防范和遏制了事故的发生。全年无一般及以上安全事故，无环保事件，职业健康体检率 100%。

2017 年，中铝沈加重点产品实物质量，抽查合格率 97%；通过国家质检总局对企业产品质量的抽样检查；通过质量管理体系符合性和有效性现场审核、“PED”认证年度监督审核、CNAS实验室认可年度审核；通过安监局及专家现场验收，通过安全生产二级标准化企业验收，成为沈阳市第135家安全生产二级标准化企业。

强化“峰谷平”分时用电管理，峰电占比下降，全年节约电费支出40万元。争取优惠政策，获得直供电政策支持，全年节约电费427万元。

全年通过工资筹划和向总部争取工资总额，员工平均收入增长13%以上。通过理财增加利息收入33.96万元。取得北京国新融资租赁公司2亿元融资借款，取得沈阳农商行、兴业银行新增授信3.5亿元，取得中铝集团融资担保3亿元，资金保障基本满足生产经营的需要。

六、科技创新

2017年，中铝沈加持续改进产品质量，分别成立EB炉铸锭表面质量攻关、热冷轧板型攻关、锻造成品率提升等攻关小组，使EB炉铸坯生产工艺进一步优化，热轧板型合格率达100%，冷轧板型合格率达91%，锻造成品率提高5%。全年产品实际成品率比计划提升4.26%。

中铝沈加研发航天空间相机用钛合金支撑架用材TC4棒材、环，已成功为空间机电研究所供货。2017年共产出不同规格TC4棒材、环材10.75吨，并已形成优质且稳定的锻造及热处理工艺。

中铝沈加研制大规格锆铜饼，并起草该项产品的行业标准。中铝沈加采用锻坯镦拔及半成品圆整锻造的方式，在满足多项性能指标要求的前提下，攻克了作为运载火箭氢氧发动机内壁材料——锆无氧铜锻饼的材边部超声探伤杂波水平高的问题和锆成分偏析问题，完成饼材规格从ϕ500mm–ϕ750mm向ϕ1100mm–ϕ1300mm跨越，完成相关工艺固化工作，创造产值500万元。

年内，聘任2名在军工、航空材料等领域具有丰富经验的专家为企业技术顾问和技术负责人。

七、企业改革

绩效考核方面，2017年中铝沈加对关键指标进行细化、量化和调整，实行生产经营月考核制、年度工作目标责任制、单项管理考核制、销售人员销售责任制、奖励基金五种考核模式；强调效率效益优先，兼顾公平的原则，将计时加班制改为计量加班制。

中铝沈加针对年初废料积压、金属占用高的问题，反复研究，制定安全方案、技术方案，成功实现3—5吨大吨位废料捆扎电极熔炼，加快金属流转，减少废料减值销售产生的损失，缓解企业资金压力，全年废料捆扎电极467根（1500吨），该做法被评为中铝集团2017年度“银点子”合理化建议。

八、党建与企业文化建设

中铝沈加党委抓党建促监督，两个责

任得到有效落实。认真落实国企党建会议精神，完成了党建工作进章程工作。加强党组织机构建设，新设党委工作部。积极配合中国铝业公司第四巡视组为期两个月巡视工作；认真推进“两学一做”学习教育常态化制度化。坚持“三会一课”制度，建立支部主题党日制度，以多种形式宣传贯彻中共十九大精神。认真开展纪检干部“接地气”工作。通过“动员千遍不如问责一次”的有效措施，正风肃纪，纪委对下一级党组织开展巡查5次，发现问题78项。在“执行力问题”方面问责29人次，廉洁从业谈话55人次。

企业党组织加强对共青团和青年工作的领导，定期听取工作汇报，提供必要的物质和经费保障，鼓励共青团组织结合自身优势发挥生力军和突击队作用。丰富青年员工业余文化生活，组织企业间篮球友谊赛。

举办了“庆七一·创新赢得未来”主题演讲比赛。认真开展“安全、干净”班组竞赛。开展安全环保质量强基固本行动。

九、履行社会责任

2017年中铝沈加环保投入88.5万元。

关爱员工。实施全员健康体检；为员工办理沈阳市工会会员服务卡；为员工提供生活服务设施，建设充电桩及车棚、配备文体器材、在员工单身宿舍楼和食堂加装净水装置。

年内招聘大学生13人，安置中铝集团困难企业富余员工5人,接收军转人员1人。参加沈阳市“创城”活动，参加驻地社区“大党工委”建设，参与精准扶贫项目实施，在企业后勤社会化服务工作中，面向当地就业人群进行安置。

十、重要记事

2月22日，国家安监总局副局长、国家安全生产应急救援指挥中心主任孙华山，国家安监管总局直属机关党委常务副书记李德清，辽宁省副省长江瑞等一行15人到中铝沈加参观指导。

3月14日，沈阳市经济和信息化委员会批准中铝沈加为沈阳市电力直接交易准入用户资格。

5月15日，中铝沈加与中航工业集团沈阳飞机设计研究所就进一步加强科研和新产品开发合作签订战略合作协议。

6月29日，中铝沈加试制成功手机用1.7mm厚TC4冷轧钛合金带卷。

7月11日，TA15材料科技攻关项目启动。该项目是与中航工业集团沈阳飞机设计研究所共同研究的首批航空产品。

11月24日，中铝沈阳有色金属加工有限公司钛镍加工材项目通过工程竣工验收。

2017年，中铝沈加试制成功供航天用的TC4军用棒材开发多个规格，并开始供货。

2017年，中铝沈加完成火箭用多规格铬锆铜合金饼材研制任务。

撰稿／谭　论

审稿／汤　勇

中铝铝箔有限公司

一、基本情况

中铝铝箔有限公司（简称中铝铝箔）是中国铝业集团有限公司按照集约化、专业化的经营发展理念和发展战略，整合旗下多家铝箔生产企业而独资设立，以实现优化配置，优势互补，盘活存量资产，提升增量资产，提升中铝铝箔产品的市场占有率和市场竞争力。中铝铝箔成立于 2015 年 10 月 27 日，注册资本为人民币 92681 万元，注册地成都市新都区，现有 3 个子总产能约 10 万吨。

通讯地址：成都市新都区马超东路 266 号新城市广场 17F。

2017 年基本数据表

表 219

主要产品产能	资产总额 / 亿元	负债率 /%	员工总数 / 人	平均年龄 / 岁	学历结构 / 人	
铝箔 10 万吨	12.11	62.01	722（在岗 585 人）	41	中专及以下	252
					大学专科	208
					大学本科	116
					硕士及以上	9

二、组织机构

（一）领导班子

邓占树　党委书记、执行董事

李　斌　党委副书记、副总经理（主持行政工作，2017 年 8 月始任）

缪文先　党委副书记、纪委书记、工会主席

王文高　副总经理

（二）机构设置

本部部门：综合管理部、财务部、营销部、技术中心、人力资源部及企业管理部。

二级单位：陇西西北铝铝箔有限公司（简称陇西铝箔）、重庆中铝华西铝业有限公司（简称重庆华西）、中铝河南洛阳铝箔有限公司（简称洛阳铝箔）。

三、生产经营

2017年，中铝铝箔按照放量调结构，提质抢市场，降本增效益，创新谋发展的工作思路，认真落实各项工作部署，积极开拓市场，完成了年初制定的生产经营目标。

主要指标表

表220

指标名称		2016年	2017年	同比增长/%
主要产品产量	铝箔/万吨	0.49	1.53	212.24
工业产值/亿元		1.58	2.50	−41.77
销售收入/亿元		1.56	3.29	110.89
利润额/亿元		1.62	−0.12	−107.40
纳税额/亿元		0.05	0.08	60
净资产收益率/%		34.17	−2.69	—
产值劳动生产率/千元·人		39410	347	—
人身伤亡事故/起		0	0	持平
工亡人数/人		0	0	持平
重伤人数/人		0	0	持平
轻伤人数/人		0	0	持平

四、企业管理

2017年，中铝铝箔完成了质量、环境、职业健康三体系的改版和现场审核工作。

财政与税收政策争取获得成效。完成华西土地处置土地增值税与营业税的减免工作，免征税款约8517万元。通过税务部门和海关申报出口产品退税，实际收到退税款1087万元。取得出口信用保险保费资金补助26万元。按照中铝集团和铝加工事业部要求，加强“两金”压降工作力度，全年共收回历史欠款1200万元，处理呆滞库存900万元。

安全环保基础不断夯实。一是编制完成了员工《安全一岗双责责任清单》。二是按照中铝集团安全消防环保质量“全面大动员、全面大清查、全面大整改”强基固本大行动工作要求，对照清查内容逐项进行问题梳理、查找问题、制定整改措施、落实责任人、明确时间进度，完善安全基础管理。三是坚持安全检查制度，通过日常检查、节前检查、专项检查、交叉检查等形式，开展隐患排查和治理整改。全年共排查安全环保隐患741项，全部按要求完成整改。

问题清单专项工作细化落实。根据中铝集团总部工作部署，深入开展问题梳理及整改专项工作。截至2017年底，共梳理出三大部分33个专题112个问题，已完成整改48项。

五、科技创新

2017年，中铝铝箔子公司洛阳铝箔新开发产品1127.19吨，与2016年同期相比增加993.03吨。陇西公司0.0055毫米的超薄双零铝箔及电池箔开发成功，开始投放市场。重庆公司3003阴极箔已形成批量供货。

六、深化改革

（一）完成中铝铝箔对华西铝业的吸收合并工作

经中铝集团批准，采用中铝铝箔吸收

合并华西铝业的方式，对华西铝业实施关闭注销。新都区工商局在2017年12月29日完成了华西铝业注销和中铝铝箔吸收合并华西铝业工商变更手续。

2017年8月，华西铝业完成设备、厂房及构筑物拆除工作，将土地移交给新都区土地储备中心。

（二）完成对重庆铝箔和洛阳铝箔的资源整合

2017年9月1日起，中铝铝箔整合了中铝集团旗下陇西、重庆、洛阳三家铝箔生产企业，铝箔产能达到10万吨/年。产品覆盖包装箔、药箔、合金箔、电池箔、电容器箔等市场主导产品。

七、党建与企业文化建设

2017年，中铝铝箔党委认真贯彻落实全国国有企业党建工作会议精神，加强党建基础管理，完善基层组织建设，为企业和谐稳定发展提供强有力的政治保证、舆论支持和精神动力。

年初召开党建工作会议，安排布置2017年党建和思想政治工作，制定了《党建工作责任制实施细则》，认真梳理党建25项重点任务存在的问题，建立了党建“一岗双责”责任清单，明确责任人及整改时限。截至2017年底，25项重点任务已按计划基本完成。完成基层组织调整和组建工作，及时修订公司及子公司章程，明确了党组织在公司治理中的法定地位。制定并下发党建规章制度20个。

党风廉政建设。一是配合完成了中铝集团第五巡视组对华西铝业的政治巡视工作，截至2017年底，巡视发现问题26项，完成整改25项，完成率96%。二是根据中铝集团“纪委干部接地气”的要求，中铝铝箔定期不定期派出督导检查小组，对各部门、分子公司进行了督促检查，对检查出的问题列出清单，限期整改。2017年共计问责事项8项，问责处罚人数67人次。

企业文化工作。2017年，中铝铝箔积极开展先进选树活动，积极参加选树“最美中铝人”活动，推选出1人报中铝集团。全年在各基层党组织评出优秀共产党员6名，优秀党务工作者2人。建立健全企业文化宣传制度及考核机制，并明确分工，加强中铝集团企业文化宣传工作。充分利用中铝铝箔网站、微信、QQ网络平台、工作简报、企业文化专栏等方式准确宣传中铝企业文化理念，推进中铝品牌宣传。

八、履行社会责任

中铝铝箔开展困难职工慰问和帮扶工作，全年慰问和帮扶困难职工、党员共计54人次，金额43700元。组织全体职工进行体检，建立职工健康档案。

九、重要记事

1月19日，中铝铝箔在陇西西北铝铝箔有限公司召开2017年工作会议。

1月22日，中国铝业公司与西北铝加

工厂签订《关于中铝铝箔有限公司之增资扩股协议》，将陇西西北铝铝箔有限公司100%股权（评估价值2.72亿元）对中铝铝箔进行增资，增资完成后，中铝铝箔注册资本由人民币5000万元增加至32245.02万元。

8月19日，中铝铝箔召开干部大会，宣读中铝集团党组关于调整中铝铝箔领导班子的决定。

9月1日起，中铝铝箔全面托管洛阳铝箔，标志着中铝铝箔整合了中铝集团旗下陇西、重庆、洛阳三家铝箔生产企业，铝箔产能达到10万吨/年。

9月20日，中铝铝箔及各子公司完成公司章程修订，明确了党组织在公司治理中的法定地位。

12月30日，华西铝业完成在成都市新都区市场和质量监督管理局的注销工作，中铝铝箔完成对华西铝业的吸收合并，注册资本达到人民币92681万元。

撰稿/蔡　宇

中铝萨帕特种铝材（重庆）有限公司

一、基本情况

2011 年 6 月，中铝集团与萨帕集铝业基于双方对中国轨道交通市场快速发展现状及未来广阔前景的共识，各出资 50%（注册资本 2.8 亿元）成立中铝萨帕特种铝材（重庆）有限公司（简称中铝萨帕）。中铝萨帕是中铝集团首个铝加工产业中外合资项目，主要定位轨道交通市场，旨在通过国际化、市场化的运营模式，打造世界一流的轨道交通用铝型材公司，提升中国铝加工科技水平，助力中国轨道交通事业发展。

中铝萨帕自 2011 年 11 月动工建设，由萨帕技术中心总体规划设计，采用国外先进技术，国外引进和国内制造相结合，投资 6.3 亿元，于 2013 年底建设完工，建成了拥有全球领先的 12000 吨铝合金挤压生产线、可实现双面焊接的超长摩擦搅拌焊生产线以及大型 CNC 等加工设备的现代化工厂。

通讯地址：重庆市九龙坡区西彭工业园区铝城大道 80 号附 2 号。

2017 年基本数据表

表 221

主要产品产能	资产总额 / 亿元	负债率 /%	员工总数 / 人	平均年龄 / 岁	学历结构 / 人	
铝合金挤压材：1.2 万吨	7.29	75.5	143	32	中专及以下	55
					大学专科	36
					大学本科	46
					硕士及以上	6

二、生产经营

2017 年，中铝萨帕按照《中铝萨帕 2017—2019 年商业计划书》规划目标，在铝加工市场产能依然过剩的不利局面下，坚持“三管齐下”和“两条腿走路”的经营思路和市场策略，紧盯轨交、船舶、建筑结构市场，以质量和效益为核心，以技术创新为驱动力，破解铝价大幅上涨与轨交销售铝基价存在矛盾等一系列难题，实现了产量10342吨，同比上涨117%；销量10192吨，同比上涨126%；控亏2744万元，同比减亏53%；顺利通过国家高新技术企业认定，公司品牌力进一步提升；生产线填平补齐项目（高端铝合金薄壁挤压及智能制造项目）获得立项批复；没有发生安全消防、环境保护等重大和一般事故，圆满完成了2017年经营目标，企业呈现出良好发展势头，为做强做优奠定了坚实的基础。

主要指标表

表222

指标名称		2016年	2017年	同比增长/%
主要产品产量	1. 轨道交通型材/万吨	0.1	0.4	75
	2. 建筑结构型材/万吨	0.24	0.36	50
	3. 工业型材/万吨	0.1	0.23	130
	4. 排材/万吨	0.01	0.01	0
工业产值/亿元		1.14	2.78	144
销售收入/亿元		1.29	3.08	139
利润额/亿元		−0.59	−0.25	−57
纳税额/亿元		0.03	0.02	−33
净资产收益率/%		−163%	−27%	190
产值劳动生产率/千元·人		926.8	1944	109.7
人身伤亡事故/起		0	0	持平
工亡人数/人		0	0	持平
重伤人数/人		0	0	持平
轻伤人数/人		0	0	持平

三、企业管理

2017年，中铝萨帕健全安全生产组织机构，明确单位和个人安全责任。在推进领导班子一岗双责的同时，企业领导坚持深入基层并带队进行安全健康环保检查及时消除安全隐患，设置了9名兼职安健环代表，全年共完善安健环制度36项。

注重现场文明生产，倡导安全生产文化，形成“我要安全”独特的本质安全文化。全年安全生产工亡人数为零，未发生一般及以上环境事件的目标。

四、科技创新

2017年，中铝萨帕通过科技部“高新技术企业”认定。

2017年科技创新数据表

表223

科技创新投入/万元	申请专利/件	授权专利/件	科技人员占比/%
1089.59	9	9	27.6

五、党建与企业文化建设

2017年，中铝萨帕以“两学一做”教育为主要抓手，认真学习贯彻中共十九大及习近平总书记系列重要讲话精神；以“创先争优”“两带两创”活动为重要契机，培育“合金”文化，为确保全年工作任务的完成和企业的可持续发展，提供了坚强的组织保证。

撰稿/赵功名

2018

中国铝业集团有限公司年鉴

The Yearbook of Aluminum Corporation of China

【荣誉篇】

List of Honors

年度明星人物

中国有色金属工业年度经济人物　敖宏

2017年12月14日，首届中国有色金属工业年度经济论坛在北京隆重召开，大会表彰了2017年“中国有色金属工业年度经济人物和年度绿色发展领军企业”。时任中国铝业党委书记、总裁敖宏荣膺“中国有色金属工业年度经济人物”。

敖宏，1961年6月生，管理科学与工程专业博士，教授级高级工程师，享受国务院政府特殊津贴专家。2015年11月敖宏担任中铝股份总裁，带领中铝股份破局突围、扭亏脱困，优化布局、转型升级，顶层设计、做强做优，实现了中铝股份的历史性转变。

敖宏出任中铝股份总裁之时，正值铝价处于历史谷底之际，悲观气氛笼罩整个铝行业，中铝股份更由于巨亏预期面临着被ST的危机。敖宏坚信，企业虽然不能左右市场，但可以控制成本费用。为此，他全力推行成本领先战略，实施了横到边、纵到底、全覆盖的降本增效专项行动。同时，对薪酬考核办法进行配套改革，针对实体企业建立了“五档十五等”成本对标体系，搭建了“以成本考核为主、利润考核为辅，分类考核、分档挂提”“考核结果与企业领导班子成员任职、薪酬及企业工资总额挂钩”的三挂钩业绩考核体系。

按照中铝集团党组的部署，敖宏全力推进结构调整：一是坚决去，实现落后产能有序退出，从业人员有序转移；二是可持续，定好一把尺子量到底，用完全成本来衡量;三是有效转，转型的同时升级换代、弯道超车。

结构调整的过程中，敖宏力主并实施

产业布局、投资结构多元化，产业布局向贸易、物流、产业金融拓展，投资结构实现与中央企业、地方企业、民营企业合作，不仅为实体企业发展提供了强有力支撑，而且有效发挥了国有资产的引领和辐射作用。

敖宏重视科技引领作用，积极推进研发项目运作机制的改革创新，推广团队风险抵押与收益分成方式，实行收益底线担保、超出收益分享办法，探索研发团队资金抵押及股权模拟方式，激发出研发团队的巨大活力。

经过两年多的努力，中铝股份实现了连续三年盈利，彻底摆脱了“亏损王”和“锯齿王”的历史。

全国五一劳动奖章获得者　杨海峰

杨海峰，男，1967 年 2 月出生，中共党员，高级技师，享受国务院特殊津贴。2017 年，荣获全国五一劳动奖章、龙江工匠。

1988 年，杨海峰从部队复员到东轻熔铸厂。此后，他 29 年如一日，扎根熔铸一线勤学苦练，逐渐从一名铸造工成长为全国技术能手。

他研究制定了《高镁方锭隔热膜生产操作法》等 4 种操作方法，其中《铝合金 A 级探伤制品优质操作法》被哈尔滨市政府批准为以杨海峰名字命名的十佳优质操作法，《一定二净三稳》操作法获黑龙江省首届创新杯竞赛优质操作法。

他参与试制 7 系和某系大规格铸锭，为我国成为世界第 4 个能生产这种合金规格的国家做出了应有的贡献。

近年，杨海峰所带团队经过不懈努力，使航空航天某高端制品探伤成品率、氧化膜检测通过率均达到或超过 95%，使某镁合金探伤成品率提高 40 个百分点，实现了扁铸锭生产及多模铸造，创造了历史性新突破。

他曾被授予黑龙江省首届技能大奖、黑龙江省突出贡献人才大奖、全国有色行业技能大奖、全国有色金属行业劳动模范等多项荣誉。

全国五一劳动奖章获得者　杨建明

杨建明，男，汉族，生于1963年9月，中共党员，研究生学历，高级工程师，现任云南金沙矿业股份有限公司因民公司选厂工区长，兼任因民公司选厂党支部书记。

作为选厂安全生产的责任人，他深知自己肩负的安全职责，本着“安全保生产，生产必须安全”的原则，加强领导，落实责任，完善制度。选厂从2006年至2017年底未发生一起伤害事故。近年，在他的带领下，选厂完成了多项技改工作，如通过对入磨粒级考查和磨矿分级机组工艺参数的调整，完成磨矿单位时间生产能力的提升项目，单位时间的生产能力由原来的85吨/小时提升至98吨/小时。

作为支部书记，他认真关注职工的思想动态，主动与职工谈心，了解到有特殊困难的职工，他总会想尽各种办法帮扶，还多次自己出资帮助困难职工渡难关。

十年间，他领导的因民公司选厂被授予云南省总工会授予“工人先锋号”称号。他本人于2014获云南省第二十一届“劳动模范”荣誉称号，2017年荣获全国五一劳动奖章。

集体荣誉

【国家级荣誉】

全国文明单位

贵阳铝镁设计研究院有限公司

全国厂务公开民主管理工作先进单位

中国铝业广西分公司

2016 年度全国工人先锋号

广西中铝工业服务有限公司加工厂工程 3 队

贵州铝厂动力厂供电车间运行四班

国家级“智能制造试点示范（铝电解智能工厂）”

中国铝业兰州分公司

【省部级荣誉】

黑龙江省工人先锋号

东轻特材公司锻压工区模压甲班

山西省五一劳动奖状

山西华圣铝业有限公司

2016 年度湖南省“守合同重信用”企业称号

中国有色金属长沙勘察设计研究院有限公司

贵州省 2016 年度“守合同重信用”单位

贵阳铝镁设计研究院有限公司

贵州省工人先锋号

贵阳铝镁设计研究院有限公司

贵州省级职工（劳模）创新工作室

陈才荣劳模创新工作室（贵阳院）

有色金属行业企业信用 AAA 信用等级

中国有色金属长沙勘察设计研究院有限公司

甘肃省冶金机械行业“工人先锋号”

西北铝深加工中心制造班

甘肃省首批“创新型班组”称号

西北铝深加工中心备件班

2015—2016 年度中央企业五四红旗团委

中州铝业团委

中色科技团委

六冶西南分公司普朗铜矿团支部

云铜凉山矿业昆鹏公司质检中心团支部

中铝内蒙古国贸有限公司团支部

东轻公司技术中心研发部

包头铝业热电厂发电运行部集控三值

西北铝挤压厂研发服务部

沈阳院公用工程室给排水组

第三届中央企业青年创新奖优秀组织奖

中国铝业公司团委

东轻DY机翼壁板用7B50、2024合金大规格产品研制及其工程化项目

【集团级荣誉】

2016—2017年度中国铝业集团有限公司先进基层党组织

中铝宁夏能源集团有限公司党委

中铝山东铝业有限公司党委

中国铜业西南铜业分公司党委

中国铜业锌业浸出分厂党支部

中国铜业狮子山矿采掘一工区党支部

中国铜业洛阳铜加工熔铸厂党委

中国铜业凉山矿业拉拉公司党委

中国铜业青海鸿鑫矿业选矿车间党支部

中国铜业华中铜业生产党支部

中国铜业楚雄滇中有色熔炼分厂党支部

中国铜业压铸科技有限公司党支部

山东有限公司氧化铝厂党委

山东铝业有限公司炭素厂炭素党支部

山东山铝环境新材料有限公司一车间党支部

中铝矿业有限公司热电厂党委

中铝矿业有限公司氧化铝厂检修车间党支部

长城铝业水泥厂销售联合党支部

贵州分公司矿业公司党委

贵州贵铝华颐房开公司云顶党支部

贵州贵铝现代城市服务公司机关党支部

山西新材料电解二厂党总支

山西新材料精细氧化铝事业部湿法工区党支部

中州铝业第二氧化铝厂溶出区域党支部

河南中州物流有限公司党委

广西中铝工业服务有限公司党委

广西分公司氧化铝厂焙烧车间党支部

青海分公司第一电解厂党总支

青海分公司第二电解厂生产管理三部党支部

郑州轻金属研究院有限公司委员会铝电解党支部

中色科技监理公司党支部

六冶洛阳机电安装有限公司党委

六冶（郑州）科技重工有限公司钢构车间党支部

十二冶房地产开发有限公司党总支

西南铝锻造厂党委

西南铝压延厂压延制造部党支部

西南铝动力计控中心计量检测部党支部

沈阳铝镁设计研究院有限公司土建室党支部

贵阳研究院技术管理研发党支部

长沙研究院冶金事业部党支部

包头铝业热电厂党委

包头铝业机关营销党支部

中铝瑞闽冷轧运转党支部

西北铝动力厂党总支

抚顺铝业工程公司党总支

遵义铝业股份有限公司电解二厂党

支部

甘肃华鹭铝业有限公司动力厂党支部

山西华圣生产运营中心直属党支部

山西华兴氧化铝厂党总支

东轻中厚板厂党总支

东轻熔铸厂熔铸二工区党支部

长勘院在线所党支部

宁夏能源六盘山热电厂党委

宁夏能源王洼煤业王洼煤矿综采队党支部

中铝沈加板带制造中心党支部

山东华宇铝加工事业部党支部

遵义氧化铝动力管控中心党总支

中铝广西国盛稀土开发有限公司党支部

山西中铝工业服务有限公司党委

山西晋铝冶炼设备技术有限公司热动维检中心党支部

中铝集团办公厅党支部

中铝股份人力资源部党支部

2016 年度中国铝业公司五四红旗团委

中铝股份贵州分公司电解铝厂团委

包头铝业有限公司热电厂团委

山东华宇合金材料有限公司团委

宁夏能源集团王洼煤业有限公司团委

中铝国际贸易有限公司团委

普朗铜矿建设指挥部团委

贵阳铝镁设计研究院有限公司团委

九冶建设有限公司第一工程公司团委

东北轻合金有限责任公司团委

西北铝加工厂团委

个人荣誉

【国家级荣誉】

敬业奉献类“中国好人”

袁培东 （九冶）

全国五一劳动奖章

杨海峰 （东轻熔铸厂）

杨建明 （云南金沙矿业）

第22届“中国青年五四奖章”

陈丽芳 （西南铝）

全国技术能手

李　强 （包头铝业）

廖　雄 （广西分公司）

袁朝伟 （山西华泽）

陆管标 （广西分公司）

【省部级荣誉】

上海市五一劳动奖章

郑　宏 （上海铜业）

黑龙江省第十二届劳动模范

刘　晔 （东轻）

贾春成 （东轻）

谢延翠 （东轻）

贵州省“第四届行业道德标兵”

王紫千 （贵阳院）

贵州省青年岗位能手

张　兴 （贵阳院）

第五届重庆市劳动模范

王显兵 （西南铝）

向曙光 （西南铝）

甘肃省冶金机械行业“金牌工人”称号

周永信 （西北铝）

陕西省劳动模范

余　君 （九冶）

陕西省“五一劳动奖章”获得者

肖红梅 （九冶）

甘肃省技术标兵

耿　晖 （兰州分公司）

朱芳俊 （兰州分公司）

张文涛 （兰州分公司）

管　斌 （兰州分公司）

柴克红 （兰州分公司）

万年强 （兰州分公司）

徐春玲 （兰州分公司）

中央企业技术能手

罗国峰 （山西华圣）

李桂忠 （广西分公司）

占永宏 （山西分公司）

柴　伟（山东铝业）
胡要强（中色科技）
张迎明（贵州铝厂）
原凯文（山西华泽）

中央企业优秀团干部

丁久彦（连城分公司）
唐艳平（西南铝）
白　杨（中铝沈加）

中央企业优秀团员

袁仕华（中铝国际）
颜　竞（长沙院）
星发奎（青海分公司）
王欢欢（兰州分公司）

中央企业青年岗位能手

王　磊（宁夏能源）
何　宁（广西分公司）
郭罗保（山西华泽）
罗国峰（山西华圣）
占永宏（山西分公司）
胡要强（中色科技）
原凯文（山西华泽）

中央企业青年先锋

陈丽芳（西南铝锻造）

中央企业侨联首届归侨侨眷及留学人员“优秀创新人才奖”

赵丕植（中铝科学院）
长海博文（中色科技）
杨晓东（沈阳院）

第三届中央企业青年创新奖

任伟才（东轻公司）

【集团级荣誉】

中国铝业集团有限公司优秀共产党员

施颖娜（云铜股份）
曹常胜（赤峰云铜）长
梁　磊（凉山矿业）
李　冬（华中铜业）
费　凡（中铝矿产资源）
岳东卫（洛阳铜加工）
王　缨（上海铜业）
朱　勇（洛阳铜业）
杨茂成（昆明铜业）
邹武辉（青海鸿鑫矿业）
魏璐璐（中铝山东企业）
张海水（中铝山东热电厂）
王　震（山东铝业）
徐　志（中铝山东新材料）
王备战（中铝矿业）
蒋晓辉（长城铝业）
姚　进（中铝矿业）
韩　源（长城铝业）
游　璞（贵州分公司）
梁树生（贵州华锦）
李　海（中铝贵州工服）
宁　博（山西新材料）
赵　君（山西新材料）
孟祥辉（中州铝业）
秦东强（河南中州物流）
周　虹（广西分公司）
赵桂东（广西分公司）
焦　健（青海分公司）
樊东华（青海分公司）

刘万超（郑州研究院）
王　帅（中色科技）
余建伟（十二冶）
王显兵（西南铝）
何　波（西南铝）
厉西咏（西南铝）
张正勇（沈阳院）
程尚清（贵阳院）
李　民（长沙院）
刘志有（包头铝业）
杜晓宇（包头铝业）
刘广平（包头铝业）
郑登行（中铝瑞闽）
王　理（兰州分公司）
朱　强（兰州分公司）
孔祥亮（西北铝）
周　霞（西北铝）
崔　鹏（抚顺铝业）
王怀江（遵义铝业）
曲铁军（甘肃华鹭）
梁海民（连城分公司）
王晓飞（连城分公司）
刘立公（中铝铝箔）
师孝勤（山西华圣）
谢春康（山西华兴）
任伟才（东轻）
杨瑞青（东轻）
田　勇（东轻）
苏　科（长勘院）
唐　懿（宁夏能源银星）
王文龙（宁夏能源）
张广才（宁夏能源）
戴　山（中铝沈阳）
李　潇（重庆分公司）
刘洪文（山东华宇）
周　楠（遵义氧化铝）
姚栋伟（广西稀土）
靳国红（山西铝业）
王　海（山西铝业）
薛启峰（山西中铝工服）
汤林志（中铝集团）
胡　震（中铝集团人力资源部）
杜　楠（中铝集团党群工作部）
高东海（中铝国际）

中国铝业集团有限公司优秀党务工作者

王　镘（云铜股份）
邓长青（云铜锌业）
杨应宝（易门铜业）
张海娜（中铝矿产资源）
胡小建（华中铜业）
宋共元（中铝山东）
张华钢（山东铝业）
王栋一（山东铝业）
马三朝（长城铝业）
赵东亮（中铝矿业）
郭　进（中铝矿业郑州分公司）
陈　敏（贵州铝厂）
张运生（贵州分公司）
陈小萍（山西新材料）
王春伟（山西新材料）
司景明（中州铝业）
韦茂森（广西分公司）
崔超强（广西分公司）
姜良杰（青海分公司）

张勇宏 （青海分公司）
王书波 （六冶）
段 玲 （西南铝）
刘玉峰 （包头铝业）
邬亚钧 （包头铝业）
谢 萍 （中铝瑞闽）
薛宗瑜 （兰州分公司）
龙明福 （遵义铝业）
司瑞良 （连城分公司）
麻建功 （山西华圣）
刘海付 （东轻）
汪 滨 （东轻）
刘 和 （宁夏能源）
马自成 （宁夏能源）
詹欢欢 （遵义氧化铝）
冯金慧 （山西铝业）
耿 静 （中铝集团纪检监察部）
韩自力 （中铝国际）

2016年度中国铝业公司优秀共青团员

厉 磊 （中铝山东）
原会德 （山西分公司）
高春鹏 （广西分公司）
秦超伟 （中州铝业）
涂 冉 （郑州研究院）
吴金昊 （抚顺铝业）
李丹丹 （山东华宇）
张皓森 （山西华兴）
徐 波 （宁夏能源）
画 宇 （洛阳铜业）
葛淮康 （华中铜业）
覃大祥 （中铝广西稀土）
陈 皓 （贵阳院）
魏吉敏 （长沙院）
张 喆 （中色科技）
徐士伟 （六冶）
付红亚 （九冶）
顾大友 （西南铝）
刘忠正 （中铝沈加）
李 伟 （中铝科学技术）

2016年度中国铝业公司优秀共青团干部

罗辉栋 （中铝山东）
徐 飞 （贵州分公司）记
王红杰 （山西铝厂）
乔晶晶 （中州铝业）
樊晓旸 （包铝集团）
张 勇 （山西华泽）
胡 博 （抚顺铝业）
张宗铭 （山东华宇）
王 燕 （宁夏能源）
任丽萍 （中铝国贸）
吴占磊 （洛阳铜业）
张 晔 （华中铜业）
甘欣鑫 （中铝国际）
于 欢 （沈阳院）
蔡佳乐 （贵阳院）
谭 玺 （长沙院）
杨 舵 （中色科技）
赵蛟龙 （西北铝）
杨 帆 （河南铝业）
李操宇 （中铝集团党群工作部）

【大事记】

Major Events

2017 年中铝集团大事记

一月

1 月 5 日 中华全国总工会副主席、书记处书记阎京华到西南铝慰问困难员工。

同日 集团党组成员、副总经理卢东亮出席兰州分公司领导班子“两学一做”学习教育专题民主生活会。

1 月 6 日 中共第十八届中纪委第七次全体会议在北京召开，集团党组书记、董事长葛红林出席会议。

1 月 8 日 集团党组书记、董事长葛红林出席中铝资产领导班子“两学一做”学习教育专题民主生活会。

同日 集团党组成员、副总经理张程忠出席贵阳院领导班子“两学一做”学习教育专题民主生活会。

1 月 10 日 集团党组副书记、副总经理敖宏出席西南铝领导班子“两学一做”学习教育专题民主生活会。

同日 集团党组成员刘祥民出席中铝郑州企业领导班子“两学一做”学习教育专题民主生活会。

同日 集团党组成员、纪检组组长赵钊出席云铜集团领导班子“两学一做”学习教育专题民主生活会。

同日 集团党组副书记、总经理余德辉到中铝物流调研。

1 月 11 日 国有重点大型企业监事会主席李志群与 6 家中央企业负责人座谈，集团党组书记、董事长葛红林出席座谈会。

同日 集团党组书记、董事长葛红林参加全国安全生产电视电话会议。

同日 集团董事长葛红林与美国奥科宁克公司董事长柯菲德进行电话会议。

1 月 12—13 日 国务院国资委召开中央企业、地方国资委负责人会议，集团党组书记、董事长葛红林出席。

1 月 13 日 集团党组书记、董事长葛红林出席中央企业党风廉政建设和反腐败工作会议。

1 月 14—15 日 中铝集团一届五次职代会暨 2017 年工作会议在集团总部召开。党组书记、董事长葛红林作题为《爬坡过坎，决战决胜，以优异成绩向党的十九大献礼》的重要讲话。党组副书记、总经理余德辉作题为《鼓足干劲，再创佳绩，为开创中铝改革发展新局面而努力奋斗》的经营工作报告。

1 月 18 日 集团党组召开 2016 年度领导班子“两学一做”民主生活会，国务院国资委党委书记郝鹏、国有重点大型企业监事会主席李志群、中央第41督导组组长高岩等到会指导。

1月19日 在第二届中国企业扶贫公益勋章峰会上，中铝集团被大会组委会授予“2016年度扶贫公益勋章”。

1月21日 集团党组书记、董事长葛红林到包头企业慰问干部员工并检查指导安全生产工作。

1月22日 集团召开述责述廉电视电话会议。集团党组班子成员葛红林、敖宏、张程忠、赵钊、刘祥民、刘建平、卢东亮出席会议，并对现场述职的员工进行提问和点评。

1月22日 集团以有色金属行业重点联系企业信息报送考核第1名的成绩被国家发改委经济运行调节局评为2016年全国经济运行调度信息网络系统信息报送先进单位。

1月23日 工信部召开关于民机用铝材上下游合作机制工作会，集团董事长、党组书记葛红林出席会议。

同日 集团党组成员、副总经理刘建平到云铜集团普朗铜矿调研慰问。

二月

2月4日 集团党组书记、董事长葛红林到中铝驻豫企业调研。

2月5日 国务委员王勇给中铝集团发来贺信，充分肯定集团取得的可喜成绩，并向全体干部职工表示衷心感谢和慰问。王勇在信中指出，2016年，中铝集团认真贯彻落实党中央、国务院的决策部署，拼搏进取，攻坚克难，做了大量扎实工作，扭亏脱困取得明显成效，改革发展迈出新的步伐，成绩应予以充分肯定。

2月6日 集团董事长葛红林会见国际铝协秘书长罗恩·耐普。

2月8日 中铝股份“一水硬铝石型铝土矿的溶出方法”发明专利获第十八届中国专利优秀奖。

同日 集团党组副书记、副总经理敖宏到中铝包头企业调研。

2月9日 集团党组成员、副总经理刘建平到东南铜业调研。

同日 集团董事长葛红林会见美国三湘金属有限公司总裁宋晓鹰。

2月15日 集团党组书记、董事长葛红林会见甘肃省委常委、兰州市委书记李荣灿一行。双方就进一步加强合作，促进中铝集团及驻甘企业的转型发展等事宜作了深入沟通。

同日 集团党组书记、董事长葛红林林拜会中国印钞造币总公司董事长刘贵生。双方就进一步深化合作，实现共赢发展等事宜作了沟通，达成多项共识。

2月16日 集团董事长葛红林会见力拓CEO夏杰思。

2月17日 集团董事长葛红林会见美铝公司全球副总裁、亚太区总裁陈锦亚一行。

2月19日 集团党组成员刘祥民到山东华宇调研。

2月24日 集团党组成员、副总经理卢东亮到广西分公司调研。

同日 集团党组书记、董事长葛红林会见中国国际贸易促进委员会党组书记、会长姜增伟一行。姜增伟对中铝集团长期以来为中国贸促会提供的支持表示感谢，中国贸促会期待与中铝集团建立长期战略合作伙伴关系。

2月25日 中国有色金属工业协会会长陈全训一行到中建铝成都工厂调研，鼓励中建铝要继续抓住机遇、加快发展。

2月27日 内蒙古自治区与中央企业合作恳谈会及签约仪式在呼和浩特市举行。国务院国资委党委书记郝鹏、内蒙古自治区党委书记李纪恒出席会议并讲话。集团党组书记、董事长葛红林出席会议。集团党组副书记、副总经理敖宏代表集团与内蒙古自治区政府签署战略合作协议。

同日 国务院国资委召开2017年央企瘦身健体提质增效动员工作视频会。集团党组书记、董事长葛红林出席并作交流发言。

三月

3月1日 集团党组书记、董事长葛红林主持召开国有重点大型企业监事会《问题清单》专项工作全覆盖启动大会。国有重点大型企业监事会主席李志群出席会议。

同日 集团与中国远洋海运集团举行投资合作框架协议签约仪式。

3月2日 集团党组书记、董事长葛红林会见福建省委书记尤权，省委副书记、省长于伟国一行。双方就进一步加强合作，实现共赢发展作了深入沟通，达成多项共识。

同日 集团与广西壮族自治区政府签署合作建设生态铝工业基地框架协议。集团党组书记、董事长葛红林与广西壮族自治区党委书记、人大常委会主任彭清华，自治区主席陈武会谈，就进一步加快广西铝工业和稀土产业合作、布局建设大型铝工业项目深入交换意见，达成多项共识。

同日 集团党组成员、副总经理卢东亮到中铝国贸青岛国贸调研。

3月3日 在港上市的中铝矿业国际公司在香港召开股东会议，通过了关于中矿国际私有化的提案。

3月5—15日 集团党组书记、董事长葛红林参加第十二届全国人民代表大会第五次会议。

3月9日 集团党组副书记、总经理余德辉到中铝国贸调研并与部分干部员工座谈。

3月11日 集团董事长葛红林会见中国驻英国大使刘晓明一行。

同日 集团党组书记、董事长葛红林会见安徽省委副书记、省长李国英一行。双方就进一步深化在安徽的投资合作，实现共赢发展作了深入沟通，达成多项共识。

3月13日 集团党组书记、董事长葛红林会见安徽江淮汽车集团有限公司董事长安进，双方在新能源汽车材料研发应用等领域达成多项共识。

3月14日 集团董事长葛红林会见奥科宁克有限公司全球副总裁、亚太区总裁陈锦亚一行。

同日 中国稀有稀土与岑溪市政府签订战略合作协议，共同推进岑溪市稀土产业基地建设。集团党组副书记、副总经理敖宏，党组成员刘祥民出席签字仪式。

3月15—16日 集团党组成员、副总经理卢东亮到华兴铝业调研。

3月16日 普朗铜矿一期采选工程投料试车，集团党组书记、董事长葛红林，党组成员、副总经理刘建平出席试车仪式。

同日 集团党组成员刘祥民到遵义企业、贵州企业、华锦铝业调研。

3月17日 集团党组成员、副总经理刘建平到云铜集团楚雄矿业调研瘦身健体工作。

3月21日 集团党组书记、董事长葛红林出席国务院第五次廉政工作会议。

同日 集团党组书记、董事长葛红林应人民网邀请赴人民日报新媒体演播大厅，就国有企业党的建设工作接受视频直播专访。

3月22日 全国人大常委会副委员长艾力更·依明巴海率领由全国人大财经委员会副主任黄奇帆任组长的全国人大常委会产品质量法检查组一行到西南铝调研。

同日 国有重点大型企业监事会主席李志群主持召开中铝集团国有重点大型企业监事会专题沟通会议。

3月24日 集团与上海银行在上海签署战略合作协议，并举行北京银铝融海基金揭牌仪式。集团党组书记、董事长葛红林，上海银行党委书记、董事长金煜，党委副书记、行长胡友联出席揭牌仪式。集团党组成员、副总经理刘才明，上海银行党委委员、副行长黄涛分别代表双方在银企战略合作协议上签字。

3月25日 集团2017年科技工作暨成果产业化推广会议在北京召开。集团党组书记、董事长葛红林出席会议并作了题为《用科技创新谱写中铝新篇章》的重要讲话。集团党组副书记、总经理余德辉宣读了关于2017年度科技奖励的决定。集团党组成员刘祥民作了题为《励志奋进，大胆创新，努力提高科技进步贡献率》的工作报告。会议由集团党组副书记、副总经理敖宏主持。

3月27日 集团党组书记、董事长葛红林，党组副书记、总经理余德辉在集团总部会见前来考察的中国五矿集团党组书记、董事长何文波，党组副书记、总经理国文清一行，并座谈交流。

3月28日 集团董事长葛红林与力拓集团董事长杜立石举行会谈。

3月30日 集团党组书记、董事长葛红林出席中国商飞股东会第十四次会议、董事会第九次会议。其间与上海市市长应勇举行会谈。

3月31日 集团党组书记、董事长葛红林到郑州企业调研。

同日 共青团中央、国务院国资委等22个部委联合命名表彰1759个“全国青年文明号”。山西华泽铸造厂合金工区生产一班、中色科技工艺室压延组两个青年集体被命名“2015—2016年度全国青年文明号”。

四月

4月6日 中铝股份在上海中铝大厦召开2016年度业绩发布会。

同日 集团董事长葛红林会见挪威储蓄投资银行高级合伙人奥亚德、摩根士丹利管委会委员弗兰克先生一行。

4月10日 国有重点大型企业监事会主席李志群与集团外部董事张富生、孙又奇、张晓鲁、赵小刚召开专项沟通会，听取中铝资产、中铝物流和铝加工事业部问题清单汇报。

同日 中铝首条铝电解废槽衬无害化处理生产线在包头企业成功投运，该条生产线年可处理铝电解废槽衬1万吨。

4月11日 包头市2017年春季重大项目集中开工建设动员会在内蒙古华云新材料有限公司项目建设现场举行。集团党组书记、董事长葛红林参加动员大会，其间到包头企业调研。

4月17日 国务院国资委召开贯彻落实央企党建工作责任制实施办法座谈会，集团党组书记、董事长葛红林，党组成员、副总经理张程忠参加会议。

4月18日 人民网中铝党建云平台正式上线。

4月21日 中铝集团以下属全资BVI公司（CHINALCO CAPITALH OLD INGSLIMITED）作为发行主体，成功发行了5年期5亿美元境外债券，票面利率4.25%。

同日 甘肃省委书记林铎到西北铝业考察调研。

同日 集团党组副书记、副总经理敖宏到西北铝业调研。

4月21—22日 集团党组成员、副总经理刘建平到云铜集团凉山矿业调研。

4月22日 集团党组成员刘祥民到中铝洛铜调研。

4月24日 内蒙古自治区党委书记李纪恒到中铝包头企业调研表示，内蒙古自治区与中铝集团保持了良好的合作关系，之后将一如既往地大力支持中铝集团在蒙的发展，进一步深化和提升与中铝集团的战略合作。

4月26日 集团董事长葛红林主持召开一届董事会第26次会议。

同日 集团党组书记、董事长葛红林会见绿地集团副总裁孙志文一行。

同日 集团纪念建团95周年暨2017“五四”表彰大会在中铝党校举行。集团党组成员、副总经理张程忠出席会议。

4月26—27日 集团组织召开了航天用材料交流研讨会。航天科技集团、航天科工集团所属专家，中铝集团下属企业负责人、技术骨干等80余人参加会议。会上，发布了由集团组织所属企业编写的《中国铝业公司专用材料手册》。

4月27日 贵州华仁新材料有限公司举行揭牌仪式，集团党组书记、董事长葛红林出席仪式，并与贵州省委常委、贵阳市委书记陈刚，贵阳市市长刘文新会谈。同日，集团与贵阳市人民政府在贵阳市签订了贵铝修文矿生态修复及土地综合开发建设项目框架协议。

同日 集团党组副书记、总经理余德辉出席中央企业“双创”工作座谈会。

同日 “庆祝‘五一’国际劳动节暨全国五一劳动奖和全国工人先锋号表彰大会”在北京人民大会堂举行。中共中央政治局委员、中华全国总工会主席李建国出席大会并讲话。中铝集团3家先进集体与2名个人受表彰。东北轻合金有限责任公司熔铸厂安全科科长杨海峰、云南金沙矿业股份有限公司因民公司选厂工区长杨建明荣获全国五一劳动奖章。广西中铝工业服务有限公司加工厂工程三队、贵州铝厂动力厂供电车间运行四班、楚雄滇中有色金属有限责任公司熔炼分厂运修工段余热发电班荣获“全国工人先锋号”称号。

4月28日 遵义铝业环保节能技改项目二期工程举行投产仪式，集团党组书记、董事长葛红林，贵州省委常委、副省长秦如培出席仪式。

4月 经中共中央批准，人力资源和社会保障部、工业和信息化部、国防科工局、国务院国资委、中央军委政治部决定，授予西南铝“长征五号运载火箭首次飞行任务突出贡献单位”荣誉称号，授予西南铝主任工程师阙基容、洛阳铜业黄兴国“长征五号运载火箭首次飞行任务突出贡献贡献者”称号。

五月

5月3日 集团与中信集团在北京签署战略合作协议。

5月4日 集团党组书记、董事长葛红林在英辉南方造船有限公司现场考察，并与中远海运集团副总经理丁农、英辉南方总经理孙东生座谈交流。

同日 集团党组成员、副总经理刘才明到中铝山东企业调研。

5月5日 集团与中国邮政储蓄银行在中铝大厦召开总对总战略合作研讨会。集团党组成员、副总经理刘才明，中国邮政储蓄银行副行长张学文出席会议。

5月6日 国有重点大型企业监事会主席李志群主持召开中铝集团境外企业项目情况和《问题清单》汇报会。

5月10日 集团党组书记、董事长葛红林陪同国有重点大型企业监事会主席李志群在东轻调研。

同日 集团党组书记、董事长葛红林在中航工业哈尔滨飞机工业集团、哈尔滨建成北方专用车有限公司、航天海鹰哈钛有限公司三家企业考察。

5月11日 集团党组书记、董事长葛红林会见法兴银行集团首席执行官吴棣言，双方就有色金属市场形势及全球主要国家和地区的货币政策等深入交换了意见，并就共同探寻发展机遇、拓展合作空间达成共识。

5月13日 西南铝召开第二届科技大会，集团党组书记、董事长葛红林出席大会，并到西南铝、中铝萨帕实地调研。

5月16日 集团与黄石市政府在黄石签订高精铜板带箔项目合作及增资协议。

集团党组书记、董事长葛红林，党组成员、副总经理刘建平到华中铜业调研。

5月17日 甘肃省政协副主席栗震亚一行到西北铝调研，强调要积极适应经济发展新常态，把发展新能源、新材料作为新兴产业培育的重点方向，努力扩大产业规模，走军民融合发展的路子。

同日 集团召开2017年党建工作视频会议。集团党组书记、董事长葛红林出席会议并作题为《扛起责任，当好表率，推动党建工作再上新台阶》的重要讲话，党组副书记、总经理余德辉主持会议并对贯彻落实会议精神提出要求。党组副书记、副总经理敖宏对集团推进"两学一做"学习教育常态化制度化以及开展"两带两创"活动进行安排部署。党组成员、副总经理刘才明对落实党建工作责任制以及2017年党建考核工作进行安排部署。党组成员、副总经理张程忠通报了集团2016年干部选拔任用"一报告两评议"情况，对加强干部履职能力建设进行安排部署。

5月18日 集团党组书记、董事长葛红林与广西壮族自治区主席陈武会谈。

5月19日 集团党组副书记、副总经理敖宏到广西分公司、广西华磊调研。

5月21日 集团党组书记、董事长葛红林到山西中润、山西华兴调研。

5月22日 2017年央企助力山西转型综改会议暨签约仪式在山西太原举行，集团与当地政府和企业签署了两项合作协议。

同日 集团党组副书记、总经理余德辉在中铝中央研究院材料科学研究分院调研。

5月23日 国有重点大型企业监事会主席李志群主持监事会重点问题整改决议沟通专题会。

同日 集团与中石油举行战略合作协议签约仪式，根据协议，双方将紧密围绕未来发展战略，充分发挥各自优势，按照自愿、平等、互惠互利的原则，建立双赢、可持续发展的战略合作关系，开展全方位、多领域合作。集团党组书记、董事长葛红林和中石油党组书记、董事长王宜林共同为中油中铝（北京）石油化工有限公司成立揭牌。

5月25日 集团党组书记、董事长葛红林与上海电气集团董事长黄迪南会谈。

同日 中铝交银四则产业投资基金成立暨基金管理合伙企业（有限合伙）揭牌仪式在上海中铝大厦举行。集团党组书记、董事长葛红林，交通银行董事长牛锡明共同为基金成立揭牌。

5月26日 集团党组书记、董事长葛红林会见东方希望集团董事长刘永行一行。

5月28—29日 集团党组书记、董事长葛红林，党组成员刘祥民到中铝郑州企业、中州铝业、中铝洛铜调研。

5月31日 集团董事长葛红林会见几内亚地矿部部长阿卜杜拉耶·玛咖苏巴。

六月

6月2日 国有重点大型企业监事会集中重点检查和境外国有资产检查进驻视频会议召开。

同日 集团董事长葛红林会见力拓集团高级独立董事约翰·瓦力。

6月3日 中铝国贸、招商海通公司签署合作框架协议。集团党组书记、董事长葛红林出席签约仪式，并与招商局集团董事长李建红会谈。

6月5日 集团董事长葛红林会见托克集团CEO杰里米·韦尔，双方就大宗商品价格走势、有色金属市场形势及全球主要国家和地区的货币政策等深入交换了意见，并就共同探寻发展机遇、拓展合作空间达成共识。

6月6日 集团董事长葛红林分别会见英美资源集团CEO孔廷礼、力拓集团CEO夏杰思、韦丹塔CEO埃博年。

6月8日 国务委员王勇视察云铜参股的赞比亚谦比希铜冶炼有限公司（CCS），参观CCS成立十周年成果展，听取情况汇报，详细询问并视察了世界首条“铜钴冰铜—磁选”项目投产的相关情况，高度赞扬公司在保障国家战略资源安全方面做出的重要贡献，勉励CCS在继续保持强劲发展势头同时，高度重视海外生产安全和员工的人身安全，积极履行好社会责任。

6月9日 集团党组书记、董事长葛红林会见招商局中亚代表处首席代表胡政，双方就先进的铝工业技术发展趋势、新型高端金属材料研发制造、未来铝合金拓展应用以及铜资源的高效开发利用等互相关心的议题交换了意见。

6月11日 贵州省委副书记、省长孙志刚调研贵州分公司“退城进园”项目。集团党组副书记、副总经理敖宏陪同调研。

6月13日 西藏自治区召开“央企助力富民兴藏”会议，集团党组成员、副总经理张程忠出席会议并看望慰问集团援藏干部。

同日 集团举办第一届降碳节。集团党组书记、董事长葛红林致辞，国务院国资委综合局副局长刘源讲话，国家发展改革委气候司副司长蒋兆理与刘源、葛红林共同按动“中铝联合降碳行动”启动球。集团党组副书记、副总经理敖宏主持降碳节开幕式。

6月14日 集团参加第四届中俄博览会。全国人大常委会副委员长张平、黑龙江省委书记张庆伟、省长陆昊等参观了中铝集团展台。

6月15日 集团与鞍钢集团签署西芒杜项目股权转让暨投资合作框架协议。

6月16日 中央纪委领导到集团调研，集团党组书记、董事长葛红林，党组副书记、总经理余德辉等参加调研汇报会。

6月20日 集团党组书记、董事长葛红林会见三菱公司执行董事平井康光。

同日 国有重点大型企业监事会主席李志群到中铝山东企业调研。

6月21日 集团党组成员、副总经理张程忠到青海省海北县实地调研集团对口支援项目，并看望集团援青干部和结对帮扶的贫困学生。

6月22日 集团参加重庆市第二十届渝洽会开幕式暨重大项目集中签约仪式。集团党组书记、董事长葛红林在两江新区现场调研，其间分别与重庆市市长张国清、中冶赛迪董事长肖学文会谈。

6月27日 中铝新闻客户端上线启动。集团党组成员、副总经理张程忠出席启动仪式。

6月28日 国家安监总局督查组到云铜集团玉溪矿业大红山铜矿开展汛期安全生产专项督查。

6月28—30日 集团党组书记、董事长葛红林参加中央企业系统（在京）党代表会议。

6月30日 集团党组副书记、总经理余德辉到稀有稀土板块调研。

七月

7月4日 国家节能降碳第十三考核组到西南铝调研能耗“双控”和控制室温气体排放情况。

7月5日 国务院参事、中国有色金属工业协会会长陈全训到东轻公司调研，表示将充分发挥行业协会的桥梁纽带作用，一如既往地支持东轻发展。

同日 集团党组书记、董事长葛红林在兰州先后与甘肃省委常委、兰州市委书记李荣灿，甘肃省省长唐仁健会谈。同日，还在兰州吉利汽车工业有限公司现场考察。

7月6日 集团党组书记、董事长葛红林出席兰洽会开幕式暨丝绸之路合作发展高端论坛。

7月10日 集团党组书记、董事长葛红林，党组副书记、总经理余德辉出席全国国有企业改革经验交流会。

7月11日 集团党组书记、董事长葛红林，党组副书记、总经理余德辉出席中央企业地方国资委负责人培训班。

7月12日 中央纪委驻国资委纪检组组长、国资委党委委员江金权一行到集团调研，就境外投资运营中防范腐败风险、“一带一路”建设腐败风险国别研究等开展座谈。

7月13日 北京国调中铝铜产业发展基金成立揭牌仪式在中铝大厦举行。集团党组书记、董事长葛红林，中国诚通集团党委书记、董事长马正武共同为北京国调中铝铜产业发展基金成立揭牌。

7月15—16日 集团召开2017年年中工作会议。

7月15日 集团召开创新与企业文化座谈会。

同日 集团召开第十四次党风廉政建设警示教育大会。党组副书记、总经理余德辉主持会议，党组书记、董事长葛红林作重要讲话，党组成员、党组纪检组组长赵钊通报党组查处的违规违纪案例、执行力问责事例。

7月18日 2017国际铝加工论坛在上海举行。集团党组书记、董事长葛红林出席论坛开幕式，同日会见宝钢股份董事长戴志浩。

7月19日 2017年中国国际铝加工暨上海国际工业材料展览会开幕。集团党组书记、董事长葛红林出席开幕式，同日到中铝上海公司调研。

同日 中铝集团与宝武集团钢铝先进

技术互融合作交流会在宝武大厦召开。同日，葛红林与奥科宁克全球副总裁陈锦亚会谈。

同日 中央企业团工委印发表彰决定，表彰一批先进集团和个人。中铝集团9个青年集体和10名青年受表彰。

7月20日 集团党组书记、董事长葛红林，党组成员、副总经理刘祥民赴上海，调研参观上海同捷科技股份有限公司、上海蔚来汽车、上海汽车集团等汽车设计生产企业。

同日 财富中文网发布2017年度《财富》世界500强排行榜，集团以402.78亿美元的营业收入排名第248位，连续十年入选世界500强，位次较2016年提升了14位。

同日 国务院召开安全生产电视电话会议，集团党组副书记、总经理余德辉参加会议。

7月20—22日 集团党组成员、副总经理刘建平到云铜集团下属普朗铜矿、凉山矿业、迪庆矿业调研。

7月21日 集团党组书记、董事长葛红林到江苏国盛、江苏稀土和中色科技调研。

同日 集团党组副书记、总经理余德辉到中铝广州有色金属应用研究院有限公司调研。

7月23—24日 集团党组副书记、总经理余德辉到广东汇川技术、中金岭南等多家有色企业考察。

7月24日 中国工程院院士龚晓南考察昆勘院。

7月25日 集团党组副书记、副总经理敖宏调研中铝包头企业。

7月28日 集团党组书记、董事长葛红林，党组副书记、总经理余德辉观看建军90周年文艺晚会。

7月31日 集团党组理论学习中心组召开学习扩大会。

同日 财富中文网发布《财富》中国500强排行榜，中铝集团三家上市企业上榜。中国铝业以1440.66亿元的营业收入位列48位，排名较2016年上升2位；云南铜业以591.95亿元的营业收入位列107名，排名较2016年上升3位；中铝国际以247.66亿元的营业收入位列253位，排名较2016年上升24位。

八月

8月1日 集团党组书记、董事长葛红林，党组副书记、总经理余德辉应邀参加庆祝建军90周年大会。

8月3日 甘肃省委常委、兰州市委书记李荣灿到连城分公司调研。

同日 国家安监总局监管一司副司长刘瑾一行到楚雄矿冶六苴铜矿检查指导安全生产工作。

8月8日 中铝山西新材料有限公司举行成立大会。

同日 集团总经理余德辉会见几内亚地矿部长阿卜杜拉耶·马加苏巴一行。双方就几内亚项目进展及中铝集团在几内亚投资开发铝土矿等事宜进行深入探讨，达成多项共识。

同日 集团党组成员、副总经理张程忠到山东华宇、中铝山东企业调研。

8月9日 集团董事长葛红林会见嘉里矿业总裁雷孟成。

8月10日 甘肃省委副书记、省长唐仁健在省委常委、兰州市委书记李荣陪同下，到连城分公司调研。

8月11日 “中铝大讲堂”特邀北京科技大学原校长徐金梧作“流程工业智能制造——中国制造2025的体会与认识”讲座。

8月13日 集团党组书记、董事长葛红林到九冶调研。

8月14日 集团董事长葛红林会见力拓集团首席财务官林奇思。

同日 集团董事长葛红林会见瑞士赛德金属公司董事长马尼那一行。

8月16日 哈尔滨市国土局与东轻公司土地收储协议签约仪式在哈尔滨市举行。

同日 黑龙江省委书记张庆伟调研东轻公司，集团党组书记、董事长葛红林陪同调研。

8月18日 集团党组书记、董事长葛红林，党组副书记、总经理余德辉向国有重点大型企业监事会主席李志群汇报工作。

8月19日 集团党组书记、董事长葛红林到中国铝业青海分公司调研。

同日 集团党组书记、董事长葛红林调研中铝集团海晏县援青扶贫工作，并与海北州、海晏县有关负责人和集团援青干部举行座谈。

8月22日 国家安监总局第九督查组到广西分公司开展遏制非煤矿山重特大事故专项督查，对广西分公司1#和2#排泥库的日常运行管理与应急抢险准备进行了检查。

同日 “全球制造商峰会”在北京举行。会上发布了由全球制造商集团独家编制的2017年度（首届）《全球制造500强》排行榜，中铝集团下属中国铝业股份有限公司位列205位，云南铜业股份有限公司位列493名。

8月23日 集团党组书记、董事长葛红林参加国务院常务会议。

8月23—26日 集团参加2017年中国—东盟矿业合作论坛暨推介展示会。24日，国土资源部副部长曹卫星、广西壮族自治区副主席黄伟京及参展的东盟国家代表到中国稀有稀土股份有限公司展台参观指导。

8月26日 贵州华仁新材料有限公司举行通电投产仪式。集团党组书记、董事长葛红林出席仪式。

8月28日 集团党组副书记、总经理余德辉拜访中国船舶工业集团公司总经理、党组副书记吴强。双方围绕船用高端材料、船舶轻量化等议题进行深入交流，并就进一步深化战略合作达成共识。

8月29日 集团党组书记、董事长葛红林出席中国有色金属工业协会理事长13次会长会议。

同日 集团领导余德辉、刘才明等参加国资委关于中央企业降杠杆控负债防风险工作视频会。

8月31日 中铝国际与云南公投公司合作签约仪式在昆明举行。集团党组书记、董事长葛红林出席仪式，同日与云南省委书记陈豪会谈。

同日 集团党组书记、董事长葛红林到中国铜业调研。

九月

9月2日 集团党组书记、董事长葛红林，党组成员、副总经理刘才明到东南铜业调研。

9月3日 集团董事长葛红林出席金砖国家工商论坛开幕式。

9月4日 集团领导葛红林、张程忠、赵钊参加国资委督查组专项督查会议并作工作汇报。

9月5日 国务院参事、中国有色金属工业协会会长陈全训到中铝包头企业调研。

9月6日 集团董事长葛红林会见香港交易所行政总裁李小加。

同日 中铝招标公司揭牌仪式在中铝大厦举行。

同日 集团党组书记、董事长葛红林，党组副书记、总经理余德辉参加国资委党委专项督查组情况反馈会。

同日 党组副书记、总经理余德辉，党组成员、副总经理张程忠到中铝国际调研。

9月8日 中铝股份与太平洋保险签署全面战略合作框架协议。双方拟共同建立规模不超过100亿元的太平洋—中铝股份债权投资计划，引入保险资金实施权益融资，由太平洋资产管理公司作为受托人发起设立，通过永续类债权资金形式投放中铝股份重点项目建设。集团党组副书记、总经理余德辉出席签约仪式。

9月9日 中铝股份与广州市花都区政府签署《绿色发展合作框架协议》。集团党组书记、董事长葛红林出席签约仪式。

9月10日 中国企业联合会、中国企业家协会在江西南昌发布2017年中国企业500强榜单，中铝集团以2676亿元营业收入再次上榜，位列第56位。

9月12日 第14届中国—东盟博览会在南宁开幕。集团总经理余德辉出席开幕式。

同日 国务院安全生产委员会综合督察组一行对中铝宁夏能源王洼煤业公司安全生产工作进行专项督查。

同日 集团党组副书记、总经理余德辉到广西稀土调研。

9月12—15日 集团董事长葛红林率团到日本考察。其间考察了日本丰田岐阜车体工业株式会社工厂、丰田汽车堤工厂、UACJ名古屋制造所、宝和通商株式会社，参观了2017年EV·普及活用技术展。

9月13日 集团党组成员刘祥民到山西华兴、山西中润调研，并检查督导企业安全环保工作。

9月14日 中央企业贯彻落实新发展理念、深入实施创新驱动战略、大力推进双创工作成就展开展。国务委员王勇，国务院国资委党委书记郝鹏、主任肖亚庆参观中铝集团展厅。集团党组副书记、总经理余德辉参加开展仪式。

同日 集团党组副书记、总经理余德辉参加国务院国资委中央企业双创工作成就展开展仪式，并向国务委员王勇汇报集团双创工作。

9月19日 集团党组书记、董事长葛红林主持召开传达国资委会议精神暨近期重点工作部署电视电话会议。

9月20日 集团董事长葛红林会见艾芬豪矿业公司董事长罗伯特·弗里兰德。

同日 中铝集团与光大银行签署战略合作协议。集团党组副书记、总经理余德辉出席签约仪式，集团党组成员、副总经理刘才明和光大银行副行长孙强分别代表双方签署协议。

同日 集团党组成员、副总经理刘才明到中铝包头企业调研。

9月21日 国家统计局广西调查总队到广西分公司检查指导工作，对广西分公司"绿色、循环、可持续"的发展理念给予高度评价，充分肯定其对广西经济发展作出的贡献。

同日 集团党组书记、董事长葛红林到山西中润调研

9月23日 2017中国国际矿业大会开幕式在天津梅江会展中心举行，集团党组书记、董事长葛红林出席"弘扬丝路精神共促矿业繁荣"主题论坛并讲话。

9月25日 广西华磊新材料有限公司举行通电投产仪式，集团领导葛红林、敖宏出席仪式并讲话。

9月27日 集团党组成员、副总经理卢东亮会见蒙古国焦煤集团董事长欧德扎嘎尔。

9月30日 集团党组书记、董事长葛红林接受人民日报内参副主任罗庆华采访。

9月 中央文明办发布"中国好人榜"，评选出102位"中国好人"，九冶员工袁培东当选奉献类"中国好人"。

十月

10月1日 中央党校党建调研组到集团调研。

10月13日 国有重点大型企业监事会主席李志群主持召开国有重点大型企业监事会交换意见及通报会议。

10月16—20日 集团党组书记、董事长葛红林参加中国共产党第十九次全国代表大会。

10月17日 集团党组成员、副总经理卢东亮到山东企业调研

10月18日 集团党组副书记、总经理余德辉主持召开党组中心组专题学习会。在集体观看党的十九大直播的基础上，第一时间组织中心组成员围绕习近平总书记的工作报告展开学习讨论。

10月20日 集团党组成员、纪检组组长赵钊为集团管理培训班授课。

10月23日 集团党组副书记、总经理余德辉到中铝瑞闽、东南铜业调研。

10月31日 中铝集团与中国国际商会签署战略合作框架协议。集团党组书记、董事长葛红林，党组副书记、总经理余德辉与中国贸促会会长姜增伟共同出席签字仪式。

同日 中铝集团与中国人寿签署全面战略合作协议，集团党组书记、董事长葛红林与中国人寿董事长杨明生出席签约仪式。

同日 中铝股份、国寿投资、广发银行签署业务合作框架协议。集团党组书记、董事长葛红林出席签约仪式。

十一月

11 月 2—3 日 集团党组副书记、总经理余德辉出席集团跨越式发展铝加工战略研讨会，其间与西南铝领导班子座谈。

11 月 3 日 集团党组副书记、总经理余德辉到重庆中铝轻量化基地调研，同日与重庆市市长张国清会谈。

同日 临沂市新旧动能转换现场观摩交流会参会代表到山东华宇沂兴炭素年产 120 万吨煅后焦项目现场观摩。

11 月 7 日 国资委召开学习贯彻中共十九大精神报告视频会。

11 月 9 日 集团党组副书记、副总经理敖宏到抚顺铝业、中铝沈加调研。

11 月 9—10 日 集团董事长葛红林在越南出席 APEC 工商领导人峰会。

11 月 9—10 日 集团党组副书记、总经理余德辉到兰州新区、兰州分公司生产现场调研，其间与甘肃省省长唐仁健举行会谈。

11 月 10 日 集团党组成员、副总经理张程忠到山西华兴调研。

11 月 14 日 中铝大学成立大会暨揭牌仪式在山东淄博举行。

11 月 15 日 2017 年中国国际铝业大会在福建省福州市举行，集团党组书记、董事长葛红林出席 2017 年中国国际铝业周开幕式。

11 月 16 日 全国政协副主席卢展工、全国政协委员宋祖英一行到云铜集团金沙公司参观。

11 月 17 日 在全国文明单位建设表彰大会上，中铝国际获第五届“全国文明单位”荣誉称号。

同日 集团参加由工业和信息化部主办的“汽车轻量化材料展览”。

同日 湖北省委副书记、省长王晓东到华中铜业调研。

11 月 20 日 中铝集团与中国商飞签署合作协议，集团党组书记、董事长葛红林出席签约仪式和大型客机铝材研制应用汇报会。

11 月 23—24 日 第一届中国精细氧化铝与建材、耐材行业协同创新发展大会在河南焦作市召开，集团党组成员刘祥民出席大会。

11 月 24 日 集团党组书记、董事长葛红林参加国资委中共十九大精神央企学习交流会暨论述摘编学习部署会。

同日 集团党组书记、董事长葛红林出席 2017 年力拓“中国之夜”答谢晚宴。

同日 中国集团党组召开党的十九大精神学习交流座谈会。

同日 集团总经理余德辉会见力拓首席执行官夏杰思一行。

11 月 28 日 集团董事长葛红林与托

克集团首席执行官杰里米·韦尔会谈。

同日 集团董事长葛红林与自由港麦克莫兰公司执行副总裁哈维尔·塔盖塔会谈。

同日 由智利铜与矿业研究中心和中国有色金属工业协会共同举办的亚洲铜业周开幕。集团董事长葛红林应邀出席相关活动。

11月29日 山东省总工会“查保促”活动督导组到山东华宇检查指导“查身边隐患、保职工安全、促企业发展”群众性安全生产活动开展情况。

同日 中铝集团与上海汽车集团签署战略合作框架协议。集团党组书记、董事长葛红林出席签约仪式，并与上海汽车董事长陈虹举行会谈。

同日 集团党组成员刘祥民到中铝材料院苏州分院调研。

11月30日 集团党组副书记、总经理余德辉现场考察广州花都区万达文旅城、CBD 地块。

同日 中国矿业全产业链大会暨中国矿产资源与材料应用创新联盟成立大会在北京国家会议中心召开。集团党组书记、董事长葛红林出席会议并作题为《加快矿业高质量发展》的主旨报告。

十二月

12月1日 集团党组副书记、总经理余德辉分别与广东省委副书记、广州市委书记任学锋，中广核集团总经理张善明会谈。同日，到广州冶炼厂现场调研。

同日 集团首届创新创意大赛决赛在中铝国际举行。党组成员、副总经理张程忠出席。

同日 集团党组成员、副总经理卢东亮在集团总部会见中国国际经济合作投资公司总经理熊训林。

12月6日 根据党中央、国务院关于全民所有制企业改制有关工作部署，经国务院国资委批复同意，中国铝业公司完成了改制工作，并取得北京市工商行政管理局颁发的营业执照。13 日发布名称变更公告，16 日举行中国铝业集团有限公司揭牌仪式。

12月8日 由贵阳院研发的新型铝合金结构人行天桥亮相“北京 2017 国际创新创业博览会”，并荣获“年度双创示范奖”和“职工双创示范奖”。

12月9—10日 集团党组书记、董事长葛红林参加中共十九大精神轮训。

12月12日 中铝集团举行 2017 军品配套工作交流暨客户恳谈会。

12月14日 首届中国有色金属工业年度经济论坛在北京举行，大会表彰了 2017 年“中国有色金属工业年度经济人物”和“年度发展领军企业”。集团党组副书记、副总经理敖宏荣膺“中国有色金属工业年度经济人物”。

12月15日 集团党组书记、董事长葛红林赴中国有色金属工业协会作十九大精神辅导报告。

同日 集团召开基层党组织书记向集团党组述职评议考核工作会议。

同日 福建省召开与中央企业对接会，集团党组副书记、总经理余德辉参加会议。

同日 黑龙江省政协主席杜宇新到东轻公司调研。

12 月 16—17 日 集团党组学习贯彻党的十九大精神专题研讨会暨 2017 年改革创新与发展战略研讨会在北京召开。

12 月 18 日 中铝集团召开环保警示教育大会。

12 月 18—20 日 集团党组书记、董事长葛红林参加中央经济工作会议。

12 月 18—22 日 集团党组副书记、总经理余德辉在中央党校学习。

12 月 19 日 在由联合国全球契约中国网络等单位主办的“2017 实现可持续发展目标中国企业峰会”上，中铝宁夏能源与其他 16 家企业共同入选“实现可持续发展目标 2017 中国最佳实践”名单，并发布了《中国企业参与 2030 可持续发展议程倡议》。

12 月 22 日 中铝股份降杠杆暨市场化债转股合作仪式在中铝大厦举行。此次债转股合作规模 126 亿元，是中铝股份深化供需侧结构性改革取得的重要成果。

同日 共青团中铝集团第一次代表大会在中铝大厦举行。

12 月 25 日 中铝集团党组中心组召开学习会，传达中央经济工作会议精神。

12 月 26 日 集团党组书记、董事长葛红林到山西中润调研，出席山西中润轻合金项目座谈会。

12 月 27 日 集团党组副书记、总经理余德辉到中铝资产、中铝材料应用研究院调研并作中共十九大精神辅导报告。

12 月 28 日 中铝集团与中国中车集团签署战略合作协议。集团党组书记、董事长葛红林，党组副书记、总经理余德辉出席签约仪式。党组成员刘祥民与中国中车副总经理魏岩分别代表双方签署协议。

2018

中国铝业集团有限公司年鉴

The Yearbook of Aluminum Corporation of China

【附录】

Appendices

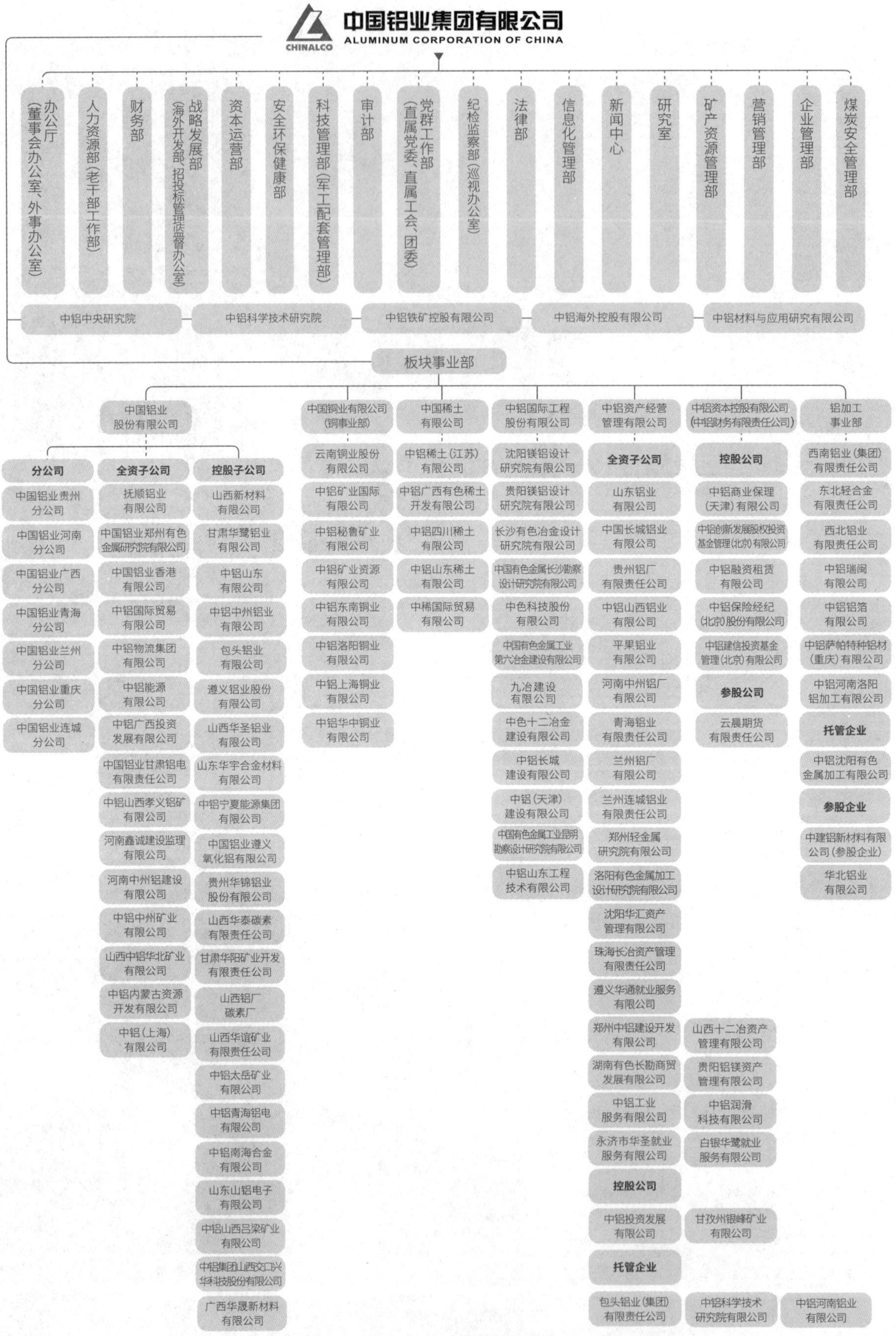

中国铝业集团有限公司组织架构图（2017）

2001 年—2017 年中国铝业集团有限公司主要经济指标表

表 224

序号	指标名称	单位	2001	2002	2003	2004	2005	2006	2007	2008	2009	2010	2011	2012	2013	2014	2015	2016	2017
1	有色金属原矿产量	万吨													3713.00	3181.80	3374.43	3276.97	3138.57
2	氧化铝产量	万吨	469.70	541.00	604.70	681.00	787.00	962.00	1046.00	1100.00	846.67	1089.75	1179.40	1273.00	1372.00	1374.00	1454.30	1469.67	1437.00
3	电解铝产量	万吨	70.70	75.10	96.40	106.70	142.00	297.00	356.00	340.00	346.67	431.73	442.50	421.95	422.00	384.00	362.20	303.37	360.70
4	铝加工材产量	万吨	1.41	17.20	20.00	27.60	41.00	56.00	79.80	93.00	58.00	71.79	68.80	84.50	73.00	100.50	102.46	146.31	167.70
5	矿山铜金属含量	万吨								8.95	9.52	9.18	9.08	9.40	9.40	8.60	26.79	24.92	27.98
6	精炼铜产量	万吨								38.40	29.08	32.99	43.74	45.00	44.00	52.00	53.90	58.31	62.68
7	铜加工材产量	万吨											16.52	31.00	31.00	32.00	29.10	26.23	30.41
8	稀土冶炼分离产品产量	吨												4499.00	4490.00	6551.00	7110.31	5969.76	6734.00
9	稀土矿产量	吨												750.00	748.00	749.00	1887.00	2500.00	2500.00
10	稀土加工产品	吨																	1852.00
11	销售收入	亿元	169.45	207.92	310.04	465.53	611.78	1031.22	1063.60	1291.21	1356.07	1954.33	2317.02	2449.40	2794.19	2800.08	2387.79	2675.80	3155.15
12	上缴税金	亿元	26.20	25.15	37.48	63.84	94.12	183.64	138.93	180.15	67.94	70.08	87.70	84.30	79.94	75.61	74.51	81.68	104.44
13	利润总额	亿元	21.55	12.24	43.49	99.53	150.13	225.05	166.82	−67.57	−72.51	20.96	29.06	−96.60	−65.47	−197.46	−44.27	1.67	20.50
14	净利润	亿元	−10.59	2.08	11.55	32.05	58.35	76.43	132.65	−68.16	−69.67	12.32	18.20	−99.86	−78.86	−212.16	−50.49	−5.80	0.0012
15	资产总额	亿元	431.84	502.03	563.84	834.85	1078.52	1523.99	1776.46	3465.90	3548.50	3742.19	3966.20	4284.15	4662.85	4864.49	4868.44	5218.31	5313.37
16	资产负债率	%	52.37	49.68	47.66	48.47	46.08	46.43	50.01	75.83	78.70	79.63	80.35	83.25	84.94	88.57	85.62	83.88	63.26
17	净资产收益率	%	−8.52	1.57	8.06	20.71	22.71	22.10	15.39	−8.35	−8.81	14.82	2.37	−13.33	−11.11	−34.38	−8.53	−0.75	2.89
18	工业总产值	亿元	174.58	285.29	404.85	496.24	682.33	1096.12	1208.54	1427.77	1049.36	1406.88	1439.67	1614.01	1682.29	1664.31	1543.12	1411.67	2134.14
19	国有资本保值增值率	%			107.60	118.40		126.60	113.10	82.70	86.10	93.00	96.80	74.10	70.30	18.00	12.50	135.35	77.60
20	从业人数	万人	11.60	12.60	13.40	16.10	19.10	20.73	24.72	20.28	19.28	18.44	18.33	18.19	18.84	14.82	13.35	11.05	11.53

中国铝业集团有限公司历年主要产品产能、产量图

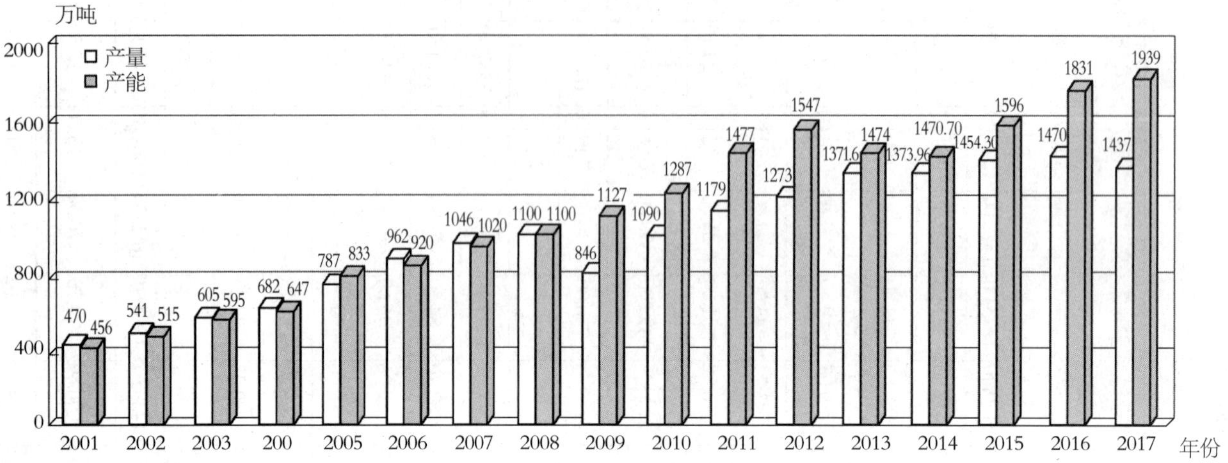

氧 化 铝

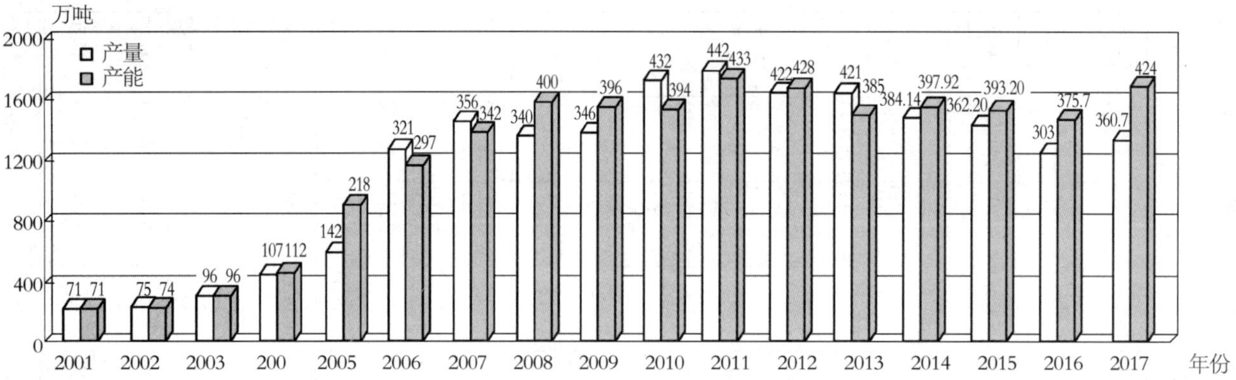

电 解 铝

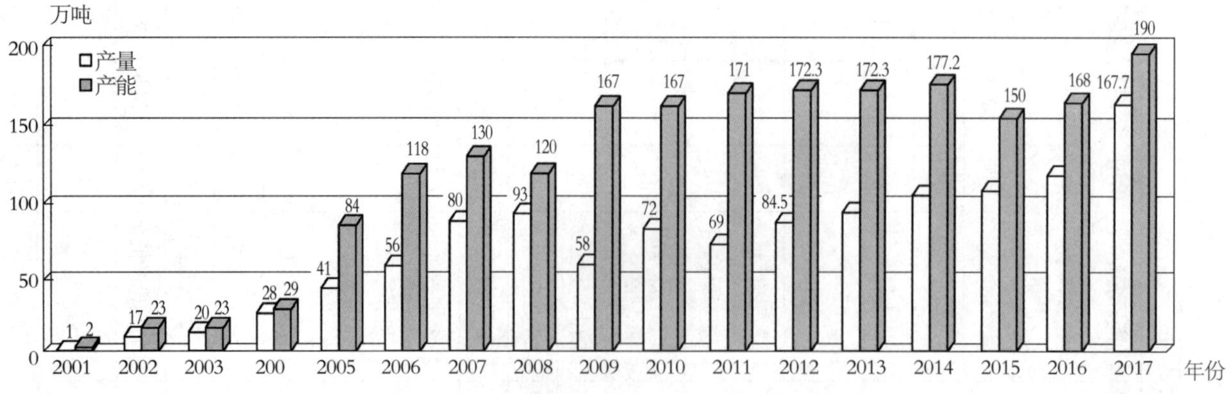

铝加工材

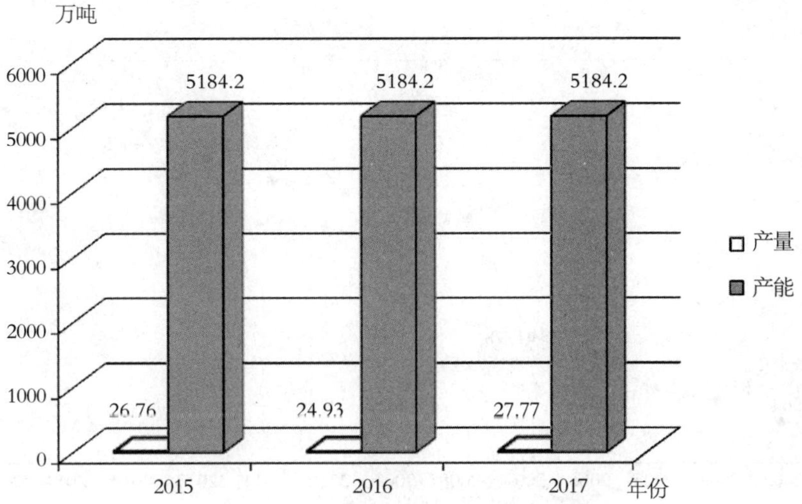
万吨
6000
5000
4000
3000
2000
1000
0
5184.2
5184.2
5184.2
26.76
24.93
27.77
2015
2016
2017
年份
产量
产能

铜精矿

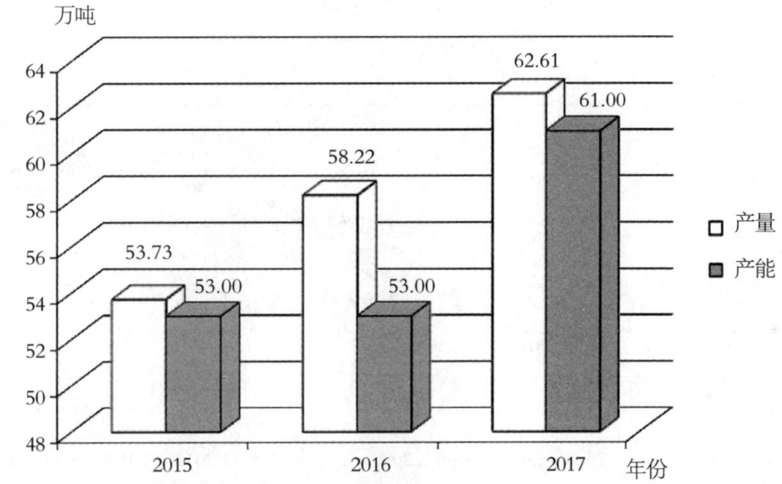
万吨
64
62
60
58
56
54
52
50
48
53.73
53.00
58.22
53.00
62.61
61.00
2015
2016
2017
年份
产量
产能

电铜

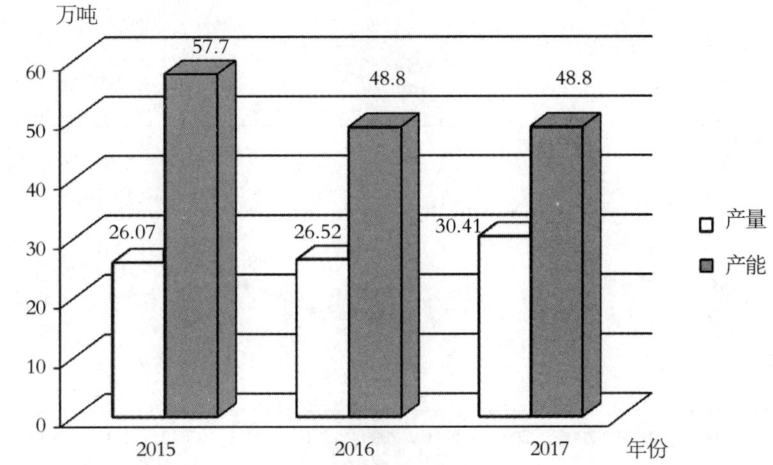
万吨
60
50
40
30
20
10
0
57.7
26.07
48.8
26.52
48.8
30.41
2015
2016
2017
年份
产量
产能

铜加工材

中国铝业集团有限公司历年主要经济指标图

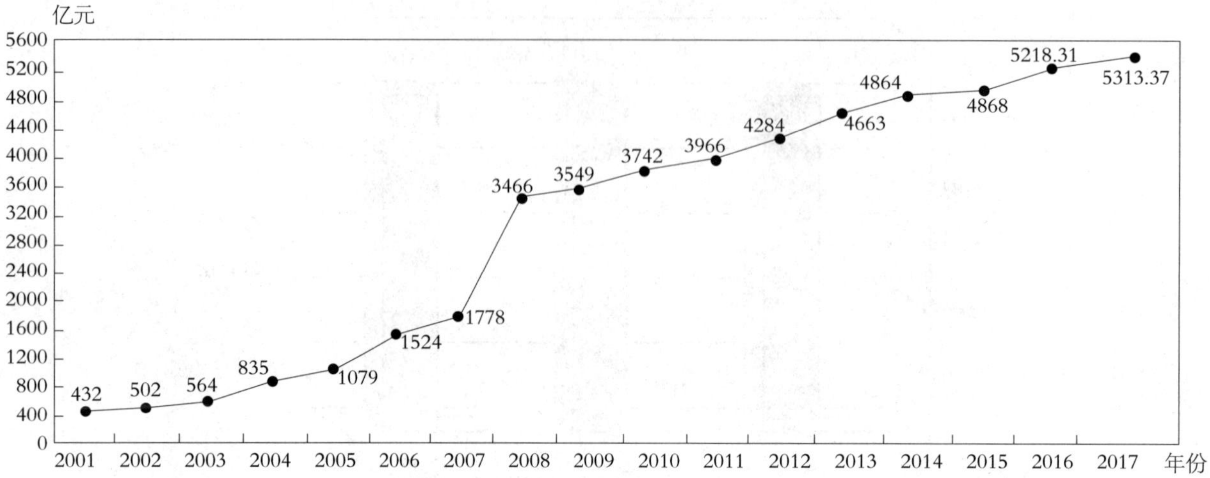

资产总额

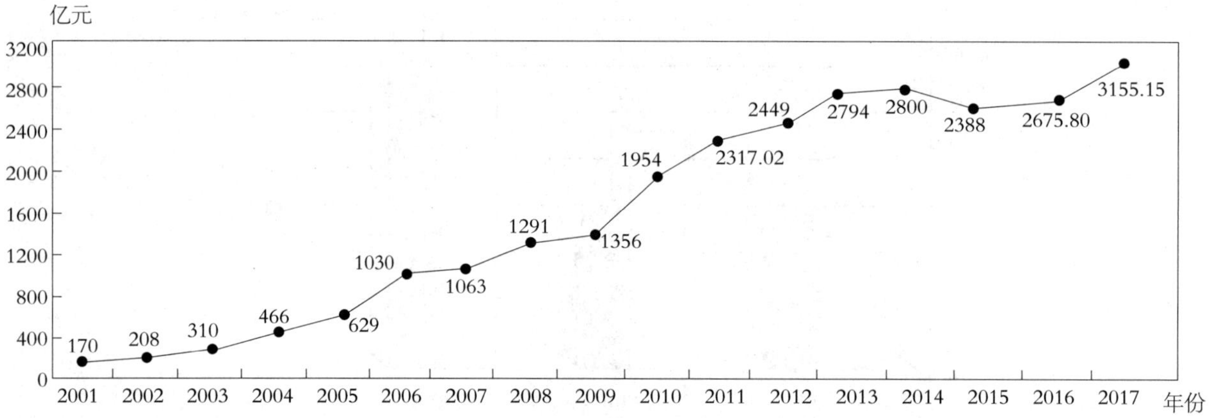

销售收入

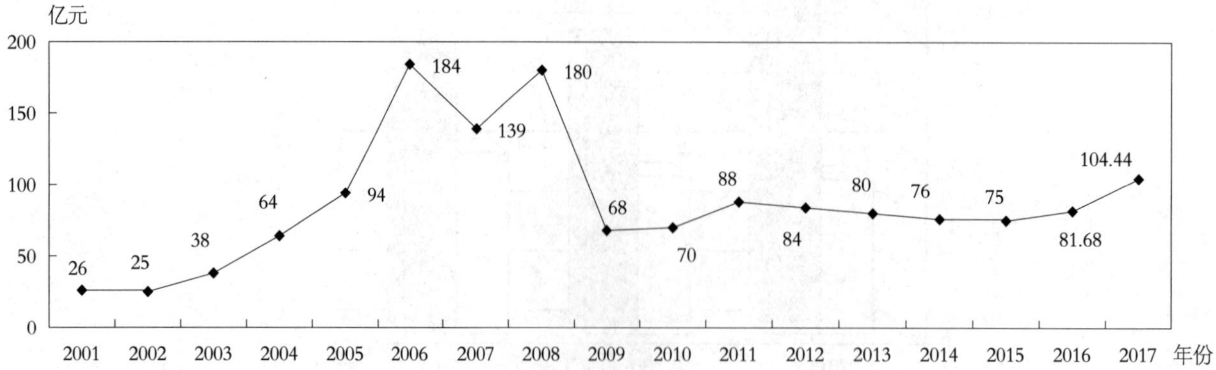

上缴税金

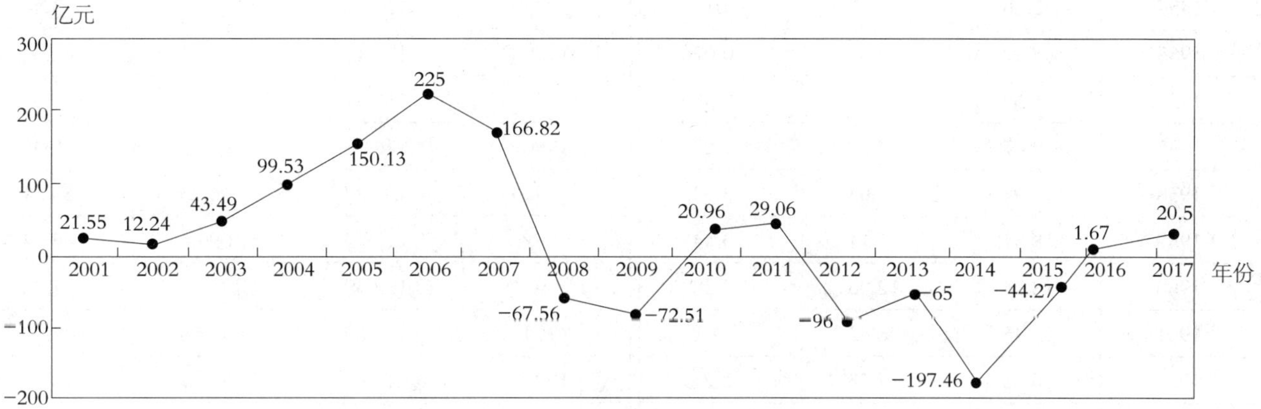

利润总额

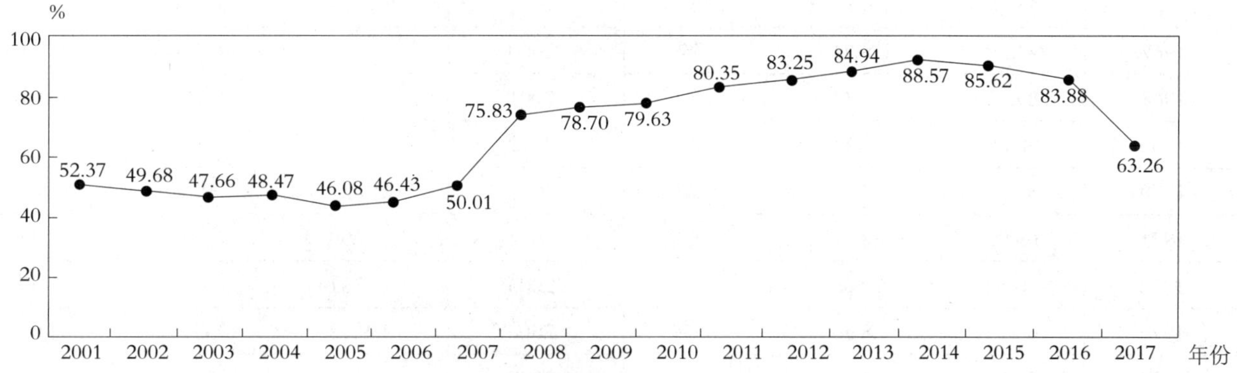

资产负债率

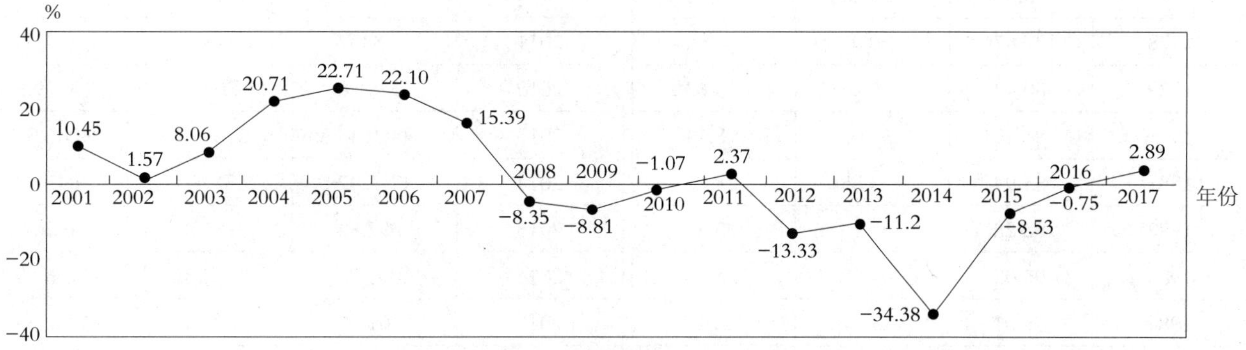

净资产收益率

全国历年氧化铝、电解铝、铝加工材产量表

表 225

单位：万吨

年份	氧化铝	电解铝	铝加工材	年份	氧化铝	电解铝	铝加工材
1953	—	0.04		1986	106.55	56.15	33.54
1954	2.66	0.19	0.016	1987	113.51	61.62	37.4
1955	5,12	2.07	0.02	1988	126.48	71.81	41.61
1956	6.39	2.16	0.55	1989	131.81	75.83	42.69
1957	9.07	2.92	1.23	1990	146.38	85.43	39.38
1958	10.98	4.85	3.93	1991	152.22	96.25	50.51
1959	18.51	7.14	3.44	1992	158.3	109.64	65.74
1960	18.24	12.06	4.28	1993	182.39	125.45	77.26
1961	12.45	6.62	1.7	1994	184.69	149.84	85.52
1962	16.81	7.73	2.21	1995	219.94	186.97	174.23
1963	19.5	9.01	4.08	1996	254.62	190.07	162.01
1964	21.75	10.78	5.23	1997	293.61	217.85	176.12
1965	27.71	13.21	5.72	1998	334	243.53	147.15
1966	45.76	16.84	3.55	1999	383.74	280.89	176.55
1967	43.39	18.93	4.22	2000	432.81	298.92	217.15
1968	29.45	12.32	3.81	2001	474.65	357.58	234.16
1969	38.69	18.34	6.09	2002	544.96	451.11	298.79
1970	52.73	23.52	6.76	2003	611.21	596.2	399.74
1971	63.02	28.77	7.45	2004	699	669	440
1972	70.88	28.65	7.99	2005	851	781	596
1973	60.13	28.56	8.67	2006	1369.98	935.84	814.78
1974	32.88	21.4	7.34	2007	1945.65	1257.11	1176
1975	56.37	22.13	7.09	2008	2278.41	1317.66	1427.41
1976	40.75	21.61	7.3	2009	2379.23	1296.43	1650.35
1977	55.86	21.46	8.13	2010	2895.91	1619.45	2026.05
1978	77.87	30.01	10.56	2011	3407	1755.5	2345.5
1979	80.43	36.6	13.63	2012	3769.8	2026.7	3039.5
1980	85.45	39.92	18.14	2013	4460.48	2264.02	4086.53
1981	85.94	39.5	24.16	2014	4777.42	2438.2	4845.52
1982	92.28	40.13	25.65	2015	5897.84	3151.81	4426.9
1983	95.03	44.48	28.14	2016	6090.73	3187.32	5706.09
1984	98.01	47.97	30.26	2017	6901.67	3227.33	5832.39
1985	102.49	52.47	30.98				

全国历年铜精矿、电铜、铜加工材产量表

表 226

单位：万吨

年份	氧化铝	电解铝	铝加工材	年份	氧化铝	电解铝	铝加工材
1953	0.06	0.04	1.08	1986	25.35	45.6	42.74
1954	0.74	4.68	1	1987	27.82	51.64	44.39
1955	1.26	4.91	0.7	1988	28.18	52.5	44.26
1956	1.67	7.03	2.41	1989	29.91	56.16	44.33
1957	2.45	5.28	2.63	1990	29.59	55.87	45.19
1958	3.78	7.11	5.65	1991	30.4	56	47.45
1959	5.61	11.69	8.16	1992	33.42	65.92	61.59
1960	8.74	10.03	8.29	1993	34.57	73.03	72.04
1961	4.21	5.34	3.4	1994	39.56	73.61	77.82
1962	4.48	5.84	2.84	1995	44.52	107.97	157.19
1963	5.75	7.83	3.53	1996	43.91	111.91	135.1
1964	7.23	10.58	4.73	1997	49.55	111.94	146.32
1965	9.7	13.31	6.82	1998	48.68	121.13	125.2
1966	12.89	15.9	8.49	1999	52.01	117.42	128.19
1967	8.05	10.42	7.55	2000	59.26	137.11	159.66
1968	4.85	7.51	7.62	2001	58.74	152.33	184.88
1969	10.37	12.58	11.02	2002	56.81	163.25	251.16
1970	14.58	16.53	13.25	2003	60.44	183.63	319.6
1971	19.07	20.69	16.5	2004	74.22	219.87	471.61
1972	19.25	24.12	16.14	2005	76.16	260.04	502.48
1973	18.95	27.23	17.76	2006	87.29	300.32	532.44
1974	15.41	23.47	17.38	2007	92.8	349.94	630.21
1975	18.02	25.77	15.57	2008	93.08	377.93	748.6
1976	15.63	23.68	14.83	2009	96.74	411.08	888.42
1977	17.65	26.45	15.15	2010	115.58	457.35	1009.27
1978	21.34	29.89	18.28	2011	127.2	517.9	1028.2
1979	21.7	33.71	21.15	2012	162.6	582	1153.9
1980	22.13	38.36	22.85	2013	181.97	699.81	1573.96
1981	19.84	38.62	23.03	2014	192.33	795.86	1783.58
1982	19.65	35.13	26.87	2015	166.71	796.89	1618.83
1983	19.8	37	26	2016	185.07	843.63	2095.99
1984	21.39	39.23	31.61	2017	165.64	888.948	1861.67
1985	23.97	41.26	38.38				